國家出版基金項目
NATIONAL PUBLICATION FOUNDATION

陝西出版資金資助項目

「十二五」國家重點圖書出版規劃項目

關學文庫

總主編 劉學智 方光華

文獻整理系列

關學史文獻輯校

王美鳳 整理編校

西北大學出版社

訂文獻二十六部。這些文獻分別是：張子全書、藍田呂氏集、李復集、元代關學三家集、王恕集、薛敬之張舜典集、馬理集、呂柟集涇野經學文集、呂柟集涇野子内篇、呂柟集涇野先生文集、韓邦奇集、南大吉集、楊爵集、馮從吾集、王徵集、王建常集、王弘撰集、李顒集、李柏集、李因篤集、王心敬集、李元春集、賀瑞麟集、劉光蕡集、牛兆濂集以及關學史文獻輯校。

二是學術研究類，其中一些以「評傳」或年譜的形式，對關學重要學人進行個案研究，主要涉及郿縣張載、藍田呂大臨、高陵呂柟、長安馮從吾、朝邑韓邦奇、盩厔李顒、郿縣李柏、富平李因篤、鄠縣王心敬、咸陽劉光蕡等學人，共十一部。它們分別是：張載思想研究、張載年譜、呂大臨評傳、呂柟評傳、韓邦奇評傳、馮從吾評傳、李顒評傳、李柏評傳、李因篤評傳、王心敬評傳、劉光蕡評傳等。此外，針對關學的主要理論問題與思想學術演變歷程進行研究，共三部。這些著作分別是關學精神論、關學思想史、關學學術編年等。

在這兩部分内容中，文獻整理是文庫的重點内容和主體部分。

關學文庫係「十二五」國家重點圖書出版規劃項目，國家出版基金項目、陝西出版資金資助項目，得到了中共陝西省委、陝西省人民政府和國家新聞出版廣電總局的大力支持。本文庫歷時五年編撰完成，凝結著全體參與者的智慧和心血。總主編劉學智、方光華教授，項目總負責徐曄、馬來同志統籌全書，精心組織，西北大學、陝西師範大學、中國人民大學、華東師範大學、鄭州大學等十餘所院校的數十位專家學者協力攻關，精益求精，體現出深沉厚重的歷史使命感和復興民族文化的責任感；他們孜孜矻矻，持之以恒，任勞任怨，樂於奉獻，以古人爲己之學相互勉勵，在整理研究古代文獻的同時，不斷錘煉學識，砥礪德行，努力追求樸實的學風和嚴謹的學術品格。出版社組織專業編輯、外審專家通力合作，希望盡最大可能提高該文庫的學術品質。我謹向大家卓有成效的工作表示衷心的感謝。由於時間緊迫、經驗不足等原因，文庫書稿中的疏漏差錯難以完全避免。希望讀者朋友們在閱讀使用時加以批評指正，以便日後進一步修訂，努力使該文庫更加完善。

張豈之

二〇一五年一月八日

于西北大學中國思想文化研究所

總序

張載（一〇二〇—一〇七七），字子厚，宋鳳翔府郿縣（今陝西眉縣）人，祖籍大梁，宋仁宗嘉祐二年（一〇五七）進士。張載出身於官宦之家。祖父張復在宋真宗時官至給事中、集賢院學士，死後贈司空。父親張迪在宋仁宗時官至殿中丞、知涪州事，贈尚書都官郎中。張迪死後，張載與全家遂僑居於鳳翔府郿縣橫渠鎮之南。因他曾在此聚徒講學，世稱橫渠先生。他的學術思想在學術史上被稱爲橫渠之學，他所代表的學派被後人稱爲「關學」。張載與程顥、程頤同爲北宋理學的創始人。可以説，關學是由張載創立并於宋元明清時期，一直在關中地區傳衍的地域性理學學派，亦稱關中理學。

關學基本文獻整理與相關研究不僅是中國思想學術史的重要課題，也是體現中華思想文化傳承與創新的重要舉措。關學文庫以繼承、弘揚和創新中華文化爲宗旨，以文獻整理的系統性、學術研究的開拓性爲特點，是我國第一部對上起於北宋、下迄於清末民初，綿延八百餘年的關中理學的基本文獻資料進行整理與研究的大型叢書。這項重點文化工程的完成，對於完整呈現關學的歷史面貌、發展脈絡和鮮明特色，彰顯關學精神，推動傳統文化創造性轉化、創新性發展無疑具有重要意義。在關學文庫即將出版發行之際，我僅就關學、關學與程朱理學的關係、關學的思想特質、關學文庫的整體構成等談幾點意見，以供讀者參考。

一、作爲理學重要構成部分的關學

衆所周知，宋明理學是中國儒學發展的新形態與新階段，一般被稱爲新儒學。但在新儒學中，構成較爲複雜。比較典型的則是程朱理學與陸王心學。南宋學者呂本中較早提到「關學」這一概念。南宋朱熹、呂祖謙編選的近思録較早地梳理了北宋理學發展的統緒，關學是作爲理學的重要一支來作介紹的。朱熹在伊洛淵源録中，將張載的「關學」與周敦頤的

「濂學」、二程（程顥、程頤）的「洛學」并列加以考察。明初宋濂、王禕等人纂修元史，將宋代理學概括爲「濂洛關閩」四大派別，其中雖有地域文化的特色，但它們的思想內涵及其影響并不限於某個地域，而成爲中華思想文化史上重要的一頁，即宋代理學。

根據洛學代表人物程顥、程頤以及閩學代表人物朱熹對張載關學思想的理解、評價和吸收，張載創始的關學本質上當是理學，而且是影響全國的思想文化學派。過去，我們在編寫中國思想通史第四卷、宋明理學史上冊的時候，在關學學術旨歸和歷史作用上曾作過探討，但是也不能不顧及古代學術史考鏡源流的基本看法。

需要注意的是，張載後學，如藍田呂氏等，在張載去世後多歸二程門下，如果拘泥門戶之見，似乎張載關學發展有所中斷，但學術思想的傳承往往較學者的理解和判斷複雜得多。關學，如同其他學術形態一樣，也是一個源遠流長、不斷推陳出新的形態。關學沒有中斷過，它不斷與程朱理學、陸王心學融合。明清時期，關學的學術基本是朱子學、陽明學的傳入及與張載關學的融會過程。因此，由宋至清的關學，實際是中國理學的重要組成部分，它是一個動態的且具有包容性和創新性的概念，它開啓了清初王船山學術的先河。

關學文庫所遴選的作品與人物，結合學術史已有研究成果，如宋元學案、明儒學案、關學編及關學續編、關學宗傳等，均是關中理學的典型代表，上起北宋張載，下至晚清的劉光蕡、民國時期的牛兆濂，能够反映關中理學的發展源流及其學術內容的豐富性、深刻性。與歷史上的關中叢書相比，這套文庫更加豐富醇純，是對前賢整理文獻思想與實踐的進一步繼承與發展，其學術意義不言而喻。

二、張載關學與程朱理學的關係

佛教傳入中土後，有所謂「三教合一」說，主張儒、道、釋融合滲透，或稱三教「會通」。唐朝初期可以看到三教并舉的文化現象。當歷史演進到北宋時期，由於書院建立，學術思想有了更多自由交流的場所，從而促進了學人的獨立思考，使他們對儒家經學箋注主義提出了懷疑，呼喚新思想的出現，於是理學應時而生。理學主體是儒學，兼采佛、道思想，研究如何將它們融合爲一個整體，這是一個重要的課題。從理學産生時起，不同時代有不同的理學學派。譬如，在「三教融合」過程中，如何理解「氣」與「理」（理的問題是迴避不開的，華嚴宗的「事理説」早在唐代就有很大影響）的關系？理學如何捍衛儒學早期關於人性善惡的基本觀點，又不致只在「善」與「惡」的對立中打圈子？如何理解宇宙？宇宙與社會及個人有何關係？君子、士大夫怎麼做才能維護自身的價值和尊嚴，又能堅持修齊治平的準則？這些都是中國思想史中宇宙觀與人生觀的大問題。對這些問題的研究和認識，不可能一開始就有一個統一的看法，需要在思想文化演進的歷史進程中逐步加以解決。宋代理學的産生及不同學派的存在，就是上述思想文化發展歷史的寫照，因而理學在實質上是中華思想文化的傳承創新，具有重要的歷史意義。

張載關學、二程洛學、南宋時朱熹閩學各有自己的特色。作爲理學的創建者之一，張載胸懷「爲天地立心，爲生民立命，爲往聖繼絶學，爲萬世開太平」的學術抱負，在對儒學學説進行傳承發展中做出了重要的理論貢獻。北宋時期，學者們重視對易的研究。易富於哲理性，他通過對易的解説，闡述對宇宙和人生的見解，積極發揮禮記、論語、孟子等書中的義理，并融合佛、道，將儒家的思想提升到一個新的高度。

張載與洛學的代表人物程顥、程頤等人曾有過密切的學術交往，彼此或多或少在學術思想上相互産生過一定的影響。宋仁宗嘉祐元年（一〇五六），張載來到京師汴京，講授易學，曾與程顥一起終日切磋學術，探討學問（參見二程集河南程氏遺書卷二上）。張載是二程之父程珦的表弟，爲二程表叔，二程對張載的人品和學術非常敬重。通過與二程的切磋與交流，張載對自成一家之言的學術思想充滿自信：「吾道自足，何事旁求！」（呂大臨橫渠先生行狀）

因爲張載與程顥、程頤之間爲親屬關係，在學術上有密切的交往，關學後傳不拘門户，如呂氏三兄弟呂大忠、呂大鈞、呂大臨，蘇昞、范育、薛昌朝以及种師道、游師雄、潘拯、李復、田腴、邵彦明、張舜民等，在張載去世後一些人投到二程門下，繼續研究學術，也因此關學的學術地位在學術史上常常有意無意地受到貶低甚至質疑（包括程門弟子的貶低和質疑）。

事實上，在理學發展史上，張載以其關學卓然成家，具有鮮明的特點和理論建樹，這是不能否定的。反過來，張載的一些觀點和思想也影響了二程的思想體系，對後來的程朱學說及閩學的形成也有重要的啓迪意義，這也是客觀的事實。

張載依據易建立自己的思想體系，但是，在基本點上和易的原有内容并不完全相同。他提出「太虛即氣」的觀點，認爲沒有超越「氣」之上的「太極」或「理」世界，换言之，「氣」不是被人創造出的產物。又由此推論出天下萬物由「氣」聚而成；物毁氣散，復歸於虛空（或「太虛」）。在氣聚、氣散即物成物毁的運行過程中，才顯示出事物的條理性。張載說：「太虛不能無氣，氣不能不聚而爲萬物，萬物不能不散而爲太虛，循是出入，是皆不得已而然也。」（正蒙卷一）他用這個觀點去看萬物的成毁。這些觀點極大地影響了清初大思想家王船山。

張載在西銘中說：「乾稱父，坤稱母。予茲藐焉，乃混然中處。故天地之塞，吾其體；天地之帥，吾其性。民，吾同胞；物，吾與也。」天地是萬物和人的父母，人是天地間藐小的一物。天、地、人三者共處於宇宙之中。由於三者都是氣聚之物，天地之性就是人之性，所以人類是我的同胞，萬物是我的朋友，歸根到底，萬物與人類的本性是一致的。進而認爲，人們「尊高年，所以長其長；慈孤弱，所以幼其幼。聖，其合德；賢，其秀也。凡天下疲癃殘疾、惸獨鰥寡，皆吾兄弟之顛連而無告者也」。這裏所表述的是一種高尚的人道主義精神境界。

二程思想與張載有別，他們通過對張載氣本論的取捨和改造，又吸收佛教的有關思想，建構了「萬理歸於一理」的理論體系。在人性論方面，二程在張載人性論的基礎上進一步深化了孟子的性善論。二程贊同張載將人性分爲「天地之性」和「氣質之性」。但二程認爲「天地之性」是天理在人性中的體現，未受任何損害和扭曲，因而是至善無瑕的；「氣質之性」是氣化而生的，也叫「才」，它由氣禀決定，禀清氣則爲善，禀濁氣則爲惡，正因爲氣質之性不可避免地受到了「氣」的侵蝕而出現「氣之偏」，因而具有惡的因素。在二程看來，善與惡的對立，實際上是「天理」與「人欲」的對立。

朱熹將張載氣本論進行改造，把有關「氣」的學說納入他的天理論體系中。朱熹接受「氣」生萬物的思想，但與張載的氣本論不同，朱熹不再將「理」看成是「氣」的屬性，而是「氣」的本原。天理與萬事萬物是一種怎樣的關係？朱熹關於「理一分殊」的理論回答了這一問題。他認爲：「太極只是個極好至善的道理。人人有一太極，物物有一太極。」又說：「太極非是別爲一物，即陰陽而在陰陽，即五行而在五行，即萬物而在萬物，只是一個理而已。」（朱子語類卷九四）「理一分殊」理論包括一理攝萬理與萬理歸一理兩個方面，這與張載思想有別。

總之，宋明理學反映出儒、道、釋三者融合所達到的理論高度。這一思想的融合完成于兩宋時期。張載開創的關學爲此做出了重要的學術貢獻。正如清初思想家王船山所說：「張子之學，上承孔孟之志，下救來茲之失，如皎日麗天，無幽不燭，聖人復起，未有能易焉者也。」（張子正蒙注序論）船山之學繼承發揚了張載學說，又有新的創造。

三、關學的特色

關學既有深邃的理論，又重視經世致用。這可以概括爲以下幾個方面：

首先，學風篤實，注重踐履。黄宗羲指出：「關學世有淵源，皆以躬行禮教爲本。」（明儒學案師說）躬行禮教，學風樸質是關學的顯著特徵。受張載的影響，其弟子藍田「三呂」也「務爲實踐之學，取古禮，繹其義，陳其數，而力行之」（宋元學案呂范諸儒學案）。特別是呂大臨。明代呂柟其行亦「一準之以禮」（關學編）。即使清代的關學學者王心敬、李元春、賀瑞麟等人，依然守禮不輟。

其次，崇尚氣節，敦善厚行。關學學者大都注意砥礪操行，敦厚士風，具有不阿權貴、不苟於世的特點。張載曾兩次被薦入京，但當發現政治理想難以實現時，毅然辭官，回歸鄉里，教授弟子。明代楊爵、呂柟、馮從吾等均敢於仗義執言，即使觸犯龍顏，被判入獄，依舊不改初衷，體現了大義凜然的獨立人格和卓異的精神風貌。清代關學大儒李顒，在皇權面前錚錚鐵骨，操志高潔。這些關學學者「窮則獨善其身，達則兼善天下」，體現出「富貴不能淫，貧賤不能移，威武不能屈」的「大丈夫」氣節。

最後，求真求實，開放會通。關學學者大多不主一家，具有比較寬廣的學術胸懷。張載善於吸收新的自然科學成果，不斷充實豐富自己的儒學理論。他注意對物理、氣象、生物等自然現象做客觀的觀察和合理的解釋，具有科學精神。後世關學學者韓邦奇、王徵等都重視自然科學。三原學派的代表人物王恕以治易入仕，晚年精研儒家經典，強調用心求學，求其「放心」，用心考證，求疏通之解，形成了有獨立主見的治國理政觀念。關學學者堅持傳統，但并不拘泥於傳統，能够因時而化，不斷地融合會通學術思想，具有鮮明的開放性和包容性特徵。由張載到「三呂」、呂柟、馮從吾、李顒等，這種融會貫通的學術精神得到不斷承傳和弘揚。

四、關學文庫的整體構成

關學文獻遺存豐厚，但是長期以來沒有得到應有的保護和整理，除少量著作如正蒙、涇野先生五經說、少墟集、元儒考略等在清代收入四庫全書之外，大量的著作仍散存於陝西、北京、上海等地的圖書館或民間，其中有的在大陸已成孤本（如韓邦奇的禹貢詳略、李因篤的受祺堂文集家藏抄本），有的已殘缺不全（如南大吉集收入的瑞泉集殘本，現重慶圖書館存有原書，國家圖書館僅存膠片；收入的南大吉詩文，搜自西北大學圖書館藏周雅續）。即使晚近的劉光蕡、牛兆濂等人的著述，其流傳亦稀世罕見。民國時期曾有宋聯奎主持編纂關中叢書（邵力子題書名），但該叢書所收書籍涉及關中歷史、地理、文學、藝術等諸多方面，內容駁雜，基本上不能算作是關學學術視野的文獻整理。二十世紀七十年代以來，中華書局將張載集、藍田呂氏遺著輯校、關學編（附續編）、涇野子內篇、二曲集等收入理學叢書陸續出版，這些僅是關學文獻的很少一部分。全方位系統梳理關學學術文獻仍係空白。

關學典籍的收集與整理，是關學學術研究的重要基礎，文獻整理的嚴重滯後，直接影響到關學研究的深入和關學精神的弘揚，影響到對歷史文化的傳承和中國文化精神的發掘。

現在將要出版的關學文庫由兩部分內容組成，共四十種，四十七冊，約二千三百餘萬字。

一是文獻整理類，即對關學史上重要文獻進行搜集、搶救和整理（標點、校勘），其中涉及關學重要學人二十九人，編訂文獻二十六部。這些文獻分别是：張子全書、藍田呂氏集、李復集、元代關學三家集、王恕集、薛敬之張舜典集、馬理集、呂柟集涇野經學文集、呂柟集涇野子内篇、呂柟集涇野先生文集、韓邦奇集、南大吉集、楊爵集、馮從吾集、王徵集、王建常集、王弘撰集、李顒集、李柏集、李因篤集、王心敬集、李元春集、賀瑞麟集、劉光蕡集、牛兆濂集以及關學史文獻輯校。

二是學術研究類，其中一些以「評傳」或年譜的形式，對關學重要學人進行個案研究，主要涉及郿縣張載、藍田呂大臨、高陵呂柟、長安馮從吾、朝邑韓邦奇、盩厔李顒、郿縣李柏、富平李因篤、鄠縣王心敬、咸陽劉光蕡等學人，共十一部。它們分别是：張載思想研究、張載年譜、呂大臨評傳、呂柟評傳、韓邦奇評傳、馮從吾評傳、李顒評傳、李柏評傳、李因篤評傳、王心敬評傳、劉光蕡評傳等。此外，針對關學的主要理論問題與思想學術演變歷程進行研究，共三部。這些著作分别是關學精神論、關學思想史、關學學術編年等。

在這兩部分内容中，文獻整理是文庫的重點内容和主體部分。

關學文庫係「十二五」國家重點圖書出版規劃項目，國家出版基金項目，陝西出版資金資助項目，得到了中共陝西省委、陝西省人民政府、國家新聞出版廣電總局及陝西省新聞出版廣電局的大力支持。文庫的組織、編輯、審定和出版工作在組織工作委員會、編輯出版委員會領導下進行，日常工作由陝西省人民政府參事室（陝西省文史研究館）和西北大學出版社負責。中共陝西省委書記趙正永對這一功在當代、惠及後世的國家和省級重大文化精品圖書高度重視，親自擔任組織工作委員會主任，自始至終關心支持文庫的編纂工作；省委常委、常務副省長江澤林，副省長王莉霞和省政府秘書長陳國強等對文庫的編輯出版工作給予悉心指導；原陝西省新聞出版局局長薛保勤、陝西省社會科學界聯合會名譽主席趙馥潔，陝西省人民政府參事室（陝西省文史研究館）主任張祖培對文庫的策劃與實施做出了重要貢獻。本文庫歷時五年編纂完成，凝結著全體參與者的智慧和心血。總主編劉學智、方光華教授，項目總負責徐曄、馬來同志統籌全書，精心組織，西北大學、陝西師範大學、西北政法大學、中國人民大學、華東師範大學、鄭州大學等十餘所院校的數十位專家學者協力攻關，精益求精，體現出深沉厚重的歷史使命感和復興民族文化的責任感；他們孜孜矻矻，持之以恒，任勞任怨，樂於奉獻，以古人爲己之學相互勉勵，在整理研究古代文獻的同時，不斷錘煉學識，砥礪德行，努力追求樸實的學風和嚴謹的學術品格。出版社組織專業編輯、外審專家通力合作，希望盡最大可能提高該文庫的學術品質。作爲文庫編輯出版委員會主任，我謹向大家卓有成效的工作表示衷心的感謝。由於時間緊迫、經驗不足等原因，文庫書稿中的疏漏差錯難以完全避免。希望讀者朋友們在閱讀使用時加以批評指正，以便日後進一步修訂，努力使本文庫更加完善。

張豈之

二〇一五年一月八日

于西北大學中國思想文化研究所

點校說明

關學是由北宋哲學家張載所創立的理學流派。張載，字子厚，原籍大梁（今河南開封）人，于宋真宗天禧四年（一〇二〇）生於長安（今陝西西安），後僑寓於鳳翔郿縣橫渠鎮（今陝西眉縣橫渠鎮），卒于宋神宗熙寧十年（一〇七七），一生大部分時間是在郿縣橫渠鎮度過，世稱橫渠先生。由於他長期在陝西關中講授理學，以他爲核心，形成了一個具有地域文化特色的理學流派——關學。張驥關學宗傳自序云：「昔橫渠氏關中崛起，開門授徒，分濂、洛之席，紹鄒、魯之傳，一時藍田、華陰、武功諸儒闡揚師旨，道學風行，學者稱初祖焉。」

張載弟子中，以藍田呂大忠、呂大鈞、呂大臨，武功蘇昞、游師雄，三水范育，長安李復等人爲代表，以道自任，守其師說，學古力行，篤志好禮，刊佈呂氏鄉約、鄉儀，「振起壞俗」[一]，體現了關學敦本尚實、尊禮重教的鮮明特質。

金元時期，關中學者楊君美、楊奐、楊恭懿、蕭維斗等人服膺濂、洛、關、閩之學。楊君美清風高節，「自讀書入仕至於晚歲，風節矯矯，始終不少變」，「於勢利藐然如浮雲」[二]；楊恭懿「篤信好學，操履不苟」，「乾乾其行，艮艮其守，師古喪祭，如禮不苟」[三]；蕭維斗「真履實踐」、「通道力行」；「廉頑立懦，勵俗興化之功亦已多矣」[四]。終金元之世，關中地區人文蔚起，碩儒鴻生，「橫渠遺風將絕復續」。

[一] 關學編卷一與叔呂先生。
[二] 關學編卷二君美楊先生。
[三] 關學編卷二元甫楊先生。
[四] 關學編卷二維斗蕭先生。

明代關學首推王恕、王承裕爲代表的三原學派，以程朱爲階梯，祖孔顏爲標準，積極創辦弘道書院，循禮而行，刊佈藍田呂氏鄉約、鄉儀，教化鄉人。其學派馬理、韓邦奇、楊爵等人學宗程朱，篤於行誼，「執禮如橫渠」〔一〕，徑直不阿，方正介直，「多以氣節著」〔二〕。其後有受河東學派影響的渭南薛敬之尊崇古道，進退容止，一準以禮；高陵呂柟以直聲震天下，剛毅近仁，有「真鐵漢」之稱。明季有長安馮從吾統程朱陸王而一之，集關學之大成。終明一代，真儒輩出，「諸君子之學，雖蹊入門戶各異，造詣淺深或殊，然一脈相承，千古若契，其不詭于吾孔氏之道則一也」〔三〕，彰顯了關學崇尚氣節、不爲空談的鮮明特質。

清初，李二曲毅然以身倡道，兼采朱陸，提倡「明體適用」；李柏甘貧樂道，兢兢自守；李因篤以道自任，提倡經世致用。以「三李」爲代表的關學學人毅然肩負起了「爲天地立心，爲生民立命，爲往聖繼絶學，爲萬世開太平」的神聖使命；清代中後期，王心敬、李元春、賀瑞麟等人潛心理學，嚴守程朱，刊佈關中道脈四種等理學著述，以彰關中道脈，俾鄉人教化，使有志之士知所趨向；同時，陸續增訂馮從吾關學編，揭示關學道脈及其發展趨向。清末民初，中國社會發生了深刻變化，尤其是戊戌維新以後，中西文化交匯日深，理學作爲封建正統思想日漸受到嚴峻挑戰，思想文化的統治地位日趨式微。關學作爲理學的重要派別，亦面臨着新的抉擇。以賀瑞麟、牛兆濂等人爲代表的清麓派學人，毅然肩負起捍衛傳統學術的神聖使命，恪守程朱，敦本尚實，躬行禮教，以不趨時、不阿俗，「篤信好學，死守善道」〔四〕的精神積極從事講學活動，關學幾絶復續。

〔一〕關學編卷四谿田馬先生

〔二〕明儒學案卷三三三原學案

〔三〕馮從吾關學編原序

〔四〕論語泰伯第八

如上所言，關學自横渠開派以來，以其强大的生命力，歷經八百餘年的流變，鑄就了關中理學的蔚然盛況和一代代學人高山景行的崇高人格，創造了內涵豐富、體系完備的理學思想體系，形成了一部綿延不絶的關學史，積澱了大量優秀的學術成果，同時也出現了關學學術史專著。馮從吾（一五五七～一六二七，學者稱少墟先生）首開先河，懷着「以識吾關中理學之大略」[二]的夙願，撰成關學編，成爲第一部系統梳理關學學術史發展脈絡的理論著述。之後，王心敬（一六五六～一七三八，號豐川）、李元春（一七六九～一八五四，號時齋，學者稱桐閣先生）、賀瑞麟（一八二四～一八九三，號復齋）、柏景偉（一八三〇～一八九一，號灃西）等學人不斷增補、續訂、重刻關學編，對宋、金、元、明、清時期的關學學術發展史進行了全面系統地梳理，爲我們研究張載關學發展傳承，關學學人生平事略、理學著述及其與張載關學的內在思想聯繫等，提供了重要的文獻資料。同時，也爲我們深入研究關學在不同歷史時期的思想特徵及其關學與異地諸學派的互動關係提供了重要綫索。能將這些歷史文獻資料進行系統地整理，對我們深化關學史乃至宋明理學史的研究，均具有重要意義。

馮從吾關學編卷首列秦孔門四子，編中收入自宋代張載至明代王秦關共三十三位關中學人，共分四卷，卷一列宋張横渠等九人，卷二列金楊君美一人、元楊紫陽等八人，卷三列明初段容思等七人，卷四列明中葉呂涇野等八人。另有十位學人分别附於相關主傳之後。各傳內容大致先臚敘其生平行實、師承授受，再鉤沉其思想要旨、學術影響，列舉其主要理學著述，揭示了理學在關中地區發展的基本綫索，成爲研究宋、金、元、明時期關學史發展的最早學術著述，爲關學學術史研究奠定了基礎。

關學編在明代未見單刻本，被收入馮少墟集中。馮少墟集成書於萬曆壬子（一六一二），由巡按陝西的畢懋康彙集馮從吾生平著述而成，稱爲萬曆壬子本，今不及見。後由其次子馮嘉年增益，於萬曆癸丑（一六一三）至天啟辛酉（一六二一）作類序重刻，稱爲天啟本，現存於國家圖書館善本室。全書二十二卷，卷二十一至卷二十二爲關學編。天啟本內容較

[二] 馮從吾關學編原序

之萬曆壬子本內容齊備，又少後人竄改，較爲精良，成爲其後通行各本之祖本，並被收入文淵閣四庫全書（稱爲文淵閣本）和文津閣四庫全書（稱爲文津閣本）中。

文淵閣本少墟集所收關學編內容完備，從宋横渠張先生至明秦關王先生共分四卷，包括關學編原序、凡例、首卷及目録等內容，脱漏、訛誤較少，如周小泉先生傳較諸續刻本均完備，少後人斧斫之工，版本精良，爲本次點校之底本。需要説明的是，該本前面的內容提要所云「馮少墟集二十二卷」，而實際只有二十卷，且所著録書名爲少墟集；提要所云「卷二十一至卷二十二爲關學編」[一]，而實際卷次爲卷十九至卷二十。概系四庫館臣之疏失，無干關學編內容。

文津閣本少墟集卷十九至卷二十爲關學編，全編共分宋、明二卷，將宋、元、明時期關學學人加以編次，因編纂體例之失，將金、元時期君美楊先生、紫陽楊先生、元甫楊先生、維斗蕭先生等九人一併列入宋代，易致後人混淆；但該本內容詳贍，幾無訛脱，爲本次點校的校本之一。

此外，康熙十二年（一六七三）由巡按陝西的洪琮組織馮氏世孫將馮少墟集重校重印，全書共二十二卷，卷二十一至二十二爲關學編，稱爲康熙本。此本內容多所缺略，故僅作爲校本之一。

清初開始出現了關學編增訂、續補本，且出現了單刻本，主要有：

（一）乾隆丙子（一七五六）趙廷璧、劉得炯重刻之關學編，稱爲劉得炯本。該本將馮少墟及王仲復續入編中，然「此編人皆知之」，卻因內容不完備而未能廣行，「後學猶未能盡見」[二]。

（二）嘉慶七年（一八〇二）王心敬續編、王承烈參訂、周元鼎增修之關學續編（稱周元鼎本）。內容包括馮從吾關學編四卷（以下簡稱原編）及王心敬增補二卷，共六卷。王心敬在關學編序中云：「溯關學之統者，必上溯諸文、武、周公，又

[一] 文淵閣四庫全書少墟集提要。
[二] 李元春關學續編桐閣重刻關學編序。

必上溯諸伏羲，而後源流分明，本末條貫。」故於孔門四子之前增伏羲、泰伯、仲雍、文王、武王、周公六聖；於漢增董仲舒、楊震二人。於明增馮從吾至單允昌凡六人，附周傳誦、党還醇等人；於清增李顒一人，附一時同志若干人。書末附周元鼎所作王豐川先生傳及嘉慶壬戌年（一八〇二）所作後序。內容完整，較少訛誤，爲本次點校王心敬關學續編之藍本，也是馮從吾關學編校本之一。

需要說明的是，王心敬關學續編是在馮從吾原編的基礎上，增補了與關中道脈有着歷史文化淵源及學術傳承關係的人物傳記等內容，二者合刊爲一書，雖仍名關學編，實爲關學編之續本。其中，馮氏原編內容作爲本書首編已著録，故本次整理僅收録王心敬續補內容，凡與原編內容重複者概不重録，並將該編定名爲王心敬關學續編，便於與馮氏原編相區別；同時在續編中保留原書目録，以便讀者瞭解原書之編纂次第。

（三）道光庚寅（一八三〇）李元春重訂、朝邑蒙天庥（號蔭堂）鐫刻關學編（稱蒙天庥本）。此本內容在馮氏四卷本基礎上訂補入宋代游師雄、明代劉璽、馮從吾、張舜典等七人，續入清代王建常、王巡泰等十二人，遂成關學編五卷本。該本搜羅宏富，增補了張子門下事功與學術皆著的游師雄及明、清關中理學家數十人，內容詳備，是爲本次點校李元春關學續編的藍本，亦是馮從吾關學編校本之一。

需要加以說明的是，李元春重訂的關學編是在馮從吾原編的基礎上，增補了關中明清諸儒十九人，仍名關學編。馮氏原編已著録於首編，故本次整理僅收録李元春增補的內容，凡與原編內容重複者概不重録，並將該編定名爲李元春關學續編，便於與馮氏原編相區分；個別學人如少墟馮先生、二曲李先生、豐川王先生、相九馬先生等在王心敬、李元春續編中都立有傳，但因內容詳略、側重不同等，故加迻録，使學者並考之。同時保留了原書目録，便於讀者瞭解該編的編纂次第。

（四）道光庚寅（一八三〇）三原劉傳經堂補刻朝邑李元春續編、趙廷璧重刻的關學編本（稱劉傳經堂本）。此本內容與蒙天庥本基本相同，唯在書末收入賀瑞麟所撰桐閣李先生傳及其所書後序。爲李元春關學續編點校的校本之一，亦爲馮從吾關學編校本之一。

（五）光緒壬辰（一八九二）賀瑞麟關學續編。此本補入清代關中具有較大影響的理學家劉伯容、王遜功、張蘿谷、史復齋、李桐閣、鄭冶亭、楊損齋等七人。學人選取謹嚴恰當，獨具慧眼，如將一本程朱主敬之學、被譽爲「關中三學正」之一的朝邑楊損齋先生作爲關學續編的最後傳主，嚴格遵守了馮從吾以來關學編的編撰體例，體現了原編與諸續編在學人選取原則上的完備性與一致性，具有重要的象徵意義。該續編著録於光緒己亥（一八九九）三原劉傳經堂開雕的清麓文集卷一五中。所敘學人生平事略詳贍完備，對全面瞭解清代關學發展走向其功甚大，故成爲本次點校賀瑞麟關學續編的藍本。

（六）光緒辛卯（一八九一）長安灃西柏子俊重刻關學編、關學續編本（稱灃西草堂本）。此本將馮從吾關學編作爲原編，而將王心敬、李元春、賀瑞麟的補續作爲續編，共三卷，同馮氏原編彙集成書。其所收録馮從吾關學編內容與原編基本相同，脱漏衍倒之處較少，惟卷三小泉周先生脱一百五十九字；所收録王心敬續編內容則與原書有較大差異，尤對首篇內容大加斧斫，以爲「非恭定所編例」，將伏羲、泰伯、仲雍、文王、武王、周公等先秦六聖悉數「去之」[一]；所收賀瑞麟關學續編与光緒壬辰本內容基本相同，惟桐閣李先生傳脱漏達四十七字。灃西草堂本彙集明、清以來關學編、關學續編諸刻本內容於一書，是內容最爲全面的關學編版本，成爲本次點校的重要校本。惟該本未標著續編所依版本爲何，影響學者進一步深入研究，故我們將王心敬、李元春、賀瑞麟之續編獨立成篇，與馮從吾關學編並列，分別加以整理點校。

民國十年（一九二一），四川成都雙流人張驥（字先識）對馮從吾、王心敬、李元春、賀瑞麟等編輯、續訂關學編的學術貢獻予以充分肯定，同時亦指出諸編「第諸儒學說都付闕如，後學問津，茫無把握，關學之奧義未窺，鄒、魯之淵源何接？又卷帙寥寥，搜羅未廣」[二]的不足，慨然以道自任，東遊二華，北過三原，西望鳳翔，南瞻盩厔，遍訪前賢道場，搜羅關學學人

[一] 柏景偉重刻關學編序。
[二] 張驥關學宗傳自序。

事略，最終撰成內容宏富、體系完備的關學宗傳五十六卷，收入從宋代張載到清末民初柏景偉、劉古愚等關中二百三十四位學人，并附録「實開横渠之先」的侯可、申顔二子，共計二百三十六人，成爲關學肇始以來最爲詳備的學術史著述。

關學宗傳仿周海門聖學宗傳、孫夏峰理學宗傳的編寫體例，「本傳爲經，學説爲緯」，對關中地區凡有關身心性命、發明聖學的理學家的學識行誼，按時代順序分别列傳加以詳述，諸儒著述、語録精微而純粹者附録於傳後，使後學者可以據此全面系統地把握關學發展進程及其思想演化。此本于民國辛酉（一九二一）由陝西教育圖書社排印，是爲本次點校的底本。

需要説明的是，在本書即將出版之際，欣悉甘肅平涼秦治先生家藏關中人物備考一書，經陝西鳳翔李勁民先生熱心聯絡，得見全書原貌，經仔細審核，其內容與校者所持關學宗傳底本完全相同，惟在該書張驥自敘頁下附有清末關中大儒牛兆濂（藍川先生）「是書當名關中人物備考」等語，可知關學宗傳一書在關中地區曾經再版，並更名爲關中人物備考，其內容則與關學宗傳相同，實爲同書異名，别無校本。

明末清初，由黄宗羲、全祖望等著宋元學案、明儒學案，記述了宋、元、明時期中國學術思想源流變化，內容包括學人傳記、言行録、著作録要、學人評論，尤詳於學派授受關係；後又有清人王梓材、馮雲濠的宋元學案補遺一書，對黄宗羲的宋元學案作了補充；及至近代，徐世昌仿黄氏體例，略加折衷，撰成清儒學案，成爲全面總結清代學術思想發展的宏富著作。學案體著作的出現，爲後學研究歷代學術思想史及其沿革，提供了較爲完備可靠的資料，也成爲系統梳理關學史發展脈絡的重要文獻。因而，在本次整理過程中，我們從上述四部著作中節選其中與關學學術史相關的內容作爲附録，其中黄宗羲原著、全祖望及黄百家補修之宋元學案依據清道光二十六年何紹基刻本；王梓材、馮雲濠編撰之宋元學案補遺依據中華書局二〇一二年沈芝盈、梁運華點校本；黄宗羲明儒學案依據文淵閣四庫全書本；徐世昌清儒學案依據民國二十七年刻本。

因整理點校之需要，我們亦參閲了部分史傳類著作，包括張子全書（文淵閣四庫全書，朱軾康熙五十八年本），性理大全（文淵閣四庫全書，康熙十二年本），少墟集（文淵閣四庫全書，天啟辛酉本），阮元校刻之十三經注疏（北京：中華書局，一九八零年版）、宋史（北京：中華書局，一九七四年版）、元史（北京：中華書局，一九七六年版）、明史（北京：中華書局，一九七四年版）、二程集（北京：中華書局，一九八一年版）、《二曲集》（北京：中華書局，一九九六年版）等，爲本次點校之互校本。

對於關學史文獻的整理與研究工作，陳俊民、徐興海曾做過積極地探索，如點校馮從吾關學編[一]及王心敬、李元春、賀瑞麟續編，爲推動關學史研究全面開展奠定了基礎。然而，一些重要的關學學術史著作仍未得到系統地整理與研究，如民國十二年張驥所撰關學宗傳，內容涉及從宋代張載到清末民初柏景偉、劉古愚等關中二百三十六位學人，爲關學肇始以來最爲詳備的學術史著述，卻一直未曾整理；清代關學史文獻之思想內容、編纂體例及其學術史意義等的研究尚不深入，部分關學史文獻資料積日累久，流傳不廣，影響關學史研究的深入發展。

基於上述原因，點校者於二〇一一年申請並獲批教育部人文社會科學研究一般項目「關學學術史文獻研究」（項目號：11YJA720025），經過三年的努力，形成關學史文獻輯校研究成果。

需要說明的是，關學史文獻涉及內容廣泛，除了本次整理的相關著述外，還有大量散見於正史、各類史傳及異地諸學派理學著述中的文獻資料，還有散存於各地的碑石、墓誌等考古資料，由於時間緊迫，這次未能全面收錄，只好留待日後增補。

整理過程中，承蒙關學文庫總主編陝西師範大學劉學智教授及西北大學方光華教授的悉心指導，西北大學出版社馬來社長對本書的出版提供了極大幫助，馬平編審及郭文鎬編審以極其負責的態度，專精的業務能力，對本書進行了認真審閱，提出了寶貴意見；陝西鳳翔清麓派傳人李銘誠（字子慊）之孫李勁民先生熱心幫助搜集資料，西北大學劉中和以及

[一] 參見陳俊民、徐興海點校關學編（附續編），中華書局，一九八七年版。

西安文理學院張旭東、王浩、何山等同學幫助録入資料，在此一併表示深深地謝意！因學識孤陋，疏漏訛謬之處知所難免，尚望讀者批評指正。

點校者

二〇一四年十一月

目録

關學編 [明]馮從吾 著

明天啟辛酉刊本

關學續編 [清]王心敬 著

[清]王承烈參訂 清嘉慶七年周元鼎增修本

關學續編 [清]李元春 著

清道光庚寅蒙天庥鐫刻本

關學續編［清］賀瑞麟 著

清光緒壬辰本

關學宗傳［民国］張驥 著

民國辛酉陝西教育圖書社排印本

附録

卷一　宋元學案補遺關學史文獻節録……五七八

卷三　明儒學案關學史文獻節録……五九三

卷四　清儒學案關學史文獻節録……六〇八

卷五　關學編諸刻本序及提要……六二五

關學編

[明]馮從吾 著

明天啟辛酉刊本

關學編原序

我關中自古稱理學之邦，文、武、周公不可尚已，有宋横渠張先生崛起郿邑，倡明斯學，皋比勇撤，聖道中天。先生之言曰：「爲天地立心，爲生民立命，爲往聖繼絶學，爲萬世開太平。」可謂自道矣。當時執經滿座，多所興起，如藍田、武功、三水，名爲尤著。至于勝國，是乾坤何等時也，而奉元諸儒猶力爲撑持，塤吹篪和，濟濟雍雍，横渠遺風將絶復續，天之未喪斯文也，豈偶然也哉！

迨我皇明，益隆斯道，化理熙洽，眞儒輩出。皋蘭剏起，厥力尤𨻶，璞玉渾金，精光含斂，令人有有餘不盡之思。鳳翔以經術教授鄉里，眞有先進遺風。小泉不繇文字，超悟于行伍之中，亦足奇矣。司徒步趨文清，允稱高弟。在中、顯思履繩蹈矩，之死靡他。至于康僖，上承庭訓，下啟光禄，而光禄與宗伯、司馬金石相宣，鈞天並奏，一時學者翕然嚮風，而關中之學益大顯明于天下。若夫集諸儒之大成而直接横渠之傳，則宗伯尤爲獨步者也。宗伯門人幾遍海内，而梓里惟工部爲速肖。元善篤信文成，毁譽得失屹不能奪，其眞能致良知可知。侍御直節精忠，有光斯道。博士甘貧好學，無愧藍田。嗚呼，盛矣！學者俯仰古今，必折衷于孔氏，諸君子之學，雖繇入門戶各異，造詣淺深或殊，然一脉相承，千古若契，其不詭于吾孔氏之道則一也。

余不肖，私淑有日，頃山中無事，取諸君子行實，僭爲纂次，題曰關學編，聊以識吾關中理學之大略云。嗟夫！諸君子往矣，程子不云乎「堯舜其心至今在」。夫堯舜其心至今在，諸君子其心至今在也。學者能誦詩讀書，知人論世，恍然見諸君子之心，而因以自見其心，則靈源濬發，一念萬年，横渠諸君子將旦莫遇之矣。不然，而徒品隲前哲，庯嘵口耳，則雖起諸君子與之共晤一堂，何益哉？

萬曆歲在丙午九月朔日，長安後學馮從吾書于静觀堂

凡例

一、是編專爲理學輯，故歷代名臣不敢泛入。

一、理學如秦子南、燕子思、壤駟子從、石作子明，俱孔門高弟，第事蹟多不詳，故另列小傳于前，而編中斷自横渠張子始。

一、次序各以時代，庶古今不相混淆。

一、宋、元諸儒有史傳諸書可考，不佞稍爲纂次，十五仍舊。至國朝諸儒，中多僭妄論，著文之工拙不卹也。

一、國朝諸儒，特録其所知蓋棺論定者，其所未知者，姑闕之以俟。

首卷

秦子

秦子名祖，字子南，秦人。一統志：西安府。孔門弟子，篤于守道。唐玄宗追封少梁伯，從祀孔子廟庭。宋眞宗加封鄄城侯。國朝嘉靖中，改稱「先賢秦子」。宋高宗贊曰：「秦有子南，贇贇述作。守道之淵，成德之博。範若鑄金，契猶發藥。歷世明祀，少梁寵爵。」聖門人物志末二句作「紛華不撓，縻我好爵」。

燕子

燕子名伋，家語作「級」。字子思，秦人。一作汧陽人。孔門弟子。唐玄宗追封漁陽伯，從祀孔子廟庭。宋眞宗加封汧源侯。國朝嘉靖中，改稱「先賢燕子」。宋陳知微贊曰：「八九之徒，具傳大義。賢哉子思，道本無愧。鐘靈咸鎬，浴德洙泗。增封汧源，皇澤斯被。」聖門人物志贊曰：「師席高振，大成是集。道傳一貫，速肖七十。善教云衮，儒風可立。漁陽之士，得跂而及。」

石作子

石作子名蜀，字子明，秦之成紀人。一統志：鞏昌府秦州。孔門弟子。唐玄宗追封石邑伯，從祀孔子廟庭。宋眞宗加封成紀侯。國朝嘉靖中，改稱「先賢石子」。宋高宗贊曰：「在昔石邑，能知所尊。懋依有德，克述無言。鼓篋槐市，揚名里門。此道久視，彼美常存。」按姓氏英賢傳有石作蜀，氏族略複姓篇有石作氏，注云：「石作蜀，孔子弟子。」據此當稱石作子，稱「石子」者誤。

壤駟子

壤駟子名赤，字子從，家語「壤」作「穰」，史記「從」作「徒」。秦人。一統志：西安府。孔門弟子。唐玄宗追封北徵伯，從祀孔子廟庭。宋眞宗加封上邽侯。國朝嘉靖中，改稱「先賢壤子」。宋高宗贊曰：「式是壤侯，昭乎聖徒。執經請益，載道若無。詩書規矩，問學楷模。得時而駕，領袖諸儒。」按通志略「壤駟氏，複姓」，今稱「壤子」誤。

卷一

宋

橫渠張先生

先生名載，字子厚，郿人。爲人志氣不群，少孤自立，無所不學，喜談兵，至欲結客取洮西之地。年十八，以書謁范文正公，公一見知其遠器，欲成就之，乃謂之曰：「儒者自有名教可樂，何事于兵！」因勸讀中庸。先生讀其書，遂翻然志于道，已猶以爲未足，又訪諸釋、老。累年，盡究其說。知無所得，反而求之六經。嘗坐虎皮講易京師，聽從者甚衆。一夕，程伯淳、正叔二先生至，與論易，二先生于先生爲外兄弟之子，卑行也，而先生心服之，次日語人曰：「比見二程，深明易道，吾所弗及，汝輩可師之。」即撤坐輟講。與二程論道學之要，渙然自信，曰：「吾道自足，何事旁求！」於是盡棄異學，淳如也。

文潞公以故相判長安，聞先生名行之美，以束帛聘，延之學宮，禮重之，命士子矜式焉。嘉祐二年，舉進士，爲祁州司法參軍，遷雲巖縣名，在宜川縣西北，今廢。令。政事以敦本善俗爲先，每月吉，具酒食召父老高年者于縣庭，親勸酬之，使人知養老事長之義，因訪民疾苦及告所以訓戒子弟之意。有所教告，常患文檄之出不能盡達于民，每召鄉長于庭，諄諄口諭，使往告其里。閭閻有民因事至庭，或行遇于道，必問某時命某告某事聞否，聞即已，否則罪其受命者。故教命出，雖僻壤婦人孺子畢與聞，俗用翕然。

熙寧初，遷著作佐郎，僉書渭州軍事判官。御史中丞呂晦叔公著薦先生于朝曰：「張載學有本原，西方之學者皆宗之，可以召對訪問。」上召見，問治道，對曰：「爲治不法三代者，終苟道也。」上說之，曰：「卿宜日見二府議事，朕且將大用卿。」先生謝曰：「臣自外官赴召，未測朝廷新政所安，願徐觀旬月，繼有所獻。」上然之。他日，見執政王安石，安石謂曰：「新政之更，懼不能任事，求助于子，何如？」先生曰：「朝廷將大有爲，天下之士願與下風。若與人爲善，則孰敢不盡，如教玉人追琢，則人亦故有不能。」執政默然。所語多不合，寖不悅。既命校書崇文，辭未得請，復命按獄浙東。程伯淳時官御史裏行，爭曰：「張載以道德進，不宜使治獄。」安石曰：「淑問如皋陶，猶且讞囚，此庸何傷！」命竟下，實疏之也。獄成還朝，會弟御史天祺及伯淳並以言得罪，乃移疾西歸，屏居横渠。

横渠至僻陋，僅田數百畝供歲計，人不堪其憂，先生約而能足，處之裕如。終日危坐一室，左右簡編，俯而讀，仰而思。有妙契，雖中夜必取燭疾書。嘗謂門人曰：「吾學既得諸心，則修其辭命；辭命無差，然後斷事；斷事無失，吾乃沛然。」蓋其志道精思，未始須臾息，亦未嘗須臾忘也。學者有問，多告以知禮成性、變化氣質之道，學必如聖人而後已。以爲知人而不知天，求爲賢人而不求爲聖人，此秦、漢以來學者之大弊也。故其學以易爲宗，以中庸爲體，以禮爲的，以孔孟爲法，窮神化，一天人，立大本，斥異學，自孟子以來未之有也。

患近世喪祭無法，喪僅隆三年，朞以下，恬未有衰麻之變；祀先之禮用流俗，節序祭以褻不嚴。於是勉修古禮，爲薄俗倡，朞功而下爲製服，輕重如儀。實始行四時之薦，曲盡誠潔。教童子以灑掃應對，給侍長者。女子未嫁者，必使觀于祭祀，納酒漿，以養遜弟而就成德。嘗曰：「事親奉祭，豈可使人爲之！」聞者始或疑笑，終乃信而從之，相傚復古者甚衆，關中風俗爲之大變。

熙寧九年，秦鳳帥呂微仲大防薦之曰：「張載之學，善發聖人之遺意，其術略可措之以復古，宜還舊職，訪以治體。」詔從之，召同知太常禮院。及至都，公卿聞風爭造，然亦未有深知之者。以所欲言嘗試於人，多未之信。會言者欲講行冠昏喪祭禮，詔下禮官議。禮官狃故常，以古今異俗爲說，先生力爭之不能得。適三年郊，禮官不致嚴，力爭之，又不得。先生知道之終不行也，復謁告歸。中道而疾病，抵臨潼卒，年五十八。貧無以斂，門人共買棺奉其喪還。翰林學士許將言其恬于進取，乞加贈恤，詔賜館職半賻[一]。

先生氣質剛毅，望之儼然，與之居久而日親。勇于自克，人未信，惟反躬自艾；即未喻，安行之無悔也。聞風者服義，不敢以私干之。

居恒以天下爲念。聞皇子生，喜見顏面；行道見饑殍，輒咨嗟，對案不食者終日；聞人善輒喜；答問學者，雖多不倦，有不能者，未嘗不開其端；行游所至，必訪人才，有可語者，必丁寧以誨之，惟恐其成就之晚；雖貧不能自給，而門人無貲者，輒麤糲與共。嘗慨然有志三代之治，論治人先務，未始不以經界爲急，以爲「仁政必自經界始。貧富不均，教養無法，雖欲言治，皆苟而已。」方欲與學者買田一方，畫爲數井，上不失公家之賦役，退以其私正經界，分宅里，立斂法，廣儲蓄，興學校，成禮俗，救災恤患，敦本抑末，足以推先王之遺法，明當今之可行。有志未就而卒。

始先生爲學亦頗秘之，不多以語人，曰：「學者雖復多聞，不務蓄德，祇益口耳，無爲也！」程伯淳聞[二]之，曰：「道之不明久矣，人善其所習，自謂至足，必欲如孔門不憤不啟，不悱不發，則師資勢隔，而先王之道或幾乎熄矣。趨今之時，且當隨其資而誘之，雖識有明暗，志有淺深，亦各有得，而堯舜之道庶可馴至也。」先生用其言，故關中學者躬行之多，與洛人並，歷數世不衰。

先生所著書曰正蒙，嘗自言：「吾爲此書，譬之樹株，根本枝葉，莫不悉備，充榮之者，其在人功而已。又如晬盤[三]示

[一]「半賻」，「半」字原缺，據宋史卷四二七本傳補。
[二]「聞」，劉傳經堂本作「開」。
[三]「晬盤」，原作「睟盤」，形誤，依文意改。

兒，百物具在，顧取者何如耳！」書成，揭書中乾稱篇首尾二章，寘在左右，曰訂頑，曰砭愚。已程正叔改曰西銘、東銘。

其西銘曰：「乾稱父，坤稱母；予茲藐焉，乃混然中處。故天地之塞，吾其體；天地之帥，吾其性。民，吾同胞；物，吾與也。大君者，吾父母宗子；其大臣，宗子之家相也。尊高年，所以長其長；慈孤弱，所以幼其幼。聖其合德，賢其秀也。凡天下疲癃殘疾、惸獨鰥寡，皆吾兄弟之顛連而無告者也。『于時保之』，子之翼也。『樂且不憂』，純乎孝者也。違曰悖德，害仁曰賊；濟惡者不才，其踐形，惟肖者也。知化則善述其事，窮神則善繼其志。不愧屋漏爲無忝，存心養性爲匪懈。惡旨酒，崇伯子之顧養；育英才，潁封人之錫類。不弛勞而底豫，舜其功也；無所逃而待烹，申生其恭也；體其受而歸全者，參乎！勇于從而順令者，伯奇也。富貴福澤，將厚吾之生也；貧賤憂戚，庸玉汝于成也。存，吾順事；沒，吾寧也。」程正叔謂：「西銘明理一而分殊，擴前聖所未發，與孟子性善養氣之論同功。」又謂：「自孟子後，未見此書。」

先生學古力行，篤志好禮，爲關中士人宗師，世稱爲橫渠先生，門人私謚曰誠明。朱文公贊曰：「早悅孫、吳，晚逃佛、老。勇撤皋比，一變至道。精思力踐，妙契疾書。訂頑之訓，示我廣居。」理宗淳祐初，謚明公[一]，封郿伯，從祀孔子廟庭。國朝嘉靖九年，改稱「先儒張子」。

[一] 「謚明公」，宋史卷四二七張載傳記載：「嘉定十三年，賜謚曰明公。淳祐元年，封郿伯。」宋史卷四二理宗本紀記載：淳祐元年丙午，「封周敦頤爲汝南伯，張載郿伯。」知「謚明公」事在寧宗嘉定十三年（一二二〇），封郿伯事在理宗淳祐元年（一二四一），二者相隔二十餘年，故時間有誤。

天祺張先生

先生名戩，字天祺，橫渠先生季弟。少而莊重老成，長而好學，不喜爲雕蟲之辭以從科舉。父兄敦迫，喻以爲貧，乃强起就鄉貢。既冠，登進士第，調陝州閿縣主簿，移鳳翔普潤縣令。改秘書省著作佐郎，知陝州靈寶、渠州流江、懷安軍〔一〕金堂縣事，轉太常博士。熙寧二年，爲監察御史裏行。明年，以言事出知公安縣，改陝州夏縣，轉運使舉監鳳翔司竹監。熙寧九年卒，年四十有七。

先生歷治六七邑，誠心愛人而有術以濟之，力行不怠，所至皆有顯效。視民之不得其所，若己致之，極其智力必濟而後已。嘗攝令華州蒲城，蒲城劇邑，民悍使氣，不畏法令，鬥訟寇盜，倍蓰它邑。先是，令長以峻法治之，奸愈不勝。先生悉寬條禁，有訟至庭，必以理敦喻，使無犯法；間召父老，使之教督子弟服學省過；作記善簿，民有小善，悉以籍之。月吉，以俸錢爲酒食，召邑之高年聚于縣廨以勞之，使其子孫侍，因勸以孝弟之道。不數月，邑人化之，獄訟爲衰。

爲御史，每進對，必以堯、舜、三代進于上前，惻怛之愛，無所遷避。其大要啟君心、進有德，謂「反經正本當自朝廷始，不先諸此而治其末，未見其可也。」累章論王安石亂法，乞罷條例司及追還常平使者。劾曾公亮、陳升之依違不能救正；韓絳左右狥從，與爲死黨；李定以邪諂竊臺諫；呂惠卿刻薄便給，假經術以文奸言，豈宜勸講君側。又詣中書省爭之，安石舉扇掩面而笑，先生曰：「戩之狂直，宜爲公笑，然天下之笑公不少矣！」章十數上，卒不納，乃嘆曰：「茲未可以已乎！」遂謝病待罪，卒罷言職。既出知公安，未嘗以諫草示人，不説人以無罪。天下士大夫聞其風者，始則聳然畏之，終乃服其厚。自公安改知夏縣，縣素號多訟，先生待以至誠，反復教喻，不逆不億，不行小惠，訟者往往叩頭自引。未幾，靈寶之

〔一〕「軍」，原作「車」，誤。宋史地理五：「懷安軍，同下州，乾德五年，以簡州金水縣建爲軍。」周元鼎本及灃西草堂本俱作「軍」，據改。

民遮使者車請曰：「今夏令張公，乃吾昔日之賢令也，願使君哀吾民，乞張公還舊治。」使者欣然聽其辭而言于朝。去之日，遮道送，不得行，父老曰：「昔者，人以吾邑之人無良喜訟，自公來，民訟幾希，是惟公知吾邑民之不喜訟也。」言已，皆泣下。徙監司竹監，舉家不食笋，其清慎如此。

先生篤實寬裕，儼然正色，雖喜愠不見于容。然與人居，温厚之意，久而益親。終日言未嘗不及于義，接人無貴賤疏戚，未嘗失色于一人。樂道人之善而不及其惡，樂進己之德而不事無益之言。其清不以能病人，其和不以物奪志。常雞鳴而起，勉勉矯強，任道力行，每若不及。德大容物，沛若有餘。常自省，小有過差，必語人曰：「我知之矣，公等察之，後此不復爲矣。」重然諾，一言之欺以爲己病。少孤，不得事親，而奉其兄以弟，就養無方，極其恭愛，推而及諸族姻故舊，罔不周恤。有妹寡居，子不克家，先生力爲經其家事。有一二故人，死不克葬十餘年，先生惻然不安，帥其知識合力聚財，乃克襄事。篤行不苟，爲一時師表。

横渠先生嘗語人曰：「吾弟德性之美，吾有所不如。其不自假而勇于不屈，在孔門之列，宜與子夏後先，晚而講學而達。」又曰：「吾弟，全器也。然語道而合，乃自今始。有弟如此，道其無憂乎！」關中學者稱爲「二張」云。

進伯呂先生 弟大防附[一]

先生名大忠，字進伯。其先汲郡人。祖通，太常博士。父蕡，比部郎中。通葬藍田，子孫遂爲藍田人。先生登皇祐中進士，爲華陰尉、晉城令。未幾，提督永興路義勇，改秘書丞，僉書定國軍判官。

熙寧中，王安石議遣使諸道，立緣邊封溝，進伯與范育被命，俱辭行。進伯陳五不可，以爲懷撫外國，恩信不洽，必致生

[一] 「弟大防附」，底本缺，據灃西草堂本補。

患。罷不遣。今與劉忱使遼，議代北地。會遭父喪，起復知代州。遼使至代，設次據主席，先生與之爭，乃移次于長城北，遼使竟屈。已而復使求代北地，神宗將從之，先生曰：「彼遣一使來，即與地五百里，若使魏王英弼來求關南，則何如？」神宗曰：「卿是何言也？」劉忱曰：「大忠之言，社稷大計，願陛下熟思之。」執政知其不可奪，議竟不決，罷忱還三司，先生亦終喪制。其後竟以分水嶺爲界焉。

元豐中，爲河北轉運判官，徙提點淮西刑獄，尋詔歸故官。元祐初，歷工部郎中、陝西轉運副使，知陝州，以直龍圖閣知秦州，進寶文閣待制。紹聖二年，加寶文閣直學士，知渭州。後汲公及黨禍，乞以所進官爲量移，徙知同州，旋降待制，致仕。卒，詔復學士官，佐其葬。

知秦州時，馬涓以狀元爲州僉判，初呼「狀元」，先生謂之曰：「狀元云者，及第未除官之稱也，既爲判官，則不可。今科舉之學既無用，修身爲己之學不可不勉。」又時時告以臨政治民之道。涓自謂得師，後爲臺官有聲，每嘆曰：「呂公教我之恩也。」謝上蔡時教授州學，先生每過之，聽謝講論語，必正襟斂容曰：「聖人之言行在焉，吾不敢不肅。」

先生爲人質直不妄語，動有法度。從程正公學，正公稱曰：「呂進伯可愛，老而好學，理會直是到底。」所著有輞川集五卷，奏議十卷。弟大防、大鈞、大臨，兄弟四人皆爲一時賢者，世無不高之。

大防字微仲，進士及第。元祐初，以左僕射同范純仁相垂簾聽政者八年，能使元祐之治，比隆嘉祐，封汲郡公。紹聖初，貶舒州，行至虔州信豐，薨。紹興初，贈太師、宣國公，謚正愍。

和叔呂先生

先生名大鈞，字和叔，大忠弟。嘉祐二年中進士乙科，授秦州司理參軍，監延州折博務。改光禄寺丞，知三原。移巴西，又移知侯官，以薦知涇陽，皆不赴。丁外艱，服除，自以道未明，學未優，曰：「吾斯之未能信！」於是不復有禄仕意，家居講道，以教育人才，變化風俗，期德成而致用。久之，以大臣薦爲諸王宫教授。嘗獻文，作天下一家中國一人論上。尋監鳳翔船務，制改宣義郎。

會伐西夏，鄜延轉運司檄爲從事。既出塞，轉運使李稷餽餉不繼，欲還安定取糧，使先生請于种諤。諤曰：「吾受命將兵，安知糧道？萬一不繼，召稷來，與一劍耳。」先生即曰：「朝廷出師，去塞未遠，遂斬轉運使，無君父乎？」諤意折，彊謂先生曰：「君欲以此報稷，先稷受禍矣！」先生怒曰：「公將以此言見恐耶？吾委身事主，死無所辭，正恐公過耳。」諤見其直，乃好謂曰：「子乃爾耶？今聽汝矣！」始許稷還。是時，微先生盛氣誚諤，稷且不免。未幾，以疾卒於官，年五十有二。

先生爲人質厚剛正。初學於橫渠張子，又卒業於二程子，以聖門事業爲己任，識者方之季路。先生於橫渠爲同年友，及聞學，遂執弟子禮。時橫渠以禮教爲學者倡，後進蔽于習尚，其才俊者急于進取，昏塞者難于領解，寂寥無有和者。先生獨信不疑，毅然不恤人之非間己也。潛心玩理，望聖賢剋期可到，日用躬行，必取先王法度以爲宗範。居父喪，衰麻斂奠，比虞祔，一襄之于禮。已又推之冠婚、飲酒、相見、慶吊之事，皆不混習俗。與兄進伯、微仲、弟與叔率鄉人爲鄉約以敦俗，其略云：「德業相勸，過失相規，禮俗相交，患難相恤。」節文燦然可觀。自是關中風俗爲之一變。橫渠嘆「秦俗之化，和叔有力」，又嘆其「勇爲不可及」，而程正公亦稱其「任道擔當，其風力甚勁」云。

先生少時贍學洽聞，無所不該，嘗言：「始學必先行其所知而已，若夫道德性命之際，惟躬行久則至焉。」橫渠謂「學不造約，雖勞而艱于進德」，且謂「君勉之，當自悟」。至是博而以約，煥然冰釋矣，故比他人功敏而得之尤多。其與人語，必因其所可及而喻諸義，治經說得于身踐而心解。其文章不作于無用，能守其師說而踐履之。尤喜講明井田、兵制，謂治道必自此始。悉撰次爲圖籍，使可見之行，曰：「如有用我，舉而措之而已。」

其卒也，范巽之表其墓曰：「誠德君子。」又曰：「君性純厚易直，强明正亮，所行不二于心，所知不二于行。其學以孔子下學上達之心立其志，以孟子集義之功養其德，以顏子克己復禮之用厲其行〔二〕。其要歸之誠明不息，不爲衆人沮之而疑，小辨奪之而屈，勢利劫之而回，知力窮之而止，其自任以聖賢之重如此。」

當先生卒時，妻种氏治先生喪，一如先生治比部公喪，諸委巷浮圖事一屏不用。子義山能傳其學，人以爲道行于妻子云。所著有四書註、誠德集。其鄉約、鄉儀，朱文公表章之行于世，鄉約今爲令甲。

與叔呂先生

先生名大臨，字與叔，號芸閣，大鈞弟。以門蔭入官，不復應舉，或問其故，曰：「某何敢掩祖宗之德。」元祐中，爲太學博士、秘書省正字。嘗論選舉曰：「立士規以養德厲行，更學制以量才進藝，定試法以區別能否，修辟法以興能備用，嚴舉法以核實得人，制考法以責任考功。」范學士祖禹薦其修身好學，行如古人，可爲講官。未及用而卒。

先生學通六經，尤邃于禮，每欲掇習三代遺文舊制令可行，不爲空言以拂世駭俗。少從橫渠張先生游，橫渠殁，乃東見二程先生，卒業焉，與謝良佐、游酢、楊時在程門號「四先生」。純公語之以「識仁」，先生默識深契豁如也。作克己銘以見意，其文曰：「凡厥有生，均氣同體。胡爲不仁？我則有己。立己與物，私爲町畦。勝心横生，擾擾不齊。大人存誠，心見帝則。初無吝驕，作我蟊賊。志以爲帥，氣爲卒徒。奉辭于天，誰敢侮予？且戰且徠，勝私窒欲。昔焉寇讎，今則臣僕。方其未克，窘我室廬。婦姑勃磎，安取其餘？亦既克之，皇皇四達。洞然八荒，皆在我闥。孰曰天下，不歸吾仁？癢痾疾痛，舉切吾身。一日至之，莫非吾事。顏何人哉？晞之則是。」始先生博極羣書，能文章；已涵養深醇，若無能者。賦詩云：「學如元凱方成癖，文似相如始類俳。獨立孔門無一事，只輸顏子得心齋。」婦翁張天祺語人曰：「吾得顏回爲壻

〔二〕「行」，原作「用」，據宋文鑑卷一四五范育呂和叔墓表改。

矣！」而其學尤嚴于吾儒異端之辨。

富文忠公弼致政于家，爲佛氏之學。先生與之書曰：「古者三公無職事，惟有德者居之，內則論道于朝，外則主教于鄉。古之大人當是任者，必將以斯道覺斯民，成己以成物，豈以爵位進退、體力盛衰爲之變哉？今大道未明，人趨異學，不入于莊，則入于釋，疑聖人爲未盡善，輕理義爲不足學，人倫不明，萬物憔悴。此老成大人惻隱存心之時，以道自任，振起壞俗，在公之力，宜無難矣。若夫移精變氣，務求長年，此山谷避世之士獨善其身者所好，豈世之所以望于公者哉？」弼謝之。

正公嘗曰：「與叔守橫渠說甚固，每橫渠無說處皆相從，有說了更不肯回。」又曰：「與叔六月中來緱氏，閒居中某常窺之，見其儼然危坐，可謂敦篤矣。」又曰：「和叔任道擔當，其風力甚勁。然深潛縝密，有所不逮於與叔。」其見重如此。

所著有大學、中庸解，考古圖，玉溪集。所述有東見録，録二程先生語，二先生微言粹語多載録中，其有功于程門不小，故朱文公稱其高於諸公，大段有筋骨，而又惜其早死云。

季明蘇先生

先生名昞，字季明，武功人。同邑人游師雄師橫渠張子最久，後又卒業于二程子。時尹焞彦明方業舉，造之，先生謂曰：「子以狀元及第即學乎，唯復科舉之外，更有所謂學乎？」彦明未達。一日，先生因會茶，舉盞以示曰：「此豈不是學？」彦明大悟。先生令詣程門受學焉。

元祐末，呂進伯大忠薦曰：「臣某伏見京兆府處士蘇昞，德性純茂，強學篤志，行年四十，不求仕進，從故崇文校書張載學，爲門人之秀，秦之賢士大夫亦多稱之。如蒙朝廷擢用，俾充學宮之選，必能盡其素學，以副朝廷樂育之意。」乃自布衣召爲太常博士。後坐元符上書入黨籍，編管饒州。行過洛，館彦明所，伊川訪焉。既行，伊川謂：「季明殊以遷貶爲意？」彦明曰：「然。焞嘗問季明，當初上書爲國家計邪，爲身計邪？若爲國家計，自當忻然赴饒州；若爲進取計，則饒州之貶，猶爲輕典。季明以焞言爲然。」

先是，横渠正蒙成，先生編次而序之，自謂最知大旨。熙寧九年，横渠過洛，與二程子論學，先生録程、張三子語，題曰洛陽議論，朱文公表章之，行于世，今刻二程全書中。

巽之范先生

先生名育，字巽之，三水人。父祥，進士及第，累官轉運副使，以邊功追贈秘書，録其後。先生舉進士，爲涇陽令。以養親謁歸。有薦之者，召見，授崇文校書、監察御史裏行。神宗喻之曰：「書稱『堲讒説殄行』，此朕任御史意也。」先生請用大學「誠意」、「正心」以治天下國家，因薦張載等數人。西夏入環慶，詔先生行邊。坐劾李定親喪匿服，出知韓城。久之，晉知河中府，加直集賢院，徙鳳翔，以直龍圖閣鎮秦州。

元祐初，召爲太常少卿，改光禄卿，出知熙州。今臨洮府。時議棄質孤、勝如兩堡，先生爭之曰：「熙河以蘭州爲要塞，此兩堡者，蘭州之蔽也。棄之則蘭州危，蘭州危則熙河有腰膂之憂矣。」又請城李諾平、汝遮川，曰：「此趙充國屯田古榆塞之地也。」不報。入爲給事中，仕終戶部侍郎，卒。紹興中，采其抗論棄地西夏及進築之策，贈寶文閣學士。

先生從程、張三先生學，伊川嘗曰：「與范巽之語，聞而多礙者，先入也。」横渠嘗詰先生曰：「吾輩不及古人，病源何在？」先生請問，横渠曰：「此非難悟，設此語者，欲學者存之不忘，庶游心深久，有一日脱然如大寐得醒耳。」

横渠正蒙成，先生序曰：「張夫子之爲此書也，有六經之所未載，聖人之所未言，蓋道一而已。語上極乎高明，語下涉乎形器，語大至于無間，語小入于無眹，一有窒而不通，則於理爲妄。正蒙之言，高者抑之，卑者舉之，虚者實之，礙者通之，衆者一之，合者散之。要之，立乎大中至正之矩。天之所以運，地之所以載，日月之所以明，鬼神之所以幽，風雲之所以變，江河之所以流，物理以辨，人倫以正，造端者微，成能者著，知德者崇，就業者廣，本末上下，貫乎一道。過乎此者，淫遁之狂言也；不及乎此者，邪詖之卑說也。推而放諸有形而準，推而放諸無形而準，推而放諸至動而準，推而放諸至靜而準，無不包矣，無不盡矣，無大可過矣，無細可遺矣。言若是乎其極矣，道若是乎其至矣，聖人復起，無有間乎斯言〔一〕矣！」其篤信師說而善發其蘊如此。

師聖侯先生

先生名仲良，字師聖，華陰人。二程先生舅氏無可之孫，從二程先生游。人有欲館先生者，先生造焉，則壁垂佛像，几積佛書，其家人又常齋素，欲先生從之，先生遂行。或問之，曰：「蔬食，士之常分，若食彼之食則非矣。」吾聞用夏變夷，未聞變於夷者也。〔二〕

嘗訪周濂溪，濂溪留之，對榻夜談，越三日乃還，自謂有得，如見天之廣大。伊川驚異其不凡曰：「非從濂溪來邪！」後遊荊門，胡文定留與爲鄰終焉。文定與楊大諫書云：「侯仲良者，去春至荊門潰卒甲馬之中脫身，相就于漳水之濱，今已兩年，其安于羈苦，守節不移，固所未有。至于講論經術，則貫通不窮；商略時事，則纖微皆察。國勢安危，民情休戚，凡務之切于今者，莫不留意而皆曉也。方危艱難〔三〕之時，而使此輩人老身貧賤，亦足慨矣。伏望吾兄力薦于朝，俾命以官，使得效一職，亦不爲無補。」朱文公稱其學清白勁直。所著有論語說及侯子雅言行世。

〔一〕「言」，宋呂祖謙宋文鑑卷九一范育正蒙序作「文」，義較長，作「言」亦通。
〔二〕「吾聞用夏變夷，未聞變於夷者也」二句，底本缺，據澧西草堂本補。
〔三〕「方危艱難」，諸刻本不一，周元鼎本及澧西草堂本作「方阽艱難」，文津閣本作「方當危難」。

按伊洛淵源録稱先生爲華陰先生，無可之孫，即當書爲華陰人，而云河東人，豈金陷關、洛時，先生曾避難河東耶？學者詳之。

天水劉先生

先生名愿，字口口，天水人。天資耿介。時王安石新書盛行，學者靡然向風，先生獨不喜穿鑿附會之説，潛心伊、洛之學，後以八行舉。

卷二

金

君美楊先生

先生名天德，字君美，高陵人。肄業大學，登興定二年進士第，釋褐補博州聊城丞。未及赴，辟陝西行臺掾，尋權大理寺丞，繼擬主長安簿，未幾，正主慶陽安化簿。尋辟德順之隆德令，再辟安化令，補尚書都省掾，遷轉運司支度判官。京城不守，流寓宋、魯間十年而歸長安。

先生自讀書入仕，至於晚歲，風節矯矯，始終不少變。亂後士夫或不能自守，而先生于勢利藐然如浮雲。晚讀大學解，沿及伊、洛諸書，大嗜愛之，常語人曰：「吾少時精力奪于課試，殊不省有此，今而後知吾道之傳爲有在也。」埋沒篆刻中，幾不復見天日。目昏不能視書，猶使其子講誦而朝夕聽之，以是自樂。及有疾，親友往問之，談笑歌詠不衰，曰：「吾晚年幸聞道，死無恨矣！」卒年七十九。

魯齋許先生衡誌其墓銘曰：「出也有爲，死生以之，處也有守，不變于時。日臨桑榆，學喜有得，其知益精，其行益力。吾道之公，異端之私，瞭然胸中，洞析毫釐。外私内公，息邪距詖。俯仰古今，可以無愧。受全于天，復歸其全。尚固幽藏，無窮歲年。」

子恭懿，益昌其家學，爲元名儒，別有傳。

元

紫陽楊先生　鑑山宋氏規附

先生名奐，字煥然，號紫陽，乾州奉天人。母程嘗夢東南日光射其身，旁一神人以筆授之，已而生先生。父振以爲文明之象，因名曰奐。天性至孝，年十一喪母，哀毁如成人。未冠，夢遊紫陽閣，景趣甚異，後因以自號。長師鄉先生吴榮叔，迥出倫輩，讀書厭科舉之學，遂以濂、洛諸儒自期待。金末，嘗作萬言策指陳時病，辭旨剴切，皆人所不敢言者，詣闕欲上之，不果。元初，隱居講道授徒，抵鄠縣柳塘，門生百餘人。創紫陽閣，即清風閣。稱紫陽先生。嘗避兵河朔，河朔士大夫想聞風采，求見者應接不暇。東平嚴實聞先生名，數問其行藏，先生終不一詣。

歲戊戌，太宗詔宣德稅課使劉用之試諸道進士，先生試東平，兩中賦論第一。以耶律楚材薦，授河南路徵收課稅所長官兼廉訪使。既至，招致一時名士，與之議政事，約束一以簡易爲事。按行境内，親問監務月課幾何、難易若何。有以增額言者，先生責之曰：「剝下欺上，汝欲我爲之耶！」即減元額四之一，公私便之。不踰月，政成，時論翕然，謂前此漕司未有也。在官十年，請老于燕之行臺。

壬子，世祖在潛邸，驛召先生參議京兆宣撫司事，累上書請歸。築堂曰「歸來」，以爲佚老之所，教授著述不倦。乙卯，病革，諭子弟孝弟力田，以廉慎自保，戒家人無事二家齋醮。引觴大噱，命門人員擇載筆留詩三章，怡然而逝，年七十，賜謚文憲。

先生博覽强記，眞積力久，猶恐不及。作文務去陳言，以蹈襲爲恥。一時諸老皆折行輩與之交，關中號稱多士，一時名未有出先生右者。不治家人生産業，而喜周人之急，雖力不贍，猶勉强爲之。人有片善，則委曲稱獎，唯恐其名不聞；或小過失，必盡言勸止，不計其怨怒也。初，翰林學士姚燧早孤，育于世父樞，樞督教甚急，先生馳書止之曰：「燧，令器也，長自有分，何以急爲？」乃以子妻之。燧後爲名儒，其學得于先生爲多。元好問撰神道碑，稱爲「關西夫子」。江漢趙復序其集，稱「其志其學粹然一出于正，即其文可以得其爲人」，其見重如此。

所著有還山前後集百卷、天興近鑒三卷、韓子十卷、概言二十五篇、硯纂八卷、北見記〔一〕三卷、正統書六十卷。

時宋規，字漢臣，長安人，與紫陽及遺山、鹿菴、九山數儒論道洛西，弟子受業者甚衆。親歿廬墓，瑞草生塋，閻復嘗稱之曰：「天性至孝，德重三秦。才贍而敏，冠絶一時。」中統戊戌〔二〕徵試，中論賦兩科，拜議事官。先是，官吏縱肆日久，數侵苦小民，公繩之以法，惕然皆莫敢犯。丙辰春，詣闕陳便宜數事，上悉加納。廉希憲云：「宋規循良，可與共事。」希憲相，知公有經濟才，議欲爲列，有嫉其文章名世者沮之，署爲講議官，不就。後徵爲耀州尹，官至蜀道憲副，政聲在在著聞。號鑒山先生。有鑑山補暇集梓行于世。年七十七卒。

元甫楊先生

先生名恭懿，字元甫，號潛齋，高陵人，天德之子。自少讀書强記，日數千言。會時艱，從親逃亂，而東于汴、于歸德、于

〔一〕「北見記」，「北」原作「比」，形誤，據元儒考略卷一及還山遺稿卷上改。

〔二〕「中統戊戌」，中統系忽必烈未改國號前之蒙古年號，凡五年，其干支無「戊戌」，年號與干支紀年相違，因疑其爲「大德戊戌」之誤。

天平，雖間關險阻，未嘗怠弛其業。年十七侍父西歸，家貧，假室以居。鄉鄰或繼其匱，皆謝不取，惟服勞以爲養〔一〕。暇則力學，博綜于書，無不究心，而尤邃于易、禮、春秋，思有纂述，恥爲章句儒而止。志于用世，反覆史學，以鑒觀古昔興亡之事。從學者已衆，海內縉紳與父友者馳書交譽，即以宗盟斯文期之。年二十四始得朱子四書集注、太極圖、小學、近思録諸書，讀之喜而嘆曰：「人倫日用之常，天道性命之妙，皆萃此書。今入德有其門，進道有其途矣。吾何獨不可及前修踵武哉！」于是窮理反躬，一乎持敬，優遊厭飫，俟其成功于潛齋之下。自任益重，前〔二〕習盡變，不事浮末矣。赫然名動一時，宣撫司、行省以掌書記共議事辟之，皆不就。

至元七年，與魯齋許文正公同被召，先生不至。魯齋由國子祭酒拜中書左丞，日于右丞相安圖〔三〕前稱譽其賢，丞相以聞。十年，帝遣協律郎申敬來召，以疾辭。十一年，太子下教中書，俾如漢惠聘四皓故事，再聘之。丞相遣郎中張元智爲書致命，不得已，乃至京師，帝遣國王和通〔四〕勞其遠來。既入見，帝親詢其鄉里、族氏、師承、子姓，無不周悉。詔與學士徒單公履定科舉之法，先生議曰：「三代以德行六藝，賓興賢能，漢舉孝廉，兼策經術，魏晉尚文辭，而經術猶未之遺。隋煬始專賦詩，唐因之，使自投牒，貢舉之法遂熄。雖有明經，止于記誦。宋神宗始試經義，亦令典矣。哲宗復賦詩，遼金循習。將救斯弊，惟如明詔嘗曰：『士不治經學孔孟之道，日爲賦詩空文。』斯言足立萬世治安之本。今欲取士，宜勑有司，舉有行檢、通經史之士，使無投牒自薦，試以五經四書、大小義史論、時務策。夫既從事實學，則士風還淳，民俗趨厚，國家得識治之才矣。」奏入，帝善之。

〔一〕「養」，周元鼎本作「奉」。
〔二〕「前」，周元鼎本作「舊」。
〔三〕「安圖」，周元鼎本作「安童」。
〔四〕「和通」，周元鼎本及元史卷一六四楊恭懿傳作「和童」。

會北征，辭歸。十六年，詔安西王相敦遣赴闕，詔與太史王恂等改曆。明年，曆成，授集賢館學士兼太史院事，辭歸。當曆成進奏日，諸臣方列跪，帝命先生及魯齋起，曰：「二老自安，是年少皆受學汝者。」故終奏皆坐畢其說，蓋異禮也。二十年，以太子賓客召。二十二年，以昭文館大學士領太史院事召。二十九年，以議中書省事召，皆辭疾不行。三十一年，卒，年七十。

先是，魯齋提京兆學，與先生爲友，一遇講貫，動窮日力〔一〕，篤信好學，操履不苟，魯齋亟稱之。父歿，水漿不入口者五日，襄事遵朱文公家禮，盡祛桑門惑世之法，爲具不足，稱貸益之。魯齋會葬歸，語學者曰：「小子識之，曠世墜典，夫夫特立而獨行之，其功可當肇修人極。」聚居六年，魯齋東歸。後治母喪，一如父。三輔士大夫知由禮制自致其親者，皆本之先生云。

蕭維斗蚪誌其墓曰：「朱文公集周、程夫子之大成，其學盛于江左。北方之士聞而知者固有其人，求能究聖賢精微之蘊，篤志于學，眞知實踐，主乎敬義，表裏一致，以躬行心得之餘私淑諸人，繼前修而開後覺，粹然一出乎正者，維司徒暨公。」司徒謂魯齋也。

學士姚燧撰神道碑銘曰：「維天生賢，匪使自有，俾拯烝民，爲責已厚。公於明命，實肩實負，乾乾其行，艮艮其守。師古喪祭，如禮不苟，三綱之淪，我條自手。推得其類，無倦誨誘，學者宗之，西土山斗。」

皇慶中，贈榮禄大夫、太子少保、弘農郡公，謚文康。所著有潛齋遺稿若干卷。

子寅，字敬伯，博通六經、百氏，累官集賢學士、國子祭酒。在成均，講明誨誘，終日忘倦，有父風。

〔一〕「力」，周元鼎本作「夕」。

維斗蕭先生　伯充呂氏彧附

先生名𣂏，字維斗，號勤齋，奉元人。天性至孝，自幼翹楚不凡。長爲府史，語當道不合即引退，讀書終南山，力學三十年不求進。制一革衣由身半以下，及臥，輒倚其榻，玩誦不少置，于是博極群書，凡天文、地理、律曆、算數，靡不研究。侯均謂「元有天下百年，惟蕭維斗爲識字人」。學者及門受業者甚衆，鄉里孚化，稱之曰蕭先生。

鄉人有自城暮歸者，途遇寇，詭曰：「我蕭先生也。」寇驚愕釋去。嘗出遇一婦人，失金釵道旁，疑先生拾之，謂曰：「殊無他人，獨公居後耳。」先生令隨至門，取家釵以償，其婦後得所遺釵，媿謝之。

世祖初分藩在秦，用平章咸寧王野仙薦，徵侍藩邸，以疾辭。授陝西儒學提舉，不赴。省憲大臣即其家具宴爲賀，遣一從史先往。先生方灌園，從史不知其爲先生也，使飲其馬，即應之不拒。及冠帶迎客，從史見，有懼色，先生殊不爲意。後累授集賢直學士、國子司業，改集賢侍讀學士，皆不赴。武宗初，徵拜太子右諭德。不得已，扶病至京師，入覲東宮，書酒誥爲獻，以朝廷時尚酒故也。尋以病請去，或問其故，則曰：「在禮，東宮東面，師傅西面，此禮今可行乎？」俄除集賢學士、國子祭酒，諭德如故，固辭歸。年七十八，以壽終于家，謚貞敏。

劉致謚議略云：「聖王之治天下也，必有所不召之臣。蓋志意修則輕富貴，道義重則輕王公，蟬蜕塵埃之中，翱遊萬物之表，不事王侯，高尚其事者以之。傳曰：『舉逸民，天下之民歸心焉。』故必蒲車旌帛，側席以俟其至，冀以勵俗興化，猶或長往而不返，亦有既至而不屈，則『束帛戔戔，賁于丘園』者，治天下者以之也。于吾元得二人焉，曰容城劉因，京兆蕭𣂏。士君子之趣向不同，期各得所志而已。彼不求人知而人知之，不希世用而世用之，至上徹帝聰，鶴書天出，薜蘿動色，巖戶騰輝，猶堅臥不起。不得已焉始一至，卒不撓其節，不隳所守而去，亦可謂得所志也已。方之于古，則嚴光、周黨之流亞歟！雖其道不周于用，而廉頑立懦，勵俗興化之功亦已多矣。且其累徵而不起，暫出而即歸，不既『貞』乎？以勤自居，其好古好學之心，不既『敏』乎？按謚法『清白守節曰貞，好古不怠曰敏』，請謚曰『貞敏』。」詔從之。

先生制行甚高，眞履實踐，其教人必自小學始。爲文立意精深，言近指遠，一以洙、泗爲本，濂、洛、考亭爲據，關輔之士翕然宗之，稱爲一代醇儒。門人涇陽第五居仁、平定呂思誠、南陽孛术魯翀爲最著。所著有三禮說、小學標題駁論、九州志及勤齋文集行世。

時有呂𡐓，字伯充，其先河内人。金末，父佑避亂關中，因家焉。伯充從許魯齋學，魯齋爲祭酒，舉爲伴讀，輔成教養，其功居多。至元間，爲四川行樞密院都事，勸主帥李德輝不殺，巴人感德，祠之。知華州，勸農興學，俱有成效。累官翰林侍讀學士，致仕，卒，追封東平郡公，謚文穆。

大德中，河東、關、隴地震月余，伯充與維斗各設問答數千言以究其理。居父憂，喪葬一仿古禮。魯齋貽書稱其「信道力行，爲楊元甫之亞」云。

寬甫同先生

先生名恕，字寬甫，號榘菴，奉元人。祖昇。父繼先，博學能文，廉希憲宣撫陝右，辟掌庫鑰。家世業儒，同居二百口，無間言。

先生安靜端凝，羈丱如成人。從鄉先生學，日記數千言。年十三，以書經魁鄉校。至元間，朝廷始分六部，選名士爲吏屬，關陝以先生貢禮曹，辭不行。仁宗初，即其家拜國子司業，階儒林郎，使三召不起。陝西行臺侍御史趙世延請即奉元置魯齋書院，中書奏先生領教事，制可之。先後來學者殆千數。延祐設科，再主鄉試，人服其公。六年，以奉議大夫、太子左贊善召，入見，東宮賜酒慰問。繼而獻書，歷陳古誼，盡開悟涵養之道。明年春，英宗繼統，以疾歸。致和元年，拜集賢侍讀學士，以老疾辭。

先生之學，由程、朱上溯孔孟，務貫浹事理，以利于行。教人曲爲開導，使得趨向之正。性整潔，平居雖大暑不去冠帶。母張卒，事繼母如事所生。父喪，哀毁致目疾，時祀齋肅詳至。嘗曰：「養生有不備，事有可復；追遠有不誠，是誣神也，可逭罪乎？」與人交，雖外無適莫，而中有繩尺。里人借騾而死，償其值，不受，曰：「物之數也，何以償爲！」家無擔石之儲，聚書數萬卷，扁所居曰榘庵。時蕭先生𣂏居南山下，亦以道高當世，入城府，必主先生家，士論並稱曰「蕭同」。自京師還，家居十有三年，中外縉紳望之若景星麟鳳，鄉里稱爲「先生」而不姓。至順二年卒，年七十八。贈翰林直學士，封京兆郡侯，謚文貞。所著有榘庵集二十卷。

從善韓先生

先生名擇，字從善，奉元人。天資超異，信道不惑，其教學者，雖中歲以後，亦必自小學等書始。或疑爲凌節勤苦，則曰：「人不知學，白首童心，且童蒙所當知而皓首不知，可乎？」尤邃禮學，有質問者，口講指畫無倦容。士大夫遊宦過秦，必往見先生，莫不虚往而實歸焉。世祖嘗召之，疾，不果行。其卒也，門人爲服緦麻者百餘人。

伯仁侯先生

先生名均，字伯仁，蒲城人。父母蚤亡，獨與繼母居，賣薪以給奉養。積學四十年，群經百氏無不淹貫。每讀書，必熟誦乃已。嘗言：「讀書不至千遍，終于己無益。」故其答諸生所問，窮索極探，如取諸篋笥，名振關中，學者宗之。用薦者起爲太常博士，後以上疏忤時相意，即歸休田里。

先生貌魁梧而氣剛正，人多嚴憚之，及其應接之際，則和易款洽。雖方言古語世所未曉者，莫不隨問而答，世咸服其博聞云。今祀蒲城鄉賢祠。

士安第五先生

先生名居仁，字士安，涇陽人。幼師蕭維斗剌，弱冠從同寬甫恕受學，博通經史。躬率子弟致力農畝，而學徒滿門。其宏度雅量，能容人所不能容。嘗行田間，遇有竊其桑者，先生輒避之，鄉里高其行義，率多化服。作字必楷整。遊其門者，不惟學明，而行加修焉。卒之日，門人相與議易名之禮，私謚曰靜安先生。

悅古程先生 子敬李氏附〔一〕

先生名瑁，字君用，號悅古，涇陽人。隱居不仕。弱冠即以古學自力，討論六籍，雖祁寒暑雨，造次顛沛，未嘗少輟。三原李子敬創學古書院，延先生講學其中，遠近從遊者百餘人，循循然樂教不倦，學者稱悅古先生。嘗誡諸子曰：「人性本善，習之則荒，古聖賢皆以驕惰爲戒，況凡民乎？」集家戒一卷，以遺子孫。著述有遼史三卷、異端辨二卷、雲陽志二卷、樂府文集傳世。

李子敬字恭甫，爲人質謹孝友。家素裕，族黨因其資而葬者三十餘喪，婚者八十餘姓。捐千金創學古書院，又割田以供釋奠，廩師生學士，蕭貞敏公爲記。行省上其義，下詔旌表其門。

〔一〕「子敬李氏附」，原文缺，據澧西草堂本補。

卷三

明

容思段先生

先生名堅，字可久，蘭州人。初號栢軒，後更號容思，義取「九容」、「九思」也，學者稱容思先生。生而剛方穎異，讀書即知正學。年十四，爲郡諸生，見緜山陳先生書銘于明倫堂，有「群居慎口，獨坐防心」之語，酷愛而敬誦之，遂慨然以爲聖賢可學而至。年十七，王父歿，白其父，治喪不用浮屠法。凡當世宿儒宦游于蘭者，無不師之。于經史蘊奥、性命精微，不究其極不止也。動作不苟，人以伊川儗之。正統甲子，領鄉薦。明年，下第歸，鄉之士大夫多遣子弟就學。先生以師道自尊，教法嚴而造就有等，士類興起。己巳，英廟北狩，應上詔，詣闕上書，不報。乃裹糧買舟南遊，由齊、魯、淮、楚以至吳、越，訪求同志之士，相與講切，得閻子與、白良輔輩定交焉。逾年始歸，學益有得。

景泰甲戌登進士，以文名差纂山西誌。明年，誌成，復命。尋移疾歸。讀書于五泉小圃，依巖作洞，以爲會友講習之所。有得即形于詩，有云：「風清雲淨雨初晴，南畝東阡策杖行。幽鳥似知行樂意，緑楊煙外兩三聲。」論者謂宛然有「浴沂」氣象。越五年，爲天順己卯，選山東福山知縣。福山，故僻邑，先生以德化民，刊布小學諸書，令邑人講誦。復以詩歌興之，必欲變其風俗。或謂其迂闊不能行，先生獨謂天下無不可化之人，無不可變之俗。嘗有詩曰：「天下有材皆可用，世間無草不從風。」始終不少懈，由是陋俗丕變，海邦島嶼，渢渢乎有絃誦風。既六載，以李文達公薦，超擢知萊州府，迺先生與文達公竟未面也。先生治萊如治福山，時召郡縣官師與燕，俾言志咏歌以申政教。未期月，萊人大化。以憂去，既禫，不遽北上，乃訪周廷芳于秦州，訪張立夫于鳳翔，講學求友，孜孜不暇，其于功名利達澹如也。久之，復補南陽。

在南陽，慨近世學者以讀書媒利禄、階富貴，士鮮知聖賢之學，乃倡明周、程、張、朱與古人爲學之意，建志學書院，聚郡庠及屬治諸生，親授講説。又以民俗之偷，由未預教，乃遴屬治童蒙，授以小學、孝經、文公家禮、教民俗言諸書，俾之講習。又創刻二程全書、胡致堂崇正辨諸書，俟盈科者給授，士習翕然改觀。又創節義祠，祀古聖母烈女，以風勵郡俗。尤嚴迸巫尼，不使假左道傷風化。會有女纓而自經以殉夫死者，先生率僚屬師生往吊，爲具棺殮，卜地合葬。已又奏表其閭。由是郡人雖婦人女子皆爲感化。

先生爲政，持大體，重風教，不急功利，不規規于簿書，不以毁譽得失動其心。凡屬吏不法者，即案問不少貸。民或良或奸，相宜訓治，與民休息。在南陽八年，郡人戴之如父母，其敬畏之至，若家有一段太守者。治行爲天下第一。以直道不能諧時，遂致政歸。乃結廬蘭山之麓，扁曰「南村」，曰「東園」，取淵明詩「昔欲居南村」及「青松在東園」意。授徒講業，相羊吟詠以自樂。然于時政闕失，民情困苦，則又未嘗不憂形于色。成化甲辰卒，年六十有六。門人私謚曰文毅先生。

性素孝友，治父母喪一遵古禮，事兄椿曲盡弟道。居家嚴内治，崇禮教，凜然爲鄉邦典刑。與人尤篤于分義，友人唐知縣廷器貧甚，其殁也，爲具棺殮以襄事，並志其墓。方伯石公執中曾孫以貧鬻于人，乃垂涕捐貲贖還，俾主其祀。業師周公麟殁，爲撫其後，每至其家，坐必避席焉。先生雖未居言路，而屢有建白，如請修龍逄、比干祠墓，請從祀元儒劉因，請旌表孝行節義，請開言路諸封事，皆鑿鑿有關國體，補風化。

蓋先生之學，近宗程朱，遠溯孔孟，而其功一本于敬。嘗言：「學者主敬以致知格物，知吾之心即天地之心，吾心之理即天地之理，吾身可以參天地、贊化育者在于此，必以命世大儒自期，而不可自暴自棄，以常人自居，有負爲人之名。」所至從遊者衆，多所成立，如同郡董學諭芳、羅僉憲睿、彭少保澤、孫孝廉芳，秦州周布衣蕙，山西董僉憲齡，福山張同知瓛，南陽柴尚書昇、王文莊鴻儒、熊少參紀、張孝廉景純，皆門牆尤著者。

郡人陳祥贊云：「距釋排聃，吾道是遵，士趨歸正，鄉俗以淳。繼往開來，遠探濂洛，文清之統，惟公是廓。」彭澤撰墓碑云：「先儒謂道自堯舜以來，至孟子歿，失其傳焉。匪道不傳，學者託之言語文字，而無深造力踐之功也。至宋周、程三夫子出，至晦庵朱先生，始極主敬致知力行之功，上繼孔孟之統。元魯齋許文正公，我明敬軒薛文清公，以篤實輝光之學繼其絕，此固萬世之公議也。若我南陽太守容思先生段公，其克尊信斯道而致深造力踐之學者歟！」論者以爲知言。所著有容思集、柏軒語録行世。

默齋張先生

先生名傑，字立夫，號默齋，鳳翔人。父璡，工部主事。先生生有異質，穎悟過人。稍長入郡庠，卓然以聖賢自期。年二十一，登正統辛酉鄉薦。乙丑中乙榜。以親老就山西趙城訓導，居官六年，惟以講學教人爲事。一日，薛文清公過趙城，與先生論身心性命之學，文清公嘆服而去，先生之學由是益深。值歲祲，捐俸賑饑，雖所捐無幾，亦寒氈所難。

景泰辛未，工部公捐館舍，先生徒跣奔歸，喪葬悉以禮。先是里俗多用浮屠法，先生一切屏去，鄉人化之。久之，以養母不出。天順癸未，母棄養。既禫，有司勸駕，先生蹙然曰：「吾少也力學以明道，禄仕以養親，今吾親終矣，而學無所得，尚欲仕乎？」遂不復出。因賦詩自責曰：「年幾四十四，此理未眞知。晝夜不勤勉，遷延到幾時？」益大肆力于學，居恒瞑目端坐，至于移時。起則取諸經子史朗然諷誦，或至丙夜後已。最愛「涵養須用敬」、「進學在致知」二語，因大書揭座右。造詣日深，弟子從遊者日衆，乃拓家塾以五經教授，學者稱爲五經先生，名重一時。巡按御史某薦先生爲提學僉事，不報。成化乙酉，應天聘典文衡，謝不往。辛卯，茶臺馬公震行部漢南，特遣諸生黄照、王宣輩奉書載幣，聘先生攝城固學事。先生復書略曰：「天地生人，無不與之以善；聖賢教人，亦無不欲其同歸于善。是知善者，人所自有而自爲之。先覺之覺後覺，如呼寐者而使之寤耳。但古之學者從事于性情，而文辭所以達其意，今之學者專務文詞，反有以累其性情。某今年五十有一矣，方知求之于此，以尋古人向上之學，雖得其門，未造其域，汲汲皇皇，恐虛此生。嘗自念僻處一方，獨學無友，每欲遠遊，質正高明，奈有寒疾不可以出。況鄉黨小子相從頗衆，豈能遠及他方邪？」亦謝不往。與臯蘭段先生堅、趙侍御英、河東李學博昶，秦州周布衣蕙相與論學，而段尤稱契厚，嘗贈以詩，有云：「萬徑千蹊吾道害，四書六籍聖賢心。聖賢心學眞堪學，何用奔馳此外尋！」而先生詩中亦有「今宵忘寢論收心」之句，學者爭傳誦焉。或勸先生著書，曰：「吾年未艾，猶可進也，俟有所得，爲之未晚。」乃竟未及著書而卒。是爲成化壬辰十月十二日，距生永樂辛丑八月十九日，年僅五十有二。

先生爲人篤于孝友，事二親曲盡子道。與兄英爲異母，同居五十年無間言。姊早卒，撫其子若己出，教之成立。御子弟一以禮法，內外斬斬。嘗自贊曰：「讀孔孟書，學孔孟事。知有未眞，行有未至。惟日孳孳，以求其所無負也！」其勤勵如此。

先生歿若干年，郡守趙公博白兩臺，爲先生建祠于家塾之左，以供祀事，長平郭公定爲記。郡倅范公吉稱先生「以五經教授，明心學于狂瀾既倒之餘；以四禮率人，挽風化于頹靡不振之秋。以端實淡泊飭躬砥行，垂休光于千百載之後，可謂一代人物矣！」識者以爲實録云。

小泉周先生

先生名蕙，字廷芳，號小泉，山丹衛人。後徙居秦州，因家焉。年二十聽人講大學首章，奮然感動，始知讀書問字。爲臨洮衛軍戍蘭州，守墩。聞容思段先生集諸儒講理學，時往聽之，有聞即服行。久之，諸儒令坐聽，既而與坐講，既而以爲畏友，有疑，與訂論焉。段先生勖以聖賢可學而至，教示進爲途方。段先生曰：「非聖弗學。」先生曰：「惟聖斯學。」遂殫力就學，窮通五經，篤信力行，慨然以程、朱自任。當時見者亦翕然以爲程朱復出也，咸敬信樂從之。又受學于清水教諭安邑李公昶，得薛文清公之傳，功密存省，造入眞純，遂爲一時遠邇學者之宗。

有總兵恭順侯吳瑾者，聞其賢，欲延教其子，先生固辭。或問故，先生曰：「總兵以軍士役某，召之役則往役，召之教子則不敢往。」聞者嘆服，其侯亦不能強，遂親送二子於其家以受教，先生始納贄焉。時肅藩有二樂人鄭安、鄭寧者，進啟本願除樂籍，從周先生讀書，其感發人如此。後隱居秦州之小泉，因以爲號。著深衣幅巾爲容，成紀之人薰化其德，稱爲小泉先生。嘗游西安，與介菴李公錦論學，介菴由是大悟，遂爲關西名儒。渭南思菴薛公敬之執弟子禮師事焉。秦州守數造其廬，舉鄉飲賓，謝不往。巡按杜公禮徵求見，講太極、先天二圖，不覺前席。嘗正冠、婚、喪、祭之禮以示學者，秦人至今遵之。

成化戊子，容思先生至小泉，訪之不遇，留以詩，有「歷盡巉巖君不見，一天風雪野梅開」之句。後又贈以二詩，云：「小泉泉水隔煙蘿，一濯冠纓一浩歌。細細靜涵洙泗脉，源源動鼓洛川波。風埃些子無由入，寒玉一泓清更多。老我未除塵俗病，欲煩洗雪起沉痾。」又云：「白雪封鎖萬山林，卜築幽居深更深。養道不干軒冕貴，讀書探取聖賢心。何爲有大如天地，須信無窮自古今。欲鼓遺音絃絕後，關閩濂洛待君尋。」何大復謂：「先生于容思先生，其始若張横渠之于范仲淹，其後若蔡元定之于朱紫陽也。」迨老，以父遊江南，歷年[一]涉險蹤訪，沒于楊子江，人皆稱其孝，而又重悲其死云。

先生初名檜，後更蕙，或作「桂」，誤。

先生門人甚衆，最著名者，渭南薛敬之、秦州王爵。爵，字錫之。自少潛心力學，及長，從游先生門而知操存。郡守秦公與語，悦之，時與講操存之學。及教後學，切切以誠敬爲本。弘治初，以國子生仕爲保安州判，君出納公、會計當，日不憚勞，保安稱平焉。秦公後總督原州，聘君至原，三年相處如一日。及歸，秦公贈以揚州鹽引數百石，君辭之，而惡衣惡食坦

[一]「年」，原文缺，據周元鼎本及澧西草堂本補。

如也，州人咸稱之。詳載可泉胡公纂鞏郡志中。敬之，余別有傳。

大器張先生　抑之張氏鋭附

先生名鼎，字大器，別號自在道人，咸寧人。父廉，爲山西蒲州知州。先生少從父之任，受學于河東薛文清公之門，用是日勤勵于聖賢之學，諸子百家雖靡不研究，而一稟于濂、洛、關、閩之旨，文清公深器重之。歸，補西安郡庠弟子員。景泰癸酉，以易舉于鄉。成化丙戌，成進士，授刑部主事，遷員外郎。冰蘗自持，推讞詳明。甲午，出知山西太原府。太原爲省會劇郡，古稱難治，先生遊刃有餘，循良弁三晉，郡人德之，不忍先生離去。故九載考績，晉山西參政，仍署府事。又四載，始遷河南按察使，振肅紀綱，奸貪斂跡，嘗辨指揮董敬等人命之誣。弘治改元，擢右僉都御史，巡撫保定等府。時畿内多事，盜賊縱橫于途，行旅戒嚴，先生築牆植樹，自内丘直達京師，由是道路肅然，至今賴之。值歲大祲，先生給糧賑濟，民免流亡。辛亥，晉戶部右侍郎。尋以病請歸。歸四年，爲弘治乙卯，卒于家，年六十有五。

先生爲人仁厚敬慎，事不苟爲，非義一介不取，進退唯命是聽，終身恪守師說，不敢少有踰越。文清公歿，其文集散漫不傳，先生搜輯校正凡數年，稿始克成，乃爲序梓而傳之，至今學者尚論文清，必以先生之言爲徵信云。所著有仕學日記、自在詩文、蠹齋博稿若干卷。先生爲都憲，爲亞卿，皆三原王端毅公爲冢宰時所推轂。其卒也，端毅公銘其墓，稱其「理學傳自文清公，高名可並太華峰」，世以爲確論。

時有秦州大參張公鋭，字抑之，成化初舉于鄉。父敏以國子生爲江西布政司照磨，公從之任，受學東白張先生元禎。張先生者，豫章名儒也，公由是學益有得。乙未，登進士，授刑部主事，歷員外郎、郎中，遷江西吉安知府。在吉安，政教兼舉，士習聿興，民用安業。坐忤權貴，調湖廣漢陽六載，以兩郡令譽，晉山東左參政。後致仕居鄉，日進執經諸弟子于庭，講學不倦，鄉閭薰德焉。故隴西學者稱爲張夫子。可泉胡中丞纘宗稱公「誠確温厚，本之天性，而多學好古，汲引後進，尤人所不可及」云。

介菴李先生 仲白李氏錦附

先生名錦，字在中，號介菴，咸寧人。幼警悟不凡。九歲失恃，如安成依舅氏韓君智，韓爲擇師教之。端坐終日，不逐群兒嬉。讀書知大義，日見英發。比成童還，爲諸生，受易于鄉先生董君德昭之門。大肆力于學，每試輒爲督學使者所稱賞。後遇秦州小泉周廷芳講學，得聞周、程、張、朱爲學之要，遂棄記誦辭章之習，專以主敬窮理爲事。又與渭南思菴薛氏、咸陽西廓姚氏、同邑誼菴雍氏麗澤講習，相勸相規。久之，踐履醇茂，關中學者咸以「横渠」稱之。濟南尹恭簡公爲通政時使秦，聞先生名，延與語，大爲驚嘆。

天順壬午，舉于鄉。成化戊子，遊成均，友天下士，其學益進，大司成邢公讓深器異之，令諸子受業焉。後邢坐事下獄，先生倡六館士伏闕抗章，明其無罪，雖于事無益，而先生之名重京師矣。嘗愛武侯「静以修身，儉以養德」、「學須静，才須學」數語，揭之座右以自警。事親色養備至，執喪盡禮，力絀異端。至今省會士大夫不作浮屠事，寔自先生始。爲孝廉居憂時，巡撫余肅敏公欲延教其子，先生以「齊衰不入公門」固辭，余益重之。後余知其喪不能舉，賻以二櫬，先生卻其一，曰：「不可因喪射利也。」郡大夫有與之厚者，賻米數十斛，以辭命無俸米字辭。後周廷芳復過省，與先生印證所學，設問辨難，周爲嘆服。先生解經，平正通達，不爲鑿説，且善誘後學，諄諄忘倦。出其門者如李參政崙、劉尚書璣、于知州寬、董員外養民，及舉人張子渭、李盛，漸被尤深。

先生數上春官，竟不第。成化甲辰，謁選直隸松江府同知。職親戎牒，夙夜精勤，奸無所售。有脱役垂四十載者，先生始發之，即令補伍，雖權貴居間，竟莫能奪。未究厥施，以疾卒于官。是在成化丙午，年僅五十一。貧不能爲棺斂，其僚友賻之，始克歸云。

先生性剛介，不妄交接，不苟爲然諾，義之所在，確然自信，不以一毫挫于人。尤重取予，所居僅蔽床席，茹淡服疏，雖至屢空，終不輕有所取。學務窮理性，體之身心。不好立言語文字，以故歿之日，遺稿無存。靈寶許襄毅公爲先生同志友，先生歿十年，襄毅公巡撫關中，屬督學楊文襄公表其墓。文襄公稱先生「挺然風塵之表，不苟簡遷就，與世低昂。抱其貞璞，卒以完歸」。而督學虎谷王公亦稱其「化如和叔辭章外，貧似原思草澤間」。嗚呼，可謂深知先生者矣。

後數十年而有渭南李仲白氏者，名與先生同，字仲白，號龍坡，亦潛心理學。爲諸生時，西蜀龍灣高先生儒署高陵教事，仲白越疆從受學，與涇野呂先生同門相切磋焉。正德庚午，領鄉薦，爲宿遷令。著勸農文、勸孝文以化俗，由是邑多孝子。又以稅餘金買牛給民耕墾荒地，宿遷人稱爲「百年以來一人」。遷海州知府，致仕。初擢州時，不能具一花帶，呂先生遺之一圍。後去州抵家，猶是帶也，其清苦如此。嘉靖丙申，卒于家。呂先生銘其墓，稱其「稟受懿嘉，學求根本」云。

思菴薛先生

先生名敬之，字顯思，號思菴，渭南人。生有異狀，長大雄偉，鬚髯修美，左膊一黑文字深入膚裏。生五歲，愛讀書。十一，解屬文賦詩。稍長，言動必稱古道，則先賢。景泰丙子，獲籍邑諸生，居止端嚴，不同流俗，鄉閭驚駭，稱之爲「薛道學」。爲文說理而華，每爲督學使者所賞鑒。應試省闈至十有二次，竟不售。成化丙戌，以積廩充貢入太學。太學生接其言論，咸爲嘆服，一時與陳白沙並稱，由是名動京師。

自太學歸，二尊人相繼歿，徒跣奔葬。時大雪盈尺，兼酒淺泥濘，亦不知避。後遂病足，值冬月輒發。母嗜韭，母歿，終身不忍食韭。

成化丙午，謁選山西應州知州。先生治應，首勸民耕稼紡績。時當東作，循察田野，民艱于耕種者，賚以牛種，民貧負租及不能婚葬者，皆助之。買牸畜數十給之煢民，令孳息爲養。又務積蔬粟，不三四歲，粟至四萬余石，乾蔬數萬餘斤。尋當饑饉，應民免于死亡。其既竄而復歸者三百餘家，皆與衣食，補葺其屋廬與處。由是屬邑聞風復者沛然。又立義塚，以瘞流民之死于道者。弘治戊申秋，南山有虎患，爲文祭之，旬日間虎死于阱。己酉春，蕭家寨北平地有暴水湧出，一寨幾至沉陷，先生亦爲文祭告，水即下洩，聲如雷鳴，民免于溺。他德政異政多此類，詳守谿王公撰碑記中。

先生尤雅重學政，數至學舍，切切爲言孔孟之旨，由是應人士始知身心性命之學。奏課第一，弘治丙辰陞金華府同知。東南學者如陳聰輩數十人，皆摳衣門牆。居二年，致仕。撰金華鄉賢祠志若干卷。正德戊辰卒，年七十又四。

先生嗜道若飴，老而彌篤。好與人講，遇人無問人省解不，即爲說道，人或不樂聽說，亦不置。又好靜坐思索，凡有所得，如橫渠法，即以劄記。所著有思菴野録、道學基統、洙泗言學録、爾雅便音、田疇百咏集、歸來藁，及演作定心性說諸書，其言多有補于名教云。

其卒也，呂文簡公誌其墓，略曰：「初先生致仕家居，以事入長安，柟獲遇于長安之開元寺。因叩先生，先生言：『蘭州軍周蕙者字廷芳，躬行孝弟，其學近于伊、洛，吾執弟子禮事之。吾入太學時，道經陝州，陳雲逵忠信狷介，凡事皆持敬遇之，吾以爲友。凡吾所以有今日者，多此二人力也。』柟謁先生者再四，見先生年已七十，日夜讀書不釋卷；聽其論議，皆可警策惰志，則亦今日之博學好古、死而後已者也。」又謂門人胡大器曰：「爲學隆師取〔一〕友，變化氣質爲本。渭南有薛先生，從周先生學，常雞鳴而起，候門開，灑掃設坐。及至，則跪以請教。」又謂門人廉介曰：「予聞諸思菴薛子曰：『介菴李錦，關西之豪傑也。甘貧守道，好學至死不倦。今亡矣夫！』夫薛子其亦見介菴而興起者乎？」其學問淵源如此云。

〔一〕「取」，周元鼎本作「求」。

平川王先生

先生名承裕，字天宇，號平川，三原人。父恕，歷官太子太保、吏部尚書，贈太師，謚端毅，爲國朝名臣第一，道德功業載在國史。成化元年乙酉，先生生于河南宦邸，蓋端毅公巡撫日也。端毅公七子，而先生最少。

方兒時，即重厚如老儒，恒端坐不妄言笑。七八歲作屋隙詩曰：「風來梁上響，月到枕邊明。」又作先師孔子木主，朝夕拜之。春秋丁日，具香果齋而祭。乃爲齋銘曰：「齊不齊，謹當謹。萬物安，百神統。聖賢我，古來胸。齊不齊，謹當謹。」太淑人廉知之，以白端毅公，公喜曰：「此兒足繼志矣！」十四五時，在南都從莆田蕭先生學，蕭令侍立三日，一無所授。先生歸告端毅公曰：「蕭先生待兒如此，謂不足教耶？」公曰：「善哉，教也，眞汝師矣！」先生由是益尊師樂學，遂造深焉。年十七八，著進修筆録，崇仁吳正郎宣序之以傳。年十九，應鄉試，督學戴公珊試其文，奇之。丙午，年二十二，舉于鄉。

丁未，孝宗登極，召起端毅公爲冢宰。先生侍行，讀書京邸，與一時名公遊，由是聞見益廣，學益進。癸丑，第進士。會端毅公致仕，先生予告歸，乃開門授徒，講學于釋氏之刹。堂至不能容，復講于弘道書院。先生教以宗程、朱以爲階梯，祖孔、顔以爲標準。語具督學虎谷王公書院記中。蓋先生以師道自居甚嚴，弟子咸知敬學，故自樹而成名者甚衆。

久之，授兵科給事中，有時政、先務等疏，皆切中時弊。兩使藩國，饋遺一無所受。歷吏科都給事中。正德初，逆瑾專政，羣工多出其門，先生遠之。又上疏乞進君子、退小人及諸不法事。瑾怒，罰粟三百石輸邊。其恨猶未已，會先生以外艱去，始免。服除，瑾誅，以原官遷太僕少卿、本寺卿、南太常卿。時上南巡，先生夙戒牲帛祭品待祀。或曰：「上方用武，無暇于祀，焉用備爲？」弗聽。及上至，奏祀皆行之，言者愧服。己卯，宸濠叛，欲趨南都，大臣分城以守，先生分守通濟門，乃與家人訣別，登城誓死守之。會有逆党藏甲兵于櫛以應賊者，先生覺發，服以上刑，都城肅然。壬午，世廟即位，改元嘉靖，論禦敵〔一〕功，有白金文綺之賜。癸未，遷戶部右侍郎，提督倉場。尋回部。爲世廟所重，賜獻皇帝睿筆「清平正直」四字。丁亥，晉南戶部尚書。己丑，致仕。

林居十年，惟以讀書教人爲事。當時稱其濟美，有范忠宣繼文正公之風。論薦者無虚日，廟堂方欲召用，而先生已歿，識者于是有蒼生之恨云。卒年七十有四，蓋嘉靖戊戌五月也。訃聞，賜祭葬如例，謚康僖。

先生性篤孝，能悦親養志，故端毅公愛之特甚。又善事諸兄，諸兄皆殊常友之。時序祀先唯謹，誨諸子姪以道。與人交，温乎可親而又栗然不可狎，故與之交者咸愛敬焉。與長安高御史胤先游，久之贈詩，以堯夫、正叔與之，蓋服其和粹嚴正，不易及也。自少樂多賢友，端毅公尤夙以尚友之道誨之，故一時海内名賢無弗接者。自始學好禮，終身由之，故教人以禮爲先。凡弟子家冠婚喪祭，必令率禮而行。又刊布藍田吕氏鄉約、鄉儀諸書，俾鄉人由之。三原士風民俗至今貞美，先生之力居多。

所著有論語近説、論語蒙讀、談録漫語、星軺集、辛巳集、考經堂集、庚寅集、諫垣奏草、草堂語録、三泉堂漫録、厚鄉録、童子吟藁、婚禮用中、進修筆録、動静圖説等書。所述有横渠遺書、太師端毅公遺事等書行世。端毅公林居日，著五經四書意見，獨攄心得，自成一家，學者宗之。先生著述種種，蓋多本之庭訓云。

門人馬光禄理、秦大參偉、郝大參世家、雒中丞昂、張給諫原、李憲副伸、趙僉憲瀛、秦明府寧、王明府佩、李孝廉結有名，光禄别有傳。

〔一〕「敵」，周元鼎本及灃西草堂本作「賊」。

卷四

明

涇野呂先生

先生名柟，字仲木，高陵人。世居涇水北，自號涇野，學者尊之曰涇野先生。父溥，號渭陽，有隱德。先生少儁悟絶人，羈丱爲諸生，受尚書于高學諭儔、邑人孫大行昂，即有志聖賢之學。又問道于渭南薛思菴氏，充乎有得。不妄語，不苟交。夙夜居一矮屋，危坐誦讀，雖炎暑不廢衣冠。

年十七八，夢明道程子、東萊呂氏就正所學，由是學益進。督學邃菴楊公、虎谷王公拔入正學書院，與群俊茂遊。大參熊公、李公延教其子，先生辭不獲，乃館于開元寺。後聞父疾，即徒步歸，二公以夫馬追送不及。先生曰：「親在床褥，安忍俟乘爲也！」父尋愈，構雲槐精舍，聚徒講學其中，二公仍遣子熊慶浩、李繼祖卒業焉。弘治辛酉，舉于鄉。明年，計偕不第，遊成均，與三原馬伯循、秦世觀，榆次寇子惇，安陽張仲修、崔仲鳧，林縣馬敬臣諸同志講學寶邛寺。嘗約曰：「文必載道，行必顧言。毋徒舉業以要利禄，毋徒任重弗克有終。」日孜孜惟以古聖賢進德修業爲事。遣弟栖師事伯循，其入學儀式京師傳以爲法。同邑高朝用時爲地官郎，謂檢討王敬夫曰：「予邑有顏子，子知之乎？」敬夫曰：「豈呂仲木耶？」自是納爲厚交。

乙丑，敬皇帝賓天，與諸生哭臨，先生聲出淚下，衆譁爲迂，弗恤也。孫行人殁于京，遺孤不在側，先生衰絰哭拜，吊者或曰：「禮與？」曰：「禮，喪無主，比鄰爲主，況師乎？」及返葬于鄉，猶是服也。宿館下三日，哭而相葬事。既歸，復講學于精舍，從遊者日衆。

正德戊辰，舉南宫第六人，廷對擢第一，授翰林修撰。凡知先生者皆喜曰：「今得其狀元矣！」時閹瑾竊政，以枌榆故致賀，先生卻之，瑾銜甚，自是遜避不與往來。在翰林二年，操介益勵。禄入，祇祀其先。父母書問至，必再拜使者受之，退而跪讀。期功喪爲位而哭，門無饋遺。時何粹夫瑭爲編修，以道自守，不爲流俗所喜，先生日相切劘，驩如也。會西夏搆亂，疏請上入宫御經筵，親政事，不報。瑾惡其言，益銜甚。乃與粹夫相繼引去。未幾，瑾敗，禍延朝紳，人咸服先生之明。家居，杜門謝客者三年，臺省交章薦其往拒逆瑾，卓識偉節，宜召擢大用。壬申，起供舊職。上疏勸學，謂：「文王『緝熙敬止』，誠和萬民，斯享靈囿之樂。元順帝廢學縱欲，盛有臺沼，我太祖代取之，人主可不深念？」或謂「元主之戒，傷于太直」，先生曰：「賈山借秦爲喻，漢文尚能用之，況主上過漢文遠甚，栒獨不能爲賈山乎？」疏入，上亦嘉納。未幾，乾清宫災，復應詔言六事：一曰逐日臨朝聽政；二曰還處宫寢，預圖儲貳；三曰郊社禘嘗祇肅欽承；四曰日朝兩宫，承顔順志；五曰遣去義子、番僧、邊軍，令各寧業；六曰天下鎮守中官貪婪，取回别用。不報。先生復引疾去。崔仲鳧嘆曰：「古有直躬進退不失其道者，吾于吕仲木見之矣！」

歸而卜築邑東門外，扁曰「東郭别墅」，四方學者日集。都御史虎谷王公薦其學行高古，乞代己任，不報。渭陽公病，先生侍湯藥，晝夜衣不解帶，履恒無聲。如是一年，鬚髮爲白。比卒，哀毁踰禮。既葬，廬墓側，旦夕焚香號泣。門人感之，皆隨先生居，乃與平定李應箕、同邑楊九儀輩講古今喪禮。當襄事時，郡守致賻，受之，既而馳幣勾文，辭。門人問故，先生曰：「方卒哭而遽懷金爲文，吾不忍也。」既禫釋服，復講學于别墅，遠方從者彌衆，别墅不能容，又築東林書屋居焉。鎮守閹廖饋以豚米，却之。廖素張甚，乃戒使者曰：「凡過高陵毋擾，有吕公在也。」有客以兼金乞居間，先生笑而謝曰：「人心如青天白日，乃以鳥獸視耶？」其人慚曰：「吾姑試子耳。」門庭蕭然，無異寒素。

世廟即位，詔起原官。時朝鮮國奏稱：「狀元呂柟、主事馬理爲中國人才第一，朝廷宜加厚遇。仍乞頒賜其文，使本國爲式。」其爲外國敬慕如此。上御經筵，先生進講，適值仁祖淳皇后忌辰，口奏宜存驂服禮，罷賜酒饌，朝論韙之。癸未，分校禮闈，取李舜臣輩，悉名士。時陽明先生講學東南，當路某深嫉之，主試者以道學發策，有焚書禁學之議，先生力辨而扶救之，得不行。場中一士子對策，欲將今宗陸辨朱者誅其人，火其書，極肆詆毀，甚合問目〔一〕意，且經書、論、表俱可，同事者欲取之。先生曰：「觀此人今日迎合主司，他日必迎合權勢。」同事者深以爲然，遂置之。念新天子即位，上疏請講聖學，略曰：「學貴于力行而知要，故慎獨克己，上對天心。親賢遠讒，下通民志，天下中興。太平之業，寔在于此。」不報。在史館，與鄒東廓友善。甲申，奉修省詔，復以十三事上，言頗過切直。時東廓亦上封事，同下詔獄。一時直聲震天下，人人有「眞鐵漢」之稱。尋謫東廓判廣德，先生判解州。

道出上黨，隱士仇欄兄弟遮道問學。有梓匠張提者，役于仇氏，聞先生講，喜甚，跽而求教。先生誨以善言，提大悟，昔嘗取人一木作界方，至是遂還其主。仇氏兄弟益爲感動。先生喜形諸詩云：「豈有征夫能過化，雄山村裏似堯時。」既至解，仰堯舜故址，慨然以作士變俗爲己任。解士子視聖學與舉業爲二，先生曰：「苟知舉業聖學爲一，則干祿念輕，救世意重。」于是講學崇寧宮，每誨諸士雖舉業，拳拳不離聖賢之學。諸士皆欣然向道，以爲聖賢復出也。會守缺，先生攝事，不以遷客自解免。恤煢減役，勸農課桑，築堤以護鹽池，開渠以興水利，善政犂然。郡庠士及四方來學者益衆，乃建解梁書院居之，選少而俊秀者歌詩，習小學諸儀，朔望令耆德者講會典、行鄉約，廉孝弟節義者表其閭。求子夏後，教之學。建温公祠，正夷、齊墓，訂雲長集。久之，政舉化行，俗用丕變。丁亥，轉南吏部考功郎中。解梁門人王光祖謂「先生在解三年，未嘗言及朝廷事。」爲考功，躬親吏牘。少司馬王浚川薦其性行淳篤，學問淵粹，遷南尚寶卿。久之，遷南太常少卿。往太常讌樂甚褻，先生悉革之。乙未，遷國子祭酒。

〔一〕「目」，周元鼎本作「者」。

先生在南都幾九載，海內學者大集。初講于柳灣精舍，既講于鷲峰東所，後又講于太常南所，風動江南，環向而聽者前後幾千餘人。閩中林穎、浙中王健以謁選行，中途聞先生風，遂止，乃買舟泛江從之遊。上黨仇欄不遠數千里復來受學。先生猶日請益于甘泉湛先生，日切琢于鄒東廓、穆玄菴、顧東橋諸君子。時東廓亦由廣德移南，蓋相得甚歡云。其在國學，益以師道自任，自講期外，尤日進諸生諄諄發明，使人人知聖人可學而至。嘗取儀禮諸篇，令按圖習之，登降俛仰，鐘鼓管籥，洋然改觀易聽。有以孝廉著者，揭榜示旌。喪者吊而賻，病者問而醫，死者哭而歸骸其鄉。又奏減歷俸〔一〕以通淹滯，絕請托以杜倖門。凡監規之久弛者，罔不畢舉。六館僚屬，觀法清慎，諸生皆循循雅飭，一時太學有古辟雍之風。京邸縉紳多執弟子禮從學，而內使大興沈東亦時時聽講焉，其感人如此。人人稱爲「眞祭酒」。

臺臣張景薦其德行、文學眞海內碩儒，當代師表。丙申，晉南禮部右侍郎。東南學者喜先生復至，益日納履其門，乃復講于禮部南所。時上將躬視承天山陵，累疏勸止，不報。署南吏曹篆，疏薦何瑭、穆孔暉、徐階、唐順之等二十人。入賀，會有論湛先生僞學者，先生白諸當路曰：「聖皇在上，賢相輔之，豈可使明時有學禁之舉乎？」事遂已。

時霍文敏爲南宗伯，與夏貴溪故有隙，時時噂詬夏，先生乘間諷曰：「大臣宜當和衷，過規之可也，背憎非體。」霍誤疑先生黨夏。已先生來闕下，夏已柄國，數短霍于先生，先生毅然曰：「霍君性雖少褊，故天下才也。公爲相，當爲國惜才。」由是夏亦誤疑先生黨霍。會廟災，自陳，遂致仕，然先生終未嘗以此向人自白也。歸而講學北泉精舍。越四年，壬寅七月初一日卒，距生成化己亥四月二十一日，年六十有四。卒之日，高陵人爲罷市。休寧門人胡大器先至高陵侍疾，遂視殮殯而執喪焉。四方門人聞者皆爲位而哭。

先生性至孝友儉樸，事繼母侯色養篤至。室無妾媵，與李淑人相敬如賓。事叔父博如父。歲饑，嘗分俸賙其族衆。姊劉家窶甚，時時濟之。憫外祖宋乏嗣，每展墓流涕。從舅瑾寓同州，特訪迓歸。平生未嘗干謁人，亦不受人干謁。不事生

〔一〕「俸」，原無，據灃西草堂本加。

産。既殁，家無長物。

蓋先生之學，以立志爲先，慎獨爲要，忠信爲本，格致爲功，而一準之以禮。重躬行，不事口耳。平居端嚴恪毅，接人則和易可親，至義理所執，則鏗然競烈，置死生利害弗顧也。嘗訪王心齋艮于泰州，趙玉泉初于黎城。每遇同志，雖深夜必往訪；苟非其人，即一刺不輕投。教人因材造就，總之以安貧改過爲言，不爲玄虚高遠之論。門人侍數十年，未嘗見有偷語惰容。論者謂關中之學自横渠張子後，惟先生爲集大成云。

所著有四書因問、周易説翼、尚書説要、毛詩説序、春秋説志、禮問内篇外篇、宋四子抄釋、史館獻納、南省奏稿、詩樂圖譜、史約、高陵志、解州志及涇野文集别集傳世。

隆慶初，贈禮部尚書，謚文簡。

谿田馬先生　何氏永達附〔一〕

先生名理，字伯循，號谿田，三原人。弘治戊午舉人，正德甲戌進士，皆高第。初授吏部稽勳司主事，尋調文選。甫一年，即謝病歸。戊寅，薦起考功。庚辰，又送母歸。嘉靖甲申，復薦起稽勳員外郎，尋遷稽勳考功郎中。丁亥，擢南京通政司右通政。戊子，又謝病歸。辛卯，復薦起光禄寺卿。甫一年，又謝病歸。歸十年，又薦起南京光禄卿，至即引年致仕。乙卯，年八十又二，其年十二月十二日夜地大震，先生即以是夜卒，人皆慟之。

先生幼敏慧，醇雅如成人。年十四，爲邑諸生，即稱説先王，則古昔，研究五經，指義多出人意表。弘治癸丑，先生年二十矣，會王端毅公致仕，康僖公以進士侍歸，講學弘道書院，先生即受講康僖公所，于是得習聞國朝典故與諸儒之學。先生

〔一〕「何氏永達附」，原無，據灃西草堂本加。

一切體驗于身心，與同門友秦西澗偉作告文告先師，共爲反身循理之學，以曾子「三省」、顏子「四勿」爲約，進退容止，力追古道。康僖公深器異之，一時學者即以爲今之横渠也。

邃菴楊公督學關中，見先生與康得涵、呂仲木，大驚曰：「康之文辭，馬、呂之經學，皆天下士也！」是時，身未出里中，而名已傳海内，動京師矣。既如京，益與海内諸名公講學，其意見最合者，則陳雲逵、呂仲木、崔仲鳧、何粹夫、羅整菴諸君子。于是學日純，名日起，所在學者多從之遊。督學漁石唐公爲建嵯峨精舍，漁石作記，稱先生「得關、洛眞傳，爲當今碩儒」。四方學徒就講者益衆，其教以主敬窮理爲主，士無問少長與及門不及門，無不聞風傾慕者。先生又特好古儀禮，時自習其節度，至冠婚喪祭禮，則取司馬温公、朱文公與大明集禮折衷用之，處父喪與嫡生母之喪，關中傳以爲訓。乃其難進易退之節，人尤以爲不可及，嘗曰：「身可絀，道不可絀；見行可之仕，惟孔子能之。下此者，須自揣分量可也。」仲鳧稱先生「愛道甚于愛官」，當世以爲確論。往安南貢使謂部郎黄清曰：「故聞馬先生名，願一見。今不在仕列，何也？」黄曰：「先生高志不欲官。」使人嘉嘆以去。朝鮮國王奏乞頒賜主事馬某文，使本國傳誦爲式，其名重外夷若此。

先生主事時，上書諫武宗巡遊者二，後伏闕諍益力，杖于廷。員外時，值議大禮，率百官伏闕進諫，世宗震怒，命開伏闕者姓名，百官以先生名爲首，逮繫詔獄，復杖于廷，尋復官。郎中時，奏寢莊襌之奏，即執政言亦不從。考察力罷執政私人彭澤，廣東人。力主被劾調用魏校、蕭鳴鳳爲正人，卒不改官，公論翕然，至今稱爲「眞考功」。嘉靖丙戌，分校禮闈，所取皆海内名士，人尤服其藻鑑。

先生喜接人，又喜汲引後生。年七十，歸隱商山書院〔一〕，名益重，來學者遠近踵集，縉紳過訪與海内求詩文者無虚日。先生亹亹應之不倦，山巾野服，鶴髮童顏，飄然望之若仙，人以是益願侍先生談。諸得詩文者，又願得先生親書。先生不談佛老，不觀非聖書。初年介而毅，方大以直，至晚年則益恭而和，直諒而有容。其執禮如横渠，其論學歸準于程、朱，然亦時

〔一〕「商山書院」，原作「商此書院」，據灃西草堂本及明文海卷四四九谿田馬公墓誌銘、黄宗羲明儒學案卷三三原學案改。

與諸儒異同，蓋自有獨得之見云。

所著四書注疏、周易贊義、尚書疏義、詩經刪義、周禮注解、春秋修義、陝西通志與詩文集各若干卷。隆慶間，追贈副都御史，賜祭葬。

先生門人最盛，有河州何永達，字成章，自號拙菴。以歲貢爲清豐縣丞，尋棄去。讀書講學，老而彌篤，壽九十有四。著春秋井鑑、林泉偶得、聖訓補注，井鑑續編諸書。先生嘗寄以詩云：「楊柳灣頭撫七絃，故人零落似飛綿。河濱尚有鍾期在，青鳥音來動隔年。」其見重如此。

苑洛韓先生　弟邦靖附〔一〕

先生名邦奇，字汝節，號苑洛，朝邑人。父紹宗，號蓮峰，成化戊戌進士，仕至福建按察副使，學識才品，當世推重。先生幼靈俊異常，承訓過庭，即有志聖學。爲諸生治尚書時，即著蔡傳發明、禹貢詳略、律呂直解，見者驚服。

弘治甲子，以書舉第二人。正德戊辰，成進士，拜吏部考功主事，尋轉員外郎。辛未考察，都御史某私袖小帖竊視，先生曰：「考核公事，有公籍在，何以私帖爲？」乃奪其帖，封貯不檢，都御史爲遜謝，衆皆失色。調文選，太宰托意爲官擇人，欲發視缺封，先生執不可，太宰銜之。

會京師地震，上疏極論時政闕失，謫平陽通判。甲戌，遷浙江按察僉事，時逆厮錢寧以鈔數萬符浙易銀，當事者斂饋恐後，先生檄知縣吉棠散其斂，卒不饋。宸濠將舉逆，先命內豎假飯僧數千人于杭天竺寺，先生立爲散遣。濠又以儀賓託名

〔一〕「弟邦靖附」，原無，據灃西草堂本加。

進貢，假道衢州，先生召儀賓詰曰：「進貢自當沿江而下，奚自假道？歸語爾王〔一〕，韓僉事在此，不可誑也！」後三年，濠果通鎮守欲襲浙江，賴前事發，奸不竟逞。先生謂鎮守爲浙蠹，諸不少假。鎮守銜甚，誣奏擅革進貢，誹謗朝廷，逮下詔獄爲民。既歸，謝客講學，四方學者負笈日衆。世廟即位，改元嘉靖，詔起山東參議，尋乞休。

甲申，大同巡撫張文錦階亂遇害，時勢孔棘，復以薦起山西左參議，分守大同。人皆危之，先生聞命即行，將入城，去二舍許，逆者使二人露刃迎，且故毀參將宅以懾之，先生奮然單車入，時諸司無官，鎮人聞先生入，皆感激泣下，人心少安。既而巡撫蔡公天佑至代州，先生親率將領，令盛裝戎服，謁蔡於代。蔡驚曰：「公何爲如此？」先生曰：「某豈過于奉上者！大同變後，巡撫之威削甚，大同人止知有某耳，不身先降禮，何以帥衆？」蔡爲嘆服。

會上遣户部侍郎胡公瓚提兵問罪，鎮人聞之復大譟。先生迓侍郎于天城，以處分事宜馳白巡撫。諸軍聞言出于先生，信之，始解。翌日，首惡就戮，先生謂侍郎曰：「首惡既獲，宜速給賞以示信，庶亂可彌寧。不然，人心疑懼，將有他變。」侍郎不聽，先生遂致仕歸，後果如其言。

戊子，起四川提學副使。尋改右春坊右庶子兼翰林院修撰。其秋，主試順天，因命題爲執政所不悦，嗾言者謫南太僕寺丞。己丑，再疏歸。尋起山東按察副使，大理左少卿，以左僉都御史巡撫宣府。時大同再變，王師出討，百凡軍需，倚辦宣府悉力經理，有備無乏。乙未，入佐院事，尋改巡撫山西。時羽檄交馳，先生躬歷塞外，增飭戰守之具，拓老營堡城垣，募軍常守以代分番，諸邊屹然可恃。四疏乞休，復致仕。甲辰，復用薦起總理河道，陞刑部右侍郎，改吏部右侍郎，太宰周公用喜得佐理，翕然委重。丁未，陞南京都察院右都御史，復進南京兵部尚書，參贊機務。五疏乞歸，是在己酉。益修舊業，倡導來學。居七年，乙卯，會地震，卒，年七十七。贈少保，謚恭簡。

門人白璧曰：「先生天稟高明，學問精到，明于數學，胸次灑落，大類邵堯夫，而論道體乃獨取張横渠。少負氣節，既

〔一〕「王」，周元鼎本及灃西草堂本作「主」。

乃不欲爲奇節異[一]行，而識度汪然，涵養宏深，持守堅定，躬行心得，中正明達，則又一薛敬軒也。」

所著有苑洛語録、苑洛集、苑洛志樂、性理三解、易占經緯、易説、書説、毛詩未喻諸書傳世。

弟邦靖，字汝慶，號五泉。幼稱「奇童」。年十四，舉于鄉。二十一，與先生同第進士，爲工部主事，榷稅武林。比及瓜，有同年趙司李以屈安人病無子，買女婢遺之，拒不受。趙曰：「此越女有色者。」笑曰：「政恐若此耳。」既遷郎中，以建言逮獄爲民。嘉靖改元，起山西左參議，以病免。尋卒，年僅三十有六。汝慶父子兄弟以學問相爲師友，太史王敬夫銘其墓，稱爲「曠世之英，全德之士」。所著有五泉集、朝邑志若干卷。

瑞泉南先生　雲林尚氏班爵附

先生名大吉，字元善，號瑞泉，渭南人。正德庚午舉人，辛未進士。授戶部主事，歷員外郎、郎中、浙江紹興府知府，致仕。嘉靖辛丑卒，年五十有五。

先生幼穎敏絶倫，稍長，讀書爲文，即知求聖賢之學。嘗賦詩言懷，有「誰謂予嬰小，忽焉十五齡。獨念前賢訓，堯舜皆可並」之語。弱冠，以古文辭鳴世。入仕，尚友講學，漸棄其辭章之習，志于聖道，然猶豪曠不拘小節。

嘉靖癸未知紹興時，王文成公倡道東南，講致良知之學。王公乃先生辛未座主也。先生既從王公學，得實踐致力肯綮處，乃大悟曰：「人心果自有聖賢也，奚必他求？」于是時時就王公請益焉。嘗曰：「大吉臨政多過，先生何無一言？」王公曰：「何過？」先生歷數其事。王公曰：「吾言之矣。」先生曰：「何？」曰：「吾不言，何以知之？」曰：「良知。」王公曰：「良知卻是我言。」先生笑謝而去。居數日，復自數過加密，來告曰：「與其過後悔改，不若預言無犯

[一] 「異」，原作「一」，據蒙天麻本及明儒言行録卷四韓邦奇苑洛先生恭簡公改。

爲佳也。」王公曰：「人言不如自悔之眞。」先生笑謝而去。居數日，復自數過益密，曰：「身過可勉，心過奈何？」王公曰：「昔鏡未開，可得藏垢。今鏡明矣，一塵之落，自難住腳，此正入聖之機也。勉之！」先生謝別而去。于是辟稽山書院，聚八邑彥士，身率講習以督之，而王公之門人日益進。已又同諸同門録王公語爲傳習録，序刻以傳。

越丙戌，先生入覲，以考察罷官。先生治郡以循良重一時，當事者以抑王公故，故斥之。先生致書王公千數百言，勤勤懇懇，惟以得聞道爲喜，急問學爲事，恐卒不得爲聖人爲憂，略無一字及于得喪榮辱之間。王公讀之，嘆曰：「此非眞有朝聞夕死之志者，未易以涉斯境也！」同門遞觀傳誦，相與嘆仰歆服，因而興起者甚多。王公報書爲論良知旨甚悉，謂「關中自横渠後，今實自南元善始」。

先生既歸，益以道自任，尋温舊學不輟。以書抵其侶馬西玄諸君，闡明致良知之學。構湭西書院，以教四方來學之士。其示弟及諸門人詩有云：「昔我在英齡，駕車詞賦場。朝夕工步驟，追蹤班與揚。中歲遇達人，授我大道方。歸來三秦地，墜緒何茫茫？前訪周公跡，後竊横渠芳。願言偕數子，教學此相將。」而尤惓惓于慎獨改過之訓，故出其門者多所成立。蓋先生之學以「致良知」爲宗旨，以慎獨改過爲致知工夫，飭躬勵行，惇倫敘理，非世儒矜解悟而略檢押者可比。故至今稱王公高第弟子，必稱渭南南元善云。所著有紹興志、渭南志、瑞泉集若干卷行于世。

時有同州尚公班爵，字宗周，弘治甲子經魁。父衡，爲浙江參議，公隨父任，亦從王文成公學。後任安居知縣。谿田先生撰通志，稱公作縣剛果勤勵，政舉民安。著有小淨稿、雲林集。

斛山楊先生

先生名爵，字伯修，號斛山，富平人。初誕時，室中如火光起，人咸驚異之。長美姿容，身滿七尺。家故貧，年二十始發篋讀書，苦無繼晷資，嘗以薪代，夙夜攻苦，每之隴上耕，即挾冊往，意欣欣也。居恒念人當以聖賢爲師，一切不稟古昔，何所稱宇宙間？

兄靖以掾誤罹法，先生徒步百里外申厥冤，遂並繫獄。先生從獄中上書，辭意激烈，邑令見而驚之曰：「奇士也，胡累至是耶？」立出之，給油薪費，督之學。

年二十八，聞朝邑韓恭簡公講理學，躬輦米往拜其門。公睇先生貌，行行壯也，欲卻之，父蓮峰老人謂曰：「意若非凡人。」數日，叩其學，詫曰：「縱宿學老儒莫是過，吾幾失人矣！」既省語言踐履，錚錚多古人節，嘆曰：「畏友也！」同門學者皆自以爲不及。後與楊椒山稱「韓門二楊」云。

年踰三十，督學漁石唐公始首拔爲邑諸生。嘉靖戊子秋，應試長安，就食食館，客有遺金者，先生守之，客至，持館人急，先生詰其實，付以金，客謝寡取，先生峻不允，乃敦請家止宿焉。是秋即以書舉第三名。明年，成進士，授行人，三使藩國，饋贈俱讓不受，或以爲矯，先生曰：「彼雖禮來，名重天子，使吾獨不自重天子使邪？」聞者嘆服。壬辰，選山東道監察御史。時權臣當國，草疏將劾之，疏且具，會鄉人有以垂白在堂勸止者，乃移疾歸。歸未幾，母歿，毀瘠踰禮，廬墓三年，有冬笋馴兔之瑞。服闋，家居授徒講學者又五年。

庚子秋，以薦起河南道，巡視南城，權貴斂避，而所覩時事不勝扼腕。辛丑春二月初四日，上封事，娓娓數千言，大約天下事內而腹心、外而百骸皆受病，足以失人心而致危亂者五：一則輔臣夏言習爲欺罔，翊國公郭勛爲國巨蠹，所當急去；二則凍餒民閔不憂恤，而爲方士修雷壇；三則大小臣工弗覩朝儀，宜慰其望；四則名器濫及緇黃，出入大內，非制；五則言事諸臣若楊最、羅洪先輩非死即斥去，所損國體不小。是時，中外頗以言爲諱，疏入，人皆愕然。上大怒，即逮繫鎮撫司，窮究其詞，拷掠備至，先生一無詘。是日，都城風大作，人面不相覿，都人呼爲「楊御史風」，其感動天地如此。先生身晝夜桎鎖中，創甚，血淋漓下，死而復甦。先是，士大夫下獄，並未有桎鎖者，乃自先生始，蓋貴溪、翊國意也。戶部主事周公天佐、巡撫陝西御史浦公鋐相繼申救，俱箠死獄中。守益戒嚴，人益爲先生危，而先生處之自若。

刑部郎錢公德洪、工部郎劉公魁、吏科給事中周公怡，皆先生同志舊友，先後俱以事下獄，相得甚驩。然自學問相勸勉外，各相戒不得言得罪事。錢先釋獄，先生願有以爲別，錢曰：「靜中收攝精神，勿使遊放，則心體湛一，高明廣大可馴致矣。古人作聖之功，其在此乎！」先生敬識之，而乃日與周、劉切劘修詣不少輟。繹四子諸經百家，研精于易，著周易辨録及中庸解若干卷，諸所著作，略無憤惋不平語。詩文倡和，身世頓忘，如是者五年。乙巳秋八月十二日，上以受釐故，放先生及周、劉歸田里。而三人者猶相與取道潞水，講學舟中，逾臨清始別歸。

會熊太宰以諫仙箕忤旨，復逮三人獄。先生抵家甫十日，聞命即日就道，親朋揮淚爲別，先生無幾微見顏面。身幽圜扉者又三年。丁未冬十一月五日，上建醮高玄殿災，火圍中恍聞呼三人名氏者。次日，釋歸爲民。上之聖明，保全諫臣如此。

既歸，教授里中，貴人莫得見其面，疏粥敝履，怡然自適。己酉冬十月九日，卒于家，年五十有七。病革時，援筆自誌，又惓惓以「作第一等事，做第一等人」教其子孫，無他辭。

蓋先生爲人硜直不阿，而內實忠淳。自少至老，孳孳學問，以韓苑洛、馬谿田爲師，以楊椒山、周訥溪、劉晴川、錢緒山、蔡洨濱諸君子爲友。險夷如一，初終不貳，磨礲精光，展拓胸次，其所涵養者誠深，以故鼎鑊湯火，百折不回，完名全節，鏗鍧一代不偶也。彼世之淺衷寡蓄，眈眈以氣節自多者，視先生當愧死矣。

先生沒若干年，莊皇帝以世廟遺詔，贈光禄少卿，録其後。今上用禮官議，謚忠介。

愧軒呂先生　石谷張氏節　正立李氏挺附

先生名潛，字時見，涇陽人，號愧軒。嘗謂「爲學必不愧屋漏，方可爲人」，因取號以自警云。父應祥，嘉靖壬辰進士，爲禮科都給事中，以論宮寮事奪官，爲時名臣。

先生幼穎敏，讀書即解大義。嘗秘書克己銘懷袖中，時爲展玩。稍長，從都諫公任，師事蜀進士趙木溪氏，聞木溪氏講義理之學而悦，于是學甚力。歸又師事涇野呂先生，深幸其得所依皈，凡一言一動，率以涇野爲法。于是學益力，而舉子業亦益入理，爲邑諸生試，每傾曹偶。學使者重其文行，拔入正學書院，以風多士。嘉靖丙午，以詩薦鄉書，卒業成均，友天下士，而名日起。時朝紳中有講學會，每聞先生計偕〔二〕至，亟延之講。

先生刻意躬行，遠聲色，慎取予，一毫不苟，而尤嚴于禮，諸冠婚喪祭咸遵文公惟謹，即置冠與祭器，式必如古人，或以爲迂，弗恤也。先是，母栢孺人病于京，先生扶母病西歸，劑醫百至。孺人病革，以先生且弱冠，命之娶，先生娶而不婚，日夜苦處喪次，既襄事，廬居墓所。服除，乃始〔三〕婚事，至孝之名動關中。事都諫公與繼母張曲盡孝養，都諫公病，至嘗糞以驗，殁則哀毁幾絶。都諫公封事，故未留稿，先生走闕下，録原疏，請銘馬文莊公，文莊公亟稱之。事叔父，待諸弟，情愛備至。每歲時祭畢，燕諸族人，講明家訓。又率鄉人行鄉約，人多化之。親黨有窘乏，輒憐而周焉。與人交，平易款洽，或有過，即面規之，而未嘗背言其短。嘗與友人蒙泉郭公郛讀書講學谷口洞中，四方從學者甚衆，聽者津津有得，咸曰：「得涇野之傳者，愧軒也。」當道旌異無慮數十。

初，南祭酒姜公寶建言：「天下人才多壞于舉人之時，以其身階仕進而上無繩束甄別，故易壞也。請詔有司推擇舉人中行誼修者，特掄擢風士習。」于是撫按張公祉等交章以先生名上聞，遂辟入京，特授國子監學正。時馬文莊公爲祭酒，蒙泉郭公亦爲助教，乃與郭公議，以涇野先生爲祭酒時所布學約請馬公力舉行之，由是講讀之聲徹于橋門。

萬曆癸酉，調工部司務。會淮海孫公、楚侗耿公俱入京，先生數就兩公質所學。同志方依先生爲主盟，乃戊寅六月一病遽逝，年僅六十又二。水部郎葉君逢春狀其行，大司馬確菴魏公銘其墓，宫保李敏肅公爲之傳，皆實録，非溢美。

〔二〕「計偕」，原倒文作「偕計」。史記儒林列傳序載「當與計偕」，司馬貞索隱「計，計吏也。偕，俱也。謂令與計吏俱詣太常也。」後用以代指舉人赴京會試。據文意改。

〔三〕「乃始」，周元鼎本及澧西草堂本作「始完」。

時從涇野先生學者，又有張公節、李公挺。節字介夫，號石谷，亦涇陽人。父幡，以文無害官通州同知，公隨之任。會甘泉湛先生講學京師，通州距京師甚邇，公從之游，湛先生教以隨處體認天理，公大有省。無何，通州公致仕，公歸而補邑諸生，復受學涇野先生。爲諸生四十餘年，竟戹于場屋。以積廩行將膺貢，嘆曰：「吾老矣，安用貢爲！」乃上書督學劉公辭廩。劉公雅知公學行，特加禮遇，仍扁其門曰「清風高節」。尋奉例遙授訓導職銜云。公爲人方正介直，涇野先生深器重之，嘗贈以詩，有「守道不回比舊堅」之句。生平不妄交遊，獨與愧軒、蒙泉諸君子相講切。日坐南園草屋中讀書窮理，涵養本原，至老不倦，即惡衣糲食澹如也。嘗語學者曰：「先儒有云：『默坐澄心，體認天理。』又云：『靜中養出端倪。』吾輩須理會得此，方知一貫眞境。不爾，縱事事求合于道，終難湊泊，不成片段矣。」人皆以爲名言。卒于萬曆壬午，壽八十。貧不能葬，李敏肅公捐金助之，始克襄事云。

挺字正立，咸寧人，正、嘉間西安郡學生。性孤直，有義氣，不隨時頫仰。會有詔藩郡如故事出諸生，分諭諸屬，公以次出某邑，贈遺一無所受。嘗自誦曰：「生須肩大事，還用讀春秋。」涇野先生歿，又講學谿田馬先生所。往來三原路中，以盜死，人皆惜之。

蒙泉郭先生

先生名郛，字惟藩，號蒙泉，涇陽人。器宇凝重，童時屹若成人。甫八齡，即知誦讀，諳聲律。時從都諫龍山呂公學，偶試以對句云「曉風拂水面」，先生輒應聲曰「朝日射巖頭」。龍山公計偕，屬受學東橋李公，與龍山公子愧軒先生同筆研。兩人同肆力于學，即以聖賢相期許，曰：「必不爲世俗碌碌者！」補邑庠生，聲名蔚起。父母相繼逝，先生侍疾居喪，竭力盡瘁，家計窘甚，而處之裕如，朝夕攻苦，益潛心性命，不顓顓競雕蟲之技。時蓋未離庠校，而名已蜚三輔矣。邑侯樊高其行，延居講席，或有以千金求居間者，先生峻拒不納。樊侯退而省其私，益用高之。嘉靖戊午，年已四十有一矣，始舉于鄉。

辛酉冬，以呂師會葬，遂不上公車，一時郡邑爭表其廬，謂得古師弟之誼焉。先生舉孝廉後，猶與愧軒先生讀書龍巖洞中，學益有得，負笈從遊者甚衆。累試春官不第。

乙丑，謁選河南獲嘉學諭，日與諸生講學課藝，多所造就。隆慶庚午，擢國子助教，值馬文莊公爲祭酒，教規肅然，先生贊襄之力居多。時年已五十有六，例不得入臺省，同列欲先生少隱庚甲應選，先生笑曰：「臺省寧可不得，年其可隱邪？」僅得戶部主事，朝論偉之。榷稅九江，先生處脂潤，皭然不滓，弊剔奸鋤，商旅胥悅。時有監關郡倅某者，墨吏也，束于新令不得肆，乃妄加污衊。事聞諸朝，朝大夫共知先生賢，竟爲白其誣。萬曆庚辰，出守馬湖。馬湖，西南夷故地，俗陋易嚚，先生恩威並濟，禮讓躬先，裸夷數十輩從其譯酋，願望見先生顔色，歸而愛戴彌切。居未三載，聞有猶子之戚，念伯兄且老獨居，遂投牒歸。

歸田二十餘年，自讀書講學外，他無所事。督學敬菴許先生雅重先生，檄縣延爲鄉飲大賓，先生雖堅遜，恒虚席以待。乙巳六月三日，無疾而卒。距生正德戊寅三月十二日，享年八十有八。士大夫及門下士追思無已，以其德履，私謚曰貞懿先生。

先生學重根本，篤于倫理而兢兢持敬，自少至老，一步不肯屑越。暇中喜吟詩，卓有堯夫擊壤遺意，有云：「學道全憑敬作箴，須臾離敬道難尋。常從獨木橋邊過，惟願無忘此際心。」又云：「近名終喪己，無欲自通神。識遠乾坤闊，心空意見新。閉門只靜坐，自是出風塵。」又云：「莫道老來積德難，古人雖老志不朽。富公八十尚書屏，武公九十猶求友。老來聞道未爲遲，錯過一生寧不忸。從此努力惜分陰，毋徒碌碌空白首！」觀此，則知先生享上壽而完名全節非偶然矣。先生與人言，每依大節而出之，藹然可聽，令人不忍別去。雖新進少年，延見必恪。生平手不釋卷，冠履几榻，悉列箴銘，而晚年猶喜讀易。所著有自警俚語、山居雜詠、語略、族譜、仰鄭堂集。仲子九有付梓〔二〕以傳。

〔二〕「付梓」，周元鼎本及灃西草堂本作「殺青」。

九有，乙未進士，以猗氏令擢禮部主事，未究其用而卒，人皆惜之。

秦關王先生

先生名之士，字欲立，號秦關，學者稱秦關先生。其先咸寧人，五世祖志和遷居藍田，其後子孫因家焉。父旌，號飛泉，官代邸教授，明理學，有語録藏于家。

先生幼承庭訓，七八歲即知學，教授公授之毛詩二南輒解，輒爲諸弟妹誦之。教授公喜有子。後治大戴禮，兼通易，爲諸生，以文名庠校間。嘉靖戊午，舉于鄉。己未，試春官不第，由是益肆力舉業者累年。後屢不第，幡然改曰：「所性分定，聖道遠人乎哉？一曲經生，華藻奚爲？」遂屏棄帖括，潛心理窟，毅然以道學自任。爲養心圖、定氣說，書之座右。閉關不出者九年，蒿床糲食，尚友千古。行己必恭，與人必敬，飲食必祭必誠，兢兢遵守孔氏家法。一時學者以爲藍田呂氏復出，感慕執經者屨滿戶外，士習翕然。又謂：「居鄉不能善俗，如先正和叔何！」乃立鄉約，爲十二會，赴會者百餘人。設科勸糾，身先不倦。諸灑掃應對、冠婚喪祭禮久廢，每率諸宗族弟子一一敦行之。于是，藍田美俗復興。

萬曆甲戌，病痹，屬又哭母過毁，步履愈艱。終喪，而嚮道之心愈篤，謂「非博取遠遊，終難進道」。會仲子守亦與計偕，己卯，遂復如京。是時先生已久謝公車，第日與諸同志講學都門之蕭寺，崇正闢邪，力肩斯道。即時貴或譚及二氏，輒正辭距之不少假。既而道鄒、魯，瞻闕里，徧拜先師及諸賢祠墓，低回留之不忍去，夢寐如見其人。久之始歸，由是秦關之名動海内矣，凡縉紳莅兹、道兹者，罔不式廬願見，表厥宅里云。

歲乙酉，德清許敬菴先生督關中學，講學正學書院。先生故許先生同志友也，禮徵先生爲多士式，先生亦樂就許先生，合志同方，相爲切劘，時多士皆有所興起。後許先生以應天丞謫歸，先生亦南遊講學，出武關，浮江漢而下，迂道江之右，會南昌章子潢、新城鄧子元錫、廣信、衢州楊子時喬、殷子士望。復東渡浙水，見許先生于德清，東南學者聞先生至，多從之遊。先生二子宗、容念先生疾，客久，肅迎歸，是在己丑秋。明年庚寅八月，卒于家，壽六十有三。目欲瞑，以手示二子爲訣，亦曾子「啟手足」意也。

先是，南司成趙公用賢、柱史王公以通相繼疏薦。趙疏「海内三逸，公居其一」。疏云：「孝弟力田，行不踰乎軌範；詩書敦説，名已動于鄉閭。雖久嬰足疾，而過廬者必式。宜如近王敬臣故事，授以京秩，俾表帥一鄉，矜式後學便。」柱史疏大略與趙符。命下宗伯議，議如薦者指。先生爲孝廉垂三十餘年，竟不仕，角巾野服，悠焉終老。至是，詔授國子監博士。除目至，而先生已先物故四越月，一命不待，君子惜之。

先生生平修姱惇倫，篤於行誼，丁内外艱，毁幾滅性，處昆弟怡怡。未五旬失耦，誓不繼，鰥居終身。其于世俗聲色嗜好，一切漠然。性不問家而好施，喜活人，或謂：「貧，所濟幾何？」則曰：「吾盡吾心力耳！」置祠祭、墓祭二田，爲宗族置義倉、義田，即楹晦無多，寠貧士所難。居恒晦跡却埽，即郡邑以幣交，未嘗苟受，亦未嘗輕謁。至于訪道求友，雖跋涉間關數千里，亦不憚遠云。先生篤信好學，見徹本原，非沾沾矜一節一善以成名者。世或止以「甘貧苦節」稱先生，是豈足儘先生哉！

所著有理學緒言、信學私言、大易圖象卷、道學考源録、易傳、詩傳、正世要言、正俗鄉約、王氏族譜、正學筌蹄、闗里瞻思、闗洛集、京途集、南遊稿。所述有先師遺訓、先君遺訓、皇明四大家要言、性理類言、續孟録諸書行世。

關學編後序

夫天覆地載，日照月臨，凡有血氣，莫不有性命，而道在焉。道在而由之、知之，則學在也。奚獨以「關學」名也？關學之編，少墟馮侍御爲吾鄉之理學作也。吾鄉居天下之西北脊，坤靈淑粹之氣自吾鄉發，是以庖羲畫卦，西伯演易，姬公制禮，而千萬世之道源學術自此衍且廣矣。子曰：「文不在兹乎！」又曰：「吾其爲東周乎！」則西方聖人發揮旁通，東方聖人懷而則之，其揆一也，此載在詩、書，無庸復贅。故此編惟列孔子弟子四人、横渠先生而至今，無不考而述焉。故不載獨行，不載文詞，不載氣節，不載隱逸，而獨載理學諸先生，炳炳爾爾也；不論升沉，不計崇卑，而學洙、泗，祖羲、文者，無不載焉。少墟之用心亦可謂弘且遠矣！不然，自張、吕諸大儒而外，如不列於史册，則湮沒而無聞，後死者惡得辭其責也。

書成，人無不樂傳之。然則是學也，果何學也？誦是編而印諸其心，即心即學，即學即羲、文、周、孔未見有不得者，奚止論關中之學，即以論天下之學，論千萬世之學可也。

萬曆歲次己酉正月人日，後學岐陽張舜典書于澶淵之闇然亭

關學續編

[清]王心敬　著

[清]王承烈參訂

清嘉慶七年周元鼎增修本

關學編序

關學有編，創自前代馮少墟先生。其編雖首冠孔門四子，實始宋之横渠，終明之秦關，皆關中産也。自秦關迄今且百年，代移世易，中間傳記缺然，後之徵玫文獻者，將無所取證。心敬竊有懼焉，閒乃忘其固陋，取自少墟至今，搜羅聞見，輯而編之。既復自念，編關學者，編關中道統之脉絡也。横渠特宋關學之始耳，前此如楊伯起之慎獨不欺，又前此如泰伯、仲雍之至德，文、武、周公之「緝熙敬止」、纘緒成德，正道統昌明之會，爲關學之大宗。至如伏羲之易畫開天，固宇宙道學之淵源，而吾關學之鼻祖也。譬諸水，泰伯、文、武、周公，乃黄河之九曲，而伏羲則河源之星宿，横渠以後諸儒，乃龍門、華陰、砥柱之浩瀚汪洋，涇、渭、豐、滂諸水之奔赴也。記曰：「三王之祭川，皆先河而後海，或源也，或委也，此之謂務本。」君子之論學，觀於水，可以有志於本矣。於是，復援經據傳，編伏羲、泰伯、仲雍、文、武、周公六聖於孔門四子之前，並編伯起楊子於四子之後，合諸少墟原編，以年代爲編次焉。蓋愚見以爲必如是而後關學之源流初終，條貫秩然耳。

編既竟，竊念斯道雖無古今、聖凡、貴賤之殊，但以伏羲、文、周六聖人與宋、元以後諸儒同彙而共編，亦覺無大小、淺深之差别。於是，據吾夫子聖人、君子、善人有恆之分，於伏羲六聖則標目曰「聖人」，若曰是即吾夫子所欲見之聖人也；孔門四子，則曰「賢」；自漢以後，則總目之曰「儒」，若曰是固吾夫子所謂君子、善人有恆，而不甘流俗者也。顧周元公之言曰：「士希賢，賢希聖，聖希天。」則又以明善人有恆之士，苟能希聖、希賢，自可至於聖、至於賢，而無能我靳也。然則千百世下，凡生吾關中者，讀羲、文、武、周之書，誦漢、宋以來諸儒先之傳，溯流窮源，可無復望洋之嘆。因是孜孜亹亹，用以仰慰吾夫子思見聖人之本懷，是則後死者之責，而先聖賢之所亟待也夫！

豐川後學王心敬爾緝盥手題

關學編原序[一]

一

理學一脉，其盛衰關世運高下。然自東周以還，聖如孔子，戹於無位，不得行所學，徒與弟子講業於洙、泗之濱，晚而贊易、序書、删詩、修春秋、定禮、樂，以俟後賢，令斯道不終墜。所謂聖人既往，道在六經也。孟子紹之，皇皇救世，所如不合，徒託空言，今所存僅七篇遺書耳，又不幸火於秦。佛於東漢，宋、梁、陳、唐，老、莊於晉，經既闕訛，學又誕幻，至功利之習溺，文辭之尚牽，漸靡成風，末流莫挽，蓋不知理如何，學如何矣。宋自濂溪倡明絶學，而關中有横渠出，若河南二程、新安朱子後先崛起，皆以闡聖眞、翼道統爲己任，然後斯道粲然復明。

關中故文獻國，自横渠迄今又五百餘歲矣。山川深厚，鐘爲俊彦，潛心理學，代有其人。迨我明道化翔洽，益興起焉，如涇野則尤稱領袖者。侍御馮仲好氏，關中人也。弱冠即志聖道，通籍不數載，以言事歸山中，閑暇日，惟講求正學，排斥異端爲惓惓。所著關學編四卷，始於横渠，訖於秦關，計姓字三十三。雖諸君子門户有同異，造詣有淺深，然皆不詭於道。設在聖門，當所嘉與者，簡冊兼收，詎不宜也。其書以「關學」名，爲關中理學而輯，表前修，風後進，用意勤矣。

余不肖，嚮往古昔有年，且居子游之鄉，產晦菴之里，彬彬名儒，不一而足，未能博稽精論，倣仲好體裁，次爲成書，坐視先哲遺蹟放失，媿矣，罪矣！仲好有此舉，嘆服良久，遂屬長安楊令募工梓之，用公同志。蓋理爲人人具足之理，學爲人人宜講之學。編内諸君子，其力學以明理，明理以完性，皆人人可企及者，非絶德也。由諸君子而溯孔孟，是在黽勉不息哉。

[一] 王心敬關學續編所收關學編原序共三篇，其中第三篇爲馮從吾關學編原序，其后另有張舜典關學編後序一篇，前編均已著録，兹略。

衡雖魯，敢與同志共勖之。

萬曆戊申八月廿八日，新安後學余懋衡書於朝邑之貞肅堂

二

關學編者，侍御史馮仲好集關西之爲理學者也。其爲孔子弟子者四人，學無所考。於宋得九人，於金得一人，於元得八人，於明得十五人，諸附見者不與焉，皆述其學之大略爲小傳，授受源委可推求也。

夫伏羲畫卦，爲關西萬世理學祖，至周有文、武、周公父子兄弟，號稱極盛。周之後，置他閏位不論，西漢、李唐有天下最久，無能爲理學者。至宋，乃始有周、程三先生興于濂、洛，而張子厚先生崛起關西，與之訾道同術，合志同方。蓋當是時，禪教大行，先生少年亦嘗從事於斯，久之悟而反正，以爲佛門千五百年，「使英才間氣，生則溺耳目恬習之事，長則師世儒宗尚之言，因謂聖人可不修而至，大道可不學而知。人倫不察，庶物不明，上無禮以防其僞，下無學以稽其弊，詖淫邪遁，亂德害治」。其持論深切著明如此。信乎所謂「獨立不懼，精一自信，有大過人之才」者矣。程子謂博聞強識之士，鮮不入於禪，卓然不惑，惟子厚與邵堯夫、范景仁、司馬君實，豈不難哉？同子厚遊二程門，如游定夫以「克己」與「四勿」不相涉，呂與叔以喜怒哀樂未發由空而後中，楊中立因而執之，謝顯道以知覺爲仁。四先生且然，況其他乎？呂微仲表子厚墓，稱：「學者苦聖人之微，而珍佛之易入。横渠不必以佛、老合先王之道，則子厚先生著書立言，攘斥異學，生平所苦心極思，幾不白於世矣！」迨其後也，鵝湖、慈湖輩出，而周、程、張、朱之學日爲所晦蝕，然關西諸君子尚守鄜縣宗指。近代學者左朱右陸，德、靖之間，天下靡然從之，關西大儒亦所不免。明聖學，正人心，扶世教，安得起子厚於九京而揚扢之哉？

仲好之爲是編也，直以子厚承洙、泗，汲公略見進伯傳後，雖鄉里後進，未可顯斥先正之過。其學術醇疵，臚列𢀵分，以俟夫人之自擇，而毫釐千里之差，堤防界限之嚴，詳於辯學、疑思二録中，要之以子厚爲正。故關學明，而濂、洛以下紫陽之學明，濂、洛以上羲、文、周、孔之學亦明矣。余謂仲好有遠慮焉，有定力焉，有兼善之量焉，有繼往之功焉。若夫侈說其鄉

人，以爲游談者譽，造作者程，非仲好意也。

大泌山人李維楨本甯父

關學編凡例

一、原編始横渠張子，而是編則備編伏羲、泰伯、仲雍、文、武、周公六聖於前。或問於余曰：「少墟之不備録前六聖也，意或以伏羲帝，文、武王，周公相，且皆聖人也，不可與後儒同類而編歟。而子備録之，豈大夫不敢祖諸侯，諸侯不敢祖天子，通鑒不敢以己編直接春秋之旨乎？」余曰：「不然，大夫不敢祖諸侯，諸侯不敢祖天子，所以辨宗也。通鑒不敢接春秋，所以尊聖也。編關學，則溯宗原聖矣，辨宗尊聖，則惟恐不嚴。溯宗原聖，正惟恐其不備，胡可比也。且此道此學而有貴賤、聖凡之殊歟？不觀吾夫子東魯布衣也，而祖述堯、舜，憲章文、武，亦正不嫌自蹈僭踰耶？六聖人自吾關中道德學行之斗極，編關學者自宜前録以昭吾道之正統大宗，而在所不疑爾。」

一、是編以伏羲開先，或疑爲世代緬遠，緒論寥略，今所傳者，僅卦畫與易繫、贊、述數言耳。關學首編伏羲，豈吾夫子删書斷自唐、虞之旨乎？余則以爲，删書欲以垂千百世君臨之道法，而唐、虞以前則風氣尚樸略未備，史傳亦荒唐多誣也。至唐、虞而中天文明，故序書不始伏羲而斷自唐、虞耳。若夫溯道脉之自始，始於伏羲六十四卦之創畫；溯學脉之從肇，肇於伏羲仰觀俯察、遠徵近取之開宗。則謂今日六經之昭垂，皆伏羲畫卦之推衍，盡宇宙一切史傳文字之闡明，皆伏羲畫卦之敷暢。伏羲直生至於今，而至今無一人、一事、一時不神接伏羲於耳目心思之間可矣，而顧可以世代遼遠、緒論寥略論歟？獨不觀吾夫子繫易，必詳溯伏羲畫卦之精神命脉耶！則今日上溯關學之統者，必上溯諸文、武、周公，又必上溯諸伏羲，而後源流分明，本末條貫耳。

一、是編備録泰伯、仲雍，或疑經史不著其學術，竊恐蹈附會之嫌。余則謂吾夫子推尊泰伯爲至德，而贊美之不置。仲雍與泰伯同逃讓弟，即其德之至可知。德既至矣，其致力之心精密詣，當不知何如？而必責如後世之語録喋喋耶。故謹序於伏羲之後，文、武、周公之前而不敢遺略。蓋愚意周之至德，後有文王，前則先有泰伯伯仲，而厥後更有武王、周公二聖

繼此家學之精微而益暢益密。以此見古今家學之盛，莫盛於有周。即以見吾關中此學之明之盛，莫明莫盛於有周，而豈徒

侈關中聖德之衆，增簡編之色而已哉！

一、是編於漢獨録四知楊子，或者疑其不無以氣節作理學之嫌。余則謂氣節本自中誠，安在非即理學，況如天知、地知、子知、我知之旨，凜乎愼獨，無自欺之心傳，而一切立朝行己，則卓卓乎剛毅近仁之旨歟！且關西夫子之推，當時無異辭，後世有可稱，宋、元諸儒幾此者幾人乎？而可廢耶？

一、伏羲世史中亦尚有紀述，而是編獨取吾夫子繫辭仰觀俯察數語。文、武、周公則國語、國策及諸子百家中傳述極多，而獨取聖經所述，孔、孟論斷所及，其他皆在所略者。蓋原道明學，取於可據可信，無取乎影響附會，反誣聖眞也。

一、原編諸傳後倶無論斷，即間有數語，亦倶序於傳内。兹編於伏羲、泰伯、仲雍、文、武、周公六聖，四知楊子一賢，則倶倣理學宗傳例，傳後臚列論贊，不一而足者。凡以六聖一賢，乃關學之堂奥門徑，倶原編之未備，兼前儒之論，亦多於其精蘊闡之未盡，故特加論斷，以明六聖一賢之淵詣，爲吾關學揭統明宗耳。若其續自少墟先生以下，則但致詳於淑遠周公與馮門傳記。無考之故，從元洲守志十二人者姓氏無存之，概而論斷，更不復贅者。續原編則依原編爲例，兼論斷倶在傳中，如原編也。

一、少墟原編無聖人、賢、儒之目，而是編則加此品目者，緣原編以横渠爲始，雖與後此元、明諸儒分量有大小、淺深之不同，要之品格相近。是編則溯源六聖，首列編端，若使概名以關學而品目不分，則且使上聖與善人有恆等類而並列，無論餘子，即横渠、涇野數先生能自安於心耶。亦大覺其不倫不類耳，故標題有聖、賢、儒三等之分。

一、少墟先生原編本自簡潔，而今於中間亦尚不無一二節刪之處。蓋務期貞切簡當以副先生本心，匪敢妄加裁損也。

一、仲舒原非關中人，以其老關中，且葬關中也，故並列傳關中。

一、續編自少墟至於今，合二代百餘年，則獨取七人，而附者亦僅寥寥數人，即自顧且不無掛漏之慚，敢望見恕於博雅君子耶！但是，心敬僻處山鄉，生也又晚，而此百年中，世代既移，又傳紀缺然，今編中所載，已是從灰裏尋綫，備極搜訪。

此外，搜訪所不及，則亦終聽之掛漏，而無可如何耳。是惟留心名教之大君子，援可據以見教，則心敬之殷祝也夫。

關學編目

明愧軒呂先生　石谷張氏節、正立李氏挺附

明蒙泉郭先生

明秦關王先生

卷六

明儒六人

明少墟馮先生　此下新增　淑遠周氏傳誦、子真党〔一〕氏還醇、白氏希彩、澄源劉氏波附

明雞〔二〕山張先生

明湛泉張先生

明二岑馬先生

明端節王先生

明元洲單先生

國朝儒一人

清二曲李先生　一時同志並及門諸子附

周元鼎關學續編後序

〔一〕原作「黨」，作姓氏時，當爲「党」。以下同此逕改，不再出校。

〔二〕原作「谿」，據灃西草堂本及正文題目，當爲「雞」。

聖人

伏羲

太皞伏羲氏，亦云庖犧氏，風姓，生於成紀。代燧人氏王天下，有聖德。孔子繫周易追述曰：「昔者庖犧氏之王天下也，仰則觀象於天，俯則觀法於地，觀鳥獸之文與地之宜，近取諸身，遠取諸物，於是始作八卦，以通神明之德，以類萬物之情。」

敬按：斯道彌綸天地萬物而管歸於吾身。非學，道無由明行；非文字，道亦無由寄託。而宇宙文字之始，則始於八卦，八卦則畫自伏羲。是則自開闢來，雖聖神代作，皆有綱維世道之弘功，而伏羲其開天明道之第一人乎！其六十四卦之一奇一偶，雖謂之代天而言，以垂示宇宙可也。又謂後此一切闡道之典謨訓誥、經史論述，皆自此推而衍之、統而貫之可也。而原其所生，則於我關中成紀，故今溯關學淵源，當以伏羲爲鼻祖。

又按：神明之德，乃天、地、風、雷、山、澤、水、火之精英，萬物之情，乃天、地、風、雷、山、澤、水、火之情狀，是皆斯道之彌綸發皇，盡宇宙不能一時一事外者。伏羲開天神智，生而於此，獨能冥會，但是欲揭此覺民，又苦言不盡意，於是仰觀俯察，遠徵近取，昭融此德、此情於心目之間，通類此德、此情於宇宙之象，特地畫出一奇以象天，畫出一偶以象地。又參天兩地，畫出三畫以象三才，三才立而由是相摩相盪爲四象，爲八卦，爲六十四卦。舉宇宙天地、風雷、山川、水火與一切神明萬物之德之情，胥昭揭於一奇一偶之錯綜參伍，而宇宙萬事萬理皆於此包絡流衍矣。這也是斯道合開，上天遂生此肇開文明之聖，啟斯世之顓蒙。論者以爲神靈淑粹之氣萃於西北乾方，故開天明道之聖特於是出。嗚呼，是豈無見而云然哉。然則生乎其後者，值斯道昌明之日，托神靈未竭之氣，既聖訓之昭如日星，復賢關之闢若大路，可妄自菲薄耶。

又按：伏羲仰觀俯察，遠求近取，而總爲通神明之德，類萬物之情，則知其仰觀不獨觀於天象，並象之所以然處通之類之；俯察不獨觀於地法，並法之所以然處通之類之。遠觀近取，不獨取其文、其宜、其形色，並其文、其宜、其形色之所以然處通之類之。故通曰通德，類曰類情，則是於天地物我直無處不周，而祇爲通神明之德，類萬物之情也。由前則表裏精粗窮徹靡遺，這學力是何等精密，儼然爲聖學立道器情文，兼綜條貫之宗；由後則功雖詳而有要，知雖博而反約，這學力是何等的實，又儼然爲聖學立窮大失居、泛騖無歸之鑒。然則聖學宗傳眞開自伏羲，而吾夫子一生上律下襲、好古敏求之心傳，俱淵源於此矣。昔子思之述祖德曰「仲尼祖述堯舜，憲章文武」，是特就道與法之隆備師承爾，要之就道源心法論脉絡，謂即祖述伏羲可也。

又按：伏羲仰觀天象，俯察地法，並鳥獸之文與地之宜，無不遠求博取，是於吾身以外，無不明察之物矣。而仍必近取諸身，則是直將天地萬物盡融會於吾身，而吾身之官骸性情，盡類通於天地萬物。即此以推，不獨後世之明物察倫，崇效卑法，與一切博學審問、慎思明辨之脉絡，舉伏於此，即一切致中和而位天地、育萬物，盡性以盡人、物，贊化育而參天地之脉絡，亦靡弗隱伏於此而無遺。邵康節曰：「圖雖無文，吾終日言之而不離乎是。」敬亦曰吾夫子之繫伏羲也，語亦寥寥。要之，盡後世千聖萬賢學術之根柢，俱於此乎範圍曲成矣。嗚呼，伏羲一聖，宇宙道源俱從是發，豈獨肇開關學也！然非吾夫子神明，其精神命脉，亦何能於寥寥數言，盡闡其畫卦立象之源流如是明切歟。然則溯道統、原學宗者，當詳察潛昧伏羲之精神命脉，而欲溯伏羲之精神命脉者，當反覆咀味吾夫子繫伏羲之九言，若其咀味有得，更能讀易而得諸畫前，則雖生伏羲千萬世後，正不難與伏羲晤對一堂爾。

附傳疑三聖

敬按：陝西通志神農、黄帝俱載關中。二聖人開物成務，通變宜民，其備道豈待言？道備即學備，其學又豈待言哉？然考之輿圖，神農生陳州，黄帝生新鄭，則通志之載關中，恐不足盡據也。且六經中不及神農學術之端，即黄帝有丹書之傳，然亦不見聖經，疑出後世之假借。至崆峒問道，與他載黄帝之遺言、遺事，亦似皆老、莊之徒與後世好事者僞託。自太史公已謂「其文不雅訓，爲縉紳先生所難言」，故今不敢概録，以滋矯誣之嫌焉。

敬又按：通志：「倉頡，長安人，爲黄帝左右，見鳥獸之跡，體類象形而制字，使天下義理必歸文字，天下文字必歸六書。」則是倉頡亦不可謂與關學無與矣。然按世史，伏羲造書契以代結繩，則書契之由來已久。倉頡或補伏羲之未備，或易形而使愚蒙之易曉，是或有之，然要之文字固不始於倉頡也。且是編皆據經記事，雖以文、武、周公之紀，經太史公之手筆，亦不敢信爲無訛，而必據六經、孔孟之言，按實詮次。倉頡之傳不見於经，而敢信地志、特傳耶？故亦從細注，附傳疑之列云。

商

泰伯仲雍

泰伯、仲雍，商諸侯古公亶父子。古公三子，長泰伯，次仲雍，又次季歷。季歷子昌，生而有聖德，古公愛之。欲傳位季歷以及昌，泰伯、仲雍知之，遂相携逃諸荆蛮。其後古公卒，歷嗣。歷卒，昌嗣，而周以大興。推其淵源，本泰伯、仲雍相携而逃，讓位季歷之故也。而當時曾無知其至德而稱述之者，至孔子，乃追而贊泰伯曰：「泰伯，其可謂至德也已。三以天下讓，民無得而稱。」於仲雍，則他日序列逸民懿行，有「身中清，廢中權」之許焉。

敬按：吾夫子推泰伯爲至德，據其行事論之耳，未及其心學也。然即其如是之行，而追想其心之所存注，亦良苦矣。心良苦，而其中體認之必精，踐履之必力，以求自遂其心理之安，可以言盡耶。昔吾夫子答子貢問伯夷、叔齊之怨否，曰：

「求仁而得仁。」先儒謂「求」，即其學之致力處，「得」即學之得力處，而總之依乎仁而不移於他，蓋「仁爲己任，死而後已」者也。嗚呼！即是以推，而夷、齊之心學可想而知。泰伯兄弟與夷、齊兄弟異世同揆，即夷、齊而泰伯之心學不可類推耶？然讓歷而歷之得卒嗣古公者，亦惟仲雍與泰伯同此心行之故，而吾夫子則獨舉泰伯者，舉伯以例仲，其仰體父心以讓弟同，其至德自同耳。而周之家學，於文、武、周公父子之前，遂丕昭於至德之兄弟矣，盛哉！

敬又按：仲雍之德同於泰伯。是仲雍、泰伯之爲兄弟，猶之伯夷、叔齊之爲兄弟也。夫夷、齊兄弟同於求仁得仁，即仲雍與泰伯亦同一求仁得仁，而可謂至德，又奚疑歟？足於德而寧不足於學歟？故編中泰伯、仲雍並列云。

文王

文王名昌，王季子，嗣位爲西伯。及武王得天下，追王曰文王焉。西伯之爲世子也，朝於王季日三，晨至寢門外，問内豎之御者，曰：「今日安否？何如？」内豎曰：「安。」西伯乃喜。日中又如之，抵暮又如之。其有不安節，則内豎以告，西伯色憂，行不能正履。王季復膳，然後復初。食上，必在視寒暖之節；食下，問所膳。命宰曰：「末有原。」應曰「諾」，然後退。及嗣位，其治岐也，發政施仁，必先窮民之無告，次如耕九一，仕世禄，關市不征，澤梁無禁，藹藹如父母焉。時北海伯夷叔齊、東海太公，年皆老矣，聞其善養老，相率來歸。一日出獵，見太公釣於渭濱而異之，與之語，尤大異焉，乃載之歸以輔政。嘗行於野，見枯骨，命瘞之。吏曰：「無主矣。」西伯曰：「吾即其主。」以棺衾葬之。天下聞之曰：「西伯澤及枯骨，況於人乎？」時紂日益無道，醢九侯，脯鄂侯，西伯聞而竊嘆。崇侯虎知之以告紂，紂乃拘而囚之羑里。閎夭之徒百方謀所以奉紂，而始釋西伯歸。而又獻洛西之地，請除炮烙之刑。紂許之，更賜得專征伐。時虞、芮之人爭界，久不決，乃入周求質。及入周疆，見耕者皆讓畔，民俗皆讓長，慚相謂曰：「吾所爭，周人所恥，何往爲？」遂還，俱讓其田而不取。當是時也，密人不恭，侵阮徂共，崇侯虎助紂爲惡日益甚。西伯乃伐密，復伐崇，作邑於豐，而徙都焉，漢南諸侯歸者四十國。三分天下，奄有其二，西伯率以事紂，年九十七薨。

敬按：文王一生積累之仁政武功，隆且懋矣，而周公追頌則不復侈陳，獨取其德心圣學反覆贊述曰：「維天之命，於穆不已。於乎丕顯，文王之德之純。」又曰：「惟此文王，小心翼翼，昭事上帝。」又曰：「帝謂文王，無然畔援，無然欣羨，誕先登於岸。」「不大聲以色，不長夏以革〔一〕，不識不知，順帝之則」。其他如「亦臨」、「亦保」、「亦式」、「亦入」，「文王陟降，在帝左右」，「文王在上，於昭於天」，凡以言乎文德之純純於敬，而文王之敬德，則直與天合載無二也。又如詩詠「緝熙敬止」，而曾子則釋其義於君臣、父子交國人之間，謂是此「敬止」之「緝熙」者，乃人倫之皆得其止而各極其至，則又以明文德之敬，常明於己心，而丕周乎人倫也。蓋周公於文王父子，作述間獨以此一點精心默相孚授，故其頌文王諸詩，言功業者略，而於其德心之純符契天德者，反復鄭重而極闡詳道之，不一而足也。至孟子歷序存心之統，則又獨取其憂勤惕勵之心，曰：「視民如傷，望道未見」，如見文於羑牆焉。嗚呼，聖至文王，時益變而處愈難，實聖至文王，心益苦而學益密。吾夫子至德之贊，繼泰伯而再推文王，蓋心服之者至矣。至於序易、象易於九年羑里之中，則其「素患難，行乎患難」，而又以開萬世著作闡道之門庭。是則自三皇五帝以來，聖人以道法爲學脉，至文王彖易，而更以文章闡性道，聖至文王而益精細微密，實學至文王而益精細微密矣。關學以文王爲大宗，不猶治道以堯、舜爲大宗哉？後生讀書尚論，須靜溯其心學之淵醇，始得其精神命脉，若但豔其仁政武功，曾何當於文王之眞精神命脉哉！

〔一〕「革」，原作「華」，形誤，據詩經大雅皇矣「不長夏以革」改。

周

武王

武王名發，文王次子。文王有疾，武王不脫冠帶而養。文王一飯亦一飯，文王再飯亦再飯。及即位，太公望爲師，周公爲輔，召公、畢公之徒左右王。躬修文王之業，纘太王、王季之緒。逮十有三年，紂惡日甚，天變人怨，乃應天順人，率師東征，諸侯不期而會者八百。緣途千餘里，「其君子實玄〔一〕黄於篚以迎其君子，其小人簞食壺漿以迎其小人」。甲子，會於牧野，紂師如林，皆前徒倒戈以北，於是誅紂。孔子曰：「壹戎衣而有天下，身不失天下之顯名。」孟子曰：「救民於水火之中，取其殘而已矣。」既克商，則一反紂政。封比干墓，釋箕子囚，式商容閭。發鉅橋之粟，散鹿台之財，歸傾宫之女，大賚於四海。謹權量，審法度，修廢官，而四方之政行；興滅國，繼絶世，舉逸民，而天下之民歸心。所重民食、喪祭，而於善人是富。又監於天命之不易、民生之難遂也，於是折節訪箕子，以「相協厥居，攸敘彝倫」之道，而得箕子洪範九疇之旨。又問群臣以藏約行博、可爲萬世子孫恒足之道，而得師尚父，對以丹書「敬勝義勝」之訓。王聞之惕若恐懼，乃爲戒書於席之四端，及几、劍之類各有銘焉。君子以爲王心之存，備見於觸目之惕。而他日孟子所由敘「幾希」之統，而特揭其「不泄邇，不忘遠」之心法也。十有九年，年九十三崩。

敬按：人知衛武公耄修不倦，行年九十而猶靡切磋琢磨之修，歿而推爲睿聖武公。不知武王得天下於既暮之年，其

〔一〕「玄」，原作「元」，清人引用古書而避當朝聖祖玄燁諱，以「元」代「玄」，今回改。以下同此逕改，不再出校。

發政施仁，一以體天地、祖父之心爲兢兢，而如其於箕子之訪，虚心重道，丹書之奉，老而益虔。孟子曰：「堯、舜性之，湯、武身之。」「身之」，斯終其身敬以作所，而不敢一刻逸矣。彼武公之耄修勤渠，正得諸乃祖之家法而思肖也。嗚呼，「性之」之聖不可幾，如武王、武公，斯不亦不厭不倦之宗傳，而中材皆可企及者哉？

敬又按：人知武王之伐紂爲應天順人，不知中間窮理盡變，其心精之密詣學力，正有獨證者在焉。彼其於千古君臣之大義，以武王之聖，自屬洞徹於心，況文王服事有殷之積誠，又得諸家庭六七十年之親炙，一旦伐紂，踰人臣之大閑，變聖父之家法，是非其見義獨明，踐道獨力也，何能如是，又何忍爲是乎？陸文安曰：「『民爲貴，社稷次之，君爲輕』。此宇宙之公義。」惟武王見得明，夷、齊卻不見此。孟子曰：「賊仁者，謂之賊；賊義者，謂之殘。殘賊之人，謂之一夫，聞誅一夫紂矣，未聞弑君也。」武王於十三年前確守臣節，於十三年後會朝清明，這應天順人中，有多少精義入神之心學在，豈尋常拘攣之見、遊移之守所可幾歟！學者但論其行跡，而不知推原其心學，聖人之眞精神命脉，湮於百世之上矣。

周公

周公名旦，文王子，武王弟也。當文王時，旦爲子篤仁，異於羣子。後文王被拘羑里，則佐武王治其國，與散宜生之徒經營，悦紂以還文王。及武王伐紂，則佐武王陳師牧野。既受殷命，則佐武王反紂之虐以施仁。逮二年，武王有疾，則怵惕惶懼，設三壇，載璧秉圭，告於太王、王季、文王，願以身代武王。於是卜三龜，習吉，則喜曰：「王其無害。」乃納自以爲功冊於金縢櫃中。王翼日乃瘳。後二年，武王崩，成王幼，公則相成王治天下。一沐三握髮，一飯三吐哺，起以待士，猶恐失天下之賢人。初武王之革殷也，封紂子武庚於殷都，使管叔、蔡叔、霍叔爲監。王歿，而三叔流言曰：「公將不利於孺子。」公乃避於東，繫易之小象三百八十四爻。東人歌之曰：「公孫〔一〕碩膚，赤舃幾幾。」又曰：「公孫碩膚，德音不瑕。」蓋素患難行乎患難，其德心德容不易其常，雖婦人、女子心孚而意欽也。既而三叔挾武庚以叛，王取管叔殺之，然亦尚未知公之本心也。及感風雷之變，發金縢之櫃，得公自爲功代武王冊，王乃大寤，迎公歸。而武庚又糾淮夷以叛，公乃奉王東征，誅武庚，滅國者五十。書曰：「丕顯哉，文王謨！丕承哉，武王烈！佑啓我後人，咸以正无缺。」蓋當是時也，向非周公，周之爲周，未可知也。而周公於此數年中，其困心衡慮，憂勤惕厲，亦無所不用其極矣。後封於魯，而公仍留以輔王。薨，乃隨文、武葬焉。

敬按：孟子序「存心」之統，至周公則贊曰：「周公思兼三王，以施四事；其有不合者，仰而思之，夜以繼日。幸而得之，坐以待旦。」夫周公夾輔王室之功勳，古今更無與二矣。而孟子不一言，獨取其願力之精勤敏皇以概公生平者，蓋公見道分明，識時達會，每期會通列聖之道法，本原父兄之心傳，折衷融液，一歸時中，以光昭有周之令緒。故孟子論世知人，而獨得其心精之注也。然如逢時之變，始而遭父之困厄，中而佐兄於放伐，晚而更遭己身之讒謗，無一不釁波滔天、危疑震撼。彼旁觀者，徒見其身處崇高顯赫之地，而不知其心實蹈於履險蹉蹇之途。論世者徒見其制作垂世，立千古文明之宗範，而不知其操心危，慮患深。其一段精仁熟義真精神，初非紀事之書、道志之詩之揄揚闡發所能盡，而僅從三百八十四爻中繫象之微詞，隱隱寓之也。嗟乎！世日降，而聖人之局日處其難，其心學之密詣，亦遂益精而益詳。厥後吾夫子刪詩學易，於文王、周公淵乎異代傳心，神交夢寐者，正在於此。若謂徒欲行其道於事業之間，豈盡然哉？蓋關學自是益弘暢精密，無餘蘊，並無遺憾矣。

又按：先儒曰：「後世黼稱周公制作勳猷，不知皆其跡也。」公之秘密在易爻辭與歌詠文王諸詩，皆宣泄道奧，吐露無遺。嗚呼，今易、象俱在，雅、頌備存，生公之後而欲論世知人，可無尋繹其微言要旨哉？吾輩生公之鄉，而欲尚友乎千

〔一〕「孫」，原作「遜」，據阮元校刻十三經注疏詩經豳風狼跋篇改，下句亦同。

古，亦必無誦言忘味，然後入道有日也夫。

又按：周公嘗曰：「文王我師。」夫周公於文王父也，而直認爲師，是則於其小心翼翼、昭事上帝之心傳。蓋凜凜乎匰諸仰思坐待之間，而未嘗一息離矣。彼昔吾夫子稱贊武、周「善繼」「善述」之「達孝」，是特就其事親之盡倫、盡制，發明其孝德之達於古今耳，其實並其心德之前後纘承，無弗統括諸「善繼」「善述」中矣。嗚呼，周之家學蓋深且長哉！後之溯宗風而景前修者，無徒求諸易俟而王，典章文物之美備輝煌，則庶幾乎深知聖人善學聖學爾。

又按：周自泰伯、仲雍以至文、武，雖屬一家之祖孫、父子、兄弟，要之所處之局各自不同，而其心精密詣，則皆於斯道吻合不忒。故敬嘗謂唐、虞之際，道隆於君臣；洙、泗之會，道隆於師弟；武、周之間，則道隆於祖孫、父子、兄弟之聖聖繼美。此宇宙道德文明之三大會也，而聚於祖孫、父子、兄弟者，則尤萃於一家，會於一堂，爲宇宙天倫之盛事。蓋雖以堯、舜之聖而帝，以禹、湯之聖而王，亦且遜其天倫之樂，而爲宇宙之僅有。嗚呼，有周一家，至此蓋盛不可及！關學至此，亦眞盛不可及哉！

漢儒

江都董先生[一]

董仲舒，廣川人也。少治春秋，孝景時爲博士，下帷講誦，弟子傳以久次相授業，或莫見其面。蓋三年不窺園，其精如

[一] 原作「流寓一人」，據原本目録改。

此。又其爲人進退容止非禮不行，學士皆師尊之。武帝即位，舉賢良文學之士前後百數，而仲舒以賢良對策。天子以爲江都相，事易王。易王帝兄，素驕好勇，仲舒以禮誼匡王，王敬重焉。久之，王問仲舒曰：「越王句踐與大夫泄庸、種、蠡謀伐吴，遂滅之。孔子稱『殷有三仁』，寡人亦以爲越有三仁。」仲舒對曰：「昔者魯君問柳下惠：『吾欲伐齊，如何？』柳下惠曰：『不可。』歸而有憂色，曰：『吾聞伐國不問仁人，此言何爲至於我哉？』徒見問爾，且猶羞之。況設詐以伐吴乎？」由此言之，越本無一仁。夫仁者，正其誼不謀其利，明其道不計其功。是以仲尼之徒、五尺之童羞稱五霸，爲其先詐力而後仁誼也。」王曰：「善。」初，公孫弘治春秋，不如仲舒，而弘希世用事，位至公卿。仲舒以弘爲從諛，弘嫉之。膠西王亦上兄也，尤縱恣，數害吏二千石。弘乃言於上曰：「獨董仲舒可使相膠西。」膠西王聞仲舒大儒，善待之。仲舒恐久獲罪，病免。凡相兩國，輒事驕主，正身率下，數上疏諫爭，教令國中，所居而治。自武帝初立，魏其、武安侯爲相而隆儒矣，及仲舒對策，推明孔氏，抑黜百家，立學校之官，州郡舉茂材孝廉，皆自仲舒發之。武帝晚年，以仲舒對問皆有明法，乃賜仲舒第，令居長安。凡朝廷建置興革，多使使就問，或使廷尉張湯就家問之。年七十餘，以壽終長安賜第，子孫乃徙家茂陵，皆以學至大官。

心敬按：仲舒先生原籍廣川，晚以時應帝問，就家長安，卒也遂葬京兆。今長安城中所傳下馬陵者即其處。其後子孫乃徙茂陵。則是仲舒老關中，卒關中，並葬關中也。故亦附載孔門四子之後云。

四知楊先生 東漢摯徵士恂附

先生名震，字伯起，弘農華陰人。少好學，受歐陽尚書於桓郁，明經博覽，無所不窮。諸儒爲之語曰：「關西夫子楊伯起。」常客居湖城，不答州縣禮命。如是者數十年，衆人謂爲晚暮，而先生志愈篤，年五十始仕州郡。大將軍鄧騭聞其賢而辟之，舉茂才，遷荆州刺史。及轉東萊太守，當之郡，道經昌邑，故所舉荆州茂才王密爲昌邑令，謁見，至夜懷金十斤以遺。先生訝曰：「故人知君，君不知故人，何也？」密曰：「暮夜無知者。」先生曰：「天知，地知，我知，子知，何謂無知！」密愧而去。後爲涿郡太守，公廉不受私謁。子孫常疏食步行，故舊長者或欲令爲稍開產業，先生笑曰：「使後世稱爲清白吏子孫，以此貽之，不亦厚乎！」遷太常，舉薦明經士陳留、楊倫[一]等，顯傳學業，諸儒稱之。

時安帝乳母王聖緣恩放恣，聖子女伯榮出入宮掖，傳通姦賂。先生切疏：「宜速出阿母，令居外舍，斷絕伯榮，莫使往來。」奏御，帝以示阿母、內侍等，皆懷忿恚。延光二年，爲太尉。帝舅大鴻臚耿寶薦中常侍李閏兄，不從。皇后兄閻顯亦薦所親厚，復不從。寶、閏等亦大恨。司空劉授聞之，即辟此二人，旬日中皆見拔擢。由是內外側目，然以其名儒，未敢加害。會三年春，帝東巡岱宗，中常侍樊豐等前以奉使爲阿母修第，曾詐作詔書，調發司農錢穀、大匠見徒材木，各起第宅。先生部掾高舒召大匠，令史考校之，得豐等所詐下詔書，具奏，須帝行還上之。豐等聞惶怖，會太史言星變逆行，遂共譖先生，有詔遣歸本郡，行至城西夕陽亭，因飲酖而卒。順帝即位，豐等誅死，先生[二]門人詣闕追訟，朝廷咸稱其忠，乃以禮改葬於華陰潼亭，遠近畢至。先葬十餘日，有大鳥高丈餘集柩前，俯仰悲鳴，淚下霑地，葬畢乃飛去。郡以狀上，時人立石鳥象於其墓所。海內學者稱「四知先生」。

敬按：自先生後，歷秉、歷賜、歷彪爲三公者，凡四世。論者皆以「累葉載德，繼踵三公」，爲先生積善之餘慶，是固然矣。而君子則謂此「四知」心印，是乃於大學之「誠意毋欺」、中庸之「不愧屋漏」、孟子之「仰不愧天，俯不怍人」，眞積力行，早已攜宋、明數大儒「誠明」、「致良知」之脉絡，而開其緒矣。況關西夫子之名，當時固已群稱乎！是則關學一脉，自周而後，橫渠以前，不屬之先生而誰屬？彼昔之議祀孔廟者，曾及扶風馬季常融，而不及先生，是獨以其有注經之功耳？今試問季常之立身行己，視先生何如？且問以身體經與徒明經以語言文字者，其虛實誠僞、優劣高下爲何如？孔孟而

[一] 「楊倫」，「倫」原作「顯」，後漢書卷八四楊震傳載「震舉薦明經名士陳留楊倫等」，所薦之人爲「楊倫」，據以改。
[二] 「先生」，原作「先先」，後一「先」字涉上而誤，依文意改。

在，果孰去而孰取耶？嗚呼！吾夫子昔之論士曰「行己有恥」，論狷曰「有所不爲」，論仁曰「剛毅木訥」爲近，而曾子亦謂士之弘毅者「仁爲己任，死而後已」。如先生之爲人，可不謂有恥不爲，而近仁之剛毅耶！

東漢摯恂，字季直，京兆人。好學善文，以儒術教授。隱於南山之陰，不應徵聘，名重關西。馬融從學，恂奇其才，以女妻之。

烈按：融字季常，扶風茂陵人也。美辭貌，才高博洽，爲世通儒。教養諸生，嘗至千數。著三傳異同説，注孝經、論語、詩、易、三禮、尚書、列女傳。至所作忠經，擬孝經，尤爲朱子所取。特爲梁冀草奏李固，又作大將軍西第頌，以此爲正直所羞。既配享孔廟，復經罷斥。蓋其早惜無貲之軀，終以奢樂恣性，學無本原，史譏其「識鮮匡欲者」，信矣！故余訂豐川先生關學續編，收恂而附論融於其後云。

明儒

少墟馮先生　溆遠周氏傳誦　子眞党氏還醇　白氏希彩　澄源劉氏波附

先生名從吾，字仲好，學者稱少墟先生，西安府長安人。父友，保定郡丞，以先生貴，贈通議大夫。先生九歲，通議公手書王文成公「個個人心有仲尼」詩，命習字，即命學其爲人，先生便亹亹有願學志。弱冠，以恩選入太學。比歸，德清許敬庵公督學關中，開正學書院，拔志趨向上士講明正學，聞先生名，延之，與藍田秦關王公講切關、洛宗旨，識力之卓犖，大爲敬庵器重。

萬曆戊子，舉於鄉。明年，成進士，觀政禮部，謂「士君子即釋褐，不可忘做秀才時」，書壁自警。時入朝多飯中貴家，先生獨攜茶餅往。尋選庶吉士，應館課，不規規詞章。嘗以文人何如聖人，著做人説二篇。而其於一切翰苑浮華徵逐，概謝絶不爲，惟與焦漪園、涂鏡源〔一〕、徐匡嶽諸公立會講學。既而改御史，巡視中城，司城者結首揆綱紀爲屬，先生疏斥之，權貴斂跡。督科胡某爲政府私人，前後疏參者，神廟皆留中，先生列其狀，得旨摘調。而是時神廟中年，倦於朝講，酒後數斃左右給侍，先生齋心草疏，有「困麯蘗而歡飲長夜，娱窈窕而晏眠終日」等語。神廟震怒，傳旨廷杖。會長秋節，以輔臣趙志皐救免，一時直聲震天下。命巡按宣大，不拜，請告歸。與故友蕭茂才輝之諸人講學寶慶寺，著疑思録六卷。起河南道，巡鹽長蘆，清國課，除積弊。行部所至，必進講諸生，著訂士篇。

暨新建用事，臺省正人削籍者強半，先生與焉。策蹇抵里，則日事講學，不關外事。著學會約、善利圖説。既而以怔忡處一斗室，足不至閾者九年，蓋藉養病謝親知交遊，一意探討學術源流異同也。出則仍與周大參淑遠講學寶慶，執經問業者日以衆，當道於寺東創關中書院，爲同志會講之所。林居凡二十年，自非會講，則不輕入城市。至於牘干公府，則一字不屑也。世推「南鄒北馮」，前後疏薦數十上。

庚申，光廟即位，以符卿、冏卿、廷尉召，俱未行。次年，熹廟改元，始應詔，歷左副都御史。遼左陷，疏參經撫，置之法。以「紅丸」論李可灼，又論「廷擊之獄與發奸諸臣爲難者，皆奸黨也」，而於一切大獄則力任之，確乎不爲人言搖奪。坐是與要人左，群黨齒擊矣。初熹廟之立也，先生目擊時事，內則旱荒、盜賊連綿糾結，而士大夫咸懷一切，莫肯顧慮，日惟植利結黨爲汲汲；外則遼左危急，禍且剝床及膚，而有事則將帥輒棄城宵遁，不知有死綏之義；無事則本兵經撫各自結黨，互相排陷，不知和衷共濟之道。於是挺身而出，冀以直道大義挽回其間。及出，則權所不屬，勢不可維，徒蒿目而視，殊無救濟之良策。於是遇可言處，則明目張膽，糾彈不避，以一身彰宇宙之公道。復與同官鄒南皐、鐘龍源、曹眞予、高景逸數先

〔一〕「鏡源」，「鏡」原作「敬」，清光緒二十二年刻本馮恭定公全書卷十五有答涂鏡源中丞，作「鏡源」，據改。

生約會講都城隍廟，亹亹發明人性本善、堯、舜可爲之旨，以啟斯人固有之良，冀以作其國爾忘家、君爾忘身之正志，兼欲借此聯絡正人同志濟國也。縉紳士庶環聽者，至廟院不能容。或曰：「輦轂講談，謠諑之囮也。國家內外多事，宜講者非一端，學其可已乎？」先生愴然曰：「正以國家多事，人臣大義不可不明耳！」鄒南臯先生曰：「馮子以學行其道者也，毀譽禍福，老夫願與共之！」於是十三道奏建首善書院。院甫成而人言至，先生與南臯後先去。温旨慰留，五請乃報。修撰文震孟、御史劉廷宣請留，同官鍾龍源、高景逸請同去。時，權璫猶收人望，明年即家，起少宰，不拜。又明年，陞右都副，掌南都察院事，固以疾辭。尋改工部尚書，推吏部，又以疾辭，家居杜門著書。而逆璫恚恨諸正人不已，於是次第傾陷，中旨忽褫其官。璫黨柄鈞者又使其黨喬應甲撫關中，毀書院，窘辱備至。先生雖在病間，正襟危坐屹如也。丁卯二月，年七十一，以正寢終。易簀猶以講學、做人囑其子若孫。是歲，璫逆誅，詔復原官，贈太子太保，賜祭葬，易名恭定，蔭其後人，復關中書院，祀之。

先生之學，始終以性善爲頭腦，盡性爲工夫，天地萬物一體爲度量，出處進退一介不苟爲風操。其於異端是非之界，則辨之不遺餘力。蓋其秉性剛毅方嚴，既類伊川，又其經歷深久，洞見前此講學流弊，不無淪於談空說寂之習，故一歸於正當切實，如二程、晦庵，恪守矩矱不變也。然所守雖嚴，而秉心淵虛，初不執吝成心，以湮大道之公。故於姚江「四無」之旨，吹毛求疵，不少假借，而于「致良知」三字，則信之極篤。嘗謂學者曰：「『致良知』三字，泄千載聖學之秘，有功吾道甚大。」又曰：「非『無善無惡』之說，並非『致良知』之說者，俱不是。」蓋不欲以虛無寂滅令後學步趨無據，而於本領頭腦之確不可易，則又未嘗同世儒門庭之見，妄築垣塹也。生平自讀書講學立朝建白外，惟不廢書法。外此則產業不營，妾媵不畜，宴會不赴，飲奕不喜，即園亭花木之玩，亦不留意。四方從學至五千餘人，論者謂「關中自楊伯起、張橫渠、呂涇野三先生後，惟先生一人。」信不誣云。

敬：初讀關中書院志，見中間對聯題詠多淑遠先生手筆，至當事助創書院牒縣之檄，亦多馮、周並推，而少墟先生集中語録之行世者，又多屬淑遠先生之敘。竊以爲淑遠先生斷屬馮先生當時同志切砥之密友，而吾黨典型後進之先覺也。

而郡志所載寥寥如是，奚以範圍後進？凡求先生之官業著述於咸長士友者五六度，又讀少墟集，見諸先輩敍言題跋及先師稱說，皆云從其門者五千人，以海內重學之日，而先生以名儒風動，積至數十年之久，且衆至五千人，其中卓立實詣，當且不一而足。於是又轉求諸西安諸士友者亦六七度，最後又問諸馮宅異姓字、歷、履猶有留籍者，乃淑遠先生之詳既終不可得，而少墟先生五千受業之士，亦究無一可考于紀籍與其鄉人。嗚呼！以淑遠之高風好學，其事業亦必卓犖可訓者多。馮門五千人之尊師尚道，其中特達篤雅，當且不一而足，乃竟以西安都會之地，百年未遥之時，二年中求索詢訪之勤至七八度，而不惟其細行述作杳乎莫詳，即其生平大略與其姓名梗概，亦十不得二三焉。將非子孫之繼述闕祖父之存亡，而鄉國之學士大夫，其好德樂善之紀載勤替，亦即闕前此賢人君子之湮留耶。敬于淑遠先生、馮門受業之五千士，既重爲之惜，而且爲此百年中諸公之後嗣與同鄉接跡學士大夫惜矣！然向使其中卓犖者皆德重道隆，眞足示型千百代而不可磨滅，亦安在不傳世而行遠者，則甚矣。士君子欲砥德勵行而或一得自足，半塗而止，精光不足以照當時而射來兹，皆自求速朽者矣。又可無鑑哉！又可無鑑哉！今獨於通志得三原党還醇，於同州得白希彩，于先生文集得劉波三人焉。

附：周傳誦，字淑遠，西安左衛人。萬曆中進士。官至湖廣左布政。時楚有稅璫，虐燄鴟張，分巡僉憲以劾璫下獄，公力抗其鋒，江漢之民賴以少安，楚人肖像祀焉。晚乃告終養歸，與馮少墟先生講學關中書院。所著有西游漫言草。

党還醇，字子眞，三原人。天啓乙丑進士，授休寧令，撫字勤勞。補保定，調繁良鄉，吏畏民懷，循聲藉甚。屬有震鄰之恐，早夜登陣，城破，遂不屈而死。署中妾、媵、僕從死者凡十二人。事聞，特加優卹，予祭葬。還醇嘗受學馮少墟先生門，比其死也，士林以爲殺身成仁，不愧其師云。

白希彩，同州人。性孝友而志向上。自受業少墟先生門歸，聯同志以聞諸師者切磨之，爲同州學會之先覺。

劉波，字澄源，隴州人。以明經授盩厔訓導，有學有行，日與諸生以得之師者講論不輟。或以時方忌講學之風，有勸非其時者，澄源曰：「學之不講，吾夫子且爲憂。即如訓導一席，是師席以講爲職者也，以講爲職而怠於講，其如職分何？吾以盡吾訓導之職耳，他何計焉？」諸生益信從之。

雞山張先生

先生名舜典，字心虞，鳳翔府人。萬曆甲午孝廉，官終特授武選員外，學者稱雞山先生。自諸生時即潛心理學，受知督學德清敬庵許公。敬庵理學名儒也。先生既舉于鄉，廼自歎[一]「斯理不明，世即我用，我將何以爲用？」仍裹糧南從敬庵學，因交江右鄒南皐，常州顧涇陽二先生，其他緣途明儒，往往造訪，以資印證，遂洞見明德識仁之旨。數年歸，則馮少墟先生以侍御告歸，講學長安，當事者爲建關中書院。廼深與訂交，時時商證道術離合異同之故，稱莫逆焉。

蓋少墟恪守伊川、晦庵矩矱，先生則學主明道，以爲學聖人之學而不知以本體爲工夫，最易蹈義襲支離之弊，與馮先生意見微別。然先生心重馮先生之規嚴矩方，而非同執吝意見；馮先生亦重先生之透體通徹，而不類剖藩決離。故自此，馮先生有述作，多先生爲之序首焉。謁選，署開州學正。挺立師道，與諸生朝夕提究四書、五經外，多濂洛關閩之書，不以舉業爲先。或有以非急爲言者，先生喟然曰：「誤天下人才者，八股也。且八股士自急之，學博何容以重誤人才者督之誤乎？況學者苟知聖學爲急，即皋夔事業，皆將黽勉企及，何有區區八股不加力造耶？」一時舉以配安定蘇湖之教焉，當事者特疏薦，授鄢陵令。先生則悉心民瘼，農桑教養，無微不舉，至民間養生送死之具，皆備而貯之，以待貧乏。時承平日久，先生獨製軍器若干，皆令精堅，藏之庫。或訝其故，先生曰：「行當有用。」去無幾，邊事急，果徵軍器於州縣。他州縣皆

[一] 「歎」，原作「歎」，據灃西草堂本改。

倉皇莫應，獨鄜陵以預備，故不勞費而應命，精好又獨爲他邑冠，邑人始服先生之先識焉。

當先生之初至鄜也，即創弘仁書院，置經史數千卷，政暇輒與諸生講切道德、經濟要略，而要皆歸於「仁爲己任」之意，以滿吾性之量。蓋即本明道「識仁」之旨，而會萬理於一源，故書院即以「弘仁」題名焉。爲令五年，鄜士民戴若父母，以治最薦陞彰德府同知。先生以佐貳於時事無可措手，而隨俗則又心恥尸素，乃斬然告致仕歸。

即家爲塾，與有志士究極學旨，不問寒暑。時少墟先生尚居里第，學會益盛；而先生則主盟岐陽，而從遊亦衆。一時有「東馮西張」之稱，學者尊之，不敢軒輊焉。天啟改元，陞兵部武選員外，先生抗疏力辭。奉旨：「張舜典前來供職。」郎官得此，蓋異數也。然當是時，魏閹用事勢浸張，先生耳聞心憂，遂復上疏，懇懇以「勸聖學，遠宦寺」爲言，意中蓋指斥有在，遂犯閹黨之忌。因又奉沾名條陳之旨，先生遂堅臥不出，惟日著書講學爲事。年七十三，以疾卒。

晚年所著有明德集、致曲言二書。明德集發明「體用一源」之旨爲悉，致曲言中間多發明「即工夫以全本體」之旨，而實發明即本體爲工夫之旨。蓋一生論學不執一成之見，入主出奴，而大旨則歸重明道一脉。故其論教人，每即下學日用繩墨，而指示上達盡性至命之脉絡，不厭諄複也。至生平事功，獨鄜陵五年，所學不究於用，識者惜之。更如從先生學者其人甚衆，以西方風氣之醇茂，兼先生提唱之肫懇，力行實踐，應多其侶。而以地遠代移，紀載無徵，此亦文獻之一憾也夫。

湛川張先生

先生名鑑，字孔昭，别號湛川，世涇陽人。甫垂髫，舉止言笑即不苟。年十四，隨叔父文學朝宰讀書甘州，即知攻苦。十七，出應童子試，督學楚侗耿公，理學名儒也，奇其牘，謂「雅正湛於名理」，取入甘學第一。越歲癸亥，撫軍戴公聞其名，關館禮致。時則精研易理，著有易占發蒙説略行世。隆慶改元，以恩貢肄業成均。助教郭公郛，宿學粹品也，命其子九里、九有相從受業，嘗語人曰：「對張君如對尸祝，不敢萌邪念。吾且奉之爲師，獨二子云乎哉？」監滿歸，應鄉試不售。迎叔父朝寶柩於白水鎮，出貲樹其孽子以延後嗣，鄉里義之。乙丑，館於耀州通政喬公因阜家，得盡讀三石小邱山房藏書。著有歷代事實、荒歌行世。

己卯，入都謁選，授趙城令。禱雨立應，捍汾水狂瀾，他善政種種，前後薦剡屢上，業著卓異。而贈公忽捐館矣，先生扶柩歸里，喪葬一遵典禮，戒葷酒，絕宴會，不近內室者三年。服闋，補定興令。定興，九省通塗，閭閻病於供應。先生設法辦濟，民以安枕。甫踰歲，連丁王母、母李宜人憂。先生居兩喪，一如贈公。己丑，襄事畢，創建先祠，群諸弟子，講學其中。辛卯，復入京，補令遷安。灤水經城外，木筏例十取一，先生獨二十抽一。他潔身裕民，教士禁姦，無不出諸邑上。

時大倉王公秉政，聞其治行，欲借爲薦剡光，乃奏並徵天下三途賢令爲臺諫，天子允焉。先生業登諳單，而晉撫寧陵呂公坤特疏請：「岢嵐邊疆要地，殘敝日甚，非得循良如張某者治之不可。」遂擢岢嵐守。遷安民赴都懇留，不報。先生單車赴任，首審其重累十一款，上狀請除之，民氣爲之頓蘇。次年，乃捐俸買耕牛，招徠逃戶歸業者八百五十戶。州水舊資東門外一河，每遇寇警，則皇皇虞渴死，乃命工鑿石成井。州煤炭舊取諸二百里外，先生乃親行相土至霸王山，視石色紅黧，檄窯戶就鑿，竟得煤料。州磁器舊來自義唐橋，遠距八百里，先生念煤出則陶可成，乃親相山間，指土紺潤地使陶，陶成，且爲鄰郡資。州民舊不能布，乃爲置機杼，招男女教師，給餼器使教習，不三年，民皆餘布，且可轉售充賦稅。於是，岢嵐荒僻瘠困之區煥然改色，而頌聲洋溢遠邇矣。至如請納本色以便軍民、開太原西北谷別逕三十里、免行者淹墜之患，皆先生「視民如傷」大政，他小者指不勝屈也。丙申，〔二〕督御史魏公允貞久欲大示激揚，乃檄全省守令集都臺，署先生三晉循良第一，手酧爵三飲也。

丁酉，陞太原同知，督偏頭關軍餉。遇歲大饑，悉心調劑，六軍懽騰，而六年中且爲國省冗費二萬有奇。以暇又創制各

〔二〕「丙申」，原作「丙辰」，誤。湛川張先生於辛卯至丁酉任職於遷安、岢嵐、太原三地，其間並無「丙辰」年，疑其爲「陞太原同知」之前一年即「丙申」之誤。據改。

色戰車、護城懸樓、翻車、易弩等器，皆巧思獨運。總督蕭公大亨使造式，布諸諸邊焉。癸卯，以勞疾決意告歸，諸臺不能留，乃上其績於朝，遂加河東鹽運司運同旌之。檢囊僅數十金，藥餌之餘，與親故及門輩論性命之學不輟。越再歲，乙巳，年六十卒。

先生好學深思，詩、古文、詞皆成家，然所深嗜者關洛之學，而初不執宗旨爲談柄。嘗以爲聖學關鍵要在此心不自欺，吾輩但從行事起念時一一點檢無愧，便是聖賢入路。若徒事語言而自欺不除，君子恥之。故生平不多著書。在家，則日用倫常，事事求慊於心；歷官所至，則念念切于民生國計，利不興不已，害不除不已，以故官雖不踰五品，而功績則卓乎古循良之遺徽也。

歿之日，富平冢宰丕揚孫公，一代名臣也，議以「貞惠」私易其名。蓋謂先生一生不特潔己慎獨之守正而且固，親親仁民之意摯而能弘，克合「貞惠」之旨。即如未冠，館戴中丞署時，拒都護某五百金居間之求，却王大將軍以愛女委禽之議。當草茅矢志之日，貞白之操已可對天日而孚鄉邦。至督餉偏關時，昭雪營將陳某之被誣，讋服稅璫孫朝之積橫。五任中，平反大辟如杜九子、李沖霄等四十七事。有方面大吏之所瞻顧依違而不敢直行其意者，先生皆從不忍一念，斷而行之。易名「貞惠」，夫奚慚焉！獨以官卑未邀太常之褒，此士林不能已於三代之直也。生平道誼切摩，則秦關王公、石谷張公、近山王公諸君子；而如及門王端節公徵，誨誘于童穉之年，後卒奉其心傳，屹爲一代偉人云。

二岑馬先生

先生名嗣煜，字元昭，二岑，其自號也，同州人。父朴，歷官洱海道副使，能文章。先生幼承庭訓，弱冠即以古學自任。後感悟信向理學，一以洛閩爲宗，戒空談，敦實行。以選貢謁選山東濟南府通判，清徬靠，屏巨猾，一切餽遺俱絕。政暇，即與諸生有志者講明學術。朔望宣講鄉約，誨諭反復，尤諄復于忠孝節義之防，士民蒸蒸向風。

會郡有叛兵之釁，武定州缺守，當事者委先生攝事，先生不辭而赴。至則悉力捍禦，州賴以全，然賊熾，未受招也。未幾，新守至，先生將去，士民遮道懇留，以爲寇將再至，非得別駕威略鎮捍之，將奈百姓何？因擁輿號泣，不聽行。先生惻然，乃留與新守分城而守。賊至，則晝夜攻城，城且破，或且勸先生易服而逃，先生瞪目曰：「若等可去，我死此矣。」城破，賊重先生名，逼使降，先生大罵之，賊遂殺而投諸火。事聞，贈太僕少卿。

君子謂先生此時已無武定之責，本可以去，獨以不忍負百姓之留，遂身殉而不悔，古之「殺身成仁」蓋如是，而平日之講學眞不徒空談也。

子楲土，敦龐向正學，從事李二曲，附載二曲門人之列云。

端節王先生

先生名徵，字良甫。既第後，自號葵心，晚乃自號了一。卒之歸於致命遂志，故歿而士林謚以端節，至今稱端節先生焉。西安府涇陽人。生而器宇英邁。七歲從張湛川學，即言動不苟，文藝駿發。十六入庠，廿四舉於鄉，即自誓以天下爲己任，因自號葵心。識者已知先生之志所在矣。困公車者三十年，孝事兩親，餘惟講學著書爲事。芒履蔬食，一字不以干公府。母素多疾，百計醫不愈，徒跣耀州，十武一叩，禱醫宗孫眞人洞，向夜望斗，膜拜百數，以祈增算。一時士大夫聞之，豔羨曰：「良甫事親如是，他日事君，鞠躬盡瘁，當生死以之矣！」年五十二，乃登天啓壬戌榜進士。

當是時也，明之季葉，盜賊、饑荒，海以內連綿不絕。先生自未第時即蒿目而憂，講經時濟變之略，於凡兵陣、城守、積貯、製器之宜，無不究極其要。故初任廣平司李，即贊守飭武備，演武侯八陣以禦盜。他如辨白蓮教之誣服，全活以數百千計；修整清河之水閘，溉石田以千頃計；築成安之河壩，拯數邑之昏墊，不啻百十萬。皆其救災捍患大目。餘丹筆明冤，難指數也。甫一年，丁母憂，柴毀骨立，不飲酒食肉、近寢室者踰三年。服闋，再補廣陵。值魏璫扇虐，搆黃山一獄，蔓引不可勝數。先生獨矢天自誓曰：「司李，郡執法也，倘以平反斥去，是固所願。廢朝廷法，爲己身功罪計，獲罪於天孰甚焉，死不敢爲也！」一時默全爲多。及瑠祠之議興，自下淮揚，纍纍相屬，部使者以下竭蹶恐後，先生獨與淮揚道陽伯來公屹立不往，一時有「關西二勁」之稱。蓋來公三原人，與先生皆關西人也。甫一年，又以丁父艱去。計兩任司李，實歷官僅年餘耳。先生設施固百不暨一，而膽略之弘偉，已聲滿紳間矣。服尚未闋，會登萊叛將劉興治據島爲亂，撫軍孫公初陽素悉先生幹略，特疏起陞山東登萊兵備僉事，監遼東軍務。先生固乞終制，不得請，則親赴闕自懇，卒不允，奉特旨令與孫撫經營島事，及圖恢復金、復、海、蓋諸道。先生單車赴任，至則與孫撫慘淡經營。未幾，叛將授首，恢復諸務，駸駸有緒矣。而孔、李二叛將復自吳橋激變，賊黨家屬在内，外内勢合而城遂陷。先生乃以艅艎航海歸命廷尉，朝議量其非辜，特赦歸里。

是時，海内盜賊益衆，而荒旱益甚。先生明見時事，知將益棘，於是築室於園，嚴事天之課。立心則必以「盡性至命」爲歸，曰「學不至此，則不可以對天」；講學則皆拯溺救焚之務，曰「學不至此，則言不得體天」。於救荒也，則以身倡，糾「仁社」賑之，一民飢如己之飢。於禦盜也，則築城浚隍，倡鄉人固守，又籌輔車相依之勢，約合三原令君公議救援戰守之宜，復創爲連弩、活橋、自飛礮諸奇器，以出奇制勝，卒之二邑俱賴以全。厥後，兵部〔一〕尚書張公縉彦誌先生墓，謂「三原嚴邑而賊不敢犯者，皆先生之力」。蓋是時張公令三原，本從先生受方略以保境，蓋知之最詳云。

既而逆闖攻關。先生自矢以死報國，遂更號了一道人。「了一」者，猶之「葵心」之旨，而殺身成仁之志遂決於此矣。及逆闖至長安，果羅致縉紳大夫，先生乃手題墓石曰：「明進士了一道人王某之墓。」又書「全忠全孝」四大字付其子永春，曰：「吾且死，尚何名？要使女曹識吾志耳！」越數日，賊果指名使促行，先生引佩刀自誓。令邑者素重先生，乃縶子永春以行。先生送而慰之曰：「兒代我死，死孝；我自矢死，死忠。吾父子得以忠孝死，甘如飴也，尚何憾哉！」及

〔一〕「部」字原缺，據明史卷二六五「張縉彦崇禎十六年擢兵部尚書」補。

永春既行，先生曰：「此行縱使賊聽我，終不可苟生賊手。」從此遂絶粒不食。家人泣進匕箸不禦，進藥餌不禦，閱七日捐館舍。維時張公炳璿以至戚視含殮，目見先生脱然委蜕，金色浮滿大宅。嘗語人曰：「先生屬纊時，獨把予手，誦所謂『憂國思君』，語甫畢而翛然逝去，一語絶不及他。但見其顏色如生。」

意！先生三十年勤事天之學，刻刻念念以畏天愛人爲心，至是復以忠憤盡節，君子雖不語怪，要必有不死者存。遠擬夷、齊，近媲文、謝，夫何議焉！顧未知文、謝當就義時其氣象從容，視此何如耳？嗚呼！殺身成仁，從容就義，於先生備見矣。

先生所著有學庸解、兩理略、士約、兵約、了心丹、百字解、歷代發蒙辨道説諸書，皆傳於世。門人私謚曰端節，而海内深知先生者，則猶謂是特就致命遂志一節名先生耳，其實與先生生平之大志弘學，未之盡云。

子永春，性至孝。當逆闖之變，威逼縉紳入謁，先生以死自誓，永春乃告邑令，願身代父行。及行，而先生卒七日不食以死，永春亦卒無恙以歸，俱如先生「父忠子孝」之旨，君子以爲天倫之難事焉。永春事備載陝西通志。

元洲單先生 弟茂之附

先生名允昌，字發之，元洲其號也，家世薄城人。父可大，號一山，以孝廉守薊州。子二，長即先生，次允蕃。一山庭訓素嚴而正，先生則尤生而慷慨，敦大節，自少讀史傳，即慕文文山、謝叠山之爲人。萬曆戊午，以麟經魁鄉榜。家居，與弟允蕃及友人王化泰輩，立會講學於靜外園，從之遊者甚衆。其論學不專一家，大旨要歸於盡性至命，而尤諄切於忠孝廉恥之防。時則國事浸非，迨啓、禎[二]間，盜賊旱荒，日奄延不可爲。先生蒿目愴心，每與同志言及，輒撫膺浩嘆，或至淚下。遂不

[二]「禎」，原作「正」，清世宗名胤禛，清人初兼避「禎」，改明崇禎年號爲崇正，後不避。今據澧西草堂本改，下文同。

復以進取爲急，而悉心經世之務，間注釋經書，以發其胸中所自得。

迨崇禎癸未，逆闖陷關中，威逼縉紳從逆，先生乃遁跡深山，既而終殉志以死。當其未死也，親知百方勸解，以位非大臣，奚爲至此？先生號慟曰：「父子兄弟受國養士之恩，獨懼貽累宗族，不敢爲文、謝二山之爲，更若覥靦偷生，何面目立於人間？又將來何以見吾父地下歟？」卒之決於殉志，時年五十有二。

蓋先生賦性既烈，又其家庭父子兄弟及數十年朋友所講切，於君親大義見之最明，恒以得尚友古忠烈士爲幸，故殺身成仁，無一毫霑濡意。嗚呼，烈哉！同時從先生講學，繼先生挂冠長往者，蓋十有二人，則先生道義之薰陶感格，亦盛矣哉！先生生平所著春秋傳寤言、四書説皆梓行，餘稿多毀於兵。至所傳訣友二語，則慷慨深切，聞者無不爲之墮淚云。

弟允蕃，字茂之，崇禎壬午舉人。與兄同志正學，互相激發，邑人有「二難」之目。癸未之後，負衲遠遊，竟不知所之。蓋與其兄雖生死不同，要之同歸於自靖其心，以不負其生平。嗚呼，其「雪庵」、「補鍋」之流風餘韻歟！殆與先生皆實以身講，而不徒以口講者也。所著有學統、壎塤集、就古齋文集，並詩稿藏於家。士林謂單氏四世七孝廉不爲難，而如其兄弟同學亦復同節，則吾道之光而天倫之盛事云。惜乎，從先生挂冠長往之十二人者，姓氏皆不傳，獨同邑王佋與同講習之化泰王公，其生平略可考焉。

敬按：單元洲先生，蓋四十年前聞諸其鄉丕閭甯君誦其訣友二語，兼他友之傳述，心重其志遠而行烈，謹識之。然亦獨得其爲明孝廉，講理學，以身殉國之變。而名字與其述作，則莫之詳也。今乃五托士友，詢先生之誌傳述作，與十二人姓字，僅得先生之略於邑志小傳，並其雜著數篇及其弟允蕃梗概。竊以爲即此可窺先生兄弟之風烈學術，並一時切摩之懿徽。縱是十二人者名莫傳，而要其精神，俱足與西山之餓夫同列爾。

附：王佋，字仲襄，號再復，蒲城人。生而氣禀清明。六歲入家塾，即静重如成人。年十六，便閉戶誦讀，自矢以七年爲期，常晝夜攻苦。父兄以爲勤習舉子業也，乃其所研究者，則五經、性理、傳習録等書。久之，倍於太極圖有深契。嘗謂「太極只是誠，先天消息，人能確認得一個太極，則天下無復餘事。彼古今賢智、一行之長，輒自矜炫者，只是不曾確認得一個太極爾。」未及七年，竟以積勞成疾。力疾赴試，成諸生，而疾遂不可起矣。臨歿，神氣不亂，蓋年僅二十三云。後其父發篋，得語録五册，皆從濂、洛諸集中切身體驗者語也。同邑單元洲先生深悼惜之，每以爲使再復得長年，當必深有所詣。而享年不永，天心之無意於關學也夫？

國朝儒

二曲李先生 一時同志並及門諸子附

先生名顒，字中孚，學者稱二曲先生，西安府盩厔人。前明天啓丁卯正月二十五日，母彭氏感震雷之夢而生。生而氣貌偉特，甫周歲，識者謂其必非常人。年九歲，入小學，從師發蒙，讀三字經，私問學長曰：「『性既本善，如何又説『相近』？」已穎慧異人。在小學，僅誦學、庸，以嬰疾輟讀。既而父可從從汪督師征逆闖於河南，殉義襄城，母子煢煢，至日不再食。然每過學舍，輒欣然動心，而以束脩無出，母子輒相對啼泣。於是取舊所讀學、庸，依稀認識，至論、孟則逢人問字正句。不一年，識字漸廣，文理漸通，讀書遂一覽輒能記其大略。故年十五六時，已博通典籍，有奇童之稱。然泛覽博涉，殊無統紀也。

年十七，得馮少墟先生集讀之，恍然悟聖學淵源，乃一意究心經史，求其要領。甫冠，邑令山西樊侯，辛文敬高弟也，聞其名，就家顧之，坐語移時，驚曰：「此關、洛輩人也！」即以「大志希賢」扁其門。而是時，邑之舊家，如二趙、南李及鄠邑杜氏者，皆博藏書籍，先生一一借而觀之〔一〕，遂無所不窺，亦遂無所不知。而守則益嚴，雖簞瓢屢空，一介不以苟取，遠邇咸以夫子推之。本省大僚表閭者後先相望。三十三歲，臨安駱侯涖邑，親睹其言行丰采，大咤「爲振古人豪，不當求諸今人？」遂事以師禮，時時詣廬請益。而同時東西數百里間，耆儒名士、年長一倍者，亦往往納贄門牆，彬彬河汾之風焉。三十九歲，母彭孺人病，先生百方延醫，衣不解帶者數月。乃卒，慟母終身食貧，哀毁幾於滅性。四十四歲，訪父骨於襄城，蓋先生久懷此志，以母老無依，故至此決計往也。至襄城，一時士大夫高其義，爲之舉祀置塚，歲時祀焉。今之義林忠烈祠是也。而是歲駱侯晉守常州，乃遣人迓先生，爲常人開導聖學。來使遇於襄城，遂敦迎至常。所屬五邑皆設皋比明倫堂，次第會講，注籍及門者至四千人，一時故老咸咤爲百年未有之盛事。去後，五邑追憶風徽，梓語録一十八種，鼎建延陵書院祀焉。四十七歲，制軍鄂公修復關中書院，造士延禮，啟迪諸生，先生三辭不得，而後應命。鄂公既見，親其儀範，聽其議論，則信尚益深，隨以大儒疏薦。兵部主政房公廷正又以大儒宜備顧問薦，撫軍又以「博學鴻辭」薦，交章上請，先後皆奉旨特徵。守令至門，敦逼上道，先生臥病終不赴。

自是閉戶母祠，終歲不出。遠方問學至者，啟戶與會。先生因人指授，無不各厭其望而去。由是，海内三大名儒，雖兒童走卒熟悉之。三大儒者，河南孫鐘元先生奇逢，浙江黄梨洲先生宗羲，並先生也。七十六歲，聖祖仁皇帝西巡，詔見行宫，并索著述。先生時以老病臥床，懇辭召命，特所著之書進奉，温旨：「處士既高年有疾，不必相強。」特賜御書「操志高潔」扁額，並御製金山詩幅賜焉。所呈二曲集、反身録二書，則並荷「醇正昌明，羽翼經傳」之褒，蓋康熙癸未冬也。歲乙酉，年七十八歲，四月十五日乃以疾卒。

先生之學，幼無師承，故早歲不無馳騁於三教九流。自十七知學後，則天德王道，源源本本，由宋、唐直溯於孔、孟。其

〔一〕「皆博藏書籍，先生一一借而觀之」，上句「博藏書籍」原作「博藏書借」，下句「借而觀之」原作「籍而觀之」，「借」與「籍」二字錯簡，致傷文意，今改正。

生平論學，無朱、陸，無王、薛，惟是之從。嘗曰：「朱子自謂某之學主於『道問學』，子静之學主於『尊德性』。自今當去兩短，集兩長。某生也愚，然如區區素心，則竊願去短集長，遵朱子明訓，敢執私意、昧公道，自蹈於執德不弘耶？」故所學不畸重一偏，落近儒門戶之習。而如其事母之孝，則根於天性，至老彌篤。識者謂先生生平造詣充實光輝，要自行道顯揚一點血誠擴而充之，暢茂條達，故道德風節，不至不休。嗚呼，吾夫子行在孝經之志，先生允蹈之矣！葬之日，海寧大宗伯陳公題其碑，襄城劉恭叔先生表其墓，督學逢公檄祀鄉賢。蓋關中道學之傳，自前明馮少墟先生後寥寥絶響，先生起自孤寒，特振宗風。然論者以爲少墟尚處其易，而先生則倍處其難。至如學不由師，未冠即能卓然志道據德，中年以還，指示來學，諄諄揭「改過自新」爲心課，「盡性無欲」爲究竟，以「反身」爲讀書要領，「名節」爲衛道藩籬，則於聖學宗傳，益覺切近精實。雖顔孟周程復起，無以異也。中州潛谷張公嘗謂先生「殆曾子所謂任重道遠之弘毅，孟子所謂先覺任重之天民」，士林以爲篤論云。

附同時向學暨同志切磨諸子

王化泰，號省庵，性剛，尚氣誼。與同邑單元洲先生厚善，時時講明忠孝性命之學。及國變，單以死殉國，公乃身隱於醫，遂與同州白、張、党、馬諸君子以學術相切砥，而於党兩一尤稱莫逆。然諸老皆敦尚行履，而省庵則中有獨契，嘗據静中所得連吟三絶，識者嘆爲見道之言。年幾古稀，不遠數百里造訪二曲先生於盩厔，求質所學。一見心折，直欲納贄門牆，先生以其年高幾倍固辭。後又與同州泊如白公肅車迎先生於白齋。晚而每自憾日汩歲暮，虚度此生，輒欷嘘涕零。生平性至直，見人過，輒面斥不貸，遇人一長一善，則又欣羡推許，不啻若其口出。刊布迪吉録、僞學禁二書，寓淑人成物意，蓋於爲善惟日不足者也。卒年七十五。二曲先生爲之傳，太守董公爲樹墓道之碑。

王建常，字仲復，號復齋〔一〕，朝邑人。性篤樸，有堅守。前明邑庠弟子員。及代革，不復應試事，日惟讀宋、明諸儒先書，或有心得，即記録於冊。家素貧，淡泊自甘，數十年如一日。晚病重聽，尤深居簡出。蓋生平確守孝經始於立身之義，雖盛暑衣冠不去，其守爲人之極難。至其生平述作，於吾儒、二氏之分，辨之尤不遺餘力。其諸尚志守節之逸民，與同時又有關獨鶴〔二〕者，亦朝邑人，逸其名，與其弟某者，俱爲前代邑庠生。兄弟咸與仲復同操，亦不復應試，而好理學家言，朝邑人推爲「一門兩高士」。二曲先生過朝邑，嘗一見之，後每稱其篤實樸茂，淵乎見太古醇龐遺風於仲復、獨鶴伯仲之間。惜乎，其學術之詳無考，無從紀述云。〔三〕

党湛，字子澄，同州人。嘗以「人生須做天地間第一等人，爲天地間第一等事」，故號「兩一」以自勖。父兄皆籍邑庠，兩一獨不事帖括，勵志正學，常日手宋、明諸儒先書，恒不去手。會心者輒書之壁，壁爲之滿。性至孝，父患癱，家人莫敢近，兩一獨晝夜侍調養。及父歿，兩一獨廬墓三年，遠邇稱党孝子焉。生平不營產業，薄田自給，簞瓢陋巷，恬不爲意。晚年獨處一窑，靜久有得，覺動靜云爲，卓有持循。每遇同志，講切輒娓娓不倦。年躋八旬，猶冒履冰雪，於五百里外訪李二曲先生於盩厔，商證所學，留住積日，嘗至夜分，未嘗見有惰容，亦不以己年倍長恥於請益。卒年八十四。張忠烈公深重其品，二曲先生爲之傳。既葬，郡丞郝公署州守，竪碑墓前，大書「理學孝子兩一党先生之墓」以表之。

〔一〕「號復齋」，原缺，據灃西草堂本補。
〔二〕「關獨鶴」，「鶴」原作「河」，「鶴」、「河」音近而誤，據李元春關學續編復齋王先生傳改，下文同。
〔三〕「無從紀述云」，此三句灃西草堂本作：「所著有大學直解一卷、兩論輯説十卷、詩經會編五卷、尚書要義六卷、春秋要義四卷、太極圖集解一卷、律呂圖説二卷、四禮慎行一卷、思誠録一卷、小學句讀六卷、復齋録六卷、復齋別録一卷、復齋日記二卷。」後出轉精，補其闕如。

同時，本州有白焕采者，白希彩之弟，以積廩貢成均。每聆兄敍述師説，輒私竊向往。後乃博集群書，與鄉先達太乙張公、陸海武公集同志講明正學。既又與元昭馬公講學於寄庵。晚而與蒲城省庵王公肅車迎二曲先生於盩厔，集同志日會家塾。前後凡兩度爲之，賓客滿堂，略無倦色，一時同志依爲主盟者積年。至於祀先孝親、恭兄敦宗，與夫信友周急，美行縷縷，蓋惟恐善之有一或缺於己焉。年七十八卒，二曲先生爲之傳，署州守郝公表其墓。

張珥，號敦庵，同州人。爲人好正學，尚德行。以進士林居，言行動止，非禮不爲。至與鄉人處，則退讓謙恭，絕不以等威自異。同時，党兩一向道而至貧，白泊如年等而守正，敦庵皆折節下之。州人無少長士庶，無不敬愛其爲人者。歲戊申，二曲先生爲其鄉肅迓至白齋，公之年幾長先生一倍，有所請益，必跪而受教。先生每力辭之，不從。二曲先生每嘆謂：「生而後時，不及見成、弘、嘉、隆間先正風範，如敦庵之篤雅謙恭，即前輩名世諸老，其質行何加焉？」蓋明之一代，崇尚性理一書，宗法有宋濂、洛、關、閩五子。同州則風氣之醇，本甲三輔，兼浸被馬二岑先生風澤；暨萬曆、天啟間，西南二百里，則馮少墟先生提唱正學者數十年；鄰邑則蒲城單元洲先生以性命氣節之學鼓舞同志。故一時同、蒲諸邑，流風廣被，人士往往嚮往理學，惟恐或後，有宋道學之盛不能過也。惜乎時移代易，記載缺然，可勝嘆哉！

附二曲先生及門諸子　以年齒生卒分先後

李士瓆，字文伯，同州人。未冠即知向學。甫四十，以積廩貢成均，不就廷試，惟文史自娱。性至孝，父疽發於背，衣不解帶者月餘，口咀瘡毒而愈。庚申奇荒，以應聘入幕之金糴粟，活其親眷數家。又嘗拾五十金，仍訪還其人。前後州守，聞名優禮。歲戊申，二曲先生爲其鄉諸公敦邀，因聞性命之旨，欣然當心，乃首先納贄，其實齒倍先生也。一時謂其忘年向道，有古人風。垂年九十，手不釋卷。所著有理學宗言九種，藏於家。其殁也，二曲先生爲之傳。

蔡啟胤，字紹元，天水人。弱冠入庠食餼，而性喜宋儒書，每至忠孝節烈，則往往拊膺向往，欲即其人。父病，籲天祈代，不時之需，旁求必獲。嘗爲親預營壽器，入山採漆，虎遇之輒避。寇起陷城，母被獲，則哀號請代，寇感其孝，遂並釋以歸。待三同胞弟，教訓課業則甚嚴，而家庭居處恒怡怡如也。癸未，逆闖入關，兵薄秦、隴，廼衣冠趨學校龍亭，九叩慟哭，欲以身殉。其父固諭而止，然心終於此耿耿也。及以積廩將貢，遂堅謝不應，日惟耽玩濂、洛、關、閩諸書。後聞二曲先生風，乃執贄門牆。每得書，必拜而後讀，每發書請益，必拜以送使。逮後病危，兩親皆年及期頤尚在，子蕃問後事，則大慟曰：「先親而逝，吾罪人也。尚何言！」戒之斂以斬衰，暴棺野次，以明未能送終之罪。前後督學使者多旌其門。所著有四書洞庭集、蒙解集、鑑觀録、溪岩集，藏於家。弟啟賢，孝友性成，亦知向正學。司鐸盩厔，自處清潔，學政整嚴，盩厔士至今悉之。

張承烈，字爾晉，晚年自號淡庵，武功人。生而性任俠，年幾五十。一旦悔其前非，奮志心性之學。嘗對人曰：「少無師承，爲俠客誤我二十年，爲諸生誤我二十年，今尚可爲『鄉願』誤乎？」乃節讀程、朱書，交遠邇正人。時長子志坦幾冠，亦篤向正學，乃率之受業二曲先生門。自是父子刻意砥礪，期於必若心齋父子而後已。不幸志坦年三十亡，淡庵遂摧殘不勝而卒，同人惜焉。

馬稶土，同州人，馬二岑先生子。生而習聞家學，兼氣質醇愨，讀書寫字外，更不復識世有可榮可慕事，亦不知世機械變詐事。中年納贄二曲先生門，益向學守禮。先生嘗言：「使世皆稶土，朝廷刑罰可使盡措，即理學家規矩準繩，亦可無事諄諄矣！」年踰七十卒。

楊堯階、舜階，胞兄弟，商州洛南人。早歲皆入庠食餼，同納贄二曲先生門。洛南居商州東南萬山中，風俗素稱樸醇，堯階兄弟本自潔修，自是益循禮矩，事事遵奉師訓惟謹。制舉外，讀諸先儒書，講反身悔過之旨。商州人有「洛南二士」之目。

王吉相，字天如，邠州人。生而恬退端諒，非禮不行。中壬子鄉試第一。丙辰，成進士，選庶常。每自嘆：「學不見道，何容以未信之身，立朝事主？」請告歸，受業二曲先生門。先生授以知行合一之旨，天如躬行力踐，期於必至。未三年，一病不起。君子以爲如天如之行已有恥，使其造詣有成，當必不愧先賢，而一旦摧折，蓋吾道之不幸云。

李彥瑚，字重五，三原人。生而清謹孝友。母歿，恪遵禮制，不飲酒食肉，居宿內室者三年。以孝廉考中書，待補家居。兄彥瑁，坦衷好施，歷官凡數十年在外。彥瑚代兄應門，恪恭愷悌。歲荒，尤悉心賑濟宗戚。于二曲先生以宗屬，事如胞兄，凡砥德進道之訓，一一循奉惟謹。晚年應酬之餘，輒閉門靜坐，體認未發氣象。二曲先生嘗稱之曰：「重五孝友性成，晚年尤篤信好學，吾黨矜貴之品也！」及補授中書，爲同官獨受公共之過。一旦聞兄卒黄州，大慟，得病而亡，士林惜焉。

羅魁，字仲修，咸寧人。爲人敦篤好學，尤孝於事親。自爲諸生時，士林即重其爲人，省中大僚每敦延以訓子弟。後受業二曲先生門，尊聞行知，以選拔教諭麟游。修學宫，振學規，梓布聖諭，旌表節孝，諸生中極貧者往往節口賑恤之。及謝病歸里，麟庠士追憶教澤，爲立「去思碑」。聞其卒，則舉祀名宦。蓋入本朝來，關以西教諭之僅見云。同時如富平孫長階，清醇孝友，志期正學。僅三十餘，以副榜坐監成均，卒；武功諸生張志坦，生於宦家，父子同心，勵志希賢，年僅三十卒；韓城賈締芳，生爲貴公子，未冠即修潔好禮，崇向正學，亦僅三十餘卒。識者咸爲吾道惜焉。外如寶雞李修，秉心慈良，天真未鑿，蓋亦不失爲有恒；而如富平惠靈嗣，則篤於事師，及出宰通海，雅意循良，則亦師門之先覺云。

文佩，字鳴廷，平凉府涇州人。弱冠入庠食餼，而性嗜正學。年二十五，徒步五百里外，納贄二曲先生門。歸而倡率同志郭、張、李等四十餘人爲正學會，商證師門宗旨。後又以會聚無地，又竭力倡衆建師祠於居旁，定以朔望會講之規，凡數十年不替。年六十一，訓導漢中府寧羌州，甫踰一年，而遽以疾卒。鳴廷自少至老，孝友温恭，行誼修潔，而如其篤信好學，樂誨後進，尤爲出於天性。凡交與者，無不愛敬其人，以爲即古篤行之士，當無以過。及是以所施未究其志而卒，士林蓋無不爲之感慨悼惜云。

王承烈，字遜功，號復庵，涇陽橋頭人，端節王先生四世孫也。少以精舉子業，兼博通聲、詩、古文詞，士林雅重其品。久困場屋，四十三歲以五經發解，名噪藝林，而遜功不以爲榮也。及鄠邑令蕪湖張侯開館造士，以重幣敦延師多士，館余家，講明心性及修己治人之學，乃舍其學而惟余言之是從。逮捷南宫，館庶常，辨諸儒眞僞，務求力行，甘貧守志，勸學不替。

世宗皇帝纘承大統，聞其品操學行，不次擢臺垣，剛方守正，不避權要。奉有督糧湖北之命，講「明明德」之旨於養心殿，上爲稱賞，謂其學有本源。隨藩江右，操嚴而行惠，向學益篤，冀於斯道大明，展其所學，以報國恩。復由副憲歷少司寇，未及期而卒。嗚呼，年六十有四，學未究其施，朝野同志蓋不能不爲吾道惜也。養廉偶有贏餘，即用以惠民濟貧及修廢興學，不問私殖，亦不爲子孫計。歿之日，幾無以殮。蓋其清操，實爲絕德。著有日省録、毛詩解、書經解行於世。

王豐川先生　三原周元鼎續傳〔一〕

先生名心敬，字爾緝，號豐川，鄠縣人。父字中悅，生十歲而見背。母李孺人於流寇劫焚之餘，拮据持家，育而教之，毫不姑息。先生年十八，補邑庠弟子，旋食廩。李孺人念俗學不足爲，使離家就學於二曲先生。已又以兼習舉業有妨正學，令謝去諸生，一意聖賢之務，曰：「吾不願汝禄養，但能砥礪德業，與古人齊軌，無負父託，斯爲孝耳。」歲中止許一二三次定省，居數日即促之去。從學二曲者十年，一切需用皆母紡績質産所供。先生佩服師訓，尊聞而行知，遂爲入室高弟。母嘗問：「學聖賢者如何用功？」對曰：「以存心盡性爲實履，成己成物爲分量。」母曰：「汝便如此學去，若讓古人獨步，非夫也！」二曲先生每語人曰：「吾不及見古孟母，若爾緝母李太君，恐古人亦不過也！」特述母教一篇，梓行之。

先生學既成，以母老歸家侍養。日理經史，折衷自宋關、閩、濂、洛以至河、會、姚、涇之學，咸師其長，而融液於大學「明德」、「親民」、「至止善」之宗。自信以爲此道必合天德、王道於一貫，乃本末不遺，用功之要則敬義夾持，知行並進，方不墮於一偏。又曰：「全體必兼大用，眞體必兼實功。」以故學業日粹，聲聞日章。海寧陳實齋先生名詵，巡撫黔中，即陽明書院延禮師儒，將以倡明正學，特聘先生一往。又聞大中丞儀封張孝先先生名伯行，亦聘請入閩商證學術，皆以母老不赴。及實齋移撫湖廣，累書聘之，母令之行，遂至楚，與張石虹、汪武曹相得，而書院願從學者亦問學多人。先生答問，孜孜不倦，詞旨明朗切實，聞者莫不厭服。歸而母疾，既歿，喪葬盡禮，一時旌賢母者甚夥，皆實録云。服闋後，孝先先生撫蘇，又聘之，先生乃至姑蘇講學。

時言學者爭以闢陸、王爲尊朱，先生一不阿附，直陳其所見，力與之辨。先生之子功請曰：「學者諱言陸、王，心不沒

〔一〕「三原周元鼎續傳」，原無。澧西草堂本題下署「三原周元鼎續傳」，據以附注於此。

其長可矣，或宜諱言之，以息紛紛之爭。」先生蹙然曰：「小子言何鄙也！道者，萬世之公也。余知言論世四十年來，頗費心力，違平日素心，取悅世儒，心何安乎？」又曰：「象山義門風規、荆門政績，陽明討寇之略、推功之仁，使在聖門，恐尚列之德行，不止在政事、文學之科。即『無善無惡』四字，推以無意、無必、無極、太極之旨，亦未可非也。」蓋其見道眞切，立論明爽如此。

先是，鄂大中丞撫秦，即以二曲先生爲當世第一人物，眞正儒宗，薦達於朝，且特訪以政事。鄂公之子曰額倫特，康熙五十五年總督湖廣，耳先生名，又知其爲二曲高第，遂以眞儒復薦於朝，下地方起就徵車。秦中制撫移文催併，先生乃從吴門返駕入關，辭疾不赴，奉有「疾愈起送」之部議乃止。額制軍乃求其所著書，延禮江夏令金廷襄參編而梓行之，固先生實學之所感興。而額公仰繼父志，加意正學，使二曲師弟耀於當世，垂光將來，爲國朝兩廡議祀之所由基，其用心豈不深且大哉！

先生歸而考訂經書，有易說、詩說、尚書質疑、春秋原經、禮記彙編，皆精審詳明，一洗前注之陋妄。其答岳中丞、寄陳實齋，與陸學憲、金應枚及擬上部台籌荒各書，尤足見其留心世務，通達古今事理，不愧「明」、「親」一貫之學旨也。年八十餘卒。子三：功、勣、勍。所刻有豐川正編、續編、外編，凡講學論政，皆詞旨爽朗條暢，似得之王陽明云。

後序

馮少墟全集中有關學編二册，先生所手訂也，余既與南塘傅君印行矣。已從友人錫爵劉公處得關學續編，則豐川先生所續也，自少墟先生至二曲先生之弟子而止。顧此本人不多見，予意其板或藏先生家，遂親詣鄠縣，就其曾孫求之，果得焉。乃就豐川先生集中，從觀其生平崖略，別作傳以續其後，並梓而行之。

嗚呼，今之學者，歧理學與舉業爲二，勢不得不專舉業而遺理學。自豐川先生後，吾關中之學其絕響矣，是不能不望於豪傑之士。

時嘉慶元默閹茂[一]二月，勉齋甫周元鼎謹識

[一]「元默閹茂」，原作「閹茂元默」。古太歲紀年，爾雅釋天：「在壬曰玄默」，「在戊曰閹茂」。玄默即元默，清人避諱以「元」代「玄」。干支紀年，「閹茂元默」即戊壬，則干支誤倒，應作「元默閹茂」，今乙正。

關學續編

[清] 李元春 著

清道光庚寅蒙天麻鐫刻本

桐閣重刻關學編序

關學編，馮少墟先生所輯，以章吾關學，即以振吾關學者也。先是，吾邑趙廷璧先生嘗重刻之，而學師中衛劉先生得炯即以少墟補入，又入吾邑王仲復先生，意皆勤矣。然此編人皆知之，而後學猶未能盡見。予不敏，未能自振，顧恒欲人之胥振於正學。往與同志訂文廟備考一書，邑中雷氏刻之，思此編亦不可不家置一冊，因與及門共訂補入七人，續入十二人。既成，郵寄江西，質於同學贛州郡守霍子松軒，松軒以爲此不可不公于人，而吾鄉蒙君竟取付梓。

有止予者，謂將有僭妄之譏，予不以爲然。夫學爲聖賢，人人事也。學之，即不能爲聖爲賢，其可不以聖賢自勉乎？自勉於聖賢，即奈何不以聖賢爲師乎？師聖賢，又安能已於向慕之心，不急急颺前人之爲聖爲賢者乎？世之人惟自阻曰：「我豈爲聖爲賢之人？」人或又有阻者曰：「汝豈爲聖爲賢之人？」而亦因以自阻，斯世遂終無聖賢。況吾不能爲聖爲賢，豈敢謂人之不能爲聖爲賢？則又何嫌於以不能爲聖賢之人望人之皆爲聖賢也！止者又謂：「所補所續，使學問行誼，一毫不符，即恐有玷。」此論固然，然聖門弟子材不一科，品不一等，聖人有予有斥，有未及論列，而既以聖人爲師，承其傳者，皆不可謂非聖人之學也。此編有待補續，少墟固自言之矣。趙氏之刻補少墟並及仲復，誠當；而論者猶以未入家二曲爲歉。予正爲續二曲，遂廣搜羅，凡所得，皆取之史志，又數十年博訪鄉論，確然見爲正學者，夫何疑於入此編中？如游師雄受業橫渠，載之宋史，學術幾爲事功掩，然事功孰不自學術來？此疑少墟所遺也。他若在少墟前者，或未及蓋棺，或與少墟同時同學及諸門人，少墟所不能入，又劉學師所未暇採也。至與仲復同時二曲且漏，宜其漏者尚多，是皆烏得不補不續，而後之宜續者又烏能已耶？嗚呼，前人爲聖賢之學皆無名心，而後之人不可不章其名。章前人之名，以勵後學，補綴遺編，與刊刻者同一心也。世之人不以爲妄，亦或以「好名」議之，爲所不當，爲而避其名可也；爲所當爲，而避「好名」之名，天下之以「好名」敗人自立爲善者多矣！避之而諉諸他人，俟之後人，人盡如我，其又何望哉？

二曲少欲爲聖學，鄉人多阻撓之，甚有以爲妖者。予自十四五，即有志程、朱，迄無所成。今年過六十，刻此編，猶願與同志共勉於二曲少時之所爲耳矣。編中，二曲以前補續者，予所録輯也；二曲及王豐川傳，令及門王生維戊爲之者也；馬相九係馬生先登之先，與同學諸人皆年過二曲，老始延二曲爲師，一時皆稱「夫子」，其學可知，即令先登爲之傳；孫酉峯、王零川近已皆入鄉賢祠，則令吾兒來南爲之傳。

道光庚寅七月，朝邑李元春時齋甫題於桐閣學舍

關學編目録

卷五

清

宋

景叔游先生

先生諱師雄，武功人。少著文學，遊張橫渠門，益得其奧。第進士。元祐初爲宗正主簿，議棄四砦事甚力，遷軍監丞。夏人謀分據熙河，先生語劉舜卿制之之策，已而皆大捷，斬獲幾四千人，擄主將及其大首領九人，遷陝西轉運判官。夏人侵涇原，復入熙河，先生議於定西通渭間建三柵，及謀耕七壘以固藩籬。詔以議付范育，而徵先生詣闕，哲宗勞之曰：「洮州之役，可謂雋功，但恨賞太薄耳。」拜衛尉少卿。上數訪問邊防利病，先生具慶曆以來邊臣分置之臧否，朝廷謀議之得失，及當前禦敵之要凡六十事，名曰紹聖安邊策上之。進直龍圖閣，知秦州。先生慷慨豪邁，兼以學力被委用，有志事功，論者猶以用不究才爲恨。

明

宜川劉先生

先生名璽，宜川人。賦性端方，博覽群書，與兄琛同舉弘治己卯鄉試，人以公輔期之。琛登進士，任推官，歷按察僉事。而璽方以道學自任，不急進趨。徙家長安，教授諸生，人爭師事之，關中以理學名者多出其門。馮從吾，璽外孫也，少時璽口授五經，昕夕誨育，竟傳其學。後璽官衛輝通判，有廉名。兄琰，成化辛卯舉人，知汝陽，稱循吏。而琛居官，所至多政績，長安稱「三劉」。

以聘劉先生

先生名儒，中部人。中部劉氏爲邑世族，先生世父聰，成化丁未進士，官左僉都御史，巡撫順天。父璋，舉人，官南和令，陞知霸州，皆著名德顯績。兄仕，正德辛巳進士，官主事，爭興獻禮，廷杖不死，久之，起爲員外郎，歷郎中，旋以劾武定侯郭勛又受廷杖，謫柳州，穆宗即位，以遺詔起太僕少卿，謝病不就。從兄弟佐，進士，戶部主事。侃、仁、倌，俱舉人，倌知聞喜、石州，並不愧家聲。

先生性至孝，父嘗倉卒被盜，先生與兄自外踰垣入，爭求代，盜義之，釋其父。嘉靖間，以舉人令安邑，補完縣，陞敘州同知，所至有惠政。遷慶藩左長史，以禮繩王，王不聽，遂致仕歸。

爲學以誠一爲本，辨析理義，毫忽不苟。子史百家言，無所不通，顧一折衷於程、朱，學者爭師事之。先生正己率物，危坐竟夕，衣冠必整。肅施楊太保兆出其門，既貴，每見猶侍立終日，語人曰：「吾侍兩宮未若先生嚴。」生平不近倡俳，雖賓祭亦弗接於前。著有邑志、橋麓集、劉氏家禮。

子光文以明經知招遠，擢判眞定。有井出金，內官監採爲民害，奏劾罷其事，一時權貴憚之。

伯明劉先生　弟子誠附

先生名子誠，宜川人。幼有至性，潛心書史。嘉靖時舉於鄉，與温恭毅砥行明經，一時老師、宿儒翕然宗之。先生爲學，既綜六經，又精群緯，尤於周子圖說、通書，得抽關啟鑰之妙。每上公車，考東觀遺闕，遐俗異語者三十年。己丑，爲楊起元擬元，與他房陶望齡爭，或因北卷，欲置第二，楊不平，憤置之曰：「斯人道學淵懿，議論瑩徹，非吾曹所及。」因刊其卷布長安，自是退講於鄉。隨人淺深，皆有成就，終身無攢眉事。一日，臨觴不樂，謂弟子誠曰：「學無體用，便分物理性命爲二。吾學雖未見用，然繕性治世，放諸百世無疑也。第度設施，可澤於斯人，便可出而仕矣。」尋卒，學者尊爲「大劉夫子」。

子誠，字叔貞，讀書國學，授湖南訓教士。以不欺爲本，立行、藝二格，有一善者記之行，勤誦讀者記之藝。月得數人，以爲老友，習容禮，童冠〔一〕仰焉。督學董其昌聞之，聘入幕。旋擢鹽山令，陞橫州，持節定交趾之難，所至皆有治績。後卜居青門，與崔爾進、文翔鳳等結「耆英社〔二〕」，有雒下遺風。生平雅度過人，寵辱不驚。著有杖履三篇，尚書遺旨二卷，詳倪元璐志中。

仲好馮先生　中衛劉得炯撰

先生名從吾，字仲好，長安人。萬曆己丑進士。甫垂髫，即深契王文成公「人心有仲尼」之語。嘗受知於許督學，以聖學爲己任。端靜寡營，出入必以理學書自隨。授庶常，每入朝，例飯中貴舍，先生獨攜茶餅，孑處披覽，足跡不輕履。改御史，巡中城。時壬辰大計，包匭簠簋，不得入權門客。胡汝寧屢彈不去，先生以疏逐之。神廟中年，朝講廢，或飲酣，嬖左右，先生抗疏，有云：「困麯糵而驩飲長夜，娛窈窕而宴眠終日。」神宗怒，將杖之，會長秋節，輔臣救免，遂告歸。

〔一〕「冠」，原作「觀」，據劉傳經堂本改。
〔二〕「耆英社」，「耆」字原缺，據關學宗傳卷二三劉叔貞先生補。

三年還職，視長蘆鹽政，清吏弊，治奸賈，無稍貸。有史官求庇，先生反彈之，遂與要人左，以同臺言事株連，削籍歸里。益鋭志聖賢之學，建關中書院。擇士之秀者朝夕討論，一時士心歸之，奉爲模楷。里居二十六年，四方來學之士有千人，稱「關西冯夫子。」

光廟改元，累召未行。熹廟初，與鄒忠介同召。時廣寧失守，經撫攜手入關，先生疏請逮治，以勗守關將吏。遂以中丞佐西臺，忠介爲御史大夫，時有鐘羽正爲左僉都，並稱「西臺三正人」，善類每依爲重焉。復議「紅丸」、「挺擊」事，群小側目，於是刺講學者接踵，先生與忠介皆求罷。又二年，起總留臺，未赴。即家，拜工部尚書。

是時，逆璫猶以人望羈縻，先生不與合，因疏辭，予致仕。次年，削籍。阿璫者授意撫臣辱之，毁書院，曳先師像，擲城隅以泄其憤。先生痛如切膚，恚恨靡寧，跌坐二百餘日，遂以卒。後逆黨誅，復原官，謚恭定，著有關學編、疑思録、馮少墟集。

無知温先生　弟日知附

先生名予知，恭毅公長子。方就外傅，所受書輒誦，暇即整襟坐，不作群兒嬉。既長，顓精經義，務學益力。案頭恒置程朱語録。時馮恭定家居講學，與交最密，延之上座，以疑義相質。

先生性儉約，居恒布衣粗糲，晏如也。不喜見要人，間出，乘款段，世目爲「清公子」，以恩胄進南雍，壹遵國學科條，銖寸不敢違，大司成目送之曰：「何物温生，邁跡乃爾？」匿身蕭寺中，人莫可踪跡。獨執經問字於焦太史竑，欣然有會。其功以克己毋自欺爲鵠，不欲騖於高遠清虚。恭毅公建石梁，築學宫，修城施粥，爲德於鄉，予知贊成居多。疾革，執兩弟手曰：「語云『朝聞道，夕死可矣』，於道幸非無聞，死矣奚憾！」言訖逝。以子樹瓊官贈戶部郎中，崇祀正學書院、郡縣賢祠。

仲弟日知，字與恕，萬曆乙卯舉人。生有異質，潛心墳典，名日以起。性至孝，事母夫人惟謹，少有過，即長跪受教。出入里閈，遇先生，則執子弟禮。論文必化臭腐爲神奇，來方伯復、文光禄翔鳳皆重之。著有嶼浮閣詩文集、帖括研幾等書。

居白張先生

先生名國祥，字伯〔二〕善，臨潼人。萬曆中進士。以理學自任，由大行歷官禮垣、戶垣，與楊左諸人鋭意傾否，每一諫章出，天下傳之。生平不邇聲伎，喪葬不用佛事，馮恭定公嘗稱爲「名儒」。没，沈自彰表之曰「理學名臣居白先生」云。

廉夫趙先生

先生名應震，膚施人。生而莊重沉默，少就傅，即勉强力學。每進講，必究義理所在，樂語程、朱之學。閲五經、性理諸書，知聖賢理藴在此。師馮少墟先生，爲及門第一弟子。主大和書院講，比肩從游者，皆師事之。歸里，讀書清涼山寺，購書萬卷，執經問字者盈門。

天性純孝，事孀母盡菽水歡。簞瓢自適，不受餽遺。會母卒嚴冬，不履而跣。歲祲，貧益甚，弟子或供饘粥，終不屑，曰：「菜根滋味，正著述受用物。」手不釋卷，日事討輯。有考禮、正樂諸書，理學彙編、四書五經會心編，然未經大用，賫志而歿，遠邇痛悼之。後二十年，督學汪喬年表其墓曰：「理學眞儒趙公應震之墓。」

〔二〕「伯」，劉傳經堂本作「百」，關學宗傳卷二十六張居白先生亦作「百」。

雞山張先生

先生名舜典，字心虞，鳳翔縣人。萬曆甲午舉人。自諸生，潛心理學，受知督學許孚遠。後游江南，復從許學，因徧交鄒南皐、顧涇陽、馮少墟諸先輩，數年始歸。謁選署開州學正，與諸生朝夕講論皆朱、程語録，不以舉業爲先。嘗嘆曰：「誤天下人才者，八股也。」陞鄢陵令，盡心民事，細大必舉。民間養生送死之具，皆備儲之，以貸貧乏。時承平日久，先生製軍器若干，皆精好，藏之庫。人或訶之，先生曰：「行當有用。」去任後邊事急，州縣急軍器，以所貯應之，精利爲他邑冠。創宏仁書院，與諸生講學，置經史數千卷。爲令五年，鄢民戴若父母。陞彰德府同知，致仕。諸生從游者常數百人。天啟改元，陞兵部武選員外。上疏辭，不允，蓋異數也。復上疏勸聖學、遠宦寺。時魏閹已用事，先生特指斥之。因有沽名條陳之旨，遂不出。著明德録、致曲言及詩文藏於家。

子寬盛先生

先生名以弘，字子寬，潼關人。萬曆中進士，選庶常，授檢討，人稱「小翰林」。父訥，字敏叔，隆慶辛未進士，入詞垣，人稱「大翰林」。少從馬文莊公游，性仁孝。年十七，以父都尉德剿洛南盜死，誓不與賊俱生，叩請當道捕賊，俱擒之。歷官吏侍。時議封倭，訥抗言：「倭不退而求款，非情，宜控要害，集兵糧，爲自治計。」倭果復叛。訥文章爾雅，節操清正，主試最稱得人。著有玉堂日記百餘卷，定敏軒集八卷，卒謚文定。

子寬承家學，又嘗問業馮恭定。既早發，歷官國子監祭酒。神宗末，引疾歸。光廟踐阼，起吏部侍郎，慨然以鑑才爲己任。核名實，抑躁競，起用廢棄諸賢，汲汲恐後。熹廟登極，充日講官，敷陳经義，因事開導，能以至誠動人主。有奏奉天母教，進自鳴鐘諸奇器者，一切屏斥，並置帝鑑圖說講筵，以資法戒。是時，魏璫竊政，朝紳脂韋趨附致鼎鉉，弘正色自立，故不得以閣員用，晉禮部尚書。歸里，憂鬱卒。

弘性孝友，有休休之度，尤嚴取與，一介不苟。两世宗伯，卒之日，家無長物，人咸稱之。著鳳手馆貼四卷，紫氣亭集十二卷，中正學、曲學、眞儒偽儒辨，實有補於道統。

季泰楊先生

先生名復亨，咸寧莊敏公鼎之後。天啟癸酉舉人。生而嚴重，不知嬉戲。年十一，輒嚮慕古人。初見馮恭定言志，書「不愧屋漏，行所無事」以對。年五十四，授長治諭〔一〕，遷昌樂令。自矢曰：「一不剝民肥己，二不緩德尚刑，三不狥情枉法。」及署益都，尤注念「與民休息」四字。在昌樂，革去助解銀，民間歲省銀二千餘金。強寇萬餘壓境，家人驚恐，先生曰：「我朝廷官〔二〕，宜當以身殉社稷。」即登城守禦。素性剛方，縉紳有不悅者，以大計中傷，謝政就道。而逆闖破長安，遂僑居澤潞，與同志講學，三晉之士翕然從之。丁亥，歸里遯跡。著書有念祖録一卷，貫珠講四卷，語對一卷。編纂有尚友録、就正録，書紳篇數十卷。

〔一〕「諭」，原作「論」，據灃西草堂本改「諭」，明縣屬官名涉「諭」字者唯教諭，因疑脱一「教」字，又誤諭爲「論」。

〔二〕「官」，原無，據灃西草堂本補。

清

復齋王先生 關中俊 郭穉仲附

先生初名建侯，後改建常，字仲復，號復齋，朝邑人。明發「梃擊案」，贈刑侍之宗從子。父之寵，鎮撫散官，生先生十歲見背。三歲已失母，事繼母以孝聞。年二十，爲諸生，學使汪喬年歲試取第一，食餼。三十時，乃棄去，銳意聖學，閉户讀書，凡六經子史，濂、洛、關、閩之書，無不詳究。家貧，常不舉火，而泰然自得，造次必於禮。吴縣顧寧人寓華下，慕之，數以疑義相質。富平李子德因篤、華陰王山史宏撰數稱其名於當道，作書責之。學使許孫荃造廬，持金幣爲壽，不受；贈以詩請和，亦不答，題其門曰「眞隱」。同里張讓伯枏成進士，始受業爲弟子。

其學以主敬存誠爲功，窮理守道爲務。所著書皆端楷細字，有大學直解一卷，兩論輯説十卷，詩經會編五卷，尚書要義六卷，春秋要義四卷，太極圖集解一卷，律吕圖説二卷，四禮慎行一卷，思誠録一卷。生平注意，尤在小學句讀六卷，以此爲入德之門。復齋録六卷，凡所學具見於此，而其要在發明程、朱以斥陸、王。此外，尚有復齋别録一卷，復齋日記二卷，餘稿六卷。

其時里中同講學者二人，一郭穉仲肯獲，一關遜伯中俊。穉仲，明舉人。性純樸，不辨權衡。於書無所不窺，雷栢霖甚稱之。逆闖入關，欲召用，亡去，繫其弟肯堂，兄弟卒俱全。遜伯號獨鶴，初慕馮恭定學，篤行修。後與復齋殷殷講孝經、小學，居喪以禮，不用浮屠。所著有巢居野人集、鶴鳴陰和集。將終，子請遺言，曰：「我之學本於孝，汝如是足矣。」口占斷句云：「衣冠還太古，身體亦歸全。七十八年内，一心常泰然。」

茂麟王先生　劉濯翼附

先生蒲城人，失其字。嘗從馮恭定游，孝友睦婣，樂道好學。家營自得菴、逍遥静觀，每題詩自況，有「洙、泗淵流，濂、洛授受。落花皆文，好鳥亦友」之句。教生徒掇科通籍，一時稱盛。子仁，成進士。

同時，華陰有劉中白濯翼，亦從學馮恭定學，苦志篤行，爲文細雅，以明經司訓武昌。持躬以敬，範士以禮，大學士賀逢聖雅重之。自恭定倡道關中，士聞風而起，一時多偉人。二人非登顯仕，名不甚著於後，然其潛心道德，不可没也，學顧可不講耶？

文含王先生

先生名宏度，咸寧人。秉志潔清，邃情古道，雖執藝制科，恥爲帖括記誦之學。順治時，以茅拔觀光都門，孫北海少宰一見定交，尊爲性命之交。與編道統明辨録，有正傳、單傳、别傳、羽翼四指。尋齎志卒館舍，北海作傳哀之。

先生居處温恭，與物無競，生平幽深澹遠，常有伊人秋水之思，性行一如其名。文詞風雅，先生大人無不珍者。著有南塘遺稿八卷，片石語八卷，語鶴齋日〔二〕録二卷。

〔二〕「日」，劉傳經堂本作「目」。

士奇譚先生　龔廷擢附

先生名達藴，城固人。性端謹，幼以「奇童」稱。比登賢書，益自奮勵，步趨每期古人，學者宗之。無分知與不知，行稍有所失，即動相戒曰：「無爲譚夫子知也！」不仕而殂，敬憚者咸沐造就。著述不傳，然其行大類蕭先生矣，士豈以文詞多哉！漢中士風埒三輔，入國朝講躬行之學者惟先生，雖晦而顯。

時又有戊子舉人南鄭龔若晦廷擢，亦潛心理學，文行並著。授邵武推官，有威惠，民懷吏畏。尋以疾，未盡其用。

而時王先生

先生名宏學，華陰人。父明南京少司馬之良，字虞卿，嘗從温恭毅、馮恭定游，皆器之。鄉舉後，六上春官，登天啟乙丑進士。悉心經濟，撫南贛，屢平寇，著戰功。時稱「前有文成，後有虞卿，得兩王公」。有子六人，長即先生。

天資純粹，好學篤行，履規蹈矩，深得濂、洛、關、閩之學。賊陷長安，遂隱居不仕，益博覽經史，手自抄録，累年不懈。著有孔氏達天圖説九章〔一〕、石渠閣文集。

〔一〕「孔氏達天圖説九章」，原作「孔時圖達天説九章」，據同州府志（咸豐二年刻本）卷二五經籍志記載：「孔氏達天圖一卷……國朝王宏學撰，存。」華陰縣志（乾隆刻本）卷一五記載：「孔氏達天圖，王宏學著。……宏學，明南少司馬之良子，邑廪生，恩蔭入監。達天説『今之譚天之士非管窺則尺量，予獨不以爲然，而間以其心私而敬之，彼蒼天不可知乎？……遂命毛穎執玉版縷分九章於左。』」並列舉九章内容分别是：天氣章第一，天體章第二，天數章第三，天道章第四，天德章第五，天知章第六，天心章第七，天性章第八，天命章第九。可知，「孔時圖達天説九章」當爲「孔氏達天圖説九章」之誤。

弟宏嘉，亦山居讀書，終身不出，學守兼勵，人稱雲隱先生。所築手蓉閣，四方名流多題詠者。少弟宏撰，以文章博雅名動天下。康熙十七年，與顧寧人等同徵，固辭不允，至京師，不就職。著述滿家，尤邃於易。晚年亦講義理之學，有正學隅見述，辨「格物」，主朱子；辨「太極」，主陸子。

二曲李先生

先生名顒〔一〕，字中孚，盩厔人，學者稱二曲先生。父可從，明季隨制府汪公喬年征闖賊，戰亡於河南襄城。時先生尚幼，家貧甚，母彭撫之成人，教以忠孝節義，母子相依，或日不舉火，恬如也。年十六，聞里塾誦書聲，樂之，白母，亦欲從師讀書。而脩脯不具，塾師無納者，乃刻厲自學，逢人問字正句。家無書，從邑藏書家借讀，過目輒能解記。經史諸子及二氏書，數年無不貫穿。忽悟曰：「學之道，吾心而已，豈他求哉？」由是，學一以躬行實踐、悔過自新、反其性眞爲主，嘗曰：「下愚與聖人本無異，但蔽於物欲，積而爲過，其道在悔。悔則改，改而盡則本原復，復則聖矣。然悔過不於其身，於其心。於其心，則必於其念之動者。求之顏子，有不善，未嘗不知，知必改也。吾人不能如顏子，必靜坐觀心，乃能知過。知過乃能悔過，悔過乃能改過以自新。」生平坎壈，百端志略，不移其始。人多怪之，至不敢與近。久乃莫不信之，雖兒童亦稱「李夫子」。康熙乙巳，母棄養，哀毀骨立，勺飲不入口者五日。服闋後，之襄城，求父骨不得，致祭招魂，哀動闔邑。邑人爲置塚立祠，先生取塚土升餘還。後襄人于其處樹松柏楸楊成林，豎碑題曰「義林」。春秋次丁，邑宰致祭，士大夫歌詠其事，有義林集。生平足不及城市，雖達官貴人造廬顧問，無答拜者。惟應同州諸耆儒請，至同；應前邑令駱公鐘麟守常州請，至常；應總制鄂公善關中書院聘，至會城。其在同也，李文伯、馬仲足等年倍先生，北面執弟子禮，党兩一八十余，冒雪履

〔一〕「顒」，原缺，據周元鼎本及澧西草堂本補。

冰，徒步就學，一時極人文之盛，問答載東行述。其在常也，講學明倫堂，會者千人，郡人詫爲江左百年未有之盛事，問答載南行述。于是鄰郡爭邀，仰若山斗。毘陵鄭公珏有詩云：「斯文幸未喪，絕學起關西。逖矣李夫子，南遊震群迷。」其在關中書院也，鼓蕩摩厲，士習丕變。論者謂其力破天荒，默維人紀，視馮少墟功爲尤鉅。時鄂公以地方隱逸薦，奉旨促起，以疾辭。後數年，當路又以海內眞儒薦，又以疾辭。辭不允，絕飲食者五晝夜，諸公知不可強，乃以疾具覆。歸至家，下楗不復出戶，竅壁以通飲食，即家人亦多不見。已而天子西巡，欲見之，以廢疾辭，不至。特賜「關中大儒」四字以寵之，大吏令表謝，亦終不肯。而家貧如故，督學許公孫荃割俸爲易負郭田，如顔子之數。先生四十以前嘗著十三經糾繆，廿一史糾繆，以及象數之學無不有述。既以無當身心，不復示人。而門下士録其講學語爲二曲集，鄠縣王心敬又録其講四子書、反躬切己要語爲四書反身録。

豐川王先生

先生名心敬，字爾緝，號豐川，鄠縣人。初爲邑弟子，歲試，督學待之不以禮，脫巾幘出，除其籍，遂從李二曲先生，專講正心誠意之學。四十後，名聞海内，大僚爭聘主講。先生對卿大夫必期以致君澤民，對學者必期以成己成物。朱相國軾督學時，數式廬問業。果親王至陜，亦殷顧問。總制額公忒倫、年羹堯先後上章薦，兩徵不起。乾隆元年，蒲城某進士廷試，大學士鄂公爾泰問：「豐川安否？」其人素昧先生，不能應，鄂公笑曰：「士何俗耶！天下人莫不知有豐川，爲其鄉人，反不知乎？」凡大吏來秦，鄂公必寄問先生起居。

長子功，雍正八年以選貢爲安福令。陛見，例陳摺，上見而嘉之曰：「名儒子，故不凡。」令奏摺者以爲式。功居官有「冰心鐵面」之稱，著蠶桑成法一書，一時多遵行之。丁先生憂，以毁卒。

次子勍，字茂宏，亦以選貢仕至江南安徽副使道，所在善政及人。去任時，士民莫不流涕，人謂「與其兄皆不愧爲理學子」。

相九馬先生　同學諸人附

先生名棫士，字相九，同州人。高祖文莊公、祖副使朴，功業文章名天下。父贈太僕少卿嗣煜，生平以正学自許，著五經初說、寄園會語、羣玉閣詩集。崇禎時，由明經判濟南，後殉難。

遺先生年十三，賦質甚慧，讀書一過不忘。從譚、董二庠師遊，補諸生，食餼，旋充貢。既而嘆曰：「聖賢之學，不在是也。」乃一意闇修根極性命之要，務身體力行。與諸昆季及生徒講學邑聖母廟，往返必揖，行不徑，坐不倚，雖酷暑未嘗解衣。性至孝，痛弱齡見背，未獲盡人子之養，每遇生忌辰哭泣，輒終日不食，凡事惟懼貽濟南公羞。

當是時，李二曲先生以絕學爲關西師表，先生慕之，因與族祖慄若梀暨州耆宿白煥彩含章、李文伯士瑸、蒲城王省庵化泰，延二曲於同，北面問學。於是郡紳王思若四服、李淮安子燮、張敦庵珥，皆踵接先生，事之尤殷。二曲集體用全學、讀書次第及學髓各編，皆先生與諸同學所手録。二曲西返，贈詩三首，乃設主於家奉之。康熙十七年，二曲迫詔命，謝絕人事，多士來謁者概不見，昕夕惟先生及富平惠霐嗣、洛南楊堯階、舜階侍側。先生著有白樓存草、卷石齋詩，卒年八十。

西峯孫先生

先生名景烈，字孟揚，武功人。學者稱酉峯先生。爲諸生時入院試，有公役無禮於一生，不可堪，先生從旁觀，大怒，遽毆之，援以見督學。督學察其意氣非常人，勑責役，好慰先生。先生成進士，授檢討，告歸，惟以講學爲事，先後主講蘭山、明道、關中諸書院，而關中書院爲最久。先輩如崔虞村、陳榕門兩中丞皆重之。督學楊梅似謂「關中一時人才濟濟，尤以先生爲當世無雙」，頗就函丈質業，夏日見之，至不敢搖扇。

先生教人，專心小學、四子書；講四子書，又恪守考亭注，而析理之細，直窮牛毛繭絲，多發人所未發。如講中庸「天命之謂性」，謂「天命善，不命惡」。講論語「三讓」章注「大王因有翦商之志」，謂「人疑此，由看得『志』字小」；講「四勿」章「復禮」，「禮」字即「爲國以禮」之禮。其説之洞澈多如此。爲制藝，似西江而精密，則自成一子；爲古文，似盧陵有逸氣。著有蘭山、明道、關中諸書院講義課解，康對山武功志注、删定對山集、郃陽縣志。成就關中人士甚衆，各以其才，嘗曰：「吾門治古文之學者，有韓城某某、雒南某某；治義理之學者，則有臨潼某某」云。

零川王先生

先生名巡泰，字岱宗，居臨潼之零口鎮，故自號曰零川。先王父翼〔一〕，寧夏縣教諭。先生承其家學，又受業於武功孫酉峯先生門下，「酉峯稱其門「治古文之學者」，則指韓城王文端、雒南薛内翰退思諸人；稱爲「義理之學者」，則惟指先生一人。先生自從酉峯遊，恪尊其説，以窺關、閩，因灼見道源，深達理奥。論説多闡儒先之秘，正偏曲之謬，爲今日説，以示學者不可自懈，尤足針痿痺之病。由乾隆甲戌進士銓授晉之五寨，粤之興業、陸川，所在有實政。尋復内擢吏部，皆能以經術飾治。先後主講臨潼、渭南、華陰、望都、解州、運城，多所成就，學舍或不能容。

然仕學歷年，家無餘貲。没之日，葬不能具禮，墓石亦未有也。道光甲申，關中士大夫搜得先生著作十余種，公舉鄉賢陳之當事。乙酉，上其事於朝，朝廷俞允。又醵金建祠，拓塋域，置祭田，立石以表其墓，其風聞於後如此。

著有四書日記、解梁講義、格致内編、齊家四則、服制解、仕學要言、丁祭考略、河東鹽政志、興業縣志、純孝録、勸戒録、

〔一〕「先王父翼」，灃西草堂本及關學宗傳卷四九王零川先生作「父翼」。

文法輯要、童子指南、知命説、零川日記，詩集二卷，文集四卷，制藝六卷。門人又輯其治績，爲從政遺編一卷。自訂年譜二卷。

關學續編

[清]賀瑞麟 著

清光緒壬辰本

關學續編序[一]

關學之編自馮少墟先生始，厥後王豐川有續，李桐閣有續。豐川、桐閣皆以關學自任，其編關學也，與少墟同一振興關學之心，其人爲不愧少墟之人，其書亦爲不愧少墟之書。麟雖有志關學，而實於少墟、豐川、桐閣諸先生無能爲役。惟嘗於學關學之人如劉伯容以下七人，久愛之慕之，口誦而手録之，置諸案頭，私自取法，以爲擇善思齊之資而已，非敢云續關學也。然七人者，固關學之續也，柏君取而續之二續之後，將刻以公同志。其有意振興關學，亦少墟、豐川、桐閣之用心也。刻既竣，聊職數語，以求正於眞有能志關學者。賀瑞麟

[一] 本序名爲點校者所加，文據灃西草堂本迻録。

國朝

伯容劉先生

先生名鳴珂，字伯容，蒲城諸生。自少有志聖賢之學，大抵以正心誠意爲指歸。其於天人、理欲、王霸、儒釋之分，辨之極精，闇然自修，不求人知。康熙壬申，歲大荒，就食延安，日傍柏林寺古柏，袖書披讀，寺僧異之，問曰：「乾坤何等時也，求生不得，讀書何爲？」先生曰：「該餓死，不讀書也死；不該餓死，讀書卻不得死。」其時有富翁路姓，欲延先生教子，而辭其師馬姓者。先生曰：「君延我，我生；辭馬，馬死。寧我死耳。」辭不就。未幾，馬病死，乃延先生，先生又曰：「馬先生，韓城人，韓亦荒。今馬死，妻子歸亦死，不歸亦死。君能養其妻子，待年豐，並其柩送歸，我即應君，不則不也。」路聞先生言，益欽服。學生值日支應馬妻子，間有惰者，輒責之，於是馬妻子得不死。友人死無所歸，先生爲之殯，其志節如此。

潛心程朱，隨處體認，有所得，輒筆之於書。父克佐嘗有句云：「借問當年程伯子，觀物何似靜中天。」母和苦撫群孤，化及異類。哺雛雞死，他雞代哺如己雛，卒各成。蓋先生之學，其來有自。嘗曰：「古人『高山景行』，處處皆是。吾仁厚不及吾父，寬洪不及吾母，沉靜淵默不及吾弟，一門之内，皆吾師也。況古人乎？」又曰：「天地人物，本是一個物事，只是多一殼子耳。」旁注云：「壬申避荒至洛邑，臥於大樗之下，仰觀天，俯察地，悠然有會，因援筆書此。」又曰：「論心便有人心、道心，大學『明德』，則以心之純乎道心者言。」又曰：「心者，理氣之會也，氣之精明在此，理之凝聚亦在此。」又曰：「精義所以爲集義之地，徙義所以盡集義之事。」又曰：「伊尹樂堯舜之道，卻變揖讓爲征誅，非精一工夫到極頭處，如何做得此事出？」又曰「曾子曰：『與朋友交而不信乎』，又曰『以文會友，以友輔仁』，博約工夫，俱資友以成，離卻『信』字，講學輔仁，終有不盡處。」又曰：「孟子論友，發前聖所未發，説不挾貴，直到天子友匹夫；説取善，直到尚友千古。眞石破天驚之論，道理卻極平實，極精當。」又曰：「人生百年瞬息，俗事不得不應，俗人不得不接，但精力有限，羲皇以來之心法，並未得貫徹於一心，而髮已白，齒已動摇，尚與碌碌者輩討生活耶。古人杜門謝客，不爲無見。至論陰陽、禮樂，精微之致，尤多允當明晰，足補先儒所未備。」即此可見先生所學之深矣。所著有砭身集、大中疏義，又有易疏義、古文疏義、唐詩疏義，惟砭身集行世。

遜功王先生

先生名承烈，字遜功，號復菴，涇陽人，端節公徵曾孫也。年十九補諸生，敦内行，家貧，授徒孝養無缺。晚始通籍，授翰林檢討，改監察御史，巡視東北城，巨室僕戚〔一〕糶賈人米價，假威怒罵，僕匿其戚巨室第中，先生執而置之法。署掌山東道，旗豪殺人巧脱，以他人抵獄，九門提督已定案，諸法司莫敢異同，先生抗爭，卒得免。補吏科掌印給事中，召入養心殿，講大學「明明德」，辨儒釋之分。上大喜，出爲湖北督糧道，遷江西布政司。巡撫某尚苛急刻深，先生勁正無所阿，及以都察院右副都御史召進見，具劄直陳，上怒，立檄某置對，某語塞，遂落職，授先生工部右侍郎，以此名聞天下。又調刑部，病痁寖劇，逾歲卒，年六十四。

對親知子弟言，常以叨恩位列九卿，未得盡展其志，淚輒涔涔下。先生自少勤學，兄事王豐川先生，講明心性修己治人之學。成進士，出李安溪文貞之門，益研宋儒書，身體心驗，力行可畏。所著日省録，切己内考，不爲空言。詩説既成，病中

〔一〕「戚」，原作「成」，形誤。清齋堂文集卷九刑部左侍郎涇陽王公神道碑作「戚」，據改。

夜不能寐，猶思尚書疑義，且伏枕起草，竟古文二十八篇。嘗曰：「吾年自四十，庶幾無一事不可對人言者，生平禄賜惠民濟衆，修廢興學，必於官中盡之。」没之日，幾無以爲斂。觀先生忠誠，終始勿替，可謂不負所學者矣。

豐川先生關學續編已附先生卷末，然尚未詳，故復爲先生傳。

蘿谷張先生

先生名秉直，字含中，號蘿谷，澄城縣人。世以詩書相承。幼失怙，叔父督責甚力，口授小學、四書，易、詩、書三經，十齡時悉能背誦。稍長，即不自菲薄，不以聖賢爲不可及。年二十補諸生，制藝非其所好，博覽羣籍，於六經獨重四子書，四書尤重論語。嘗曰：「孔子，萬世之師也，學聖人者宜學孔子；論語，孔子教人之書也，學孔子不讀論語，不得其門而入矣；朱子，孔子之眞傳也，學孔子者宜學朱子；小學，朱子教人之書也，學朱子不讀小學，亦不得其門而入矣。論語、小學多下學之旨，學者有可持循，要之，明理盡性，希聖達天，俱不外是。舍是他求，不入於卑近，則流爲空虛矣。」先生廣交一時名流，既從康百藥無疾遊，又往謁二曲高弟王豐川心敬。不復應試，遂以學法除名，而元、明以來諸力學之人，程、朱後諸儒講學之書，益周知而多購焉，故其爲學以窮理爲始，知命爲要。

先生少有至性，讀史至忠孝節烈，必再三誦，往往涕流被面。鄉人有不法事，輒面數其過惡。一狂男子焚邑文廟先賢牌位，知縣、學博皆自若，先生適在城，往哭之，遂置男子於理。內行純篤，尤敦友誼。歲饑，質地賑給鄉族，雖藜藿不充弗顧也。仁讓之風，里黨漸濡，二十年無爭訟者。中丞陳文恭公欲疏薦於朝，固辭乃止。先生與人無忤，而亦多不合。晚年所養益粹，矜持悉化。論者或高其嚴峻，或重其含容，至其探理精勤，見道親切，同學或莫之知也。自謂與石門某氏有深契焉。

所著有四書集疏附正、論語緒言、治平大略、開知録、文集、文談、徵信録，已行於世。又有刪訂四書集疏、某氏遺言、聖廟從祀位次私議、讀書存疑、評學蔀通辨等書。

復齋史先生[一]

先生名調，字匀五，號復齋，華陰人。父克嶷，明武清令標之季子。先生幼篤謹，長潛心經史。康熙庚子鄉捷後，得王復齋集讀之，恍然曰：「讀書非爲科名已也，將以求其在我者。」遂立志以聖賢爲師。搜近思録、二程遺書及薛、胡諸儒集，日夜勤劬。自衣冠居處之細及應事接物，咸恭恪有法度。居華山雲臺觀二十餘載，教授生徒，四方從遊者甚衆。崔虞村中丞重其學，延掌關中書院。

後謁選，得福建仙遊令。至則設學、行、才三則取士。聞有孑然特立、足不履公庭者，從一奚奴式其廬，觀者不知爲邑宰也。簿書餘暇，即與諸生講學，建書院，置膏火，以獎勸多士。折獄惟恐下情不達，不輕事笞杖。其他救荒、緩征、賑窮、懲盜諸惠政，不可枚舉。竟以枘鑿不入，十閲月而告歸。嘗言：「士人立身大節，出處去就，胡可苟同流俗！」蓋其不屑不潔，養之誠有素也。

歸田後，主講臨潼横渠書院。教人以存心立品、辨明義利爲大端。零川王巡泰實出其門。没之日，孫酉峯先生表其墓曰「史君急流勇退，有勁骨，有恒心，足以羽翼關學」云。所著有志學要言、從政名言、鏡古編、雜著、語録共若干卷行世。

[一] 原題下有按語：「按，此本門人王守恭作，以既爲先生所收録，故不復别異。」

桐閣李先生

先生名元春，字仲仁，又字又育，號時齋，朝邑人，學者稱桐閣先生。嘉慶戊午科舉人。少極貧，父文英，諸生時遊賈，先生與母居。方八九歲，日拾薪飼瞽驢，恒代貧家磑碾，得麩糠，採蔬和蒸以爲食。一日，過里塾，聞誦書聲，哭告母欲讀書。母喜，遣入學。十二三，塾師偶講論語「仁而不佞」章，輒苦思前後諸章言「仁」不同及注語，乃悟聖門之學全在求仁，惟「當理而無私心」「非全體不息，不足以當之」二語爲盡。十四，應府試，於書肆見薛文清公讀書録，減兩日食購得之。自此決志聖賢，於書無所不讀。河濱先生爲先生族祖，遂盡觀河濱家藏書，得程、朱各集。父歿，痛父望己切，益鋭志於學。鄉薦後，九上春官不第。年四十餘，以母老，絶意功名，日侍母不遠離。母百歲卒。邑宰舉先生孝行，以書堅辭。後聞舉孝廉方正，亦堅辭。生平未嘗乞假及妄受人。居京邸，亦未嘗以一刺謁人，貴官有欲見者，謝弗面。

其學恪守程、朱，辨陸、王，尤惡近世毛西河怪論，特刊行戴大昌駁四書改錯一書，嘗曰：「陸、王之偏，坐不知學；考據之僻，坐不明理。」其自致力，以誠敬爲本，而篤於躬行。孝友睦婣任恤諸善不勝述。威儀容止，至老如一。人問何以養之，曰：「吾一生惟寡欲而已。」先生雖不仕，然極留心世務。邑中如坐運、換倉諸弊，屢上書當事求革之。爲所居十四村聯行保甲、立邑文會，意在明學化俗。自教授桐閣，至主講潼川書院及邑華原書院，懇懇爲諸生告以聖賢之學，但不廢科舉而已。老作檢身冊，有曰：「三代下有道之士，惟有席珍待聘，否則便涉干謁。朱子雖云『孔孟生今日不能不應科舉』，然如搜檢待士非禮，孔孟必不應也。即如孝廉方正之舉，自漢以來自投文券，予即不能應，況有使費，孔孟豈爲之乎？」識者以爲至論。先生資禀氣象剛毅敦篤，故其立言皆博大切實，而不爲無用之空談。

著述甚富，有四書簡題、諸經緒説、諸史閒論、諸子雜斷、諸集揀評、正學文要、道學文副、關中道脉四種書及桐閣文集、雜著，凡數十種。

年八十六卒。越二年，邑人士請以先生入祀鄉賢。

治亭鄭先生

先生名士範，字伯濵，一字治亭，鳳翔縣人。生而明敏篤誠，甫成童，潛心正學，躬行踐實。事繼母以孝聞。道光壬午解元，以知縣揀選貴州，攝印江、安化，補清溪、貴筑，擢平越知州。所至爲政悉本實心，印、安二邑治行尤異。貴筑，首邑也，治獄悉委僚寀。先生曰：「縣令與民相見惟此時耳，而又假手於人乎？」故首邑親訟，惟先生則然。賦性恬淡，不樂仕進。既遷平越，移疾而歸。

家素豐，回難作，鳳郡圍急，獨捐銀萬三千兩，城守始備。戒嚴三月，援兵不至，白郡守募人突圍，赴京乞師，詔發兵，城圍始解。回民素敬先生，雖稱亂，相戒不敢犯鄭氏。及先生避地入城，載書數車，猝遇賊騎，知爲先生，皆夾道立，不敢動。先生在車中遙語以勿傷人，衆皆唯唯。蓋其德孚異類有如此，識者以爲無異黃巾之羅拜康成也。

先生自少至老，未嘗一日去書，見異書必手自繕録，讎校精審，蓄書最富，鳳郡好學之士多借觀焉。而其誨人孳孳不倦，嘗令讀朱子全書、小學、近思録等書，曰「此洙、泗眞傳，我輩宜終身研究，身體力行者也。其一生學力悉注於此」云。

著書甚多，已刻者有朱子約編、朱子年譜、許魯齋年譜，未刻者又有四書小注約編、春秋傳注約編、三禮表、盛世人文集。

損齋楊先生

先生名樹椿，字仁甫，號損齋，朝邑人，諸生。初受業邑貢生李來南，來南父即世所稱桐閣先生者也。樹椿輒從問學，有志洛閩。後與二三知友講益切，絶意進取，於名利泊如也。事母至孝，處兄弟、待朋友懇惻直諒。其爲學堅實刻苦，默契精思，養深而純，守嚴而固。常論爲學之要曰：「無『朝聞夕死』之志，無求爲聖賢之志，無以天下爲己任之志，工夫所以常悠悠。」又曰：「『未發』『已發』，此處不分明，存養省察皆靠不得。」又曰：「君子之學必以誠，誠窮理則眞知，非止誦讀；誠居敬則實踐，非止講論。」雖處草野，無一念不在天下國家，一夫不獲其所，輒惻然傷之。晚年學益邃，縣宰黃照臨特設友仁書院，延主講。學使吳大澂以學行疏於朝，略曰：「朝邑楊樹椿隱居華山，潛心理學，除歲考外，不入官府，有古君子風。臣按臨同州，適來應試，詢其所讀性理諸書，融會貫通，實有心得。平日涵養之功，一本程朱主敬之學，所謂篤行謹守，不求聞達，亦足爲世風矣。」奏，奉諭旨，加國子監學正銜。

同時大荔廩生趙鳳昌，字仲丹，號宏齋，與樹椿同學，亦聞桐閣先生之學。二人同居，讀書太華洛橋，先後幾二十年，互相規切最至。鳳昌性狷急，然斤斤有守，温恭篤實。家庭之間，怡怡如也。卒年四十二，自恨學未成。時捻匪入關，病中猶對樹椿言甚悲，且曰：「吾秦糜爛至此，宜設身處地籌方略，毋令人笑吾儒有體無用！」其所存如此。歿後，督學吳大澂扁其門曰「篤學勤修」。

門人張元善，字葆初，亦大荔人。始志學即好性理諸書，訪師友求道甚切。嘗自訟曰：「不聞道不如死，或謂『才可就功名而不就，力不能爲聖賢而必爲』，元善不顧也！」夫婦相接以禮。修墓致祭，必謹天旱。聞征呼急或官示不便民，宿疾輒發。氣象毅然，見者生畏，而意思懇惻，人多樂就之。年甫冠，以勞瘵卒。妻李矢志守節。

李蔚坤，字匪莪，華陰人。初從樹椿問學，後受業芮城薛仁齋。親沒，守禮甚嚴。讀書，一字一義，必求心解。每言學術之歧或時事之艱，幾痛哭流涕。歲荒，友人爲官買賑糧，囑以毋徇私，且曰：「用材要當，儲材要廣，宜因事用人，毋爲人求事。」年四十七，以失明卒。有請學疑語，附見仁齋集中。

書關學編後[一]　戊辰

右馮少墟先生關學編，國朝朝邑趙氏重刻之，劉學博得炯即續少墟及王復齋二人，而桐閣先生增訂又補七人，續十二人，於是趙本爲不完，而未能廣行。朝邑楊生玉清有志關學者也，同治戊辰教授吾邑張君宜堂家，因言趙氏此書，並所刻王復齋小學句讀記、大學直解、太極圖集解三書板，其後人皆欲售人，且恐諸書失所主，宜堂遂言于劉君毓英，以百二十金俱購以歸，將欲制印，以公同志，而仍嫌趙本爲未完。余乃取桐閣補續各人，並依原書爲補刻，而更以桐閣先生續焉，以求是正於當世之爲此學者。至以諸賢望吾關中人士，使見諸賢之心而因以自見其心，不好名，亦不避好名之謗，爲所當爲，於以振興關學，延斯道於勿墜，則有少墟、桐閣兩先生之序在。九月朔旦三原賀瑞麟復齋甫謹書。

[一] 此序據底本按語，從清麓文集卷一序上迻録。

關學宗傳

[民國]張驥 著

民國辛酉陝西教育圖書社排印本

自敍

烏乎，關學之式微久矣！ 東游二華，北過三原，訪荆門之故墟，問石渠之舊侶，流風餘韻，猶有存者乎？ 又西望鳳翔，南瞻盩厔，講台鞠爲茂草，堊室燬於兵戈，而前賢問道之場，有過而問焉者乎？ 豈天之果喪斯文哉？ 抑此中别有人在，呼之而不出也？ 吁可嘆也！

昔横渠氏關中崛起，開門授徒，分濂、洛之席，紹鄒、魯之傳，一時藍田、華陰、武功諸儒，闡揚師旨，道學風行，學者稱初祖焉。 俄而北都淪陷，完顔代興，奉元一脉，不絶如縷，幾同閏位。 迨石渠公唱道三原，康僖纘承家學，學風丕變。 而渭南南氏兄弟以姚江高弟，開講酒西，稍稍乎門户分矣。 馮侍御予告還鄉，提倡絶學，可謂中興。 而再傳之後，寖以不振。 李二曲以堅苦卓絶之身，肩程、朱、陸、王之統，至精至粹，無黨無偏，卒以非笑者多，轉爲吾道通行之障。 迄於李桐閣，以賢聖自期，尊崇正學，而省齋、清麓，親業其門；灃西、古愚，聞風而起。 至今日而有墜緒之可尋，遺文之足録者，皆數君子之力也。

夫道冠古今，學無中外。 前人以關、閩、濂、洛標宗，論者譏爲過隘，然武、周代謝，道在師儒；孔、孟傳心，世稱鄒、魯，抑獨何歟？ 蓋關、閩、濂、洛之學即鄒、魯之學，雖鳴道一方，皆有聖人之一體。 謂鄒、魯之學寄於關、閩、濂、洛則可，謂關、閩、濂、洛之學足以盡鄒、魯則不可。 謂學者假途於關、閩、濂、洛以尋源鄒、魯則可，謂尋源鄒魯而不假途於關、閩、濂、洛，或僅僅於關、閩、濂、洛，則又不可也。 道以參贊天地爲量，學以求至聖人爲歸。 東海、北海，聖人出焉，心同理同。 學以關、閩、濂、洛始，不以關、閩、濂、洛終，此關學宗傳之所爲作也。

長安馮少墟先生舊輯關學編四卷，朝邑李氏、三原賀氏各有增益，蔚然可觀。 第諸儒學説都付闕如，後學問津，茫無把握，關學之奥義未窺，鄒、魯之淵源何接？ 又卷帙寥寥，搜羅未廣，小子懼焉，爰倣周海門聖學宗傳、孫夏峯理學宗傳之例，輯橫渠以來至於灃西、古愚，計如干人，本傳爲經，學說爲緯，立傳則以本事爲憑，録語則以全書爲據。俾關中學者於兹取裁，亦在關言關之意云爾。若濂、洛、新安，則遺書具在，源流別有可尋，不在本編範圍之内也。

茫茫絕緒，繼續何人？吾寓關中，留心關學。以余所見，三水蕭筱梅，堅苦卓絕似二曲。臨潼郭希仁，明體達用類古愚。而所聞則有高陵白悟齋，藍田牛夢周，恪守西麓之傳，皆關學之晨星碩果。然竊不知此外之尚有人焉否也？陽明子曰：「關中自古多豪傑」，其忠信沈毅之質，明達英偉之器，吾見亦多，安知不更有牛、白、郭、蕭之儔耶？關學之興替，大道之存亡，將於是編卜之矣。

辛酉秋雙流張驥

例言十二則

一、本編纂集以理學爲範圍，惟名臣如石渠、吏行如湭西、文學如太青，皆學術深純，粹然儒者，當與聖門四科之列，不得以其有政事、文學屏之儒門之外，故并及之。

一、纂集諸儒僅以關中爲限，例如藍田、少墟、二曲諸先生，講學四方，及門半天下。是編以地繫人，縱講關中之學，不是此邦之人，如周浮沚、沈彬老，雖横渠再傳，亦不敢附入，以示謹嚴。

一、世次依朝代爲先後，間有同時講學如省齋、清麓諸儒，同時受學於横渠之門如藍田諸吕之類，則次其生年卒歲以第之。生存者概不録。

一、列傳敘事，正史有傳者，如石渠、谿田之類，則據史直書，其不關於學術者則不書。正史無傳或傳而不詳，如侯、申兩先生暨清代諸儒，則博采諸書，分别增入。

一、傳後附諸儒學說，悉本全書録入。若本人著述無徵，或散見於各家者，亦采輯編入。至於無從編采者，暫付闕如，俟他日蒐集，再爲增補。

一、諸儒學說載在全書，文章語録美不勝收，兹擇其精微純粹者著於編。若全文脉絡貫通、相承一氣，如張子東西銘、吕氏鄉約之類，均抄録原文，不敢妄加删節。

一、有明一代，關中大儒若石渠、涇野、少墟，恪守程、朱，渭南南氏兄弟，純主姚江師說，各有不同。二曲先生薈萃程、朱、陸、王之學，不偏不倚，義極持平，此關學派别之大概也。是編不立宗派，節取衆長，凡有關於身心性命、發明聖學者，得蒐採之。

一、諸儒學說，義理精微，其中有奥妙玄通、費人紬繹之處，初稿仿全謝山宋元學案之例，僭加案語，以便參閲。嗣以見仁見智，境地不能强同，讀者自有心得，茲一律删去，以俟通方。

一、關學開派，肇自横渠，故馮少墟氏關學編託始於此。茲考横渠未起以前，華陰侯、申兩先生已具關學規模。全氏曰：「關中侯、申二子，實開横渠之先。」篳路藍縷，用啟山林，序録者不當遺漏。是編仿江鄭堂漢學師承記附黄、顧兩先生之例，附諸卷末，以俟高明者論定焉。

一、諸儒稱謂，華亭倪氏儒門語要於從祀諸儒稱「子」，易名者稱「謚」，餘稱「先生」。是編一遵倪氏，如横渠、涇野從祀兩廡者，稱「子」以别之；端毅、恭定皆有謚法，則稱「公」；餘稱「先生」，以示區别而免雷同。

一、關中爲理學之藪，頗有學行昭著，教澤在人，或因代遠年湮，遺書散佚。關中固不可概包理學，是編亦不能盡括關中。例如横渠、涇野、少墟、二曲諸家門人，所有遺著，不能徧採無遺。如此之類，但存其人，留俟將來補綴，以歸詳盡。

一、關學肇興，明賢輩出。是編捃摭書籍一千三百餘種，三易寒暑，始克成書。然見聞有限，不免罣漏之虞，尤望邦人賢士諒其譾薄而增益之，本書之厚幸也。

卷一

橫渠張子

子諱載，字子厚，其先大梁人。父迪，仁宗朝知涪州，卒於官。諸孤皆幼，不能歸，僑於鳳翔郿縣橫渠之南大振谷口，家焉。子少孤自立，志氣不群，與邠人焦寅遊，寅善談兵，子悅其言。當康定用兵，時年二十一，慨然以功名自許。上書謁范文正。文正知其遠器，欲成就之，責之曰：「儒者自有名教可樂，何事於兵！」手中庸一編授之。子讀其書，猶不足，訪諸佛老，累年無所得，乃反而求之六經。

登嘉祐二年進士第，見洛陽程伯淳、正叔昆弟於京師。二程子於子爲外兄弟之子，卑行也，與語道學之要，厭服之，曰：「吾道自足，何事旁求？」於是盡棄異學，淳如也。時子已擁臯比，講易京邸，聽者甚衆。謂之曰：「二程深明易道，吾不及，可往師之。」即日輟講。

文潞公以故相判長安，聘以束帛，延之學宮，使士子有所矜式。始仕祁州司法參軍，遷丹州雲巖縣令。爲治一以敦本善俗爲先。月吉具酒食，召鄉人高年於縣庭，親爲勸酬，使人知養老事長之義，因問民疾苦。每鄉長受事，諄諄[一]與語，令歸諭其里閭。民因事至庭，或行遇於道，必問某時命某告某事聞之否，聞則已，否則罪其受命者。故一言之出，雖窮鄉婦孺，無不預聞，俗用丕變。

[一] 「諄諄」，原作「淳淳」，形誤。據伊洛淵源録卷六改。

知京兆，王公樂道，延致郡學。子以德教人，從容語學者曰：「孰能少置科舉，相從於堯、舜之道？」學者聞其語，多從信之。遷著作佐郎，簽書渭州軍事判官。渭帥蔡公子正〔一〕事無大小，悉以咨之，凡儲軍實、募土人，夙夜從事，所以贊助之力爲多。神宗嗣位之二年，登用大臣，思有變更。中丞呂正獻荐子於朝，曰：「張某學有本原，西方學者皆宗之。」召對便殿，問治道，對曰：「爲治不法三代，苟道也。」上悦之，曰：「卿宜與兩府議政，朕且將大用卿。」對曰：「臣自外官赴召，未測朝廷新政所安，願徐觀旬月〔二〕，後當有所獻替。」上然之，除崇文院校書。後與荆公議不合，以按獄浙東出之。程純公時官御史，爭之曰：「張某以道德進，不宜使之治獄。」荆公曰：「淑問如皋陶，尚且獻囚，此庸何傷！」獄成還朝，會弟戩爭新法，爲荆公所怒，子益不安，迺謁告西歸横渠。

有田數百畝以供歲計，約而能足。終日危坐一室，左右簡編，俯讀仰思，冥心妙契。有所得，雖中夜必起，取燭疾書。曰：「吾學既得諸心，乃修其辭命；辭命無失，然後斷焉。斷事無失，吾乃沛然。」學者有問，多告以知禮成性、變化氣質之道，學必如聖人而後已。以爲知人而不知天，求爲賢人而不求爲聖人，此秦、漢以來學者之大弊也。其學以易爲宗，以中庸爲的，以禮爲體〔三〕，以孔孟爲極。

患近世喪祭無法，喪惟致隆三年，自期以下多不舉。祭先之禮，一沿流俗。子遭期功之喪，制喪服，輕重如禮，家祭行四時之荐，曲盡誠潔。聞者始疑終信，一變而從古者甚衆。子氣質剛毅，德盛貌嚴，然與人居，久而日親。其家童子，必使洒掃應對，給侍長者。女子之未嫁者，必使親祭祀、納酒漿，以養成孝弟之習。歲適大歉，人將相食，家人惡米不鑿，將舂

〔一〕「蔡公子正」，原文作「王公子正」，清茅星來近思録集注附録載：「遷著作佐郎，簽書渭州軍事判官事，渭帥蔡子正特所尊禮」，另張子全書卷一三文集有與蔡帥邊事畫一第七，故當爲「蔡公子正」，據以改。

〔二〕「旬月」，原作「旬日」。「旬月」上有「徐觀」二字，「月」字爲安。關學編卷一横渠張先生作「月」，據改。

〔三〕「以禮爲體」，關學編卷一横渠張先生及宋史卷四二七張載傳作「以中庸爲體」。

之，子亟止之曰：「飢殍盈野，蔬食且自愧，安忍擇乎？」甚[一]或咨嗟，對案不食者數四。

熙寧九年秋，忽感異夢，乃集其所著謂之正蒙，示門人曰：「此余歷年致思之所得也。其言殆與聖合，正如老木之株，枝別固多，所少者，潤澤華葉耳。觸類廣之，吾將有待於學者。」又謂：「春秋一書，洒聖人所自作，理明義精，殆未可學，惟孟氏能知。先儒未及此而治之，故其說多穿鑿。」又謂：「詩、書、禮、樂之言，多不能平易其心，以意逆志。」方且條舉大例，考察文理，與學者緒正其說。論法制則以經界爲急，嘗曰：「仁政必自經界始，貧富不均，教養無法，雖欲言治，皆苟而已。」方與學者共買田一方，畫爲數井，上不失公家之賦役，退以私正其經界，推先王遺法，未就。以秦鳳帥呂汲公荐，召同知太常禮院。言者欲講行冠昏喪祭之禮以善俗，禮官持不可，子力爭之。適三年郊，子見禮官不致嚴，亟欲正之，而衆莫之助，復謁告歸。中道疾作，抵臨潼，沐浴更衣而寢，旦視之，逝矣。有全書十四卷，行於世。時十年十二月也，年五十八。

歿之日，惟甥宋京在側，囊笥蕭然。明日，門人在長安者咸奔哭致賻禭，乃克歛。翰林學士許將等乞加贈卹，詔賜館職半賻。嘉定十二年[二]，賜謚明公。淳祐[三]元年，追封郿伯，從祀學宮。弟戩另有傳。

西銘

乾稱父，坤稱母，予茲藐焉，乃渾然中處。故天地之塞，吾其體；天地之帥，吾其性。民吾同胞，物吾與也。大君者，吾父母宗子；其大臣，宗子之家相也。尊高年，所以長其長；慈孤弱，所以幼其幼。聖其合德，賢其秀也。凡天下疲癃

[一]「甚」，原作「其」，據張子全書卷一五及伊洛淵源録卷六，當爲「甚」。

[二]「嘉定十二年」，宋史卷四二七張載傳作「嘉定十三年」。

[三]「淳祐」，原作「淳熙」，誤。追封事，宋史卷四二理宗本紀有詳細之記載：「淳祐元年……丙午，封周敦頤爲汝南伯，張載郿伯。」同書卷四二七張載傳亦載「淳祐元年，封郿伯」。據改。

殘疾、惸獨鰥寡，皆吾兄弟之顛連而無告者也。「于時保之」，子之翼也；「樂且不憂」，純乎孝者也。違曰悖德，害仁曰賊；濟惡者不才，其踐形，惟肖者也。知化則善述其事，窮神則善繼其志。不愧屋漏爲無忝，存心養性爲匪懈。惡旨酒，崇伯子之顧養；育英才，潁封人之錫類。不弛〔一〕勞而底豫者，舜其功也；無所逃而待烹，申生其恭也。體其受而歸全者，參乎！勇於從而順令者，伯奇也。富貴福澤，將厚吾之生也；貧賤憂戚，庸玉汝於成也。存，吾順事，沒，吾寧也。

東銘

戲言出於思也，戲動作於謀也。發乎聲，見乎四肢，謂非己心，不明也。欲人無己疑，不能也。過言非心也，過動非誠也。失於聲，謬迷其四體，謂己當然，自誣也；欲他人己從，誣人也。或者以出於心者歸咎爲己戲，失於思者自誣爲己誠，不知戒其出汝者，歸咎其不出汝者。長傲而遂非，不知孰甚焉！

理窟

文王之於天下，都無所與焉。「文王陟降，在帝左右」，只觀天意何如耳？觀文王一篇，便知文王之美，有君人之大德，有事君之小心。

天無心，心都在人之心。一人私見固不足盡，至於衆人之心同一則卻是義禮，總之則却是天。故曰天曰帝者，皆民之情然也。

書稱「天應如影響」，其禍福果然否？大抵天道不可得而見，惟占之於民。人所悅，則天必悅之；所惡，則天必惡之。只爲人心至公也，至衆也。民雖至愚無知，惟於私己然後昏而不明。至於事不干礙處，則自是公明。大抵衆所向者必

〔一〕「弛」，原作「施」，據宋史卷四二七及張子全書卷一改。

是理也，理則天道存焉。故欲知天者，占之於人可也。

堯夫解「他山之石，可以攻玉」：「玉者，温潤之物，若兩玉相攻，則無所成，必石以磨之。譬如君子與小人處，爲小人侵陵，則修省畏避，動心忍性，增益其所不能。如此，便道理出來。」以上詩書。

古人耕且學則能之，後人耕且學則力奔迫，反動其心。何者？古人安分，至一簞食，一豆羹，易衣而出，只如此其分也。後人則多欲，故難能。然此事均是人情之難，故以爲貴。

多聞見，適足以長小人之氣。「君子莊敬曰强」，始則拳拳服膺，出於牽强；至於中禮卻從容，如此方是爲己之學。鄉黨說孔子之形色之謹，亦是敬，此皆是變化氣質之道。

求養之道心，只求是而已。蓋心弘則是，不弘則不是。心大則百物皆通，心小則百物皆病。悟後心常弘，觸理皆在吾術内。睹一物又敲點著此心，臨一事又記念著此心，常不爲物所牽引去。視燈燭亦足以警道，大率因一事長一智，只爲持得術博，凡物常不能出博大之中。

求心之始，如有所得，久思則茫然復失，何也？夫求心不得其要，鑽研太甚則惑。心之要只是欲平曠，熟後無心，如天簡易不已。今有心以求虚，則是已起一心，無由得虚。切不得令心煩，求之太切，則反昏惑，孟子所謂助長也。孟子亦只言存養而已，此匪可以聰明思慮，力所能致也。然而能博學於文以求義理，則亦動其心乎？夫思慮不違〔二〕，是心而已。「尺蠖之屈，以求伸也；龍蛇之蟄，以存身也；精義入神，以致用也；利用安身，以崇德也。」此交相養之道。夫屈者所以求伸也，勤學所以修身也，博文所以崇德也，惟博文則可以力致〔三〕。人平居又不可以全無思慮，須是考前言往行，觀昔人制

〔二〕「違」，原作「遠」，形誤。據張子全書卷五禮樂及張子抄釋卷三理窟周禮第一改。

〔三〕「力致」，原作「致力」，誤倒。據張子全書卷五禮樂乙正。

節〔二〕，如此以行其事而已。故動焉而無不中禮。

學者所志至大，猶恐所得淺，況可便志其小。苟志其小，志在行一節而已。若欲行信，亦未必能信。自古有多少要如仲尼者，然未有如仲尼者。顏淵學仲尼，不幸短命；孟子志仲尼，亦不如仲尼。至如樂正子，爲信人，爲善人，其學亦全得道之大體，方能如此。又如漆雕開言「吾斯之未能信」，亦未說信甚事，只是謂於道未信也。以上氣質。

而仁義功業之心未嘗忘，但以人到向道後，俄頃不舍，豈暇安寢？然君子向晦入燕處，君子隨物而止，故入燕處然。其物之皆息，吾兀然而坐，無以爲接，無以爲功業，須亦入息。

此學以爲絕耶？何因復由此議論，以爲興耶？然而學者不博。孟子曰：「無有乎爾，則亦無有乎爾。」孔子曰：「天之未喪斯文也，匡人其如予何？」今欲功及天下，故必多栽培學，則道可傳矣。

人雖有功，不及於學，心亦不宜忘。心苟不忘，則雖接人事，即是實行，莫非道也。心若忘之，則終身由之，只是俗事。

今人自強自是，樂己之同，惡己之異，便是有意、必、固、我，無由得虛。學者理會到此虛心處，則教者不須言。求之書，合之，即是聖言；不合，則後儒添入也。

今之性，滅天理而窮人欲，今復返歸其天理。古之學者便立天理，孔、孟而後，其心不傳，如荀、揚，皆不能知。

此道自孟子後千有餘歲，今日復有知者。若此道天不欲明，則不使今日人有知者，既使人知之，似有復明之理。志於道者，能自出義理，則是成器。

爲學大益，在自能變化氣質。不爾，卒無所發明，不能見聖人之奥。故學者須先變化氣質，變化氣質與虛心相表裏。以上義理。

爲學須是要進，有以異於人。若無以異於人，則是鄉人。雖貴爲公卿，若所爲無以異於人，未免爲鄉人。

〔二〕「制節」，原作「節制」，誤倒。據張子全書卷五禮樂乙正。

富貴之得不得，天也。至於道德，則在己求之而無不得者也。

戲謔直是大無益，出於無敬心。戲謔不已，不惟害事，志[二]亦爲氣所流。不戲謔，亦是持氣之一端。善戲謔之事，雖不爲無傷。

「忠信所以進德者」何也？閑邪則誠自存，斯爲忠信也。如何是閑邪？非禮而勿視、聽、言、動，邪斯閑矣。

心既虚則公平，公平則是非較然易見，當爲不當爲之事自知。正心之始，當以己心爲嚴師，凡所動作，則知所懼。如此一二年間，守得牢固，則自然心正矣。以上大原上。

慕學之始，猶聞都會粉華盛麗，未見其美而知其有美不疑，步步進則漸到，畫則自棄也。觀書解大義，非聞也，必以了悟爲聞。人之好強者，以其所知少也，所知多則不自強滿。「學然後知不足」，「有若無，實若虚」，此顔子之所以進也。

今人爲學如登山麓，方其迤邐之時，莫不闊步大走。及到峭峻之處便止，須是要剛決果敢以進。

學之不勤者，正猶七年之病，不蓄三年之艾。今之於學，加工數年，自是享之無窮。人多是耻於問人，假使今日問於人，明日勝於人，有何不可？如是，則孔子問於老聃、萇宏、郯子、賓牟賈，有甚不得？聚天下衆人之善者，是聖人也。豈得其一端，而便勝於聖人也？

天下有事，其何思何慮？自來只以多思爲害，今且寧守之以攻其惡也。處得安且久，自然文章出，解義明。寧者無事也，只要行其所無事。

心清時常少，亂時常多。其清時，即視明聽聰，四體不待羈束而自然恭謹。其亂時反是。如此者何也？蓋用心未熟，客慮多而常心少也，習俗之心未去而實心未全也。有時如失者，只爲心生，若熟後則不然。心不可勞，當存其大者，存之熟後，小者可略。

[二]「志」，原作「心」，據張子全書卷五改。

學不長者無他術，惟是與朋友講治，多識前言往行以畜其德，非禮勿言，非禮勿動，即是養心之術也。苟以前言爲無益，自謂不能明辨是非，則是不能「居仁由義」，「自棄者」也決矣。

勿謂小兒無記心，所歷事皆能不忘。故善養子者，當其嬰孩，鞠之使得所養，令其和氣。乃至長而性美，教之示以好惡有常。至如不欲犬之升堂，則時其升堂而扑之。若既扑其升堂，又復食之於堂，則使孰適從？雖日撻而求其不升堂，不可得也。

義理〔一〕有疑，則濯去舊見，以來新意。心中苟有所開，即便劄記，不思則還塞之矣。更須得朋友之助。日間朋友論著，則一日間意思差別，須日日如此講論，久則自覺進也。

在可疑而不疑者，不曾學，學則須疑。譬之行道者，將之南山，須問道路之出自，若安坐，則何嘗有疑。

學者大不宜志小氣輕。志小則易足，易足則無由進；氣輕則虛而爲盈，約而爲泰，亡而爲有，以未知爲已知，未學爲已學。人之有耻於就問，便謂我好勝於人，只是病在不知求是爲心，故學者當無我。以上大原下。

某學來三十年，自來作文字、說義禮無限。其有是者，皆只是億則屢中。譬之穿窬之盜，將竊取室中之物，而未知物之所藏處，或探知於外人，或隔墻聽人之言，終不能自到，說得皆未是實。觀古人之書，如探知於外人；聞朋友之論，如聞隔牆之言，皆未得其門而入，不見宗廟之美、家室之好。比歲方似入至其中，知其中是美是善，不肯復出。天下之議論莫能易此。譬如既鑿一穴，已有見，又若既至其中却無燭，未能盡室中之有，須索移動，方有所見。言移動者，謂逐事要思。譬之昏者觀一物，必貯目於一，不如明者舉目皆見。此某不敢自欺，亦不敢自謙，所言皆實事。學者又譬之，知有物而不肯舍去者有之，以爲難入不濟事而去者有之。

某向時漫說以爲已成，今觀之，全未也。然而得一門庭，知聖人可以學而至。更自期一年如何？今且專以聖人之言

〔一〕「理」，原作「禮」，據張子全書卷七及同書卷一二改。

爲學，閑書未用閲。閑閲書者，蓋不知學之不足。

思慮要簡省，煩則所存都昏惑。中夜因思慮不寐，則驚魘不安。某近來雖終夕不寐，亦能安静，却求不寐，此其驗也。

以上自道

語録

上智下愚不移，充其德性，則爲上智；安於見聞，則爲下愚。不移者，安於所執而不移也。

子貢謂：「夫子之言性與天道，不可得而聞。」既云夫子之言，則是居常語之矣。聖門學者，以仁爲己任，不以苟知爲得，必以了悟爲聞，因有是説。明賢思之。

爲學大益，在自求變化氣質。不爾，皆爲人之弊，卒無所發明，不得見聖人之奥。

有志於學者，都更不論氣之美惡，只看志如何。匹夫不可奪志也，惟患學者不能堅勇。

虚心，然後能盡心。

虚則生仁，仁在理以成之。

虚心則無外以爲累。

天地之道，無非以至虚爲實，人須於虚中求出實。聖人虚之至，故擇善自精。心之不能虚者，有物榛礙。金鉄有時而腐，山嶽有時而摧，凡有形之物即易壞。惟太虚無動摇，故爲至實。詩云：「德猶如毛，毛猶有倫。上天之載，無聲無臭，至矣。」

静者，善之本；虚者，静之本。静猶對動，虚則至一。

天地以虚爲德，至善者，虚也；虚者，天地之祖，天地從虚中來。

人教小童，亦可取益。伴己不出入，一益也；授人數數，己亦了此文義，二益也；對之必正衣冠、尊瞻視，三益也；

常以因己而壞人之才爲憂，則不敢墮，四益也。

性理拾遺

凡物莫不有是性，由通蔽[一]開塞，所以有人物之別。由蔽有厚薄，故有智愚之別。塞者牢不可開，厚者可以開而開之也難，薄者開之也易。開則達於天道，與聖人一。

富貴貧賤者，皆命也。今有人均爲勤苦，有富貴者，有終身窮餓者，其富貴即是幸會也。求而有不得，則是求無益於得也；道義則不可言命，是求在我者也。

[一]「蔽」，原作「閉」，下文曰「由蔽有厚薄」，則當爲「蔽」。張子全書卷一四及近思録卷一作「蔽」，據改。

卷二

張天祺先生

先生諱戩，字天祺，橫渠張子季弟也。少而莊重，有老成之氣，不與群兒狎戲。及長，篤實寬裕，儼然正色，喜怒不見於容。然與人居，温厚之意久而益親，無貴賤親疏，未嘗失色。樂道人善，不及其惡。終日無一言不及於義，任道力行，嘗若不及。小有過，必語人曰：「我知之矣，後此不復爲矣。」嘗以不得事親爲恨，事兄以弟，就養無方，極其恭愛，關中學者稱「二張」焉。

以進士歷官六七邑，誠心愛人，而有術以濟之，力行不怠，所至有聲。令華州蒲城，蒲城劇邑也，民風強悍，不畏法令，鬭訟寇盜十倍他邑。舊令每以峻法治之，奸不能詰。先生悉寬條禁，每訟至庭，必以理敦諭，使無犯法。間召父老，使之教督子弟，服學省過。作記善簿，民有小善，悉以書之。月吉，出俸錢，具酒食，召老者聚飲於縣庭，使其子孫侍，以勸孝弟，邑人化之，獄訟爲之衰息。其知靈寶也，因舊例用民采稍，困擾不堪言狀，隨訪察利害，纖悉得之，迺計一夫之役采稍若干，以計其直，請命民納布於有司而罷其役，止就河壖爲場，立價募民，悉伐以給用，郡守、監司皆不聽。熙寧初，召爲御史裏行，更言於朝，許之。時神宗初即位，登用大臣刷新庶政，先生以爲千載一時之會。每進對，必以堯、舜、三代之道言於上前，大要謂反經正本，當自朝廷始，不先諸此而治其末，未見其可也。累章論王安石亂法，乞罷條例司及追還常平使者。劾曾公亮、陳升之、趙抃依違不能救正，韓絳左右附從，與爲死黨。李定以邪諂竊臺諫，呂惠卿刻薄辨給，假經術以文奸言，豈宜勸講君側？章凡數十上。又詣中書以爭之，安石舉扇掩面而笑，先生曰：「戠之狂直[二]，宜爲公笑，然天下之笑公者，恐不少矣。」陳升之解之曰：「察院不須如此。」先生顧曰：「相公得爲無過耶？」退而謝病待罪，卒罷言職，出知公安。既自公安，改知夏縣。縣素號多訟，先生以至誠相待，反復開喻，訟者往往叩頭自引。未幾，靈寶之民遮使者車，請曰：「今夏令張公乃吾昔日之賢令也。願使者哀吾民，還吾舊治。」使者聞於朝，詔徙鳳翔司竹監，夏縣之民遮道泣送，不能行。父老曰：「昔者，人以吾邑民無良喜訟，自公來，民訟幾希，是惟公知吾邑民之不喜訟也。」言已，皆泣下。抵鳳翔，清慎從公，至舉家不食筍。監故以每歲發旁縣夫伐竹一月，先生以爲無名之役，乃籍監中園夫課伐，而免旁縣之被役者。

先生天性仁厚，姻族故舊，罔不同恤。有妹寡居，子不克家，先生力爲經紀，別内外之限，制財用之節，男就傅，女有歸，誠意懇切，不弛其勞。有一二故人死而不葬者十餘年，先生惻然不安，帥其知識，合力聚財以襄其事，人以爲難，而自處裕如也。熙寧九年三月朔，感暴疾，卒於官，年四十七。

附録

張子語人曰：「吾弟德性之美，吾有所不如。其不自假而勇於不屈，在孔門之列，宜與子夏後先。」

又曰：「吾弟，全器也。然語道而合，迺自今始。有弟如此，道其無憂乎？」

又曰：「愼喜怒，此只矯其末，而不知治其本，宜矯輕警惰。若天祺氣重也，亦是矯情過實處。」

又哀辭曰：「哀哀吾弟，而今而後，戰兢免夫。是日還葬，以從先大夫之兆，將求有道者以銘其墓。」

呂與叔曰：「天祺君之善，有不勝書。要其大者，蓋其力之厚，任天下之重而不辭；其氣之強，篤行禮義而無倦；其忠之甚，使死者復生而無憾。」

[二]「直」，原作「易」，關學編卷一天祺張先生作「戠之狂直」，據改。

伊川曰：「天祺有自然德器，望之有貴人之象。只是氣局太小，規規於事爲重也。」又曰：「天祺在司竹，嘗愛用一卒長。及將代，見其人盜筍皮，遂治之無少貸。罪已，待之復如初，累不介意，其德量如此。」

呂進伯先生

先生諱大忠，字進伯，先世汲郡，祖太常博士通葬藍田，遂家焉。父蕡，比部郎中，生六子，先生其長也。登皇祐中進士，爲華陰尉、晉城令。未幾，提督永興路義勇，改秘書丞，簽書定國軍判官。

熙寧中，王安石議遣使諸道，立緣邊封溝。先生與三水范育被命，俱辭行。先生陳五不可，以爲懷撫外國，恩信不洽，必致生患，罷不遣。副劉忱使遼，議代北地，會遭父喪，起復知代州。遼使至代設次，據主席，先生爭之。遼使屈，乃移次於長城北。已而遼使來求代北地，神宗將從之，召先生同忱入對。先生曰：「彼遣一使來，即與地五百里，若使魏王英弼來求關南，則何如？」神宗曰：「是何言也？」先生曰：「然則安可以代北啓其侈心！」忱曰：「大忠之言，社稷至計，願陛下熟思之。」執政知其不可奪也，先罷忱，先生請終制。於是以分水嶺爲界焉。

元豐中，爲河北轉運判官，徙提點淮西刑獄，尋詔歸故官。元祐中，歷工部郎中、陝西轉運副使，知陝州，以直龍圖閣知秦州，進寶文閣待制。紹聖二年〔一〕，加寶文閣直學士，知渭州，付以秦、渭之事。先生奏對，欲以計徐取橫山，不求近功。既而鍾傅城安西，王文郁用事，章惇、曾布主之，先生議不合。紹述黨禍起，降待制。弟汲公亦連遭貶謫，先生乞以所進官爲量移，徙知同州。致仕，卒。

初，先生知秦州時，馬涓以狀元爲州簽判，呼「狀元」，先生曰：「狀元云者，及第未除官之稱也。既爲判官則不可。」

〔一〕「紹聖二年」，「紹」原作「詔」，形誤。據關學編卷一進叔呂先生改。

今科舉之學既無用，脩身爲己之學不可不勉。」又時告以臨政治民之道，涓自爲得師，後爲臺諫有聲，每嘆曰：「呂公教我之恩也。」謝上蔡時主州學，講論語，先生過之聽講，必正襟斂容，曰：「聖人之言行在焉，吾不敢不肅。」

先生爲人質直，不妄語，動有法度，勇於敢爲。與其弟和叔、與叔俱游於張、程之門，爲一時賢者，世無不高之。致仕歸，見縣令，必致桑梓之恭。待部吏如子弟，於學者多面折其短，而樂於成人，雖汲公亦未嘗少假顏色也。常坐堂上，汲公夫人拜堂下，二婢掖之，先生慍曰：「丞相夫人耶？吾但知二郎新婦耳。不病，何用人扶！」汲公爲之愧謝。每勸汲公辭位以避滿盈之禍云。所著有輞川集五卷，奏議十卷，前漢論三十卷，佚。

附録

伊川曰：「呂進伯老矣，慮學問之不進，憂年數之不足，恐無所聞而遂死焉，亦可謂之好學也。」

先生爲使者河東，伊川問之曰：「爲政何先？」對曰：「莫先於守法。」伊川曰：「拘於法而不得有爲者，舉世皆是也。若某之意，謂猶有可遷就，不害於法而可以有爲者也。昔明道爲邑，凡及民之事，多衆人所謂於法有礙焉者，然明道爲之，未常大戾於法，人亦不以爲駭也。謂之得伸其志，則不可；求小補焉，則過之。與今爲政遠矣。人雖異之，不至指爲狂也。至謂之狂，則必大駭。盡誠爲之，不容而後去之，又何嫌乎？」

先生爲河東使者，伊川移書曰：「王者，父天母地，昭事之道，當於嚴敬。漢武遠祀地示於汾陽，既非禮矣；後世之人又建祠宇，其失亦甚。因唐時有妖人作韋安道傳，遂設以配食焉，誣瀆之惡有大於此者乎？公爲使者，此而不正，尚何爲哉？宜以其象投之河流，不必請於朝，不必詢於衆，不必虞後患，幸勿疑也。」

伊川移書曰：「相別累年，區區飢渴之深，言不盡意。按部往來，想亦勞止。秦人瘡痍未復，而偶此旱暵，賴賢使者措置，受賜何涯！儒者逢時，生靈之幸，勉成休功，乃所願望。頤備員於此，夙夜自竭，未見其補，時望賜書，開諭不逮。與叔每過從，至慰至幸！引素門墻，坐馳神爽，所欲道者非面不盡，惟千萬自愛。」

伊川曰：「進伯老而好學，理會直是到底。」正叔謂：「老喜學者尤可愛。人少壯則自當勉，至於老矣，志力須倦，又慮學之不能及，又年數之不多，不曰『朝聞道，夕死可矣』乎？學不多，年數之不足，不猶愈於終不聞乎？」

張子曰：「進伯篤實而有光輝。」

上蔡曰：「進伯兄弟皆有見處。蓋兄弟之既多且貴而皆賢者，呂氏也。」

又曰：「進伯甚好學，初理會個『仁』字不透，吾因曰：『世人說仁，只管著愛上，怎生見得仁？只如「力行近乎仁」，力行關甚愛字，何故却近乎仁？』推其類具言之，進伯因悟，曰：『正與尊宿門說禪一般』。」

呂正愍公

公諱大防，字微仲，進伯弟。皇祐初，中進士。哲宗即位，召知制誥、翰林學士，拜尚書左僕射兼門下侍郎。與范純仁同心輔政，元祐之治，比隆嘉祐，封汲郡公。紹聖初，謫授舒州團練副使、循州安置，行至虔州信豐，薨。紹興初，贈大師、宣國公，謚正愍。著周易古經十二篇。

文録

周易古經自序曰：「周易古經者，彖、象所以解經，始各爲一書，王弼專治彖、象以爲注，乃分綴卦爻之下，學者於是不見完經，而彖、象、辭次第貫穿之意亦缺然不屬。余因案古文而正之，凡經二篇，彖、象、繫辭各二篇，文言、說卦、序卦、雜卦各一篇，總一十有二篇。」

附録

尤袤與吳仁傑書曰：「頃得呂東萊所定古易一編，朱元晦爲之跋，嘗以版行，乃與左右所刊呂汲公古經無毫髮異，而東萊不及微仲嘗編此書，豈偶然同耶？」

陳振孫曰：「呂微仲所録上、下經，並録繫辭、彖、象，隨經分上、下爲六卷，上、下繫二卷，文言、説卦各一卷。」

胡一桂曰：「古易之亂，肇自費直，繼以鄭玄，而成於王弼。古易之復，始於元豐汲郡呂微仲、嵩山晁以道繼之，最後東萊先生又爲之更定，實與微仲本合，而東萊不及微仲嘗編此，蓋偶未之見也。」

董眞卿曰：「呂氏周易古經上經第一，下經第二，上彖第三，下彖第四，上象第五，下象第六，繫辭上第七，繫辭下第八，文言第九，説卦第十，序卦第十一，雜卦第十二。其所次序、本末并與東萊定本同，但東萊只分上經、下經，稱彖上傳第一至雜卦傳第十，小有不同耳。」

卷三

雙流張驥先識甫述

吕和叔先生

先生諱大鈞，字和叔，進伯弟。登嘉祐二年進士，授秦州司理參軍，監延州折〔一〕博務，改光禄寺丞，知三原，移巴西、侯官、涇陽，以父老，皆不赴。丁艱，服闋，自以道未明，學未優，不復有仕進意。家居講道，一以教化人才、變化風俗爲己任。先生於横渠張子同年友也。一時張子以禮教爲學者倡，寂寥無有和者，先生獨誠心好之。及聞學，遂執弟子禮，學者靡然知所趨向。繼又卒業於二程子，潛心玩理，望聖賢尅期可到。日用躬行，必取先生法度以爲宗範。居父喪，衰麻葬祭，一準於禮。後推之冠昏、飲酒、相見、慶吊之事，皆能不混習俗。身與兄進伯、微仲、弟與叔率鄉人爲鄉約節文，燦然可觀，關中風俗爲之一變。久之，以大臣荐爲諸王公教授。當獻文，作天下一家中國一人諸賦上之。求監鳳翔船務，改宣義郎。

會伐西夏，鄜延轉運使李稷檄爲從事。既出塞，餽餉不繼，欲還安定取糧，使先生請於經略安撫使种諤。諤素殘忍，左右有犯立斬，或刳肺肝，坐者掩面，而諤飲食自若。先生至，告以稷言，諤曰：「吾受命將兵，安知糧道！萬一不繼，召稷來，與一劍耳。」先生正色曰：「朝廷出師，去塞未遠，遂斬轉運使，無君父乎？」諤曰：「君欲以此報稷，先稷受禍矣！」先生怒曰：「公將以此言見恐耶？吾委身事主，死且無所辭，正恐公過耳。」諤意折，乃竟許稷還。微先生正氣屈諤，稷難免矣。

〔一〕「折」，原脱，據關學編卷一及宋元學案卷三一補。

元豐五年，卒於官。范巽之表其墓曰「誠德君子」云。當疾革時，内外洒掃，冥然若思，久之客至問安，交語未終而逝。著四書注若干卷，誠德集三十卷，張氏祭禮一卷，皆佚。鄉約、鄉儀各一卷，著於甲令，代有增損。子子居，另有傳。

鄉約

德業相勵

德謂見善必行，聞過必改，能治其身，能治其家，能事父兄，能教子弟，能御僮僕，能肅政教，能事長上，能睦親故，能擇交遊，能守廉介，能廣施惠，能受寄託，能救患難，能道人爲善，能規人過失，能爲人謀事，能爲衆集事，能解鬭爭，能決是非，能興利除害，能居官舉職。

業謂居家則事父兄，教子弟，待妻妾；在外則事長上，接朋友，教後生，御僮僕。至於讀書治田、營家濟物，畏法令，謹租賦，如禮、樂、射、御、書、數之類，皆可爲之。非此之類，皆爲無益。

右件德業，同約之人各自進脩，互相勸勉。會集之人相與推舉其能者書於籍，以警勵其不能者。

過失相規

過失謂犯義之過六，犯約之過四，不脩之過五。

犯義之過六：

一曰酗博鬭訟。〔一〕酗謂縱酒喧競，博謂賭博財物，鬭謂鬭毆罵詈，訟謂告人罪惡，意在害人，誣賴爭訴，得已不已者。若事干負累，及爲人侵損而訴之者，非；

二曰行止踰違。踰禮、違法，衆惡皆是；

〔一〕「酗博鬭訟」，此四字下原缺「酗」至「詈」凡十八字，據性理大全書卷五一補。

三曰行不恭遜。侮慢齒德者，持人短長者，恃強陵人者，知過不改，聞諫愈甚者。

四曰言不忠信。或爲人謀事，陷人於惡；或與人要約，退即背之；或妄說事端，熒惑衆聽者。

五曰造言誣毁。誣人過惡，以無爲有，以小爲大，或作嘲詠，匿名文書，及發揚人之私隱，喜談人之舊惡者。

六曰營私太甚。與人交易，傷於掊克者；專務進取，不恤餘事者；無故而好干求假貸者；受人寄託而有所欺者。

犯約之過四：

一曰德業不相勵；

二曰過失不相規；

三曰禮俗不相成；

四曰患難不相恤。

不脩之過五：

一曰交非其人。所交不限士庶，但凶惡及遊惰無行、衆所不齒者，不得已而暫往還者，非。

二曰遊戲怠惰；

三曰動作無〔一〕儀。謂進退太疏野及不恭者，不當言而進言及當言而不言者，衣冠太華飾及全不完整者，不及冠而入街市者。

四曰臨事不恪。正事廢忘，期會後時，臨事怠惰者。

五曰用度不節。

右件過失，同約之人，各自省察，小則密規之，大則衆戒之。不聽，則會集之日，值月以告於約正，約正以義禮誨諭之。謝過請改，則書

〔一〕「無」，原作「威」，據朱文公文集卷七四增損呂氏鄉約改。

於籍。

禮俗相交

一曰尊幼輩行，二曰造請拜揖，三曰請召送迎，四曰慶吊贈遺。

尊幼輩行，凡五等：

一曰尊者，謂長於己二十歲以上，在父行者。

二曰長者，謂長於己十歲以上，在兄行者。

三曰敵者，謂年上下不滿十歲者，長者爲稍長，少者爲稍少。

四曰少者，謂少於己十歲以下者。

五曰幼者，謂少於己二十歲以下者。

造請拜揖凡三條：

一曰凡少者、幼者于尊者、長者，歲首、冬至、四孟月朔，辭見賀謝，皆爲禮見。此外候問起居，質疑白事及赴請召，皆爲燕見。尊者受謁不報。長者歲首、冬至具牓子報之如其服，餘令子弟以己名牓子代行。凡敵者，歲首、冬至辭見賀謝相往還。凡尊者、長者無事而至少者、幼者之家，唯所服。

二曰凡見尊者、長者，門外下馬，俟於外次，乃通名。主人使將命者先出迎客，客趨入至廡間，主人出降階，客趨進。主人揖之升堂禮見，四拜而後坐。燕見不拜，則主人送於廡下。若命之上馬，則三辭。許則揖而退，出大門，乃上馬。不許，則從其命。凡見敵者，門外下馬，使人通名，俟於廡下或廳側。禮見則再拜，退則主人請就階上馬。凡少者以下，則先遣人通名，主人具衣冠以俟。客入門下馬，則趨出迎揖升堂。來報禮則再拜謝，退則就階上馬。

三曰凡遇尊長於道，皆徒行，則趨進揖。尊長與之言則對，否則立於道側，以俟尊長，已過，乃揖而行。或皆乘馬，於尊者則回避之；於長者則立馬道側揖之，俟過，乃揖而行。若己徒行而尊長乘馬，則回避之。若己乘馬而尊長徒行，望見則下馬前揖，已避亦然。過既遠，乃上馬。若尊長令上馬，則固辭。遇敵者皆乘馬，則分道相揖而過。彼徒行而不及避，則下馬揖之，過則上馬。遇少者以下皆乘馬，彼不及避，則揖之而過。彼徒行不及避，則下馬揖之。

請召送迎，凡四條：

一曰凡請尊長飲食，親往投書。既來赴，明日親往謝之。召敵者以書柬，明日交使相謝。召少者用客目，明日客親往謝。

二曰凡聚會皆鄉人，皆坐以齒。若有親，則必序。若有他客有爵者，則坐以爵。若有異爵者，雖鄉人亦不以齒。若特請召，或迎勞出餞，皆以專召者爲上客。如昏禮，則以姻家爲上客，皆不以齒爵爲序。

三曰凡燕集初坐，別設卓子於兩楹間，置大杯於其上。主人降席立於卓東，西向；上客亦降席立於卓西，東向。主人取杯親洗，上客辭。主人置杯卓子上，親執酒斟之，以器授執事者，遂執杯以獻上客。上客受之，復置卓子上。主人西向再拜，上客東向再拜，興，取酒東向跪受，遂飲。以盃授贊者，遂拜，主人答拜。上客酢主人如前儀，主人乃獻衆賓如前儀，唯獻酒不拜。若昏會姻家爲上客，則雖[一]少亦答其拜。

四曰凡有遠出、遠歸者，則迎送之。少者、幼者不過五里，敵者不過三里。如期會一處，拜揖如禮，有飲食則就飲食之。少者以下俟其既歸，又至其家省之。

慶吊贈遺凡四條：

一曰凡同約有吉事則慶之，有凶事則吊之。每家只家長一人，與同約者俱往，其書問亦如之。若家長有故，或與所慶吊者不相接，則其次者當之。

二曰凡慶禮如常儀，有贈物，或其家力有不足，則同約爲之借助器用及爲營幹。凡吊禮，聞其初喪未易服，則率同約者

[一]「則雖」，原作「雖則」，誤倒，據性理大全書卷五一乙正。

深衣而往哭吊之，且助其凡百經營之事。及葬，又相率致賵。俟發引，則素服而送之。及卒哭及小祥及大祥，皆常服吊之。

三曰凡喪家不可具酒食、衣服以待吊客，吊客亦不可受。

四曰凡聞所知之喪，或遠不能往，則遣使致奠。就外次衣吊服再拜，哭而送之。過期年，則不可。情重，則哭其墓。

右禮俗相交之事，值月主之，有期日者爲之期日，當糾集者督其違慢。凡不如約者，以告於約正而詰之，且書於籍。

患難相恤

患難相恤之事七：

一曰水火，小則遣人救之，甚則親往，多率人救，且吊之。

二曰盜賊，近者用力追捕，有力者爲告之官司。其家貧，則爲之助出募賞。

三曰疾病，小則遣人問之，甚則爲訪醫藥，貧則助其養疾之資。

四曰死喪，闕人則助其幹辦，乏財則贈賻借貸。

五曰孤弱，孤遺無依者，若能自贍，則爲之區處，稽[一]其出内，或聞於官司，或擇人教之，及爲求昏因。貧者協力濟之，無令失所。若有侵欺之者，衆人力爲之辨理；若稍長而放逸不檢，亦防察約束之，無令陷於不義。

六曰誣枉，有爲誣枉過惡不可自伸者，勢可以聞於官府則爲言之，有方略可以救解則爲解之。或其家困而失所者，衆共以財濟之。

七曰貧乏，有安貧守分而生計大不足者，衆以財濟之，或爲之假貸置産，以歲月償之。

右患難而相恤之事，凡有當救恤者，其家告於約正，急則同約之近者爲之告約正，命值月徧告之，且爲之糾集而繩督之。凡同約者，財物、器用、車馬、人僕皆有無相假。若不急之用，及有所妨者，則不必借。可借而不借及踰期不還及損壞借物者，論如犯約之過，書於籍。鄰里或有

[一]「稽」，原作「嵇」，據宋元學案卷三一呂范諸儒學案改。

緩急，雖非同約而先聞知者，亦當救助。或不能救助，則爲之告於同約而謀之。有能如此，則亦書其善於籍，以告鄉人。

弔說云：「詩曰：『凡民有喪，匍匐救之。』非謂死者可救而復生，謂生者或不救而死也。夫孝子之喪親，不能食者三日，其哭不絕聲。既疾矣，杖而後起，問而後言，其惻怛之心，痛疾之意，至不欲生，則思慮所及，雖其大事，有不能周之者，而況於他哉？故親戚、僚友、鄉黨聞之而往者，不徒弔哭而已，莫不爲之致力焉。始則致含襚以周其急，三日則共糜粥以扶其羸，每奠則執其禮，將葬則助其事。其從柩也，少者執紼，長者專進止。其掩壙也，壯者待盈坎，老者從反哭。袒而賵焉，不足則賻焉。凡有事則相焉，斯可謂能救之矣。」又曰：「主人見賓，不以尊卑貴賤，莫不拜之，明所以謝之，且自別於常主也。賓見主人，無有答其拜者，明所以助也，且自別於常賓也。自先王之禮壞，後世雖傳其名數，而行之者多失其義。喪主之待賓也如常主，喪賓之見主人也如常賓。如常賓，故止於弔哭，而莫敢與其事。如常主，故舍其哀，而爲衣服、飲食以奉之。其甚者，至於損奉終之禮以謝賓之勤，廢弔哀之儀以寬主之費。由是，則先王之禮意，其可以下而已乎！」

克己銘云：「凡屬有生，均氣同體，胡爲不仁？我則有己。立己與物，私爲町畦，勝心横生，擾擾不齊。大人存誠，心見帝則。初無[一]吝驕，作我蟊賊。志以爲帥，氣爲卒徒，奉辭於天，孰敢侮予？且戰且徠，勝私窒欲，昔爲寇讎，今則臣僕。方其未克，窘我室廬，婦姑勃谿，安取厥餘。亦既克之，皇皇四達，洞然八荒，皆在我闥。孰曰天下，不歸吾仁？痒痾疾病，舉切吾身。一旦至之，莫非吾事，顔何人哉，希之則是。」

天下爲一家賦略云：「大矣哉！外無異人，旁無四鄰，無寇賊可禦，無閭里可親。一人之生，喜如嗣續之慶；一人之死，哀若功緦之倫。一人作非，不可不愧，亦我族之醜；一人失所，不可不閔，亦吾家之貧。尊賢下不肖，則父教之義；嘉善矜不能，則母育之仁。朝覲會同，則幼者之定省承稟；巡守聘問，則長者之教督撫存。」

[一]「無」，原作「作」，據關學編卷一與叔呂先生及宋元學案卷三一呂范諸儒學案改。

附録

伊川曰：「和叔嘗言及『相見則不復有疑，既相別則不能無疑』，然亦未知果能終不疑不？知佗既已不疑，而終復有疑，何故？伯淳言『何不問他疑甚？不如劇論。』」

又曰：「和叔任道擔當，其風力甚勁，然深潛縝密，有所不逮於與叔。」

眞西山曰：「和叔爲人質厚剛正，以聖門事業爲己任，所知信而力可及，則身遂行之，不復疑畏，識者方之季路。」

卷四

呂與叔先生

先生諱大臨，字與叔，號芸閣，和叔弟。兄弟皆登科，惟先生不應舉，以門蔭入官，曰：「不敢掩祖宗之德也。」元祐中，爲太學博士、秘書省正字。論貢舉曰：「立士規以養德厲行，更學制以量才進藝，定試法以區別能否，修辟法以興能備用，嚴舉法以覈實得人，制考法以責任考功。」范學士祖禹荐其修身好學、行如古人，可充講官。未及用而卒，年四十七。

先生博極群書，能文章，已涵養深純，言如不出口，粥粥若無能者。少從横渠張子游，張子沒，卒業二程先生，故深淳近道，而以防檢窮索爲學。明道語之以識仁，且以「不須防檢、不須窮索」開之。先生默識心契，豁如也。賦詩曰：「學如元凱方成癖，文到相如始類俳。獨立孔門無一事，只輸顔子得心齋。」伊川贊之曰：「古之學者，惟務養性情，其他則不學。今爲文者，專務章句，悦人耳目，非俳優而何！此詩可謂得本矣。」與謝良佐、游酢、楊時同爲高第弟子，稱「程門四先生」。

婦翁張天祺語人曰：「吾得顔回爲壻矣！」富文忠公致政還鄉，爲浮屠之學，先生致書詆毁，目爲異端，所見微有未瑩，兹不録，其見重如此。著有易章句一卷、大易圖象、易傳若干卷、孟子講義十四卷、老子注二卷、西銘集解一卷、玉溪集二十五卷、别集十卷，俱佚。芸閣禮記解十卷，大學、中庸解各一卷，考古圖十卷，録二程先生語曰東見録，二程微言粹語多載録中，蓋有功程門不小云。

文録

中庸後解自序云：「中庸之書，學者所以進德之要，本末具備矣。既以淺陋之學爲諸君道之，抑又有所以告諸君者。古者憲老而不乞言。憲者，儀刑其德，而已無所事於問也。其次，則有問有答。問答之間，然猶不憤則不啓，不悱則不發。又其次，有講有聽，講者不待問也，聽者不至問也，學至於有講有聽，則師益勤而道益輕，學者之功益不進矣。又其講而未必聽，有講而未必聽，則無講可也。然朝廷建學設官，職事有不得已者，此不肖今日爲諸君強言之也，諸君果有聽乎，無聽乎？孔子曰：『古之學者爲己，今之學者爲人。』爲己者，必存乎德行而無意於功名；爲人者，必存乎功名而未及乎德行。若後世學者，有未及乎爲人，而濟其私欲者多矣。今學聖人之道，而先以私欲害之，則語之而不入，道之而不行，如是則教者亦何望哉？聖人立教以示來世，未嘗使學者如是也；朝廷建官設科以取天下之士，亦未嘗使學者如是也。學者亦何必舍此而趨彼哉！聖人之學，不使人過，不使人不及，喜怒哀樂未發〔一〕之前，以爲之本，使學者擇善而固執之，其學固有序矣。學者亦用心於此乎，則義禮必明，德行必脩，師友必稱，鄉黨必譽，仰而上古可以不負聖人之傳付，達於當今可以不負朝廷之教養。世之有道君子樂得而親之，王公大人樂聞而取之，與夫自輕其身，涉獵無本，徼幸一旦之利者，果何如哉？諸君有意乎，今日之講猶有望焉；無意，則不肖今日自譊譊無益，不幾乎侮聖言者乎？諸君其亦念之哉！」

程門問答

先生曰：「中者，道之所由出。」伊川曰：「『中者，道之所由出』，此語有病。」

先生曰：「謂『中者，道之所由出，此語有病』，已悉所諭。但論其所同，不容更有二名；别而言之，亦不可混爲一

〔一〕「未發」，原缺，據宋文鑑卷九一補。

事。如所謂『天命之謂性，率性之謂道』，又曰『中者，天下之大本；和者，天下之達道』。則性與道，大本與達道，豈有二乎？」伊川曰：「道即中也。若謂道出於中，則道在中外，別爲一物矣。所謂『論其所同，不容更有二名；別而言之，亦不可混爲一事』，此語固無病。若謂性與道，大本與達道可混而爲一，即未安。在天曰命，在人曰性，循性曰道。性也，命也，道也，各有所當。大本言其體，達道言其用，體用自殊，安得不爲二乎？」

先生曰：「既云『率性之謂道』，則循性而行莫非道。此非性中別有道也，中即性也。在天爲命，在人爲性，由中而出者莫非道，所以言道之所由出也，與『率性之謂道』之義同，亦非道中別有中也。」伊川曰：「『中即性也』，此語極未安。中也者，所以狀性之體段。如稱天圓地方，遂謂方圓爲天地，可乎？方圓既不可謂之天地，則萬物決非方圓之所出。如中既不可謂之性，則道從何稱出於中？蓋中之爲義，自過不及而立名。若只以中爲性，則中與性不合，與『率性之謂道』其義自異。性、道不可合一而言，中止可言體，而不可言與性同德。」伊川又曰：「不偏之謂中，道無不中，故以中形道。若謂道出於中，則天圓地方，謂方圓者天地所自出，可乎？」

先生曰：「不倚之謂中，不雜之謂和。」伊川曰：「不倚之謂中，甚善；不雜之謂和，未當。」先生曰：「喜怒哀樂之未發，則赤子之心。當其未發，此心至虛，無所偏倚，故謂之中。以此心應萬事之變，無往而非中矣。孟子曰：『權然後知輕重，度然後知長短。物皆然，心爲甚。』此心度物，所以甚於權衡之審者，正以至虛無所偏倚故也。有一物存乎其間，則輕重長短皆失其中矣，又安得如權如度乎？故大人不失其赤子之心，乃所謂『允執厥中』也。某始者有見於此，便指此心名爲中，故前言『中者，道之所由出』也。今細思之，乃命名未當爾。此心之狀可以言中，未可便指此心名之曰中。所謂以中形道，正此意也。『率性之謂道』者，循性而行，無往而非理義也。以此心應萬事之變，亦無往而非理義也，皆非指道體而言也。若論道體，又安可言由中而出乎？」伊川曰：「喜怒哀樂未發謂之中，赤子之心，發而未遠於中，若便謂之中，是不識大本也。」

先生曰：「聖人智周萬物，赤子全未有知，其心固有不同矣。然推孟子所云，豈非止取純一無僞，可與聖人同乎？非謂無毫髮之異也。某前日所云，亦取諸此而已。此又某昔者既聞先生君子之教，反求諸己。若有所自得，參之前言往行，將無所不合。由是而之焉，似得其所安，以是自信不疑，拳拳服膺，不敢失墜。今承教，乃云已失大本，茫然不知所向。竊恐辭命不明，言不逮意，致高明或未深喻，輒露所見，求益左右，卒爲賜教，指其迷謬，幸甚！聖人之學，以中爲大本，雖堯、舜相授以天下，亦云『允執厥中』。中者，無過不及之謂也。何所準則而知過不及乎？求之此心而已。此心之動，出入無時，何從而守之乎？求之於喜怒哀樂未發之際而已。當是時也，此心即赤子之心，即天地之心，即孔子之絶四，即孟子所謂『物皆然，心爲甚』，即易所謂『寂然不動，感而遂通天下之故』。此心所發，純是義理，與天下之所同然，安得不和？某前日敢指赤子之心爲中者，其說如此。來教云：『赤子之心可謂之和，不可謂之中。』某思之，所謂和者，指已發而言之。今言赤子之心，乃謂其未發之際，純一無僞，無所偏倚，可以言中。若謂已發，恐不可言心。來教云：『所謂循性而行，無往而非理義，言雖無病，而聖人氣味殊少。』某反而思之，方覺辭氣迫窘，無沈浸醲厚之風，此則淺陋之罪，敢不承教。」伊川曰：「所云『非謂無毫髮之異』，是有異也。有異者，得爲大本乎？推此一言，餘皆可見。」

先生曰：「某以赤子之心爲未發，先生以赤子之心爲已發，所謂大本之實，則先生與某之言未有異也，但解赤子之心一句不同爾。某初謂赤子之心，止取純一無僞與聖人同，恐孟子之義亦然，更不曲折一一較其同異，故指以爲言，固未嘗以已發不同處爲大本也。先生謂凡心者，皆指已發而言，然則未發之前，謂之無心可乎？竊謂未發之前，心體昭昭具在，已發乃心之用也。此所深疑未喻，又恐傳言者失指，切望指教。」伊川曰：「所論意雖以已發者爲未發，及求諸言，卻是認已發者爲說詞之未瑩，乃是擇之未精爾。『凡言心者，指已發而言』，此固未當。心一也，有指體而言者，有指用而言者，惟觀其所見如何耳！大抵論愈精微，言愈易差。所謂『傳言者失指』，及反覆觀之，雖曰有差，亦不失大意。又如前論『中即性也』，已是分而爲二，不若謂之性中，以謂聖人氣味殊少，亦不須言聖人。第二書所謂答去者，極分明矣。」

語録

赤子之心，良心也。天之所以降衷，人之所以受天地之中也。寂然不動，虚明純一，與天地相似，與神明爲一。傳曰：「喜怒哀樂之未發謂之中。」其謂此與！此心自正，不待人而後正，而賢者能勿喪，不爲物欲之所遷，動如衡之平，不加以物；如鑑之明，不蔽以垢，乃所謂正也。惟先立乎其大者，則小者不能奪。如使忿懥、恐懼、好樂、憂患一奪其良心，則視聽食息從而失守，欲區區修身以正其外，難矣！

我心所同然，即天理天德。孟子言『同然』者，恐人有私意蔽之。苟無私意，我心即天心。

萬物之生，莫不有氣，氣也者，神之盛也；莫不有魄，魄也者，鬼之盛也。故人亦鬼神之會耳！鬼神者，周流天地之間，無所不在，雖寂然不動，而有感必通，雖無形無聲，而有所謂昭昭不可欺者。人受天地之中以生，良心所發，莫非道也。在我者〔一〕，惻隱、羞惡、辭讓、是非，皆道也；在彼者，君臣、父子、夫婦、昆弟、朋友之交，亦道也。在物之分，則有彼我之殊；在性之分，則合乎内外一體而已。是皆人心所同然，乃吾性之所固有也。

誠者，理之實然，一而不可易者也。

實理不二，則其體無雜；其體不雜，則其行無間。故至誠無息。

自洒掃應對上達乎天道性命，聖人未嘗不竭以教人，但人所選自有淺深，所得亦有大小也。仲尼曰：「無隱乎爾！」又曰：「有鄙夫問於我，我叩其兩端而竭焉。」然子貢高弟，猶未聞性與天道，非聖人之有隱，而人自不能盡爾。如天降時雨，百果草木皆甲坼，其盛衰大小之不齊，膏澤豈私於物哉？

〔一〕「者」，原缺，據宋元學案卷三一呂范諸儒學案補。

附録

呂端伯曰：「呂與叔嘗言『思慮多，不能驅除。』程子曰：『此正如破屋中禦寇，東面來一人未逐得，西面又一人至矣，左右前後，驅逐不暇。蓋其四面空疏，盜固易入，無緣作得主定。又如虛器人水，水自然入。若以一器實之以水，置之水中，水何能入來？』蓋中有主則實，實則外患不能人，自然無事。」

程子曰：「呂與叔以氣不足而養之，此猶只是自養，求無疾，如道家修養，亦何傷？若須要存想飛昇，此則不可。」

程子又曰：「昔呂與叔嘗問『爲思慮紛擾』，某答以『但爲心無主。若主於敬，則自然不紛擾。譬如以一壺水投於水中，壺中既實，雖江湖之水不能入矣。』曰：『若思慮果出於正，亦無害否？』曰：『且如在宗廟則主敬，朝廷主莊，軍旅主嚴，此是也。如發不以時，紛然無度，雖正亦[一]邪。』」

或問：「誠者，專意之謂乎？」伊川曰：「誠者，實理也，專意何足以盡之？」與叔曰：「信哉！實有是理，故實有是物；實有是物，故實有是用；實有是用，故實有是心；實有是心，故實有是事。故曰『誠者，實理也。』」

程子曰：「與與叔語，宜凝而信者，致誠也。」

伊川曰：「與叔昔者之學雜，故常以思慮紛擾爲患；而今也求所以虛而靜之，遂以養氣爲有助也。夫養氣之道，非稿形灰心之謂也。人者，生物也，不能不動，而欲稿其形，不能不思而欲灰其心，心灰而形稿，則是死而已矣。其從事於敬以直內，所患則亡矣。」

伊川昔游乎雍、華之間，關西學者六七人從行。一日亡千錢，僕者曰：「非晨裝遺，必涉水沈之矣。」伊川曰：「惜哉！」一人曰：「是誠可惜也。」又一人曰：「微哉！千錢何足惜也。」又一人曰：「水中、囊中，人亡、人得，可以一視，

[一]「亦」，原作「一」，據二程遺書卷一八改。

何嘆何惜也！」伊川曰：「人苟得之，則非亡矣。今乃墜諸水，則無用，是以嘆之。」退而語與叔曰：「人之器識乃如是之不同也。」與叔曰：「三子之言如何？」伊川曰：「最後者善。」與叔曰：「善則善矣，觀夫子之言，則見其有體而無用也。」

朱子曰：「呂與叔文集煞有好處，他文字極是實，說得好處，如千兵萬馬，飽滿伉壯。〔一〕」

朱子又曰：「看呂與叔論選舉狀，其論甚高，使其不死，必有可用。」

朱子又曰：「與叔惜乎壽不永，如天假之年，必有見。」

朱子又曰：「與叔深潛縝密，資質好，又能涵養。某若只如呂年，亦不見得到此田地了。」

朱子又曰：「呂氏之先與二程夫子游，故其家學最爲近正。然不能不惑於浮屠、老子之說，故其末流不能無出入之弊。若其他說之近正者，君子猶有取焉。」

〔一〕「壯」，原作「志」，據朱子語類卷一〇一改。

卷五

蘇季明先生

先生諱昞，字季明，武功人。同邑人游景叔俱受學橫渠張子之門。張子卒，師河南二程子而卒業焉。時尹焞彦明方爲科舉之學，先生曰：「子以狀元及第即學乎？抑科舉之外，更有所謂學乎？」彦明未達。他日，與彦明會茶，先生復舉盞以示曰：「此豈不是學？」彦明省悟，詣小程子就學，卒爲高弟，皆先生力也。

元祐末，呂進伯薦先生於朝曰：「伏見京兆府處士蘇某德性純茂，強學篤志，行年四十，不求仕進，從故崇文校書張子學，爲門人之秀，秦之賢士大夫亦多稱之。如蒙朝廷擢用，俾充學宫之選，必能盡其素學，以副朝廷樂育之意。」自布衣召爲太常博士。後坐元符上書入黨籍，編管饒州。過洛，館彦明所，頗以遷謫爲意。彦明曰：「當季明上書時，爲國家計耶，爲身計耶？若爲國家計，當欣然赴饒；若爲進取計，則饒州之貶，猶爲輕典。」先生以爲[一]然。初，張子撰正蒙既成，先生爲之編次，自謂能知大旨。熙寧九年，張子過洛，與二程子論學，先生録程、張三子語，題曰洛陽議論。朱子表章之，行於世。今載二程全書中。

[一]「以爲」，原作「以爲爲」，衍一「爲」字。關學編卷一季明蘇先生作「季明以焞言爲然」，今據之删正。

文録

正蒙序云：「先生著正蒙書數萬言。一日，從容請曰：『敢請區別成誦，何如？』先生曰：『吾之作是書也，譬之枯株，根本枝葉，莫不悉備，充榮之者，其在人功而已。又如晬盤示兒，百物具在，顧取者如何耳？』於是輒就其編會歸義例，略效論語、孟子篇次章句，以類相從，爲十七篇。」

程門問答

先生問曰：「中之道與『喜怒哀樂未發謂之中』同否？」伊川曰：「非也。喜怒哀樂未發是言在中之義。只一個中字，但用不同。」

先生問曰：「呂學士言當求於喜怒哀樂未發之前。信斯言也，恐無著摸，如之何而可？」伊川曰：「看此語如何地下，若言存養於喜怒哀樂未發之時，則可；若言求中於喜怒哀樂未發之前，則不可。」

先生問曰：「學者於喜怒哀樂未發時，固當勉强裁抑。於未發之前，當如何用功？」伊川曰：「於喜怒哀樂未發之時，更怎生求？只平日涵養便是。涵養久，則喜怒哀樂發自中節。」

先生問曰：「先生說『喜怒哀樂未發謂之中，是在中之義』，不識何意？」伊川曰：「只喜怒哀樂未發，便是中也。」

先生問曰：「中莫無形體，只是個言道之題目否？」伊川曰：「非也，中有甚形體？然既謂之中也，須有個形象。」

先生問曰：「當中之時，耳無聞，目無見否？」伊川曰：「雖耳無聞，眼無見，然見聞之理在始得。」

先生問曰：「中是有時而中否？」伊川曰：「何時而不中？以事言之，則有時而中；以道言之，則何時而不中？」

先生問曰：「固是所爲皆中，然而觀於四者未發之時，靜時自有一般氣象，及至接事時又自別，何也？」伊川曰：「善觀者不如此，卻於喜怒哀樂已發之際觀之。賢且說靜時如何？」

先生曰：「謂之無物則不可，然自有知覺處。」伊川曰：「既有知覺，卻是動也，怎生言靜？人說復其見天地之心，皆以謂至靜能見天地之心，非也。復之卦下面一畫便是動也，安得謂之靜？自古儒者皆言靜見天地之心，唯某言動而見天地之心。」

先生問曰：「某嘗患思慮不定，或思一事未了，他事如麻又生，何如？」伊川曰：「不可。此不誠之本也。須是習，習能專一時便好。不拘思慮與應事，皆要求一。」

先生問曰：「雜說中以赤子之心爲已發，是否？」伊川曰：「已發而去道未遠也。」

先生問曰：「大人不失赤子之心，若何？」伊川曰：「取其純一近道也。」

先生問曰：「赤子之心與聖人之心若何？」伊川曰：「聖人之心，如鏡如止水。」

先生問曰：「舜『執其兩端』，注以爲『過不及之兩端』，是乎？」伊川曰：「是。」

先生問曰：「既過不及，又何執乎？」伊川曰：「執猶今之所謂執持，使不得行也。舜執持過不及，使民不得行而用其中，使民行之也。」

先生問曰：「此執與湯執中，何如？」伊川曰：「執是一個執，舜執兩端是執持而不用，湯執中而不失，將以用之也。若子莫執中，卻是子莫見楊、墨過不及，遂於過、不及之間執之，卻不知有當摩頂利天下時，有當拔一毛利天下不爲時。執中而不通變，與執一無異。」

先生問曰：「君子時中，莫是隨時否？」伊川曰：「是也。中字最難識，須是默識心通。且試言一廳則中央爲中，一家則庭中非中而堂爲中，言一國則堂非中而國之中爲中，推此類可見矣。且如初寒時，則薄裘爲中，如在甚寒而用初寒之裘，則非中也；更如三過其門不入，在禹、稷之世爲中，若居陋巷則不中矣；居陋巷在顏子時爲中，若三過其門不入，則非中也。」

先生問曰：「修辭何以立誠？」伊川曰：「苟以修辭言爲心，是僞而已。」

附録

張子曰：「孔子謂『柴也愚，參也魯』，亦是不得已，須當語之，如正甫之隨，蘇某之多疑，須當告，使知其病，則病上偏治。莊子謂牧羊者止鞭，其後人亦有不須鞭策處，則治其所不足。某只是大直無隱，凡某人有不善，即面舉之。」

伊川曰：「與叔、季明以知思聞見爲患，某喜此論，邂逅却正語及至要處。世之學者，大敝正在此，若得他折難堅叩，方能終其說，直須要明辨」。

李丈問：「伊川答蘇季明云：『求中於喜怒哀樂，却是已發。』某觀延平亦謂『驗喜怒哀樂未發之前爲如何』，此說又似與季明同。」朱子曰：『但欲見其如此耳。然亦有病，若不得其道，則流於空。』」

用之問：「蘇季明問『喜怒哀樂未發之前求中』一條，朱子曰：『此條記得極好，只中間說「謂之無物則不可，然靜中須有個覺處」，此二句似反說。「無物」字，恐當作「有物」字。涵養於喜怒哀樂未發之前，只是「戒愼乎其所不覩，恐懼乎其所不聞」，全未有一個動綻，大綱且約住執持在這裏，則謹獨處便是發了。「莫見乎隱，莫隱乎微」，雖未大段發出，便已有一毫一分見了，便就這處分別從善去惡。「雖耳無聞，目無見，然見聞之理在始得。」雖是耳無聞，目無見，然須是常有個主宰，執持底在這裏始得。不是一向放倒，又不是一向空寂了。』」

朱子曰：「蘇季明嘗患思慮不定，或思一事未了，他事如麻又生。伊川曰：『不可。此不誠之本也。須是事事能專一時便好。不拘思慮與應事，皆要專一。』而今學問，只是要個專一。若參禪修養，亦皆是專一方有功。修養家無底事，他硬想成有；釋氏有底，硬想成無，只是專一。然他底却難；自家道理本來却是有，只要人去理會得，却甚順，却甚易。」

范巽之先生

先生諱育，字巽之，三水人。父祥，進士及第，累官至轉運副使。熙寧中，張詵追論邊功，請加褒恤，詔贈秘書，録一子。先生舉進士，爲涇陽令，以養親謁歸，從横渠張子學。後以荐，授崇文校書、監察御史裹行。神宗諭之曰：「書稱『壆讒説殄行』，此朕任御史意也。」先生因荐張子等數人，請用大學誠意、正心以治天下國家。時西夏入環慶，詔先生行邊。還言：「寶元、康定間，王師與夏人三戰三北，今再舉亦然。豈中國之大，不足支數郡乎？由不察彼己，妄舉而驟用之耳。」坐劾李定親喪匿服，罷御史，知韓城縣。久之，知河中府，加直集賢院，徙鳳翔，以直龍圖閣鎮秦州。元祐初，召爲太常少卿，改光禄卿、樞密都承旨，出知熙州。時又議棄質孤、勝如兩堡，先生爭之曰：「熙河以蘭州爲要塞，此兩堡者，蘭州之蔽也。棄之，則蘭州危；蘭州危，則熙河有腰膂之憂矣。」又請城李諸平、汝遮川，曰：「此趙充國屯田古榆塞之地也。」不報。入爲給事中、户部侍郎，卒。紹興中，採其抗論棄地及進築之策，贈寶文閣學士。

文録

正蒙序云：「張夫子之爲此書也，有六經所未載，聖人所未言，蓋道一而已。語上極乎高明，語下涉乎形器；語大至於無間，語小入於無朕。一有窒而不通，則於理爲妄。正蒙之言，高者抑之，卑者舉之，虚者實之，礙者通之，衆者一之，合者散之，要之立乎大中至正之矩。天之所以運，地之所以載，日月之所以明，鬼神之所以幽，風雨之所以變，江河之所以流，物理以變，人倫以正。造端者微，成能者著；知德者崇，就業者廣。本末上下，貫乎一道。過乎此者，淫遁之狂言也；不及乎此者，邪詖之卑説也。推而放諸有形而準，推而放諸無形而準，推而放諸至動而準，推而放諸至静而準，無不包矣，無不盡矣，無大可過矣，無細可遺矣。言若是乎其極矣，道若是乎其至矣。聖人復起，無有間乎是言矣！」

呂和叔墓表略云：「君性純厚易直，強明正亮，所行不二於心，所知不二於行。其學以孔子『下學上達』之心立其志，以孟子集義之功養其德，以顏子『克己復禮之用』厲其行。其要歸之誠明不息，不爲衆人阻之而疑，小辨奪之而屈，利勢劫之而回，知力穹之而止。其自任以聖賢之重如此。」又曰：「蓋大學之教，不明於世者千五百年。先是扶風張先生子厚聞而知之，而學者未之信也。君與先生爲同年友，一言而契，往執弟子禮問焉。君謂『始學必先行其知而已，若夫道性命之際，正惟躬行禮義，久則至焉』。先生以爲『學不造約，雖勞而艱於進德』，且爲君勉之當自悟。君乃信已不疑，設其義，陳其數，倡而行之，將以抗横流，繼絶學，毅然不恤人之非間己也。先生亦嘆其勇爲不可及。」又曰：「先生既沒，君亦脩明其學，援〔二〕是道推之以善俗，且必於吾身親見之。既而曰『有命不得於今，必得於後世』。其始講脩先生之法，曰：『如有用我者，舉而措之而已。』既而知夫君子之德不存焉，雖不信而不悔始也。急於行已，既乃至而不迫，優游乎道之可樂。始也嚴於率人，既乃和而不解，使學者趨而不厭。嗚呼！非持久不已，孰能與於此。」又曰：「仲尼七十而變化不息，顏子短命，未見其止，曾子老而德優。先生有言：『樂正子與舜同術，顧其行有未至，若君之術與聖人同，其至足以觀之。』惜乎，不得見其老，放乎至極以立乎聖人之門，一朝之〔三〕遇，惜乎天下國家，乃中身而止矣！嗚呼，君之自信其所行，以致其所及，可爲衆人道者也！若信諸己而知乎天者，則又非衆人之所可知，必有君子而知君子者矣，安得孔子之門人與其論君子之德乎！」

附録

横渠張子答巽之書其一曰：「所訪物怪神奸，此非難說，顧語未必信耳。孟子所論知性知天，學至於知天，則物所從

〔二〕「援」，原作「授」，據宋文鑑卷一四五及伊洛淵源録卷八改。
〔三〕「之」，原作「知」，據宋文鑑卷一四五改。

出，當源源自見。知所從出，則物之當有當無，莫不心喻，亦不待語而知。諸公所論，但守之不失，不爲異端所劫。進進不已，則物怪不須辨，異端不必攻，不逾期年，吾道勝矣！若欲委之無窮，付之以不可知，則學爲疑撓，智爲物昏，交來無間，卒無以自存，而溺於怪妄必矣！」

張子答巽之書其二曰：「朝廷以道學、政術爲二事，此正自古之可爲憂者。巽之謂孔、孟可作，推其所得而施諸天下耶。將以其所不爲而強施之於天下歟！大都君相以父母天下爲王道，不能推父母之心於百姓，謂之王道可乎？所謂父母之心，非徒見於言，必須視天下之民如己之子。設使四海之内皆爲己子，則講治之術，必不爲秦、漢之少恩，必不爲五伯之假名。巽之爲朝廷言，人不足與適，政不足與間，能使吾君愛天下之民如赤子，則治德必日新，人之進者必良士，帝王之道不必改塗而成，學與政不殊心而得矣。」

張子曰：「范巽之嘗言神奸物怪，某以其言難之，謂：『天地之雷霆、草木至怪也，以其有定形，故不怪；人之陶冶、舟車亦至怪也，以其有定理，故不怪。今言鬼者，不可見其形，或曰有見者且不定，一難信；又以無形而移變有形之物，此不可以理推，二難信。又嘗推天地之雷霆、草木，人莫能爲之，人之陶冶、舟車，天地亦莫能爲之。今之言鬼神，以其無形則如天地，言其動作，則不異於人。豈謂人死之鬼，反能兼天人之能乎？』」

張子謂巽之曰：「吾輩不及古人，病源何在？」巽之請問。張子曰：「此非難悟。設此語者，蓋欲學者存意之不忘，庶遊心浸熟，有一日脱然如大夢之得醒耳。」

伊川曰：「與巽之語，聞而多礙者，先入也。」

侯仲良先生

先生諱師聖，字仲良，華陰人。二程先生舅氏無可之孫。初從伊川學，未悟，策杖訪濂溪周子。周子曰：「吾老矣，説不可不詳。」留之對榻夜談，越三日，自謂所得如見天之廣大，乃還。伊川訝其不凡，曰：「非從濂溪來耶？」後遊荆門，胡文定留與爲鄰終焉，遣子宏從之遊，宏即世稱五峯先生者也。著有論語說、中庸說、侯子雅言，行於世。

語録

先生嘗言：「伊川夫子在講筵，必廣引博喻以曉人主。一日講既退，范堯夫揖之曰：『美哉！何記憶之富也。』夫子對曰：『以不記憶也，若有心於記憶，則不能記矣。仁如一元之氣，化育流行，無一息之間斷。』」

先生謂：「朱公掞見大程子於汝州，踰月而歸。語人曰：『光廷在春風中坐了一月。』游定夫、楊中立來見二程，二程子坐而瞑目，二子侍立，不敢去。久之，顧曰：『二子猶在此乎？日暮矣，姑就舍。』二子者退，則門外雪深尺餘矣。其嚴厲如此。晚年接學者，乃更平易。蓋其學已到至處，但於聖人氣象差少從容爾。大程子則已從容，惜已蚤死，不及用也。使及用於元祐間，則不至有今日事矣。」

明道和平簡易，惟劉絢庶幾似之。

人有父在而身爲祖母忌日飯僧者，召先生，先生不往。或問之，先生曰：「主祭祀者，其父也，而子當之，則無父矣，吾何往焉？」

附録

伊川曰：「侯子議論，只好隔壁聽。」

侯仲良侍坐，語及牛、李朋黨事，伊川曰：「作成人才難，變化人才易。元豐諸人，其才皆可用，繫君相變化之耳。凡人之情，豈甘以小人自爲也？在小人者用之於君子，則其爲用未必不賢於今人也。」

胡文定與楊大諫書曰：「侯仲良者，去春自荆門潰卒甲馬之中脱身，相就於漳水之濱，今已兩年。其安於羈苦，守節不移，固所未有。至於講論經術，則貫通不穹；商略時事，則纖微皆察。國勢安危，民情休戚，凡務之切於今者，莫不留意而皆曉也。方危艱難之時，而使此輩人老身貧〔二〕賤，亦足慨矣！伏望吾兄力荐於朝，俾命以官，使得效一職，亦不爲無補。」

胡五峯序呂氏中庸解曰：「靖康元年，侯仲良自三川避亂來荆州，某兄弟得從之遊，議論聖學必以中庸爲至。有張燾者，攜所藏明道先生中庸解以示之。仲良笑曰：『何傳之誤，此呂與叔晚年所爲也。』燾亦笑曰：『得之江濤家，其弟云然。』按：河南夫子，侯子甥；而仲良，又夫子猶子。少孤，養於夫子家，從夫子最久，知夫子文章最詳。後十年，某兄弟奉親南止衡山，大梁向沈又出所傳明道先生解，有瑩中陳公所記，亦云此書得之濤。某反復究觀，詞氣大類横渠正蒙書，而與叔乃横渠門人之肖者。徵往日仲良之言，信以今日己之所見，此書與叔所著無可疑，瑩中不知其詳也。

坐客有問侯先生語録異同者。朱子曰：「侯氏之説多未通。胡先生（文定）嘗薦之楊（中立，一作羅。），後延平先生與相會，頗謂胡先生稱之過當。因言其人輕躁不定，楊先生雖以懍然嚴毅之容與相待，度其頗難之，但云其遊程門之久，甚能言程門之事。然以道理未有所見，故其説前後相反，沒理會。」

朱子又説侯子論語曰：「詳味此言以驗此書，竊謂其學大抵明白勁正，而無深潛縝密、沈浸濃郁之味，故於精微曲折之際，不免疏略，時有罅縫，不得於言，勿求諸心，乃其所見所存有此氣象，非但文字之疵也。狂妄輒爾輕議前輩，可謂不韙，然亦講學之一端所不得避。」

羅欽順曰：「侯氏中庸説以『孔子問禮問官，爲聖人所不知』，似乎淺近，恐未得爲至也。以孔子不得位爲聖人所不能，尤害事。」

〔二〕「貧」，原作「多」，據關學編卷一師聖侯先生改。

卷六

游景叔先生

先生諱師雄，字景叔，武功人。受學横渠張子。治平二年，第進士，爲儀州司户參軍，遷順德軍判官。元祐初，爲宗正寺主薄。時執政議棄米脂、葭盧、浮圖、安疆四寨，先生力爭之曰：「此先帝所以控制夏人者也，若何棄之？」不聽。著分疆論。遷軍器監丞。吐蕃寇邊，其酋鬼章青宜結乘間脅屬羌搆夏人爲亂，謀分據熙河。乃擇先生與邊臣措置，聽便宜從事。既至，諜知夏人聚兵天都山，前鋒屯通遠境，吐蕃將攻河州，先生欲先發以制之，請於帥〔一〕劉舜卿，舜卿曰：「彼衆我寡，奈何？」先生曰：「在謀不在衆。」遂分兵爲二：姚兕將左，种誼將右，卒破洮河，擒鬼章。捷聞，百官表賀，遣使告永裕陵。言者以爲邀功生事，止遷一官。歷集賢校理，權副陝西轉運。夏人復侵涇原，入熙河。先生議於定西、通渭間建二栅，及謀耕七壘以固籓籬，詔以議付范育，而徵先生詣闕。哲宗勞之曰：「洮河之役，可謂高功，但恨賞太薄耳。」對曰：「皆上禀廟算，臣何力之有？惟將士勳勞未録，此爲歉也。」因陳其本末，拜衛尉少卿。帝數訪邊防利病，先生具慶曆以來邊臣施置臧否、朝廷謀議得失及方今禦敵之要，凡六十事，曰紹聖安邊策，上之。歷知邠州、河中府、秦州、陝州，進直龍圖閣，卒年六十。

先生之學，以經世安攘爲主，非瑣瑣章句矇瞳其精神以自列於儒者之比也。故其志氣豪邁，於事功多所建立。議者每

〔一〕「帥」，原作「師」，形誤，依宋元學案卷三一及宋史卷三三二游師雄傳改。

以用不究材爲恨。

附録

全謝山墓誌跋略曰：「游先生墓誌雖言與横渠遊，而不言受業，宜非弟子。然其文則張公舜民，其書則邵公龥，其篆則章公楶，皆[一]元祐黨人之同岑。而所鐫工人爲安民，尤可珍。予方修宋儒學案，得此爲之喜而加餐。」

潘康仲先生

先生諱拯，字康仲，關中人。事蹟不可考。據伊洛淵源録龜山志銘辯云：「子弟之於父兄，居則侍立，出則杖屨，服勤至死，心喪三年，若子貢、曾子之於仲尼，近世吕與叔、潘康仲之於張横渠是也。」則先生爲張門弟子可知矣。

附録

先生問於伊川曰：「人之學，非願有差，只爲不知之故，遂流於不同。不知如何持守？」伊川曰：「且未説到持守。持守甚事？須先在致知。致知，盡知也。窮理格物，便是致知。」

又一説。問：「學者於聖人之門，非願其有異也，惟不能知之，是以流於不同，敢問持正之道？」伊川曰：「知之而後可守，無所知則何所守也？故學莫先於致知。窮理格物，則知無不盡；知之既盡，則守無不固。」

全謝山曰：「潘某乃關學中一大弟子，竟莫得其詳。」

[一]「皆」，原與「楶」字倒文作「皆楶」，據清全祖望鮚埼亭集卷三八乙正。

李潏水先生

先生諱復，字履中，世居開封祥符，以父官關右，遂爲長安人。元豐二年，第進士，累官中大夫、集英殿修撰。紫髯修目，負奇氣，喜議兵。於書無所不讀，亦工詩。於呂、范諸子爲後輩，然猶及橫渠之門，學者稱爲潏水先生。崇寧中，邢恕爲涇原經略使，謀立邊功以洗誣謗宗廟之罪，因納許彥圭之説，請用車戰法及造舟五百艘，直抵興、靈，以控夏國。時先生爲熙河運使，詔下委之，先生奏陳極邊車戰不利，又乞罷造船事宜，語極忠鯁。徽宗感悟，罷之。兩疏載洪文敏公隨筆中。已而卒以議邊事不合罷官。後金人犯關中，先生老病家居，高宗以舊德強起之，知秦中，空城無兵，卒死於難。有潏水堂集四十卷，乾、道間刻於饒州，朱子所謂信州本是也，後多散本不完。

文録

論孟子「集義」、「養氣」之旨略云：「孟子云養氣者，謂動必由理，故仰不愧於天，俯不怍於地。無憂無懼，其氣豈不充乎？故曰是『集義所生』者。舍是，則明有人非，幽有鬼責，自慊於中，氣爲之餒矣。故曰『無是餒矣』。」

附録

朱子曰：「潏水論孟子養氣之旨，其語雖疏，然卻得其大旨。近世大儒之論，多以過而失之，不若此説爲之得也。」

張芸叟先生

先生諱舜民，字芸叟，邠州人也。從橫渠張子學。慶曆中，范文正公見其所作，異〔一〕之。舉進士第，爲襄崇令。王荆公行新法，先生上書言：「便民所以窮民，强内所以弱内，富國所以蹙國。堂堂天下，不應與小民爭利。」時論壯之。環慶帥高遵裕辟掌機宜文字，坐軍中作詩訕謗，謫監郴州酒稅，後以赦還。元祐初，以司馬温公薦召試，得秘閣校理。除監察御史。疏論：「西夏强臣爭權，當興師問罪。」詞連太師文彦博，左遷監登聞鼓院。台諫交章爭請還先生職名，不報。已而通判虢州，提舉秦鳳路刑獄。入爲金部員外郎、秘書少監。使遼，見耶律延禧爲皇太孫〔二〕，所喜者名茶、古畫、音樂、姬侍，因著論，以爲「不四十年，必有張義潮挈十三州以歸朝者」。及還，除直秘閣、陝西路運使，知陝州。徽宗立，韓儀公忠彦爲左相，擢右諫議大夫。居職才七日，所上事六十章，極陳陝西之弊、河北之困，言多凱峭。尋爲吏部侍郎兼侍讀〔三〕。時儀公引范公純禮爲右丞，召劉公安世、吕公希純還禁從，以先生列九卿，朝班有起色。門下侍郎李清臣恨之，首罷右丞，除安世帥定武，希純帥高陽，又出先生以龍圖閣待制知眞定，儀公不能止也。右相曾布亦惡諸君子，范致虚乃奏曰「河北三帥連横，恐非社稷之福。」於是安世、希純同日報罷，而先生亦以改同州。謝表言「紹聖逐臣，有禁錮者何止一千人！計水陸者，不啻一萬里。古先未之或聞，畢竟不知其罪」之語，坐訕謗落職，知鄂州。清臣時亦爲布所陷，出守北京，先生遂坐元祐黨籍，謫楚州團練使、商州安置。凡五年，許自便。尋復集賢殿修撰，致仕歸。杜門自守，不見賓客。時或獨遊山寺，

〔一〕「異」，原作「棄」，據宋元學案卷三一呂范諸儒學案改。
〔二〕「孫」，原作「子」，據宋元學案卷三一及遼史拾遺卷十道宗五改。
〔三〕「讀」，宋元學案卷三一呂范諸儒學案作「講」。

芒鞋道履，跨一羸馬，所至從容。飲食一甌澹飯，更無他物，自號「浮休居士」。人皆服其清德云。紹興中，贈寶文閣直學士。有浮休集、畫墁集、郴行録若干卷。

文録

乞追贈横渠張子疏略云：「臣伏覩鳳翔府横渠鎮故崇文院校書張某，學際天人，誠動金石。義之所在，白刃可蹈。心有不厭，萬鐘何加！口如不能言，體若不勝衣，議論感激，凛如秋霜，雖萬軍之將，不足言其勇也。平居與人言，退然若不知讀書者。坐而講貫，剖别是非，談辨如流，雖滔滔江河，不足方其廣也。著書萬言，名爲正蒙，陰陽變化之端，仁義道德之理，死生性命之分，治亂國家之經，罔不究通。方之前人，其孟子、揚雄之流乎？如荀況輩，不足望於某也。關中學者靡然就之，謂之『横渠先生』。一登其門，言行皆知孝弟仁義，有如夙成。雖去某千里之遠，十年之久，不敢一蹈非義，常若某之臨其先後左右也。自此西土學者，洒然知先聖賢之學，乃知向者誦説之富，組織之文，特小道耳。」

又曰：「今張某止一妻一子，衣食不足，寄託親友。日來月往，人情憒煩，飢寒之憂，其勢甚迫。若不上告朝廷，何能赴愬？且君子平日修身謹行，固不爲其身之與子孫也。朝廷褒賢録善，豈特爲其賢者之後乎？如孟子、荀卿、揚雄，於今千有餘年，學者徒能讀誦其書而已。至於禮貌寂寥，孰肯來括？本朝一旦列之封爵，血食廟堂，使後世觀之，賢於孟子、荀卿、揚雄乎？賢於本朝乎？故知臣今日之言非爲某也。伏乞朝廷檢會累次臣僚奏陳，於録子、賜田、追謚三者之間，凡可以厚某者，舉一而足。庶使褒賢之典獨見於本朝，爲善之風不墜於今日。」

附録

司馬温公舉充館閣劄子略云：「今月二十四日，准尚書省劄子，准二十二日詔書，執政大臣宜各舉文學、政事、行誼之臣可以充館閣之選者三人，臣竊見奉議郎張某材氣秀異，讀書能文，剛直敢言，竭忠愛國，其人並堪充館閣之選，如後不如所舉，臣甘當同罪取進止。」

吕子居先生

先生諱義山，字子居，和叔子也。嘗請業於程門。和叔行狀稱其『能傳父學，蚤有志，將有成立，他日所進未可量』。范巽之墓表亦云：「吕君和叔卒，從葬驪山之趾，其孤某請志以文，則先生爲和叔子而更有得於學可知矣。」

語録

伊川與與叔解「中」字，曰：「謂中不可與性同，德字亦未安。」先生曰：「中者，性之德，卻爲近之。」

附録

與叔與伊川書曰：「來教云：『所謂循性而行，無往而非理義，言雖無病，而聖人氣味殊少。』某反覆思之，方覺辭氣迫窘，無沈浸醲厚之風，此則淺陋之罪，敢不承教。某更不敢拜書先生左右，恐煩往答。只令子某持此請教，蒙塞未達，未免再三浼瀆，惟望乘間，口諭子某，傳誨一二，幸甚幸甚。」

游先生

先生諱巘，景叔第三子。舉進士，知眞定縣。時燕山大饑，朝廷命府、州、縣輸糧，調牛車，所在鼎沸，眞定獨寂然無所爲。吏人懼，先生曰：「縣糧已集，將行矣。」吏人皆叩頭言此事非倉卒可辦，今尚未處分，奈何？先生曰：「使諸縣行，乃白。」已而諸縣行矣，先生乃召其民曰：「輸粟事如何？」民皆曰：「晚矣！」先生曰：「不然。吾所以不徵汝糧，調牛車者，正以吾自有糧在燕山故也。」民驚曰：「如何？」先生曰：「汝第往燕山，固自有糧也。汝每鄉只擇能辦事者數人，齎輕貲往糴之足矣。」瀕行，又曰：「有餘金，當盛買牛車以歸。」民至燕，諸縣糧運坌集，米價頓落，遂糴納之。先至者以糧兌久不得納，皆賣牛車以自給，以餘金買而乘之以歸。事聞，擢爲河北運使。

天水劉先生

先生諱愿，天水人。天資耿介。時王安石新書盛行，學者靡然向風。先生不穿鑿附會，獨潛心於伊、洛之學。後以八行舉。

同州王先生

先生諱湜，同州人。潛心康節之學，著易學一卷，所謂服膺康節而弗失者。其自序略云：「康節有云：『理有未見，不可強求使通。』故予於觀物篇之所得，既推其所不疑，又存其所可疑，亦以先生之言自愼，不敢輕其去取故也。」

郭天錫先生

先生諱緒，字天錫，蒲城人。幼而岐嶷，讀書如素習。晚調上杭簿，留意邵子象數之學，兼取揚子所據列山易，以章會統元推之，久而成書，曰易春秋。按圖布卦，計二十萬言，爲二十卷，綜之以圖。隆興改元，以其書上，方議推恩而卒。

卷七

楊莊敏公

公諱天德，字君美。其先耀之美原人，高祖儀徙高陵，遂爲高陵人。世業農，父禮雅好儒學，使公肄業太學。登興定二年進士第，釋褐補博州聊城丞。未及赴，辟陝西行台掾，尋權大理寺丞，擬主長安簿，改主慶陽安化簿。慶陽圍急，主帥某知公忠勤，使兼録事，並鎮撫軍，又牒令判府事。晝夜不遑處，盡知畢力，拒守踰年，居民飢死者枕相籍。圍解，召公還京師。公嘆曰：「既不救民之死，又暴其骸骨而去之，吾不忍也。」擾攘中竟留月餘，悉收而葬之。尋辟德順之隆德令，被圍於德順，冒圍請授，以死期於復命。及復立縣治，撫養瘡痍，誅鋤強梗，民賴以安。補尚書都掾，遷轉運司度支判官。京師不守，流寓宋〔一〕、魯間，十年而歸長安。

公讀書入仕至於晚歲，風節矯矯，始終不移。亂後，士夫或不能自守，而公於勢力藐然如浮雲。晚讀大學解，沿及伊、洛諸書，大嗜愛之，語人曰：「吾少時精力奪於課試，埋沒篆刻中，歲不復見天日，殊不省有此，今而後知吾道之傳爲有在也。」目昏不能視書，猶使其子講誦而朝夕聽之，以是自樂。及有疾，親友往問之，談笑歌詠不衰，曰：「吾晚年幸聞道，死無恨矣！」卒年七十九，謚莊敏。

子元甫，孫敬伯，能世其家，爲元名儒。別有傳。

〔一〕「宋」，原作「東」，據關學編卷二君美楊先生改。

附録

元皇慶中贈謚誥曰：「行敦素尚，器韞黄中。令隆德，則善求民瘼；判度支，則會當邦經。天才由間氣之所鐘，風節至晚年而彌厲。故人樂賢父兄也，惟誨子以詩、書。予豈若小丈夫然，遂息交於軒冕。謂『善道之傳，爲有在焉』，平生之德，不啻多矣。」

許魯齋誌墓銘曰：「出也有爲，死也以之。處也有守，不變於時。日臨桑榆，學喜有得。其知益精，其行益力。吾道之公，異端之私。瞭然胸中，洞悉毫釐。外邪内公，息邪距詖。俯仰古今，可以無愧。受全於天，復歸於全。尚固幽藏，無窮歲年。」

景伯仁先生

先生諱覃，字伯仁，華陰人。年十八有文名。大定初三赴廉試，後以病不就舉。博極群書，有舉問者，立誦數百言不休，又從而講説之。爲人誠實樂易，不修威儀，隱居西陽里，以種樹爲業。落拓嗜酒，醉則浩歌，日以爲常。作詩有功樂府，亦可傳。至老猶不廢書，有勸以養目力者，曰：「吾輩非讀書則無所用心，要當死而後已耳。」晚年於易有所得。年七十終於家。自號渭濱野叟，有景潭集一卷。

張吉甫先生

先生諱建，字吉甫，蒲城人。明昌初舉才行，授絳州教官，召爲應奉翰林文字。以老乞身。道陵愛其雅素，不欲令去左右，眷眷久之。超同知華州防禦使事，仍賜詩，士林榮之。自號蘭泉老人，有蘭泉老人集，行於世。

張君寶先生

先生諱鼎，字君寶。其先汴人，遭宋、金兵亂，徙高陵，遂爲高陵人。中統二年，權縣丞。至元初，文廟傾圮，慨然興嘆，即與縣丞雷公議，公助緣贊成。先生乃困身勞慮，竭資罄產，鳩工聚木，復舊基，立正殿，設諸賢之像，闢中門徑達衢市。而自爲文以記之，略云：「昔孔子贊天地之化育，輯唐、虞之至道，爲法於天下，傳於後世。有國家者推而尊之，享用王禮。值金德衰，人亡禮廢。某本汴人也，壯歲罷兵，寓跡於此，因而家焉。庚辰秋，即中統元年也，登宣聖廟，環瞻傾圮，遂鳩工聚材，復舊基，立正殿，設尊像，亞以顏、孟；闢中門徑達市衢。由是二丁旦望，來人進拜，幸濫觴焉。厥後，日夜祇懼，計材屬匠，面正殿之南立講堂二十楹，翼殿兩序各四十楹，七十子冠冕服裳，繪衣品制。舍宇經營歲月，困身勞慮，竭產罄資，寧辭空匱。上以輔國家廣開學校之猷，次欲紹官屬載嚴春秋之祀。嗚乎！天未喪道，豈假手於羈旅之微人？覬覦同志君子觀之發憤，倘葺而完之，誠予所願也。至元三年。」

楊文憲公

公諱奐，字煥然，號紫陽，乾州奉天人。唐鄠國公二十世孫，世所稱關西夫子者也。母程夢東南日光射其身，旁一神人以筆授之，已而生公。父振以爲文明之象，因名曰奐。公天性至孝，年十一喪母，哀毁如成人。日疏食，頌孝經爲課。長師鄉先生吳榮叔，迥出儕輩，有聲場屋間。赴廷試，以遺誤下第。同舍盧長卿、李欽若、欽順昆弟惜公連蹇，勸試補台掾。台掾要津，士子所慕羡而不得者。公答書曰：「先大人每以作掾爲諱，僕無所似肖，不能顯親揚名，敢貽泉下憂乎？」遂棄科舉之學，以濂、洛諸儒自期待，講道授徒。抵鄠縣柳塘，門生百餘人，搠紫陽閣，稱紫陽先生。嘗避兵河朔，河朔士夫想聞風采，求見者應接不暇。東平嚴實喜接寒素，士子有不遠千里來求見者，聞公名，數以行藏爲問，而公終不一詣。

歲戊戌，太宗詔宣德稅務使劉用之試諸道進士，公兩中賦論第一，以領中書省耶律楚材薦，授河南路徵收課稅所長官，兼廉訪使。陛辭之日，言於中令公曰：「僕不敏，誤蒙不次之用。以書生而理財賦，已非所長，兼以大荒之後，遺黎無幾，烹鮮之喻，正在今日。急而擾之，糜爛必矣。願公假以歲月，使得撫摩創罷，以爲朝廷愛養基本萬一之助。」中令甚喜之。既至，招致一時名士，如蒲陰楊正卿、武功張君美、華陰王元禮、下邽薛微之、澠池翟致中、太原劉先之等，日與商略，條畫約束，一以簡易爲事。按行境内，親問鹽務月課如干、難易若何。有以增額言者，公訶之曰：「剝下罔上，若與我爲之耶！」即減原額四分之一，公私便之。踰月，政成，官民以爲前此漕司所未有也。在官十年，請老於燕之行台。

壬子九月，世祖在潛邸，驛召公入關，尋被教參議京兆宣撫司事。累上書，得請還鄉。築堂曰歸來，爲養老之所。教授著述不倦。年七十卒。疾革，引觴大噱，望東南炷香，命門人員擇執筆，賦詩三首而逝。謚文憲。

公博聞強記，於書無所不窺，作文務去陳言，以蹈襲爲耻。一時諸老如禮部閑閑趙公、平章政事蕭國侯公、内翰馮公、屏山李公，皆折行輩與之交。關中多士，亦未有能出於右者。平居不治家人生産，而周人之急惟恐不贍。人有片長，則委曲稱獎；小過必盡言勸止，不計其怨怒也。翰林學士姚燧少孤，育於世父樞。樞教督過急，公馳書止之曰：「燧，令器也，長自有分，何以急爲！」乃以其子妻之。陵川郝經亦從公問學。後皆爲名儒，其學皆得公力爲多。所著還山前後集一百卷，天興近鑑三十卷，韓子十卷，概言二十五篇，硯纂八卷，北見記三卷，正統書六十卷，今佚。後人爲公請建通儒坊，舊在州東門内，今圮。

文録

正統書自序略云：「正統之説，所以禍天下後世者，凡以不出於孔、孟之前故也。且夫湯、武之應天順人，後世莫可企及，猶曰『予有慚德，武未盡善』。後世僻主，乃復賴前晳，概以正統之傳，非私言乎？」

臂僮記云：「余鬚髮未甚白，精神未甚頹，以年齒計之，六十有九，衰亦甚矣。所幸者，日讀蠅頭細字如舉子時，生平著述外，無他嗜好。其所以自得者，亦足以自樂矣。兵火流離中，僅存還山前集八十卷，後集二十卷，近鑑三十卷，韓子十卷，概言二十五篇，硯纂八卷，北見記三卷，正統書六十卷。蓋起於唐虞，訖於五代也。間歲憂患叢生，自三國以降，規橫已定，而點竄有所不暇。嘗臆度之，滿百二十卷乃可爲完書。上下數千百載，是是非非，能免遺悞。經史插架，濈濈如蠶，二三小童，備朝夕檢閱，奈何索甲而得乙，語東而應西，能盡如己意耶？

夫器利則事善固也，獨無知者乎？方皇皇間，會黃冠宋魯班志明，爲余[二]創圓轉書廚，以便觀覽。其級也三，象三才也；其隙也六，象六虛也。頂末有樞鈕，常居其所而不移，象極星也。擬諸體用之妙，則與天行健無異也。是以正襟危坐，聚所用書，環而帙之，終日左探右取，循環而無端。既息呼叫之煩，又絕奔走之冗，或疾或徐，或作或止，一引臂而已。因[三]命之曰『臂僮』，所謂用力少而見功多也。

今而後吾書其完乎！彼徒知惡其圓，會知有無窮之方乎？彼徒知惡其動，會知有無窮之靜乎？且以器爲器，止於斯矣，抑知以人爲器，惟其操乾旋坤斡之柄，圖垂拱仰成之逸，不以耳目手足自役，急於得人而器使之，雖四海至遠，萬幾至繁，將何事之不濟，何功之不遂？孔子曰『無爲而治者』，此也。」

語録

公病臥，召子弟秀民，與之酒而諭之曰：「吾鄉密邇豐、鎬，民俗敦樸，兒輩皆當孝弟力田，以廉慎自保，毋傷珥筆之

[二]「爲余」，原作「余爲」，元楊奐還山遺稿卷上臂僮記曰：「會黃冠宋魯班志明，爲子創圓轉書廚。」據之乙正。

[三]「因」，原作「固」，據元楊奐還山遺稿卷上改。

陋，以玷傷風俗。」

附録

姚牧齋還山集序略曰：「紫陽先生長先世父少師文獻公十有五年，交友間，少師獨畏先生，不敢字，言必稱先生。」

又曰：「鄜國世家傳及生平嗜學，著述之富，一世之士服爲『關西夫子』」云云。

元遺山誌墓銘曰：「有文者螭，有趹者黿，是爲關西夫子楊君之碑。顧瞻佳城，泫焉涕洟，學道之難成，使人傷悲。君擅名場，深蘗孤羆[一]。迨乎駢儷而變古雅，抉潛蛟之雲飛。謂君不逢歟，奮回溪而澠池，一命而佩金紫，何若若兮纍纍？鄜賓於唐，世久衰微。河潤九里，蔚松檟兮增輝；謂君爲逢歟，徒以文窮而自嬉，斬伐俗學，力涸精疲。世無元聖久矣，望伯起其庶幾！白首太玄，坐爲悠悠者之所譏，緊正統之無適從，職予奪之非宜。君排諸儒，斥偏執與詭隨。彼月旦之有評，且曩是而今非。豈有一定功罪之名，而概終世之成虧？我黜我斥，我招我麾；不主故常，不貸毫釐；自我作古，竊奚取爲。自非慨然任當仁之重，能不懼於西河之見疑。惟鼎之爲器也，雖小而重，屹神實而弗移。孰謂漢、唐甚盛之際，亦不免於窮運之攸歸。我車司南，爾輒背馳，遺書具存，傳者嗟誰？異時如有君家子雲者出，邈千載兮求知。」

郝文忠公上論學書略曰：「陵川郝經齋沐拜書大使先生：經生年二十有八矣，自十有六始知問學。世有科舉之學，學之無自而入焉，蠟乎其無味也；有文章之學，學之無自而入焉，蠟乎其無味也。如是者有年，始取六經而讀之，雖亦無自而入，而知聖之學道之用，二帝三王致治之具在而不亡也，眞有用之學也。學之今十年矣，日舍館一拜，幸先生不以鄙騃置之座隅，霽以懌色，煦以春言，鼠腹而既果然矣。再日而再侍，示之以明白純粹之書，揭囊倒篋，啟之以開廓正大之論。正襟而讀之，默默而思之，乃知吾道之果不亡，學之果有用，斯民其有望矣！」

〔一〕「羆」，原作「罷」，據遺山集卷二三及還山遺稿附録改。

又曰：「伏觀先生韓子辨、正統例、還山數學志，洋洋灝灝，若括元氣而翕闢之。其事、其詞、其理，皆有用者也，非世之逐末之文也。天其或者悔禍，而自先生發源歟。不窒塞，不夭閼，而遂承其流，推而放之四海，則道之用可白而至治可期也，不見誚於江左諸公矣！經也小子，敢激其流而揚其波乎？」

江漢趙仁甫先生序還山集略曰：「其志其學，粹然一出於正。即其文，可以得其爲人。」

宋漢臣先生

先生諱規，字漢臣，長安人。與紫陽、遺山、鹿菴、九山數儒論道洛西，及門受業者甚衆，學者稱鑑山先生。親歿廬墓，瑞草生塋。閻復常稱之曰：「天性至孝，德重三秦。才贍而敏，冠絕一時。」中統庚戌徵，試中論賦兩科，拜議事官。先是官吏縱肆日久，數侵擾小民，先生一一繩之以法，惕然皆莫敢犯。丙辰春，詣闕陳便宜者數事，上頗爲嘉納。廉希憲知先生有經濟才，曰：「宋某循良，可與共事議」。欲薦列，有嫉其文章名世者沮之，署爲講議官，不就。後徵爲耀州尹，累官至蜀道憲副，政聲在在著聞。有鑑山補暇集行於世。年七十七卒。

員善卿先生

先生諱炎，字善卿，同州人。與紫陽楊文憲公友善，時以道義相切劘。性嗜酒，工詩，不事家人生產。大德三年，文憲主漕雒師，憫其窮，用監嵩〔一〕州酒務。嵩故巖邑，亂後益顯荒涼。先生隨所徵，挂布囊腋下，杖巨梃，直前謁曰：「使君不

〔一〕「嵩」，原作「高」，下文云「嵩故巖邑」，知「高」誤。據元王惲秋澗集卷四九員先生傳改。

相知，幾令我爲老熊所噬。」辭不肯就，其恬退謙讓如此。

自是長遊河朔，以詩鳴諸公間。久之，倦遊西歸，布衣老於家。酒囊詩瓢外無長物。衛源王太史爲先生立傳，僅載其詩數首，他藁皆不傳。

卷八

楊文康公

公諱恭懿，字元甫，號潛齋，高陵人。莊敏公子。童時讀書，記識強敏，日數千言。會時艱，從父避亂而東，不恒其居，於汴、於歸德、於天平，雖間關險阻，未嘗怠弛其業。年十七，侍父西歸。家貧，假室以居。鄉鄰或繼其匱，皆謝不取，惟服勞以爲養。暇則綜博群書，無不經目而究心者，而尤邃於易、禮、春秋，思有纂述，耻爲章句儒而止。遂反覆史學，以鑒觀興廢存亡、理亂得失於千數百年之中，慨然曰：「輔治之具，禮樂兵刑，非王者，果不可興行於天下。兵恃以芟暴亂而安元元，刑取其弼教，循本以求，皆仁義之資也。不講之有素，或一旦帥三軍，爲士師，貿貿焉不知其方，反受教武人俗吏乎！」事雖未試，可概其佐王之略也。時從學者已衆，海内縉紳與父友者馳書交譽，多以宗盟斯道期之。年二十四，始得朱子集注章句四經、太極圖、小學、近思録諸書，誦其言而推其義，窮理反躬，一持乎敬，優遊饜飫，俟其成功，其自任益重。

宣撫司、行省以掌書記共議事辟之，皆不就。至元七年，與魯齋許文正公同被詔，公不就。魯齋由國子祭酒拜中書左丞，日於丞相安童前稱譽公賢，丞相以聞。十年，帝遣協律郎申敬來召，以疾辭。十一年，太子下教中書，俾如漢惠聘四皓故事再聘之，丞相復遣郎中張元智爲書致命，不得已至京師，帝遣丞相弟國王和童勞其遠來。既入見，帝親詢其鄉里氏族、師承子姓，無不周悉。詔與學士徒單公〔一〕履議定科舉之法，奏入，帝善之。會北征，辭歸。

〔一〕「徒單公」，原倒文作「單徒公」，據元蘇天爵撰元名臣事畧卷一三、卷一四及關學編卷二乙正。

十六年，詔安西王相敦遺赴闕，與太史王恂等改曆。明年，曆成進奏，諸臣皆列跪，帝獨命公及魯齋起，曰：「二老自安，是年少皆受學汝者。」故終奏得坐畢其説，蓋異數也。授聚賢館學士，兼太史院事，辭歸。十二年，以太子賓客召。二十二年，以昭文館大學士領太史院事召。二十九年，以議中書省召，皆辭疾不行。年七十卒，時三十一年正月二十五日也。

先是魯齋提京兆學，與公爲友，一遇講貫，動窮日力，篤信好學，操履不苟，魯齋亟稱之。公父歿，水漿不入口者五日，杖始能興。喪葬一遵朱文公家禮，爲具不足，稱貸益之。魯齋會葬歸，語學者曰：「小子志之，曠世墜典，夫夫特立而獨行之，其功可當肇修人紀。」聚居六年，魯齋東歸。後治母喪，一如前儀。三輔士夫知由禮制自致其親者，皆公實導之云。著有潛齋遺稿若干卷。皇慶中，贈謚文康。子敬伯，另有傳。

文録

奏陳科舉疏略曰：「三代以德行六藝，賓興賢能，漢舉孝廉、策經術，魏晉尚文辭，而經術猶未之遺。隋煬始專賦詩以試之，使自投牒，貢舉之法遂熄，雖有明經，止於記誦。宋神宗〔一〕始試經義，亦令典矣。哲宗賦詩，遼金循習，將救斯弊，時有明詔。嘗曰：『士不治經學孔、孟之道，日爲賦詩空文，豈可以立萬世治安之本？』今欲取士，宜敕有司，舉有行檢、通經術之士，使無投牒自薦，試以五經四書、大小議論、時務策略。能從事實學，則士風還淳，民俗趨厚，國家得識治之體矣。」

上辛巳曆疏略曰：「臣等偏考自漢以來曆書四十餘家，精思推算，舊儀難用，而新者未備，故日行盈縮，月行遲疾，五行周天，其詳皆未精察。今權以新儀木表與舊儀所測相較，得今歲冬至晷景及日躔〔二〕所在，與列舍分度之差，大都北極之

〔一〕「宋神宗」，原作「宋太宗」，據關學編卷二元甫楊先生及元文類卷六〇改。
〔二〕「晷景及日躔」，「景」上原缺「晷」字；「躔」，原作「纏」，據歷代名臣奏議卷二八〇補改。

高下，晝夜刻長短，參以古制，創立新法，推算成辛巳曆。雖或未精，然比之前改曆者，附會元曆，更日立法，全踵故習，顧亦無愧。然必每歲測驗修改，積三十年庶盡其法，可使如三代日官，世專其職，測驗良久，無改歲之事矣。」

合朔議略云：「日行歷四時一周，謂之一歲；月踰一周，復與日合，謂之一月；言一月之始，日月相合，故謂合朔。自秦廢曆紀，漢太初只用平朔法，大小相間，或有二大者，故日食多在晦日或二日，測驗時刻亦鮮中。宋何承天測驗四十餘年，進元嘉曆，始以月行遲速定小餘以正朔望，使食必在朔，名定朔法，有三大二小，時以異舊法罷之。梁虞劆造大同曆，隋劉焯造皇極曆，皆用定朔，爲時所阻。唐傅仁均造戊寅曆，定朔始得行。貞觀十九年四月頻大，人皆異之，竟改從平朔。李淳風造麟德曆，雖不用平朔，遇四月大，則避人言，以平朔間之，又希合當世，用平朔法，使無元日之食。至一行造大衍曆，謂『天事誠密，四大二小何傷』，誠爲確論，然亦循常不改。臣等更造新曆，一依前賢定論，推算皆改從實。今十九年曆自八月後，四月并大，實日月合朔之數也。」

語録

先生讀朱子集注、小學、近思録等書，嘆曰：「人倫日用之常，天道性命之妙，皆萃此書，今入德有其門也。吾何獨不可窮理以致其知，反躬以踐其實，動静云爲一乎持敬，行之以剛健，居之以悠久，日就月將，任其成功於潛齋之下。」

附録

皇慶中贈謚誥曰：「其肩隨許魏公者誰與？而目爲秦君子者，則公也。抱經濟學，耻章句儒，守四書爲入門之階梯，持一敬爲立身之根柢。其辨析則江河之莫禦，其操履則山岳而不移。信蠶有績而蟹有匡，化三輔喪親之自制。無鶉生突，與牂生奧，視萬鍾於我有何加？所師授者皆成德達材，有朋來皆忠告善道。非商山之幣不起，而宣室之席始前。由道德禮樂刑政蘊之胸，故曆象日月星辰指諸掌。是皆非常人所企及，宜其爲吾道之指歸。」

節許魯齋與呂伯充書曰：「葬禮遵用遺言，依倣古制。信道力行，至於如此，楊元甫之亞也。」又魯齋與趙撫相公書略曰：「友兄楊元甫，隱士也，篤信好學，操履不苟，實我輩所仰重。執事時肯眷顧，美事也。」蕭維斗誌墓略曰：「朱文公集周、程夫子之大成，盛於江左〔一〕，北方之士聞而知者固有其人，求能究聖賢精微之藴，篤志於學，眞知實踐，立乎敬義，表裏一致，以躬行心得之餘私淑諸人，繼前修而開後學，粹然一出乎正者，惟司徒及公。」姚牧齋神道碑銘曰：「維天生賢，匪使自有。俾拯烝民〔二〕，爲責已厚。公於明命，實肩實負。乾乾其行，艮艮其守。師古葬祭，如禮不苟。三綱之淪，我滌自手。推得其類，無倦誨誘。學者宗之，西土山斗。鳶飛魚躍，潛齋自蔀。令聞之延，已徹宸黈。束帛戔戔，賁及林藪。丹宸曰來：何暮汝叟。大師之南，伻斷已久。其宜進退，汝著以叩。又曰多士，文字儷偶。求得碩才，奚策以取。又曰曆義，群喙紛糾。汝折衷之，其從誰某。凡是大政，無不可否。公拜稽首，瀝膽悉剖。丹扆曰噫，惟兹儲后。端本萬邦，汝賓以友。儲后曰今，識治黄耇。惟汝可爲，股肱元首。公益抗章，臣早衰朽。養安踰紀〔三〕，僅止中壽。歸從先藏，奉政之阜。止阡有碑，無我樵檟〔四〕。垂詩千齡，以告爾後。」

楊敬伯先生

先生諱寅，字敬伯，文康公子。性孝友，兼善治生，未嘗以匱乏遺親憂。嘗爲盩厔尹，仁嚴兼盡，未滿旬朔，宿弊盡袪。

〔一〕「江左」，原作「江右」。據關學編卷二及元姚燧牧庵集卷一八改。
〔二〕「俾拯烝民」，原文作「俾拯斯民」，據元姚燧牧庵集卷一八及關學編卷二改。
〔三〕「紀」，原作「純」，據元姚燧牧庵集卷一八及元蘇天爵編元文類卷六〇改。
〔四〕「檟」，原文作「藪」，據元姚燧牧庵集卷一八及元蘇天爵編元文類卷六〇改。

以父喪去任，哀毁骨立。後由韓城尹擢陝西行台御史。其所建言，如修德用賢，以及明制審律、農政屯田、敬天憲祖、興學求言、公賞罰、振綱紀、徵隱逸、抑僥倖諸端，皆裨切時政。轉江西行台、山東廉訪使，所至伸枉黜濫，風紀振揚。遷四川憲使。泰定乙丑，陞國子祭酒，講明正學，誨誘不倦。卒年七十三。嘗戒子曰：「守身立學，無墜先業。」

二劉先生

一諱季偉，號存齋，官四川憲副；一諱安中，俱秦人。同受學於魯齋許文正之門。至元八年，文正以集賢大學士兼國子祭酒，奏召舊弟子散居四方者王梓、耶律有尚、姚燧、姚燉、呂端善、白棟等十二人，分處各齋爲齋長，二先生與焉。欲其夾輔匡弼，薰陶浸潤而自得之也。或謂文正「何不博選時俊而獨用其門生？」文正曰：「我但敎人而已，非用人也！」歲時，諸齋長以酒醴至文正家，文正曰：「所以奏取諸生者，蓋爲國家，爲吾道，爲學校，爲後進，非爲供備我也。官守所當得者俸禄也，俸禄之外復於諸生有取焉，欲師嚴道尊難矣。」餘事惜不傳。

王濟川先生

先生諱楫，號濟川，朝邑秦邨人。嘗受學於魯齋許文正公之門。後習法律吏於開城、興元二路，選陝西理問所令史，累遷朝列大夫、秦州知州。踰年乞休，以中憲大夫同知奉元路總管府致仕。

文正卒，先生已年踰六十，衰絰赴葬。司賓者辭曰：「門人衰，禮歟？」先生曰：「吾師也，術藝之師歟？書吏之師敕〔三〕？吾猶懼乎報之無從，吾將以愧夫王通之門人耳。」司賓者無以應。卒哭，終事而去。

賀忠宣公

公諱勝，字貞卿，鄠縣人。嘗從許文正學，通經傳大義。年十六，入宿衛。凝重寡言，世祖甚器重之，拜集賢學士。三十年，簽樞密院事，遷大都護。

大德九年，代父仁傑爲上都留守，至則通商賈、抑豪縱，出納有法，供億不匱，民賴以安。奉聖州民高氏籍虎賁，以貲雄鄉里，身死子幼。有達官利其財，使部曲強娶高氏婦。公白帝斥之，高氏以全。開平人張弼家富，弼死，其奴索錢民家弗得，毆負錢者至死。治獄者教奴引弼子，并下獄。丞相鐵木迭兒受賂不爲直，公以語御史，劾奏丞相，罷之。歲饑，公發倉廩賑民，民德之，爲立祠上都西門外。英宗立，鐵木迭兒復相，誣殺公。百姓憐之，哭尸傍甚哀。泰定中，詔雪其冤，謚惠敏。至正三年，改謚忠宣。

子二，惟一，左丞相；惟賢，同知上都留守司事。

雷先生

先生諱禧，先世爲耀州同官縣雷平川人，曾祖遠徙高陵毘沙鎮，遂爲高陵人。父貴，力於行善，卓異不群，累官三原、涇陽、櫟陽、朝邑、洛川主簿。猛不殘義，寬不宥奸，獄平訟理，官民兩益。年六十六，卒於家。

〔三〕「書吏之師敕」，元許衡魯齋遺書卷一三、元蘇天爵元名臣事畧卷八、明馮從吾元儒考畧卷一均爲「賓主之司敕」。

先生恪守父志，素有學行。時楊文康公方以道倡起關中，先生及當時名儒如同寬甫、蕭維斗輩皆尊事之。故楊子之道大行於時，其得與河内許魯齋頡頏，而其高尚不仕之節，雖魯齋亦陰畏讓之者，皆先生與蕭、同之力也。官至奉訓大夫、耀州知州。

呂文穆公

公諱域，字伯充，其先河内人，金末，父佑避亂關中，因家焉。公從許魯齋學，魯齋爲祭酒，舉公爲齋長，輔成教養，其功居多。至元十三年，擢陝西道按察使知事，未行，改四川行樞密院都事，陞奉訓大夫、四川行省左右司郎中。勸主帥李德輝不殺王立，未幾，立降，巴人感德，立祠祀之。

三十年，知華州，勸農興學，俱有成效。仁宗即位，召拜翰林侍讀學士，致仕。卒，年七十八。贈陝西行營參知政事，追封東平郡公，謚文穆。大德中，河東關隴地震月餘，公與蕭維斗各設問答數千言以究其理。居父憂，喪葬一倣古禮。魯齋貽書稱其「信道力行，爲楊元甫之亞」云。

文録

祭魯齋先生文曰：「公之道在天地，德在人心，行義在朝廷，功業在後世者，章章表表，如日之在天，如泉之在地，爲門人者不當以是瀆陳之。惟其私心之不能自已者，敢以告之。公之生以扶人極、振人綱爲心，沒而不應肯忘也。今人極其立乎，人綱其明乎，下土茫茫，豈無才良？間有作者，敢希厥成？言語不通，趨詣不同，聞望不崇，誠乎不隆。猷之雖遠，群呼内訌，謂童而角，謂雌厥雄。使公而在，猷堪厥終。公而已矣，疇能奏功。維蒙古生，嶷然古風，槍公之教在耳，藴公之化於躬。雖所賦有厚薄，所得有纖穠，惟公擇其尤者相之導之，以陰誘其衷，使之默識心通，視明聽聰，謀嘉慮忠，言行諫從，則可以鞏國家無疆之祚惟寧，永生民無疆之休惟洪，則我後人於子於孫，亦叨居於至化之中。生也望於公，沒也又望於公，於以見生民之心望望於公者無窮也。」

附録

許魯齋與書曰：「書奉伯充秀才，不意凶變，令尊仗奄棄榮養，可勝驚怛！舊聞伯充途路中偶與人相從，及相別，心爲不忍。今罹此難，艱咎何以堪處？葬禮遵用遺言，依倣古制，信道力行，至於如此，楊元甫之亞也。敬羡敬羡！路遠，不及一往慰問，悵惘曷可言！來問惟以禮自盡，區區不俱。」

卷九

郝巨卿先生

先生諱鼎臣，字巨卿，韓城人。時天下大亂，被虜河東，孤身遁走，流落之汴。會耶律公張宴以待天下之士，先生入謁，賦詩云：「大道分明有殺機，干戈未定欲何之？寒枝愈發無根蒂，憑仗東風次第吹。」大加嘆賞。門下知名者有岳景山。

岳景山先生

先生諱崧，號景山，郃陽人。受業於郝北山之門，能解禽鳥語。延祐中，三聘不起，後官韓城縣教諭，爲安西路儒學教授，告歸不出。鄉人頌之曰：「隱姓埋名岳景山。」嘗讀書於橋頭河之臥虎崗，與蕭維斗友善，人稱爲岳夫子。著有六經四書注行於世，其誌郝北山先生墓略曰：「僕嘗受業於先生之門下，義不敢辭。乃摭其實，以彰先生高世之才，出倫之德，具載於文而表出之，以詔後之人。不惟紀先生才德之實，抑亦顯裔孫大孝不匱之義，庶俾將來垂之無窮，傳之有永，良有以也。延祐四年丁巳十月望日」

蕭貞敏公

公諱𣂏，字維斗，號勤齋。其先北海人，父仕秦中，居奉元，遂爲奉元人。自兒時性至孝，翹楚不凡。長出爲府史，與當道語不合，即引退，讀書終南山中，三十年不求進仕。制一革衣，由身半以下，及臥輒倚其榻，玩誦不少置。由是博極群書，凡天文、地理、律歷、算數，靡不窮究，學者及門受業者甚衆。鄉人化之，稱之曰蕭先生。

鄉人有自城暮歸者，途遇寇，詭曰「我蕭先生也」，寇驚愕釋去。嘗出，遇一婦人失金釵道旁，疑公拾之，謂曰：「殊無他人，獨公居後耳。」公令隨至門，取家釵以償之。婦人後得所遺釵，媿謝之。

世祖分在藩秦，用平章咸寧王野仙薦，辟公與韓從善同侍藩邸，以疾辭。授陝西儒學提舉，不赴。省憲大臣即其家具宴爲賀，遣一從吏先詣公舍。公方汲水灌園，從吏固不識也，使飲其馬，姑應之自若。已而冠帶出迎客，從吏懼，伏地謝罪，公殊不爲意。後累授集賢直學士、國子司業，改集賢侍讀學士，皆不赴。武宗嗣位，徵拜太子諭德，不得已扶病至京師。入覲東宫，書酒誥爲獻，以朝廷時尚酒故也。尋以病請去，或問其故，曰：「禮，東宫東面，師傅西面，今可行乎？」再除集賢學士、國子祭酒，諭德如故，以疾作，辭歸。年七十八，卒於家，賜謚貞敏。

公教人必自小學始，爲文立意精深，言近指遠，一以洙、泗爲本，濂、洛、考亭爲據，蔚然爲關輔一代醇儒，學者宗之。所著有三禮說、小學標題駁論、九州志及勤齋文集行世。

文録

三原學古書院記云：「書院始唐元和間衡州人李寬於石鼓山，南唐〔一〕昇元中於廬山白鹿洞。宋大中祥符間，睢陽民曹誠即戚〔二〕同文舊居建學舍百五十間，蓄書一〔三〕千五百卷，召明經義者講習。及嵩山、嶽麓、茅山皆聚徒教授肄業，朝廷畀之九經，賜以敕額，時天下有『四書院』之稱。

「是後江南諸郡，凡先正過化之地，皆置書院，敬延儒先，昭明斯道，以尊前軌，北方金氏百年所無也。皇元奄有九圍，敦〔四〕尚儒術，屢勅有司，勉勵學校。世祖元龍書召魯齋許公，疇咨啓沃之餘，命教人於京兆，成德者多爲時用，今悉物故。陝西行台立魯齋書院，以紹前人，淑後學，邦人興起焉。

「是時湍陽、平水、渭上亦有書院，籍籍有成趣。於是三原民李子敬暨弟子懋以己〔五〕錢五萬緡築室儲書，號曰學古，以龍橋之名不經見，三原雖爲治所，或後復還故城故也。暨落之，請鄉先生悦古程君主之，愼獨白君繼之，啓迪漸有成序。部使者聞之朝，報下，旌其門。恭甫謂余曰：『請識書院之成事。』然非敢矜也，將俾此邦之人新其耳目，滌其靈府，有以大變其風俗，庶乎後之人爲詩書家，志願畢矣，幸有以教之也。辭曰：『師儒之職安敢僭？』三請益勤，乃勉以『勿欲人知而爲侈大，毋以歲久而生懈怠』，遂筆其實以記。」

〔一〕「唐」，原作「陲」，據元蕭維斗勤齋集卷一學古書院記改。
〔二〕「戚」，原作「茸」，據元蕭維斗勤齋集卷一學古書院記改。
〔三〕「一」，蕭維斗勤齋集卷一學古書院記作「二」。
〔四〕「敦」，蕭維斗勤齋集卷一學古書院記作「教」。
〔五〕「己」，元蕭維斗勤齋集卷一學古書院記作「民」。

附録

侯伯仁曰：「元有天下百年，唯蕭維斗爲識字人。」

劉致謚議略曰：「聖王之治天下也，必有所不召之臣。蓋志意修則輕富貴，道義重則輕王公。蟬蛻塵埃之中，翔遊萬物之表。不事王侯，高尚其志者以之。傳曰：『舉逸民，天下之民歸心焉。』故必蒲車旌帛，側席以俟其至，冀以勵俗興化，猶或長往而不返；亦有既至而不屈，則束帛戔戔賁於丘園者，治天下者以之也。于吾元得二人焉，曰容城劉因、京兆蕭某。士君子之趨向不同，期各得所志而已。彼不求人知而人知之，不希世用而世用之。至上徹帝聰，鶴書天出，薜蘿動色，巖戶騰輝，猶堅臥不起，不得已焉始一至，卒不撓其節，不隳所守而去，亦可謂得所志也已。方之於古，則嚴光、周黨之流亞歟！雖其道不周於用，而廉頑立懦、勵俗興化之功亦已多矣。且其累徵而不起，暫出而即歸，不既貞乎？以勤自居，其好古好學之心不既敏乎？按謚法，清白守節曰貞，好古不怠曰敏，請謚曰貞敏。」

蘇天爵誌墓略云：「大德、延祐間，陝有大儒曰蕭公某，鄉郡服其行誼，士類推其學術，朝廷重其名節。隱終南山下，鑿土室以居，盡得聖賢遺經，以及伊、洛諸儒之訓傳，陳列左右，晝夜不寐。始則誦讀其文，久則深思其義，如是者三十年，自六經百氏、山經地志，下至醫經本草，無不極通其說。尤邃三禮及易，又深通六書，不失其旨。家多藏書，手自校讐，經傳音義之訛，必字字正之。爲文悉本諸經，非有裨世教者不言，非其人不與。翰林姚文公燧曰：『蕭先生道德經術名世者也』。」

同文貞公

公諱恕，字寬甫，號榘菴。其先太原人，五世祖遷秦中，居奉元，遂爲奉元人。祖昇。父繼先，博學能文，廉希憲宣撫陝右，辟掌庫鑰。家世業儒，同居二百口無間言。

公安靜端凝，羈丱如成人。從鄉先生學，日記數千言。年十三，以書經魁鄉校。至元間，朝廷分六部，選名士爲吏屬，關陝以公貢禮曹，辭不行。仁宗踐阼，即其家拜國子司業、儒林郎，使三召不起。陝西行台御史趙世延即奉元置魯齋書院，請以公領教事，制曰可。先後來學者以千計。延祐設科，再主鄉試，人服其公。六年，召爲左贊善大夫。入見東宮，賜酒慰問，獻書歷陳古誼，盡開悟涵養之道。明年春，英宗繼統，移病歸。文宗天曆初，拜集賢侍讀學士，以老疾辭。

其學由程、朱上溯孔、孟，務貫浹事理，以利於行。教人曲爲開導，使得趨向之正。平居雖大暑不去冠帶。母張卒，事繼母如所生。父喪，哀毀致目疾，時祀齋肅詳至。嘗曰：「養生有不備，事猶可復；追遠有不誠，是誣神也，可逭罪乎？」與人交，雖外無莫適，而中有繩尺。鄉人借騾而死，償其值，不受，曰：「物之數也，何以償爲！」家無擔石之儲，聚書數萬卷，扁所居曰榘菴。時蕭貞敏公居南山下，亦以道高當世，入城府，必主先生家，士論並稱曰蕭同。至順二年卒，年七十八。贈翰林直學士，封京兆郡侯，謚文貞。著有榘菴集二十卷。

韓從善先生

先生諱擇，字從善，蕭貞敏公同邑人。天資超異，信道不惑。其教人，雖中歲後必使自小學始。或疑爲凌節勤苦，先生曰：「人不知學，白首童心，且童蒙所當知而皓首不知，可乎？」尤邃禮學，有質問者，口講指畫無倦容。凡士夫遊宦過秦，必往見先生，莫不虛往而實歸焉。世祖嘗召之赴京，以疾不果行。其卒也，門人爲服緦麻者百餘人。

嘗撰臨潼文宣王廟碑，略曰：「至元二十八年，太原馬侯之爲邑宰，視事未幾，祇謁廟下，仰而顧，俯而嘆曰：『天下之事，立乎志，行乎果，終乎誠。唯不爲耳，未聞有志而果，果而誠，有不底於終者也。』於是不進以銳，不弘以怠，投隙而圖之。擇好事有力又爲衆所推服者，俾綱紀之。植傾易朽，直撓完缺，雄峻彙翼，堅壯興麗，設像儀物，以次興造。更衣有堂，扃鑰有門，繚四周以爲垣，其地修廣之步皆四十八，門東西爲步百十有四。庀事於二十九年之終，越五月而工告訖焉。居民過客瞻禮改敬，莫不贊侯之才，果能不負厥初誠一如此也。今年春，其相役者聚謀來言曰：『願述之，庶有考於他日。』愚聞古者釋菜釋奠皆於學，後世癈，乃始歧廟貌而行事，而克崇飾者亦寡。新天子御極，既發德音，肆大眚，即改修廟學養士，朝廷盛美，爲興化善俗起本矣。第瓜期見迫，不得畢師生講肄之所，蓋宜有待於後之君子。然則嗣尹而來，相與卒其遺業，使邑之士子皆知以致知力行爲學，而深明夫義利毫髮之制，至於三物教成，出有以治諸人，處不失淑諸己，顧不偉歟？顧不重歟？侯名忙古觧，字通甫。」

第五士安先生

先生諱居仁，字士安，涇陽人。漢丞相倫之後。幼師蕭貞敏，弱冠，從同文貞受學，博通經史。躬率子弟致力農畝，而學徒滿門。其宏度雅量，能容人所不能容。嘗行田間，遇有竊其桑者，先生輒避之。鄉里高其行義，率多化服。作字必楷整，遊其門者皆學明行修。卒之日，門人相與議易名之禮，私謚曰靜安先生。

程君用先生 附李子敬

先生諱琄，字君用，號悅古，涇陽人。隱居不仕。以古學自力，討論六籍，雖祈寒暑雨、造次顛沛，未嘗少輟。三原李子敬創學古書院，延先生講學其中，遠近從遊者百餘人，循循然樂善不倦，學者稱悅古先生。集家戒一卷，以遺子孫。曰：「人性本善，習之易荒，古聖賢皆以驕惰爲戒，况凡民乎？」著有遼史三卷、異端辨二卷、雲陽志二卷、樂府文集若干卷行於世。

李子敬，字恭甫，質謹孝友，善治生，好賑窮乏。關中饑，有賤售田業救死者，買之。後聽以原直贖，不能贖者亦畀還之，計直四千六百五十緡。里巷火燬數百戶，復捐錢二百五十緡恤被灾者。與弟子懋費緡錢二十萬創學古書院，并割田以供釋奠，廩師生。先後嫁不能嫁者五十餘人，葬不能葬者五十餘喪，焚逋券四十餘貫。蕭貞敏、同文貞嘗詣其家，以襃其事。行省上其義，詔旌其門。

石先生

先生諱伯元，京兆人。嘗舉鄉貢進士，爲陝西第一。已而樂道不仕，受學於蕭貞敏門人賈仲元氏。研精易學，盡棄諸儒之説，獨取河洛二圖以玩索之，一旦恍然，若心領其義而神會其旨者，乃筆而爲書，曰：「周易演説，專以明象爲要，非苟爲空言而已。」每卦有説，至於河圖、洛書之數，重卦、變卦、揲卦之法，爲十二圖以發揮其要指。嘗語人曰：「易道不可以傳注求，求易道於傳注，則其道愈不明。」

侯伯仁先生

先生諱均，字伯仁，蒲城人。少孤貧，鬻薪以養繼母，人稱爲侯曾子。積學四十年，群經百氏靡不淹貫。每讀書，必熟誦乃已。嘗言：「人讀書不至千遍，終於己無益。」故其答諸生所問，窮索極探，如取諸笥，雖方言、古語，世所未曉者，莫不應時剖析，衆咸服其博聞爲不易及，名震關中，學者宗之。用薦起爲太常博士，後因上疏忤時相意辭，不待報而歸。先生貌魁梧而氣剛正，人重而畏之。及其交接，則和易近人云。

唐先生

先生諱堃，富平人。進士。綜覽群書，抱負宏博，學者翕然宗之，稱犀峰先生。

第五先生

先生諱昌言，富平人。博通經書，官至奉元路儒學學正。

董文定公

公諱立，字植夫。以明經中經元，隱居教授。徵拜翰林修撰、輔導儲副，遷司業。以績著，累擢陝西行台侍御史，卒謚文定。

馮允莊先生

先生諱瑆，字允莊，涇陽人。貢入太學，一夕夢母，夢覺心惕，明日即馳歸見母，果然，遂不仕。適郊，見道遺金布，因坐以待之，反還失主。其行誼如此。著有五經正義、四書中說等書。

卷十

尚士行先生

先生諱志，字士行，同州人，以字行。學通五經。元末隱居不仕，結廬於白水之龍崗山，與蒲城馬巨江、趙孟暘等樂道講學，學者稱南崗先生。洪武初，孟暘爲學士，薦於朝，詔授本學訓導，翻然以斯文爲己任，士論翕然，慶得師焉。

趙孟暘先生

先生諱晉，一諱寅，字孟暘，蒲城賢相鄉人。元末，隱居堯山南，與邑人馬巨江、同州尚士行、京兆石伯元等，尚德樂道，爲關中學士所宗。洪武初，有司以名聞，徵爲太子文學，五主陝西試。未幾，辭歸，太祖以先生老成望重，輔導有功，再遣使即家，拜春坊侍講學士。辭不獲已，復赴闕。每東宫進講畢，必召至別殿，坐語從容，字而不名，藥餌酒饌，賚予極爲優渥。後辭益力，上知不可留，賜安車還鄉，御製文以送之，時洪武十八年也。

先生秉懷高潔，不慕榮利，雖敦促使起，卒能早自引退，故時論高之，以爲有「二疏」風云。

馬巨江先生

馬巨江，蒲城人。學問老成，志尚閒逸。洪武十七年，以通經舉，授咸寧訓導。永樂初，召至京師，將用之，以老固辭，遂授翰林五經博士致政，受敕還鄉，時稱鉅儒。

馬尚賓先生

先生諱貴，字尚賓，號靖川，以字行。三原丁村人，光禄卿谿田子之祖父也。生而穎敏，祖母徐爲太原同知眭嚴公女，日夜教讀太原遺書，即能曉識大意。家貧不能具紙筆，常以荻畫地學書。及長，友同邑杜知府棠、張教諭顯、石處士彦華、高處士銘，切磋講習，考尋載籍，上稽天文，下測地理，中極人事，然未有指歸也。

一日，徐孺人語之曰：「吾聞汝外祖王父云：『道在中庸，不必傍求。』」先生遂專意中庸。時師處士深敏深於中庸者也，先生相與研極中庸之理，久之有得，於六籍兩間無弗見中庸。其日以自課而課人者，亦罔非中庸。一時士夫皆尊信之。永樂中，詔求遺逸，有司以先生應，不就。用周易、六壬、皇極諸書占事知來，皆奇中。

事親至孝，會父病，藥不即效，乃割股肉和羹以進，疾遂愈。時邑杜知府、師處士皆母喪廬墓，與先生並稱曰「三孝子」云。

正統八年癸亥，年五十，預知死期，語門人曰：「某日日入時大風，吾歸矣。」果如期卒。著有靖川語録一卷，周易雜占一卷，中庸講義一卷。

子江，字文淵，博學好古，隱居教授，涇野謂其「君子之道九」。孫谿田，另有傳。

附録

韓苑洛墓表略曰：「予讀馬氏家乘，而知谿田子所以大也。夫湍不急則淵不深，蓄不極則發不輝。馬氏自仕禄以來，論篤可欲，代爲善人。及先生而日新充實，益弘世德。使當時置之廊廟之間，加之蒸民之上，其施爲建立，豈不道光富有哉！乃竟抑而莫伸，隱居岩穴，乃今谿田子興焉，急而淵，蓄而發，孰謂非公所不盡哉。」

又曰：「探數原者鬼忌，泄天機者神嫉。由漢以來，京、翼、李、郭之流，皆能察兆知先，洞照今古，禎祥妖孽，毛髮莫逃，然卒莫能自有其身。嚴君平、邵堯夫蓋能將之以德，則鬼神之道自我出矣，方且慶延嗣世，綿綿無窮，豈特身安而德尊也哉！御史大夫何柏齋謂『當與君平、堯夫同傳』，信矣。」

又云：「中庸之旨，原誠明於天道，致精一於人心，其極至於位天地、育萬物。先生能升其堂而窺其奧焉，雖與程、朱之徒同傳亦可也。」

雒執中先生

先生諱守一，字執中，三原人。博學剛方，莊重守禮。宣德壬子舉於鄉，仕廣昌壺關訓導、山西蔚州學正。所至勤於訓誨，俸廩外，束脩之禮一不肯受。歸後，家貧，饔飧不足，終日殭臥，不事干謁，志行之高，有古儒者風。子光溥，有文名。

段容思先生

先生諱堅，字可久，初號柏軒，後更號容思，取「九容」、「九思」之義也。蘭州人。生而剛方穎異，讀書即知正學。年十四，爲郡諸生，見陳緱山明倫堂上銘有「羣居慎口，獨坐防心」之語，慨然有志聖賢。於是動作不苟，性命精微，罔不究極，人以伊川擬之。當世宿儒宦遊於蘭者，無不師之。正統甲子領鄉薦，明年下第歸，鄉之士大夫多遣子弟就學。先生以師道自尊，教法嚴而造就有等，士類興起，學者稱容思先生。

己巳，英宗北狩，應詔詣闕上書，不報。自齊、魯、淮、楚以至吳、越，訪求問學之人，得閻子與、白良輔輩，以溯文清之旨。逾年而歸，學益有得。登景泰甲戌進士第，以文名，差纂山西志。明年，志成復命。移疾歸，讀書於五泉小圃，依岩作洞，以爲會友講學之所。

越五年，爲天順己卯，選山東福山知縣，一以絃歌變其風俗。或謂其迂闊難行，先生獨謂：「天下無不可化之人，無不可變之俗。」嘗作詩曰：「天下有材皆可用，世間無草不從風。」始終不懈，六載而治行鬱然可觀。以李文達荐，擢知萊州府。先生治萊如治福山，未期月，萊人大化。以憂去，既禫，不遽北上，乃訪周廷芳於秦州、張立夫於鳳翔，講學求友，孜孜不倦，其於功名利達澹如也。久之，補南陽府。到官，慨近世學者以讀書媒利禄，階富貴，尠知聖賢之學，乃倡周、程、張、朱與古人爲學之意，建志學書院，聚郡庠及屎治生，親授講說。又遴屬治蒙童，授以小學、孝經、文公家禮，教民俗，言諸書，俾之誦習。又創刻二程全書、胡致堂崇正辨諸書，俟盈科者給授，士習翕然改觀。建節義祠，祀古聖母、烈女以風勵郡俗。時有女殉夫而死者，先生爲具棺斂，率僚屬師生往弔，卜地合葬，奏表其閭，郡之婦人女子皆爲感化。治行爲天下第一，以直道不能諧時，致政歸。結廬蘭山之麓，扁曰「南村」、曰「東園」，取淵明詩「昔欲居南村，青松在東園」意。授徒講業，相羊吟詠以自樂。成化丙辰卒，年六十六，門人私謚曰文毅。著有容思集、柏軒語録行世。

門下高第弟子有秦州周小泉。

語録

學者主敬以致知格物，知吾之心即天地之心，吾心之理即天地之理，吾身可以參天地、贊化育者在於此。必以命世大儒自期，而不可自暴自棄，以常人自居，有負爲人之名。

詩録

風清雲淨雨初晴，南畝東阡策杖行。幽鳥似知行樂意，緑楊烟外兩三聲。

附録

陳祥贊像略曰：「繼往開來，遠探濂、洛。文清之統，惟公是廓。」

彭少保澤墓碑略云：「先儒謂道自堯、舜以來，至孟子沒，失其傳焉。匪道不傳，學者託之言語文字，而無深造力踐之功也。至宋，周、程三夫子出，至晦菴朱先生，始極主敬、致知、力行之功，上繼孔、孟之統。元魯齋許文正公、我朝敬軒薛文清公，以篤實輝光之學繼其絶，此固萬世之公議也。若我南陽太守容思先生段公，其克尊信斯道而致深造力踐之學者歟。」

張默齋先生

先生諱傑，字立夫，號默齋，鳳翔人。父璡，工部主事，以介直知名。母王氏。先生生有異質，穎悟過人。稍長，入郡庠，卓然以聖賢自期。年二十一，登正統辛酉鄉荐。乙丑，中乙榜，以親老就山西趙城訓導。居官六年，一以講學教人爲事。薛文清過趙城，先生以所學質之，文清嘆服，而先生之學由是益深。值歲祲，先生捐俸助賑，全活者衆。景泰辛未，丁工部艱，徒跣奔歸，喪葬如禮。服闋，養母不出。天順癸未，母喪既禫，有司勸駕，先生蹙然曰：「吾少也力學以明道，禄仕以養親，今吾親終矣，而學無所得，尙可仕乎？」遂不復出。居恆瞑目端坐，至於移時。起則取諸經、子、史，朗然諷誦，或至丙夜乃已。座右大書「涵養須用敬」、「進學在致知」二語，以爲用功準的。造詣日深，從遊者日衆，乃拓家塾，以五經教授，名重一時。巡按御史某荐先生爲提學僉事，不報。成化乙酉，應天聘典文衡，謝不往。辛卯，茶台馬公震行部漢南，時遣諸生黄照、王宣輩奉書載幣，聘先生攝城固學事，復書辭謝。與蘭臯段先生容思、趙侍御英、河東李學博昶、秦州周布衣小泉相與講學，無不稱服。或勸先生著書，曰：「吾年未艾，猶可進也，俟有所得，爲之未晚。」獨潛心易學，續元會運世，自堯之庚辰至成化戊子，以爲午交未運，時以爲有所見。成化壬辰十月十二曰卒，年五十有二〔二〕。後若干年，郡守趙公博白兩台，爲先生建祠於家塾之左，長平郭公定爲之記云。

文録

復馬茶台辭聘書曰：「天地生人，無不與之以善；聖賢教人，亦無不欲其同歸於善。是知善者，人所自有而自爲之。先覺之覺後覺，如呼寐者而使之寤耳。但古之學者從事於性情，而文辭所以達其意；今之學者專務文辭，反有以累其性情。某今年五十有一矣，方知求之於此，以尋古人向上之學。雖得其門，未造其域，汲汲皇皇，恐虚此生。嘗自念僻處一方，獨學無友，每欲遠遊質正高明，奈有寒疾不可以出，況鄉黨小子相從頗衆，豈能遠及他方耶？」自讚云：「讀孔、孟書，學孔、孟事。知有未眞，行有未至。惟日孳孳，以求無所負也。」

〔二〕「二」，原作「五」。據關學編卷三默齋張先生載，張默齋「年僅五十有二」，據改。

詩録

自責詩云：「年幾四十四，此理未眞知。晝夜不勤勉，遷延到幾時？」

附録

段容思贈詩云：「萬徑千蹊吾道害，四書六籍聖賢心。聖賢心學眞堪學，何用奔馳此外尋！」

范公吉曰：「先生以五經教授，明心學於狂瀾既倒之餘；以四禮率人，挽風化於頽靡不振之秋。以端實淡泊飭躬砥行，垂休光於千百載之後，可謂一代人物矣！」

周小泉先生 附王錫之

先生諱蕙，初名檜，字廷芳，號小泉，山丹衛人。後隱在秦州之小泉，因以爲號。成紀之人薰化其德，稱爲小泉先生。年二十，聽人講大學首章，奮然感動，始知讀書向學。爲蘭州戍卒，聞段容思講學，時往聽之。久之，諸儒令坐聽，既而與之坐講，以爲畏友，有疑，與訂論焉。容思先生曰：「非聖無學。」先生曰：「惟聖斯學。」於是殫力就學，究通五經，篤信力行，以程、朱自任。當時亦翕然以爲程、朱復出，咸敬信樂從之。又受學於清水教諭河東李昶。昶，景泰丙子舉人，文清門人也，遂得文清之傳，功密存省，造入深純，遂爲一時遠近學者之宗。

恭順侯吴瑾總兵於陝，聞其賢，聘爲子師，先生固辭。人問故，先生曰：「某軍士也，總兵役某，召之不敢不往；若使教子，某則師也，召之豈敢往哉？」瑾遂親送二子於其家，先生始納贄焉，聞者嘆服。肅藩樂人鄭安、鄭甯皆乞除樂籍，從先生讀書，其感人如此。成化戊子，容思至小泉，訪先生不遇，留詩而去。秦州守數造其廬，舉鄉飲賓，謝不往。巡按杜公禮徵求見，講太極先天二圖，不覺前席。嘗遊西安，與李介菴論學，介菴大悟，卒爲關西名儒。

先生以父遊江南久而不返，追尋江湖間，至揚子而溺，天下莫不悲之。門人最著者渭南薛敬之、秦州王錫之。敬之另有傳。錫之諱爵，以操存爲學官，至保安州判。

附録

段容思贈詩〔一〕曰：「小泉之水隔烟蘿，一濯纓冠一浩歌。細細靜涵洙泗脉，源源鼓動洛川波。風埃些子無由入，寒玉一泓清更多。我老未除塵俗病，欲煩洗雪起沈疴。」又曰：「白雲封鎖萬山林，卜築幽居深更深。養道不干軒冕貴，讀書探取聖賢心。何爲有大如天地，須信無窮自古今。欲鼓遺音絃絶後，關閩濂洛待君尋。」

何大復曰：「先生於容思先生，其始若張横渠之於范仲淹，其後若蔡元定之於朱紫陽也。」

李二曲曰：「先生崛起行伍之中，闡洛、閩絶詣，以振頽俗，遠邇嚮風，賢愚欽仰。思菴薛子不遠數千里從之學，每晨候門，躬掃坐榻，跽而請教，事之唯謹，卒得其傳，爲一時醇儒。其後呂文簡公又問道於薛，以集關中大成，淵源所自，皆先生發之，有功於關學甚偉。然其初特一軍卒耳，甚矣，人貴自立也！」

〔一〕「贈詩」，少墟集卷二〇小泉周先生及明儒學案卷一布衣周小泉先生蕙載該詩爲：「小泉泉水隔煙蘿，一濯冠纓一浩歌。細細靜涵洙泗脉，源源動鼓洛川波。風埃些子無由入，寒玉一泓清更多。老我未除塵俗病，欲煩洗雪起沈疴。」詩句稍有差異。「泉」作「之」，乃録文有誤將重文號作「之」所致。「纓冠」乃爲「冠纓」之倒文。

張大器先生　附張抑之

先生諱鼎，字大器，別號自在道人，咸寧人。父廉，知山西蒲州。先生從之任所，受學於河東薛文清之門，日勤勵於聖賢之學，諸子百家靡不研究，而尤以濂、洛、關、閩爲宗，文清深器重之。歸補西安郡庠弟子員。景泰癸酉，以易舉於鄉。成化丙戌，成進士，授刑部主事，遷員外郎。甲午，出知山西太原府。太原爲省會劇郡，古稱難治。先生游刃有餘，循良弁三晉。九載考績，晉山西參政，仍署府事。又四載，遷河南按察使，振飭紀綱，奸人斂跡，嘗辨指揮董敬等人命之誣。弘治初，以冢宰王端毅公荐，擢右僉都御史，巡撫保定等府。時畿輔多事，盜賊縱横，行旅戒嚴，先生築墻植樹，自内丘至於京都，道路肅然。值歲大祲，先生給糧賑濟，民免流亡。辛亥，晉戸部右侍郎，尋以病謁歸。歸四年，爲弘治乙卯，卒於家，年六十五。

先生爲人仁厚敬慎，事不苟爲，非義不取，進退惟命。終身恪守師説，不敢稍有踰越。文清殁，其文集散漫不傳，先生搜輯較正，凡數年，始得成書。至今學者尚論文清，必以先生之言爲徵信云。所著仕學日記、語録、自在詩文、蠹齋博稿[一]若干卷。

同時有秦州張先生諱鋭，字抑之。成化初舉於鄉，從父敏之江西布政司照磨任，得受學於東百張先生元禎之門。張先生者，豫章大儒也，由是學益有得。乙未，登進士，授刑部主事，歷員外郎、郎中，遷江西吉安知府。坐忤權貴，調湖廣漢陽，尋晉山東左參政。後致仕鄉居，日進執經諸弟子于庭，講學不倦，鄉閭薰德，隴西學者稱爲張夫子云。

[一]「蠹齋博稿」，原作「蠹齋稿」，「齋」下缺「博」字，據關學編卷三補。

文録

序薛文清公文集略曰：「予嘗記先生設教河汾，一時及門之士雲集川匯。某方十五六，先生格言至論耳濡目染，猶能憶其一二。惜乎，少年不及向學！大抵先生方剛正大，以聖賢爲師，處己接物不詭隨，不屈撓。講論經書，窮究義理，自一身一心推之至於萬事萬物，然後約之以歸於一。其餘子史百家，靡不淹貫，究竟至極。尤邃於性理之學，周易、太極圖、西銘、近思録未嘗釋手，常瞑目端坐，思索有得，欣然見於顔面，其學蓋已至於樂之之地矣。言動舉止，悉合規度，可爲人法；辭受取予，一抉於義。終日衣冠危坐，望之儼然可畏，雖燕閒亦然。居家孝弟忠信，對妻子如嚴賓。及至接人，和氣可掬，不語人以其所未至，嘗以程門「居敬窮理」接引後學，晚年造詣高明，踐履篤實，益至純熟。其詩文平易，沖淡渾成，不假雕刻，誠所謂布帛菽粟，切於民生日用而不可缺者也。學者自當得之。余早侍几席，壯歷宦途，老無所得，追思誨諭，不可及也。」

附録

王端毅墓銘略曰：「理學傳自〔一〕文清公，高名可並太華峰。」

王懋德先生

先生諱盛，字懋德，號竹室，韓城人，薛文清公門人。爲人孝友清貞，秉禮好學，登成化乙未進士，任戶科給事中、山西

〔一〕「自」，原作「至」，據關學編卷三改。

布政司參政。嘗以暇日課士，名流多出其門。俸禄所入，盡以散諸親族，家無餘財。嘗按部河東，有韓人延洽，了無倨色，閭里榮之。韓俗喪葬多沿習慣，不遵古禮，先生一守朱子家禮，爲之厘正，風尚以移。

初，先生及第之前一年，薛封池蓮一莖雙花，既而先生與馮義成進士，并先後俱授給事中，人皆稱爲瑞蓮，謁先生記之。先生以花雙而實異，因記以自勵云。著有移風社、竹室詩若干卷。

文録

瑞蓮記略曰：「『彼澤之波，有蒲與荷。』荷，芙蕖也，其華菡萏，其實蓮。以蓮花爲君子者，周濂溪也；以蓮花爲淨友者，曾端伯也。比興之義，士當以之。今韓之蓮一莖雙花，瑞也。顧實有不同，焉可繹也？何也？科之登也，同也。得其人，則足正君善俗，則足修政立事，而禄位崇焉。此蓮房之大而實，若以示勸也。非其人則名實未加於上下，責任空託於一身，而卑黜隨之。此蓮房之小而未實者，若以示戒也。繹示戒而戒之，繹示勸而勸焉。堯、舜吾君民，位育吾寰區，如此則器之成也大，而人與蓮并瑞矣。」

重修縣學記略曰：「竊維太極肇判，道原於天，在天爲元亨利貞之理，在人爲仁義禮智之性。其用至廣，其體至微，修、齊、治、平之要舉不外此，而隆古帝王建極、建學以闡明之。及周之衰，道墜於地，天乃篤生素王孔子，集羣聖之大成，爲萬世立言。見知聞知者，有顏、曾、思、孟之儔，傳其道於先周；程、朱、張之輩，明其道於後。聖人之道，如日中天。歷代師之，咸建學立師，崇重其道。」又曰：「爲師者，能法胡瑗教授蘇湖而嚴經義治事之方；爲弟子者，能效遊楊立雪程門而明學古入官之道，則人才出自科貢，效用於時，而樹立古之名世者事業，上不負朝廷教養之恩，下不負循良作興之蹟，而吾夫子之道，賴之闡揚於天下後世者，又何如哉！」

孫先生

先生諱軥，韓城人。嘗受學於薛文清公之門，少授詩，善屬文。中正統丁卯舉人，入太學，歷事大理官，至四川夔州府同知。

宋廷珍先生

先生諱玉，字廷珍，長安人。自幼好學，於書無所不窺，人稱爲宋五經。正統三年，任雙流訓導，以賢能行取赴部。時王振當權，先生獨不爲禮。後授瀋府教授，瀋王敬之如師，動静言語必禀而後行。致仕歸，教授鄉閭，子弟從遊者甚衆。

李介菴先生

先生諱錦，字在中，號介菴，咸寧人。幼警悟不凡，九歲失恃，如安成依舅氏韓君智，韓爲擇師教之。讀書知大義，日見英發。比成童，還爲諸生，受易於鄉先生董君德昭之門。後從秦州小泉周先生學，得聞周、程、朱、張爲學之要，一以主敬窮理爲事。又與渭南薛思菴、咸陽姚西廓、同邑雍誼菴相互切劘，學益有得，時人方之横渠。通政濟南尹文簡使秦，聞先生名，延與語，頗爲驚嘆。天順壬午〔二〕，舉於鄉。成化戊子入太學，大司成邢讓深器之，令

〔二〕「午」，原作「子」，據關學編卷三改。

諸子受業。讓坐事下獄，先生率六館士伏闕頌冤，由是名動京師。嘗愛武侯「静以養身，儉以養德」，「學須静，才須學」數語，揭之座右以自警。居憂時，巡撫余肅敏請教其子，先生以齊衰不入公門固辭。肅敏聞其喪不能舉，賻以二槨，先生卻其一，曰「不可因喪射利也」。郡大夫賻〔二〕米，以狀無俸字辭之，其不苟於辭受取與之間有如此。

先生循循善誘，及門如參政李静菴、尚書劉近山、知州于寬、員外董養民、舉人張子渭、李盛，漸被尤深。李静菴、劉近山均另有傳。先生數上春官不第，成化甲辰，謁選直隸松江府同知，職親戎牒，夙夜精勤，惜未究厥施，以疾卒於官，時成化丙午，年僅五十一。其贊薛思菴像云：「鄒魯淵源，河嶽耿光。進二郡守，民富而康。退修禮經，聖道彌彰。」卒之日，貧不能爲棺斂，僚友賻之，始克歸云。先生歿後十年，靈寶許襄毅公巡撫關中，屬督學楊文襄公表其墓，蓋許公爲先生同志友云。後數十年，與先生同姓名者有李仲白。

李仲白先生

先生諱錦，號龍坡，字仲白，渭南人。亦潛心理學，聞西蜀高龍灣先生儔署高陵教事，先生越疆受學，與呂涇野同門相切磋焉。正德庚午，領鄉荐，爲宿遷令，勸農勸孝，政無不舉，宿遷人稱爲「百年以來第一人」。遷海州知州，貧不能具一花帶，呂涇野子遺之一圍，後致仕抵家，此帶獨未易也，其清苦如此。嘉靖丙申，卒於家。呂涇野子爲銘其墓，稱其「禀受懿嘉，學求根本」云。

嘗撰三水令馬公宗仁德政碑記，略曰：「古之治人者，必先明乎明德。故有虞之世，其用人也，必三德而後爲大夫，六德而後爲諸侯。蓋以官之崇卑，視德之大小也。洪惟我明建官惟賢，必德充於己，始授以官，冀惟其得於己者以施於人

〔二〕「賻」，原缺，關學編卷三介菴李先生載「郡大夫有與之厚者，賻米數十斛」，據補。

也。士或有德不足而幸得禄秩，亦不旋踵而取敗。若馬公，可謂以德授官者歟？」又曰：「夫官之切於民者，莫令若也。上以一邑之民付之令，好惡休戚，固將目擊而身體之，使遂其願而不加之以所不願，以仁之也。仁之術，其施有緩急焉。使馬公之爲，或施於已成之邑，故習之民，雖皆以德行乎其間，其急且繁亦未必息人之議也。然而施於新析之邑，新理之民，乃政之當急而不可緩，當張而不可弛，斷斷然有不容自己者焉！其於爲政之次第，固義之所在也。仁且義，非德之所在乎？惟是德而達之於政，若火之始然，日熾月盛，方殷未艾也。然則馬公其賢矣哉！宜爲士民之所表著也。」

姚微之先生

先生諱顯，字微之，咸陽人。儀觀奇偉，剛正磊落，制行一以聖賢爲法。嘗與李介菴、薛思菴諸儒爲講友，以寓居長安西廓，學者稱西廓先生。領正統甲子鄉荐，傳業成均，上三封事，大略皆闢異端、崇正學、安社稷之謀。後擢監察御史。景泰五年四月，上疏劾王振，名震天下，爲不利己者所忌，出宰齊東。先生公廉剛毅，動必循古，斷獄不施鞭樸，諭以理義，民咸愛之。故民歌之曰：「清如水，明如鏡，齊東之人何其幸？」轉武城，民亦愛之。歌曰：「先有子游，後有姚公。學道愛人，同一古風。」因與子游同祀焉。循政詳山東通志中。後丁内外艱，俱廬墓側，以教鄉社子弟。藩臬諸公造之，食以蔬糲，無弗飽者。尋陞大僕丞。比卒，士林咸痛惜焉。

文録

自贊小像云：「六尺長軀，尺五長鬚。學古入官，讀孔孟書。軀兮鬚兮，五十三年而知五十二年之非。軀兮鬚兮，碌碌庸庸，不能作邦家之基。」

附録

馮恭定公曰：「師友之益大矣！先生之寓居長安也，以與李介菴先生講學，故介菴以理學鳴關中，而先生與之爲友，交砥互礪，俱成名儒。是先生之氣節，蓋從學問涵養中來也。彼虚憍恃氣者，視先生當赧然愧矣。」

恭定祭文又曰：「惟公之沒，百有餘年。跡公行事，一代豪賢。頃過蒿里，低思惘然。虎谷題墓，錦字如鮮。顧瞻豐碑，爲扶其顛，庶幾夙夜，永永不遷。假令公在，願爲執鞭。」

李靜菴先生

先生諱崙，字世瞻，別號靜菴，臨潼人。因師事咸寧李介菴，講求理學，僑居咸寧。作止語默，一以介菴爲法。登成化己丑進士，授山西屯留知縣，惠政在民。陞戶部主事，歷郎中，陞直隸廬州知府。清慎自持，鋤強暴，興學校，築河堤，百廢俱興。歲飢，偏歷所屬，加意撫綏，全活甚衆。存留各屬，起解馬疋，令輪流替解，民困以蘇。戶口、鹽鈔、存留稅粮，令解三分之二，一給軍，一充府庫，軍民兩便。巢縣大河水急，人多溺死，創立浮橋，以便往來。然自用淡薄，一書案，衣雖八年不易也。

陞河南左參政。丁外艱闋，補山東參政。以内艱歸，遂不出，樂道安貧。比卒，幾無以爲殮。西安郡守馬公炳然捐俸爲營葬事。夫人郝氏不能自給，巡撫奏聞，詔有司月給米養終其身，亦殊典也。屯留志稱「先生好學甘貧，不事華飾」，而廬州志曰：「縝密方正，廉靜寡欲，有古君子風。」何大復雍大紀及谿田志載先生事特詳，不贅。

附録

馮少墟曰：「世之降也，士通苞苴充囊橐，自爲計。即有清修之士，或不能庇其妻孥，人且以迂腐誚之矣，曰『廉吏安可爲也』！世道如此，可勝浩嘆。先生一介不苟，清節懔然，當此狂瀾，眞稱砥柱」云云。

卷十一

劉近山先生

先生諱璣，號近山，字用齊，咸寧人。介菴弟子。成化辛丑進士，除曲沃知縣，升瑞州知府。時新昌盜起，先生入賊巢面諭，賊羅拜聽命，立時解散。宦者劉瑾與先生同鄉，雅重先生，召爲太僕少卿。明年春，遷太常卿。踰月，進户部右侍郎。其秋，爲尚書，去知府時方一歲也。

先生自以爲中官荐用，居常鬱鬱，日飲酒放廢，邸舍無過從者。或以玉帶餽尚書劉宇，誤達先生所，閽者怪問之，其人驚去。後張綵代宇，開門納賄，車馬塡門，先生淡漠自如。然公卿因事謁瑾，率不得見，惟綵與先生至，即入飲閤中。綵出，揚揚公卿間，先生惟俯首忸怩，益不自安。瑾敗，自劾求致仕去。

家居二十餘年，緼袍脱粟，日食常不給，公服外無餘衣，鄉人愛信之焉。著有正蒙會稿四卷。

文録

正蒙會稿序曰：「易有『養正』之文，故張子取之以名書。篇内東銘、西銘，初曰砭愚、訂頑，皆『正蒙』之謂也。是書也，出入乎語、孟、六經及莊、老諸書，凡造化人事，自始學以至成德，大學之所謂『格物致知』，孟子之所謂『盡心知性』，無不備於此矣。故朱子謂其『規模廣大』，范氏稱其『有六經之所未載，聖人之所未言』，而張子亦自謂『如晬盤示兒，百物俱在，顧取者何如耳！』惜乎先儒論注雖多，而或散見於各傳。况張子多斷章取義，又有與本注不同者，初學之士，未及傍蒐，不能不爲之開卷思睡也。

「某何人斯，乃敢竊議！顧自早時得有所聞於我介菴李先生及提學恭簡戴先生之門。兹又承邃菴楊先生之命，因與同志諸友會講成稿。中間所引經傳，舊有注者，固不敢妄爲之説，其有非本文所當注而注者，則欲學者因此識彼，而且易於考證也。雖尚有郢書燕説之誤，然而君子爲高爲下，則敢望以此爲措手之地也。」

正蒙會稿答問

問：「是生絪緼相盪，勝負屈伸之始。」曰：「此與下章『虛實動靜之機，陰陽剛柔之始』互相發明，皆謂氣也。謂所以絪緼相盪，或勝或負，或屈或伸，雖皆此氣之所爲，而實中涵乎性，道非氣不可得而見，氣非道孰爲之主張。萬物都從這裡生出去，虛實動靜便是這飛揚升降者爲之。然則野馬、絪緼不謂之太和，而太和不謂之道，不謂之易，竟從何處覓道覓易哉！」

問「浮屠以山河大地爲見病之説」。曰：「此即以萬象为太虛中所見之物之説也。大抵浮屠主去礙，謂色即是空，誣世界乾坤爲幻化，故以山河大地爲見病。殊不知太虛不能無氣，氣不能不聚而爲萬物，雖大而山川融結，無非實理。然則萬象豈但虛空中所見之物，而山河大地於人果何礙而見病哉！」

問「因緣天地」。曰：「此本釋氏語，謂觸緣受，受緣愛，愛緣取，取緣有，有緣生，生緣老死，憂悲苦惱也。然天地之大也，豈可以因緣云乎哉！」

問：「起知於易，效法於簡，如何有乾坤之分？」曰：「浮而上者陽之清，如天是也；降而下者陰之濁，如地是也。故凡輕清無迹屬乾，有迹可見屬坤。乾屬前一截，坤屬後一截。乾主大始，坤作成物。」

問：「『地有升降，日有修短』之説如何？」曰：「先儒謂與地四遊相爲表裏。地在天中，水環地外，四游升降，不越三萬里。春遊過東萬五千里，其下降如其數；秋遊過西萬五千里，其上升如其數。夏遊過南，故日在其上；冬遊過北，故日在其南。此冬夏晝夜長短，因地有升降而然也。若以渾天術觀之，天形斜倚，半在地上，北極出地三十六度，其南五十五度正當地中。又其南十二度爲夏至之日道，天在地上最高，故晝長；又其南二十四度爲冬至之日道，天在地上最低，故晝短。其南下入地纔三十一度而已，此晝夜長短乃天體高低，非因地之升降也。其歲有春秋，猶月有朔望。潮之消息，乃繫乎月之進退，亦非因地之浮沈也。」

問：「『化而裁之存乎變，推而行之存乎通』，易義是如何？」曰：「存猶在也，謂卦爻所以變通者在人。」

問：「『有天德』如何一言盡天地之道？」曰：「言有兩端：有有德之言，有造道之言。有德之言，説自己事，如聖人言聖人事也；造道之言，則知足以知此，如賢人説聖人事也。孟子謂『閔子、冉伯牛、顏淵善言德行』，蓋以其身有德行，故言之親切而有味也。如天地之道至大，使無天德，縱言之，如何能言約而盡哉？故愚謂必有天德若子思子，然後爲能一言盡天地之道也。」

問「聖人神道設教」。曰：「此即易象『觀天之神道而四時不忒，聖人以神道設教而天下服』之義。蓋天道至神，神者，妙不可測之謂。常人以言設教，則有聲音；以身設教，則有形迹。聖人默契天道，體其妙用，以之設教，非有聲音，非有形迹，不設而設，不教而教，故天下之人涵泳其德，而不知其功；鼓舞其化，而莫測其用。自然捷如影響，莫不從而化焉。亦如四時之應乎天而無有差忒，大抵誠於此，動於彼也。」

問：「五行，張子舉六者，可以盡之歟？」曰：「如五數三、二、五、四、一，五方曰東、南、中、西、北，五運曰丁壬、丙辛、甲己、乙庚、戊癸，五穀曰菽、麥、稻、粱、粟，五臭曰羶、臭、香、腥、臊，五星曰歲、熒惑、鎮、太白、辰，五帝曰太昊、炎帝、黄帝、少昊、顓頊，五神曰句芒、祝融、后土、蓐收、玄冥，五性曰仁、禮、義、性、智，五倫曰父子、長幼、朋友、君臣、夫婦，五事曰哲、義、聖、謀、肅，五體曰筋、脉、骨、肉、毛皮，五官曰目、口、形、耳、鼻，五臟曰肝、心、脾、肺、腎，五液曰汗、涎、涕、唾、精，五虫曰鱗、羽、倮、毛、介。何者非五行？何者非帝則？然又皆不出乎二氣也。」

問：「魂魄於五腑相屬否」？曰：「邵子謂『心之靈曰神』，發乎目曰視；『膽之靈曰魄』，發乎口曰言；『脾之靈曰魂』，發乎鼻曰嗅；『腎之靈曰精』，發乎耳曰聽。豈不相屬？」

問「人之息」。曰：「人一呼一吸爲一息，一晝一夜有一萬三千五百六十息，每一千一百二十五息應一時。」

問「性命於氣，性命於德」。曰：「小注：『性命於氣，是性命都由氣，則性不能全其本然，命不能順其自然。性命於德，是性命都由德，則性能全天德，命能順天德。』張子語勢蓋如此，若作性聽命於氣亦通，但下文性聽命於德終欠順。」

問「『由象識心』一段」。曰：「就物上說亦是。天地間凡有皆象也，『人心惟微』，必因物而後知。如有一好物事而喜愛之心形，是由象識心也。但一味喜愛此好物事，則喪心矣。知凡有皆象是心，若所存惟在此象，亦非心之謂，蓋一物有一物之理，豈但存象而已哉。」

問「心存無盡性之理」。曰：「心即成心，謂私意也，化則無成心而不可知矣。故曰『聖不可知謂神』。」

問：「人有思慮知識，則喪其天；然則思慮知識，人可無乎？」曰：「形既生矣，神發智矣，思慮知識豈可無？但出於良知良能，斯爲順帝之則耳。」

問「形而後有氣質之性」。曰：「天地之性本善，一寓人氣質之中。氣質有偏正、純駁、昏明、厚薄，而此性隨之〔一〕矣，故有氣質之性。」

問「責己者當知天下國家無皆非之理」。曰：「如『臣罪當誅兮，天王聖明』，曰『天下無不是的父母』，曰『青苗之法，吾輩激成之爾』，是也。」

問「耳順與天地參」。曰：「聖人盡人物之性，然後能理與心會，聲入心通，與天地參。而盡人物之性又從窮理來，非遽然耳順與天地參也。夫聖人生知安行，而猶曰窮理盡性，然則學者豈可不加勉也哉！」

問：「聖人罕言性。張子謂『盡性者方能至命，未達之人告之無益，故不亟言。』朱子謂『命之理微』，故罕言之。

〔一〕「之」，關學宗傳陝西教育圖書社民國十年另一排印本作「分」。

一就人上說，一就命上說，如何？」曰：「惟命之理微，故盡性者方能至命。未達之人告之無益也，故不亟言。三說相兼，其義益明。」

問「律呂之變」。曰：「大抵截管爲律，吹以考聲。宮爲君聲，最大而沈濁；羽爲物聲，最細而輕清；商爲臣，其大次宮。徵爲事，其細次羽。角爲民聲，居四者之中。其數九九八十一以爲宮，三分宮數各二十七，下生者去一，餘五十四以爲徵。徵生商，三分徵數各十八，上生者益一，加十八於五十四，得七十二以爲商。商生羽，三分商數各二十四，下生者去一，餘四十八以爲羽。羽生角，三分羽數各十六，上生者益一，加一十六於四十八，得六十四以爲角。陽生陰曰下生，陰生陽曰上生。其曰變者，殷以前但有五音，自周以來加文、武二聲，謂之七聲。五聲爲正，二聲爲變。變者，和也。蓋宮與商，商與徵、與羽，相去皆一律。角與徵、羽與宮，相去獨二律。一律則近而和，二律則遠而不相及。故宮商之間有變宮，蓋近宮收一聲，比宮少高也。角徵之間有變徵，蓋近徵收一聲，比徵少下也。五聲爲正聲，故以起調畢曲，爲諸聲之綱。二變聲則宮不成宮，徵不成徵，不比於正音，但可以濟五聲之所不及而已。然有五聲而無二變，亦不可以成樂也。其詳具於律呂新書。」

附録

韓苑洛曰：「先生正德初爲大司徒，蓋宦瑾慕先生名而超遷之，先生不樂居其位。時瑾方以嚴肅勵精責大臣，先生每朝故素布，蔬部則痛飲而臥，冀不合於瑾而去。後竟中策士之料，弗得遂。及瑾敗，諸大臣議曰：『使瑾果成其逆，劉近山雖萬挫其尸亦弗從也。』然亦竟致仕。先生有大受之才，有汪洋之度，有堅貞廉介之操，乃一蹶而弗起，其皆不知先生耶？其或知之而不敢言耶？」

何大復正蒙會稿序略曰：「余讀張子正蒙，知其詳說之功。至於西銘，乃識其返約之指。正蒙書多難解，學者讀之，或不卒業而廢。比見近山劉先生會稿，明正通達，不爲曲說隱語，而事理無不得者。稽〔二〕之先生履歷治行，則平日窮理之學不有徵哉！」

〔二〕「稽」，原作「嵇」，據大復集卷三四改。

卷十二

薛思菴先生

先生諱敬之，字顯思，號思菴，渭南人。生而姿容秀美，左膊有文字，黑入膚内。五歲即喜讀書，居止不同流俗，鄉人以道學呼之。嘗師事周小泉，每雞鳴而起，候門開，洒掃設坐，至則跪以請教。故謂人曰：「周先生躬行孝弟，其學近於伊、洛，吾以爲師；陝州陳雲逵忠信狷介，凡事皆持敬，吾以爲友。吾所以有今日者，此二人力也。」成化丙戌，貢入太學，與陳白沙齊名，一時以陳薛並稱。丙午，謁選山西應州知州，不三四歲，積粟四萬余石，年饑，民免流亡，逋而歸者三百餘家。南山有虎患，仿昌黎鱷魚故事，爲文祭之，旬日虎死。蕭家寨平地暴水湧出，幾至沈溺，亦爲文祭告，水即下洩，聲如雷鳴。奏課爲天下第一，陞金華府同知，居二年致仕。正德戊辰卒，年七十四。

先生嗜道如飴，老而彌篤。好與人講，又好靜坐思索，凡有所得，如横渠法，即以劄記。有思菴野録、道學基統、洙泗言學録、定心書、定性書、心說、性說、爾雅便音、田疇百咏集、歸來稿、禮記通考、金華鄉賢祠誌諸書若干卷。

思菴野録

堯、舜心也，桀、紂心也，曷聖愚之一分乎？曰有幾焉，君子不可不審。

言學不志於道，不知所學者何事。

學者須知所學爲何事，然後知所向慕，則其趨自不差謬。不然，學其學而非聖賢之學，不過成一鶻突人耳。

學不難，力行爲難。行之不力，則學亦不堅。

有宋以來，學者莫勇於吴草廬，朱子之後一人而已。

心不可一時放下，一刻放下，但放下便不存。

存心只是收斂謹嚴在腔子裏面來，不令片時放去外邊，久久成熟，自然覺有長進處。

心或不定，便煩燥憒亂，隨氣浮沈，自不爲底主。若定，則有主，亦自不爲氣所擾侵，不亦賢乎？

掃去一分塵垢，則光靜一分田地。人之於欲也亦然。

心切不可放實，實則道無從而入，非善學者也。

目者，神之出入戶牖也。一不得其正，則神反罷矣。

存得一分心在，見得一分理在，學者可頃刻失其養乎？

心本是個虛靈明透底物事，所以都管照得到。一有私欲，便却昏蔽了，連本體亦是昧塞，如何能管照得物？

學者始學，切須要先識得此心是何物，此氣是何物，心主得氣是如何，氣役動心是如何，方好着力進裏面去。

千古聖賢非是天生底，只是明得此心分曉。

心學工夫自別是一段氣力。

心者，理之天，善之淵也。養心者則天明淵澄，而理與善莫不渾然發外矣。

河圖，天像也，其中十數，五五相南北，是亦地方也，天包乎地也。洛書，地像也。其陰數，二四六八居四隅，是亦天圓也，地承乎天也。天未始不統乎地，地未始不承乎天，天地相得而後萬物和。河圖洛書亦未始不相爲表裏經緯，如劉歆之説。

心有所守，則氣自無不制。氣無不制者，心之馭氣也。無制者，氣之馭心也。故曰：「志，氣之帥也；氣，體之充也。」

中庸書本無「庸」字，若無「庸」字，則中之理便虧欠，所以子思添個「庸」，便見得中之道，只是平常底道理。

學者第一要心存，心一有不存，便與道畔。

心最不可欺，一有所欺，便自不安。纔自不安，覺之者神也。故曰：「心者，神明之舍。」心但有存，便有天地氣象。不見其有一物，足以動其中，何也？心體本大，第患物欲淆雜而不能存耳。

天，陽也，未嘗不伏於陰之中；地，陰也，亦未嘗不倚於陽之内。故陽自下升，陰自上降也，即便是動静無端，陰陽無始。無端即無始之意，只是説渾淪底意思。

學者不可一日不讀論語，一讀之，便消融多少渣滓。

太極圖明此性之全體，西銘狀此性之大用。

心一有不正，則煩擾隨之。

鳶飛戾天，魚躍於淵。程子謂：「與『必有事焉，而勿正之』意同，會得來，便活潑潑地；會不來，只是弄精神。」此段余思何消會與不會得鳶魚之飛躍，便是「必有事焉，而勿正」，皆不得已而然，非有爲也。天下豈有性外之物，是孰使之然哉？

讀書不在多，貴在知要；知要不在言，要在力行。

「活潑潑地」只是活動，指鳶魚也，便見得理氣説得前面活動，如孟子「躍如」，如顏子「卓爾」模樣。

太極圖是天地萬物之畫像。

心之本體本無一物，但有動，則有物。

太極本説理，卻有氣；西銘本説氣，卻有理。

如牛山、浩然兩章，孟子分明説得大段活潑潑地，問人前面，眞周、孔以來所不能到。

天地是個活的物，只人看不破，如風霆雨露，或放或斂，寂然不動，卻爭不會言語氣象。

體用一源，顯微無間，程子説得天地之消息盡。太虚萬物，循是出入，皆不得已而然者，張子説得天地之根底盡。

孟子說「心不若人，則不知惡」一句，吃緊爲人底意。近在山中數日，偶得此句親切。孟子勉人爲善之心，豈欺我哉？

大學只是古大學中教人得法子。予洙、泗道學正宗一編，祇是孔子洙、泗教人得法子。

子思作中庸，與龍馬負圖同。蓋非天授，何於胸次有如此？況十六歲亦非著書之時，非天授而何？

中庸爲傳心之典，大學爲道學之原。大學規模明白，學之者易；中庸程度高邁，學之者難。進學無如大學，進道無如中庸。

心放下便是出所，出所不能主事而即役於物，遂喪矣。舜、禹所謂「人心惟危」者也，況統屬吾身而爲萬物之根本哉！故學者欲之於道，不可一毫一息放下心也。一毫放則一事不濟，一息放則一時或曠。如此便與理違，謂之造聖賢之域者遠矣。

靜中氣味，恨無人識得。靜，理窟也。一探之，有無限義味出來。

吾於無事斂襟危坐，自覺進道有着力處。何也？但坐便擲去私欲，不容毫髮町畦之立。

一念之善，從容涵咏；一念之惡，着力勇去。即此而優游涵養，久來自必有得，如此方是進道處。

人善便忘了惡，人惡便忘了善，只在一息之間。

靜中如正在天理渾融處，殊甚痛快，勿令纖毫欲來擾動；一有欲來，便截斷了，恰如澄泉之流，而一土壅住，學者不可不知此界限。

天理渾融，即不可容一物；有物即雜矣。此際正是天人之判。

心何居乎？曰在腔子裏。曰腔子安在？曰在我。曰我何物也？則寂然無所歸，學者最宜體玩個下落處。

一念之善，便覺心廣體胖，所謂作善降祥也。

讀書亦可療疾，平其心，易其氣，自無邪氣之干。

爲正自邪不得，爲邪自正不得。邪正各有定位。

天下之言性也，則故而已矣。故者，以利爲本，此孟子剖心露膽開發人處，不容絲毫隱諱也。

復卦曰：「復其見天地之心。」先儒曰：「靜能見天地之心。」復比靜爲最切，天地生物之心也，陽也。復卦一陽初生，而心已動，涵萬物也，所以復其見天地之心。靜則不過滌去垢汙，象形皆寂，自見得天地分明，不若復見之生息也。然復見天地之心，仁也；靜見天地之心，智也。仁智之道，易備之矣。

心惟不可一時放下，放下便是天地間隔，卻與天地不相似。

理欲交戰，其勢亦雄，非有絕然之力，不能克欲而存理也。

無極而太極，無極謂無聲、無臭、無形狀之可指也。或問曰：「太極有形狀乎？」曰：「太極也無形狀，只是已成個胚胎子。但無施受，即陰靜陽動上那一圈子便是。及靜而便生陽，動而便生陰，方成個天地模樣。所以太極是無極中之胚胎，不然，何以曰太極本無極？」

心乘氣也，氣依心也。夜氣乃吾之氣，只是夜間不與物接，不爲慾擾，其氣便清明有生息，足以架閣得這心。還須晝要涵養，不然夜雖有生息之機，亦有許多勞擾雜揉，便不能清明。

「濟人利物」四字卻有差。濟人便是利物，但利物比濟人要放開一步說。如遠庖廚，以時入山林，不妄侈用，皆是利物之謂。

天地生物之心無一毫止息，故稱健。人或勤或怠，勤則爲，怠則止，即非天地之心，豈得爲健乎？

周茂叔令程子尋仲尼、顏子樂處，所樂何事，非早年語也，是提挈出個入道路頭來告程子，要見尋字下落，方有得處。

文中子謂無鬼責者，蓋示人以謹獨之意。

心稍不存，言即忘矣，故曰：「言者，心之聲也。」

爲人之學，放心也；爲己之學，存心也。心存則不知外之顯晦，心放則不知內之輕重。

西銘一章，張子分明寫出個萬物一體形狀。聖賢也不必多讓，若見得是，則也便一般。聖賢一讓，則自棄之心生，而學不獲進，此庸人之劣質，學者通病也。學之成聖成賢，衹好一部大學便了。孟子「君子深造之以道，欲其自得」章，乃得孔子不傳之秘，孔子默而識之，孟子自得之謂也。夜氣與浩然之氣不同，彼以全體言，此以生息言。但浩然章主乎氣，牛山章主乎性。學者互相考之，則有以知性氣之不相離也。

凡讀聖賢書，不可以俗心窺伺聖人之大度。

惺惺法者，亦是不死心之法。若死，則便不惺惺底矣。操存省察，便是活心不死之法，如藥病然。

一念之惡，不省察剔去底早，終必至於大憝。

附録

馮少墟曰：「明興，當成、弘間，太和醲〔一〕鬱，化理翔洽，海内眞儒，於斯爲盛，若思菴薛先生其一也。先生之學，以存心爲宗旨，以求靜力行爲功夫，自少至老，鉅矱不少屑越，故所著野録皆從身心體驗中流出。凡天地鬼神之奥，人倫物理之常，靡不研窮究極，而尤惓惓歸重於此心。如曰：『學者第一要心存，心一有不存，便與道畔。』又曰：『人心一靜，萬里咸集。』又曰：『心之本體，本無一物，但有動則有物。』又曰：『心不可一時放下，放下便與天地間隔，與天地不相似。』諸如此語，皆切近精實，不詭於洙、泗、濂、洛之旨。讀書、居業二録而後未有也。」

〔一〕「醲」，原作「釀」，據少墟集卷一三思菴野録序改。

卷十三

鄭處善先生

先生諱安，號處善，肅州人。小泉弟子。聞思菴講學，攜一子來訪。居靈台山中十餘年，卒，思菴葬之。其子年僅十三，能詩，今靈台山題詩尚存。後游吴、越間，以詩鳴，不返。自號曰太白山人。弟寧，亦師事小泉，有文集。

吉惟正先生

先生諱人，字惟正，長安人。思菴弟子。體貌俊碩，資性明敏，有文名。以解元中成化進士，授中書舍人。弘治初，與劉概、湯鼐輩爲文會，以濟時爲己任。大臣忌之，因謫去職。還鄉，益講求篤志近思之學，足跡不入城者三十年，弟子多從之遊。

周節之先生　子克述附

先生諱尚禮，字節之，高陵人。以貢任垣曲縣丞，爲政一以清謹爲主，聲譽著聞，旋致仕歸，授徒百餘人，涇野呂子與焉。顔所居齋曰養浩軒，取古孝弟、忠信、修身、睦婣、才能、政治者日講一條，督令躬行。其他灑掃應對，出入起居，均有法度，諸門生不敢違也。一時及門之士多漸漬以成，邑中小學之教，若先生可謂肇修矣。

呂子童子時受學，得先生小學之教爲多。正德三年卒，年七十三。高郎中選銘其墓曰：「猗嗟哲人，厥初童孺。養正弗端，終其淪敗。聖人垂言，惟茲爲要。先生舉之，波及民牧。誰謂先生，官卑名尠。」

子諱紹，號克述，少遵庭訓，篤志經史，爲文多奇古語，與涇野呂子、程汝修同學，皆以聖賢之學相期。舉弘治甲子鄉試，授戎縣令，上官荐其能，調任江陵。時縣有水患，克述乃創築長堤捍之，民以安堵。又墾田千頃，窮民稱利。旋以誣陷解任歸。

克述剛方清謹，事繼母如所生，平居喜勸人爲善。縣無春秋、禮記，身走武功諸縣購求之。於是程吉治春秋，牛時用治禮記，高陵始有春秋、禮記之學。

孫廷舉先生

先生諱昂，字廷舉，高陵人。幼有大志，年十三，侍父禄之某巡檢任，有侍官而侮之者，先生正色曰：「此豈可以誇人哉！吾他日不爲是也。」比長，入邑庠，言動不苟，苦於誦習，常至夜分，或且達旦。隆冬則以羊裘被身，足藉麥草，不以爲苦。又以親老在家，暮則自學至家，晨則自家至學，日常徒步二十餘里，定省學業，兩不曠廢。教人以敦本尚實、修德謹行爲首，故一時及門之士多有所成就。其舉於鄉以俟會試者，則涇野呂子與周克述也。中弘治壬戌康海榜進士，授行人司行人。既到官，忠信以處寮寀，廉整以自操持，日常誦書讀法不輟，志在行道濟時也。惜未究其用而卒，年三十九。

子汝弼、汝直、汝鄰，能世其家。高郎中選誌其墓曰：「嗚呼！天胡大不進，而不使得遂其所止；天胡奪之速，而不使得究其所以。外則有徒，内則有子，天其或者將顯廷舉於此耶？」又曰：「廷舉以勤苦自勵，而不忮求他人之有，以強毅漸漬爲學而不鹵莽於一日二日之得。與夫當其事而能處之詳審以密，務乎内而不事表暴於外者，茲固諸生以爲不易學。至其即時論事，蓋將有志於天下國家。豈意歷官未久而遽疾不起，使其進不能以大有所爲，而其才卒於不究，此豈不謂之天哉？」

程汝修先生

先生諱吉，字汝修，號東軒，高陵人。生而惇樸戇直，與涇野呂子同受業於周節之先生之門。性遲鈍，講誦皆難，心若弗得，寢食俱廢。既入邑庠，與呂子共晨夕，乾乾不懈。初治尚書，棄去。治春秋，苦力鑽研，三年間精詳淹貫，遂以春秋冠多士，高陵有春秋之傳，自先生始。父有疾，求醫藥，往來灞、渭之間，人咸敬慕。事繼母孝，人無間言。涇野呂子曰：「某良友也。余孤介狂直，妄欲仿古，然力不能赴，屢自畫焉。某獎勸救正，令勿顛踣。及今稍能省解，深思某益，某乃不存。若某者，仲尼所謂『直、諒』者，非耶。某雖未有爵位，布所學於當時，即其所至，可不謂難與。」

趙俊宇先生

先生諱章，字俊宇，延安衛人。祖仕官武鄉知縣，有惠政。兄彥，官至山東巡撫，平妖賊徐鴻儒有功，晉太傅。先生生有奇兆，幼時與太傅比肩共學，俱聰穎過人。太傅弱冠成進士，先生不事帖括，惟以進德修業爲務，以故試多不利。嗣以國子監生，官光禄署丞，年五十餘請告歸。

居家孝友，輕財好施。遇歲歉，出粟活人甚多。教訓諸子，以樹德爲孜孜。鄉人有不率教者，惟以德化之，無不愧而且感。卒年七十八。

子廣印，歷官兵部員外郎；隆印，固始知縣。孫廷錫，進士；廷嘉，戶部員外郎。論者以爲先生修德之報云。

卷十四

王端毅公

公諱恕，字宗貫，號介菴，三原人。正統三年進士，改翰林院庶吉士。景泰間，遷知揚州。天順中，轉江西右布政使，討平嶺寇。成化初，轉河南左布政使。襄鄧流民劉通爲變，勢正猖獗，擢公都察院右副[一]都御史捕治之，擒獲通等。榜示流民，各使復業，流民爲立生祠。以功遷左都御史，入朝會議，陳六事，皆痛切。轉刑部左侍郎，尋改左副都御史，巡撫雲南。凡九閲月[二]，自黔國大帥下及土官夷人，皆奉法令。遷兵部尚書，巡撫南京，兼總督糧餉。乃奏：「天下一切賦税，内外官收取過重，乞嚴禁革。光禄寺歲供白粲，概及庖人、賤工，請稍裁別。派買物料、織造綵繒及貢獻花木禽鳥，請賜蠲省。」又請以常州府羨米六萬石補民夏税，以羨錢六萬貫補諸府戶口鹽鈔。又請爲民減耗米十萬餘，請蠲重賦，免秋糧數十萬，芻半之。滿九載，加太子少保。孝宗即位，召改吏部尚書，加太子太保。

公在吏部，抑僥倖，奬名節，拔淹滯，遇事敢言，有不合輒求退乞休，上二十餘疏乃允。年八十八，武宗遣行人存問，公復疏數事。又四年卒，年九十三，謚端毅。

[一] 「右副」，原倒文作「副右」，據明史卷一八二王恕傳乙正。
[二] 「月」，原作「日」，據震澤集卷二九端毅王公墓誌銘及清雍正陝西通志卷五五王恕傳改。

公歷仕中外四十五年，上三千餘疏，皆忠直剴切。京師爲之語曰：「兩京十二[一]部，獨有一王恕。」論者謂公憂時之志如范希文，濟世之才如司馬君實，直諫如汲長孺，惠愛如鄭子産。年八十餘猶葺廬於先隴之次，搜閱典籍，編歷代名臣諫議一百二十卷，作石渠意見四卷，石渠意見拾遺二卷，玩易意見二卷。讀書至耄不倦，視衛武公九十不忘交儆，未遑多讓云。此外，復有經集格言二卷，奏議十五卷，文集十六卷，詩集十四卷。子六，承祚、承祐、承禄、承祥、承禋、少子康僖，即世稱平川先生者也，另有傳。

石渠意見

「戒慎、恐懼」二節謂天理人欲相爲消長，有天理即無人欲，有人欲即無天理，如何前一段是天理之本然，後一段是遏人欲之將萌？

「中和」節謂中和乃人性情之德，雖有動静之殊，初無二物。戒懼謹獨，皆是不敢忽之意，豈有彼此？如何自戒懼而約之，止[二]能致中？自謹獨而精之，止能致和？如何致中獨能位天地，致和獨能育萬物？恐非子思之意。

「鬼神」章謂鬼神，蓋言應祀之鬼神。爲德，如生長萬物，福善禍淫，其盛無以加矣。以其無形也，故視之而弗見；以其無聲也，故聽之而弗聞。「體物而不可遺」，言鬼神以物爲體，而無物不有，如門有門神，竈有竈神，木主爲鬼神之所棲是也。然其有感必應，是以使人敬畏而致祭祀，如在其上，如在其左右而不敢忽也。謂之如在，言非實有也。集注以發見昭著釋如在，恐非是。

「誠者自成也，而道者自道也」，謂誠者人之所以自成己，而道者人之所當自行也。集注「誠者物之所當自成」，

[一]「十二」，原作「三十」，據明史卷一八三王恕傳及王世貞弇州四部稿續稿卷八八改。
[二]「止」，原作「只」，據明儒學案卷九河東學案改。

「物」之一字似未通，觀下文「誠者非自成己而已也」可知。

詩云：「維天之命，於穆不已。」謂「穆」，深遠也，言天之命深遠而不息也。「於乎不顯，文王之德之純。」言文王之德，亦深遠而不彰顯也。集注「不顯，猶言豈不顯也。」恐未安。以上中庸。

「吾道一以貫之」，謂一即心之理也。心者，神明之舍，虛靈不昧，所以具衆理而應萬事。夫子蓋謂吾之道不在乎他，在乎以一己之心貫通萬事。曾子謂夫子之所謂「一以貫之者」，不過「忠恕而已矣」。忠恕，乃盡己推己之謂，而爲吾心之權度，所以稱輕重、度長短，而爲應事接物之本。能盡己推己，則可以不酬酢萬變而無不通矣。

「仰之彌高」四句謂顔子領夫子博約之教有得之後，追述在前未領聖教之時。以聖道爲高也，仰之則彌高而不可見。以爲堅也，鑽之則彌堅而不可入。瞻之若在前，忽焉若在後，蓋言己無定見，非聖道之有高堅前後也。以上論語。

「其爲氣也，配義與道，無是餒也。」蓋言氣配合義、道，使其行之，勇決而無所疑憚。若無義、道，雖欲行之，而氣自餒矣。然氣非道、義則不充；道、義非氣則不行。下文言是集義所生者，非義襲而取之也，行有不嫌於心則餒矣。是復申此一節之義。集注言「若無此氣，則其體有所不充，不免於疑懼，而不足以有爲矣。」是言無氣則氣餒，非是。

「盡其心者，知其性也；知其性，則知天矣。」蓋言人能竭盡其心思而窮究之，則能知其性之理。蓋性乃天之所命，人之所受，其理甚微，非盡心而窮究之，豈易知哉！既知其性，則知天理之流行而付於物者，亦不外是矣。與下文「存其心，養其性，所以事天也」文勢相同。集注言「人有是心，莫非全體，然不窮理，則有所蔽，而無以盡乎此心之量，故能極其心之全體而無不盡者，必其能盡夫理而無不知者也。」是言知性乃能盡心，不無顛倒，又與下文文勢不同，恐未安。

「子莫執中。執中爲近之。」蓋言子莫執中，爲近於道也。與孔子稱「回也，其庶乎」之意同，是許之之詞，非貶之也。「執中無權，猶執一也」，是泛説，非説子莫不知。集注何以曰「子莫執爲我兼愛之中而無權」。程子又曰「中不可執，若然，則堯、舜、禹『允執厥中』皆非也」。以上孟子。

君子學以聚之，問以辨之，寬以居之，仁以行之。學以聚之，廣其見聞也；問以辨之，別其是非也，致知事也；寬以居之，從容處之也；　仁以行之，不爲私意繫累而爲之，力行事也。以上易經。

天聰明自我民聰明，天明畏自我民明畏，達於上下，敬哉有土！　蔡傳言：「天人一氣，通達無間，民心所存，即天理之所在，而吾心之敬，是又合天民而一之者也。有天下者，可不知所以敬之哉！」語意含糊，人所難曉。意見以爲言人君之善惡在乎民，民之喜怒通乎天，民喜則天喜而降之祥，民怒則天怒而降之殃，有國家者可不慎哉！　如此説，似乎明白易曉。以上書經。

意見補缺

「克己復禮爲仁。」注謂：「克，勝也。己，謂身之私欲也。」故爲仁者必有以勝私欲而復於禮。勝私欲之説不可曉。蓋克，治也。言克治其身之私欲，使之不存，則天理之本然者，復歸於我矣。爲仁之道，豈外是哉？　故曰「克己復禮爲仁」。

人能弘道，非道弘人。注謂：「故人能大其道，道不能大其人也。」人亦難曉，只説人能擴充而行其道，道不能擴充而行其人，似乎易曉。苟非其人，道不虚行，待其人而後行，即此意也。

「夫志，氣之帥也；　氣，體之充也。夫志至焉，氣次焉。」注謂：「若論其極，則志固爲心之所之，而爲氣之將帥；　然氣亦人之所以充滿於身，而爲志之卒徒者也。」「故志固爲至極，而氣即次之。」意見以爲「志爲至極」之説，恐未盡然。蓋言志之所至之處，氣即隨之而至，如帥之所至之處，而卒徒亦隨之而至也，故云「志至焉，氣次焉」。

孟子曰：「天下之言性也，則故而已矣。故者，以利爲本。」注謂：「故者，已然之跡，利猶順也。天下之言性者，但言其故而理自明。」如此，則天下之人皆知性之理。意見以爲不然。蓋天下人之言性，只説已然之跡，便是性而已矣，更無餘辭。然人之已然之跡，有善有惡，而不知順理而善者爲性之本，不順理而惡者非性之本，故孟子言「故者以利爲本」。

「學問之道無他，求其放心而已矣。」意見以爲求放心者，爲學問之本。大學云：「心不在焉，視而不見，聽而不聞，食而不知其味，況學問乎？」人能求放心，使心常在腔子内而不外馳，有弗學，學之必成；　有弗問，問之必知也。此學問無他道，惟求其放心，乃可以學問也。

「士憎茲多口。」注謂：「按此，則『憎』當從土，今本皆從心，蓋傳寫之誤。」意見以爲，士多爲衆口所憎惡亦通，『憎』字從心，不爲誤。

仁也者，人也；　義也者，宜也；　禮也者，履也；　智也者，知也；　信也者，實也。合而言之，道也。即中庸所謂「五者，天下之達道也」。外國之本爲是。若以「仁也者，人也」爲合而言之，則似仁在人身之外，合之言之，方爲之道，欠通。

「由孔子而來至於今」一節，林氏曰：「孟子言孔子至今時未遠，鄒、魯相去又近，然而已無有見而知之者矣，則五百餘歲之後，又豈復有聞而知之者乎？」意見以爲，如此說，則是決然不復有見知聞知之人，非孟子意也。謂之無有乎爾者，是反說之辭，猶言豈無有也。蓋孟子之意，以爲孔門弟子速肖者七十二人，豈無有見而知之者？既有見而知之者，則今日豈無有聞而知之者？觀於此言，則孟子隱然以聞而知之自任也，意在言表。及觀「予未得爲孔子徒也，予私淑諸人」之言，則其以聞而知之自任之意，豈不益可見？林氏之說似乎不知孟子之言，不知文公何爲取之以誤來學。惜哉！

「必有事焉而勿正，心勿忘，勿助長也。」注謂此言「養氣者必以集義爲事，而勿預期其效。其或未充，但當勿忘其所有事，而不可作爲以助其長，乃集義養氣之節度也。」意見以爲，「必有事焉」，不但言養氣必以集義爲事，凡人之將有爲也，將有行也，皆事也。言人之作事不可預期其效，但不可忘其義。苟事之合義而行之，事必成；　不合義而強行之，事不惟不可成，而又有後患，猶揠苗助長也。故戒之曰「勿助長」，言不可強行以取禍也。

意見拾遺

中也者，天下之大本也；　和也者，天下之達道也。意見以爲，天下之事，處之得中則成，不得中則不成，故中爲天下處事之大本。天下之事，行之以和則行，不和則不行，故和爲天下行事之達道。此雖俗說，似爲得之。

忠恕違道不遠，施諸己而不願，亦勿施於人。言忠恕去治人之道爲不遠，施諸己而不願，亦勿施於人，忠恕之事也。知己之所欲，人亦欲之；己之所不欲，人亦不欲。若以此心治人，人其有不改乎？

「誠者自成也，而道自道也。」誠，實也，言人之心無不實，乃能自成其身，而道之在我，自無不行矣。注以「誠」與「道」對言，以「人」與「物」爲二事。意見以爲，「而」之一字，以連上接下言，分而言之，恐非也。

「口之於味也」一章，意見以爲，前五者雖性之所欲，然得不得有命焉！故君子不説性，須要聽乎命也。後五者雖命有得不得，然皆吾性之固有，故君子不説命，須要盡乎性也。

「一陰一陽之謂道，繼之者善也，成之者性也。」意見以爲，「道」者，化育之道也；「繼」，績也，猶言交構也。言陰陽交構而爲胚胎，無有不善，故曰「繼之者善也。」「成」謂成形也，言已成形而五性具焉，故曰「成之者性也」。然「繼之者善」，不離乎陰陽；「成之者性」，亦不離乎陰陽。本義以繼之者善爲陽之事，以成之者性爲陰之事，未敢以爲然。

玩易意見

「艮其背不獲其身，行其庭不見其人，無咎。」意見以爲，「艮」，止也；「背」，止之所也。此蓋言人心專在於所止之處，而不知身之所在，蓋不獲其身也。行其庭除有人之處，亦不見其人也。

象曰：「艮，止也。時止則止，時行則行，動静不失其時，其道光明。」本義謂行止各有其時，故時止而止，止也，時行而行，亦止也。意見以爲，時之當止則止之，時之當行則行之，是以動静不失其時，其道光明。此非釋卦辭本義，蓋矯於止而不行之弊，必行止不失其時然後可。而本義時行亦止之説，未敢以爲然。「艮其止，止其所也」以下，乃是釋卦辭本義。

顔氏之子，其殆庶幾乎？有不善未嘗不知，知之未嘗復行也。易曰：「不遠復，無祇悔，元吉。」本義謂：「殆，危也。庶幾，近意，言近道也。」意見以爲，殆，將也，言顔子將近於道。有不善未嘗不知，知之未嘗復行，此顔子近道也，實事也。論語所謂「不貳過」，即此事也。復「初九不遠復，無祇悔，元吉。」惟顔子似之，故夫子即顔子之行以明之也。

附録

張元楨像贊云：「昂昂乎大河喬嶽之英，落落乎拔地淩霄之器。所攀者聖賢，必居之安而資之深；所重者君親，必俯不怍而仰不愧。凛乎嚴霜勁鐵，有定見，有定守；焕乎清空白日，好心事，好心地。前朝之羣雌孤雄，敢言人不敢言，敢爲人不敢爲；新朝之天下大老，係宗祐之一安一危，係君子之一進一退。其高標雅望足以鎮孅邪棼然之躁，其義膽忠肝足以勵頑懦靡然之志。於戲，此眞聖明世之偉人、吉人、正人，天地間之英氣、正氣、間氣！」

卷十五

王康僖公

公諱承裕，字天宇，號平川，端毅公之少子也。兒時端重如老儒，恆端居不妄言笑。十四五歲時，從端毅公在南都，就莆田蕭某學。蕭令侍立三日，一無所授。歸告端毅曰：「蕭先生待兒如此，豈以兒爲不足教耶？」端毅曰：「是即教也，眞汝師矣。」年十九，舉於鄉。

丁未，孝宗登極，改元弘治，召起端毅公爲冢宰。公侍行，讀書京師，與一時名公遊，由是聞見益廣，學益進。登癸丑進士，會端毅公致仕，公予告侍歸。講學於弘道書院，宗程、朱以爲階梯，祖孔、顔以爲標準，弟子至不能容。冠昏喪祭，必率禮而行，又刊布藍田鄉約、鄉儀等書，俾鄉人由之，三原士風民俗爲之一變。久之，授兵部給事中，遷吏掌科。逆瑾恨其遠己，又因疏乞進君子、退小人及諸不法事，益銜之，罰粟〔一〕輸邊，以外艱去，始免。瑾誅，起原官，歷太僕少卿、正卿、南太常卿。宸濠反，發留都之爲內應者，都城肅然。嘉靖中，遷戶部右侍郎，晉南戶部尚書。致仕。

林居十年，惟以讀書教人爲事，當時稱其濟美，有范忠宣繼文正公之風。戊戌，卒於家，年七十四，謚康僖。所著有論語近說、論語蒙讀、談録漫語、星軺集、辛巳集、考經堂集、庚寅集、諫垣奏草、草堂語録、三泉堂漫録、厚鄉録、童子吟稿、昏禮用中、進修筆録、動靜圖說等書。所述有横渠遺書、端毅公遺事等書，行世。

〔一〕「粟」，原作「棄」，據關學編卷三平川王先生改。

文録

齋銘云：「齊不齊，瑾當瑾。萬物安，百神統。聖賢我，古來腤。齊不齊，謹當謹。」

太極動靜圖說云：「太極肇判，乾坤攸位，迺旋而轉，陰陽行焉。由是生生化化，萬物咸備，而人生於中，得元亨利貞之理，爲仁義禮智之性。理也者，默默然無形可見，無聲可聞，然賦之于人，非動乎其未賦之先，蓋靜之謂也。人之有性，猶天之有理，未感而見之於外，徒深以存之於内，則失其變化之機矣。是故，象勞兼樂，所謂法天而不載者也；象安兼壽，所謂法地而不覆者也。斯皆常人之爲，若夫動靜以時而無遷焉，則與天地爲一矣。嗚呼，其聖人哉！」

李道甫先生

先生諱伸，字道甫，三原人。平川弟子。弘治壬戌進士，授臨汾知縣。晉王府軍校肆橫殺人，前令不敢治，先生立置之法，境内肅然。擢御史，巡紫荆關，解散礦賊。巡按江西，激揚得體。時陽明王子講學東南，先生與爲講友，自謂深得其學。正德中守嘉興，有巨室呑人產爲郡害，先生廉得其實，立定爰書。又有殺兄謀奪其官者，獄久不決，先生一訊而服，民咸稱快。歷四川副使，學行政理多可觀。

趙文海先生

先生諱瀛，字文海，平川弟子。嘉靖己丑進士，知章丘。歲饑，賑濟全活甚衆。以治行擢戶部郎，出知嘉興府，疏濬城河，運土南湖，建烟雨樓。時多逋負，吏緣爲奸，乃分田地山、蕩二則，賦額以平，迄今賴之。旋兵備易州，著邊功，遷山東參政。致仕歸，囊篋蕭然。

雒仲俛先生

先生諱昂，字仲俛，號三谷，三原人。幼受業於平川之門，平川每奇之，謂馬谿田曰：「此子心純志篤，他日光吾道者也。」嘉靖癸未，第進士，授太常博士，擢吏科給事中。未三年，疏凡數十上。會世宗以羽士張鶚、金贇陞太常少卿，先生極言不可，乞收回成命，出爲四川僉事，歷河南布政使，考陞河南巡撫。徽藩不道，服用僭越，先生劾奏，被逮廷杖斃闕下，後徽藩事敗，贈戶部侍郎。

秦世觀先生

先生諱偉，字世觀，三原人。平川門人。爲諸生時，與馬谿田講誠敬之學。遊太學，又偕谿田及呂涇野、張西渠、崔後渠、馬柳泉、寇涂水相約講學，所得益邃。登弘治乙丑進士，授戶部主事，督宣大邊餉。監軍張永欲賞所私，先生不與，竟沮其事。旋出守保定，有中貴占民田，先生執奏不法狀，械繫之，中貴斂跡。遷山西參政，令行禁止，民知有參政，不知有撫按也。分守平陽，獄訟者爭歸之。爲撫按所忌，交劾以止。

卷十六

涇野呂子

子諱柟，字仲木，高陵人。世居涇水北，號涇野，學者稱涇野先生。少儁悟，受尚書於高學諭儔、孫大行廷舉，慨然有志聖賢之學。既而受學於渭南薛思菴先生，充乎有得。

年十七八，夢與明道程子、東萊呂子就正所學，學日益進。弘治辛酉，舉於鄉，計偕不第。與三原馬伯循、秦世觀，榆次寇子惇，安陽張仲修、崔仲鳧，林縣馬敬臣諸同志講學寶邛寺。約曰：「文必載道，行必顧言。」終日孜孜，一以古聖賢進德修業爲事。會孫行人歿於京師，遺孤不在側，子爲衰絰[一]哭拜，吊者或曰：「禮與？」子曰：「禮云：『喪無主，比鄰爲主。』況師乎？」及返葬於鄉，猶是服也。宿棺下三日，哭而相葬事。既歸講學，從遊日衆。

正德戊辰，舉進士第一，授翰林修撰。逆瑾以鄉人致賀，卻之，瑾不悅。已而請上還宮中，御經筵，親政事，益不爲瑾所容。遂引去，杜門謝客者三年。瑾敗，起原官，上疏勸學，危言以動之，上頗嘉納。乾清宮災，應詔言六事：一逐日臨朝；二還處宮寢；三躬親大祀；四日朝兩宮；五遣去義子、番僧、邊軍；六撤回鎮守中官。不報，復引去。

歸，卜築邑東門外，扁曰「東郭別墅」，四方來學者日衆。丁父憂，與平定李應箕、同邑楊九儀輩講求古今喪禮。既釋服，復講於別墅，至館舍不能容，築東林書屋居焉。世廟即位，起原官。時朝鮮國奏稱：「狀元呂某、主事馬某，爲中國人

[一]「絰」，原作「經」，據少墟集卷二〇改。

才第一，乞頒其文，使本國爲式。」馬謂谿田，其爲外夷敬慕如此。癸未，分校禮闈，得李舜臣輩諸名士。時陽明倡道東南，當路某深嫉之，主試發策，有焚書禁學之議，子力辨而扶救之，得不行。有一士對策，肆行醜詆，頗愜問意，同事欲取之，子曰：「此人今日迎合主司，他日不迎合權勢乎！」遂置之。復上疏請講聖學，亦不報。甲申，奉修省詔，上十三事，語過切直，與鄒東廓同時下獄，直聲震天下。尋謫東廓判廣德，子判解州。

既至銳爲，以作士變俗爲己任，講學崇寧宮。士子皆欣欣向道，以爲聖賢復出。攝守事，興利除害，不以遷客自解，善政犂然。來學者衆，建解梁書院，選民間俊秀歌詩、習禮。朔望令耆德講會典，行鄉約，廉孝弟節義者表其閭。求子夏後，學之學。正夷、齊墓，建温公祠，訂關雲長集。政舉化行，俗用丕變。丁亥，轉南吏部考功郎，躬親吏牘。以少司馬王浚川荐，遷南尚寶卿、南太常寺少卿。乙未，入爲國子祭酒。

子在南都九載，初講於柳灣精舍，既講於鷲峰東所，後又講於太常南所，風動江南，環向而聽者前後幾千餘人。與湛甘泉、鄒東廓共主講席，相得甚歡。其在國學，益以師道自任，自講期外，進諸生，諄諄發明，使人知聖人可學而至。一時太學有古辟雍之風。

丙申，晉南禮部右侍郎。東南學者聞子復至，益日納履其門。時有論湛甘泉僞學者，先生白諸當路曰：「聖皇在上，賢相輔之，豈可使明時復有學禁之舉乎？」事遂寢。會奉先殿災，九卿自陳，遂致仕歸。講學於北泉精舍。越四年，壬寅七月初一日卒，年六十四。著有四書因問、周易説翼、尚書説要、毛詩説序、春秋説志、禮問内篇外篇、宋四子抄釋、史館獻納、南省奏稿、詩樂圖譜、史約、高陵志、解州志、涇野文集、別集傳世。隆慶初，贈禮部尚書，謚文簡。清同治三年，從祀孔廟西廡，位在明臣蔡清之次。論者謂「關中之學，自横渠張子後，惟子爲集大成」云。

語録

問：「静時體認天理易，動時體認天理難，故君子存静之體認者，以達乎動之泛應者，則静亦定，動亦定，其爲成德，孰禦焉？」子曰：「動時體認天理，猶有持循處，靜時卻甚難，能於靜，則於動沛然矣。」

子聞學者往來權貴門下，乃曰：「人但伺候權倖之門，便是喪其所守。」是以教人自甘貧做工夫，立定腳跟，自不移。子曰：「陳白沙徵到京，吏部尚書問曰：『貴省官如何？』曰：『與天下省官同。』請對坐，既坐無辭。此儘樸實有所養。羅一峰訪康齋，見起御聘牌坊，乃謂其子云：『不必有此牌坊。』不見康齋而退。此羅公高處。康齋，孔門之原憲也，而又有此乎！」

黃惟因問：「白沙在山中十年作何事？」子曰：「用功不必山林，市朝也做得。昔終南僧用功三十年，儘禪定也。有僧曰：『汝習靜久矣，同去長安柳街一行。』及到，見了妖麗之物，粉白黛綠，心遂動了，一旦廢了前三十年功夫。可見亦要於繁華波蕩中學。故於動處用功，佛家謂之消磨，吾儒謂之克治。」

應德問：「觀喜怒哀樂未發之前氣象，如何觀？」子曰：「只是虛靜之時。觀字屬知、屬動，只是心上覺得，然其前只好做戒慎恐懼工夫，就可觀也。」

許象先問：「樂在其中，與不改其樂，樂字有淺深否？」子曰：「汝不要管他淺深，今日只求自家一個樂耳」。大器曰：「然求之有道乎？」子曰：「各人揀自己所累處一切掃除去，則自然心廣體胖。然所謂累處者，不必皆是聲色貨利麤惡處，只於寫字做詩，凡嗜好一邊皆是。程子曰：『書札[一]於儒者事最近，然一向好著，亦自喪志。』可見。」

有一相國，其弟過陝西，與對山曰：「某回京與家兄說荐舉起用。」對山笑曰：「某豈是在某人手裏取功名的人？」子曰：「此亦可謂[二]慷慨之士哉！」或曰：「但欠適中耳。」子曰：「士但有此氣象，亦是脫俗，怎能勾便中庸也？」

子見林穎氣象從容，指謂大器曰：「人動靜從容，言語安詳，不惟天理合當如此，且起觀者敬愛，就是學問也。學者不

[一]「札」，原作「禮」，據呂柟四書因問卷三學而篇及二程遺書卷一、近思録卷一一改。
[二]「謂」，原作「爲」，據涇野子内篇卷九及明儒學案卷八河東學案改。

可無此氣象，但須要先有諸己矣。」

時耀問：「收放心在何處？」子曰：「須於放的去處收，則不遠而復矣。」

子謂學者曰：「『我欲仁，斯仁至矣。』今講學甚高遠，某與諸生相約，從下學做起，要隨處見道理。事父母這道理，待兄弟妻子這道理，待奴僕這道理，可以質鬼神，可以對日月，可以開來學，皆自切實處做來。」大器曰：「夫仁亦在乎熟之而已矣！」子曰：「然。」

問「爲學」。子曰：「祇在正己。孔子曰：『上不怨天，下不尤人，知我者其天乎？』若求人知，路頭就狹了。天打那處去尋？祇在得人，得人就是得天。書曰：『天視自我民視，天聽自我民聽。』」學者未省。曰：「本之一心，驗之一身，施之宗族，推之鄉黨，然後達之政事，無往不可。凡事要仁有餘而義不足，則人無不得者。」

詔問「講良知者何如」？子曰：「聖人教人，每因人變化。如顏淵問仁，夫子告以『克己復禮』；仲弓問仁，夫子告以敬恕；樊遲則告以『居處恭、執事敬、與人忠。』蓋隨人之資質學力所到而進之，未嘗規規於一方也。世之儒者誨人，往往不論其資禀造詣，刻數字以必人之從，不亦偏乎！」

問「致良知」。子曰：「陽明本孟子良知之說，提掇教人，非不警切，但孟子便兼良能言之。且人之知行，自有次第，必〔一〕先知而後行，不可一偏。傅說曰：『非知之艱。』聖賢亦未嘗即以知爲行也。縱是周子教人曰『靜』、曰『誠』，程子教人曰『敬』，張子以『禮』教人，諸賢之言非不善也，但亦各執其一端。且如言靜，則人性偏於靜者，須別求一個道理。曰誠、曰敬，固學之要，但未至於誠敬，尤當有入手處。如夫子魯論之首，便只曰：『學而時習』，言學，則皆在其中矣。」

問：「格物致知，世之儒者辨論莫太高遠乎？」子曰：「若事事物物皆要窮盡，何時可了？故謂只一坐立之間，便可格物。何也？蓋坐時須要格坐之理，如尸是也；立時須要格立之理，如齋是也。凡類此者，皆是如是，則知可致而意

〔一〕「必」，原作「非」，據明儒學案卷八改。

可誠矣。」子曰：「先就身心可到、事物可至者格，久便自熟，或以格爲度量，亦是。」

子謂門人曰：「學者只隱顯窮達，始終不變方好。今之人對顯明廣衆之前一人焉，閒居獨處之時又一人焉，對富貴又一人焉，貧賤又一人焉。眼底交游所不變者，惟何粹夫乎？」

子曰：「今世學者，開口便說一貫，不知所謂一貫者，是行上說，是言上說，學到一貫地位多少工夫？今又只說明心，謂可以照得天下之事。宇宙内事，固與吾心相通，使不一一理會於心，何由致知？所謂不理會而知者，即所謂明心見性〔一〕也，非禪而何〔二〕？」

黄惟用曰：「學者不可將第一等事讓别人做。」子曰：「才說道不可將第一等事讓與别人做，不免自私，這元是自家合做的。」又曰：「學到自家合做處，則别人做第一等事，雖拜而讓之可也。」

問：「危微精一何如？」子曰：「心一也，有人道之别者，就其發處言之耳。危、微皆是不好的字面。何謂危？此心發在形氣上，便蕩情鑿性，喪身亡家，無所不至，故曰危。何謂微？徒守此義理之心不能擴充，不發於四支，不見於事業，但隱於念慮之間，未甚顯明，故曰微。惟精是察二者之間，不使混雜，惟一是形氣之所用也。皆從道而出，合爲一片。」

何廷仁言：「陽明子以良知教人，於學甚有益。」子曰：「此是渾淪的說話。若聖人教人，則不然。人之資質有高下，工夫有生熟，學問有淺深，不可概以此語之。是以聖人教人，或因人病處說，或因人學術有偏處說，未嘗執定一言。至於立成法，詔後世，則曰格物致知，博學於文，約之以禮。蓋渾淪之言，可以立法，不可因人而施。」

問「慎獨工夫」。子曰：「此只在於心上做，如心有偏處，如好欲處，如好勝處，但凡念慮不在天理處，人不能知而己所獨知，此處當要知謹自省，即便克去。若從此漸漸積累，至於極處，自能沛然上進。雖博厚高明，皆是此積。」

〔一〕「性」，原作「理」，據涇野子内篇卷一一改。
〔二〕「何」，原作「行」，據涇野子内篇卷一一改。

問「存心之説」。子曰：「人於凡事皆當存一個心，如事父母兄長不待言矣。雖處卑幼，則存處卑幼之心；處朋友，則存處朋友之心。至於外邊處主人，亦當存處主人之心。以至奴僕，亦當存一點心，處之皆不可忽略。只如此便可下學上達。」

東郭子曰：「我初與陽明先生講格物致知，亦不肯信。後來自家將論、孟、學、庸之言各相比較過來，然後方信陽明之言。」子曰：「君初不信陽明，後將聖人之言比擬過方信，此卻喚做甚麼？莫不是窮理否？」東郭子笑而不對。

子曰：「汝輩做工夫，須要有把柄，然後纔把捉得住，不然，鮮不倒了的。叉手不定便撒擺，立脚不定便那移。」

邦儒問：「近日朋友講及大學，每欲貫誠意於格物之前，蓋謂以誠意去格物，自無有不得其理者。如何？」子曰：「格致誠正雖是一時一串的工夫，其間自有這些節次。且如佛子寂滅，老子清靜，切切然，惟恐做那仙佛不成，其意可謂誠矣，然大差至於如此，正爲無格物之功故也。但格致之時，固不可不著實做去，格致之後，誠意一段工夫，亦是不可缺也。」

子曰：「鄒東郭云：『聖賢教人只在行上，如中庸首言天命之性、率性之道，便繼之以戒慎不睹、恐懼不聞，并不説知上去。』予謂亦須知得何者是人欲，不然戒慎恐懼個甚麼？蓋知皆爲行，不知則不能行也。」

康恕問：「戒慎恐懼是靜存，慎獨是動察否？」子曰：「只是一個工夫。靜所以主動，動所以合靜。不睹不聞靜矣，而戒慎恐懼便惺惺，此便屬動了。如大易『閑邪存其誠』一般，閑邪則誠便存，故存養省察工夫，只是一個，更分不得。」

詔云：「近日多人事，恐或廢學。」子曰：「這便可就在人事上學。今人把事做事，學做學，分做兩樣看了。須是即事即學，即學即事，方見心事合一，體用一原的道理。」因問：「汝於人事亦能發得出來否？」詔曰：「來見的亦未免有些俗人。」子曰：「遇着俗人，便即事即物，把俗言語譬曉得他來，亦未嘗不可。如舜在深山河濱，皆俗人也。」詔顧語象先曰：「吾輩今日安得有這樣度量？」

子嘗語學者曰：「近日做甚工夫來？」曰：「只是做得一個矜持的工夫，於道卻未有得處。」子曰：「矜持未嘗不好，這便是『君子終日乾乾，夕惕若』，戒慎不睹、恐懼不聞的工夫。但恐這個心未免或有時間歇耳。」曰：「然非有間歇的心，只是忘了。」子曰：「還是不知。如知得身上寒，必定要討一件衣穿；知得腹中飢，一定要討一盂飯吃。使知得這道如飢寒之於衣食一般，不道就罷了！恁地看來，學問思辨的工夫，須是要在戒慎恐懼之前方能別白，得天理便做將去，是人欲即便斬斷，然後能不間歇了。故某嘗說聖門『知』字功夫，是第一件要緊的，雖欲不先，不可得矣！」

吳佑問：「人心下多是好名如何？」子曰：「好名亦不妨，但不知你心下好甚麼名來？若心下思稷，只是個養民的名；契，只是個教民的名，怎麽便能千萬世不泯？把這個名之所以然上求則得之，未嘗不善。若只是空空慕個名，不肯下手做去，卻連名也無了。」

惟時問：「先生嘗論尹彥明、朱元晦不同者何？」子曰：「得聖門之正傳者，尹子而已。其行慤而直，其言簡而易。若朱子，大抵嚴毅處多。至於諫君，則不離格致誠正。或問之，則曰：『平生所學，惟此四字。』如此等說話，人皆望而畏之，何以見信於人耶！因論後世諫議多不見信於人君，亦未免峻厲起之也。」

又問：「朱子與二程何如？」子曰：「明道爲人，盎然陽春之可掬，故雖安石輩，亦聞其言而嘆服。至於正叔，則啓人僞學之議，未必無嚴厲之過耳。」頃之，嘆曰：「凡與人言，貴春温而賤秋殺。春温多，則人見之而必敬，愛之而必親，故其言也，感人易而入人深，不求其信，自無不信也。秋殺多，則人聞之而必畏，畏之而必惡，畏惡生則言之入人也難，將欲取信而反不信也。」

楷問：「求仁之要，在放心上求否？」子曰：「放心各人分上都不同，或放心於貨利，或放心於飲食，或放心於衣服，或放心於宮室，或放心於勢位。其放心有不同，各隨其放處收斂之，便是爲仁。」

子曰：「諸君求仁，須要見得天地萬物皆與我同一氣，一草一木不得其所，此心亦不安始得。次看伊尹謂『一夫不獲，若己推而納之溝中』，是什麽樣心？」王言曰：「此氣象亦難。今人於父母兄弟間，或能盡得，若見外人，如何得有是心？」子曰：「只是此心用不熟，工夫只在積累。如今在旅次處，得主人停當，惟恐傷了主人；接朋友務盡恭敬，惟恐傷了朋友；處家不消說，隨事皆存此心。數年後，自覺得有天地萬物爲一體氣象。」

子曰：「人能反己，則四通八達皆坦途也。若常以責人爲心，則舉足皆荆棘也。」

問：「無事時心清，有事時心却不清。」子曰：「此是心作主不定，故厭事也。如事不得已，亦要理會。」

諸生有言及氣運如何，外邊人事如何者。子曰：「此都是怨天尤人的心術。但自家修爲，成得個片段，若見用，則百姓受些福；假使不用，與鄉黨朋友論些學術，化得幾人，都是事業，正所謂暢於四肢，發於事業也，何必有官做，然後有事業。」

附録

馬谿田墓誌銘略曰：「自元以來及今，見道而能守者，惟魯齋許氏及我明薛文清公數人而已。公則爲漢之辭賦，懷其史材，傳其經學，而無駁雜之失。工晉人之書，唐人之詩，宋人以上之文，而多明道之詞。醇如魯齋，而稽古之功則多；貞[一]如文清，而知新之業則廣。蓋其學詣周之精，幾邵之大，得程、張之正，與晦菴朱子而媲美者也。」

梨洲黄子曰：「先生之學，以格物爲窮理，及先知而後行，皆是儒生所習聞。而先生所謂窮理，不是泛常不切於身，只在語默作止處驗之；所謂知者，即從聞見之知以通德性之知，但事事不放過耳。大概工夫下手明白，無從躲閃也。先生議良知，以爲『聖人教人，每因人變化，未嘗規規於一方。今不論其資禀造詣，刻數字以必人之從，不亦偏乎！』夫因人變化者，言從入之工夫也。良知是言本體，本體無人不同，豈得而變化耶？非惟不知陽明，并不知聖人矣！」

部議：御史奏請從祀孔廟疏略曰：「涇野集關學之大成，出處言動，無一不規，卓然冉、閔之徒。詳覈人品學問，與羅欽順實相伯仲，與闡明聖學、傳授道統之例相符，擬如該御史所請。」

賀復齋先生涇野内篇序略曰：「先生資禀温粹，涵養深醇，學問淹通，踐履篤實。有曹月川、吴康齋之誠確而業則廣，

[一] 「貞」，原作「眞」，據馬理谿田文集卷五南京禮部右侍郎涇野呂先生墓誌銘改。

有陳白沙、王陽明之高明而見不偏。有明儒者薛、胡而外，當首屈一指，此學者所共知也。蓋先生之道，不可謂非濂、洛、關、閩之道；先生之學，不可謂非濂、洛、關、閩之學。宋四子書，先生嘗鈔釋之矣。嘗謂先生諸書及是篇，竊見於朱子每多微詞，故非後世所能深知。昔有以此問張楊園先生者，楊園曰：『想其時亦未嘗潛心遜志於朱子之書。』予謂或其格致之功偶未精透。然吾恐後之讀先生書者，或以先生議朱子，遂妄議朱子，且以先生議朱子乃轉議先生，不知朱子之學、之道，昭如日星，先生之議朱子，固無損於朱子。先生之深契於朱子者何限？即議朱子，亦正無害於先生之大醇也。學者於此，但當細察其得失離合之故，以爲窮理反身之實，而毋輕置一辭焉，其必有得於先生者矣。」

卷十七

廉清夫先生

先生諱介，號清夫，白水人。舉某科鄉試，嘗受學於涇野呂子之門。問觀書，呂子曰：「其上以我觀書，其次以書觀我，其次以書觀書。」曰：「何謂也？」曰：「其上行有餘力而學文，可以做聖；其次體聖人言，可以作賢；其次恣記誦之博，無身心之實，誤天下蒼生者，皆以書觀書者也。」又謂先生曰：「非盡性不足以事親，盡性所以至命也。非執禮不足以事君，執禮所以從義也。」先生曰：「何謂也？」曰：「昔者仲尼謂葉公子高曰：『天下有大戒二，命也，義也。』子之事父，命也，不可懈於心。臣之事君，義也，無適而非君也，無所逃於天地之間。故事親者不擇地而安之，孝之至也；事君者不擇事而安之，忠之盛也。」又問：「學孔子自何人始？」曰：「自顏子始。」曰：「學顏子自何人始？」曰：「自程伯淳始。」曰：「學伯淳自何人始？」曰：「自尹彥明始。」故知孔子者莫如顏子，知程子者莫如尹子。又問程門之高弟，曰：「尹彥明乎？」曰：「不有游、楊乎？」曰：「游、楊粗。」曰：「游、楊之精近於禪。」曰：「此其所以粗也。」曰：「尹在朱門當何賢？」曰：「雖朱元晦且讓焉，況其門人乎？」曰：「尹在聖門則何若？」曰：「其學顏子而未大者乎！」先生乃録呂子雲槐語爲一卷。

楊叔用先生

先生諱本源，字叔用，其先廬州府人。曾祖順戍關中，後遊延安，覽山水壯偉，因家焉，遂爲膚施人。父威，蜀府教授，以先生貴，贈奉政大夫、南京戶部郎中。先生官至少卿，嘗受業於涇野呂子之門。問於呂子曰：「尹和靖記程正叔語曰：『凡學者，學處患難貧賤也，若富貴榮達，即不須學。』如何？」曰：「此或其偏辭也。夫富貴榮達而不學，鮮不斯淫矣。」又問：「尹彥明程門之高弟也，爲母而誦金剛經者，則何居？」曰：「斯其母平日之所嗜也，然亦夫子學仁之所誤乎？過此，則舜之順親矣。」

弟本，字季淵，號西村，有學行，爲名御史。

吉廷藹先生

先生諱士，字廷藹，高陵人。官某縣訓導，涇野呂子門人。問於呂子曰：「孟子哀曠安宅，舍正路者何？」曰：「仲尼以夕死爲可，子輿以偷生爲哀，死也猶弗死也，生也猶弗生也。於是先生与崔仲學録呂子語爲東林語録。」

權仲行先生

先生諱世用，號仲行，高陵人。嘉靖某科貢士，涇野呂子門人。問閭閻之苦、風俗之害於呂子，子曰：「里老之不選德，小學之不選師，鄉飲之不選賢，欲以安民而善俗，吾未見其有日也。」問：「文之不明者，何也？」曰：「行之不篤久矣。」曰：「何謂也？」曰：「學之不講也久矣。安得講學之人與之論行乎？安得篤行之人與之論文乎？」問：「祖己於高宗『正厥事』，而先曰『格王者』何？」曰：「格心，本也。正事，用也。格心之道，知命與義而已。祈年豐禰，無義無命也。故格心之言繁，正事之言簡。」「言王司敬民，而乃言典祀者何？」曰：「神人一理也。」先生録呂子語爲一卷，曰雲槐精舍語，見內篇中。

高國信先生

先生諱璽，號國信，高陵生員，涇野呂子門人。問呂子曰：「君子之所樂如何？」曰：「君子有五樂，皆三樂之緒也。一、方正自遂，爲國作紀；二、履經奉典，爲國作士；三、廉淑別慝，爲國作官；四、教行政安，爲國作民；五、垂動昭親，爲國作風。」侍呂子遊雲槐，子謂先生曰：「學者有三多，有四寡。」先生曰：「何謂？」曰：「寡言則力行，寡動則靜深，寡交則業專，寡欲則理明，是謂四寡。多學則德積，多思則幾研，多就吉人則爲之也易，是謂三多。」

張伯需先生

先生諱雲霄，一曰霄，號伯需，高陵人。嘉靖某科貢士，涇野呂子門人。問周茂叔，子曰：「有德人也。方黄叔度，則又有言矣。」問程伯淳，曰：「如其師。」問正叔，曰：「伯淳之弟也」。問朱元晦，曰：「博學篤志、切問近思而已矣。」問張子厚，曰：「方伯淳則不足，方元晦則有餘。伯淳已近乎化，元晦亦幾於大。張子之化十三，其大十九。」問陸子靜，曰：「斯其人聰明遠見若浮於元晦，但其力行實未至耳。」

韋仲禽先生

先生諱鸞，字仲禽，宜君生員，涇野呂子門人。問呂子曰：「乾元者，始而亨者也，以下者何？」子曰：「言四德一理也，是故或别而言之以盡其用，或合而言之以著其體。是故乾元始亨，言亨即元也，其利貞即乾之性情也，故乾始即能以美利利天下，則亨貞者，非乾元之外又有物也。故『剛健中正純粹精』之七言以贊此也，六爻以明此也。故聖人乘六龍以御天，通其變，使民不倦，雲雨之比，亶其然乎？」又問：「君子行此四德者，何以曰故曰乾元亨利貞？」曰：「此仲尼言天人之一也，言卦所謂乾元亨利貞者，雖天道也，實爲人事言之耳。故君子所行四德，即乾元亨利貞矣。君子猶乾也，此謂之本義，發端於乾，六十四卦皆可通。故程子曰：『行此四德，乃合於乾也』。」

李師魯先生

先生諱洙，號師魯，高陵生員，涇野呂子門人。問子曰：「外想難絕，奈何？」曰：「心無主則客邪交侮矣。」曰：「以其可想換其不可想，何以有主也？」曰：「禮義浸灌耳。比其久也，心與理一，雖有客邪，不能入矣！今有言讀書非力行者，以予言之皆過，四書六經，眞力行之士也，蓋非心好義理，則六經[二]、四書不能入胸中矣。汝無獨玄談而不苦學。」先生志之。

[二] 「經」，原文作「書」，依文意改。

崔仲學先生

先生諱官，字仲學，高陵人。萬曆某科貢士，官某縣知縣，涇野呂子門人。嘗問呂子曰：「揚子雲謂『通天地人之理謂之學』，如何？」曰：「子雲焉知學。」曰：「何謂也？」曰：「蒼蒼者豈天理，茫茫者豈地理哉！」曰：「惡乎學？」曰：「通人則通天地。」於是先生偕吉廷藹先生録呂子答門人語，曰東林書屋語。

墨時顯先生

先生諱達，字時顯，高陵人。嘉靖某科貢士，官四川安岳訓導，涇野呂子門人。問於呂子曰：「帝德廣運云何？」曰：「此益舉舜膺命之事以證舜之言，言不特堯爲然，所以勸之也。其下言儆戒無虞者，則又戒之也。是謂將順其美，匡救其惡矣。」「何以曰廣運？」曰：「聖神文武皆具之謂廣，乃也者，運也。」問：「咸有一德？」曰：「此伊尹言『永命之道』也。德者，命之本。德猶理，命猶氣，不相離也。太甲如無一德，予又且老矣，其如天命何？故下言新德，新德之道在於有常，然又當取諸人，取人而曰協於克一新德，又取人之本也夫。然則遠可以綏禄而觀德，近可以安民而觀政矣。然取人之道，雖至於民亦然。蓋君民相須，天下之民皆王有也，一夫之善未取，是不能有一夫；十夫之善未取，是不能有十夫。故自廣狹人則猶獨夫無以成厥功，是伊尹之意也。」

原次放先生

先生諱動，字次放，蒲城生員。涇野呂子門人。問湯誓之說於呂子，子曰：「其聖人敬天仁民之至乎，故曰『予畏上帝，不敢不正』，故曰『有衆弗協，今朕必往』。夫子曰：『革命順乎天而應乎人』，其是也哉！」

艾西麓先生

先生諱希醇，字治伯，一字西麓，米脂人。嘉靖乙未進士，官戶部廣西司主事，陞員外郎中，涇野呂子門人。性儉約，衣不敝不更，不帛襦袴。歷官浙江按察司僉事，河南布政使參議，山西按察司副使、布政使、右參政，巡撫保定等府，提督紫荊等關，都察院右僉都御史，所至有聲。官保定時，值椒山楊忠愍公就義，爲營葬，撫孤紳，民感其盛德，附忠愍之祠而祀之。調戶部右侍郎，請減本邑稅糧。出貲置義學，邑人至今戴之，爲建世德坊，祀鄉賢。

呂愧軒先生

先生諱潛，號時見，涇陽人。嘗謂「學必不愧屋漏，方可爲人」，因號愧軒，以自警云。先生幼聰敏，讀書即解大義。祕書克己銘懷袖中，時爲展玩。及長，師事蜀進士趙木溪，講義理之學。既而受業於涇野呂子之門，一言一動率以呂子爲法，世謂能傳呂子之學者，愧軒也。嘗問於呂子曰：「欲根在心，何法可以一時拔得去？」子曰：「這也難說，一時要拔得去，須要積久功夫才得就。且聖如孔子，猶且十五志學，必至三十方能立，前此不免小出入時有之。學者今日且於一言一行差處，心中即便檢制，不可復使這等。他日又有一言一動差處，心中便有如是檢制。此等處人皆不知，己獨知之，檢制不復萌，便是慎獨工夫。積久熟後，動静自與理俱，而人欲不覺自消。欲以一時一念的工夫望病根全去，卻難也。」

爲邑諸生，試輒傾其曹。學使重其文行，拔入正學書院以風多士。嘉靖丙午，以詩舉於鄉，卒業成均。時朝紳有講會，延先生講，而先生亦刻意躬行，一毫不苟於禮，冠昏喪祭咸遵文公家禮，而行人笑爲迂，弗恤也。母病革，欲識婦面，命之娶。先生娶而不婚，三年喪畢，然後就室。事繼母曲盡孝養。父應詳病，至嘗糞以驗。既卒，而封事不存，先生走闕下，録其原稿，請銘於馬文莊，文莊亟稱之。事諸父，待諸弟，情愛備至。歲時祭畢，燕族人，講明家訓。又率鄉人行鄉約，人多化之。

與友人郭蒙泉講學於谷口洞中，從學者甚衆。以撫按張公祉荐，授國子監學正。舉行涇野祭酒時學約。調工部司務，就淮海孫公、楚侗耿公質所學，同志以爲主盟焉。戊寅六月卒，年六[一]十二。

張石谷先生

先生諱節，字介夫，號石谷，涇陽人。父幡，爲通州同知，先生隨任。聞湛甘泉講學京師，往從之遊，甘泉教以隨事體認天理。繼而歸里，補諸生，受業於涇野呂子之門。困場屋者四十餘年，以積廩當貢，嘆曰：「吾老矣，安用貢爲！」乃上書督學劉公辭。劉公推重先生學行，禮遇有加，扁其門曰「清風高節」。尋以例授訓導職銜，與愧軒、蒙泉諸君子日相講切。坐南園草屋中，讀書窮理，涵養本原，至老不倦，惡衣糲食，澹如也。

[一] 「六」，原作「七」，關學編卷四愧軒呂先生載「乃戊寅六月，一病遽逝，年僅六十又二」。明儒學案卷二河東學案呂愧軒先生潛亦載「萬曆戊寅卒，年六十二」。據改。

嘗謂學者曰：「先儒有云：『默坐澄心，體認天理。』又云：『靜中養出端倪。』吾輩須理會得此，方知一貫眞境。不爾，縱事事求合於道，終難湊泊，不成片段矣。」呂子嘗贈以詩，有「守道不回比伯堅」之句，卒於萬曆壬午，壽八十。貧不能葬，李敏肅公實經紀之云。

李正立先生

先生諱挺，字正立，咸寧諸生。從涇野呂子學，孤直不隨時俛仰。故事，藩郡出諸生分諭諸屬，先生以次出某邑，贈遺一無所受。嘗自誦曰：「生當肩大事，還用讀春秋。」嘗問呂子曰：「復其見天地之心者何？」曰：「天地之大德曰生，剝之時豈無此心，至動之端而始見也。張子曰：『剝之與復，不可容線，須臾不復，則乾坤之道息也。故適盡即生，更無先後之次。』地雷見天地之心者，天地之心惟是生物也。」問：「正位凝命者何？」曰：「己位不正則天命不凝，猶夫鼎也，錯諸地不安則覆餗矣。苟在我者，如止於至善，命將焉往？詩曰：『命之不易，無遏爾躬[一]。』」問：「陽卦多陰章云何？」曰：「天中之物皆地也，地中之氣皆天也。是故其婦貞者夫之良也，其夫良者婦之貞也。惟君子以人勝天，故一君而二民。」呂子歿，往三原馬谿田所講學，死於盜，人皆惜之。

[一]「命之不易，無遏爾躬」，「易」原作「義」；「躬」原作「窮」，皆形誤，據詩經大雅文王改。

卷十八

馬忠憲公　門人何楊任周四先生附

公諱理，字伯循，號谿田，三原人，靖川子。幼聰慧，年十四爲諸生，說五經指義，多出人意表。弘治癸丑，年二十，適康僖公講學於弘道書院，公往受學，與同門友秦西澗偉共爲反身循理之學，以顏四、曾三相約，康僖公深器重之，一時學者皆以爲橫渠復出也。督學楊公邃菴語人曰：「康德涵之文辭，呂仲木、馬谿田之經學，皆天下士也。」弘治戊午，舉於鄉。遊太學，與呂仲木、崔後渠輩交相切劘，名震京師。高麗使者慕之，録其文以歸。以父母喪，兩科不與會試。安南貢使問禮部主事黃清曰：「三原馬先生何尚未登仕籍乎？」其名重外夷如此。登正德甲戌進士第，授吏部稽勳司主事，尋調文選。不合，引疾告歸者三年。戊寅，值武廟將南巡，公與黃伯固等伏闕極諫，杖於廷。未幾，送嫡母還鄉，設教武安王祠，督學漁石唐公爲建嵯峨精舍以居生徒。嫡母喪畢，起員外郎。議大禮，復杖於廷，尋轉考功郎中。丙戌，例當考察外官，内閣冢宰各挾私忿，欲去廣東、河南、陝西三省提學。公昌言曰：「魏校、蕭鳳鳴、唐龍，今有數人物，若去此三人，請先去〔一〕某。」由是獲免，至今稱爲「眞考功」。既而校試禮闈，得人稱盛。丁亥，陞南通政。戊子，引疾歸。辛卯，起光禄卿。涖事未久，又歸林下者十年。癸卯，復起南光禄，至即引年致仕。歸隱商山書院，來學者遠近踵接，公亹亹應之不少倦。山巾野服，鶴髮童顔，望而知爲神仙中人。

〔一〕「去」，原作「生」，據明儒學案卷九光禄馬谿田先生理改。

公師事王康僖，又得涇野、後渠爲之友。墨守主敬窮理之傳，不談佛老，不觀非聖書。嘗謂：「見行可之仕，惟孔子可以當之。學聖人者，自當量力。」故每出不一二年即歸，歸必十數〔一〕年而後起，綽綽然於進退之間。後渠稱其「愛道甚於愛官」，詢不誣也。嘉靖乙卯十二月卒，年八十有二。所著四書注疏、周易贊義、尚書疏義、詩經刪義、周禮注解、春秋修義、陝西通志、詩文集若干卷。隆慶間，追贈副都御史。天啟間，追謚忠憲。

公門人有何先生諱永達，字成章，一號拙菴，河州人。以歲貢爲清豐縣丞，尋棄去。讀書講學，老而彌篤。壽九十有四，著春秋井鑑、林泉偶得、聖訓補注、井鑑續編諸書行世。楊先生諱守信，字大寶，號對川，高陵人。遵父宗道命遊於門。嘉靖壬子，舉於鄉，官滎河縣教諭，升大寧縣知縣，有政聲。任先生諱舜臣，字承華。正德辛未進士，選給事中，以忌出知長洲縣。周先生諱廷，字公所。發憤懋學，能變化氣質，中嘉靖戊子鄉試。長安生黄甲爲異端學，來嵯峨精舍，忠憲命與先生居而化之。俱三原人。

文録

對大學衍義策略云：「大學之書，乃堯、舜、禹、湯、文、武之道也。傳有『克明俊德，湯之盤銘，堯、舜帥天下以仁』之語。眞氏所衍漢、唐、宋之事，非大學本旨也。眞氏所衍，止於齊家，不知治國平天下皆本於慎獨工夫。宋儒所造，大率未精。」

與涇野呂子書云：「玩前書，足見應酬之際，寬裕無迫，無任欣慰。但所謂是非云者，則未免有載鬼見豕之疑意者，出於矜持太過，而失之忿厲然耳。若是則似非君子所可忽也。某竊以爲，是非之來未必皆實，而吾之親且舊者不可改，苟以

〔一〕「十數」，原作「數十」，據黄宗羲明儒學案卷三光禄馬谿田先生理乙正。

爲實，則不期其改而漸改之矣。實不實不足論，改不改則吾德〔一〕之陞降繫焉，況保乎國家天下之大，亦未必不由於此者，誠非君子之所可忽也。」如何如何。

答崔子鍾書云：「索居以來，殊無進益，多思易怒之箴，誠中某病，即爲吾子改之，尚敢諱疾而忌醫也。然吾子自謂有所不立，豈眞有不立者耶？抑臨事之際，或見之〔二〕未眞，故執之弗固，始而疑，既而悔，玆有似於弗立耶？若是亦未爲大害，所可患者，第恐心知其有可立者，而自不肯立耳。若夫謂事變之來，有難處者，似又不然。大易之道莫亨於屯、坎之時，莫不亨於豐豫之日，故君子隨其所遇，無問富貴貧賤、福澤憂戚，到手都成佳境，蓋爲此也。要之不越於心，亨有孚而已。鄙見如此，如何？」

答潞州義門仇時淳書云：「向南都時承不鄙使時，閑來問書院從祀先賢事。時柏齋、涇野及某各據所見答之，某乃即所問答而爲記焉。及北歸以來，乃再辱問行事儀節，某爰稽諸典章而筆之，其諸典章所不載者，則采諸經、史、曲禮，合之而著節焉。竊又徐思，向所答問，殊未詳也。蓋謂時賢既祀，則漢初諸儒所謂釋奠，可爲先師者，可不祀乎？於是擬祀伏公、高堂公、毛公、孔公、鄭公諸賢。諸賢既祀，又思漢儒醇莫醇於董子。當秦火之後，漢帝能表章六經、罷黜百家者，實自董子發之。其言朱子取爲白鹿洞教規，乃漢之儒宗，固不可不祀也。夫漢儒既祀，若子夏、丘明，皆親炙先聖，始爲傳注，以開後學。況子夏居魏西河，又鄉賢也，可不祀乎？夫傳經先儒既已祀矣，若胡氏春秋、蔡氏書傳見列學宮，可不祀乎？冲素之祀，師其範也；宣義之祀，遵約儀也；虎谷之祀，爲修範也。若端毅之注聖教，見今率由，可不祀乎？故僭擬從祀諸賢於儀節之中，而又歷敘其傳經釋經，并有雄山風化之功，而又列其行實及他賢評議，別爲附録，以附其後，以見僭擬之意，俟采擇焉。噫！從祀大事也，皆所以崇德而報功也。儀節者，儀也，非禮也。斟酌損益，不失乎先王之舊，而宜於人情，合於

〔一〕「德」，原缺，據馬理谿田文集卷四與呂仲木書補。
〔二〕「之」，馬理谿田文集卷四答崔子鍾書作「知」。

土俗，斯可矣。承三問下及，厚意不敢虛辱。然管中之見，未敢以爲是也。更冀昆玉斟酌損益，與君子定而行之，幸甚幸甚。」

上羅整菴先生書云：「續得答人語、良知書二首，見[一]貴鄉學者傳其師說如此，某嘗詩以闢之，不意尊意正如是也。夫良知者，即孩提之童良心所發，不慮而[二]知者也，與夫隱微之獨知異矣。其師曰：『此知即彼知也。』又以『中途有悟，如夢斯覺』爲言，此眞曹溪餘裔，其師如此，徒可知矣。乃又以其所見，非程、朱之學。夫程、朱釋經之言，自今觀之，千百言之中似亦有一二誤處，然語其體認宗旨之眞，持守斯道之正，續孔、孟既墜之緒，闢佛、老似是之非，則千古不可泯滅，可遽輕議之哉？今乃往往是陸非朱，又復明主僧說排吾儒焉。於戲！此亦欺人自欺已矣。」

敬惰箴云：「大學之得失，敬與怠之間而已矣。其敬維何？斂衽以居。敬之敬之，不物以移。彼不爾者，中心外馳。敬又維何？收其放心。敬之敬之，道不遠人。彼不爾者，何以修身。敬又維何？內外交養。敬之敬之，賢人以上。彼又失此，人而草莽。敬又維何？終日乾乾。敬之敬之，是謂大賢。彼又失者，匪犬伊豜。敬又維何？安厥所止。云誰與儔，堯舜孔子。彼又失者，胡不遄死。嗚呼敬哉，可作聖哉？嗚呼怠哉，誠足戒哉？」

張玉坡先生

先生諱原，字士元，別號玉坡，三原人。師事王康僖公，與馬谿田爲友，言動一取法於古人。祖昶，以純孝聞。父曉，起家進士，官至河南按察使。先生幼而岐嶷，穎悟過人，長肆力於學，無所不窺，而其要在本之身心，達之經濟，餘不屑屑也。

[一]「見」，馬理谿田文集卷四上羅整菴先生書及賀瑞麟三原縣新志人物志作「先」。
[二]「而」，原作「而而」，衍一「而」字。據馬理谿田文集卷四上羅整菴先生書刪正。

學者稱玉坡先生。弘治乙卯，舉於鄉。正德甲戌，成進士，授吏科給事中。遇事敢言，上十二事，曰：「正守令，擇將帥，理刑獄，汰冗食，省征斂，愼工作，恤士卒，明賞罰，禮[一]大臣，開言路，崇天道，進德學。」語侵中貴，謫貴州新添驛驛丞。至則手披荆棘，葺寄菴，讀易其中，潛心味道，尚友千古，所詣益深。學者裹糧負笈而從，一經指授，便充然有得，士風爲之一變。先生在新添八年，嘗兩參幕府，有平夷功，遜不居，而當事者交章論薦無虚日焉。嘉靖初，復召兵科，尋擢右戶科。先生益感知遇，慨然以諫諍爲己任，凡國家大計及進賢退不肖，知無不言。逾年，上四十餘章，上多嘉納。嘗誦歐陽公言：「七品官任天下之責，懼百世之譏」以自勵，故於所論列，或用或不用，未嘗愧心，由是直聲震天下。甲申七月，「大禮」議起，先生以力爭被逮杖廷下，血肉淋漓而死，年五十有二。卒之明年，有司請祠鄉賢。又四十三年，穆宗即位，贈光禄寺少卿。所著有黄花集、蛩鳴集、玉坡奏議，凡若干卷。

文録

寄菴[二]記略云：「天依氣以成象，地依氣以成形。使天地非氣以爲之依，則穹然者無以致其輕清，隤然者無以致其重濁，而造化亦幾乎熄矣。然氣機運行無久而不敝之理，則夫消息相尋，通塞相禪，亦自然也。安知百年之後，天地之所以爲天地者，否晦變遷，不復爲千百年之前洪龐沌濛之始乎？是未可知也，是所謂寄之大者也。」

跋陳孝子格天卷後略曰：「天人相與之際，不可誣也。古人謂至誠可以格天地，感鬼神，觀於孝子，當益驗矣。孝子積誠致哀，出於一心之私懇，而天地鬼神即降佑於冥冥之中，如響應聲，無毫髮爽，天人相與之際，信不可誣也。或謂天地鬼神運於冥冥之中，使於天下之善者屑屑察其詳以降乎佑，則所遺多矣，亦不勝其煩且勞也。噫！不然。天人有感應之

[一]「禮」，原作「體」，據少墟集卷一七給諫張公改。
[二]「寄菴」，原作「寄寄菴」，衍一「寄」字。據文内「葺寄菴，讀易其中」删正。

機，理氣有相符之理。理之所在，氣必至焉；人之所爲，天必應焉。故曰：『言行，君子之所以動天地也。』世之人凡事不能盡乎善，爲善不能盡乎誠，甚者偶行一事之合理，率出於一時幸合之私，而遂欲求乎天道之應。或不能然，乃曰：『天道無知，冥冥之中不可信也。』豈理也哉？」

附録

王康僖公贊像云：「穎敏絶俗，名高登第，剴切過人，職居要地。不以一時之失竄炎荒而動心，不以一時之得復青瑣而樂意。利害滿前，何敢趨避。諫諍報上，惟知奮勵。其身雖死，其烈則著。百世之下，必有指其事而嘆之曰：『斯人也，誠哉乎忠義之士！』」

馬忠憲公贊像云：「莊祖純孝，靜公忠賢。夫子承之，忠孝兩全。春陽易即，風霆易績，湧泉有文，精金有玉。」

又玉坡奏議題辭略云：「聖皇御極，大明中天。乃懷忠貞，賜環以旋。命直兵闈，轉戶禁扃。大烹以養，甫及二齡。前後所上，四十封章。葵藿之心，傾日未央。唯邦有道，手危行言。成仁以終，不負所天。嗟嗟仁成，封章在兹。大宰著序，憲副梓之。念昔玉坡，同甲同窗。又同釋褐，知子頗詳。言覽遺書，泪殞如泉。爰題蕪辭，畀爾後賢。」

馮恭定公贊曰：「孔子有言：『求仁而得仁，又何怨？』公八年處困，人易動心，一旦賜環，竟以諫死。所稱『求仁得仁者』，非耶？憂國如家，視死若飴，龍逢氏之儔與，比干氏之儔與。」

卷十九

韓恭簡公　弟五泉　外孫張仁[一]亨　門人樊恕夫　趙仲禮　趙汝完附

公諱邦奇，字汝節，號苑洛，朝邑人。父紹宗，號蓮峯，成化戊戌進士，官至福建按察副使，學識才品，爲當時所重。公幼承庭訓，即有志聖賢之學。爲諸生治尚書，著蔡傳發明、禹貢詳略、律吕直解，見者驚服。

弘治甲子，以書舉鄉試第二。正德戊辰，第進士，授吏部考功主事，尋轉員外郎。辛未考察，都御史某袖私帙視之，公曰：「考覈公事，有公籍在，何以私帙爲？」某爲之遜謝。調文選，太宰托意爲官擇人，欲發視缺封，公執不可，太宰銜之。公以地震言時政闕失，謫平陽通判。甲戌，遷浙江按察僉事。宸濠將叛，遣内監飯僧於天竺寺，聚者數千人，公防其不測，立遣散之。濠又以儀賓託名進貢，假道衢州，公召而詰曰：「進貢自當沿江而下，奚俟假道？歸告爾主，韓僉事在此，不可誑也。」於是襲浙之計不行。旋以鎮守誣奏，逮下詔獄爲民。既歸講學，從遊者甚衆。世宗即位，詔起山東參議，尋乞休。

甲申，大同兵變，起山西左參議，分守大同。公單騎入城，人心始安。巡撫蔡天佑至代州，公躬率將領，戎服謁之。蔡驚曰：「何爲如此？」公曰：「大同變後，巡撫之威削甚，今大同但知有某，其降禮從事者，使人知巡撫之不可輕也。」蔡爲嘆服。朝廷復遣胡瓚以總督出師，時首惡已誅，而瓚再索不已，公止之不聽，遂致仕歸。後果變，久之廼定。

戊子，起四川提學副使，尋改右春坊右庶子，兼翰林修撰。其秋主試順天，命題爲執政不悦，左遷南太僕寺丞。己丑，

[一]「仁」字原缺，據文内「字仁亨」補。

再疏歸。尋起山東按察副使、大理左少卿，以左僉都御史巡撫宣府，入佐院事，又出巡山西。四疏乞休，復致仕。甲辰，復起總理河道，陞刑部右侍郎，改吏部右侍郎。丁未，陞南京都察院右都御史，復進南京兵部尚書，參贊機務。五疏乞歸。歸益修舊業，倡導來學。居七年，乙卯卒，年七十七。贈少保，謚恭簡。

著有苑洛語録、苑洛集、志樂、性理三解、易占經緯、易説、書説、毛詩未喻諸書傳世。

弟邦靖，字汝慶，號五泉。幼稱奇童，年十四，舉於鄉。二十一，與先生同登進士，官至山西左參議。父子兄弟以學問相爲師友，年三十六卒。著五泉集、朝邑志若干卷。

外孫張世榮，字仁亨，廩膳生，能承公學。門人樊得仁，字恕夫，正德丙子舉人，知河津縣，官至監察御史，擢四川行省參知政事，傳公正蒙拾遺〔二〕、啓蒙意見、洪範圖解於眞定者也。趙天秩，字仲禮，生員；趙瓘，字汝完，貢士，別號西河子，俱朝邑人。

文録

洪範圖解序略曰：「夫羲、文之學見於易，禹、箕之學見於範。孔子作十翼而易以傳，箕子既没，不得而傳焉。九峯生於二千年之後，始紹其絶，理由心得，業不師傳，其功懋矣。當是時，五星聚奎，實範成之兆。其他諸儒明道立德，註釋經書，固漢、唐以來儒者之常，不得與於斯也。數辭未備而蔡子卒，乃又絶矣。蘢峰氏補其缺辭而訓釋之，其義復明。然綦有陰陽，蓍有奇偶，而考占未備焉。至於今，其殆又將絶矣乎。洪範傳曰：『象以偶爲用者也，有應則吉；範以奇爲用者也，有對則凶。』又曰：『正數者，天地之正氣也，其凶吉也確；間氣者，天地之間氣也，其吉凶也雜。』此範學傳燈之秘也。著之篇末，以示讀範之士」云。

〔二〕「正蒙拾遺」，原作「圖解拾遺」，韓邦奇苑洛集卷一有正蒙拾遺序，千頃堂書目卷一一亦著録「正蒙拾遺一卷」，據以改。

正蒙拾遺序曰：「學不足以一天人、合萬物，不足以言學。吾讀正蒙，知天人萬物本一體也。混純之初也，一元之氣，渣滓融盡，湛然清寧，而萬象皆具一極中，易所謂太極，天之性也。及其動靜既成之後，氣化形生，并育并行，是天率天之性而行，是之謂天道。夫子所謂『一陰一陽之謂道』，中庸所謂『道并行而不相悖』者也。人生之初也，天賦之理無偏不倚，凝然靜一，而萬行皆備於其中。書所謂『降衷』，人之性也。及其感通幾微之際，形生神發，隨接隨應，是人率人之性而行，是之謂人道，子思所謂『率性之謂道』，夫子所謂『天下之達道者也』。鳶飛戾天，魚躍於淵，流行上下之昭著者，至於鼃鳴蟬噪，蟻走蠅飛，皆天道也。親親仁民，忠君敬長，明體適用之大者，至於一言一動之發，一事一物之處，皆人道也。君子之自強不息，即化育之。川逝如斯夫，道一而已矣。道也者，蓋皆指其發見流行顯仁之用，踐履制作彰施之功，夫豈論無聲無臭、不覩不聞之際哉！不有卵乎？黄白耳，雛未之見也，羽血骨肉、心肝腸腎，缺一而雛不完，卵則雛之極也。不有核乎？仁種耳，木未之見也，花葉枝幹、根株果實，缺一而木不完，核則木之極也。卵、核者，即雛、木之本體。不雜乎雛、木，不離乎雛、木而爲言耳。

夫天地者，萬物之父母；萬物，天地之子也。子有不肖父母者乎？天地萬物，其始也，先有生後有成。其終也，先消成後消生。生而少，少而壯矣；壯而衰，衰而滅矣。天之開也，斯昭昭之多，積一萬八百年而天始成；地之闢也，一撮土之多，積一萬八百年而地始成。山以漸而高矣，海以漸而大矣。若一開闢焉，天地山海即若是之大也，則是人一出於胎也，即髪委地而鬚拂膺，堂堂七尺之軀[一]，經營幹理，通達萬變矣。木一出乎核，即合抱參天，果實俱完矣。有是理乎？其消也，天，吾知其日削其圓；地，吾知其日損其方；山，吾知其日卑矣；海，吾知其日小矣；但其化幾微，人不之覺焉。如今日前之世，萬民萬物，濟濟林立，忽一日而盡皆沒滅，亦可傷也。是故造化之運，消長之機，方混沌即漸開闢，方開闢即漸混沌，如圜無端，無一息之停。長於子，漸至於巳，開闢極矣；消於午，漸至於亥，復混沌矣。自子至寅，歷三時而形象

[一]「軀」，原作「身」，據苑洛集卷一改。

備。自酉至亥，歷三時而渣滓盡。然則一元十二辰，混沌者六辰，開闢者六辰。一歲之候，晝夜之道也。唐、虞、三代，當午之正，時雍風動之化，其盛極矣。前此以來，渾厚敦龐，日進於文明；後此以往，澆漓乖賊，日趨於澌盡。嗟乎！今午日昃，一代降於一代，造化老矣。孰能挽回唐、虞、三代之治乎？創業之君，守成之賢主，不過服藥節食，使少病康強爾，固不能紅顔黑髮如少壯之年也。張子曰：『大虛無形，其聚其散，變化之客〔一〕形爾。』又曰：『知虛空即氣則無無』，察乎此，則先儒所謂道爲『太極』，其理則謂之『道』，老氏所謂『無』，佛氏所謂『空』，不辨而自白。孟子曰：『經正則庶民興，君子反經而已矣。』凡此，皆正蒙之本旨，諸注之所遺也，謹爲之拾。」

語録

人於念慮未發、未應接事物之時，檢點日用所爲有無違理，即是戒慎恐懼之一端。

天地間止一陽氣之流行，自冬至至夏至則日升，自夏至至冬至則日降。升於上，則爲温爲熱；降於下，則爲涼爲寒。陰是靜的物，本寒其體也。陰陽之升降，爲寒熱耳。冬寒矣，而地下則暖；夏熱矣，而地下則寒。夏至後氣降，若何灰飛，觀今風匣，可知進而吹固生風，退而縮亦生風。

此心最難持，非昏昧，即外馳。

人於靜坐時，必檢點己行之事，則當否可考。悔心愧心生，庶可補過矣。

人於不得意處，不必自銷沮，當審其是非。己果是也，固當坦然。縱是差失，只當速改，亦不必過於悔愧，徒銷沮何益？

念慮未萌，此天理渾全無虧損時，人於此時便能存養，雖有非念之發，遏之較易。若未發時，不用工夫，非心之發如湍

〔一〕「客」，原作「容」，形誤，據張子全書卷二及苑洛集卷一改。

水之決，六馬之馳，其難遏矣。日用體驗自見。

學者於此心能戒慎省察，則日用之間，縱使把握不定，小過、不及則有之，至於逆天拂性、損人利己之事，必無矣。氣失其平而爲疾，雖孔子亦不能免，甚而昏憒亦有之。豈惟聖人，雖天地亦不能免。當寒而温，當暑而涼，風雨晦暝，旱澇爲災，星辰失度，日月薄蝕之類，皆天地之氣失其平者也。

學者動静起居，雖〔一〕暗室屋漏之際，寢臥之時，亦矜持禮節。然後接物時從容自得。若隱顯不一，在人前雖勉強矜持，終不自然，必有脚忙手亂時。

周子「無極而太極」，即老子「無生有」。周子重「無」字，以「無」爲本。觀下文云「無極之眞」，不言太極可見，況原本云「自無極而爲太極」，而朱子削去「自、爲」二字，乃以吾儒正理釋之，則亦回護之過矣。

先儒謂老子以有、無爲二，周子以有、無爲一，非也。周子亦以有、無爲二，有、無爲一，朱子正論也。

余以「至無而至有」釋「無極而太極」，亦回護也。

學者養心之法，固不令其放逸，亦不可太拘，反爲心害。正如仙家導氣，佛家入禪，孟子所謂「勿忘勿助」，最好試於日用之間，驗之自見。

意是心之發，誠意即中庸之謹獨；心〔二〕是本體，正心即中庸之戒慎。修身即是端九容，各有工夫，如燕居之申申夭夭，入朝之色勃足躩，臨下之莊敬，享禮之容色之類，皆是也。傳者釋正修，或指其用，或指其原，非正解也。

中庸「戒慎謹獨」，一日行之，則一日聖賢；一月行之，則一月聖賢；終身行之，則終身聖賢。雖顏子之賢，不能不違於三月之後，是豈易能哉？此段工夫，不惟可以養心，亦可以却病；若把持太過，反有以傷其心，亦能致疾。孟子曰：

〔一〕「雖」，原作「難」，據苑洛集卷一八改。

〔二〕「心」，原作「心心」，衍一「心」字，據苑洛集卷一八刪正。

「必有事焉，而勿正心，勿忘，勿助長也。此其法也。」

學不足以合天人、一萬物，非學也。萬物者，天地之子，未有子不似父者。人之子必似人，牛之子必似牛，馬之子必似馬，杏之子必似杏，桃之子必似桃，天人萬物豈有二哉？

氣之性，本虛而神。虛字爲無極字，神字爲太極字。虛而神正是無極而太極，氣是陰陽五行。

造化人心，不過動靜兩端而已。纔離於動便屬靜，纔離於靜便屬動。古之聖賢只說動靜，於中捻出「幾」字，已屬之動矣。

馬文莊公 門人盛文定公附

公諱自強，字體乾，別號乾菴，同州人。讀書談道不立理學標幟，而必以理學爲歸，學者稱乾菴先生。生而穎異，五歲通孝經，七歲讀論語。至事父母能竭其力，事君能致其身，輒喜爲其父苑平公說大義。十四歲便能文，補郡學弟子。庚子，舉鄉試第一人，五上春官，至癸丑，登進士，被選爲翰林庶吉士。滿三歲，以高第授檢討，尋授書中貴人。己未，分試禮部。庚申，使蜀。壬戌，再分試禮部。甲子，擢修撰。乙丑，復分試禮部。丙寅，丁苑平公憂。丁卯，永樂大典成，從憂中進侍讀。己巳三月，即家拜司經局洗馬，領國子監司業事，兼侍講，充經筵講官。尋遷國子監祭酒。

公之在太學也，見科條漸弛，失教學初意，毅然以振飭自任，除積弊，取累朝聖典申明之，日以正學迪諸生，士風丕變，實開少墟先聲焉。久之，進詹事府少詹事，兼侍讀學士。壬申，進詹事，兼教習庶吉士。嘉靖初，遷禮部右侍郎，進左侍郎，兼掌詹事府事。未幾，丁繼母張淑人憂。服除，起故官，協理詹事府事，兼官日講如故。

公長身豐下，川渟嶽立，音吐如洪鐘。在講筵，進止有度，談說經史，時假像徵，意取上易曉。至邪正治忽之機，尤陳析剴切，亹亹不厭。頃之，進吏部左侍郎，尋拜禮部尚書。丙子，進太子少保。丁丑，知貢舉。戊寅，拜太子太保、禮部尚書，兼文淵閣大學士，入贊機務。有明二百餘年，關中人入閣者自公始。公嘗自言，平生不敢欺一語，不敢慢一事，則公之學可知矣。是歲十月十三日卒，年六十六。所著講義若干卷，奏議若干卷，詩文若干卷。門人盛文定公裒爲一集，刊而傳焉。盛文定諱訥，字敏叔，潼關人。隆慶辛未進士，入詞垣，人稱「大翰林」，官至侍讀。性仁孝，文章爾雅，節操清正，主試稱得人。著有玉堂日記百餘卷，定敏軒集八卷，卒謚文定。

文録

復曾督學書略曰：「夫誦法孔、孟，先明諸心而力行求至，則道在是矣。乃既階梯以登壇，又中變而他慕，何哉？孔、孟之説，皆學者所共見共聞，脱落行事，直欲頓悟超入，彼其説可以博聲而欺世耳？夫聖門之見道，有過於顔、曾者乎？曾唯一貫，自眞積力久中唯，非頓唯也；顔見卓爾，自博文約禮中見，非頓見也。彼一倡群和，轉效成會，奈何其弗思也。足下主持斯文，以正學覺關中之士，關中之士已多浸浸然向道矣。放淫闢邪，豈異人任哉？仰之仰之。」

堯舜其心至今在論略曰：「程子謂：『堯、舜數千年矣，而其心至今在。』非心堯、舜之心者，其能創爲此説乎？且聖人何以爲天地立心也？天地生民物，凡可以爲之所者無不欲爲也，而其勢不能也，於是乎生聖人而畀之以道，而寄之以心。聖人以道存之而爲心，又以其心運之而爲治，以盡民物之治，以成天地之能。是天地無心，以聖人之心爲心。聖人有心，而實體天地以爲心。是心也，以道爲體者也。得之天地之本然，而又與天地古今相爲流通者也，故能爲天地之心也。」又曰：「東海有聖人出焉，此心同也。西海、南海、北海有聖人出焉，此心同也。前乎千萬世之既往，後乎千萬世之方來，有聖人出焉，此心同也。何者？千聖一心也。千聖一心者何？萬古一道也。萬古一道者何？道之原出於天，天一而已矣，而道有二乎哉？道一而已矣，而心有二乎哉？道在天下萬世，故堯、舜之心，亦常在天下萬世也。」又曰：「後世鮮能爲堯、舜者，皆失其同具之眞心也。眞心之失，機心害之也。故曰：機心存，則純白不備；純白不備，則神生不定；神生不定者，道之所不載也。堯、舜之心則純白備者也，純白備，故其神定也；神定，故其道載也；道載，故其存久也。」

又曰：「『人心惟危，道心惟微，惟精惟一，允執厥中』，是萬世心學之源也。堯、舜開萬世心學之源，故堯、舜之心，在萬世尤章章著也。況群聖之心，即堯、舜之心，舉堯、舜而群聖在其中矣！」

正士風策略曰：「學以復性爲先而粹然不雜，志以守道自任而浩然不屈，如薛文清公者，要皆奮迹千載之下，方軌三代之英，豈兩漢諸子各得其一偏，而又不免於流弊者所可及哉？嗚呼，盛矣！奈之何數十年來，科舉之習漸奪其穹理之志，功利之鶩潛消其慕義之心。士習之謬也，則道路之歧也，愈遠愈失也；士氣之卑也，則江河之流也，愈趨愈下也。何也？儒先之所闡發六經之旨，昭如日星，與西漢承煨燼者不同，宜人人自托於名家也。乃業經者惟枝葉之務，尚記者多而穹理者寡，以漁獵爲學問，以緝綴爲文章，非謂天下之事盡如此也，而各如此者過半矣。」又曰：「學校之模範在師儒，師儒之表率在督學，此所當首加之意者也。必也重師儒之選，不徒擁之以髦年。慎督學之求，尤必拔之於群宷，皆取行爲人表、經任人師者爲之，俾其有所傳習，且有所觀法。」

經筵講章

「德惟治，否德亂」章說道：「天位惟艱，保位以德。所謂德，不過曰敬、曰仁、曰誠而已。君若有是德呵，將見以天德行王道，做出來的自然公平正大，件件都停當了，豈不足以致治。若無是德呵，恣意任情，做出來的必然顛倒差錯，件件都不停當了，豈不足以致亂？」

「顏淵曰：請問其目」章說道：「人之一身，有視、聽、言、動四者之用。此四者，乃人之日應乎物而不容少離者。亦人之易引於物，而不容暫忽者也。於此而不知防檢，則無以致其外，而何以養其中乎？必也隨時精察，極力克制。視必以禮，而凡非禮之色，足以眩吾明者，即禁之而不使接於目；聽必以禮，而凡非禮之聲，足以亂吾聰者，即禁之而不使接於耳；言必以禮，而凡非禮之言，足以起羞招尤者，即禁之而不以宣於口；動必以禮，而凡非禮之事，足以喪德敗度者，即禁之而不以措諸身。夫非禮，皆己私也。於此而禁之，皆克己也。己克則禮復，而仁在是矣。」

仲弓問仁章説道：「仁道雖大，不外於一心。爲仁雖難，不外於存心，而存心之要，惟在於『敬』、『恕』而已。夫人常情，見大賓無不起敬者，至於出門，率以其近而忽之矣。必常存此敬，雖出門易忽之時，亦儼然如見大賓，而無一時之敢忽。承大祭無不致敬者，至於使民，恒以其微而慢之矣。必常存此敬，雖使民易慢之祭，亦肅然如承大祭，而無一事之敢慢，是之謂敬也。不忠、無禮等事，不欲人之加於我，至於人卻以施之，亦常情也。必度人之心使同乎己，推己之心以及乎人，不欲人加諸我者，亦不以之加諸人焉，是之謂恕也。夫能敬則私意無所容，而仁之體以立；能恕則私意無所雜，而仁之用以行。由是，外而在邦，感吾之敬恕，上下莫不相安，何怨之有？内而在家，感吾之敬恕，宗族莫不相悅，何怨之有？此固其自然之效，亦可因之而自考也。」又説：「敬必先於宥密，恕尤貴於擴充。於人之所見敬矣，而於所不見忽焉，非敬之全體也。一事能推心矣，而於他事否焉，非恕之大用也。更望純如見大賓，如承大祭之心，雖幽獨得肆之地，亦有主而不忘，擴所欲與聚所惡勿施之意，雖遐隱難達之方，亦無微而不及，則仁心純一，仁政旁敷，宇宙之間懽忻交通，而凡有血氣者，莫不尊親矣，而豈特無怨而已哉！」

「子夏曰：日知其所亡」章説道：「『無』字與『有無』的『無』字同，『所亡』是未知的道理，『所能』是已得的道理。子夏説：『天下道理，必學而後能知。』而人之爲學，必實求有得於己，而後可以謂之好學。若未知而不求進於知，已得而遂忘其所得，則心志不專，工夫間斷。雖曰爲學，亦不過入耳出口、翫時愒日而已，惡得謂之好學乎？必須於每日之間，將那未知的道理，今日講求一件，明日又講求一件，務使所聞所見者與日而俱進焉。然又恐其久而遺忘也，必於每月之間，將那已得的道理時加温習，隨時體驗，尊其所聞，行其所知，拳拳服膺而弗失之焉。似這等用功，方是眞能好學的人。」又説：「子夏常謂：『入見聖人之道而悅，出見紛華盛麗而悅。』夫子夏在聖門最爲篤信好學者，其勉人爲學之意又如此其諄切，而猶不能不移志於紛華之誘。況人主一心，攻取尤衆，自非時時省察、日日勵精，或致念少差，工夫暫輟，則未知者終不能知，已得者且將復失，雖日對聖賢，從事講習，亦不過應故消日月而已，果何益哉？」

卷二十

楊忠介公　門人由純夫附

公諱爵，字伯修，號斛山，富平人。美姿容，身長七尺。家故貧，年二十始發篋讀書，夙夜攻苦，躬耕時亦以書冊自隨，無繼晷資，以薪代，意欣然也。爲兄靖事累，繫獄。上書邑令，詞意激烈。令[一]異之曰：「此奇士也。」出而加禮焉。

年二十八，聞朝邑韓恭簡公講理學，躬輦来往拜其門。恭簡見其狀貌行行，欲卻之，叩其學，詫曰：「宿學老儒莫是過，吾幾失人矣。」既省其語言踐履，錚錚多古人節，又嘆曰：「吾畏友也。」公剛大之氣百折不回，人與楊椒山並稱，謂之「韓門二楊」云。

年踰三十，爲諸生。嘉靖戊子，應試長安，就食客舍。舍有遺金者，公守而還之，不受報。是秋，即以書舉第三名。明年，第進士，授行人。三使藩國，餽贈一無所受。或病其矯，公曰：「彼重天子使，吾獨不自重天子使耶？」壬辰，考選御史。丁母憂，廬墓三年，有冬筍馴兔之瑞。服闋，家居授徒者又五[二]年。庚子秋，薦復原官。辛丑，上封事，謂：「今日致危亂者五，一則輔臣夏言習爲欺罔，翊國公郭勛爲國巨蠹，所當急去；二則凍餒之民不憂恤，而爲方士修雷壇；三則大小臣工弗覩朝儀，宜慰其望；四則名器濫及緇黃，出入大内非制；五則言事諸臣若楊最、羅洪先等非死即斥，所損國體

[一]「令」，原缺，關學編卷四斛山楊先生作「邑令見而驚之曰」，據補。

[二]「五」，原作「三」，關學編卷四斛山楊先生「家居授徒講學者又五年」，據改。

不小。」

疏入，上大怒，逮繫鎮撫司，拷掠備至，血肉淋漓，死而復甦者屢。是日，京城大風，人面不相覿，都人呼爲「楊御史風」，其感動天地如此。舊制，士夫下獄并無桎鎖，桎鎖晝夜，實自公始，蓋輔臣詡國意也。主事周天佐、御史浦鋐俱以救公箠死獄中，於是防守益嚴，人爲公危，而公夷然自若。

部郎錢緒山、劉晴川，給事周訥谿先後以事下獄，公相與講學不輟，惟相戒不得言得罪事。緒山先釋，公願以一言爲別，緒山曰：「靜中收攝精神，勿使游放，則心體湛一，高明廣大可馴致矣。作聖之功，其在此乎！」公敬識之，日與晴川、訥谿讀書賦詩。如是者又五年，著周易辨録、中庸解若干卷。乙巳八月，上用箕神之言，釋公等三人，而公等猶相約取道潞水，舟中講學，踰臨清而别。會太宰熊浹諫造箕台忤旨罷官，復逮公等三人。時公抵家甫十日耳，聞命就道，在獄又三年。丁未十一月，高玄殿災，上恍惚聞火光中呼三人姓名，次日釋歸。

歸二年，卒於家，年五十有七。病革時，援筆自著銘旌墓誌，又惓惓以「作第一等事，做第一等人」教子孫，不及他語。隆慶初，贈光禄寺少卿，謚忠介。

門人由先生諱天性，字純夫，官鄠城縣知縣；紀先生諱中夫，張先生諱本禮，均富平人。

文録

周易辨録序略云：「因病中日讀周易以自排遣，愚蒙管窺，或有所得，則隨筆之，以備遺忘。歲月既久，六十四卦之説略具矣，因名之曰周易辨録。繫辭曰：『困，德之辨也。』吾以驗吾心之所安、力之所勝何如耳，若以爲實有所見而求法於古人焉，則吾死罪之餘，萬萬所不敢也。」

處困記略云：「炎氣蟲蟲，獄地蒸濕，徂暑流火之際，余所著者尚爲冬月之袍布，重以嚴禁，力弗能堪。惟思古訓格言，可益身心，如孔、顔問答之類者，潛翫其精藴與其氣象，以自寬自解。覺有得焉，忽不知桎梏在躬，而忘其身世爲囹圄中之一羸憊囚徒也。」

與紀中夫書略云：「紀子中夫賢契，在此我心甚好，偲當在教下，讀書否乎？可告我知道。吾人處世，安樂則心存於安樂，患難則心存於患難，有何不自得而戚戚於心耶？於今日之幽困而安順之，亦吾百年中所作之第一事也。」

答張仲禮書略曰：「昨蒙教言，凡事皆宜置之度外，不須憂念，此語誠是。今此險難由我自取，身居人臣而死職下，固心所安也，何敢怨尤。安得倏忽殞滅，溘先朝露，做一柩車，歸藏蒿里。當此之際，諒我賢契必多感傷，攜石凍春一罇，哭而奠之於柩前，我之遊魂炯炯，固結不散，覽此苾芬，盡一享之。斯時也，或有雲物班布，風氣蕭瑟，草木淒悲之景象，是我一段抑鬱不平之氣充塞浩蕩，因足下之感招而傍徨於左右也。言至於此，狂鄙故態，又可一笑也。」

家書第三則略云：「偲：我平安，勿憂。前見你書中有『流涕』、『禱神』、『卜卦』等語，兒何須如此苦也？吉凶禍福，何者而非命乎？語曰：『不知命，無以爲君子也。』吾今日素患難，行乎患難，不怨不尤，樂天知命，無人而不自得，此處心處身之道也。其困我之心，衡我之慮，增益我所不能，是吾之吉與福，而非凶禍也。況主上聖明，自有遠見，自有寬處，亦何憂而何慮乎？」

臨終自書墓誌略曰：「吾平生所期，欲做天下第一等人而行不逮，欲幹天下第一等事而績未成。今臨終書以誌墓，願吾子孫當吾身後，擇其善者從之，其不善者改之，此其意也。在人世五十七年，亦不可謂不壽，但懿行不足垂萬世，功業未能裨當時，是謂與草木同腐朽。」

又自書銘旌略云：「五十餘年，生長人世，未盡聖賢之道；兩受天禄，還形地下，難忘君父之恩。」

讀易銘曰：「安樂安樂，由心之作。展轉困辱，惟吾所速。四聖垂訓，炳炳簡編。議之而後動，擬之而後言，或可以觀象玩辭，而補吾之愆。」

語録

天命謂性，天人一理也。率性謂道，動以天也；修道謂教，求合乎天也。戒懼慎獨，自修之功至於中與和也。中和，性命本然之則也，能致之則動以天矣，故其效至於天地位，萬物育。

道不可須臾離，可離非道，是言當戒懼之意；莫見乎隱，莫顯乎微，是言當謹獨之意。應酬是有睹有聞，不睹不聞是無所應酬之際也。如出門、使民，是有所應酬，則有睹有聞。或問程子：「未出門、使民之時，當如何？」曰：「此儼若思時也。」「儼若思」即是戒慎恐懼之意，爲工夫尚未説到極至處，故又提「慎獨」二字，使人雖在暗室屋漏之中，一念發動之際，凛然畏懼，不可少息，則天理常存，私意不萌，純一不已，而合乎天矣。

中和，心之本體也。未發之中，萬物皆備，故爲天下之大本。已發之和，大經大法所在而不可達，故爲天下之達道。怒與哀中節，皆謂之和。

致中和，「止至善」之云也。天地之位，我位之也；萬物之育，我育之也。

天下之道，至中庸而極，理得其會同，義至於入神，非至明不能察其幾，非至健不能致其決，故民鮮能之矣。

夜初静坐，少檢點日間言行，因司馬温公論盡心行己之要自不妄語始。夫不妄言，所言必皆當理，非心有定主，豈能至此？故輕躁鄙背及事務瑣屑，無益身心，而信口談論者，皆妄言也。因書以自戒。

作一好事，必要向人稱述，使人知之，此心不定也。不知所作好事，乃吾分所當爲。雖事皆中理，纔能免於過惡耳，豈可自以爲美！纔以爲美，便是矜心，禹之不矜不伐，顔淵無伐善，無施勞，此聖賢切己之學也。

好議論人長短，亦學者之大病也。若眞有爲己之心，便惟日不足，戒慎乎其所不睹，恐懼乎其所不聞，時時刻刻防檢不暇，豈暇論人？學所以成性而已，人有寸長，取爲己有，於其所短，且置勿論。輕肆辯折而無疑難涵蓄之心，謂之喪德可也。此予之深患不能自克，可愧可愧。

道心人心，只以是與不是求之。一念發動的不是，則爲人心。道心極難體認擴充，戒懼恐懼之功少有間斷即蔽錮泯滅，而存焉者寡矣，故曰「惟微」。人心一動，即在凶險路上行矣，喪德滅身，亡國敗家由於此，故曰「惟危」。所謂「卿士有一於身，家必喪；邦君有一於身，國必亡」。「内作色荒，外作禽荒，甘酒嗜音，峻宇雕牆，有一於此，未或不亡」。則人心之危，眞可畏哉！

心靜則能知幾，方寸擾亂，則安其危、利其菑，禍幾昭著而不能察矣，况於幾乎！幾者，動之微，而吉凶之先見者也。所謂先見，亦察吾之動是與不是而已。所動者是，吉即萌於此矣；所動者不是，凶即萌於此矣。故學者以愼獨爲貴。

余賦性粗鄙，動輒乖謬。夜間靜坐，思此身過惡，眞不可堪，眞難自容，可謂虛負此生矣。年踰五十，血氣漸衰，老景將至，始自知過，則已晚矣。可勝嘆哉！尚幸殘生未泯，欲自克勵，求免於惡終耳。書以自警。

顏、孟二大賢，雖氣象不同，而學則未始有異。顏子之學，在非禮勿視、聽、言、動，「不違仁」，「不遷怒」，「不貳過」；孟子之「集義養氣」，「擴充四端」，「求放心」，「存心養性以事天」，則亦顏子「克己復禮」之學矣。

天下萬變，「眞妄」二字可以盡之。偏蔽者妄也，本體則眞也。學所以去偏蔽之妄，全本禮之眞。全則道本乎性，性純乎天，立人之道始無愧矣！天地亘古亘今，但有此一個大道理，則亘古亘今之聖賢，不容更有兩樣學問也。

今日早起，朗誦「君子之所以異於人者」一章，即覺襟懷開洒，心廣體胖，有西銘「與物同體」之氣象。此心易至昏惰，須常以聖賢格言輔養之，便日有進益。

智者自以爲不足，愚者自以爲有餘。自以爲不足，則以虛受人，進善其無窮矣。自以爲有餘，必無孜孜求進之心，以一善自滿，而他善無可入之隙，終亦必亡而已矣。書之以自勵焉。

早起散步圜階，日升東隅，晴空萬里，鳶鳥交飛，不覺襟懷開洒，萬慮皆空。因思曾晳沂水氣象，亦是如此。

古人律己甚嚴，其責人甚恕；今人律己甚恕，其責人甚嚴。孜孜爲己，不求人知，方始是學。

因置一甎奠食碗，置之未安之處，此心不已，必欲既安然後已。將一個身心不會置之安穩之地，如個無艄工之舟，漂蕩於風波之上，東風來則西去，西風來則東去，是何道理？　則是置此身心，不如置此碗之謹慎也。

附録

馮恭定公語録云：「吾關中若王端毅之事功，楊斛山之節義，呂涇野之理學，李空同之文章，足稱國朝關中四絶。然事功、節義係於所遇，文章係乎天資，三者俱不可必，所可必者惟理學耳。吾輩惟從事於理學，則事功、節義、文章，隨其所遇，當自有可觀處，不必逐漸去學而後謂學四先生也。」

人問：「恭定、楊斛山先生大節凜凜一代，不知何修至此？」曰：「先生學問亦從雞鳴孳孳爲善一念來。觀其詩有曰：『病潛隱處最難醫，拔去深根思匪夷，舜跖相懸殊未遠，差之千里自毫釐。』又曰：『一原萬象皆同有，要把心從此處知，善到公時多少大，須知無我是無私。』觀此，則先生生平大節蓋有所本云。」

羅文恭公洪先覆公書略曰：「數年以來，佩服良勤。竊以曾子謂門人曰：『戰戰兢兢，如臨深淵，如履薄冰』，此慎獨旨，而夫子告仲弓『如見大賓』、『承大祭』正與相類。古人終身持守，不忘頃刻，何哉？古人事心如天，而今人認己爲心。認己爲心故易足，而事心如天則難窮。書曰：『顧諟天之明命。』天理所在，不入安排，戰戰兢兢，虚以捧持，稍涉動意，即違帝則。顔子克己復禮，大舜舍己從人，孟子舍夷、惠願學孔子，濂溪諭士賢直欲希天，豈故誘人妄擬哉？不如是不足以盡心，亦不足以事天，此戰兢所以終身也。兄資本豪傑，行乎神明，亶其餘力，日進無疆，其必以諸聖爲師而不忍少懈矣乎！不肖視嚮往爲塗轍矣。」

楊忠愍公繼盛祭公文略曰：「盛責宰相書内云：『有一時之富貴，有萬世之事功，有目前之榮辱，有身後之褒貶。』不惟以義言之，其較然分明；雖以利言之，其輕重亦較然可懼。盛嘗自以爲平生學問所得力者在此，豈公之所爲所見乃先得我心之所同然耶！要亦同得師翁，不負天子，不負所學之教而不敢忘也。嗚呼！士有曠百世而相感者，每欷歔而不可禁，況與公同韓氏之門，又同此愚直之心，憂懷如海，孰爲知音，安得起公於九原，連床數日，共吐肺肝！平時人有稱『韓門二楊』，顧淺陋，何敢與公並稱！　方公立朝，盛尚韋布，及盛在位，公已云亡，既不得共從王事、斬奸佞矣。公之完名高節，已不負師翁之教，而盛尚留僥倖不死之身，若宇宙贅疣，於公深有愧焉。」

卷二十一

南瑞泉先生

先生諱大吉，字元善，號瑞泉，渭南人。正德庚午舉人，辛未進士。授戶部主事，歷員外郎、郎中，出守浙江紹興府，致仕。嘉靖辛丑卒，年五十五。

先生賦性聰穎，甫讀書爲文，即知求聖賢之學，弱冠即以古文馳聲當世。然性豪曠，不拘小節。入仕尚友講學，漸棄其詞章之習，專治聖學。及知紹興，時陽明王子倡道東南，講致良知之學，四方負笈來學者，至寺觀不能容。先生故王子辛未分房所得士也，既從王子學，實踐有得，迺大悟曰：「人心果自有聖賢也，奚必他求？」闢稽山書院，聚八邑之士，身親講習。於是蕭璆、楊紹芳等自湖廣來，楊仕鳴、薛宗鎧、黄夢星等自廣東來，王艮、孟源、周衝等自直隸來，何秦、黄弘綱等自南贛來，劉邦采、劉文敏等自安福來，魏良政、魏良器等自新建來，曾忭自太和來，王學大振。先生又録王子語爲傳習録，序刻以傳。因匾其聽政之堂曰「親民堂」。

丙戌入覲，以考察罷官。先生治郡以循良重一時，而執政者方惡王子之學，因王子以及先生也。先生致書於王子千數百言勤勤懇懇，惟以得道爲喜，急問學爲事，恐卒不得爲聖人爲憂，略無一字及於得喪榮辱之間。王子得書，嘆曰：「此非眞有朝聞夕死之志者，未易以涉斯境也。」同門遞觀傳誦，相與嘆服。

既歸，益以道自任。常以書抵馬西元，闡明良知之學。又構湭西書院以教四方來學之士，而尤惓惓於愼獨改過之訓，故出其門者多所成就。蓋先生之學以致良知爲宗旨，以愼獨改過爲致知工夫，飭躬勵行，惇倫敘理，非世儒矜解悟而略檢押者比。故至今稱王門弟子，於先生當首屈一指云。所著有紹興府志、渭南志、瑞泉集若干卷。

詩録

言懷詩略云：「誰謂予嬰小，忽焉十五齡。獨念前賢訓，堯舜皆可并。」示弟及門人詩曰：「昔我在英齡，駕車詞賦場。朝夕工步驟，追蹤班與楊。中歲遇達人，授我大道方。歸來三秦地，墜緒何茫茫。前訪周公跡，後竊横渠芳。願言偕數子，教學此相將。」

語録

先生問於王子曰：「某臨政多過，子何無一言？」子曰：「何過？」先生歷數其事。子曰：「吾言之矣。」先生曰：「何？」「吾不言，何以知之？」曰：「良知。」子曰：「良知非我常言而何？」先生笑謝而去。數日，數過加密，請曰：「與其過後悔改，曷若預言不犯爲佳也。」王子曰：「人言不如自悔之眞。」先生笑謝而去。過數日，復自數過益密，且曰：「身過可勉，心過奈何？」王子曰：「昔鏡未開，可得藏垢。今鏡明矣，一塵之落，自難住脚。此正入聖之機也。勉之！」

附録

王子與先生第一書略云：「有道之士，其於慕富貴，憂貧賤，欣戚得失而取舍愛憎也，若洗目中之塵而拔耳中之楔〔一〕。其於富貴、貧賤、得喪、愛憎之相値，若飄風浮雲之往來變化於太虛之體，固常廓然其無礙也。元善今日所造，其殆庶幾於

〔一〕「楔」，原作「機」，據王文成全書卷六答南元善改。

是矣乎！是豈有待於物以相勝，而去彼取此，激昂於一時之意氣者所能強，而聲音笑貌以爲之乎？元善自愛，元善自愛！

「關中自古多豪傑，其忠言沉毅之質，明達英偉之器，四方之士，吾見亦多矣，未有如關中之盛者也。然自橫渠之後，此學不講，或亦與四方無異矣。自此關中之士有所振發興起，進其文藝於道德之歸，變其氣節爲聖賢之學，將必自吾元善昆季始也。今日之歸，謂天爲無意乎？

「元貞以病不及別簡，蓋心同道同而學同，吾所以告之亦不能有他說也。亮之亮之！」

王子與先生第二書略云：「色養之暇，塤箎協奏，切磋講習，當日益深造矣。」里中英俊相從論學者幾人？學絕道喪且幾百年，居今之時，而苟知趨向於是，正所謂空谷之足音，皆今日之豪傑矣。便中示知之。

「竊嘗喜晦翁涵育薰陶說，以爲今時朋友相與必有此意，而後彼此交益。近來一二同志與今人講學，乃有規礪太刻，遂相憤戾而去者，大抵皆不免於以善服人之病耳。楚國寶父〔一〕爾憂去，子京諸友亦不能亟相會，一齊衆楚。『道之不明也，我知之矣。』雖然，『風雨如晦，雞鳴不已』，『至誠而不動者，未之有也。』非賢昆玉疇足以語於斯乎？其餘世情，眞若浮虛之變態，亮非元善之所屑聞也，遂不一一及。」

王子親民堂記略曰：「南子元善之治越也，過陽明子而問政焉。陽明子曰：『政在親民』。曰：『親民何以乎？』曰：『在明明德。』曰：『明明德何以乎？』曰：『在親民。』曰：『明德、親民一乎？』曰：『一也。明德者，天命之性，靈昭不昧，而萬理之所從出也。人之於其父也，而莫不知孝焉；於其兄也，而莫不知弟焉；於凡事物之感，莫不有自然之明焉。是其靈昭之在人心，亘萬古而無不同，無或昧者也，是故謂之明德。其或蔽焉，物欲也。明之者，去其物欲之蔽以全其本體之明焉耳，非能有以增益之也。』曰：『何以在親民乎？』曰：『德不可以徒明也，人之欲明其孝之德也，則必親

〔一〕「父」，原作「又」，據王文成全書卷六答南元善二改。

於其父而後孝之德明矣。欲明其弟之德也，則必親於其兄而後弟之德明矣。君臣也，夫婦也，朋友也，皆然也。故明明德必在於親民，而親民乃所以明其明德也，故曰一也。』」

王子送先生入覲序略云：「渭南南侯之守越也，兇惡貪殘禁不得行，而狡僞淫侈，遊惰苟安之徒亦皆拂戾失常，有所不便，相與斐斐緝緝，搆讒騰誹，城狐社鼠之奸又從而党比翕張之，謗遂大行。士夫之爲元善危者沮之曰：『謗甚矣，盍已諸？』元善如不聞也，而持之彌堅，行之彌決。且曰：『民亦非無是非之心，而蔽昧若是，固學之不講而教之不明也，吾寧無責而獨以咎歸於民？』則日至學宮，進諸生而作之以聖賢之志，啓之以身心之學，士亦蔽於習染，閧然疑怪以駭曰：『是迂闊之設，將廢吾事。』則又相與斐斐緝緝，訾毀而詆議之。士夫之爲元善危者沮之曰：『民之謗若火之始炎，士又從而膏之，孰能以無燼乎？盍遂已諸？』元善如不聞也，而持之彌堅，行之彌決，則又葺稽山書院，萃其秀穎而日與之諄諄焉、亹亹焉。越月踰時，誠感而意孚，三學洎各邑之士亦漸以動，日有所覺而有所悟矣。於是爭相奮曰：『吾今乃知聖賢之必可爲矣。』」

南元貞先生

先生諱逢吉，字元貞，一字元命，别號姜泉，學者稱姜泉先生。以易舉進士，授禮部儀制司主事，歷官保寧、歸德府知府，陞鴈門兵備。當瑞泉先生出知紹興，先生以會試不第，奉母焦太宜人之官所，得與瑞泉先生同師陽明王子。後官保寧、歸德，萃諸生之俊者而督教之，得人稱盛。自鴈門致仕歸，建姜泉書院，收訓子姪門人，接引後學如弗及已。至今渭南彬彬多文學有用之士焉。著有姜泉集、越中述傳若干卷，注解會稽三賦，刻於越中。年八十一卒。

子軒，世稱陽谷先生。

附録

王子博約説略云：「南元眞之學於陽明子也，聞致知之説而恍若有見矣。既而疑於博約先後之訓，復來請曰：『致良知以格物，格物以致其良知也，則既聞教矣，敢問〔一〕先博我以文而後約我以禮也，則後儒之説得無不同歟？』陽明子曰：『理一而已矣，心一而已矣，故聖人無二教而學者無二學。博文以約禮，格物以致其良知，一也。故先後之説，後儒支繆之見也。夫禮者，天理也，天命之性具於吾心，渾然全體之中而條理節目森然畢具，是故謂之天理。天理之條理謂之禮。是禮也，其發見於外，則有五常百行，酬酢變化、語默動靜、升降周旋、隆殺厚薄之屬。宣之於言而成章，措之於爲而成行，書之於冊而成訓，炳然蔚然，其條理節目之繁至於不可窮詰，是皆所謂文也。是文也者，禮之見於外者也。禮也者，文之存於中者也。文顯而可見之禮也，禮微而難見之文也，是所謂體用一源而顯微無間者也。求盡其條理節目焉者，博文也；求盡吾心之天理焉者，約理也。文散於事而萬殊者也，故曰博；禮根於心而一本者也，故曰約。博文而非約之以理，則其文爲虚文，而後世功利辭章之學矣。約禮而非博學於文，則其禮爲虚禮，而佛、老空寂之學矣。是故約禮必在於博文，而博文乃所以約禮。二之而分先後焉者，是聖學之不明，而功利異端之説亂之也。』」

馮恭定公越中述傳序略云：「昔王文成公講學東南，從遊者幾半天下，而吾關中則有南元善、元眞二先生云。故文成公之言曰：『關中自横渠後，振發興起，將必自元善昆季始。』二先生録公語幾數萬言，藏之家塾。元眞先生孫子興太史做蘇季明校正蒙例，離爲四篇，曰立志、格物、從政、教人。總題曰越中述傳，而屬予爲序。余惟文成公之學，一『致良知』盡之矣。今離而爲四，何也？曰：『此正所以致良知也。』

「夫人而語之曰汝有志，汝爲聖賢，則必喜；語之曰汝無志，汝爲狂愚，則必怒。是志本吾人之良知也，而不講立志之

〔一〕「問」，原作「聞」，據王文成全書卷七改。

學，則良知不致矣。夫人而有志聖賢，則必格其爲聖賢之理，而後可爲聖賢。人而不爲狂愚，則必格其不爲狂愚之理，而後不爲狂愚。而聖狂之理，夫固昭然於吾心者。是物理本吾人之良知也，而不講格物之學，則良知不致矣。仁者以天地萬物爲一體，赤子入井則乍見惻隱，一夫向隅則滿堂愀然。聖賢有此志，狂愚亦有此志；聖賢有此理，狂愚亦有此理。是一體本吾人之良知也，而不講從政、教人之學，則良知不致矣。

良知是本體，致知是工夫。識得本體，然後可做工夫。做得工夫，然後可復本體。千流萬派而不離其源，千言萬語而不出其宗，此文成公之學所以大有功於斯道也。乃後之談良知者，多放縱決裂，爲世詬病，是空談良知而不用致知之功也，於文成公何尤焉？此録出，而良知末流之病，庶幾其可救乎！」

尚宗周先生

先生諱班爵，字宗周，同州人。弘治甲子舉人，隨父衡之浙江參議任，從陽明王子學。後任安居知縣，有循聲。著有小淨稿、雲林集。

卷二十二

皆子推先生

先生諱如心，字子推，三原人。性穎悟，厭爲科舉之學，慨然以聖賢爲歸。讀書人所不能悟者，獨能悟也。嘗衣冠危坐，整飭身心，言動酬應，悉遵禮法。先生爲人剛介，往來閭巷間，未嘗與人立談，若將浼之者。弟如思，從先生學。雖舉鄉試，猶時加夏楚，俗士詆而華之，而先生確然自執，未嘗摧沮，庶幾能自立者焉。

張濾濱先生

先生諱士珮，號濾濱，韓城人。生而奇穎，篤信理學，與耿天臺研求性命之理，確然有得。中嘉靖丙辰進士，授紹興推官，尋徵拜御史。每疏入，輒報可，又劾奏嚴世蕃之黨羅龍文等，力逮治罪，天下快之。以艱歸，廬墓五年。巡按山東，調晉藩，除汾水患，民生利頓之。晉土多瘠，爲别三等輸賦，糧地均平。開府西蜀，討平天全、永寧土司之亂。成都兵索餉而譁，先生闢門呼衆人曰：「此非副使所得主，吾當給之。」又曰：「譁者於軍法當杖。」杖爲首者四十。居數日，得倡亂六人斬於市，衆皆股栗。召爲天官少宰，一意進賢退不肖，與冢宰不合，左遷南大司徒，遂稱疾致仕歸。築北園，讀書其中。嘗自謂：「吾居官不取贖鍰，遷官不用賄賂，居鄉不行請託，三事可對天日。」人以爲確。卒，贈太子少保。所著有洗心恆性、中庸大指、忠恕違道不遠、道自道、成己成物、夫焉有所倚、復禮見學諸說、心性人心道心諸辨，皆暢發前賢之旨。所輯有六書賦、洪武正韵、玉鍵及達意稿、四書端蒙録、留臺類稿、山東按奏、西蜀題奏、韓城縣志諸書。

其重修縣學記略云：「竊見慨時之弊者多云，漢躬行選士，士即勵行應之，故循吏賢相后世鮮儷焉。今文藝校士，士即雕蟲應之，一當論官，率稱才難，故科舉之業，僉云非世所用也。雖然，士以舉業進者，不有澤被生民者乎？不有功勒鼎彝者乎？不有因文見道者乎？學術無異，伊胡若此，探其本，蓋天理人欲之分，不分於行而分於情。同行也而竪立獨卓焉，彼其識趨獨高也。故明道云：『學者須先識仁，識仁則民胞物與，宗子家相，渾若一體，不以形骸岐而異視之。』故親則致其愛，民則擴其仁，而賢則篤其好，故處乎家庭則敦睦洽於族，莅乎郡邑則兆姓寧於野，位乎廊廟則彦聖萃於朝，此皆識仁之效也，天德王道之眞境也。然仁有端而識有機，亦自乍見而察其怵惕，以擴其如天之仁之度爾。蓋天地以生物爲心，士人得之以爲心，堯舜禹湯文武，則繼天立極，以好生而協萬邦。孔子祖述之，則以安百姓而垂憲萬世焉。吾韓之士以當仁自勵者則濟濟也，誰肯見憾於人而不爲庠序光乎？行且見天下歸仁矣。」

郭蒙泉先生

先生諱郛，字惟藩，號蒙泉，涇陽人。器宇凝重，童時屹若成人。八歲即知誦讀，通音律。從都諫龍山呂公學，與龍山子愧軒同筆研。龍山嘗試以對曰：「曉風拂水面」，先生應聲云：「朝日射岩頭。」龍山公計偕，屬受學於李東橋先生。與愧軒兩人益肆力於學，以聖賢相期許，不顓顓於雕蟲之技。補邑庠，嘉靖戊午舉於鄉，時年四十有一矣。以龍山公會葬，不上公車，郡邑爭表其閭，謂得古師弟之誼焉。舉孝廉後猶與愧軒讀書龍岩洞中，學益有得。負笈從遊者益衆，累試春官不第。

乙丑，謁選河南獲嘉教諭，日與諸生講論，多有造就。隆慶庚申，擢國子助教，值馬文莊公爲祭酒，教規肅然，陞戶部主事，旋権稅九江。萬曆庚辰[一]，出守馬湖。馬湖，西南夷故地，先生恩威并濟，一以禮讓爲先，夥夷深愛戴之。居未三載，聞有猶子之戚，念伯兄老而獨居，投牒歸。歸二[二]十餘年，自讀書講學外，他無所事。享年八十有八，無疾而卒。門下士夫追思無已，私謚曰貞懿先生。

先生學重根本，篤於倫理。其學以持敬爲主，自少至老，一步不敢屑越。冠履几案，悉列箴銘，而晚年猶喜讀易。所著有自警俚語、山居雜詠語略、族譜、仰鄭堂集傳於世。

仲子九有，乙未進士，以猗氏令擢禮部主事，未究其用而卒，人皆惜之。

有詩云：「學道全憑敬作箴，須臾離敬道難尋。常從獨木橋邊過，惟願無忘此際心。」又云：「近名終喪己，無欲自通神。識遠乾坤澗，心空意見新。閉門只靜坐，自是出風塵。」又云：「莫道老來積德難，古人雖老志不朽。富公八十尚書屏，武公九十猶求友。老來聞道未爲遲，錯過一生寧不忸。從此努力惜分陰，毋徒碌碌空白首。」又答都察院某勸其隱年就台諫詩云：「任他竹葉引羊車，獨閉深宮度歲華。挨得頭顱白似雪，忍將脂粉媚官家。」

薛道行先生

先生諱亨，字道行，韓城人。六歲授書，千言成誦。十六隸諸生籍。嘉靖辛酉，用尚書舉鄉試第一人，年甫弱冠耳。家距河津一葦可航，慕薛文清之爲人，於宋則師范文正及明道、伊川二先生。嘗夢明道教之曰：「澄神心自靜，心正神益清

[一]「辰」，原作「申」，據關學編卷四蒙泉郭先生改。
[二]「二」，原作「三」，據關學編卷四蒙泉郭先生載郭郛「乙巳六月初三無疾而卒」，乙巳爲萬曆三十三年（一六〇五），距其辭歸二十餘年，據以改。

矣！」又夢文正教之曰：「性定天機闊，神凝物外清。」恍然有悟。

更十年，隆慶辛未登進士第，授戶部主事。督餉寧武，夢中吟詠，有「一廉束兩足，平地亦能飛」之句，因以清廉自勵。改兵部武選司，以父喪歸。服除，改車架司，還刑部員外郎。尋擢山西提學僉事，教先德行而後文藝，暇則進諸生講論，日仄不倦。著有晉學政校士録、晉風申諭原教録、四先生語録、理學、詩學、海叢珠，至今誦之。遷山東少參、四川參政。治涪，修學宮，爲士學申諭，川東雜議訓涪士民，風俗爲之一變。遷山西按察使，置學田養士，爲五倫集要，女經閨範，戶說之，事具冀南雜議及南潤集中。已遷河南右方伯，攝行左事。旋以事告歸，署所居堂曰「敬忍」，此吾座右銘也。倣洛下香山，與鄉先生賢者月再舉會，以樸素退讓表正鄉閭。寢疾，諸子問後事，曰：「勤儉耕讀，四言蔽之矣。」不及其他而逝。

王秦關先生

先生諱之士，字欲立，號秦關，藍田人，學者稱秦關先生。父旃，號飛泉，官代邸教授，明理學。

先生幼承庭訓，七八歲即知學，教授公以毛詩二南授之，後治大戴記，兼通易經。爲諸生，有名庠序間。嘉靖戊午，舉於鄉。屢試春官不第，皤然悔曰：「所性分定，聖道遠人乎哉？一曲經生，華藻奚爲？」乃屏棄帖括，潛心理窟，毅然以道學自任。作養心圖、定氣說，書之座右，閉關不出者九年。蒿牀糲食，尚友千古，兢兢守孔子家法。又以爲藍田風俗之美由於呂氏，今鄉約具在，而不能善俗，如先正和叔何？乃爲十二會，赴會者百餘人。洒掃應對，冠昏喪祭，一一潤澤其條件，行之爲謹，於是美俗復興。萬曆甲戌病痺，又以哭母哀毀，步履艱難。既終喪，嚮道之心彌篤。又謂天下之學術不一，非親證之不能得其大同，因復赴都門講會，與諸老相問難。上闕里，謁先師暨諸賢廟墓，低徊留之不能去，夢寐如見其人，久之始歸。

乙酉，德清許敬菴督學關中，講學正學書院。先生故許同志友也，禮延先生，先生亦樂就之，相爲切劘，多士皆有所興起。後許以應天丞謫歸，先生亦南行入江右，會南昌章本清、新城鄧潛谷、衢州楊止菴，浮浙水而下，至吳興問許敬菴。東南學者聞先生至，多從之遊。己丑歸里。明年庚寅八月，卒於家，年六十三。目欲瞑，以手示二子爲訣，亦曾子「啟手足」意也。以祭酒趙用賢疏荐，詔授國子博士，除目下，而先生不及見矣。

先生篤信好學，見徹本原，非沾沾矜一節一善以成名者。世或只以甘貧苦節稱先生，豈足以盡先生哉。所著有理學緒言、信學私言、大易圖象卷、進學考源録、易傳、詩傳、正世要言、正俗鄉約、王氏族譜、正學筌蹄、闕里瞻思、關洛集、京途集、南遊稿。所述有先師遺訓、先君遺訓、皇明四大家要言、性理類言、讀孟録諸書行世。

附録

馮恭定公秦關全書序云：「藍田王秦關先生，理學醇儒也。其學以盡性無欲爲宗，近裏著己，甘貧苦節，世共高之。始余晤先生於正學書院，相與論格物、論未發及太極、西銘之旨，睹然有當於心。今廿年往矣，哲人既萎，吾將安從？頃先生冢嗣伯敬持先生著作若干種，乞余訂正。會余病，不能細讀，乃留伯敬數日，命門人輩稍爲編次以歸之，而以文簡粹書〔一〕、飛泉公語録列於前，見先生學問淵源所自。其曰『先師遺訓、先君遺訓』云者，先生所自命也。

「嗚呼，世之降也，學者各執所見，自以爲是，亡論庸庸者，即高明之士，往往借言超悟，弁髦父師之訓而不恤，此蓋漸染於異端喝佛罵祖之説，而不自知者。即此一念，便得罪名教不小，又安在其爲超悟哉？道荆榛而世江河，病正在此，如先生惓惓遺訓是遵，死而後已，今世豈數數見耶？

「昔宋二程語録雜出於當時諸弟子，散漫不一，後賴朱文公私淑表章，以傳於世；慈湖紀先訓，娓娓數千言，至今光耀簡冊，見楊氏世德之盛。先生此二編，其繼晦翁、慈湖而有得者哉！其他諸録，要皆躬行心得之言，足以羽翼聖真，扶持名

〔一〕「粹書」，陝西通志卷七五作「文簡公粹語」；馮少墟集卷一三作「文簡公粹言」。今並列，以備新考。

教，非世之騁空譚而尠實用者可比。編成，總題曰秦關先生全書，因識數言於首簡。若先生生平行事之詳，余別有傳，茲不具論云。」

馮恭定公秦關王先生像序贊云：「藍田王秦關先生捐館舍二十年矣。前歲丁未，督學祁公博採公議，祀先生於學宫。今歲己酉，邑侯梁公、學博錢君、楊君復從闔邑市民之請，爲先生建專祠以祀之，一時人心翕然，稱爲盛舉。仲冬二日，安主於祠，某偕同年周淑遠參知及門人任生國珣、梁生爾楨瞻拜祠下，樂觀其盛。覩先生之像，儼若面先生而復與之上下其議論也。因贅數語，用旌山斗。贊曰：『清臞之貌，篤實之學。四呂而後，公稱先覺。昔聆公訓，今拜公祠。闢邪崇正，百世可師。』」

張湛川先生

先生諱鑑，字孔昭，別號湛川，涇陽人。甫垂髫，舉止言語如成人。年十四，隨叔父文學公朝宰讀書甘州，即知攻苦。年十七，受知於督學耿楚侗，取入甘學第一。越歲癸亥，撫軍戴某聞其名，禮致之。時先生研精易理，著易占發蒙說略行世。隆慶初，以恩貢肄業成均。助教郭蒙泉命二子九里、九有從先生學，且曰：「吾對張君如對尸祝，不敢萌一邪念。吾行且師之，況二子乎！」館滿歸，應鄉試，不售。乙丑，館於耀州喬因阜家，盡讀三石小邱山房藏書，著歷代事實、荒歌行世。

己卯，謁選，授趙城令，多善政。大吏以卓異薦聞，適父喪歸里，戒葷酒，絕宴會，喪葬一遵古禮。服闋，補定興令。減閭閻支應，民以安枕。甫踰歲，連丁王母暨母夫人憂。己丑，喪事畢，創建先祠，集諸弟子講學其中。辛卯，補令遷安，潔身裕民，教士禁奸，課爲他邑最。撫軍寧陵呂心吾疏荐，擢爲嵩嵐守。遷民赴都請留，不報。抵任，除擾民弊政凡十一款，民氣以蘇。又捐俸買耕牛，招逃戶，歸業者八百五十戶。更鑿石井，穿煤窑，興陶業，教民紡織，荒瘠之區，煥然改色〔二〕。丙辰，督御史魏允貞署爲循良第一。

丁酉，陞太原同知，督偏頭關軍餉。六年中省費二萬有奇，軍民歡悦。又創製各色戰車暨護城懸樓〔三〕等器，巧思獨運，邊備以充。癸卯，以勞疾告歸，與及門講性命之學。越再歲，乙巳卒，年六十。

先生好學深思，詩古文詞皆成家。生平注重躬行，無多著述。與王秦關、王近山、張石谷諸君子道誼切摩，而門人王良甫奉其心傳，卒成一代偉人。富平冢宰孫恭介私易其名曰貞惠。夫何慚焉！

語録

聖學關健要在此心不自欺，吾輩嘗從行事起念時一一檢點，無愧便是聖賢入路。若徒事語言而自欺不除，君子耻之。

附録

富平孫立山冢宰謚議略云：「先生一生，不獨潔己慎行之守正而且固，親親仁民之意摯而能宏，克合貞惠之旨。平反大辟四十七事，有方面大吏所瞻顧依違而不敢直行其意者，先生皆從不忍一念斷而行之。易名貞惠，夫何慚焉！」

〔二〕「色」，原作「邑」，據王心敬關學續編卷六改。
〔三〕「樓」，原作「樓」，據王心敬關學續編卷六改。

樊敦夫先生

先生諱天敍，字敦夫，號看山，後更號與楓，西安右護衛人。家世武弁，有功勛，例當承廕，先生乃謝去，折節讀書。爲郡諸生，屢試前列，尤以德行屢爲督學所獎。顧困於棘圍，萬曆戊寅，以廩貢如京師，時年已六旬矣。將庭試，會疾作，遂謁歸。隱居不仕，就城北故廬居焉。

先生天性孝義，母病篤，思食爐餅，苦廚無具者，求諸里舍。及歸，母逝矣。遂悲悼，終身不食爐餅。年方強仕，妻歿，諸子長跽勸再娶，峻拒之，徐曰：「予德非閔、曾，恐貽家累耳。」遂不再娶。苦家貧不能壹志於學，偕二三同志讀書蕭寺，昕夕必整衣冠相揖。或笑其迂，曰：「不可以燕居廢禮也。」生平一言一動無不斤斤繩尺，自少至老，無少踰越，里中月旦稱先生曰「樊道學」云。

萬曆乙酉，巡按董公以孝行匾其門，給粟帛以風頹俗。德清許敬菴督學關中，延先生暨藍田王秦關主講正學書院。未幾卒，年六十八。敬菴以詩哀之，有「希踪古道貧逾力，問學吾門老更虚」之句，蓋實録也。

劉以聘先生

先生諱儒，字以聘，中部人，或作宜川人。世父聰，成化丁未進士，官左僉都御史，巡撫順天。父璋，舉人，官南和令，陞知霸州。皆著名德顯績。兄仕，正德辛巳進士，官主事，以爭興獻禮，受廷杖不死，旋起爲員外郎，歷郎中。後劾武定侯郭勛，又被杖，謫柳州。穆宗即位，以遺詔起太僕少卿，謝病不就。從兄弟佐，進士，戶部主事。侃、仁、倌，俱舉人。劉固爲邑中世族。

先生性至孝，父嘗倉卒被盜，先生與兄自外踰垣入，爭求代，盜義之，釋其父。嘉靖間，以舉人令安邑，補完縣，陞敍州府同知。所至皆有惠政。遷慶藩左長史，以禮繩王，王不聽，遂致仕歸。

先生之學以誠一爲本，辨析義理，毫忽必當。子、史、百家言，無所不通。顧一折衷於程、朱，學者爭師事之，稱橋麓先生。膚施楊兆出其門，官太保，侍立終日，語人曰：「吾侍兩宮未若先生嚴也。」先生正己率物，危坐竟夕，衣冠必整。生平不近倡俳，雖賓祭亦弗接於前。著有中部誌、橋麓集、劉氏家禮。

子光文，以明經知招遠，擢判眞定。内官采金爲民害，奏劾罷之。孫焴，博學能文，以選貢考授別駕，未仕而卒。爲人莊重執禮，言笑不苟，有祖風。

衛宗極先生

先生諱王道，字宗極，韓城人。爲諸生，精研易理，與邑人解明亭、吳愼菴讀書紫雲觀，以性命相切磋。嘗謂：「讀書非取功名事，即以文詞表見，亦豈儒者所急？」每究宋大儒語録，危坐求之，或走深山，俯仰冀有所得。居龍門空谷，引老子「谷神不死」之義，自號龍谷子，且以爲老、易同源。已而悟曰：「入元矣！易有太極，非是之謂也。」乃更號宗極子。平生言動不苟，雖兄弟妻子，亦相敬如賓。家酷貧，環堵蕭然，處之自如。邑令馬攀龍、督學許敬菴皆推重之。著有宗極論，得周元公微旨。子先範，號象極，能傳家學。

解守中先生

先生諱惟一，字守中，亦號健吾，韓城人。少讀書圓覺寺，坐一僧舍，手不釋卷。既入邑庠，益肆力於學，而屢試不中。

嘆曰：「學止舉業已乎？」乃絕意進取，開門授徒，日夜訓迪。嘗謂：「學以明道，文期主理，無理之文非文也。」遵朱子集註、詩傳，凡偏駁詭異之説，悉屏而不觀。門下來學者百餘人。邑人解經邦、晉德明暨萬泉賈大任，皆其弟子也。生平重廉節，喜忠孝，樂施舍。門人聞其賢於朝，錫儒林爵，風多士焉。

卷二十三

劉一軒先生

先生諱璽，字廷節，一軒其別號也，宜川人。幼穎敏絶人，讀書即知大義。稍長，與季弟琛同遊膠庠，每試，兄弟輒冠其曹，督學邃菴楊公深器重之。弘治乙卯，同舉於鄉。時伯兄琰以成化丁酉舉人知河南新鄭縣，謝政家居，兄弟三人衣冠濟濟，時人榮之。後琛登進士，任推官，歷按察司僉事。而先生逡巡不自多，下第歸，以道學自任，不急急於進取。徙家長安，開門授徒，益修舊業，季弟琛北面從學。出其門者如先生之甥王太府謌、王僉憲謳、内弟張憲副環，先後具成進士。外孫馮少墟少時由先生口授五經，朝夕訓育，其後竟傳其學，爲當代大儒。

先生官河南衛輝府通判，到數月，喟然嘆曰：「某所爲下帷攻苦者，爲父母耳。今父母以吾弟貴，於願足矣。吾老矣，又安得以五斗苦七尺哉！」遂告歸，歸而買田城西南，構别墅，躬耕以老，終歲足不履城市。盜至，搜索無所得，攜一羊裘去，已而笑曰：「不意劉官人一貧至此。」遂還之。農隙，讀四書大全、朱子綱目，人誚之曰：「先生欲復應舉子試耶？」先生曰：「吾平日所樂在此，舍此便無所事事矣。」年七十九卒。

劉伯明先生

先生諱子誠，字伯明，宜川人。父廷珩，貢生，廣安州判，棄官歸，以忠厚教子。卒贈知縣，祀鄉賢。

先生幼有至性，潛心經史。嘉靖甲子舉於鄉，與温恭毅抵行明經，一時老師宿儒翕然宗之。先生爲學既綜六經，又精群緯，尤於周子圖說、通書得抽關啟鑰之妙。每上公車，考東觀遺闕、遐俗異語者三十年。己丑，同考官楊啟元擬元，與他房陶望齡爭，或因北卷欲置第二。楊不平，憤置之曰：「斯人道學淵懿，議論瑩澈，非吾曹所及。」因刊其卷布長安。先生自是不求仕進，退講於鄉，隨人淺深，皆有成就。終身無攢眉事，忽一日，臨觴不樂，與弟叔貞論出處，俄而卒。學者稱大劉夫子〔一〕，別於弟叔貞云。

文録

增修法王殿記略云：「議者曰：『醫藥針灸，於理有之，符法果經乎？』曰：『經也。天地間，有常有怪。怪而能常，亦何怪？醫藥針灸取用於實，符法取用於無。醫藥針灸能已疾，而符法亦能已疾，是常也，非怪也。且吾道亦有符法，第人不察耳。龍馬之所負，河龜之所呈，皆符也。羲、文、周、孔之易，禹、箕之範，非皆法言乎？然而天地萬物之理，修齊治平之道，悉備於是，而法王之符法乃止圖、書之外術，易、範之支言，總之濟教養之不及，爲醫藥針灸之佐助，所以衍天地仁愛斯民之心於無窮也。』」

語録

先生謂叔貞曰：「學無體用，便分物理、性命爲二。吾學雖未見用，然繕性治世，放諸百世無疑也。弟度設施可澤於斯人，便可出而仕矣。」

〔一〕「大劉夫子」，原文作「大劉以夫子」，「以」字衍，據陝西通志卷六三劉子誠傳删正。

劉叔貞先生

先生諱子誠，字叔貞，伯明之弟也。讀書國學，授湖廣訓導。教士以不欺爲本，立行、藝二格，有善者記之行，勤誦讀者記之藝。月得數人，以爲老友，習容演禮，童冠仰焉。督學華亭董其昌聞之，聘入幕，旋擢鹽山令，陞橫州知州，持節定交趾之難，所至皆有治績。

後卜居青門，與崔爾進、文太青輩結耆英社，有洛下遺風。生平雅度過人，榮辱不驚。每談父母兄嫂遺事，淚浪浪下，曰：「我未盡孝而父不謂我不孝，未盡弟而兄不謂我不弟。若夫涉事也深，應人也博，出重淵而踰九阪，則至今靡懈也。」更訓諸子勵行讀書，功名必合於道，不及米、鹽、綾〔一〕雜事。崇禎甲戌十二月二十二日卒。著有杖履三篇、尚書遺旨二卷。

文録

關廟碑略云：「孔子之道，大無外，小無内，即章縫之士，畢世不能殫窮奥藴。況愚夫愚婦之屯蒙，雖可與知，實日用不知。是以祭典頒之天子，而家祝戶誦不與焉。若夫壯繆忠純義至，鬱爲浩然之氣，而行塞天地，沁古今人心，如先儒謂『個個人心有仲尼』也。故以人論，自后、王、君、公與縉紳縫腋，皈依恐後，即愚夫愚婦，愉夫壬人，咸知頂禮而懾服之。以地論，自通都巨邑及遐陬僻壤，凡有血氣，莫不尊親，果何以得若斯之盛也？昔壯繆之言曰：『日在天之上，心在人之中。』此語本之管仲，深於春秋，隱然以陽宗普照自予，且頳顔秉火德以翊炎漢，則衷日心人，其靈奇盛著也宜哉。按臨難語云『我死當有精氣上薄霄漢，控於天帝，左右將神隨天帝縹渺，下鑒人世順逆忠邪』。此其凛凛生氣，古今摩霄，是以無人

〔一〕「綾」，原作「淩」，據文意改。

無地、無思不服，如七十子服孔子也者，其靈奇盛者也宜哉。」

教子應世說云：「人情必有所寄，然後能樂，故有以奕爲寄，有以酒爲寄，有以技爲寄，有以書爲寄。古之達人高人一層，只是他情有所寄，不肯浮泛虛度光景。每見無寄，終日營營，如有所失，無事而憂，對景不樂，即自家亦不知是何緣故。故惟以尋人，不是爲寄，心中憧憧往來，亦大苦矣。這便是一座活地獄，更說甚麼鐵床銅柱、刀山劍樹也。可憐，可憐！予十歲以前無論矣，十歲以後寄情於誦讀。廿歲以後，十之七寄情於承順父兄，照管家事，十之三方事詩書。四十五歲以後，寄情於雞肋薄官。七十五歲解組歸里，方將寄情山林，課農教子，以遊餘齒。不期流賊猖獗，充滿本縣村落，住扎四十七營，二年有餘，資產蕩盡，劫掠燒毀無餘。人民殺死強半，或擄去，或願隨又強半，所留者尚不足十之一。予晝夜著戎服，登陴闔事防禦者年餘，賊攻城，因戒嚴，折頭目多人，竟未得志。賊盤踞不去，縣困敗難支，知必不免。時姪授單父令，迎養，因就焉。兒輩眷屬俱移長安，以故賊入城獲免，人咸服先見云。單署無所事事，則無所寄，是以或弈或書，間或以文，皆寄情所也。不則兀兀靜坐，閉目潛思。思之有得，即教兒輩曰：『世情當出不當入，塵緣當斷不當結，忿怨當忘不當記，人我勝負心當退不當進。』近來於此道稍知退步，不論世情、學問、煩惱、懽喜，退得一步即爲穩便，多少受用。退之一字，實安樂法門也。此所得省身要著，十二時中第一捷徑簡易者。每見世人遇人小過、偶失，心中娓娓不忘，口中喃喃不置，吹毛求疵，加有於無。更有一種類人形而心如沙鬼，白晝捉風，黑庭弄火，撥翻唇舌於姻戚骨肉間。嗚呼！人何與哉？自犯一重罪案，非泥犁業乎？祇覺恃性氣討煩惱，恃機智傷天理，壞心術，莫此爲甚。此皆人我勝負心未忘而不知退者也。持此事君，事親，事長，處夫婦俱不可，況朋友乎？朋友數斯疏，不可則止，而終日尋事嫚罵，說長道短，何爲哉？兒輩明慧似有餘，而深沉實不足，果於任而淺於幾。果於任則易視天下事，而淺於幾則易視天下人，處世者之深忌也。昔蘇翁之論張德遠也，曰：『明於知君子，暗於知小人。』此古今高士通病。然自是不學之過，惟學則眼開，眼開自不受瞞，此時放開無量口，吐出廣長舌，與高士對談，頭頭是道，人將敬我之不暇，豈暇侮我哉？我嘗以如心平心教爾輩，此恕道也，乃處己接物最喫緊處，何終學之而不知也？冷暖施受在心，一反觀可知，必默勘實體，忍人之所不能忍。若夫無故之加，橫逆之來，至再至三，通無已時，亦順而受之，勿與之較，曰此孟氏之所鄙也，我更何說，方爲磨煉得到可以應世矣。余老矣，言雖不文，心則可矣，爾輩愼勿以時見忽老成也。」

卷二十四

馮恭定公

公諱從吾，字仲好，號少墟，長安人。父友，保定郡丞，卒贈通議大夫。公九歲，通議公手書陽明王子「個人心有仲尼」詩，命習字，且學其爲人。公便矍有願學志。弱冠，以恩〔一〕選入太學。及歸，適德清許敬菴督學關中，開正學書院講明正學，延公與藍田王秦關先生講切關、洛宗旨，識力卓舉，敬菴頗器重之。

萬曆戊子，舉於鄉。明年，成進士。尋選庶吉士，應館課，不規規於詞章，著做人說二篇，於一切翰苑浮華徵逐概謝絕不爲，惟與焦澹園、徐敬源、徐匡嶽輩立會講學。既而改御史，疏請講學，上怒，欲杖之，以長秋節得免。命巡按宣大，不拜，請告歸。與故友蕭茂才輝之諸人講學寶慶寺，著疑思錄六卷。起河南道，巡鹽長蘆，行部所至，必進諸生聽講，著訂士編。迨新建用事，朝士削籍者强半，公亦與焉。策蹇抵里，則日事講學，不聞外事，著學會約、善利圖說。既又以養病謝親知交遊，一意探討學術源流異同。出則與周大參淑遠講學寶慶寺，執經問業者日以衆，不能容。當道於寺東建關中書院，爲同志會講之所。如是者二十年，前後疏荐數十上。天啓初，起大理寺少卿，擢副都御史。公與掌院鄒南臯立首善書院於京師，倡明正學。南臯主解悟，公重工夫，相爲鹽梅可否，世推「南鄒北馮」云。

給事朱童蒙、郭允厚不説學，上疏詆之，人言大至。公與南臯先後乞休。明年，即家起少宰，不拜。又明年，陞右都副，

〔一〕「恩」原作「思」，形誤，據王心敬關學續編少墟馮先生改。

掌南都察院事，固以疾辭。尋改工部尚書，推吏部，又以疾辭。忽褫奪其官，家居杜門著書。逆璫又使其黨喬應甲撫關中，毁書院，挫辱備至。公雖在病間，正襟危坐，屹如也。丁卯二月卒，年七十一。崇禎改元，追復原官，謚恭定。

先生之學，始終以性善爲頭腦，盡性爲工夫，天地萬物一體爲度量，出處進退一介不苟爲風操。生平讀書講學，四方從遊者至五千餘人。論者謂「關中自楊伯起、張横渠、吕涇野後，惟公一人」。信不誣云。有少墟集。

文録

做人説上云：「一日與館中二三同志閲邸報，中有做官做人之説，咸韙其言，而余以爲，做官、做人不是兩事，總之做人盡之矣。或曰：『做官、做人豈毫無所分别耶？』余曰：『然。吾人立身天地間，只有做人一事。試觀吾儕今日聚首講學，容容與與，無半點塵囂，宛然洙、泗杏壇景象，固是做人。明日朝參課業，或揖讓於禁近，或吟詠於祕閣，亦是做人。異日散館之後，或留而在内，或出而在外，職業所關，鉅細不一，無大無小，無敢瘝曠，亦是做人。非曰如此爲做人，如彼爲做官也。嘗觀大學一書，至「平天下」章，凡理財用人，爲君爲相道理，具載無遺，而總謂之大人之學。若做官、做人分爲兩事，是格致誠正屬做人，平天下治國屬做官也，有是理哉？是大學一書，乃古人做人之法則，吾儕所當時時潛心體會者也。且吾儕自七八歲入社學後，叫成做童生，進學後叫成做秀才，科第後叫成做舉人、做進士，入仕途叫成做官，林下叫成做鄉先生。自少至老，此身入於世套中，何時才去做人？不知做秀才做個好秀才，做官做個好官，就是做人。其道理工夫就在大學，可無贅也。嗟嗟！耳目口鼻，人也；視聽言動，人也。此非有餘，彼非不足，何待於做人？必待於做而後可言人也，自少至老，方汲汲做人之不暇，而暇言他哉？余曰只有做人一事者以此。』」

做人説下云：「館中與二三事同志論學，彼此拳拳以做人相印證。余曰：『做聖人易，做文人難。吾儕於難者尚殫精竭力圖之於易，於易者反玩日愒月委之於難，何也？』或有疑者，欲余竟其説。余曰：『難易之間，是在自悟，非可以騰諸口説也。無已，試以舜、孔觀之。古今論大聖必曰舜、孔，舜之德業，詳載虞書中，若不可幾及。而夫子乃曰：「舜好問而好察邇言，隱惡而揚善，執其兩端，用其中於民，其斯以爲舜乎！」玩『其斯』二字，可見虞書所載多少德業都不是舜之所以爲舜處，而惟此乃其所以爲舜。然則好問好察難耶！隱惡而揚善難耶！孔子天縱聖人，不知有何樣高遠之爲，而其自道第曰「發憤忘食，樂以忘憂，不知老之將至」云爾。夫發憤忘食難耶！樂以忘憂難耶！由此觀之，吾儕特不肯去把做詩文之心爲做聖賢之心耳。若是肯去好問好察，肯去隱惡揚善，肯去發憤忘食、樂以忘憂，則舜、孔有何難爲？顔淵曰：「舜何人也？予何人也？」有爲者亦若是。陽明先生曰：「個個人心有仲尼。」豈欺我哉？吾儕只說堯、舜、孔、孟難爲，試觀一日十二時中，曾去好問好察否？曾去隱惡揚善否？曾去發憤忘食否？曾去樂以忘憂否？途患不行，不患不至。不用工夫，而曰堯、舜、孔、孟難爲，眞難之難也。且吾儕自入館來，朝而誦，夕而諷，行思坐臥，何嘗一息不在詩文上用功，其詩文何嘗一息不在班、馬、李、杜上模擬，其可謂殫精竭力矣。試自反之，其詩文視班、馬、李、杜竟何如耶？孰難孰易，必有能辨之者。僉以爲然？』余又曰：『做人不在多言，顧力行何如耳！今言已多矣，願相與共勗之！』」

座右二箴并序云：「三載靜攝，庶幾寡過。日來塵溷，頓覺茅塞。每一點檢，不自知其汗之浹背也。嗚呼！靜中靜易，動中靜難。余未嘗一日不三復斯言。由今觀之益信，因述座右二箴，用代嚴師訓戒。乙未穀日。」

箴曰：「呼汝從吾，愼汝存心。一念少差，百鼇[一]俱侵。毋愧汝影，毋愧汝衾。勉旃勉旃，上帝汝臨，上帝汝臨。」

其二曰：「呼汝從吾，愼汝制行。一步少錯，終身大病。毋任汝情，毋任汝性。勉旃勉旃，庶幾希聖！庶幾希聖。」

誠字銘曰：「出處隱顯，厥惟一誠。可對天地，可質神明。眞實無妄，恬澹寡營。物我同體，寵辱不驚。如玉之振，如金之聲。聖學眞傳，展也大成。」

敬字銘云：「出處隱顯，厥惟一敬。可質三王，可俟後聖。曰齊曰莊，惟中惟正。與天合德，與人無競。其平如衡，其明如鏡。聖學眞傳，歸根復命。」

[一]「鼇」，原作「盌」，據少墟集卷一四改。

語録

天命之性，如一陽未復，造化生意雖未宣洩，而宇宙間形形色色，萬紫千紅，無一不胚胎完具於其内。故曰「天命之謂性」。此自是實在道理，原不落空。若曰天命之性，渺渺冥冥，一切俱無，如此不知天命的是個什麽，於「天命」二字説不去矣！

一有其善便是不善，故曰喪其善。一有意爲善便不是爲善，故曰雖善亦私。至於喪〔一〕，至於私，則善於何有？如此，是其病正在無善也。

有意爲善，有所爲而爲，如以爲利之心爲善，爲名之心爲善，以以善服人之心爲善之類，非以安而行之爲無意，爲無所爲利而行之，勉強而行之爲有意，爲有所爲也。今人見人孳孳爲善，而概曰有意，曰有所爲，則阻人爲善之路矣。

人心之初，惟有此理，故見孺子入井，皆有怵惕測隱之心，此時固容不得一毫殘忍刻薄之念，亦容不得一毫納交要譽之念。殘忍刻薄、納交要譽雖不同，同謂之欲。故謂心之本體容不得一毫欲則可，謂容不得一毫理則不可。蓋人心之初，惟有此理，豈可容不得？或問：「如何是理？」曰：「即所謂怵惕惻隱之心是也！」以上辨學録

「自慊」二字甚有味，見君子而厭然，正是小人自家不慊意，安得心廣體胖？故曰：「行有不慊，於心則餒矣。」君子慎獨，只是討得自家心上〔二〕慊意。自慊便是意誠，則便是浩然之氣塞於天地之間。

問天命之性。曰：「如孩提知愛，是誰命他愛？稍長知敬，是誰命他敬？這都是自然而然的，故曰『天命』。雖然，此率性之道，非天命之性也。」「如何是天命之性？」曰：「孩提如何便知愛，稍長如何便知敬？這必有所以知愛敬者在

〔一〕「喪」，原作「善」，據少墟集卷一辨學録改。
〔二〕「上」，原作「工」，據少墟集卷二疑思録改。

此。蓋是父母初生時天已命之矣，豈待孩提稍長後方有此愛敬哉？如此則知天命之性。」

大庭廣衆中，如一人稱人善，如一人稱人惡，則稱人善者爲君子，而稱人惡者爲小人。一人稱人善，一人和之，一人阻之，則和者爲君子，而阻者爲小人；一人稱人惡，一人和之，一人不答，則不答者爲君子，而和者爲小人。以此觀之，百不失一！

從心所欲，便不踰矩；從耳目口體所欲，便踰矩矣。

人心虛靈，是非可否，一毫瞞昧不過。凡該行該止，此中自有權衡。若肯憑着本心行去，使件件慊於心，便是集義，便是自反而縮，此正孟子得統於曾子處。

問：「操則存似涉於有，舍則亡似淪於無，其失一也。不操不舍之間，有妙存焉。何如？」曰：「不操便是舍，不舍便是操，勢無兩立，豈有不操不舍之理？此便是要舍的說話。」問：「操似助，舍似亡，不操不舍之間，纔是勿忘勿助？」曰：「勿忘勿助，都是在操守上說。有事是操處，勿忘勿助，是操之妙處。」以上疑思録

日用間富貴貧賤時時是有的，如食求飽、居求安，便是欲富貴心；惡惡衣惡食，便是惡貧賤心。故今人凡念頭起處，都是富貴貧賤所在。念及於此，此心眞是一時放下不得。

問「參前倚衡」。曰：「只如此時眼前，師友相對，大家精神收斂寧一，便是參前倚衡眞境，第恐過此時不能如此時耳！」

乾以大生，坤以廣生。天無不覆，地無不載，此天地之性善也。若論氣質，則天一屬氣，便不免有旱澇；地一屬質，便不免有肥磽。然則天地亦有善不善矣。惟不言氣質而言義理，則爲物不貳，生物不測，天地之德，孰大於此？又何旱澇肥磽之足言也？

孟子以情善言性善，辟之石中有火，擊之乃見，則知火在石中，雖不擊亦有。洪鐘有聲，叩之始鳴，則知聲在鐘中，雖不叩非無。知擊之有火，叩之有聲，則知情；知不擊之火，不叩之聲，則知性矣。

問：「變化氣質，就不好一邊說；所謂氣質之用小，學問之功大，就好一邊說。好一邊便是義理矣。如何尚謂之氣質？」曰：「此處最微妙，如見孺子而怵惕，此義理之性也；若不識其端而擴充之，則怵惕亦氣質耳。息夜氣而幾希，此義理之性也；若不識其機而培養之，則幾希亦氣質耳。知愛知敬，此義理之性也。若不乘此天眞而加以入孝出弟之功，則愛敬亦氣質耳。蓋義理之性乘氣質以發露，而不由學問之功，是靠天而不靠人，恐在人之工夫疏，并在天之端倪亦不可保也。」

未發是一念不起時也，若起一用工之念，便是發。信斯言也，則未[一]發時一毫工夫無處用矣；未發則工夫無處用，已發則工夫又不及用，如此將工夫一切抹撥，只憑他氣質做去，喜怒哀樂如何能中節？

心一也，自心之發動處謂之意，自心之靈明處謂之知。意與知同念並起，無等待，無先後。一念發動，有善有惡，而自家就知孰是善念，孰是惡念，一毫不爽，可見意有善惡，而知純是善。

意本自誠，心本自正，是本體。意本自誠，卻要還他個誠、心本自正，卻要還他個正，誠意、正心是工夫。觀意本自誠、心本自正，可見正心、誠意不是以人性爲仁義。

意本自誠，卻要還他個誠，此誠字就念起之後言也。若念未起之前不前定乎誠，則人性雖善而牿之反復，竊恐一日之間善念少而惡念多，久之純是惡念矣，又將何以誠之哉？故曰「靜中養出端倪，方有商量處」。可見古人不惟誠此念於始有念之後，抑且誠此念於未始有念之先。

人心道心，不容并立。如綱常倫理，能盡道便是道心，不能盡道便是人心。喜怒哀樂中節便是道心，不中節便是人心。視聽言動合禮便是道心，不合禮便是人心，極容易辨。非以喜怒哀樂、視聽言動爲人心，以中節合理爲道心也。在人之人心去之惟恐不盡，而以喜怒哀樂、視聽言動爲人心，此數者豈可去乎？

[一] 「未」，原作「一」，據少墟集卷九太華書院會語改。

大學因虞廷言人心道心，恐人無處覓心，故説出個「意」字，見此心一念發動，纔有人與道之異。不然，一念未起，鬼神莫知，何從分辨？

學問之道全要在本原處透徹，未發處得力，則發皆中節，取之左右，自逢其源，諸凡事爲自是停當。不然事事檢點，終有不湊泊處。此吾儒提綱挈〔一〕領之學，自合如此，非謂日用常行一切俱是末節，可以任意，不必檢點也。

先立其大，不是懸空在心上求，正是在喜怒哀樂、視聽言動間辨別人心道心，精之一之，務使道心爲主而人心盡化。討得此中湛然虚明，此之謂先立乎其大，而耳目口體小者，自不能奪也。

孩提知愛，稍長知敬，見孺子而惻隱，此良知也，率性也。飢之知食，渴之知飲，若曰亦良知也，亦率性也，便説不得矣。一邊屬理，一邊屬欲，兩項朦朧合説，則君子以循理爲率性，小人亦以縱欲爲率性耳！

〔一〕「挈」，原作「絜」，據少墟集卷一三關中書院語録改。

卷二十五

孫恭介公

公諱丕揚，字叔孝，號立山，富平人。嘉靖三十五年進士，授行人，擢御史，歷按畿輔、淮、揚，有風裁，擢大理寺丞。以劾高拱落職，拱罷事白，起故官。萬曆元年，進右副都御史。中官馮保家在畿内，張居正屬爲建坊，公拒不應。知二人必怒，五年春引疾歸。會居正死，起應天府尹，召拜大理卿，進户部右侍郎。十五年，河北大饑，富平、蒲城、同官至採石爲食，公進石帝前，因言「今海内困加派，其窮非止啖石之民也，宜寬賦節用，罷額外徵派及諸不急〔一〕務，以培養蒼生大命。」帝感其言，頗有所減罷。擢南京右都御史，以病歸。召拜刑部尚書，條上省刑省罰各三十二事，帝稱善，優詔褒納，自是刑獄大減。改左都御史，陳臺規三事，又言閭閻民瘼非郡邑莫濟，郡邑吏治非撫按監司莫清，撫按監司風化非部院莫飭，請立約束頒天下。帝咸優詔報許。三十二年，拜吏部尚書，創掣籤法，選人稱其無私。公嘗曰：「做官無大難事，只莫作怪」，由是銓政一大變矣。

初，帝雖以夙望用公，然不甚委信，公以志不得行，懷去志，疏凡十三上，多不報。後以温諭勉留，乃復視事。會南北言官群擊李三才、王元翰，連及里居顧憲成，謂之東林黨，而祭酒湯賓尹、諭德顧天埈各收召朋徒，干預朝政，謂之宣黨、崑黨，以賓尹宣城人、天埈崑山人也。御史徐兆魁、喬應甲、鄭繼芳、劉國縉，給事中王紹徽等，則力排東林，與賓尹、天埈聲勢相

〔一〕「急」，原作「及」，據明史卷二二四孫丕揚傳改。

倚，大臣畏避之。嗣繼芳巡撫浙江，有僞爲其書抵紹徽、國縉者，中云「欲去福清先去富平，欲去富平先去耀州兄弟」，又言「秦脉斬斷，吾輩可以得志」。蓋福清謂葉向高，耀州謂王國、王圖，富平謂公也。國時巡按保定，圖以吏部侍郎掌翰林院，皆秦人，故曰秦脉。蓋小人設爲挑激語以害繼芳輩，而其書誤達公所，公置不爲意。適御史金明時居官不職，慮京察見斥，先上疏攻圖，并詆御史史記事、徐縉芳，謂爲圖心腹，帝一無所問。

明年三月大計，賓尹、天埈、國縉咸被察，明時坐事褫職，其黨大譁，指爲爲圖報復，賴向高調護，猶攻訐不已。公屢疏求去，帝輒優詔勉留。公以白首趨朝，自謂非荐賢無以報國，先後推轂林居耆碩若沈鯉、呂坤、郭正域、丘度、蔡悉、顧憲成、趙南星、鄒元標、馮少墟、于玉立、高攀龍諸人，又請起故御史錢一本等十三人，故給事中鐘羽正等十五人。帝重公老成清德，眷遇益隆，而公求去不已，疏二十餘上，不得請，廼拜疏徑歸。家居二年卒，年八十三。有集若干卷，程希洛刻之頻陽四家中。

公學一守程、朱，而於陽明良知之學辨之尤力。李天生比之「老畯服田，不敢畔於先疇」，洵不誣矣。天啓中，謚恭介。

文録

序薛思菴野録略云：「惟道脉之傳寄於賢哲也，湭元化之主宰於宇宙也，不可間也，故每數百年，天必生哲人以發揮之。蓋自奎星五聚，大儒四興，由宋而來，亦將幾百歲矣，是天之有意於文明時也。以故成、宏、嘉、隆，歷有聞人，河東若薛文清氏、關西若呂文簡氏、南海若陳白沙氏，各有著述，以名海內，而思菴先生則并興於渭上者也。今考其録，上而持載覆幬，細而三千三百，幽而造化鬼神，明而綱常政事，靡不精思而明辨之。至於養心之說，更口口不置，豈非博學詳說以求至約耶！視世之深造未加，大本未立，大學格致，中庸至誠，曾未一造其藩籬，乍見良知便指爲聖，甚者九千仲尼，七十曰仁，直自負爲千古無前之人豪，安得不惑人心而亂正道也？其誠僞何霄壤也！

故稽其素履，於鄉黨平易近民，油油然與之言而不厭其言也；於成均名行著稱，諄諄然與共學而不倦其誨也。比施於有政，尤得民心，守州則應州化，貳府則金華孚，名豈虚立，人豈虚附哉？迨其殁也，邑人稱之祀於邑，省人稱之祀於省。是不庶幾没世不忘哉！斯可以觀先生學之有本，誠之動物矣。

昔孟子論人，以楊、墨能距者爲聖人之徒。當此良知横行之時，先生卓有眞識，而切切然緣博求約，宛然聖功家法，非聖人之徒而能若是與？有志希聖者，循先生之録，尋先生之志，其亦可優入聖域哉。」

楊忠介公傳論曰：「自余先大夫與余言及余所覩楊先生行事之概，其孤忠勁節，爛然耳目，無容論已。方先生繫北司，而所著周易録及中庸解，俱的然可傳世，諸所吟詠無憒惋侘憏語，即漢所稱黄霸，何以遠過？讀獄中疏草，陳蘊蔽，勸寬容，雖被萬死心無悔，余爽然自失矣。」

周淑遠先生

先生諱傳誦，字淑遠，西安左衛人。父宇，號槐村，以孝廉謁選皖郡司李，再遷地官郎，督儲雁門，皆以廉平著聞。生平潛心問學，自吟詠筆研外，他無嗜好。著忍字測三卷，馮恭定公序而傳之。

先生幼承庭訓，中萬曆進士，官至湖廣左布政。時楚有税璫鵰張特甚，分巡僉憲俱以劾璫下獄，先生力抗其鋒，不少假借，江漢之民賴以稍安，楚人肖像祀焉。既而告終養歸，與馮恭定公講學關中書院。著有西遊漫言草。

文録

序馮恭定公疑思録略云：「千古聖學，肇自唐、虞『允執』一言，直開草昧。宣尼承之，曰『篤信好學』，曰『信而好古』，未聞以疑示者。即『疑思問』一語，正思祛疑，非求疑也。至白沙先生始曰：『大道本無階級，以疑爲階級。故大疑則大進，小疑則小進。』仲好之旨，其本此乎？余謂疑、信非有兩心，疑正所以信也。萬里之程始於跬步，必眞信其可至，然後肯秣馬脂車，日征月邁，亦必眞經歷跋涉，然後能躊躕岐路，詳審迷津。倘測想前途，若越瀆渤望瀛州、方丈然，尚在恍惚有無間，而欲質所向往，問征夫以前路，其何疑之從！世之不信學者，既任其惶惑，敝精神於無用；信者又固其扃鑰，視天下爲無可疑。其信心過於信學，其所疑益成其所不信，終其身或信或疑，而卒無所成，此猶求前而却步，南轅而燕程者也。故苟志於學即疑益矣，無問信；不志於學即信非矣，無問疑。雖漆雕氏所謂信未易言，然亦從此信入也。仲好聚友講學，諄諄『信』之一字，爲從遊者規。余謂此正其信後語，且以藥世之目信而居之不疑者耳。」

跋關中士夫會約略云：「不佞重有感焉。先大夫題約，諄諄以心一規，茲雍雍濟濟，罔弗一也。而不幸往矣，諸先進且強半修文。嗟嗟，百年駒隙，幾俟河清！此古人終日乾乾，競寸陰而永終譽也。會合維艱，無虛良晤，九原可仰，盍勗方來？近一時長者坦衷亮節，人人可用爲儀，而嗣至諸君子，鬱然煥然，爭相澡濯，即不佞如某，或亦可肖而化焉者。於休哉！洛下耆英，情誼不洽於後進；蘭亭少長，流連僅止於壺觴。孰如今茲，萃渙維風而相觀道義者乎？此會良稱不偶，吾願諸君子共敦之矣。」

遊華嶽紀事略云：「庚子，留不得發。早飯後，邀遊城南姬氏園。園中竹木陰森，牡丹數百株，爛焉奪目。化汝以酒至，列坐花間，脩爵無算。偶有舉孔子志學從心語者，仲好剖析精義，亹亹不倦。余謂：『聖人一生學問，只在矩上用力。當其志學，即是欲此矩立，不惑、知命、耳順，即是不踰此矩。但從心所欲而不踰，直到七十之年。吾輩爲學，先須認取矩在，庶可終身依據。從心地位，俟之可也。』聞者或以爲然。」

附録

恭定公跋遊華嶽詩云：「古來名公遊華嶽者代不乏人，未有徵會講學如今日者。亦不乏詠，未有永言孝思如淑遠氏者。昔陸象山與朱晦翁講「義利」章於鹿洞，聞者流涕。今讀此詩而有不流涕者，非夫也！余[一]頃與同遊諸君子講，惓惓於『孝弟』二字，其於千古聖學頗足自信，蓋淑遠倡之矣。」

楊伯直先生

先生諱楠，字伯直，岐山人。性至孝，廉正不喜浮華，潛心理學。中嘉靖壬子舉人。父官秦藩，患病，先生省視，徒跣扶輿而歸，足指流血，躬耕以養。父卒，哀毀盡禮。

屢試春闈不第，以母命謁選，得陽曲諭，昌明正學，士類師之。會纂世宗實録成，陞霍山知縣。居官廉潔，均田賦，抑豪強，築城墉以禦外患。時倭寇自九江入境，勢甚猖獗，先生提義勇，冒矢石，擒數十人，餘皆遁去。事聞，賞白金一鎰。官霍三年，以母老告歸，行李簫然，一如寒士。母卒，號痛幾絶，飲食俱廢，以過哀成病而終。著有岐麓文集若干卷。

楊伯盛先生

先生諱春芳，字伯盛，三原人。萬曆恩貢。端嚴持重，勵志濂、洛、關、閩之學。爲博興縣司訓，轉洛川，歷鎮番諭。所至樂道敦仁，士林咸宗仰之。

[一]「余」，原作「今」，據少墟集卷一〇改。

姚欽印先生

先生諱衍中，字欽印，延安人。弱冠以文名，太守張子忠器之。萬曆二十五年，先生赴省試，太守決其必售，置酒城樓上，語同儕曰：「佇竢姚子捷音。」已而果然。

先生事親孝，色養數十年如一日。課誦昆弟，寒暑無間。居鄉醇謹，言動一循禮法，一時士大夫皆宗之。未仕而卒。

卷二十六

趙廉夫先生

先生諱應震，號廉夫，膚施人。生而莊重沈默，少就外傅，即勉強力學。少長，閱五經、性理諸書，必深究其義理，恪守程、朱，後聞馮恭定公講學關中書院，即同古絳辛復元、韓城晉德明負笈於門，益有所得，世稱少墟弟子，必以先生爲巨擘焉。既而主講太和書院，從遊者甚衆。歸里，讀書清涼山寺中，藏書萬卷，執經問字者踵相接。性至孝，事孀母尤謹。母卒，嚴冬不履而跣。歲祲，貧不能給，弟子有供饘粥者，卻之曰：「菜根滋味，正著述受用物也。」終不受。惟日事討輯，卷不釋手。著有考禮正樂諸編、理學彙編、四書五經會心編，然未究其用，齎志以歿，人皆惜之。卒後二十年，督學使者汪喬年表其墓曰「理學眞儒」。

同時安定有郭允昌，潛心理學，齋中自書一聯曰：「忍難忍事，順難順人。」廉夫嘗敬禮之。

盛子寬先生

先生諱以弘，字子寬，潼關人。父訥，別見馬文莊傳。先生幼承家學，嘗受業於馮恭定公之門。萬曆中第進士，選庶常，授檢討，人稱「小翰林」，歷官國子監祭酒。神宗末，引疾歸。光廟踐阼，起吏部侍郎，慨然以鑑才爲己任，核名實，抑躁進，起用廢棄諸賢，汲汲恐後。熹廟登極，充日講官，敷陳經義，因事納忠，能以至誠動人主，進帝鑑圖說以資法戒。時魏閹竊政，朝士皆趨附致鼎鉉，惟先生正色立朝，故不得以閣員用。晉禮部尚書。歸里，以憂鬱卒。

先生性孝友，尤休休有容人之度，取與一介不苟。卒之日，家無長物，人咸稱之。著鳳手館帖四卷、紫氣亭集十二卷、中正學、曲學、眞儒僞儒辨，尤有功於道統云。

党子眞先生

先生諱還醇，字子眞，三原人。馮恭定公門人。天啟乙丑第進士，授休寧令。撫字勤勞，補保定，調良鄉，吏畏民懷，循聲藉甚。適邑有震鄰之恐，蚤夜登陴。城破，不屈死，妾、媵、僕從死者凡十二人。特加優卹，賜祭葬。論者以爲殺身成仁，不愧其師云。

白先生

先生諱希彩，同州人。性孝友，立志向上，受業於馮恭定公之門。歸里，聯同志以聞諸師者相與切劘，開同州講學之先聲。

劉澄源先生

先生諱波，字澄源，隴州人。馮恭定公弟子。有學行，以明經授盩厔訓導，日進諸生，以得之師者講論不輟。時方以講學爲忌，或勸之止，先生曰：「學之不講，吾夫子且爲憂。訓導師席，正以講學爲職者也，若怠於講，其如職分何？吾以盡吾訓導之職而已，他何計焉？」諸生益信從之。馮恭定公嘗與先生書云：「聖賢論學，說朋〔一〕來之樂，便說『人不知而不愠』；說君子依乎中庸，便說『遯世不見知而不悔』；說人知之囂囂，便說『人不知，亦囂囂』。今日之事，正遯世人不知之時也，豈敢怨天尤人，惟有點檢自家愠不愠、悔不悔、囂囂不囂囂耳。吾契以爲何如？」

張居白先生

先生諱國祥，字百善，號居白，臨潼人。舉萬曆進士，以理學自任，官大行人。與馮恭定論學，書問往還，恭定嘗覆先生書曰：「承教性情善惡之旨，反覆玩味，門下近日何潛心精詣至此。聲色臭味，此氣質之性也。其或有發而中節，如聲色之得其正、臭味之得其正處，便是仁義禮智。既是仁義禮智，情安得不善，而不可遂以聲色臭味之性爲善。仁義禮智，此義理之性也。其或自〔二〕發不中節，如仁義之有所偏，禮智之有所偏處，還是氣質未融。氣質既未融，情安得成善？而不可遂以仁義禮智之性爲中。間尚有不善，仁義禮智正是善之別名，復性者變化此氣質，而復此仁義禮智之性之本體也。」

朱文公之學集諸儒之大成，其功甚大，其所得甚深，即間有智者千慮之一失〔三〕，無足爲文公病也。王文成公之學，其得失正不相妨，其得處在『致良知』三字，直指聖學眞脉，且大撤晚宋以來學術支離之障。晚宋儒者徒知文公著述之多，而不知其非有意於立言也，往往拋卻自家心性，而以考索見聞爲學，人品雖眞而學脉多雜，若曰著述不多不足以爲道學耳。故以薛文清之賢，因其著述少，遂久稽祀典。自良知之說行，而人始知『個個人心有仲尼』，不專在著述多寡，而文清始獲從

〔一〕「朋」，原作「明」，據少墟集續集卷三與劉澄源司訓改。
〔二〕「自」，少墟集卷一五答張居白大行作「有」。
〔三〕「失」，原缺，據少墟集卷一五答張居白大行補。

祀。其默有功於世道人心何如！此文成得處，不可誣也。其失處一在以『無善無惡爲心之體』，翻孟子『性善』之案，墮告子『無善無不善』、佛氏『無垢無淨』之病，令佞佛者至今借爲口實。一在舉學、庸首章，必欲牽附而黜文公，以窮理解格物之説，不知窮理盡性以至於命，易言非歟？一在詆昂朱、陸太過，而以影響疑朱仲晦，以集註、或問爲中年未定之見，不知文公臨終時猶改訂誠意章註，集註、或問不知費一生多少心思，安得以爲未定之見，而啟後學之惑？此文成失處，不可諱也。大約孔、孟而後，諸儒各有得失，不能盡同。是在學者去短集長，毋令瑕瑜相掩可耳。」云云。

尋遷禮垣，戶垣，與楊、左諸賢鋭意傾否，每一諫章出，天下爭傳誦之。生平不邇聲技，喪葬不用佛事，恭定嘗稱爲名儒。先生卒，恭定爲之表章曰「理學名臣張居白」云。

楊季泰先生

先生諱復亨，字季泰，咸寧人。生而嚴重，不知嬉戲。年十一，輒嚮慕古人，受學於馮恭定公。公叩所志，先生書「不愧屋漏，行所無事」以對，恭定頗器重之。

天啓癸酉舉於鄉，年五十四，授長治諭，遷樂昌令，以三事自矢，曰：「一不剝民肥己；二不緩德尚刑；三不徇情枉法。」革去助解二千餘金，民間稱便。署益都，尤注念「與民休息」四字。會有強寇壓境，家人驚恐，先生曰：「我朝廷官，當以身殉社稷。」即登城守禦。卒以素性剛方爲縉紳所不悦，以大計中傷，謝政歸。適逆闖破長安，乃僑居澤潞，集同志講學，三晉之士翕然從之。丁亥歸里，遯跡著書，有念祖録一卷，貫珠講四卷，語對一卷，馮恭定公行實一卷，尚友録、就正録、書紳篇數十卷。

李暉天先生

先生諱映林，字暉天，富平人。鄉人私謚曰孝貞先生。生有異姿，既受經，益自刻厲，寒暑不輟，尤潛心傳註，篤好大全、蒙引、性理、通鑑諸書。年十八，遊馮恭定公之門，恭定大器之。辭歸，學益進。年二十，補博士弟子員。嘗過某大夫飲，留宿中庭，夜半，其寵姬排闥直前，求荐枕席，先生峻拒之，秘弗言。性內剛中坦，與人交，務引規矩準繩誨之，惟恐不及。事父母孝，愉色婉容，二十年如一日。恭定瀕卒，屬家人以小像貽先生，而不知先生已前卒數年也。年僅二十七。

高泰吾先生

先生諱愉，字泰吾，韓城人。萬曆四十三年副榜，少從馮恭定公遊。性敦厚尚義。崇禎二年大饑，先生市田宅得百金，趨縣助賑，令訝其貧，先生曰：「吾固貧，然貧在家不在心也。心苟安，何貧之足恤！」卒祀鄉賢。

吳崐毓先生

先生諱多瑜，字崐毓，高陵人。弱冠從馮恭定公遊，得理學之傳。性孝友。伯父卒，無子，爲立後。憫庶弟幼弱，分田獨取其瘠，人咸稱之。歲饑，周急恤難，凡待而舉火者數十家。後以舉博陞蘄州別駕，旋解組，優遊里閈而終。

王仁蒼先生

先生諱茂麟，字仁蒼，蒲城人。嘗從馮恭定公遊，孝友睦婣，樂道好學。營自得菴，教授生徒，逍遥静觀，有自得之趣。每題詩自況，有「洙泗淵源，濂洛授徒，落花皆文，好鳥亦友」之句。門下掇科登仕者，一時稱盛焉。子侶，另有傳。仁，進士，官泗水知縣。

劉中白先生

先生諱濯冀，字中白，華陰人。受學於馮恭定公之門，苦志篤行，爲文細雅。以明經司訓武昌，持躬以敬，範士以禮，大學士賀逢聖雅重之。

晉德明先生

先生諱賓王，字德明，號龍蟠，韓城人。幼端嚴，不與俗伍。十餘歲，從邑人解健吾學，健吾器其品，以女妻之。年二十，爲邑宰洪南池所拔識，入邑庠。嘗潛心性學，與太史解拙存、衛泰冲共燈火龍泉寺中，風雨罔替焉。後聞馮恭定公倡學關中書院，即同古絳辛復元、膚施趙廉夫負笈長安，請受業於門。郃陽令范太乙重其行，禮請主西河講院。

持身嚴整，人不能干以私。居父母喪，不内室者六年。兄弟怡怡，終身無間。生平好施與，致家事中落，敝衣糲食，晏如也。逆闖據長安，衡文取士，先生守義不出。居龍盤齋，校文課子，終其身。卒年六十六。

著有乾惕録，辛復元序之曰：「德明地近河津，學宗河津，著乾惕録以闡道眞，與讀書録言言互相發明也。河津有知，亦將以莫逆視德明矣。」

張先生

先生諱本德，華州人。初習釘戥秤爲生，後業鬻帽。聞馮恭定公談學，聽而有感，遂購先儒語録，潛心體會，有所得，輒舉以告人，惟恐不同歸於道。又從曹眞予學，眞予亟許之。晚復遊於張忠烈之門，忠烈諸子以先生非士流，頗怪之。忠烈大聲斥之曰：「汝輩士流實不知學，渠非士流却知學。汝輩不以爲愧，而反怪之耶？」忠烈禮遇有加，先生愈感勵奮勉，樂善慕義，終身不倦，有聲同、蒲間。

朱子節先生

先生諱藴奇，字子節，西安右護衛人。家貧甚，與妻子織網巾爲業，併日而食，晏如也。從馮恭定學，聽講於寶慶寺，寒暑不輟。人見其衣敝履穿，有誚之者曰：「貧至此，不聽講可也。」恭定聞之，應曰：「如此則聽講者皆鮮衣華服以飾美觀矣？」誚者語塞。

一日其子因差徭下獄，先生四日不食，憐者竊取官糧米少許爲粥以食，先生辭之，亦不明言其故。後以孝廉劉必達白於衛官，其子得釋。已而其子於道旁拾遺網巾二頂，先生曰：「彼之失，猶我之失也。」命追而還之，不受謝。

先生父早喪，養母曲盡其孝。生平苦節篤行，一毫不苟。年五十一卒。卒之日，無以爲斂葬，聞者義而助之。長安令楊某表曰「高士」，藍田令楊思軒祭之以文，學使段青巖扁曰「處士」，廉憲李祥宇扁曰「懿行範俗」，各捐金優恤其家。

王虞卿先生

先生諱之良，號虞卿，華陰人。嘗從馮恭定公遊，恭定深器之。鄉舉後六上春官，登天啓乙丑進士，巡撫南贛，屢平寇亂，著戰功。時人爲之語曰：「前有文成，後有虞卿。」官至南京兵部左侍郎。

史星爛先生

先生諱贊袞，字星爛，安定人。由歲貢選三原司訓，陞耀州學正。曾受業於馮恭定、趙廉夫兩先生之門，學有心得。或問曰：「仁義禮智，既爲人心本有，何必講？」先生曰：「如謂本無，則磨磚求明，講何必有？如謂本有，則磨鏡求明，講何可無？」後設教西邊，多所造就。會盜賊蠭起，議設民兵，當道以先生董其事，地方賴以安全。壽七十卒。

楊鳳閣先生

先生諱梧，字鳳閣，一字嶧珍，別號念劬。生而穎異，有神童之目。慨然慕濂、洛諸儒之學，爲馮恭定及門弟子。壬子，以專戴經舉鄉試第一人。屢上春官不第者幾三十年，後謁銓司，得官青州同知。之官未踰月，攝郡事，郡大治。再署沂水篆，撫按交章騰荐，旋以樂安兩豪訟屬邑勘有道亡者，坐疏防議鐫秩，拂衣竟歸，遂不起，年七十三卒。著有禮記說義纂二十四卷。

周先生

先生諱祚永，臨潼人。從馮恭定學，由鄉荐官宿遷知縣，有善政。

祝先生

先生諱萬齡，長安人。馮恭定門人。以磁州道家居。闖賊陷城，肅衣冠至關中書院斯道中天閣下，拜宣聖及恭定畢，自縊於側。

焦涵一先生

先生諱源溥，字涵一，三原人。馮恭定門人。萬曆四十一年進士。知沙河、濬二縣，考最，召爲御史。熹宗嗣位，移宫議起，刑部尚書黄克纘請寬盜竇諸閹，先生抗爭，舉朝寒慄。天啓二年，以憂歸。服闋還朝，出按眞定諸府，轉鳳陽兵備副使。旋移疾歸。崇禎二年，以原官分巡河東道，遷寧武參政，有平寇功，就遷山西按察使。七年，擢右僉都御史，巡撫大同。請罷歸。十六年，李自成陷關中，與從兄源清同被執，令輸金，先生瞋目大罵，賊拔其舌，支解而死。有逆旅集。

喬維嶽先生

先生諱巍，字維嶽，三原人。幼從馮恭定、温無知遊。學問淹通，踐履篤實。萬曆己未進士，以僉事擢山西冀寧道參政。便道歸里，值闖逆踞長安，與表弟王伯達、僕人王崇德同日遇害而死。

房秉中先生

先生諱建極，字秉中，三原人。從温恭毅、馮恭定學。崇禎中進士，知新鄉縣。時寇氛甚熾，屢出奇破之。補安邱，拂巡使指，左遷布政使照磨，尋擢兵部主事，將之任，會李自成破關中，遂不出。聞京師陷，北向稽首，隕血而卒。里人私謚曰貞靖先生。

卷二十七

張雞山先生

先生諱舜典，字心虞，號雞山，鳳翔人，學者稱雞山先生。自諸生時，潛心理學，受知於督學許敬菴。敬菴，理學名儒也。既而先生舉萬曆甲午孝廉，迺自嘆：「斯理不明，世即我用，我將何以爲用耶？」因裹糧從敬菴學，得交江右鄒南皋、常州顧涇陽及其他名儒，往往造謁，以資印證，遂能洞見明德歸仁之旨。

數年歸，會馮恭定公以侍御告歸，講學長安關中書院，先生深與訂交，時時商榷道術離合異同之故，稱莫逆焉。雖恭定恪守伊川、晦庵矩矱，先生學主明道，以爲學聖人之學而不知以本體爲工夫，易蹈義襲支離之弊，意見微別，然先生雅重恭定，恭定亦心服先生。故恭定著述，先生序首者爲多。

謁選，署開州學正，挺立師道，與諸生朝夕講論，皆濂、洛、關、閩之書，不以舉業爲先。或以爲非急，先生喟然嘆曰：「誤天下人才者，八比也。學者苟知聖學爲急，即皋夔事業將黽勉企及，何有於區區八比耶？」時人以比安定蘇湖之教云。升鄢陵令，盡心民事，細大必舉。民間養生送死之具，皆備而貯之，以貸貧乏。又本明道識仁之旨，建弘仁書院，與諸生講學。置經史數千卷藏之院中，以培實用。時承平日久，先生獨製精良軍器若干藏之庫，人咸訝之。去官未幾而邊事危急，當道徵軍器於州縣，皆倉皇莫應，鄢陵以先生所製應命，獨精良爲他邑冠，人服其先識焉。爲令五年，鄢人戴若父母。以治最荐，陞彰德府同知。先生以佐貳無可措手，而隨俗尸素又非士君子所宜，乃致仕歸。

即家爲塾，從遊者常數百人。先生與之究極學旨，不間寒暑，與恭定公講會相輝映，一時有「東馮西張」之目。天啓改元，陞兵部武選員外，抗疏力辭。奉旨：「張某前來供職。」郎官得此，蓋異數也。當是時，魏閹用事，權傾中外，先生上疏，懇懇以勸聖學、遠宦寺爲言，觸閹黨忌，特旨斥之。遂罷歸，日以著書講學爲事。又善堪輿，改邑河渠，建南門，曰：「紳士利矣。」是科乙未，成進士者六人，官皆通顯。年七十三，以疾卒。

著有明德集、致曲言二書。明德集發明體用一源之理，致曲言發明即工夫以求本體，而實發明即本體爲工夫之理。蓋先生生平論學不執成見，大致以明道爲歸，其教人由下學以企上達，盡性至命，不厭諄諄也。惜所學不究於用，識者悼之！

文録

寄同志諸友文云：「此學問是性命一大事，古今一大事，人生一大事，除此則無理可談，無事可行矣。雖平易而實精微，雖淺近而實神妙，雖有爲有思而實無聲無臭。未嘗不貴介節而介節猶其粗，未嘗不貴事功，而事功猶其末，未嘗不貴文辭而文辭猶其跡。須要如舜之『由仁義行』，非行仁義；須要如文王之『不識不知，順帝之則』；須要如孔子之『從心所欲，而不踰矩』。少帶知見，少著情識，少有做作，即屬滲漏，何以爲率性之道？故必高高山頂立，深深海底行〔二〕，然後爲至也。若參禪靜坐而可以爲道，則馬祖、百丈輩即可以紹孔、孟；若飾行廉節而可以爲道，則黃憲、范丹輩即可以續洙、泗，有不待濂、洛諸儒始爲之研窮也。此事自有眞命脉、眞消息、眞宗旨，惟在人之自悟、自修、自證何如耳。僕雖淺陋粗略，未造其極，然每每隨事隨念思之，則知其必如是也。望諸公深造自得，齋戒以神明其德，以致美大化神之域，毋徒爲鄉黨自好之士。豪傑之士，雖無文王猶興，諸公獨不可爲豪傑乎？何時相聚，得講一番更快也。如肯遊嵩少，當懸榻以待之。迂言蔓蕪，希相諒於楮墨之外。」

答劉芹野書云：「抑之詩有云：『有覺德行。』今人惟知『德行』已耳，而『有覺』之言，殊不尋思。此中大有旨意，會

〔二〕「行」，張舜典雞山語要明德集大旨總論作「藏」。

得此，則明明德之學不煩訓詁講究，而自了然於目前矣。不知尊意以爲何如？」

答靈台楊心吾書云：「聖學切要肯綮之處，無過知微慎獨，其中精義，有不容言，要在深信深造，方得其妙，非區區俗儒口耳之談。惜我輩年長，又不能常相聚會，研窮此義，虛過時光，殊爲耿耿。」

序馮恭定公辨學録云：「夫謂之學，以學道也。然道一而已，而學則多歧焉，故學不可不辨也。明辨之先於篤行也，孔門之正宗也。故卑之而功利易辨也，惟高之而寂空也，難辨也。何者？此性命彼亦性命，此生死彼亦生死，混之而無別，淆之而不清，非深於聖道者，不能析其弊而歸之正。

「余小子有志於學，中間亦爲異教所溺者數年，近始悟而反之，乃知吾道之足亦至精也。歲乙巳至長安，訪少墟馮兄而商正之，遂留余精舍中頗久，日爲辨難，每至夜分，喜而忘倦。其高足弟子，亦鱗鱗共集話也。余稍發其端，少墟則大闡其藴，辨虛實、有無、邪正幾微之介，昭然如明鑑之燭，鬚眉不爽也。此非深於道者乎！則其開我之迷，而鼓我之趨者，益誠不淺矣。余別後，少墟乃述其言，次第成篇，共八十一章，傳之宇內，則所以指導來學者，功豈細焉？嗚呼！有志於學者，其尚毋忽於斯言！」

序馮恭定公疑思録云：「長安馮少墟篤志洙、泗之學，日取四子書潛而玩〔一〕之，隨有所得，隨即劄記，久而成編，名曰疑思録。寄音以貽不佞。不佞讀之，亦不能不疑，疑而不能不思也。少墟之疑思録何居？

「洪範有言：『思曰睿，睿作聖。』不疑則思不起，不思則不能通微，不能通微而謂之誠，可乎？故知思誠之學，起於疑而成於思也，入聖之階也。即夫子亦必四十而後不惑，則四十之前，夫子必疑而思矣。周公思兼三王，其有不合者，仰而思之，則不合而生疑端，周公亦善疑且善思矣。顏子疑於高堅前後，其思亦苦。及聞博約之後，卓爾妙其立境，不可謂非思之有得也。若曾子之問，則疑端更多，而思則可知，至一貫之印而始渙然冰釋。使當時曾子不疑而不思，即孔子啓以『一

〔一〕「玩」，原文作「阮」，據馮少墟集卷二疑思録序改。

貫』，恐不能神解而一『唯』。孟子曰：『我四十不動心。』則四十之前心猶動矣，必疑而後動，思而信之，凝之而不動，則孟子浩然之氣，亦由此疑思而得之。故曰：『大疑則大悟，小疑則小悟。』若曰即不思之本體而存之，無事思念，不必窮索，運水搬柴，即爲神通妙用，言則甚易，而證則甚難，自謾謾人不淺，吾恐於聖人明善誠身之學無當也。少墟於四子書善疑而思之，故有所得以成編，大悟大徹可知已，作聖之功不在兹乎？若不佞，亦不能無疑而不能善疑，不能不思而不能善思，不能有所得如少墟耳。且此疑思之義，亦精且微矣。

「人徒知易以卜筮立教，且稽疑之典，不知易之卜疑即疑而思之，以求合天則之學也。故曰：『居則觀其象而玩其辭，動則觀其變而玩其占。』參伍錯綜於心，而理有定衡，執而守之不難。不然者，疑根未破，此心搖搖，不如風前之絮乎，何以爲事爲之準？故知易之立教，乃擇乎中庸，而明誠之學，非徒如世俗卜筮之謂也。少墟之讀四子書，人以爲少墟之善學四子，故疑而思之，會而通之。吾以爲少墟之善學夫易，不用卜筮而自有神明之道也。

「且今四子書，治舉業者舉能言之，海内坊刻幾於充棟，中間亦有當者不當者，然爲舉業而作，則爲文而解其義，不爲身心而求其旨也。雖然〔一〕疑且思，思而有妙解出，若過於漢之訓詁，吾終以爲得而未得，是紙上之機括，非心中之妙悟。若疑思録者，則異於是，是爲德業而作，不爲舉業而設。若舉業則人疑思之可也，何勞少墟疑疑而思之？易曰：『精義入神，以致用也。』是録中多有精義，不佞不能縷細數之，惟在善讀者之自得也。

「先是吾鄉端毅王公則有四書意見，文簡呂公則有四書因問，其書皆直接洙、泗心傳，不爲訓詁文辭之解，知學者無不宗而主之。今疑思録出，蓋稱鼎足矣。王、呂二先生而後，學其在少墟乎？」

馮恭定公關學編後序云：「夫天覆地載，日照月臨，凡有血氣，莫不有性命，而道在焉。道在而由之知之，則學在也，奚獨以『關學』名也？

〔一〕「然」，馮少墟集卷二張舜典疑思録序作「能」。

「關學之編，馮侍御爲吾鄉之理學作也。吾鄉居天下之西北脊，坤靈淑粹之氣自吾鄉發，是以庖羲畫卦，西伯演易，姬公制禮，而於萬世之道源學術，自此衍且廣矣。子曰：『文不在兹乎！』又曰：『吾其爲東周乎！』則西方聖人發揮旁通，東方聖人懷而則之，其揆一也。此載在詩、書，無庸復贅。故此編惟列孔子弟子四人、横渠先生而至今，不無考而述焉。故不載獨行，不載文詞，不載氣節，不載隱逸，而獨載理學諸先生，炳炳爾爾也；不論升沉，不計崇卑，而學洙泗、祖羲文者，無不載焉。少墟之用心亦可謂宏且遠矣！不然，自張、呂諸大儒而外，如不列於史冊，則湮没而無聞，後死者惡得辭其責也。

「書成，人無不樂傳之。然則，是學也，果何學也？誦是編而印諸其心，即心即學，即學即羲、文、周、孔未見有不得者，奚止論關中之學，即以論天下之學，論千萬世之學可也。」

附録

馮恭定論學書云：「向請教，吾輩丁時多艱，正好證驗學問，任他風浪滔天，不改中流砥柱，自有風恬浪静時耳。雖然，然猶有待也。世路自風浪滔天，吾心自風恬浪静，何快如之？此則又無所待矣。雖然，然止不爲世轉也。縱是風浪滔天，益當同心共濟，又何快如之？此則又能轉世矣。然此一念，雖人有疑信，而我無作輟。雖時有語默，而心無斷續。故時當可言，則與千百同志大闡一堂之上，是吾道之幸，斯世斯民之福也，而於此一念無所增。時不可言，則與一二知己密證一室之内，是吾道之危，斯世斯文之不幸也，而於此一念無所減。譬之春夏發生，秋冬收斂，而造化生意未嘗斷絶，此天理之所以常存，而人心所以不死也。

「昔人謂：『正心誠意，上所厭聞。』文公曰：『平生所學，惟此四字。』今人謂講學世所厭聞，不肖亦曰：『平生所學，惟此二字。』不知明公以爲何如？」

王嗣虞致曲言序略曰：「心虞以理學鳴關中，輯其學之所得，題曰致曲言。蓋自言聞見知次之意，因以勗人，俾從誠入，不至大而無當，若河漢而無極也。剖六藝之同異，析諸子之乖離，不執於一，不疑於二，其言極純無疵，獨契正學之微，以視當世得失之林殊矣。」

卷二十八

温恭毅公

公諱純，字希文，别號一齋，後更亦齋，三原人。生有異表，以穎悟見賞於督學李于鱗、孫文恭，而文恭尤好講學，得公喜曰：「吾衣鉢在兹矣。」於是以「精一」、「一貫」及爲仁之旨授之。年二十，舉嘉靖四十三年鄉試第一。明年乙丑成進士，除壽光令。下車殲巨寇馬天保。墾田、勸農、決獄，一本經術，以治行高等擢給事中。積三年，所條陳糾劾皆中竅，大者如修時政、通章奏，多見施行。中官陳洪請封其父母，公執不可。又雪故給事中沈鍊之冤，直聲大震。俺答請貢市，高拱定議許之，公謂：「廢弛邊備，非中國之利。」出爲湖廣參政，旋乞歸。

萬曆初，用荐起河南參議，分部南陽，約唐府無侵民徭賦，境内以寧。入貳冏卿，陟棘署，晉光禄。以失江陵相國意，移疾歸里。建學一草堂，引諸生講關、閩之學。江陵歿，起原官，晉大理卿，擢兵部右侍郎，巡撫兩浙，改漕，折減織造，復陂池，禁淫祀，葺泮宫，人情大悦。入爲户部左侍郎。丁母憂，服闋，起南京吏部尚書，召拜工部尚書。以父老乞養，終喪，詔爲左都御史。時礦税四出，公極論其害，不報。諸璫益横，公憂懼不知所出，乃倡諸大臣，伏闕泣請。帝震怒，問誰倡者？公對曰：「都御史臣某。」帝爲霽顔。後失首輔沈一貫旨，求去，章二十上，杜門九閲月。帝雅重公，慰留之。

三十三年，大計京朝官，公與吏部侍郎楊時喬主之。一貫欲庇錘兆斗、錢夢皋等，而兩人俱在謫中。疏入，降旨切責，仍留被察科道官，疏仍不下，公求去益力。夢皋、兆斗復交章訐公，廷臣大駭，爭劾夢皋等，俱留中，竟予致仕去。

抵家講學，於「精一」、「一貫」兩言諄諄切至。其論良知稍宗姚江而歸於孟子之親親長長，内外知行合一不分；論仁則以孟之「自反」契孔之「忠恕」，簡易直截，大絕世儒窠臼。爲文酷慕史遷，詩則摹擬少陵，然自以爲餘緒也。年六十九卒，贈少保。天啟初，追謚恭毅。

所著有學一堂集、杜律一得、古文選粹、漢魏詩選粹、唐詩選粹、二園詩集、二園學集、自省録、二園續集、齊民要書、文法品彙、杜律頗解、詩法品彙、寶劍鸞刀論、文集，共若干卷，行於世。子無知、與恕。

文録

答馮少墟論學書云：「承翰教，知復會講。閱辨學録一過，深快。中間發明『理』字，爲陽明先生『致良知』之説補一『實』字，蓋『致知』原不離『格物』，則實理也。此正與佛氏不同處。大率佛氏是欲了自己心性，吾儒是欲了天地萬物心性。吾輩於此一體領略，是窮理盡性至命實功。自『精一』之説創自虞廷，因一『危』字，遂以人心爲私欲之心。私欲之心去之惟恐不盡，而即以爲虞廷『人心』之『心』，恐經書之中未有徑指人心爲私欲之心者。文公解：『不曰私而不公，而曰易私難公，謂此心若公則上達，一私則下達矣，豈不危哉！』惟精之一之，『允執厥中』，則人心皆道心，而免於危矣。是於心之動處，用精一之功，千古學脉，實始於此。其後孔子祖述堯、舜，全在從心所欲不踰矩，精之一之也。他人從心所欲或踰矩，則人心肆而道心喪矣。孟子願學孔子，正學其所『祖述』也。形色天性與口之於味二章，正於耳目口鼻之形之色而盡合性命之學也。不偏内，不偏外，謂之修身可，謂之踐形可，謂之忠可，謂之仁可，謂之一貫可。不然，則自己心性形骸且分爲二矣，何以言一？今日學脉似宜從此以入，特質之同志。」

雅約序云：「此約蓋本海内儉約諸家，而取其切於吾三原者，稍更定之也。吾三原人士半、商賈半，商賈衣飾大率襲吳、越、廣陵，士亦因而化焉。余慨士服習先王，乃化於商賈，可愧也，亦可慮也，故爲此約。名以『雅』，蓋仲尼『惡鄭聲亂雅樂』意也。夫鄭與雅音耳，非如日用好尚爲斯，須不可去之禮樂，仲尼猶惡其亂，豈非以雅則正、則和、則平、則中，非雅則邪、則越、則僭、則亂耶？邪越僭亂，將安所不至耶，而況日用好尚耶！故有國家者，匪寡與貧之患，而患不均、不和、不安且傾。安與傾相去遠矣，而自均不均、和不和始。寧直有國家者爲然，凡士庶既侈好尚，明得意，均耶。呰窳佹傺之衆，日從旁側目短氣，思攘思逞，和耶。故雅則安寧之術，不雅則傾危之漸，而可不慮耶！慮之無如省可已之費，爲不可已之用，化相形相軋之習爲相體相卹之風，即不能如畏壘，亦相與追陳仲弓、王彦方、范希文萬分之一，庶此約爲有益之雅，亦可以了吾輩不忍初心。不然，世方爭自利，工若賈猶乘此易售糊口，而又爲谿壑增充物之算也。同心君子亮之。」

語録

公語門人曰：「孔一貫，孟踐行，正是精處。一則不二，若以人心爲私心，欲絶而求道心，則二矣，非精一之旨也。」

温無知先生

先生諱予知，號無知，恭毅公長子。方就傅，受書即成誦。暇則正襟危坐，不與群兒伍。既長，攻制舉義，入燕、秦棘闈，三中副車。乃顓精經義，務學尤力，案頭恆置程、朱語録。時馮恭定家居講學，常延先生於斯道中天閣，商性命之業，兩人相得益歡。

先生性儉約，居恆布衣粗糲，晏如也。不喜見要人，間出乘款段，世目爲「清公子」云。以恩冑進南雍，壹守國學科條，不違銖寸。大司成目送之曰：「何物温生，邁跡乃爾？」居蕭寺中，人莫可踪跡，獨執經問字於太史焦竑，欣然有會。其功以克己毋自欺爲鵠，不欲騖於高遠清虚也。恭毅公建石梁，修學宫，築城施粥，爲德於鄉，先生贊其成者爲多。疾革，執兩弟手曰：「語云：『朝聞道，夕死可矣。』於道幸非無聞，死矣奚憾！」言訖而逝。以子樹瑗官贈戸部郎中，崇祀正學書院。著有无[一]知子、乾坤正氣書。

温與恕先生

先生諱日知，字與恕，恭毅公仲子。萬曆乙卯舉人。生有異質，潛心墳典。性至孝，事母夫人惟謹。少有過，即長跪受教。出入里閈，遇先生則執弟子禮。論文則必化朽腐爲神奇，來陽伯方伯、文太青光禄皆重之。著有浮嶼閣詩文集、藝園圖詠、瓠中飲雅、六貂部類、綢繆急著、曲徙先籌、捫虱雜言等書。

馬敦若先生

先生諱朴，字敦若，號淳宇，同州人。祖自勉，文莊伯兄，官至順天府判。父愼，贈易州知州。先生幼謹默，有成人度。四歲學句讀習字，七八歲讀五經、四書，屬對行文皆工捷，文莊試而奇之。萬曆癸酉，補弟子員，尋食廩餼。丙子登鄉荐，時先生尚未婚也。丁丑，丁内艱，端居涉覽，著文房漫語，建進修書院，里士多從之遊。作惜陰日程圖，自課行藝。

屢上公車不第。戊戌謁選，擬景州，辭。主爵者曰：「景州善地，何辭？」曰：「惟善地，乃辭。」主爵者曰：「惟辭景，乃能治景。」遂授景。至則精勤理務，嚴明御人，庶政具舉。朔望講明「聖諭六言」以正風俗，集董子書院講經、課藝造士，多成就。補易州，行保甲、鄉約諸善政，民和歲豐，有穀穗三歧之異。易人歌之，以擬張漁陽。入爲刑部員外郎，中外獄詞讞決平允，暇則讀書。轉郎中，擢襄陽守，多惠政。既轉滇憲副，巡洱海道，兼攝瀾滄，頒祀典考及課士日程，舉孝友節

[一]「无」，原作「无」，據文意改。

義，禁戢豪猾積役，善馭土官，明法開誠，廉靜體恤，胥翕然向化。忽慨然曰：「吾以乙科而爲憲司，今固宜歸矣。」因致仕還鄉，理舊墅，題曰「寄園」，集昆弟親知講學其中，以每月三日爲期，闡五經、四書之奥，計功過，收其放心。刻有寄園會語紀其事。

先生潛心理學，正旨微言，時亦爲人闡發，惟不自標幟爲名。時馮恭定公開門講學，有語及者，先生謝焉。後恭定以講學中讒，幾遭不測，其卓見如此。先生器範自然，不緣修飾，兼資問學，涵養性靈。嘗有慨於曾子「三省」，靜觀自得，隨手登存，以備省覽。著有歷仕公移、聖諭解説、鄉約條議、先師祀典考、同州志、人鑑編、客問、日省近言、近取譬言、閬風館文集、四六雕虫、譚誤、譚字、譚名、譚物、馬氏世譜、雜録，共一百九十二卷。崇禎癸酉九月二日卒，年七十有七。子二岑。

文録

與譚廣文論崇奉西教書曰：「日昨拜教之辱，甚幸甚快。所示絶徼同文紀，别後披讀，至雲間顧君一序，殊可疑可駭，有當相質者。彼云『初見龍先生，似儒而非儒』，繼云『研討天主實義，直發吾儒之堂奥』，又云『探其精微所詣，則儒氏亦糟粕矣』。夫物物有精微，有糟粕，各自不同。泰西有精微，自有泰西之糟粕；儒氏有糟粕，亦有儒氏之精微。以泰西而糟粕儒氏，儒氏不受也；謂儒氏而沈迷於糟粕，而不知精微者，可謂儒氏盡糟粕而無精微，儒氏不受也。

僕不識所謂龍先生者，曾識利瑪竇其人，明慧篤實，其言尊儒而詆佛，自謂越八萬里，慕中國堯、舜之氓，周公、孔子之徒而來，僕甚重焉。及見天主圖像與其朝夕功課，雖頗異之，然風土所囿，益以見乾坤之大。乃雲間謂『歷程十萬，惘東土生靈而來化度也』。是泰西未來，中國無天與王化乎？此其所可疑者。又謂：『西方之教行，千神萬聖皆爲幻妄，千經萬卷皆爲卮言。』嗟夫，是何其忍於蔑神誣聖，而勇於侮聖人之言哉！夫天主之神見於佛經，中國雖不經見，而史、漢載八祀之首，雲間以爲惟泰西知耶，中國所寅威者惟天，第非天子不敢祀耳。泰西求天於形像，泥矣；人得而祀之，褻矣；朝夕焚香以祈謝，瀆矣。視儒氏之所以事天、祀天、畏天者，有間矣。今謂聖神經卷盡幻妄卮言，則凡后土與風雲雷雨、社稷山川，若祀典所載諸神，皆可廢乎？粒食火食我，衣裳宫室我；治歷明時，使不長夜我；教人倫、興禮讓，使不禽獸我；繼往開來、息邪衛道，使不迷謬我之諸聖人，皆可廢乎？十三經之所以彌綸天地、治安民世，與道性情、定名分、闡教化而翊聖眞者，皆可廢乎？泰西極力詆二氏而不敢詆儒，雲間乃謂『遠出三教，直與二氏同類而共斥之』，且欲盡滅神聖經史以尊異之，此皆其所可駭者。嗟乎！今世儒皆詆瞿曇，不知始而尊異之者中國人，後之使其角立而欲加諸儒、道之上者，亦中國人，非瞿曇氏也。僕淺陋老腐，雅不敢是非人，但默而處乎，恐非門下所以見教之意，且恐人亦以僕爲唯唯，致開罪名教，故略一請質，惟門下教之。」

報馮少墟侍御書云：「不佞某惟鄙竪儒，少鹵莽於學，強而仕，復鹵莽於政。竊嘗自愧，自思不得比於古之人，而亦未嘗不思居今而行古之道者，欣爲執鞭焉。側惟門下雅志承先，力肩覺後，是横渠伯起，再見於關右也。豈惟西周後，學從茲不溟涬於流俗，即倀乎塵途，如不佞某者，亦聞風祛頑懦之思矣。出則龍見，處則鴻儀如門下者，海内豈多見哉？羡服羡服。前辱賜書，未即裁報，茲因小兒赴試長安，敬候道履，儻念志不爲俗吏而有以教之，則某所繇不得罪於江漢者，是所願也。」

刻惜陰日程圖序略云：「余闢書院，蓋自爲進修地，里中諸雋間相翕然過從，發篋下帷，余實寡昧，何所助萬一？然又不敢無説而處此，聊以自課日程圖與之共課。大都工夫貴精詣不貴鶩博，貴有恆不貴驟進，日積日累，厥績自可紀矣。圖以歲十二月爲紀，月統日，日統時。有功隨時登計，曠則書以某事曠。至月終，總計一月功曠，一歲再計。有功無曠，上；功多曠少，次；功曠相半，下。若稀功而多曠，是謂暴寒不學等耳。誠置此籍座右，時用覽稽，不必師保儼臨，自有猛省奮發，不容少恕者矣。」

刻進修日程序略云：「夫聖賢之學，不曰修身，則曰修己，曷嘗爲人？尼父以天立之師，轍跡鐸聲幾遍列國，然惟是己身爲惓惓。維時伯玉氏麗澤聖人，亟求寡過，其雅意成人，亦唯是恥獨爲君子而已。教學漸廢，人心愈漓，其於人也，洗索吹求，若不極粹白不止；而身爲不善，絶無愛惜檢點，是以君子厚人，而小人自薄也，不知其惑矣。今余未能檢身，乃以檢望人，又安敢謂非過乎？雖然，使同志諸賢果能因是相成，共爲君子，即余過亦幸矣。況余愓於斯而求檢焉，所庶幾不終爲小人者，其在斯矣。」

馬二岑先生

先生諱嗣煜，字元昭，一字空明，二岑其別號也。幼承庭訓，弱冠即以古學自任，尤信心理學，一以洛、閩爲宗，爲馮恭定公所推許。然數奇，七入秋闈不遇。已乃以選貢謁選山東濟南府通判，清衙蠹，屏巨猾，頗著循聲。公暇，進諸生有志者講明學術，朔望舉行鄉約，誨論反復，諄諄於忠孝節義之防，士民化焉。

會郡城兵變，武定州缺守，當道委先生攝事，不辭而赴。至則悉力捍禦，州賴以全，然賊勢猶未衰也。未幾，新守郃陽范如游至，先生將去，士民遮道懇留，皆曰：「寇將再至，別駕去，如百姓何？」因臥轍攀號，不聽行。先生惻然，與新守分城而守。賊至，晝夜攻，城且破，或勸先生易服而逃。先生瞪目曰：「若等可去，我死此矣。」城破，賊重先生名，欲屈之。先生大罵，賊怒而殺之，投諸火。范守亦不屈，同日死。時年五十五。事聞，贈太僕少卿。

君子謂先生此時無武定之責，本可以去，獨以不忍負百姓之留，遂身殉而不悔。古所謂「殺身成仁」者，其先生之謂歟！而平日講學之功，不爲無用矣。著有群玉閣詩、五經初說，藏於家。子相九，別見二曲門人。

詩録

勵志詩其三云：「過弗可仍，仁不得讓。比古何人，檢修無狀。美錦不縫，玉卮無當。我惜其質，千古莫償。君子皇皇，以勤以創。」

和郭允吾其八云：「一個閒人天地間，捐除諸相意惝惝，自家方寸無多地，肯長蘭芽與草菅。」

卷二十九

文太青先生

先生諱翔鳳，字天瑞，號太青，三水人。父在中，字少白，年十九舉鄉試第一，萬曆甲戌成進士。延對，共擬第一人，因對策有「兩孽未除」之語，江陵相國惡其刺己，怒而抑之。初授淮安府教授，陞國子監博士，遷禮部主事，授祠部郎。未三十挂冠歸，建育樂書院，日講内聖外王之學，從遊者以數千計，人稱關西夫子。著有觀宇天經等書行世。

先生幼承庭訓，學有淵源。登萬曆庚戌進士，授山東萊陽令。闢東極館，政暇，進士紳講明尊天作聖之旨。調河南伊陽，又調洛陽，所至論文講學。嘗曰：「近世所謂『無善無惡者心之體』無取焉，固知具眼之夫誚講之，賈名而誇詑。然不敢因噎廢食，故三日不談文欲病，五日不談道欲死。」且言：「學本過庭，不他氏領下乞，不敢稍詭於六經之繩。」一日兀坐，見心開如水晶塔，層層都具，湛如玻璃之印月，遂怳然有得。

先生三爲縣令，文學政事并著，遺愛在人。諸士民爲圖衣冠於宫牆之畔，建生祠祀焉。陞禮部主事，遷山西提學，三晉士風爲之一變。擢南都光禄少卿，以彈魏璫回籍。日惟閉門著述，潛心皇極經世之學，一時公卿貴達經年不獲睹其面，得其片言，無不以蓍蔡奉之。詩不肯襲唐，賦在漢人以上，奥博不能讀，四方從學者至三萬餘人。卒，門人私謚曰文公。所著有太微經九極篇，曰東極、南極、西極、北極、皇極、天極、地極、人極、物極。其他著述甚多，堯夫之後，一人而已。

文録

艮齋解略云：「天道陽前而陰後，列宿皆繫於斗，日月五星出入房心間，故齊七政以玉衡。其在人則背爲五臟之繫，而四官皆現前，故收視返聽，求之不睹不聞。其訣曰『顧諟』，『顧』之義，稱却、稱內、稱反，兹之云『艮其背』。邵子云：『思慮未起，鬼神莫知，不由乎我，更由乎誰？』延平亦令人『觀喜怒哀樂未發前氣象』，善觀則爲顏子之『坐忘』。墮肢體、黜聰明，豁然遊大通者，所謂虛室清明，都是白身，於何獲？兹之云不獲其〔一〕身，伊川詁之『主静』，象山曰『無我』，無我之謂大静。然『艮止』之殊於佛氏『止觀』之説也，儒氏止至善，佛氏止無善無惡也。其説曰：『一切善惡，都莫思量。』聖學『慎獨』一案全欲判明善、惡兩字，而彼欲抹殺之。陽明云：『無善無惡心之體，有善有惡意之動，知善知惡是良知，爲善去惡是格物。』心既無善，爲善云何？予爲之更定其説曰：『至善無惡心之體，善惡初分意之動，眞知至善是致知，爲善去惡是誠意。』舍至善而懸空以止之，得無誤下頂門針耶。」

文王邵子祀典議略曰：「論者目康節之學爲數，謂爲學人之別學。夫康節之數非他數，易六十四卦之數也。因日月星辰運行之數而得天地始終之數，一本乎易。伏羲之先天四圖，自康節始表而出之，其與表曾、思之大學、中庸者，功自不減。而天根月窟之解，天地剝復之藴，殫是矣。

濂溪之太極圖，尚自圖其所見，先天圖則直表伏羲者，可作第二解耶？況太極亦不出先天圖，合而觀其所布置，安見陰陽之圖而抱者，非即其對而畫者乎？又安見白圈之位於中者，非即先天圖中空白處乎？朱子亦嘗曰：『太極終在先天範圍之內。』朱子之學出自程氏，而因推及程氏之師，遂以濂溪爲鼻祖。然伊川之贊明道，亦止謂得不傳之學於遺經，不謂全得之濂溪。況康節齒長於濂溪者一歲，而年又過之，其聞道獨早，當不在濂溪後，安見一動一静之間爲天、地、人之至

〔一〕「其」，原作「共」，依文意改。

妙？至妙者，非聖學之第一義耶？二程雖少學於周氏，然終其身，口不掛太極、易通一字，其晚而切磋於邵氏者，或視其十四五時所迎弄，又不侔矣。其學雖不一一桴鼓合，然推其內聖外王之學，爲振古之豪傑，而朱氏亦以康節先天之學爲二程未盡聞，固自不可掩者。

「伊川、考亭皆以人爲無後天而存之精神，謂性與形滅，理緣氣有。明道亦云。而邵氏獨見其爲不朽，是其盡性至命之宗，實出程、朱一頭地。而周氏亦不聞闢佛，反至譏原道之深排佛、老，恐不免開異說之門。康節獨以根塵之辨爲點金成鐵，丹青畫馬誚之，以天地之外復有天地爲不可知之妄，不佞禪伯，不諛方士，而獨推聖經以配天時，以孔子爲萬世之事業，冠皇、帝、王之上。其學獨歸之天，身代天功，口代天言，以聖人配昊天，而贊堯舜之中天爲獨盛，與孟子學孔子，稱堯舜之見趣、知性、知天之指，蓋並轡聖門者也。推元、會、世、運至於五萬五千五百八十七萬二千元，盡天地始終之數，直以十二萬年爲大化中之一歲，而一本之日月星辰之運，以按開物閉物之候，曰乾一而坤八。夫極推昊天運行之數，即所以極贊聖人垂世教之功，邵至大，不其然耶？」

簡吳玄水客部書略云：「吾儒學術原合處世出處而一之，自先輩藩籬太窄，根宗未快，遂使豪傑俯仰不得而逃之異家。丈如確有見於大道之府，事天尊孔，足以了卻洪願。諸葛、康節二君子，似可與定千載之交也。丈且作地仙山中，他日再對，當有各進步處，吾輩終不作世上兒郎。何如何如？」

報蘇石水符卿論梁山易書云：「謹按六十四卦之序，每兩卦反對，已見雜卦傳，邵、朱已披抉之。三十六宮之說，正謂反對，而梁山以反對者爲綜，以不可反對者爲錯，詁二字亦的然。此特二字義耳，有何千古不可知之奧，而謂孔子至老始悟之？其所註文義腐讕，大是老生誇詡過甚，而其鄉人至以爲才過康節。康節千古絕才，恐非周、孔不容言過。敬質之長者。」

孔子贊云：「賢于堯、舜，生民一人。聖不可知，至誠如神。後作弗及，故曰配天。」

顏子贊云：「五星之木，四時之春。淵淵其淵，肫肫其仁。」

曾子贊云：「其命維新，其德克明。修身爲本，天下則平。」

子思子贊云：「上天之載，爲物不貳。與天地參，中庸其至。」

孟子贊云：「天以地持，日以月代。孔父素皇，孟叟玄宰。」

邵子贊云：「十二萬年爲一乾，五萬萬元爲八坤。三十六宫，來往者春。建其皇極，弗違先天。」

周子贊云：「太極圖於道州而本於太易。君子修之吉，主静立人極也。」

程伯子贊云：「不遷不貳，庶幾顔子。萬物得所，在春風裏。」

程叔子贊云：「坐講在殿，立雪在庭。尊嚴師道，啓佑後生。」

張子贊云：「乾父坤母，民胞物與。太和所謂道，是以君子有絜矩也。」

朱子贊云：「我夫子曰：『賢之有元晦，如聖之有仲尼也。』孔删而朱傳之，六經其可誦持也。」

報畢東郊侍御書略云：「詞人既空談寡效，理學之拾宋人唾者，亦靡堂奥。睹主盟而折群雄，其難哉。而佛氏之誑酣於骨髓，六經不勝夷狄之禍，宋儒氏實有不足折服二家者焉。而姚江主無善惡之説，又徒可爲一喟。竊以爲非提事天之正印，莫克直謁孔氏面者，亦不得作回護語矣。惟大賢擘天而立幟，吾道之司命有攸屬，其有以終教之。」

又云：「三代而下，皆霸而不王，惟諸葛忠武近於王；皆賢而不聖者，惟邵康節近於聖。謬嘗推先天之學，以爲秦、漢以來諸儒之冠。其以十二萬九千六百年爲天地之一元，以五萬五千九百八十七萬二千元爲天地之一終，而一本之易，良可爲巨眼之魁。大論一首，力推而極贊之，亦古今之通論，昭曠之洞觀也。但其卒章援伯淳以折之，竊謂固不必執邵以短程，亦何至祖程以詘邵？但直究性命之源，則邵透徹之悟，即伯淳且未釋然於生死之源矣。伊川、晦菴又不覺隔一塵。」

祭女兄葛夫人文略云：「惜我家食，師父友姊。姊嘗欣然曰：『今日始得一「仁」字。』又嘗曰：『今日始得一「敬」字。』太微、明德二圖，則請而繹之；西極一賦，則覆而誦之。屈翾、班惠，或遜一籌，而余之十年遊也，天經草就，獨爲披示，實代我過庭，兹非其大體耶？」

報張覺菴論邵典書云：「邵康節先生之道，實爲秦、漢以來儒者之冠，與程氏并重河南。而程氏之後録爲五經博士、邵氏子孫之在洛者，似不可不一體並録之。曾經前院入告，而旨留未下。執事倘早申前疏於報命之日，實觀風第一務也。主上必不愛褒賢之典，而執事之功且與皇極先天之學并不朽於聖門矣。」

代嵩縣靖邵子主鬯文曰：「看得宋大儒邵康節先生三代以下最爲先覺，齒長於濂溪，道先於兩程。其皇極經世書首以聖門之四經配昊天之四時，揭天爲宗，而後大道有所統一。穹理以穹天理，盡性以盡天性，至命以至天命，眞聖賢第一印也。先天一圖，經緯大易，一動一靜之間，獨表絶學。贊孔子萬世爲士，推諸三皇、五帝、三王之上，其道則內聖外王，程伯子嘆其振世之豪傑。推其所至，以爲安且成者。其出處則『達可行於天下而後行』，蹈天民之絶軌。百世之師，幾於聖域。既崇在祀典，配食孔庭，而遺隴在伊川之畔者，本縣既大其繕修，節其樵採。顧程氏之裔，世爲博士，矜式嵩里，而邵子又二程問道之前達，可無一衿裾主鬯荐醴者乎？雖洛陽之安樂窩，輝縣之百泉，咸有衣冠以奉血食，而嵩爲遺隴，視二邑尤重，聽其荒蕪，良非所以妥先賢、重名教。憲台提斯文之柄，重法人倫，儻賜其子孫一人爲諸生，附諸嵩學，世典祀事，庶先生之蘋蘩有尸，而淵源正宗與日華月露共流映於千秋者，以鈞筆爲功首矣。」

附録

賈鴻洙太微經序云：「西極太青文子伐藝山，罟墨海，鏤心鳥跡之中，織辭魚網之上。夫既洞性命之奧區，極才思之神皋矣。乃銜官太玄，驅役潛虛，其協於卦爻者，有六十四卦、三百八十四爻，名曰太玄類。固動參攷穹經，偉顧太玄，以續纂未訖，太微業深，覃思二十有六年，而經已大定。適余徇鐸自漢江來，聞而造其廬曰：『子之搰搰爲是經也，上懸天，下淪淵，纖入藏，廣包珍，與陰陽挺其化，與鬼神即其靈，僭易耶？抑翼易也？』太青子起席而對曰：『夫易張十翼，即贊周之聖且然，而予烏乎僭？子盍擁子之皐，而縱余之達旦，可乎？蓋太微有四經〔一〕、十二贊、十六圖、六十四緯、四表，凡一百篇。一生二，易之數也；一〔二〕生四，微之數也。易有八卦，重之爲六十四卦，八物而兩之；微有四象，重之爲十六罣，參之爲六十四傃，四物之參之。易卦三畫，參天也，重之有上、下之二卦，兩地也；微爲二畫，兩地也，參之有上中下之三系，參天也。易之初畫則參，而兩卦既重，則兩而參之也；微之初畫則兩，而參之傃既參，則參而兩之也。易有上、下，下爲內，上爲外；微有上中下，下爲地，中爲人，上爲天。易之重卦，天有天地人，地有天地人；微之參傃，天有天地，人有天地，地有天地。易六十四卦，三百八十四爻；微六十四傃，三百八十四斯。爻之餘有二用，斯之餘有四參。易占變，三奇爲老陽之變，三偶爲老陰之變；微占參，三三爲太陽之參，六六爲太陰之參，三六半爲少陽、少陰之參。易之占有貞、悔，微之占有七參、七體、七用。易之畫變爲重爲交，微之畫爲參爲十爲乂爲丄爲丅。易五十策，其用四十有九；微三十六策，其用三十有二。易之策數萬有一千五百二十，微之策數三萬四千五百六十。易三變而成爻，十八變而爲卦；微再揲而成系，六揲而成傃。易之二經用後天之序，故各自爲始終；微之四緪用先王之序，故合而爲始終。易八宫，有一主卦、七客卦，微四緪，緪有一主傃，十五客傃。易之圖數五十五，書數四十五；微之月數十八萬兆，宙數一萬億兆。易之爻有九六，微之斯有三六。易四營，微三十六筮。易八卦綜而爲六，微四象綜而爲三。易乾、坤、坎、離錯震、艮、巽兑，微昱〔三〕、顯錯堯、癰。綜易之畫用連斷，連一而斷二；微之畫用黑白，白實而黑虛。易之一二，位之畫也；微之黑白，序之畫也。易象以太陽爲天，太陰爲地，中男爲水，中女爲火；微象以太陽爲天，太陰爲水，少陽爲山，少陰爲地。予試衷之，僭耶，翼耶？』余乃肅然而謝曰：『是經之有功於易也，潄六挹於玄圃，丞三視以萃盤，意所謂穰其功而幽其所以然者

〔一〕「經」，原作「徑」，據四庫全書總目卷一一〇太微經改。
〔二〕「一」，依文意，當爲「二」。
〔三〕「昱」，原作「曅」，據四庫全書總目卷一一〇太微經改。

乎？』故圖、書者，先天之次也，微準之以極數。白黑者，庖皇之次也，微準之以畫、傣。彖爻者，文王、姬公之辭也，微準之以贊、罣。參兩者，孔父之法也，微準之以畫變。其功蓋有四焉：一曰太微之理功。孔父之太極而剝濂溪圖說立言之未安。易傳曰『易有太極』，而周子直云『無極而太極』，太極謂之無乎？考亭解之曰：『無象而有理』。如以極爲象，則不可云無象而太象；如以極爲理，即不可云無理而太理。『無極』二字，雖解易字，而實與有『太極』礙，近乎太陽明無善而至善之說矣。『太極』止可謂之微，不可謂之無。邵子云：『道爲太極，心爲太極。』虞書合言之曰：『道心爲微。』太極者，微乎微者也。以二字括易有太極之四字而約言之，而其剝周之五字者，良細矣。功一。一曰太微之象功。庖皇之先天，正子雲太玄畫辭之不配。元首四畫而九其辭，與歷雖協，與易則乖。邵子嘗欲削其五而存其四而未果，至潛虚擬之，其畫始於左一右一，而終於左十右十，其爻辭則亡。洪範内篇之畫，始終左一右一，而終於左九右九，其爻占則八十一，抑又參差奇凌而不倫矣。太微先天四象之畫，以黑白代連斷，是爲兩也。三重之而六畫，是爲參也。卦爻全與易協。功二。一曰太微之數功。文王之二篇，推天津觀物元會之未盡，觀上下二經之再開天地，而更目爲始終。因以參兩之法，乘河圖之數而推之爲月數，天之年有八十萬兆餘，地之年有二十三兆餘，人之年有八十一萬億餘，物之年有六百萬億餘。又以太極之變爻交太玄之變爻，推之爲宙數，而天之年極於一萬億兆。萬萬之謂億，億億之爲兆。以功業長八十一萬億年之人，以精神配一萬億兆之天，視邵說開物、閉物之數，極於十二萬餘年者，且萬倍。徵雖象，用邵極乎？而其籌天，則參兩圖之十而得天，參兩書之九而得地，推生民以來至崇禎己巳，二百七十萬二千一百有六年。迨庚年以後，其未年之中，天尚有六千二百三十九億七千九百九十六萬五千二百一十年，未年之人類尚有八十一萬二千四百七十九億六千二百六十三萬二千六百二十六年。折衷於漢書之緯紀，律準於呼吸之息數，而以『獲麟』後四年甲子爲十一紀之元，可謂至大而至精矣。功三。一曰太微之變功。周公之二用，而推焦贑易林之未顯，易林知變名不知變象，又全準周後天之序，則無可觀變。考亭之卦變反對三十二圖，雖出邵氏，亦未得變象之畫，至謂必再重之爲十二畫，乃可成四千九十六卦，豈有十畫外之卦哉？又欲推之於每易二十四畫，而恐其無可用卦，若四重何以取象，概乎未達用老之義。太微本周易九六二用之變而列之爲緯，卦止六畫而遂成四千九十六變卦，二萬四千五百七十六變爻，又交之於太玄之二萬五千二十五之變爻者，至三萬二千四百五十四萬八百周而得宙數，始爲天地之始終，功四。若夫昱〔一〕以律天道，鼆以律王道，堯以律聖道，顥以律神道，其道以作聖而恢王，窮神而合天，而一切天綱地紀人極物華之全無不準。其建都、立官、制軍、用師之法，盡本於參兩錯綜之數，以之衡功於易，顧不皇哉？余竊因是而嘆斯道之榛蕪也。秦人小之以卜筮，漢人泥之以師說，晉人出之以意象，宋人竊之以訓詁，又安所得淵源要道、苑囿奇文，以曉天下之瞶瞶，而瑩天下之晦晦乎？

「間讀少白先生觀宇諸篇，昆侖旁薄，資懷無方，夫亦謂才贍者菀其鴻裁，中巧者獵其腴辭云爾。而太青子窮言以樹表，極達以啓疆，又後溯丹文綠牒之秘以綜述其性靈。蓋少白先生縱談惟天，而太青子之研幾惟理，故天尊而氣行，理隱而文貴也。若其過揲之策三萬四千五百六十者，適合文王九十七歲之日數，而按漢書易㞱之運，則萬曆癸卯實入陰七。此經創自甲辰，其應期而作也，亦若天爲之矣，更不覺矍然於易理之深明也。撤比席間，拜手而謀諸綉。」

〔一〕「昱」，原作「畢」，四庫全書總目卷一一〇太微經：「四經者一曰昱經，以律天道。二曰鼆經，以律王道。三曰堯經，以律聖道。四曰顥經，以律神道。」據以改。

卷三十

王良甫先生

先生諱徵，字良甫，號葵心，又自號了一道人。涇陽人。生而器宇英邁，七歲從張湛川學，言動不苟，文章駿發。十六入邑庠。二十四舉於鄉，毅然以天下爲己任，因自號葵心以自勉。生平得力於事天之學，以敬天愛人爲主，以聖賢經濟爲心。持己接物，在官在野，一切學術、治術，凡有關於國家、日用、民生利賴者，無不以誠意爲之。事兩親孝，餘惟以講學著書爲事。芒屩疏食，一字不以干公府。母夫人患病，醫藥不愈，乃徒跣耀州，十武一叩，禱於醫宗孫眞人洞，向夜望斗百拜，以祈增算。

年五十二，乃登天啟壬戌進士，授廣平司李。修飭武備，演武侯八陣以禦盜。辦白蓮教案，全活者以數百千計。修清河水閘，溉石田，築成安河壩殺水患，其他惠政難指數也。踰年，丁母憂。服闋，再補廣陵。「黄山」一獄，魏閹煽虐，蔓引不可勝數。先生指天自誓曰：「司李，郡執法也，倘以平反斥〔一〕去，固所願。廢朝廷法而爲己身功罪計，獲罪於天孰甚焉，死不敢爲也！」一時保全爲多。甫一年，丁父艱。計兩任司李不及二年，雖設施未竟所學，而瞻略之弘偉，已聲滿縉紳間矣。服尚未闋，會登、萊叛將劉興治據島爲亂，奪情陞登、萊兵備僉事，監遼東軍務。先生固乞終制，不得請，則親赴闕自懇，卒不允。乃單騎赴任，與撫軍孫初陽慘淡經營，叛將授首，恢復諸務，駸駸就緒。而孔、李二叛將復自吳橋激變，外內勢

〔一〕「斥」，原作「斤」，據王心敬關學續編卷六端節王先生改。

合，城陷。先生乃以艅艎航海歸命，廷尉朝議，量其無辜，赦歸田里。

歸則築室於園，嚴事天之課。立心則必以盡性至命爲歸，曰「學不至此，不可以對天」。講學則必以救焚拯溺爲務，曰：「學不至此，不可言禮天。」見時事日非，盗賊滋甚，築城浚隍固守，爲鄉人倡。又約三原籌議救援攻守之宜，復創爲連弩、活橋、自飛炮諸器，以出奇制勝，二邑賴以俱全。既而闖賊入關，羅致縉紳大夫以爲己用。先生因自號了一道人，猶號葵心志也。墓石曰「明進士了一道人王某之墓」。又書「全忠全孝」四大字付其子永春，曰：「吾死豈爲名，要汝曹識吾志耳。」越數日，賊果使使促先生行，先生引佩刀自誓，不污僞命。邑宰素重先生，以其子永春代。先生送而慰之曰：「兒代我死，死孝；我自矢死，死忠。吾父子得以忠孝死，甘如飴也，尚何憾哉？」遂絕粒不食，家人泣進匕箸，不御。進藥餌，不御。閲七日卒。時先生至戚張炳睿視含殮，語人曰：「先生屬纊時，獨把予手，誦所謂憂國思君語，甫畢而翛然逝去，無一語及他事，但見其顔色如生。」

噫！先生三十年勤勤事天之學，刻刻念念以畏天愛人爲心，至是復以忠憤盡節，要必有不死者存。遠擬夷、齊，近方文、謝，夫何議焉！門人私謚曰端節。永春亦卒無恙而歸。

所著有學庸辨〔二〕、兩理略、士約、兵約、了心丹、百字解、歷代發蒙、辨道説諸書，傳於世。同時與先生殉流賊之亂者，有蒲城單先生。

〔二〕「學庸辨」，清王心敬關學續編卷六端節王先生作「學庸解」。清雍正陝西通志卷七四亦著録爲「學庸辨」。學庸辨、學庸解是否爲一書有待後考。

單元洲先生　弟茂之附

先生諱允昌，字發之，元洲其號也，蒲城人。父可大，號一山，以孝廉知房山縣，陞蘇州知州。子二，長即先生。一山翁庭訓素嚴正，先生生而慷慨敦大節。少讀史傳，即慕文文山、謝疊山之爲人。萬曆戊午，以麟經舉於鄉。家居，與弟茂之及友人王省庵輩立會，講學於靜外園，從遊者甚衆。

其論學大旨以盡性致命爲歸，而尤諄諄於忠孝廉耻之防。迨啓、禎間，國事日非，盜賊旱荒又相繼而作，先生蒿目時艱，每與同志言及，輒撫膺浩嘆，或至泣下。由是不復進取，究心於經世之務，間註釋經書以發其胸中所自得。

崇禎癸未，闖逆陷關中，威逼縉紳從逆。先生乃遁跡深山，終不屈而死。當其未死也，親知以先生位非大臣，百方勸解，先生號慟曰：「某父子兄弟受國厚恩，獨懼貽累宗族，不敢爲文、謝二公之爲。若更覥靦偷生，何以立人？又何以見吾父於地下乎？」卒殉之，年五十二。著有春秋寤言[一]、四書說，皆梓行。餘稿多燬於兵。

弟諱允蕃，字茂之，崇禎壬午舉人。與兄同志正學，互相激發，時有「二難」之目。癸未後負衲遠遊，不知所終。講友有同里王先生。

王再復先生

先生諱侶，字仲襄，號再復，蒲城人。父茂麟，號仁蒼，別見恭定弟子。先生生而氣質清明，六歲入家塾，即靜重如成

[一]「春秋寤言」，王心敬關學續編卷六元洲單先生作「春秋傳寤言」。

人。始授朱子、小學，曰：「此吾心所固有，何以誦爲！」年十六，便閉戶誦讀，自矢以七年爲期，晝夜攻苦，於五經、性理、傳習録等書，無不研究，而尤於太極圖實體諸己，快然自得。嘗謂：「太極只是誠，先天消息，實在人間。人能確認得太極，則天下無復餘事。彼古今賢智一行之長，輒自矜炫者，只是不曾認得一個太極爾。」未及七年，積勞成疾，力疾赴試，成諸生。

既大漸，神氣不亂。仁蒼翁異之，不忍言決，從容問曰：「子具達觀否？」曰：「具。」「子了彭殤一攻否？」曰：「了。」「子心光景何似？」曰：「常定靜。」「子生平志願何似？」曰：「窮理盡性。作秀才如是，做官亦如是。願爲顏、孟之徒，不失孔門家法。不意搆此危疾，然自反實無愧於心。『朝聞道，夕死可矣。』以此報父母深恩耳。」言訖而逝，年僅二十三。仁蒼翁發其篋，得語録五冊。單元洲爲之題曰：「余讀再復語録，皆切身體驗語，蓋從濂溪、明道諸先生直溯顏、孟，證厥指歸。其平日服膺之勤於此可見，使再復得長年，當必深有所詣，而享年不永，天心之無意於關學也夫。」李二曲讀其書，曾詣墓祭之。

卷三十一

李二曲先生

先生諱顒，字中孚，學者稱二曲先生，盩厔人。生而氣貌偉特，甫周歲，識者謂其非常人。九歲從師讀三字經，私問學長曰：「性既本善，如何又説相近？」學長無以答。僅二旬，嬰病綴讀。已而父可從從軍，殉義襄城，母子煢煢，至日不再食。以束脩無出，不能就傅，惟取舊日所讀，依稀認識，逢人問字正句，至十五六時，已博通典籍。年十七，得馮恭定集〔一〕讀之，恍然悟聖學淵源。邑宰樊嶷，河汾辛復元之高弟也，聞其名，就家顧之，與論學，不覺心折，退而以「大志希賢」四字表其門。又借邑中二趙、南、李諸大家藏書徧讀，遂於學無所不窺。然簞瓢屢空，一介不苟，遠近皆以夫子稱之。

三十二歲，臨安駱鐘麟來知縣事，親睹其言論丰采，詫爲振古人豪，遂事以師禮，時時詣廬請益。而同時東西數百里間，耆儒碩士、年長一倍者，往往納贄門牆。三十九歲，母彭儒人病，先生百方延醫，衣不解帶者數月。及卒，慟母終身食貧，哀毁幾於滅性。服闋，欲往尋父骨，苦無〔二〕資斧。既而貸於鄉人，得四金，乃齋沐籲天，哭告母墓以行。至襄城，訪昔所瘞戰亡之骨，繞城遍覓，滴泣無從，晝夜哭不絶聲，淚盡繼之以血，觀者惻然。衆爲起冢西郊，先生斬縗哭奠，取冢土升餘，捧魂牌以歸。襄人士高其義，歲時爲之致祭，號曰義林忠烈祠。是歲，駱鐘麟晉守常州，奉迎先生開導聖學，設皋比於明倫

〔一〕「馮恭定集」，原作「馮定恭集」，馮從吾謚恭定。據王心敬關學續編少墟馮先生乙正。
〔二〕「無」，原作「撫」，依文意改。

堂，注籍及門者至四千人。去後，常人追憶風徽，梓語録一十八種，建延陵書院祀焉。四十七歲，鄂制軍修復關中書院，禮請先生主講席，先生三辭不獲，而後應命。內外大臣交相論荐，先後奉旨特徵，守令至門，敦逼上道，先生臥病，終不赴。自是閉戶，終歲不出。遠方問學至者，啟戶與會。先生因人指授，無不受益而去。七十六歲，聖祖西狩長安，詔見行宮。先生遣子慎言詣行在陳情，特賜御書「操志高潔」匾額，并蒙温旨，索所著二曲集、反身録二書，復有「醇正昌明，羽翼經傳」之褒。年七十九卒。

先生之學，幼無師承，早歲泛濫於三教九流。自十七知學後，則天德王道，源源本本，無不淹通。其論學，不分朱、陸、王、薛門戶之見，惟是之從。中年指示來學，諄諄揭「改過自新」爲心課，「盡性無欲」爲究竟，以「反身」爲讀書要領，「名節」爲衛道藩籬，於聖學宗傳益覺切近精實，雖顔、孟、周、程復起，無以異也。門人另有傳。

悔過自新説

性，吾自性也；德，吾自德也。我固有之也，曷言乎新？新者，復其故之謂也。譬如日之在天，夕而沈，朝而升，光體不增不損，今無異昨，故能常新。若於本體之外欲有所增加以爲新，是喜新好異者之爲，而非聖人之所謂新矣。同志者苟留心此學，必須於起心動念處潛體默念，苟有一念未純於理，即是過，即當悔而去之；苟有一息稍涉於懈，即非新，即當振而起之。若在未嘗學問之人，亦必且先檢身過，次檢心過，悔其前非，斷其後續，亦期至於無一念之不純，無一息之稍懈而後已。蓋人之所造淺深不同，故其爲過亦巨細各異，搜而剔之，存乎其人，於以誕登聖域，斯無難矣。衆見之過，猶易懲艾；獨處之過，最足障道。何者？過在隱伏，潛而未彰，人於此時，最所易忽，且多容養愛護之意，以爲鬼神不我覺也。豈知莫見乎隱，莫顯乎微，舜跖、人禽於是乎判，故慎獨要焉。

吾儕既留意此學，復悠悠忽忽，日復一日，與未學者同爲徵逐，終不得力，故須靜坐。靜坐一著，乃古人下功之始基。是故程子見人靜坐，便以爲善學。何者？天地之理，不翕聚則不能發散；吾人之學，不靜極則不能超悟。況過與善界在幾微，非至精不能剖析，豈平日一向紛營者所可辨也。

「悔過自新」，此爲中材言之也，而即爲上根人言之也。上根之人，悟一切諸過皆起於一心，直下便剗却根源，故其爲力也易。中材之人，用功積久，静極明生，亦成了手，但其爲力也難。蓋上根之人，頓悟頓修，名爲解悟；中材之人，漸修漸悟，名爲證悟。吾人但期於悟，無期於頓可矣。

悔而又悔，以至於無過之可悔；新而又新，以至於日新之不已。庶幾仰不愧天，俯不怍人，晝不愧影，夜不愧衾。在乾坤爲孝子，在宇宙爲完人。今日在名教爲賢聖，將來在冥漠爲神明，豈不快哉！

學髓

形骸有少有壯，有老有死，而此一點靈原，無少無壯，無老無死，塞天地，貫古今，無須臾之或息。會得時，天地我立，萬物我出，千古皆比肩，古今一旦暮。

問：「此不過一己之靈原，何以塞天地，貫古今？」曰：「通天地萬物、上下古今，皆此靈原之實際也。非此靈原，無以見天地萬物、上下古今；非天地萬物、上下古今，亦無以見此靈原。是以『語大語小，莫載莫破。』」

人人具有此靈原，良知良能，隨感隨應。日用不知，遂失其正，騎驢覓驢，是以謂之百姓。學之如何？亦惟求日用之所不知者而知之耳。曰：「知後何如？」曰：「知後則返於無知、未達，曰：『不識不知，順帝之則』。」

一内外，融微顯。已應非後，未應非先。活潑潑地，本自周圓。有所起伏，自窒大全。

無聲無臭，不睹不聞。虚而靈，寂而神。量無不包，明無不燭，順應無不咸宜。若無故起念，便是無風興波，即所起皆善，發而爲言，見而爲行，可則可法，事業烜卓，百世尸祝，究非行所無事。有爲之爲，君子不與也。

無念之念，乃爲正念；至一無二，不與物對。此之謂「止」，此之謂「至善」。念起而後有理欲之分，善與惡對，是與非對，正與邪對，人禽之間於是乎判。所貴乎學者，在慎幾微之發，嚴理欲之辨，存理克欲。克而又克，以至於無欲之可克；

存而又存，以至於無理之可存。欲理兩忘，纖念不起，猶鏡之照，不迎不隨。夫是之謂「絕學」，夫是之謂「大德敦化」。

問：「遷轉由境，遠而不見，安有遷轉？」曰：「欲要不見，除非世上無境，自己無目。學問之道，正要遇境徵心。心起即境起，境在即心在。心境渾融，方是實際。」

當下便是不學不慮，無思無爲。一用安排，即成乖違，是自牿眞趣，自死生機。

問：「得力之要」。曰：「其靜乎」。曰：「學須該動靜，偏靜恐流於禪？」曰：「學固該動靜，而動則必本於靜。動之無妄，由於靜之能純；靜而不純，安保動而不妄？昔羅盱江揭『萬物一體』之旨，門人謂：『如此恐流於偏愛』。羅曰：『子恐乎，吾亦恐也。心尚殘忍，恐無愛之可流。』今吾輩思慮紛拏，亦恐無靜之可流。」

水澂則珠自現，心澂則性自朗。故必以靜坐爲基，三炷爲程，齋戒爲工夫，虛明寂定爲本面。靜而虛明寂定，是謂「未發之中」；動而虛明寂定，是謂「中節之和」。時時返觀，時時體驗。一時如此，便是一時的聖人；一日如此，便是一日的聖人；一月如此，便是一月的聖人；終其身常常如此，緝熙不斷，則全是聖人，與天爲一矣。

問：「虛明寂定之景若何？」曰：「即此是景，更有何景？虛若太空，明若秋月，寂若夜半，定若山嶽，則幾矣，然亦就景言景耳。若著於景，則必認識神爲本面，障緣益甚，本覺益昧。」

問：「醒時注意本眞，亦覺有此趣，夢裏未免散亂，奈何？」曰：「夢裏散亂，還是醒不凝一；醒果凝一，自然不夢。即夢，亦不至散亂。」

「寐時漫無主張，死時又將何如？」「寐爲小死，死爲大死，不能了小死，何以了大死？故必醒時如此，寐亦如此；生如此，自然死亦如此矣。『存順沒寧』，是善吾生者正所以善吾死也。

問：「心何以有出入？」曰：「心無出入，有出有入者，妄也。須令內緣不出，外緣不入，不爲窮通、得喪、毀譽、生死所動搖，時振時醒，不使懈惰因循生昏昧，不倚見聞覺知，不落方所思想，方可言心。」

兩庠彙語

或言及「異端」，先生曰：「『端』字亦須體認。吾人發端起念之初，其端果仁果義、果禮果智，此是正念，此便是心術端，此便是端人正士；否則便是邪念，便是心術不端，便非端人正士。即此便是大異端，不待從事於楊、墨、釋、老而後爲異端也。」

問：「學問之道，全在涵養省察，當何如？」先生曰：「也須先識頭腦，否則，『涵養』是涵養個甚麼？『省察』是省察個甚麼？若識頭腦，『涵養』，涵養乎此也；『省察』，省察乎此也。時時操存，時時提撕，忙時自不至逐物，閒時亦不至於著空。」

敢問：「如何是頭腦？」先生曰：「而今問我者是誰？」在座聞之，咸言下頓豁，相與嘆曰：「先生一言之下，令人如還鄉，此古人所以貴親炙也。」

問：「雞鳴、平旦，此衷亦覺清楚，一與物接，未免隨境紛馳，奈何？」先生曰：「當境紛馳時能知紛馳，即不紛馳矣。」

我這裏論學，卻不欲人閒講泛論，只要各人回光返照，自覓各人受病之所在，知有某病，即思自醫某病，即此便是入門，便是下手。若是立定一個入門下手之程，便不對症矣。

問：「學問之要，在於自治其病，固矣。但道理無窮，學問亦無窮，病去之外，可遂無進步乎？」先生曰：「噫！何言之易也。夫以文王之聖，猶稱『望道未見』；尼父論學，一則曰『未能』，再則曰『未能』。二聖之心，即堯、舜猶病之心也。若文王、尼父自以爲已見、已能，便是自畫，便是大病。惟見而不自以爲見，能而不自以爲能，乾乾惕勵，日進不已，此二聖之病病，所以卒能無病也。」

問：「『致良知』三字，泄千載不傳之秘，然終不免諸儒紛紛之議，何也？」先生曰：「此其故有二：一則文字知見，義襲於外，原不曾鞭辟著裏，眞參實悟；一則自逞意見，立異好高，標榜門戶，求伸己說。二者之謬，其蔽則均。若眞正實做工夫的人則不如是，譬如嬰兒中路失母，一旦得見，方刻刻依依之不暇，又何搖唇鼓舌，妄生異同也。」

問：「靜坐所以收斂此虛靈也，而一念省存，隨一念逐外，奈何？」先生曰：「此切問也。然亦無他捷法，惟有隨逐隨覺，隨覺隨斂而已，久則自寂自定。靜坐時如此，紛擾煩冗時亦如此矣。譬猶濁水求澄，初時猶濁，既而清濁各半，久則澄澈如鏡，自無纖塵。」

問：「隨逐隨覺，隨覺隨斂，猶從流溯源也。不知可於未流時得其主宰，自不至逐否？」先生曰：「亦無他法，只是要主靜，靜極明生。無事時自不起念，有事時自不逐物。如明鏡，如止水，終日鑑而未嘗馳，常寂而常定，安安而不遷，百慮而一致，無聲無臭，渾然太極矣。所謂『有物先天地，無形本寂寥，能爲萬物主，不逐四時彫』是也。」

靖江語要

言性而舍氣質，則所謂性者何附？所謂性善者，何從而見？如眼之視，此氣也，而視必明，乃性之善；耳之聽，此氣也，而聽必聰，乃性之善；手之執，此氣也，而手必恭，乃性之善；足之運，此氣也，而足必重，乃性之善。以至於百凡應感，皆氣也，應感而咸盡其道，非性之本善而能之乎？若無此氣，性雖善，亦何從見其善也。

問：「中庸以何爲要？」先生曰：「愼獨。」因請示愼之之功。先生曰：「子且勿求知『愼』，先要知『獨』，『獨』明而後『愼』可得而言矣。」曰：「註言『獨者，人所不知，而己所獨知之地也』。」先生曰：「不要引訓詁，須反己時時體認，凡有對便非獨，獨則無對，即各人一念之靈明是也。孟子謂『天之所以與我者』，與之以此也。此爲仁義之根，萬善之源，徹始徹終，徹內徹外，更無他作主，惟此作主。『愼』之云者，朝乾夕惕，時時敬畏，不使一毫牽於情感，滯於名義，以至人事之得失，境遇之順逆，造次顛沛，死生患難，咸湛湛澄澄，內外罔間，而不爲所轉，夫是之謂『愼』。」

先生曰：「李延平有云：『爲學不在多言，默坐澄心，體認天理。』此二語乃用工之要也，學須從此下手始得力。」

傳心録

楷問心。先生曰：「無心。」曰：「心果可以無乎？」曰：「行乎其所無事則無矣。其未發也，虚而静；其感而通也，廓然大公，物來順應。如是，則雖酬酢萬變，而此中寂然瑩然，未嘗與之俱馳，非無心而何？」

東行述語

先生曰：「固有之良，本自炯炯，本是廣大，妄念一起，即成昏隘。然光明正大之實未嘗不存，要在時覺時惕，致慎幾微。」

南行述語

此事須盡脱聲華，一味收斂。斂之又斂，如枯木寒灰，一念不生，則正念自現。故學問不大死一番，則必不能大徹。

先生曰：「常人本是聖人，聖人亦是常人。」衆問其故。曰：「常人不學不慮之良，原各完完全全，不少欠缺，豈非是聖？特各人隨起隨滅，自汩其良，自甘暴棄，是以謂之常人。聖人之爲聖，非於不學不慮之良有所增加，只是隨起隨著，不使乖戾耳。信得及時，自然不枉了自家。」

學則天理常存，而人欲弗雜；不學則人欲易迷，而天理難復。人禽之判，判於此而已。

富平答問

問：「良知之説何如？」先生曰：「良知即良心也。一點良心便是性，不失良心便是聖。若以良知爲非，則是以良心爲非矣！」

問「靜坐」。先生曰：「進修之實，全貴靜坐。今之言靜坐者，何嘗實實靜坐？全貴一切放下。今之言『放下』者，何嘗實實放下？若果屏息萬緣，纖毫不掛，久之則心虛理融，物來順應，亦猶塵垢既去而鏡體常明，無所不照，何誤之有？」

論學書

答顧寧人第一書曰：「頃偶話及『體用』二字，正以見異説入人之深。雖以吾儒賢者，亦習見習聞，間亦藉以立論解書，如『體用一源』、『費隱』訓註，一唱百和，浸假成習，非援儒而入墨也。繫辭暨禮記『禮者，體也』等語，言『體』言『用』者固多，然皆就事言事，拈『體』或不及『用』，語『用』則遺夫『體』。初未嘗兼舉並稱，如内外、本末、形影之不相離，有之實自佛書始。西來佛書，豈止四十二章經、金光明經未嘗有此二字，即楞嚴、楞伽、圓覺、金剛、法華、般若、孔雀、華嚴、涅槃、遺教、維摩詰諸經，亦何嘗有此二字？然西來佛書，雖無此二字，而中國佛書，盧惠能實始標此二字。惠能，禪林之所謂『六祖』也，其解金剛經，以爲『金者，性之體；剛者，性之用』。又見於所説法寶壇經，敷衍闡揚，諄諄詳備。既而臨濟、曹洞、法眼、雲門、鴻仰諸宗，咸稱〔二〕其説。流播既廣，士君子亦往往引作談柄，久之，遂成定本。學者喜談樂道，不復察其淵源所自矣。

「然天地間道理，有前輩之所未言，而後賢始言之者；吾儒之所未言，而異學偶言之者。但取其益身心，便修證斯已耳。正如肅慎之矢，氏、羌之鸞，卜人之丹砂，權扶之玉目，中國之人世寶之，亦未嘗以其出於異域，舉而棄之，諱而辨之也。來教謂『如考證未確，不妨再訂』，竊以爲確矣。今無論出於佛書、儒書，但論其何『體』何『用』，如『明道存心以爲體，經世宰物以爲用』，則『體』爲眞體，『用』爲實用。此二字出於佛書固可，即出於佛書亦無不可。苟内不足以『明道存心』，外不足以『經世宰物』，則『體』爲虛體，『用』爲無用，此二字出於佛書固不可，出於儒書亦豈可乎？鄙見若斯，然歟？否歟？」

〔二〕「稱」，中華書局一九九六年點校本二曲集卷一六作「袒」。

答顧寧人第二書曰：「『體用』二字相連並稱，不但六經之所未有，即十三經註疏亦未有也。以之解經作傳，始於朱子，一見於未發節，再見於費隱暨一貫忠恕章。其文集、語類二編，所在〔一〕尤不一而足。『活潑潑地』乃純公偶舉禪語，形容道體；『鞭辟近裏』亦藉以導人斂華就實，似無甚害。若以語不雅馴，則『活潑潑地』可諱，而『鞭辟近裏』一言實吾人頂門針、對症藥，此則必不可諱。不惟不可諱，且宜揭之座右，出入觀省，書之於紳，觸目警心。

『內典』二字，出於蕭梁之世。是時武帝重佛，一時士大夫從風而靡，以儒書爲『外盡人事』，佛書則『內了心性』。『內典』之目，遂昉於此。歷隋、唐、宋、元以至於明，凡言及佛書，多以是呼之。視漢人以元命苞、援神契等七緯爲內，尤不啻內之內矣。然亦彼自內其內，非吾儒之所謂內也。彼之所謂『內』，可內而不可外。吾儒之所謂『內』，內焉而聖，外焉而王，綱〔二〕常籍以維持，乾坤恃以不毀，又豈可同年而語！故『內典』之呼，出於士君子之口，誠非所宜，當以爲戒。

莊子『外物』、『外生』、『外天地』，良亦『忘形』『脫累』之謂，似非『虛寂』之謂也。老子言『致虛極，守靜篤』，莊子齊物論『成心』有見而不虛之謂，未『成心』，則眞性虛圓，天地同量，此後世談『虛』之始。然與佛氏之『虛寂』又自不同。蓋老、莊之『虛』是虛其心，而猶未虛其理；佛氏之『虛寂』則虛其心，而并欲虛其理，舍其昭昭而返其冥冥，則雖寂然不動，而究不足以開物成務，以通天下之故。此佛氏所以敗常亂倫，而有心世道者，不得不爲之辨正也。」

答顧寧人第三書曰：「不讀佛書固善，然吾人只爲一己之進修，則六經、四子及濂、洛、關、閩遺編，儘足受用。若欲研學術同異，折衷二氏似是之非，以一道德而砥狂瀾，釋典、玄藏亦不可不一寓目。譬如鞫盜者，苟不得其贓之所在，何以定罪？參同契，道家修仙之書也，禪家之所不肯閱，兼惠能生平絕不識字，亦不能閱。其所從入，不由語言文字，解經演法，直抒胸臆，而謂用之『參同』，竊所未安。朱子弱冠未受學延平時，嘗從僧開謙之遊，以故早聞其說。參同之註，乃訓定四

〔一〕「在」，中華書局一九九六年點校本二曲集卷一六作「載」。
〔二〕「綱」，原作「經」，據中華書局一九九六年點校本二曲集卷一六改。

書多年之後。六十八歲，黨禁正熾之際。蔡西山起解道州，朱子率及門百餘人，餞於蕭寺。瀕別，猶以參同疑義相質，事在慶元二年冬，非少時注也。況伯陽本納甲作參同，所云『二用無爻位，周流游六虛』及『春夏秋冬，內體外用』之言，皆修鍊工夫次第，非若惠能之專明心性，朱子專爲全體大用而發也。然此本無大關，辨乎其所不必辨，假令辨盡古今疑誤字句，究與自己身心有何干涉？程子有言：『學也者，使人求於本也。不求於本而求於末，非聖人之學也。何謂求於末？考詳略、採異同是也。』而淮南子亦謂：『精神越於外，而事反復之。』是失之於本而索之於末，蔽其玄光而求知於耳目也。區區年踰『知命』，所急實不在此，因長者賜教，誼不容默。悚甚，愧甚！」

附録

顧寧人第一書云：「承諭謂『體用』二字出於佛書，似不然。易曰：『陰陽合德，而剛柔有體。』又曰：『顯諸仁，藏諸用。』此天地之『體用』也。記曰：『禮，時爲大，順次之，體次之。』又曰：『降興上下之神，而凝是精粗之體。』又曰：『無體之禮，上下和同。』有子曰：『禮之用，和爲貴。』此人事之『體用』也。經傳之文，言『體』言『用』者多矣，未有對舉而言者爾。若佛書如四十二章經、金光明經，西域原來之書，亦何嘗有『體用』二字。晉、宋以下，演之爲論，始有此字。彼之竊我，非我之藉彼也。豈得援儒而入於墨乎？如以爲考證未確，希再示之。」

顧寧人第二書云：「來書一通，讀之，深爲佩服。『體用』二字，既經傳之所有，用之何害？其他如『活潑潑地』、『鞭辟近裏』之類，則語不雅馴，後學必不可用。而中庸章句『體用』之云，則已見於喜怒哀樂一節，非始於費隱章也。至若所謂『內典』二字，不知何出？始見於宋史李沆傳，疑唐末五代始有此語，豈可出於學士大夫之口？推其立言之旨，蓋將內釋而外吾儒，猶告子之外義也，猶東漢之人以七緯爲內學，以六經爲外學也。莊子之書，有所謂『外物』、『外生』、『外天下』者，即來教所謂『馳心虛寂』者也。而君子合內外道者，固將以彼爲內乎？」

顧寧人第三書云：「生平不讀佛書，如金剛經解之類，未曾見也。然『體用』二字并舉而言，不始於此。魏伯陽參同契首章云：『春夏據内體，秋冬當外用。』伯陽，東漢人也，在惠能之前。是則并舉『體用』始於伯陽，而惠能用之，朱子亦用之耳。朱子少時嘗註參同契，而『剛柔爲表裏』，亦見於參同契之首章，惟『精粗』字出樂記。此雖非要義，然不可以朱子爲用惠能之書也。至於『明道存心、經世宰物』之論，及表章崇正辨、困知記二書，吾無間然。」

卷三十二

李雪木先生

先生諱柏，字雪木，郿縣人。爲諸生，食餼，與朝邑李叔則、富平李天生齊名，稱「關中三李」。李二曲嘗兄事之。九歲失怙，事母孝，雖備歷艱辛而色養不衰。歲荒，避居洋縣太白山，屏跡讀書者數十年。其學貫穿百家，勃窣理窟，名聲益噪，自制府以下咸慕其才，希一顧以爲重。先生性恬淡，甘貧樂道，兢兢自守，不肯苟就。日與同邑馮雲程徜徉山水間，唱和甚適。以諸生終。著有槲葉集，行世。

語録

吾道可以包天地，轉日月，運古今，壽帝王，育萬物，達幽明，一生死。

聖人之道，損而益，翕而昌，謙而尊，柔而剛，淡而濃，弱而強，隱而見，圓而方，微而顯，闇而章，簡而繁，伏而翔，約而博，晦而光。至貧而富不可量，至賤而貴不可當，至無而萬有張皇。

堯舜不仁，湯武不武，孔孟無道德仁義。堯舜行天之仁，湯武用天之武，孔孟法天之道，皆因時奉天而已，己何與焉？以萬古爲一時，以萬國爲一家，以萬物爲一體，以萬聖爲一心。

齊生死，忘人我，泯得失，一寤寐。

蔗不甘不齧，荷不秀不折，蘭不馨不爇。

天之高無物不覆，地之厚無物不載，日月之明無物不照，滄海之大無物不容。學者存心，覆物不如天，載物不如地，照物不如日月，容物不如滄海，人曰「學」，君子曰「弗學也」。

遍乾坤皆金玉寶器，人對面不識，是不明也，故智爲第一；識得是寶，則必用力取之，非勇莫取也，故勇次之；取斯得之，則必守而勿失，非仁勿守也，故仁又次之。何謂守而勿失？曰主敬。何謂主敬？曰「戒慎乎其所不睹，恐懼乎其所不聞」。

欲爲天下第一等人，須做天下第一等事；欲做天下第一等事，須受天下第一等苦；能受天下第一等苦，然後能享天下第一等樂。

天下有道則見，無道則隱；邦有道則仕，邦無道則可卷而懷之；用之則行，舍之則藏。須看六則字是何等決絶，何等勇斷；今人却因循荏苒，以爲通達權變，故終身不濟事。

大丈夫人品，上爲皇者友，次爲帝者師，次者王者佐。若管、樂、蘇、張，定霸才也，不足尚矣。

觀李將軍之不封侯，始知數奇者，雖才高不偶；觀謝皇后之位正中宫，始知富貴在天。

若以天地爲一身，則萬物皆吾所有，何言貧富貴賤？若以性命還陰陽、太虚歸於無極，則無始以前、無終以後皆吾壽，何有修短生死？

人爲三才之一，故天非大而人非小，惟聖人爲能法天，人能希聖，則凡人亦可法天也。

法天之學不在語言文字，孔子曰：「天何言哉？」當深思而自得之。

三皇無有文字，五帝所讀何書？然開物成務，爲書契以來之文字之祖。後世人君亦有丙夜觀書、博通籍者，至有疆域日蹙、身危國亂，何也？其所學非帝王之學也。帝王之學，只是虞廷十六字。

大禹惜寸陰，衆人當惜分陰。予謂學者當惜一呼一吸，一吸不根於天，一呼不還於天，非事天也。以心與天有間斷、歇絶也，微有歇絶，則人欲入之矣。如童子擊毬，甲棒起，乙棒入，危莫危於斯也。故曰：「人心惟危，道心惟微。」

「操存舍亡」，即生死人鬼關。操存，雖一夕死，猶萬年生。天理存，輕清陽氣，天之生機也。生機萃，雖死不死，天長在也；舍亡，雖萬年生，猶一夕死。物欲肆，濁欲貪妄，人之死趣也。死趣凝，雖生不生，天早滅也。

李天生先生

先生諱因篤，字子德，一字天生，富平人。父映林，別見馮恭定弟子。性敏絕，年十一爲邑諸生，受業於文太青之門。博極羣書，然一以朱子爲宗，音訓之學，猶獨絕一時。丁明季之亂，走塞上，訪求奇傑士，欲有所爲，卒無應者。甲申、乙酉間，與顧亭林冒鋒刃走燕京，兩謁莊烈帝攢宮。康熙十七年，詔集諸儒纂修明史，先生以博學鴻詞被徵，李二曲亦以隱逸爲當寧所注重，官吏洶洶，嚴若秋霜。先生將以母老辭，母勸之行，走別二曲。先生固與二曲善，呼爲伯兄，往還尤密，講明正學，研精理窟，因以明哲保身爲言，恐堅執攖禍。入都，授翰林院檢討。未兩月，即疏乞終養，略云：「臣母年踰七旬，屬歲多病，隨經具呈吏部，吏部謂『稱親援病，恐有推諉』，竊思己病或可僞言，親老豈容假託？臣雖極愚不肖，詎忍藉口所生爲指卸之端？臣仰圖報君，俯迫諗母，欲留不可，欲去未能，瞻望闕廷，進退維穀。」疏三十七上，跪泣午門三日，終允放歸。既抵家，奉母寢食湯藥，每事躬親。越五年，母歿。家居，汲引後學，問字者無虛刻。或有過，必婉詞規勸，未嘗以聲色加人。顧炎武嘗集杜句贈之，有「文章來國士，忠厚與鄉人」之句，蓋實録也。彭啓豐亦云：「國初鴻博首推關西李氏，而湯潛庵次之，朱竹垞、毛西河、江鈍翁、施尚白又次之。」生平著述甚富，有受祺堂文集十五卷、詩集三十五卷、廣韵正四卷、漢詩評若干卷，行世。

文録

序王無異正學隅見曰：「自漢以來，士不盡出學校，而學校必以九經爲準，相與講求先生之典章文物，而守之不移，後世賴有存焉。顧説者紛紜，或舉粗而遺其精，或病支離偏駁而不得其全體。宋之盛也，程、朱大儒相繼作傳注，蓋由是內聖外王合而爲一，然視漢、唐之補殘治墜，肆力於大經大法之間者，已稍有間。是時金谿二陸亦有志聖學，而性之所近，倡爲虛空妙悟之旨。後進樂其簡易，從之甚衆。微考亭『即夫子博文約禮』之訓，幾何其不遽湮也。金谿以尊德性爲主，學者雖心知其偏，而左朱以攻陸則先自懼，曰：『是無以處中庸』。或者爲兩是之語以調停之。夫以陸爲賢而不可與之異，彼老、莊、楊、墨、申、韓之徒，非當世之俊傑哉？如曰言本中庸，舍問學而專言德性，其失自在象山。故得其正，夫子問禮柱下，無害於道。不得其正，即介甫之周禮，適足致亂而已。中無灼見，模棱兩是，抑何陋也！友兄華山王君無異著正學隅見一編，格物從朱，太極從陸，予閱而喜之。或曰：「若不類兩是乎？」曰：「無異與予皆學考亭者也，無極、太極之辨，以陸子爲長，無異確有見其然者矣。詳篇中，姑不具論。無異以賢者之異不害其爲同，予又以太極從陸不害其爲學考亭也。史稱蘇轍『君子不黨』，吾於無異是編亦云。」

重修橫渠夫子祠記略云：「關學之興，肇端張子。文、武、周公而後，吾西土言聖人之道者，莫之能先也。夫子沒而微言絕，七十子喪而大義乖，歷七百餘年而始得周元公，倡不傳之遺緒。河南純公、正公皆親受業，拓而大之，而誠公爲二程中表尊行，首撤皋比，力相推挽。徽國繼起，遂集大成。蓋自是內聖外王統合爲一，天下之言學者，論地則四，論人則五，四海之廣，千百世而遥，較然於此心此理之同，循循知所依歸，即孔、孟復生，不得有異議。何者？出乎仁則入乎不仁，故君子慎之也。

往嘉靖末，姚江實本鵝湖，樹幟『良知』。彼天資既高，危言駭俗，又負大勳於當代，據建瓴之勢，號召其徒，聞者如飲酒中狂，趨之惟恐不及。而吾秦高陵、三原爲經生領袖，獨恪守傳注不變。於斯時也，關學甲海內。嗣則孫恭介、温恭毅，皆比老畯服田，弗敢畔於先疇，而耰耨之功，長安馮恭定尤著。溯其源委，以誠公爲百世不祧之祖，諸賢各自繩其小宗，而彙几筵，列俎豆，亦一而已矣。」

答李隱君書略云：「夫名者，德之符也；事者，時之會也。君子懼德之難立，不患名之不著；憂時之易失，不虞事之不成。果其德之無歉，因時進修，斯亦已矣，事之集不集，名之幸不幸，又奚問焉！某不自揣寡陋，竊痛四子之書爲時講汨滅已久，故十年閉廬，妄欲表章朱子及大全、蒙引、淺説、存疑諸先達之成書，取其合於章句者，辨其背戾者，反覆推尋，微有所窺，遇同人輒樂告之，彼總不聽，甚或轉相譏笑，然從此吾鄉亦稍知讀章句。又大全諸書，漸見坊間，某之心可以自慰，責可稍釋，彼譏笑豈暇顧耶？吾志自勒一書，藏太華石室，今未就，故不盡告。夫古昔賢達多聞者，道或盩於一時，百世之後，是非卒莫可掩。若程、朱之學，賈、揚、韓、歐之文，今天下傾心慕效，其在當日，亦正不可知也。凡某若此，爲道非爲名，執事乃於是有稱，毋卑之乎視某耶。」

與孫少宰書云：「客秋，齋宿登堂，得竊先生之緒餘以自淑艾，穆念關、洛風流，低徊而不能去也。因念王文成絕代偉人，功烈自堪不朽，而以講學之故，違背考亭，至使後世并其生平疑之。然則先生當百家雜進之時，獨樹紫陽赤幟，韓昌黎所謂『孟子之功，不在禹下』，有味乎其言之矣。某竊觀當世儒者，亦有留心斯道，高談孔、朱如某某其人，然皆摭拾語録，妄稱性命之旨，而絕不知從事經學。自某論之，斷未有不深於經學而能以理學名世者也。漢、唐諸儒，豈無天資卓邁、出處較然者？而終不得列理學一席，非經學不純之故乎哉？某不揣鄙陋，竊謂經學當折衷朱子，而朱子則以四書集註爲主。蓋朱子一身精力十九盡於此書，蓋盡善盡美，無可遺議。明三百年深知而篤好之，惟蔡虛齋一人，不熟讀蒙引、又未有知集註之妙者。但蒙引乃虛齋未成之書，其中間有自相矛盾，并載數説之失，惟先生有一代經學之責，幸亟表章此書而稍爲節其繁複，則考亭且嘉賴之。至通鑑綱目，朱子原以屬之門人趙氏，集中有載與趙諸書，歷歷可據。綱目既成，朱子恐不及見，與趙諸書皆未成時遙相往復，亦一證也。綱目所改通鑑書法，有大可議者，亦望先生爲考亭明辨之，何如？顧徵君天下奇士，此時與先生周旋，從觀讀史之富，直兩賢相得益彰，恨某不及追隨耳。」

與喬石琳書略云：「老伯箚記二冊，抵家即受讀卒業。其持論毅然以紫陽爲宗，俾承業知所依歸，而於子靜、陽明尤是非不相掩。語語正大，最爲折衷，不惟使之攻鵝湖者悟矯往過正之失，即遵陽明者，興補偏救弊之思。君子反經，斯無邪慝，此有功聖道，必傳之書也。弟雖至愚，而生平確守紫陽傳註，當盡書所見，自附後塵，綴敘簡端，不辭僭妄之罪。」

卷三十三

白含章先生

先生諱焕彩，字含章，號泊如，同州人。父守綱，生四子，長希彩，馮恭定門人；次受彩，又次耀彩，先生其季也。生而端凝聰穎，稍長嗜書，工舉業，爲諸生，食餼。聞伯兄語馮恭定公之學，私竊嚮往，毅然有志於道。自是屏棄帖括，絕意進取，求之於六經，多有所得。時張太乙、陸武海集會論學，先生與焉。又與馮二岑論學於寄園，律己愈嚴。時與州人党兩一、王思若、張敦庵、馬立若、蒲城王省庵輩道義切磋，造詣日益純粹。

康熙戊申，偕王省庵迎李二曲至其家塾，執禮甚恭。凡進修之要、安身立命之微，靡不究極。先生年長二曲一倍，而折節問道，殷勤甚篤，二曲極稱之。郡紳李淮安等請益踵接，張敦庵、李文伯、馬傈若、馬仲足等咸北面從事。先生以室隘不足以容，欲建書院於所居之側，大立講會，以地方多事不果。二曲歸，而先生結會同志，砥礪益虔。足跡不履城市，不入官府，終日宴坐一室，手不釋卷，州守郝斌見而嘆曰：「關中之文獻也」。以「尊德樂道」顔其居。平生天性孝友，事親恭兄，各盡其道。

康熙二十四年卒，壽七十八。録二曲講語，題曰學髓，爲之序，略云：「天假良緣，得拜見二曲李先生，乃始抉秘密藏而剖示之。有圖有言，揭出本來面目，直捷簡易，盡撤支離之障，恍若迷津得渡，夢境乍覺者。先生無隱之教，有造之德，天高地厚，何日忘之！時六月六日也。越翌日，叩以下手工夫，先生又爲之圖列其程，式次其説，反覆辨論，極其詳明，惟恐惑於他歧。始信先儒所謂『有眞師友，乃有眞口訣』也。此千聖絕響之傳，余何敢私？故梓之以公同志。」

王省庵先生

先生諱化泰，號省庵，蒲城人。篤志理學，潛心性命。初與邑人單元洲結社研究，元洲既以死殉國，先生乃隱身於醫，復與白、張、党、馬諸君子以學術相切砥，而與党兩一尤稱莫逆。居恒屏緣寂坐，中有獨契，連吟三絶。其一云：「此道關心三十年，昏明定亂幾千千。些兒會得天根處，寤寐何曾離枕邊。」又云：「個裏包羅坤與乾，人心微動便危焉。須知放下自吻合，萬古如今無間然。」又云：「大道周流本自然，時行物育復何言。天人詎有兩般理，合正有本賦予全。」識者以爲見道之言。

年七十，不遠數百里，訪李二曲於盩厔，求質所學。一見心折，欲納贄於門。時有友人患食積，先生教服消積保中丸，二曲因言：「凡痰積食積，丸散易療；惟骨董積，非藥石可攻。」先生詢其故，二曲曰：「詩文蓋世，無關身心，聲聞遠播，甚妨静坐。二者之累，廓清未盡，即此便是積；廣見聞，博記誦，淹貫古今，物而不化，即此便是積；塵情客氣，意見識神，一毫消鎔未盡，即此便是積；功業貫絶一世，而胸中功業之見，一毫消鎔未盡，即此便是積。以上諸積，雖淺深不同，其爲心害則一，總之皆骨董積也。」先生因問消之之道，二曲曰：「其惟實致其知乎！知致則知吾惟本體，原無一物，自爾忘其所長，忘而又忘，并忘亦忘矣。并忘亦忘，始謂之返本還源，始謂之安身立命。」先生及在座聞之，均惕然有省。後又與州人白含章肅車迎二曲，道經蒲城，先生預治静坐館焉，晉謁者無虚日。二曲爲之發明固有之良，喚醒人心。抵荔城，含章録二曲講語，爲學髓一卷，先生爲跋，略云：「學髓一篇，尤爲秘要，啟人心之固有，闡昔儒所未發，洵正學之奥樞，群經之血髓，非超然神悟，其孰能與於此！」

先生年高德邵，惟恐虚談空寂無當於實際，學無歸宿，虚度此生。每一念及，輒欷歔涕零。生平賦性剛直，見人過，輒面斥不稍貸。遇人一長一善，則又欣羡推許。刊佈迪吉録、僞學禁二書，俾人有所觀感，蓋所謂「吉人爲善，惟日不足者也。」卒年七十有五。

党子澄先生

先生諱湛，字子澄，同州人。父可從，廩生。兄淳，增生。先生獨不事帖括，勵志正學，時手宋、明諸儒書，潛抄密玩，揭其會心者書之於壁，以資警省。嘗言：「人生須做天地間第一等事，爲天地間第一等人。」故號兩一，以自勗云。

性至孝，父患癲，家人莫敢近。先生調養周至，晝夜不離。及歿，廬墓三年，遠近稱孝子焉。生平不治生産，躬耕而食，簞瓢陋巷，怡然自得，瀟然有陶靖節之風。晚年築一土室，獨坐其中，靜久有得，覺動作云爲卓有持循。每遇同志講切，輒娓娓不休。一日，楊仲仁問「『克己復禮』之『己』與『爲仁由己』之『己』同否？」先生曰：「如形有踐形之形，有不踐形之形，其形踐則爲眞形，未踐即爲私形。其『己』亦猶是也。」聞者以爲誠然。年八十矣，猶冒履冰雪，走五百里外，訪李二曲於盩厔，商證所學。盤桓累日，嘗至夜分，未嘗有惰容，二曲心重之。年八十四卒。郡守郝斌表其墓曰：「理學孝子兩一党先生」。

張敦庵先生

先生諱珥，號敦庵，同州人。順治丁亥進士，不仕。家居篤好正學，言行動止非禮不爲。與鄉人處則退讓謙恭，絕不以等威自異。州人党兩一、白含章向道正學，先生皆折節下之。歲戊申，含章奉迎盩厔李二曲於荔城，先生年倍二曲，執弟子禮甚恭，有所請益，必跪而受教。時二曲乘涼城東廣成觀，樹鳥時鳴，清風徐來，相與默坐久之。二曲詢曰：「此俱俱各神閒氣定，沖融和平，不審各人胸中自覺何若？」先生曰：「此際殊覺輕活暢適，生意勃發，清明洞達，了無一物。」二曲莞然首肯曰：「惟願無忘此際心。」已而又請「朝聞夕死」之義，二曲爲之開示大指，鞭策篤摯。且曰：「年踰半百，不急急了當心性，終日沉酣糟粕中，究與身心何益？」出學髓一卷，先生序而傳焉。己酉，二曲東遊太華，先生聞而迎至同州，朝夕親炙，録其答語爲體用全學，爲之序曰：「先生接人有數等，中年以後，惟教以返觀默識，潛心性命。中年以前，則殷殷以明體適用爲言，謂明體而不適用失之腐，適用而不明體失之霸。腐與霸，非所以言學也。」既又偶閲學蔀通辨，頓起疑團，牴牾弗入，問於二曲。二曲復書略云：「來諭謂『帶去帶來等語，未免涉禪』，然荆川、龍溪亦曾有是言，可覆也。夫學必徹性地而後爲眞學，證必徹性地而後爲實證。若不求個安頓著落處，縱闡盡理道，總是門外輥；做盡功夫，總是煮空鐺。究將何成耶？學蔀通辨，陳清闌氏有爲爲之也。」

又云：「來諭謂陽明之學，天資高明者得力易；晦庵之學，質性鈍駑者易持循。然晦庵教不躐等，固深得洙、泗教法，而其末流之弊，高者徇迹執象，比擬摹倣，卑者桎梏於文義，茫昧一生。陽明出而横發直指，一洗相沿之陋，士始知鞭辟著裏，日用之間，炯然渙然，如静中雷霆，冥外朗日，無不爽然，自以爲得。向也求之於千萬里之遠，至是返之，已而裕如矣。」又曰：「行年如許，未必再如許，不但文章功名至此靠不得，即目下種種見趣，種種修能，果終靠得否耶？須自覷自認，自覓主宰，務求靠得著者而深造之，稍涉依違，大事去矣。」先生受而銘之座右。二曲每稱先生「老而好學，有成、弘、嘉、隆間先正風範」云。

周澹園先生

先生諱燦，號星公，字澹園，臨潼人。父祚，别見馮恭定弟子。先生究心濂、洛、關、閩之旨，潛體默玩，愛不釋手。聞李二曲倡道盩厔，不遠數百里，造廬請謁，形親神就，懽如平生。其所商証，言言根極理要，與二曲針投介合，且時通聞問，於立身行己，大體卓然。順治乙亥，舉進士，由翰林改授刑曹，矜全甚衆。旋奉朝命出使安南，宣布德意，封祭悉協典制，并記其山川風俗以歸。出知南康府，二曲遺書曰：「南康乃朱子過化之地，白鹿書院爲宇〔一〕内第一講學名區，知必似續前徽，倡道風勵，以化育爲功課。竊願遥聞其盛。」至則設救生船以拯覆溺，修白鹿洞書院，聚徒講學，多所成就。督學四川，甄拔孤寒，賞識皆知名士。又奏請土司子弟亦照例一體入學。二曲又遺書曰：「貴部射洪縣有楊愧菴者，諱甲仍，其學不事標末，直探原本，見地卓越，遠出來瞿塘之上，言言透髓，學有心得，不知曾會其人否？如其未也，幸物色之。」先生報之曰：「弟萬里交南，兩年星渚，凡一言一動，莫不奉先生之教以爲周旋。今量叨蜀衡，崇教化，正風俗，尤其專責。雖事務紛紜，而一念兢兢，自省少一分戕賊，即存一分生氣。謹試五府一州，而人情士氣大有觀感，差堪自慰。由是觀之，則先生之學可知矣。」及卒，二曲聞之，慨然曰：「關中學派自馮、呂後久已絶響，得澹園注意，余方藉爲歲寒盟，而一旦溘然，吾道益孤之嘆，曷維其已。」則先生之與二曲，可謂志同道合者歟。著有願學堂集二十卷，黄與堅爲之序曰：「星公之文質而高古，簡而委折，皆斟酌於義理，足以扶正指，遏邪説。余謂星公有造乎道而得其至者以此。」

惠含眞先生

先生諱思誠，字含眞，盩厔人。與李二曲心性至交，時相聚首，不間晨昏，四十年如一日。爲人外木訥，内文明，孝友孚於鄉邦，忠信可貫金石。蚤歲游庠，同人欽其行誼，斂袵推先。年七十三，忽脾弱食減，思還造化，却飲食，屏家人，寂坐弗語，凝神待盡。二曲遺醫診視，報書作别曰：「屢蒙遺人遠視，繼以醫藥，雅誼肫摯，感切於心。奈賤軀大數已盡，勢已難挽。諸事皆已了脱，所難夷然者，弟去後吾兄再無一人談心，爲可傷耳。生死交情，言盡於斯。」二曲得書，驚愕憂虞，遺子慎言趨候。爲書報之曰：「賢如濂溪、伯厚、象山、陽明，壽皆未滿六旬，今壽踰古稀，與先師同，夫復何憾！心如太虚，本

〔一〕「爲宇」，原作「宇爲」，依文意乙正。

無生死，尚何幻質之足戀乎？目下緊要，在屏緣息慮，常寂常定，口無他言，目無他視，耳無他聽，内想不出，外想不入，潔潔淨淨，灑灑脱脱，此一念萬年之眞面目也。時至便行，虚靜光明，超然罔滯，夫是之謂善逝。以此作别，即以此送行。」及卒，二曲次其生平为之傳。子海。

卷三十四

李叔則先生

先生諱楷，字叔則，一字岸公，時稱河濱夫子，朝邑人。幼聰穎，嗜古書，從文太青游，後讀書朝萊山中，一以傳注爲歸。與人坦然直遂，詩文皆不起草，有求者，即席伸紙書之。或作飛白，各題識，無斧鑿痕。由舉人知寶應縣，請罷草、米，省民財者以萬計。

政暇則訪古選勝，題詠殆遍官館。後流寓廣陵幾二十年，陝西制府賈漢復修通志，禮聘郊迎，先生長揖上座，縱飲揮毫，當事咸屬目焉。李二曲東遊朝邑，叩學質疑，脱去見聞，頗稱投契。葉太守重建關中書院，欲延二曲主講其中，託先生爲介，以二曲力辭不果。晚乃托隱於禪，釋典道藏，多能究極，然非其本志也。有河濱全書一百卷。

文録

駁講白文議略云：「余爲童之時，註學尚存，持不敢失，不知何輩倡爲白文之説，以致詖淫邪遁，如魑如魅，乘其虚而披猖，其禍乃至於國破家亡，世易歷更而不可止。其黨曰：『與其株守於周、程、朱、張也，不如其仰接於顏、曾、思、孟也。』白文之教也，以經之文得經之意，註可以弁髦棄，而譬又可以詭遇獲也。嗚呼！其亦弗思矣。天下之理，尊者職要，卑者職詳。祖本於一，孫枝千億。不有大臣，焉能率百官？不有其父，焉能承祖考？註之於經，亦猶此矣。如其各爲私智，苟取捷徑，妄冀心悟，并迷事物。譬之字無翻切，聽學者之自爲猜求，割裂性道，顛倒是非，錯註名象，荒廢準繩，猶適適然語人曰：『吾蓋有聞於白文之講師，如是其奇特，如是其新妙也。』豈不悲哉！豈不惜哉！「嗚呼，聖人救世之書，非欲其後此者之喧呶也。有異端者出而教裂矣，教裂則必爭，爭則相戕，相戕則相滅，學術之干矛，慘乎其不可平。小之爲同異，大之爲水火。使其光出於一日，家秉於一尊，夫安得有此不齊之禍哉？」

敬說云：「敬與肆相反，然肆不勝敬。觀於天道，無不以退藏爲本。冬者氣之嚴凝肅欽者也，即水之歸墟，見泛濫者之終底於盡矣。夫人所以生者，以其敬也。槁木死灰之無生機者，以其無敬也。生死之原，治亂之關，嚴矣哉。」

治心說云：「治人莫如自治，治身莫如治心，心治萬理萬事者也。求治心，以何者爲治乎？亂心者何物？治心者何物？此中天地鬼神不能爲力，於何致力？是故治心者，心自治之而已矣。治於未亂者謂之豫，治於既亂者謂之恆。治有可治者，賢之事；治無可治者，聖之功。嗟呼！心學之不講久矣，不自知其心，乃俟他人以指之，或謂之方寸，或謂之統性情。尚書則曉然示之曰『人心』『道心』，心有二乎？心無二乎？人禽之關，禍福之幾，世道盛衰，倚伏之故，不於此討究，從何持維？心者，道德之樞；治心者，聖人之要。人能於此常自檢點，吾知其所享之厚矣。」

理道解略云：「凡人之情，欲則爭，爭則亂，故理書以天理人欲言之。大哉天乎，其理昭昭！日之月之，星之辰之，經緯錯綜，不可紊也。不可紊也，矧可助也。惟坤得之，故曰通理。此作易者俯察地理之情也。天地不能外理而成化，況於人乎？況於帝王之治乎？人之一身，蠢其皮膚，靈其脉理，至於心，賅無不備而妙有衆理，皆是物也。何以故？理者，氣之宗也，數之本也，法之所自出而刑之所自尊也。顧其用之則常，舍之則怪，人之無理而自取滅亡者，君子惜之矣。今夫道，夫人而知之，曰『道猶路也』。大道小術，亦夫人而知之也。知之者明道，行之者行道，未有外之者也。外之則昏蔽迷惑而無知，扞格齟齬而不行。」

贈李中孚孝母序曰：「盩厔駱侯揚其邑有爲聖賢之學者，曰李中孚。予至城中謁於侯，侯申言其人，中孚亦以其弟子使於予，且示以所著近作，有出於改過自新之外者。他日予爲樓觀遊，中孚枉顧，不及語。予往答之，中孚又講學於他。予聞其母踰衷〔一〕矣，中孚以菽水爲歡。孝以立本，本以生道。中庸言孝，力踐爲難，孝之理大矣哉！古之教學文皆以孝，中孚以孝治其身，必將以孝訓其徒，中孚於是不可及矣。夫身者，父母之身也；心者，天地之心也。惟孝格親，惟性格天。學問之道，内繕性情，眞切篤實，可以化衆。吾有身而規矩之，吾有心而存養之，吾有親而孝事之，於人無與也。匪以求名，匪以干禄，匪以標榜，匪以獨行，而人之知與不知，其於我又何加損之有？予亦年過花甲，無聞於世，讀李本寧先生太泌集與郝楚望九經解，遂聞李、郝有師生之分。李每遜郝之經學，以爲不如。夫經學且然，其況躬行者乎？中孚處約而善自檢束，能不愧其親，其於孝也，非菽水之謂也。菽水之孝，甚於鼎鐘。中孚之菽水，非猶夫人之菽水也，先行其言，而後從之舉六經之言以救人，人將問津焉。予以是知中孚而思有以堅之，則猶以經學躬行之説相黽勉也。夫孝者，初行也，父母身之初，天地性之初。以初念爲正，終日不忘其初，可以進道；終身不忘其初，可以希聖。善乎！予友之論學也。聖可希而不可居，「人皆可以爲堯舜」，希之之謂也。「若聖與仁，則吾豈敢」，不居之謂也。中孚仰事老母，又事其大夫之賢者，學將日進於無疆。予入其齋，見案上書多聖賢格言，其弟應答不苟，云：『先生少而貧，業制科。已而觀他書大有悟。』予歸城中，作此序以寄之。」

題李太虛論語今文略曰：「孔子謂異端者，孟以楊、墨實之；孔子惡鄉原，孟子案之曰：『似是而非』。此經傳訓詁之貴乎確也。考亭爲註，則引程子之言曰：『近世佛氏之言，比之楊、墨，尤爲近理。』蓋自戰國以後，所爲楊、墨者，漸無其學。佛入中國，無儒書以爲貶，則終將有病於吾道。於是乎藉傳註折衷孔、釋之異，固非孔子語中之語，而實爲孔子意外之意。此宋儒集註之功也，亦孟子以後之時不得不然之論。所謂經外立傳，借事著教，不可以蛇足視，不可以支離訾者也。」

洙泗從信録序略云：「夫子沒而羣賢著，羣賢往而先儒出。代異時殊，咸賴維持。七十子以及漢、唐、宋、明之儒，無

〔一〕「衷」，原作「衰」，依文意改。

非孔子之道，則『人皆可以爲堯舜』之説信矣！以是推之，人心有各，具之夫子，不以治存，不以亂亡，夫子之道，不以祀顯，不以不祀晦者也。」

序曹荆峨道學源流云：「古無道學之名，人皆可以言學，標之榜之，非聖人之所得已也。不有雲霧，不著日月，不經亂離，不知治平。學也者，人之所以復古治也，而豈其所以自異也哉？人學聖，聖學衆，非其同然，必不取焉。聖學即人人同具之本心也，詭於人以爲學，必至談尚高堅，窮求微妙，其弊乃有不可勝言者。是故聖人之學與人同，不與人詭。日用平實，穩妥無奇，有心極焉，以爲之樞。或静或敬，或主一，或致和，或修身，或生生，人之塗不一，皆不外於心學，而聖人之心，初不異庸流之心也。聖與狂殊，其實狂亦有同然者。蓋心以不操而廢，究不得謂之無心。凡有心者，皆可以操。苟能操心，無狂不聖。此聖賢不得已之懷，所謂覺民之覺，憂民之憂者也，惜乎世之弁髦也。奉先曹荆峨先生集道學示於人，已自序矣，愚又爲之揚詡。夫曹先生因流溯源，使後世之人沛源爲流，功亦勤矣。其云昉自堯、舜者，竊以爲有疑義焉。堯、舜學道之人也，前乎此者，蓋又有人焉。天命之初，則非人之所得爲也。道學之功於世道，請以此方試驗之。」

序晉文學正學録略云：「關中故有正學書院，今於府庠之尊經閣以祀前賢，猶稱『正學』焉，不忘舊也。其所祀諸賢，自程明道、程伊川而下以及温亦齋先生，財四十五人。夫有宋之世，道學昌明，春秋以後鄒、魯也。濂、洛、關、閩相望若日月，歷元迄[一]明，嗣續於不替，不啻同升宣聖之堂，揖讓乎七十子之班，正學之爲靈昭昭也。然而廑四十五人，嗚呼，嚴哉！夫學者之於聖人，不敢望其宫墻，不敢竊其緒餘。至於聖人之道，日用飲食，莫之能外。抑亦道之本體，聖不加增，愚不加損，而末季不學，顧自失之，此天下之所以共嘆也。聖賢何異於人哉？人之不克入道者，沈淪錮蔽，相引於坑塹，乃以高山歸聖，下流自居，夫聖人焉知其獨出於天下後世之上哉？彼蚩蚩者之不足語也。」

序李中孚太極圖云：「二曲李中孚氏近日游馮翊，語人曰：『比者理太極圖，欲會河濱爲之序。』他日，華嶽客亦傳

[一]「迄」，原作「汽」，依文意改。

此語，蓋心許之，未見其作，不敢爲。比聞駱侯既入爲司城，今又分符京兆，中孚之道將行，而二曲侯楚司馬與予〔二〕数論文，乃爲之言曰：『太極圖說，宋儒周夫子之所作也。人皆於秀才時，得宣廟性理書誦而習之，然身體而力行焉，遂以理學從祀孔子者，惟河津薛夫子，今所傳讀書録者可考也。夫宋之親炙濂溪者，非程氏兄弟乎？何以至朱考亭而始大發明之？其以爲與先天圖穆伯修、陳希夷傳授之異同，大抵皆本於易，而竊以爲圖馬書龜，窺五行立名之始，則圖之有五行，兼禹、箕之疇而言之，不盡本於易也。解者亡慮百千世、百千人，即以先儒之稱李氏者，爲端伯，爲樂安衡，爲果齋、正叔，爲士英，爲吳郡韶，爲希濂，此上又有延平焉，朱之師也。夫『太極』，孔子之言也；『無極而太極』，周子之言也。愚雖未見中孚之所釋，而知濂溪之道，人皆可知，人皆可行。人亦自知之、自行之耳，不必瑣瑣然剖析而疑信之矣。中孚氏非大賢大儒之書不以〔三〕寓目，自任勇矣。然太極無極，當自得之，後必有晦庵、敬軒其人者，即「中孚」二字，觀中虛中實之易，皆太極也，皆無極也』。」

〔二〕「予」，原作「於」，依文意改。
〔三〕「以」，原作「似」，依文意改。

卷三十五

王復齋先生

先生初諱建侯，後改建常，字仲復，號復齋，朝邑人，一作邠州長武人。父之寵，鎮撫散官生。先生三歲失母，事繼母以孝[一]聞。十歲喪父，孤苦零丁，然性篤樸，能堅守。年二十，爲諸生，食餼。年三十棄去，不復應試，鋭意經學，閉戶讀書，凡六經、子、史，濂、洛、關、閩之書，無不深究。或有心得，即記録於册。家素貧，淡泊自甘，數十年如一日。晚年重聽，尤深居簡出。生平確守孝經，始於立身之義，雖盛暑衣冠不去，造次一秉於禮。於吾儒、二氏之分，辨之不遺餘力。吴縣顧寧人寓華下，數以疑義相質。富平李子德，華陰王山史，數稱其名於當道。學使許孫荃造廬，持金幣爲壽，不受；贈詩請和，亦不答。題其門曰「眞隱」。

先生之學以主敬存誠爲功，窮理守道爲務。所著書皆端摺細字，有大學直解一卷，兩論輯説十卷，詩經會編五卷，尚書要義六卷，春秋要義四卷，太極圖集解一卷，律吕圖説二卷。顧寧人見而稱曰：「吴中未有也」。四禮愼行一卷，思誠録一卷，小學句讀六卷，復齋録六卷，復齋別録一卷，復齋日記二卷，餘稿六卷。

[一]「孝」，原作「事」，依文意改。

語録

心爲一身之主，以提萬事之綱。故學者先須就心上做功夫，養得此心清明專一，能做主宰，以是酬酢萬變，方會不差。

心以「虛靈」二字言，則虛是體，靈是用；以「虛靈知覺」四字言，則虛靈是體，知覺是用。

夫子言：「心，操則存，舍則亡。」出入無時，莫知其鄉者，只要見得是這個最難把捉的物事，不可頃刻而失其養也。

學者存養得此心常在這裏方好。讀書窮理，其所窮的亦纔有個安著處，纔是自家的物事。

程子說：「心要在腔子裏。」其工夫只是個主敬。人纔敬時，則身在此，心便在此。

「主一無適」之謂敬，「主一」便是敬，心「無適」便是主一。程子所以學到聖處者也，只是個「主一無適」，養的此心純熟精明爾。

先儒發明「敬」字，雖甚詳，然大要只是個「主一」。「主一」兼內外，內而思慮整齊，主於一也；外而容貌端莊，亦主於一也。「主一」貫動靜，靜而存主不懈，主於一也；外而酬酢不亂，亦主於一也。

「主一」非滯於一事之謂，是隨事專一之謂也。若理會此事而心留於彼，則滯矣。

主敬甚難，散漫不得，拘迫也不得。故程子以「必有事焉而勿正，心勿忘、勿助長」爲敬。敬齋胡先生曰：「硬把捉便是恭而不安，只常切提撕檢束，不令放弛，乃操存之道，所謂『必有事』者也。」

心之本體，自是個虛靈不昧的。只緣意亂欲汩便昏了。敬則閑邪存誠，卻要養得這個心體如初恁地。

靜坐時收拾得這個心湛然在此，不散亂，不困頓，窮理任事便有力。

說話急緊，多是氣躁，心焉得靜？須習教從容，方是能變化氣質。

靜中私意橫生，此學者之通患。當以敬爲主，而以察私意之萌多爲何事，就其重處痛加懲治，久之自當見效。這是晦翁夫子吃緊爲人處，省察克治之功，莫切於此。

敬軒二十年治一「怒」字，尚未消磨得盡。可見，七情惟「怒」爲難治。易損象先「懲忿」於「窒欲」者，蓋爲此也。

孔子言「窒欲」，孟子言「寡欲」，周子曰：「無欲由於寡，寡由於窒。」故學者以窒欲爲要。聖賢之學，只要個眞知實踐。

人須是一切世味淡泊方好。淡泊，則心不汩於欲，可以明志，可以立行。

無欲則進退由我，人不得而制。

無思時，要不如死灰，只是個常惺惺； 有思時，不要邪，便須敬以直之。

心本具乎衆理，理有未明，則心便有蔽，便有欠缺處。故曰：「盡其心者，知其性也。」存養是調護本原，省察是消除病患，二者皆當以敬爲主。

不一其內，無以治其外； 不齊其外，無以養其中。靜而不存，無以立其本； 動而不察，無以勝其私。

心無主宰，靜也不是工夫，動也不是工夫。靜而無主，不是空了天性，便是昏了天性，此大本所以不立也； 動而無主，若不倡狂自恣，便是逐物徇私，此達道所以不行也。只敬便是這心自做主宰處，故「致中和」，非常存「戒懼愼獨」工夫不可。

一息不敬，心便出入。

心常存，固是事不苟而言不易發，然言行不謹而心能存者亦寡矣。故說話覺得不是便莫說，做事覺得不是便莫做，卻是從外面檢點收拾，所以養其中也。

目之逐物，最爲喪德。故諺云「開眼便錯」，而四勿以視爲先者，蓋爲此也。

怒發不及持，還是不敬，敬則涵養熟而心氣和平。

學者要變化氣質，只各察其所偏而最重者矯之，便是下手處。故程子曰：「多驚、多怒、多憂，只去一事有偏處自克，克得一件，其餘自正。」

聖人之心，明鏡止水。靜坐時，亦須想見是眞個如此。

常存常養，勿忘勿助。

心存方會讀書，讀書亦可以收攝此心。

讀書之法，熟誦精思，切己省察。

孟子說：「無暴其氣」。如思索太勞，喜怒失節，躁動多言，久立遠視，與力所不及而勉強爲之者，皆自暴其氣也。故學者須事事節約，莫教過當也，都是養氣之道。

浩然之氣，生於集義。集義衹是事事尋個是處。

小學綱領簡要，條目精密，皆切於倫常日用、身心性情。故許魯齋「使無大小，都自小學入」。

大學爲入德之門，小學又爲入大學之門。學不由此，是入門便差。

小學是存心養性之書，大學是窮理盡性之書。

格物當是從易處下手，克己卻從難處下手。

凡學者立志，須是直要爲天下第一等人，做天下第一等事。所謂天下第一等事，盡性盡倫是也；所謂第一等人，希聖希天是也。

自秦、漢以來，諸儒都不識這個「敬」字，直至朱、程方說得親切。如「主一」是「敬」字的註解，「無適」又是「主一」的註解，便教學者有個着力處。

「敬」字功夫乃聖門第一義，徹頭徹尾，不可頃刻間斷。如一念不存，也是間斷；一事有差，也是間斷。纔間斷，便是不敬。蓋敬則常全自家思慮專一在此，遇事時如此，無事時也如此。

予自志於學後，夢中常見二程子、晦翁朱子，其問答大約不外一個「敬」字。一夕，朱夫子亟語某曰：「養之，養之。」其示我深切矣。

獨者，己心獨知處也。亦不止是靜中，即如群居時，心裏一念萌動，或善或不善，必然自家曉得，這也是獨處。便須遏絕了這不善的念頭，方是能慎。

獨處防心，一念不可妄動。羣居防口，一言不可輕發。其要只是一個主敬。

靜坐時，或思索義理，這也是存養的功夫。若徒持敬而不以義理來浸灌，卻未免硬把捉爾。

窮理只是尋個是處。朱子說：「須是於其一二分是處，直窮到十分是處」，以足上蔡未言之意。

存心是存其心體之本然者，窮理是窮夫事理之當然者。

操存涵養不可不密，然亦不可拘迫。進學致知不可不寬，然亦不可散漫。

心屬火，是非善惡本自照見，只是不可欺心。

只存心養性，道便在此。

道理須常常胸中流轉。

人者，天地之心也。爲天地之心，只是要愛人。

康節言：「天依地，地附天，天地自相依附。」又云：「天依形，地附氣。」蓋天是氣，地便有個形質。天包地外，是氣依乎形也；地處天中，是形附乎氣也。形非附氣不立，氣則依形而運，是天地自相依附也。這只是以形體言之如此。

「動之端乃天地之心」，言天地生物之心動時纔見。易曰：「復其見天地之心」，意蓋如此。

「仁者以天地萬物爲一體」。纔有私意，便間隔。無私則公，公則流通貫徹，無所不到。故曰：「公者所以體仁。」

張子「心統性情」一語，亦前聖所未發，其有功於聖門最大。後來諸儒說心說性情，千言萬語，要皆不外乎此。

靜中有物，亦只是個操存主宰。

人心、道心，只是一個心。只知覺不從天理上發端，便是人心。人心亦未便是惡，但以其出於形氣之私，易流於不善，故謂之「危」。人心如卒徒，道心如將，只人心常節制於道心，則危者安矣。

有理即有氣，理無盡，氣亦無盡。

爲善爲到底，去惡去之盡。只是要自家快適充足，不干別人事。

心廣體胖，只是個無欲。

只求不愧於天，何怨之有？只求不怍於人，何尤之有？

一天人，通義命，這纔是學。

天地之心，只是個一動一靜。故人之爲心，亦只是如此。靜以涵動之所本，動以著靜之所存。一動一靜，互爲其根，敬養夾持，不容間斷。

孟子言：「夫仁，亦在乎熟之而已矣」；尹氏謂：「日新而不已，則熟。」所貴乎學者，以其能變化氣質也。今人多爲氣質所拘，而不得爲賢、爲聖者，只是不知學爾。

隨事觀理，即理應事，是日用最親切工夫。胡先生曰：「日用間事事省察，從天理行，纔覺有私便克去。」私意纔萌便昏昧，便繫閡。君子胸中明瑩灑落，如霽月光風，只是個無私。

學問之事，固非一端，而其要只在求乎放心，此孟子開示切要之言也。朱子謂「『求放心』不須註解，只日用十二時中常切照管，不令放出」，其示人益切矣。

聖賢地位固未易到，苟能如程、朱二夫子所言，脚踏實地做將去，亦不無可到之理。

學者心纔向外，便是走了，便是不敬。

靜中有動，是思量道理，涵養本原；動中有靜，是物各付物，泛應曲當。故朱子說：「事理之來，順理而應，則雖動亦靜。若不順理而應，則雖塊然不交於物以求靜心，亦不能得靜也。」

學者多間雜思慮，須是靜坐，方能收斂。蓋惟靜時專一，則動時順理；動時能順理，則無事時能靜。二者交相爲用，固如此。

爲學亦須識得聖賢氣象是何如。如魯論鄉黨篇，分明寫出一個孔子，須知他都是不期然而然，所謂「從容中道」，聖人也。

仁、義、禮、智四個字，須常在眼前。

程、朱之後，言「敬」莫詳於胡敬齋。人謂「敬齋是一『敬』字做成」。惟其身有之，故其言之親切，而有味如是夫。

孟子曰：「養心莫善於寡欲。寡欲則心自存。」荀子乃言：「養心莫善於誠。」濂溪謂：「荀子原不識『誠』，又不知所以『養』。」

「思無邪」、「毋不敬」，只此兩句循而行之，安得有差？有差者，皆由不敬、不正也。

誠自然能敬，未及誠時，卻須敬而後能誠。誠則敬矣，敬則誠矣。

誠者天德也，合內外之道也。至「參天地、贊化育」，亦只是一個誠而已。不誠則無物。

卷三十六

郭穉仲先生

先生諱肯穫，號穉仲，朝邑舉人。性純樸，不辨權衡。於書無所不窺，與王復齋同時講學，雷午天甚稱之。闖逆入關，欲召用，遂亡去，乃繫其弟肯堂以求之。流寇敗，兄弟卒俱全。

關遜伯先生

先生諱中俊，字遜伯，號獨鶴，朝邑人。慕馮恭定公之學，篤行聖道。與其弟某俱爲邑庠生，後與王復齋殷殷講孝經。居喪以禮，不用浮屠，邑人稱爲高士。李二曲過朝邑，嘗一見之，嘆曰：「篤實樸茂，淵乎見太古醇龐遺風，在仲復、獨鶴伯仲之間。」所著有巢居野人集、鶴鳴陰和集。將終，子請遺言，曰：「我之學本於孝，汝如是足矣。」口占絶句云：「衣冠還太古，身體亦歸全。七十八年内，一心常泰然。」

雷午天先生

先生諱于霖，字午天，朝邑舉人。性至孝，親歿，哀毁幾於滅性。嗜古學，爲文有奇氣，聲譽翕然。明末，縣城失守，先生倡衆設謀，兩次克復，保全甚衆。睢州湯文正爲潼關兵備，雅慕先生，知不可屈，時造廬論道學之要。所著有孝經神授篇、西銘續生篇、太極圖說、柏林集、別世言。其自序續生篇云：「西銘者，横渠夫子續大生之德而作也。予自志學之年一見是篇，若獲固有。今七十二歲，造物者將息我也。臥床一載，思吾生有盡，吾生生之心無盡，遂於伏枕飲藥之中，勉作註釋五千三百餘字，期與天下萬世仁人孝子，共續此大生之德於永永不窮也。」序太極圖說云：「吾之爲是說，析元公之圖，印我心之同，總以一極二五者貫通於天地人物之間，曰『眞』曰『精』，不越此中正仁義。要使覽之者定以妙合，靜以凝成。誠以審感動之機，有善而無惡；敬以嚴修悖之介，有吉而無凶。純仁精義，徹始終而無二，齊生死爲一致也。」其別世言引曰：「行年七十五，兩足痿痺，一綫殘喘，寸靈之中，絶不作一室之慮。獨此善脉相資，善氣相延者，耿耿然不置諸懷。形器隆枯，靈明獨存，故爲別世之言。」

文平人先生

先生諱應熊，字夢叶，號平人，別號抱愧子，三水人。性嗜學，値草昧初開，不樂仕進，惟日觀玩易象，以聖學爲志。嘗自敘生平曰：「我十三四歲，見世間人把讀書當做求富貴之事，我勉強讀之，亦勉強存求富貴之心。及二十六七歲，出門遇人講修仙之術，遂廣覽丹經，求口訣，直做到采鉛投汞之時，翻然悟曰：『道豈如斯已乎！』」乃願學孔子，博覽羣書，一眼覷定，以理爲主，欲亦是理；以眞爲主，妄亦是眞；以善爲主，惡亦是善；以公爲主，私亦是公。一部性理，只愛『善惡皆天理』一句。遂發志曰：『吾志在明易，易是聖人所傳之道，天命之書也。』於是觀玩全易，覷定卦畫二象，一生二，二成一，易明道明。窮究三十餘年，旋知旋行，方悟易理衹說了『天命』二字，方知道理不外二象，二象乃易之綱領，易乃道之綱領。許多條理，俱在二象之中。二象即是以理爲主，欲亦是理也，即是『善惡皆天理』也。大道精微奥妙的眞消息在此象中，一切道理不能出其範圍。聖人極深研幾、崇德廣業，盡在此中。人人可以學聖而配天，非一面之小道也。著有全孝篇一卷、知人鑑二卷、道統記二卷、孔門言行録四卷、四書解難三卷、无〔一〕字易義若干卷、周易蠡測二卷、易經大傳若干卷、樂經註三卷、知行記十二卷。年八十三卒。門人爲竪石碣，題曰：「大儒宗繼往開來平人文老夫子之墓」。子匡民，號扶公氏。

康立齋先生

先生諱體謙，字受之，號立齋，郃陽人。年十歲，爲諸生，督學井虹嶼頗重器之。順治庚子鄉試，誤中副榜。康熙己酉、庚戌，聯捷進士。後六年卒於家。生平夙好袁了凡功過格，又擇性理及近思録中切於身心日用者，抄輯一篇，以教子弟。晚年愈好讀論語，有心得。

楊明卿先生

先生諱仕顯，字明卿。順治己丑進士，除雩都知縣。持身以禮，雖盛暑不去衣冠。仰事二親，情文并至。睢州湯文正，其同年友也，備兵潼商，數至蒲請謁。先生飯不過五六器，或四器，竟日談道，言不及他。邑令某畏湯甚，持兼金爲先生壽，求緩頰，拒弗受。布衣蔬食，晏如也。

及除雩都令，以太夫人年逾九十不赴。後因催促甚急，始之任。每催科，民或言家貧親老，未能完租，先生涔涔淚下。不一年而乞養，文凡六上，與李令伯陳情表無以異也。比歸，朝夕承歡，有斑衣戲綵之風。著易經存言十卷，存言一卷。其

〔一〕「无」，原作「旡」，依文意改。

自序云：「余於古先聖之嘉言，輒樂爲之記，案頭績壓千條，或紛錯之，後細讀幾條，不覺耳聰目明。己丑春，被兵火，盡歸烏有。庚寅南遊，舟中猶識數款，偶筆記之。門人唐天則梓以傳。」

劉子元先生

先生諱餘儆，字子元，高陵人。品行高潔，天才超軼，負才名，試輒冠軍。以多疾絕意科舉。精於醫，能於二三年前切脉決人生死。又能倣武侯木牛流馬法，縮小其製，人皆嘆其奇絕。嘗云：「古今無不可解會之事，無不可明白之書。今人學識不及古人，遂并古人之事與書而疑之，可乎？」又云：「學者看聖賢書，先要存聖賢心，然後知聖賢說話，皆切己家常之談，自爾洞然。今人祇向紙上索解，多扞格不通，忘其本源故也。」居恒喜曲成後進，凡執贄門下者多有成就。著滋園集，散佚無傳。

王文含先生

先生諱宏度，號文含，咸寧人。秉志潔清，敦崇古道，耻爲帖括記誦之學。順治初，以薦入都，孫北海少宰一見，定爲性命之交。與編道統明辨録，有正傳、單傳、別傳、羽翼四指。尋以疾終於館舍，北海作傳哀之。生平居處温恭，與物無競，不愧其名。著有南塘遺稿八卷、片石語八卷、語鶴齋日録二卷。

譚士奇先生

先生諱達蘊，號士奇，城固人。幼性端謹，有奇童之目。登賢書，後益奮勵，以古人自期，學者宗之，稱曰譚夫子。漢中士風埒三輔，而講躬行之學者，惟先生爲最。其行誼大類蕭貞敏，惜不仕而終，著述亦無傳。

龔若晦先生

先生諱廷擢，字若晦，南鄭人。舉戊子孝廉，潛心理學，文行并著。授邵武推官，有威惠，尋以疾，未盡其用。

王而時先生 弟雲隱先生附

先生諱宏學，號而時，華陰人。父之良，别見馮恭定弟子。先生天資純粹，好學篤行，規步矩趨，深得於濂、洛、關、閩之傳。長安陷後，隱居不仕。博覽經籍，手自抄録。著有孔氏達天圖說九章〔一〕、石渠閣文集。弟宏嘉，字玉質。以貢授訓導，非其志也，因山居不出，學守兼勵。立社獎，率後進，同諸子弟督課之，而社内以是成名者數十年不絶，人稱雲隱先生。著有信古齋詩文、太華存稿。

〔一〕「孔氏達天圖說九章」，原作「孔時圖達天說九章」，據同州府志（咸豐二年刻本）卷二五及華陰縣志（乾隆刻本）卷一五改。

白衮五先生

先生諱補宸，字衮五，一字慈安，清澗人。生而穎異，讀書屬目輒不忘。未弱冠，補弟子員，爲學恪遵傳註，一以紫陽爲宗。舉鄉試，後再預計偕，未第。就銓，署三原教諭。既至，課諸生如子弟，月必兩會明倫堂甲乙之。升寧夏後衛教授，士人漸摩教化，儒雅彬彬。卒年七十二。

卷三十七

王山史先生

先生諱宏撰，號無異，一字山史，華陰人，而時、雲隱之少弟也。以文章博雅名動天下，尤工書法，當時碑版多出其手。晚年，邃於易象，究極關、閩、濂、洛之學，與二曲、雪木、河濱、天生并稱「五虎」，言雄長關中也。崑山顧寧人西遊華下，嘗主其家。康熙十七年，與顧寧人同舉博學宏詞，固辭不允。至京師，不就職而歸，主講關中書院，及門稱盛。與富平李天生往來甚密，天生以兄事之。著有正學隅見述，天生爲序，見天生文録。周易圖說述、山志、砥齋集，行世。

山志

余少攻舉子業，時有酒色之失。尋遭寇亂，狂惰自廢，德業靡成。年逾四十，始知爲學。見聖賢言語實際，要以明善爲宗，致知者致此，力行者行此，盡性者盡此，踐形者踐此，修己者非此無以修己，治人者非此無以治人。此之謂善，至善也；此之謂明，明則誠矣。身之所在，道即在焉。道之所在，藝亦在焉。下學而上達，大行不加，窮居不損，豁如也。書以自喻，遂顔於堂。

先司馬爲學宗考亭，尤重實踐，不事表暴，爲德於鄉，人無間言。故文弢郝公嘗語人云：「古之聖人，吾不得而見之矣。如王司馬者，不謂之今之聖人不得。興思及此，可勝泫然。」

漢昭烈帝云：「勿以善小而不爲，勿以惡小而爲之。」明太祖云：「爲惡或免禍，然理無可爲之惡；爲善未必福，然理無不可爲之善。」又云：「善雖小，可以成名；惡雖小，足以亡身。」大行帝云：「無所爲而爲之，謂之天理；有所爲而爲之，謂之人欲。」聖賢精義不出諸此，可不奉爲律令歟？

先儒語録不可不讀者，在審問明辨，而有不可不改者，在用鄉音俗字。即如用「這」字的字之類，非徒不文，實不明字義也。嗚呼！言之不文，行之不遠。若謂不必乃爾，則亦奚貴讀書矣？

宋人用底字，不知何時竟作的？宰相相沿擬入聖旨，天子考文之謂何，而絲綸苟簡如斯耶？予謂此類皆宜改正，無以出於先儒而重自反也。

語録中用方言俚語，揆厥所由，實始於禪僧，轉相沿習，曾不之覺，雖大儒不免。苟簡之道，不敬之一端也。易曰「修辭立其誠」，曰「擬之而後言」，曰「其旨遠，其辭文」，何弗省耶？

予自三兒逝後，無日不愴然於中，且自驚自懼。故於庚戌元旦謹告先靈：「凡一切逾分違理事，必不敢爲。」所以養身，非獨自勵，亦望我子弟共識此意也。

予昔日好聲伎，三兒嘗以爲戒，今每憶及，不禁泣數行下。悔過之誠，有如皦日。不獨如吾家右軍所云，恐兒輩覺損欣樂之趣也。

天地生人，即生爲人之食者，如五穀蔬果之類，不一而已。食肉，非天地之心也。弱肉強食，殺機日熾，聖人知其不可止也，制爲之禮，示之以節，使其非祭祀燕享，不無故輒殺。故殺生者，聖人之不得已也。若以殺生爲理之當然，此必不敢信者。試問物之就殺，其哀怖痛楚之狀，有不心惻者乎？在我不過縱一時口腹之欲耳，而令彼之性命以終，此何理哉！

虎狼人皆惡之，謂之惡獸。天地生彼，以肉爲食，無有他食，人乃惡之。人既有穀食，又必食肉，且無所不食，百計以取之，豈得非惡乎？而恬不爲怪，蔽於習也。蘇文忠公自出獄後，但食已死之物，絕不宰殺一生。自謂非有所求，因已親經患難，無異雞鴨之在庖廚。不復以口腹之欲，致使有生之類受無量怖苦耳。今未能斷肉，當守文忠公此戒可也。

邵子堯夫見佛老像則拜，程子伊川遊僧舍，一後生置坐背佛像，伊川令側坐。門人問曰：「先生平日闢佛老，今何敬也？」伊川曰：「平日所謁者，道也。今日所敬者，人也。且佛亦人耳，想其當時亦賢於衆人者，故謁其道而敬其人。」朱子嘗記尹和靖五事，有云：「先生在從班時，朝士迎天竺觀音於郊外，先生與往。有問：『何以迎觀音也？』先生曰：『衆人皆迎，某安敢違衆。』又問：『然則拜乎？』曰：『固將拜也。』問者曰：『不得已而拜之歟？抑誠拜也？』曰：『彼亦賢者也。見賢，斯誠敬而拜之矣。』」予次子知讀書，不喜二氏，每遇寺觀中像，挺然而過，即一長揖不肯也。予嘗舉此訓之，今至寺觀，則恂恂致禮矣。

朱子讀釋氏書，作詩有「身心晏如」之嘆，而尤時時有取於道家之言，如陰符經有註，參同契註雖不成於朱子，而其說皆本之朱子。蓋其學通徹上下，包括巨細，如海涵地負，無所不有。故於二氏之言不盡棄絕，而要其所守，一歸於正。學者必如朱子之守，方可讀二氏之書。胡敬齋謂：「調息箴可以不作」，乃以是爲朱子病耶。

人首圓，象乾天；足方，象坤地；身體象艮山，津液象兑澤，聲音象震雷，呼吸象巽風，血縈象坎水，氣衛象離火，是八卦皆備於我也。耳目鼻皆雙竅，口小便大，便皆單竅，故鼻下口上，謂之人中，其卦則泰也。素問曰：「天不足西北，以北方陰也，人右耳目不如左明。地不滿東南，以東方陽也，人左手足不如右強。」氣屬陽，形屬陰，陽左陰右，陽清陰濁，陽虚陰實也。道家謂人一身皆屬陰，唯先天一氣是陽。此氣非呼吸吹嘘之氣，人在胎中先受此氣，九竅四肢次第而成，人象具足，此氣正在虚空之間。若能御氣，則鼻不失息，食生吐死，可以長生。鼻納氣爲生，口[二]吐氣爲死也。朱子不非「調息」之說，蓋有以也。

虞廷言心不言性，是從其動處言之也。蓋人心一動，有善有惡，是聖狂之分也，豈不「危」乎？人心一動，知善知惡，天良不昧，即爲道心，所謂幾也，豈不「微」乎？「惟精」者，察其「危」也；「惟一」者，養其「微」也。「精一」者，功夫也；「中」者，本體也。「精一」，是從本體用工夫也；至「允執厥中」，是從工夫識本體也。先儒以人心直作人欲，則於「危」字

[二]「口」，原作「吐」，依文意改。

不關切，且明是「心」字，如何強作「欲」字耶？

「精」有二義，別其端，不雜也；充其類，弗蔽也，故曰：「辨之明」。「一」有二義，志之專，勿二三也；行之力，無作輟也，故曰「守之篤」。

馮恭定之學恪守程、朱，可謂純而正矣。先司馬嘗遊其門，稱其口無擇言，身無擇行，此吾輩之所當奉爲神明蓍蔡者也。讀其集，但觀其語録足矣，其詩文固可略，在公原不欲以詩文自見也。

馮恭定論陽明，可謂公而平矣，獨於「爲善去惡」一句，猶有恕詞。予謂此句正不可不辨，蓋學者用功分途，正學異端分途，皆在於此，豈可謂非大學本旨，而猶不至誤人耶？

馮恭定作善利圖，其教人之方最爲警切。詩云：「聖狂分足處，善念是吾眞。若要中間立，終爲跖路人。」謂中間無路，予謂并無中間，譬之植表於此，不正即邪，非有不正不邪之影在其中間。故嘗僭擬一圖，善路正出，利路邪出，不作兩對也。

宋儒深於易者，邵康節耳。其擊壤集是以詩作語録，前無古，後無今矣，宜朱子之稱爲「天挺人豪」也。

予聞諸朱子曰：「陽主進而陰主退，陽主息而陰主消。進而息者其氣強，退而消者其氣弱。此陰陽之所以爲剛柔也。陽剛温厚，居東南，主春夏，而以作長爲事；陰柔嚴凝，居西北，主秋冬，而以斂藏爲事。作長爲生，斂藏爲殺，此剛柔之所以爲仁義也。以此觀之，則陰陽、剛柔、仁義之位，豈不曉然？而彼揚子雲之所謂『於仁也柔，於義也剛』者，乃自其用處之末流言。蓋亦所謂陽中之陰，陰中之陽，固不妨自爲一義，但不可以此而論之耳。」近有一士疑此説，予爲之指析數端，終不免爲袁機仲一流也。

凡爲學之道，皆逆功也。逆以用之，順以成之，自然之道也。順者其體，逆者其用也。體用一原，順逆一理，知逆之爲順者，其知道乎。

天下之道，順逆、虛實而已。不逆，則其順無成也。故生知安行皆是逆力，困知勉行莫非順事。不實則虛，不得而用也。故多聞多見，所以用虛，不睹不聞，正因體實。君子爲學，唯爲其逆且實者而已。天地之理本實，然其用在虛。老子所謂「埏埴以爲器」，當其无有器之用，參同契所謂「以无制〔一〕有，器用者空」，是也。艾千子論朱、陸，論無極太極書，兩是而兩足存，此意乃申陸子之說也。蓋陸子之説於理較長，朱子特爲學者過慮耳。今取兩書平心細繹，自可見矣。

人有是身，即載是理。所謂性也，本之固有，非由外爍，本之自然，非屬勉強。人於動靜之間，率其固有自然之理，而見之云爲，不失其則，則理得而氣充，性盡而形踐矣。所謂理氣合一之道，如此而已。要知理氣合一之說，是以理之用言，非以體言，合一亦是以工夫言。如以體，則理氣本非一，何得云合？朱子理氣強弱之論，正就其用處言。不然，則豈有理管攝他不得之時？然猶不免於羅文莊之疑以此。

或舉李古源之言曰：「充塞於天地之間者皆氣也，而理實寓於其中。」理氣不相離固矣，然有形者必有所始，氣既有形，則必有所從始。不知未有是氣之時，理何所附？理雖無形，實所以主乎氣。既謂之主，則必先是氣而有矣。又不知此理孰從而來，而又何所附耶？或謂有則齊有，不可以先後言，然有謂一齊有者，又何自而來耶？曾以問於陽明，陽明曰：「此雖聖人有所不能知。」其義如何？曰：「古源於『理』字太欠明了，故又嘗有『無理則無氣，無氣則無理』之言。夫謂『無理則無氣』是固然矣，而謂『無氣則無理』，理安往乎？此與未有氣之時，理何所附，此理孰從而來之云，皆積障所沿，語意滯礙。世之所病於儒者，正是此類，亦可謂之理障。馮恭定曰：『謂之曰障，尚不是理也。』其斯之謂乎？」

近殺機者不祥，故聖人以殺獸謂之不孝，禮有「無故不殺」之文。彼殺之者，猶以其爲食也。若細微之虫，不可以爲食，又非若蚊蝎之屬，足以爲人害者，殺之尤無謂。無謂而殺，是兇也，故謂之不祥。孟子所謂「君子遠庖廚者」，蓋以養不忍之心也。故曰仁術，擴而推之，則聖人所爲育萬物者在是矣。天地好生不忍之心，即生生之心也。亡其不忍之心者，即

〔一〕「制」，原作「利」，據朱子周易參同契考異改。

自戕其生生之心也。故好殺者不壽，其後不昌。此聖賢之理，與異端之説不同。夫忍於細微之虫者，即忍於人之漸也，可不畏哉！

邵子云："無極之前，陰含陽也。"或據蔡節齋之解，謂是"又先言用也"。吴草廬曰："邵子所謂『無極』者，即非周子所言之『無極』，但二字相同耳。""無極之前，陰含陽也；有象之後，陽分陰也。"此是邵子解伏羲六十四卦圓圖，左邊自復卦至乾卦屬陽，陽主生，言生物自無而有也；右邊姤卦至坤卦屬陰，陰主殺，言殺物自有而無也。"無極之前"，謂自坤卦右旋以至於姤也；"有象之後"，謂自復卦左旋以至於乾也。自坤前至姤皆屬陰，而陰之中有八十陽者，陰中所含之陽也；自復卦至乾皆屬陽，而陽之中有八十陰者，陽中所分之陰也，即非先言用也。節齋不特錯解其義，并改"無"字爲"太"字。草廬解"極"、"無"二字"字同義異"，足釋後人之疑。

周易圖説

邵子康節謂："圓者，河圖之數；方者，洛書之文。故羲、文因之而造易，禹、箕叙之而作範也。"此言本之漢儒，於圖、書之義皆無切實處，至謂叙書作範，尤非。按傳云："河出圖，洛出書，聖人則之。""孔子以圖、書并舉"，皆言易也。自邵子之言出，而蔡氏因之解洪範，以洛書配九疇，不但疇於洛書無涉，轉使洛書與易無與矣。視孔子之言，不幾悖乎？夫圖、書并出於伏羲時，特圖圓而書方耳。其陰陽老少、奇耦順逆、次序方位、對待流行之義，有與卦相發明者，蓋其理一而已矣。理一，是象與數之所不能二也，此則聖人之所爲則也。若以則之必有象，則魯論所云"唯天爲大，唯堯則之"，是何象乎？先儒謂"易以卜筮爲用，則之者則河圖而制蓍以筮，則洛書而制龜以卜耳"。徐文長云："聖人則之，上則推本卜筮出自神物，下則推本神物出自圖書。"觀首尾兩"則之"，可見文義之所在，亦足徵矣。

洛書錫禹，實無明文。按禹時有大龜出，此龜之再見者，然無書。余更著之曰："禹時龜出，非易之所謂洛書也。猶之黄帝受河圖，非易之所謂河圖也。"

一乃數之始，十乃數之終，而五則天地之中數，陰陽之總會也。故數至五極矣。一乘五則六，故一六同位於北，其行爲水；二乘五則七，故二七同位於南，其行爲火。三乘五則八，故三八同位於東，其行爲木；四乘五則九，故四九同位於西，其行爲金。五乘五則十，故五十同位於中，其行爲土。奇耦并居，陰陽類配，五行相得而各有合也。朱子云：「相得如兄弟，有合如夫婦。」蓋以相得則取其奇耦之相爲次第，辨其類而不容紊也；有合則取其奇耦之相爲生成，合其類而不容間也。「相得有合」四字，該盡河圖之數。相得謂一與二，三與四，五與六，七與八，九與十也；有合謂一與六，二與七，三與八，四與九，五與十也。在十干則甲乙木、丙丁火、戊己土、庚辛金、壬癸水，便是相得；甲與己合，乙與庚合，丙與辛合，丁與壬合，戊與癸合，便是各有合，所謂「兩其五行也」。或曰一與六，二與七，三與八，四與九，五與十，是五位相得也。一合九爲十，三合七爲十，而併中五曰天數，二五有十〔二〕。五爲主數，實係生數，爲陽，故屬之天。二合八爲十，四合六爲十，五合五爲十，成數也，是各有合也。相得以五言，有合以十言。天之一三七九統於中之一五，地之二四六八統於中之二五。故天地之數皆曰數五也。特其生數奇，奇屬天，故曰天五爾。何元子疑舊說一與二，三與四，五與六，七與八，九與十及十干甲乙木之類，於理無據。謂各有合者，一奇合一耦，如一與六、二與七、三與八、四與九、五與十是也；而相得者，則天五奇，地五耦，自相得也。近日王似鶴宗其說，故謂：「一與九，二與八，三與七，四與六，五與十爲相得，非止成十相得，蓋從類相得也。一九三七，陽類相得也；二八四六，陰類相得也。中宮五十，分爲三五，亦是陽類相得；合爲十五，亦是陰陽相配。故五十既相得，復有合也。」按此則相得即是有合，中宮五十，必分爲三五，方可云陽類相得。即云陰陽相配，亦與別類不一例。未免費辭，費辭則非出於自然，聖人之言，恐不如此。「相得如兄弟，有合如夫婦。」於理已足，何謂無據乎？

〔二〕「二五有十」，原作「二十有五」，「十」與「五」錯簡，依文意改。

卷三十八

楊雙山先生 及門弟子附

先生諱屾，字雙山，興平人。少出於李二曲之門，家貧力學，默契至道，不應科舉。乃推明人生始、中、卒三序之理，詳究帝、性、君、親、師五帥之化，著爲訓蒙循序專書十卷，曰知本提綱，共一十四章，括盡生人至道，詳悉造化源流。其自序略云：「吾人賦性立體，大君主宰御世，必知有受命之源，自出之本。若能尋源上窮，從物象推至理氣，從有形推至無形，從君道推至帝道，從官吏推至鬼神，從著體推至元體，從人世推至神世，自知必先有無形之形，而後著爲有形之形。有不物之物，而後著爲有物之物；有内藴而後有外彰，有根柢而後有勾萌；有神世而後著爲人世，有元體而後著爲著體；有鬼神而後著爲官吏，有帝道而後著爲君道。因著推元，本元符著，推符兩間之主宰，自見至道之精微。」

又云：「由帝之一本，分推君、親、師、性之四本，從此四本，各推入世之職，自見始而受命，中而順命，末而復命，實有一定不易之序。蓋上帝統御一元神世，分性依形，著爲人世。理氣著爲物象，帝道自著爲君道。是大君分帝權，即統御人世之著形，性形既有元、著兩體之别，帝君自有分統兩間之道。上帝既降衷生人，賦以大命，著體入世，明道立功，故即受命大君，帥此著形，教養保存，使之得以明道立功，成全元命一本之仁。帝君兩間一道，萬民殊體共本。上帝統御元體神世，是爲帥元之君，以主宰乎造化；大君統御著體人世，即爲帥著之帝，以主宰乎治化；各有分屬聯統之妙，同秉兩間宰制之權。於是，性分帝權，以帥形而主宰變化；親分君權，以帥家而主宰生化；師又兼分帝、君兩間之權，以帥學而主宰教化。一本分爲五本，建極以成人道。四本共全一本，復命以還元量。此乃五本之所由立，三序之所由分。」

其書中有自標新義者，如金、木、水、火、土五行也，而曰天、地、水、火、氣；士、農、工、商四民也，而加兵、胥；金、木、水、火、土五星也，而曰辰、白、熒、歲、填；他如三序、四命、四規、四典、四功各名目，創造詞意，多與前經不同。先生乃別有心契，其言俱從造化定理靠實推來，並非無本之談，亦關學之支流餘裔也。桂林陳文恭公撫陝時，聘至會城，就館訪道。又爲納粟入太學，手題堂額、楹聯以旌其居，一時達官要人爭相請謁，非同志者不得見也。

先生與人和易，不爲矯異之行，化行於鄉。年九十，猶童顔。暇則鼓琴以自娱，教人以爲己爲宗。知本提綱外，著有豳風廣義四卷，經國五政綱目八卷，修齊直指、燮和直指若干卷。乾隆五十年卒，壽九十有八。道光中，巡撫楊名揚以先生所著上於朝，奉旨褒奬，命祀鄉賢祠。子生洲。及門弟子有長安鄭世鐸、臨潼齊倬、富平劉夢維。

知本提綱

惟皇上帝統御其中，秉造化之樞，是爲帥元之人君；肇萬有之原，實乃生人之共父。蓋帝道建而一元始命，元氣著而萬理中出。

清陽浮越，在表者凝爲少陽之火；濁陰降就，重心者結爲少陰之地。太陽化火，隨天而轉；太陰化水，浮土而息。天以九重圜凝於外，職司覆冒，包括旋轉，大行施之功；地以圓球奠定於中，主夫承載，質體孕育，著含化之德。火主光暖而天以包裹，故能炎上達下，招地水以上騰。水司潔潤而土以蒸發，故能就下達上，合天火而下降。一元分四有，純體自立而不雜。四精合一氣，五行流動而不息，覆載温潤，體賦定命，色、象、形、質，各具元情。天火輕陽居外，地水重陰居内。純情相反逆，則攻滅還化。氣爲四精之會，統合陰陽之半，居中相聯和，則著體成形。天火地水，該盡大造之功用；閒配合和，顯著一元之理氣。

天動地靜，水升火降，錯綜醞釀而推行有漸者，鬼神之所以通也；二氣銷鎔，一理準則，堙鬱搆精而時育庶類者，人物之所以生也。

五行有攻滅之慮，陰陽有從化之理。太和則一元著象而成形體，造化之機已行。偏勝則形體消毀而歸一元，造化之機以息。

降衷以後，自立主宰；分形以來，各具天地。

降衷著體，原爲明道立功；分性依形，祇承五常大命。

性形符合於一體，宰制分統於兩間。定之以三序，施之以四命，帥之以五本，助之以四業。躬業則闕庭可陟，廢棄則囿迷無歸。

萬古惟存乎一息，六合不遠於眉睫。身非久羈，當知分陰之可惜；欲毋少從，宜明本體之正大。

五行著體，帝乃主宰其中。從著分形，性亦主宰其內。知識本於帝識，才能繼乎帝能。明究物理之指歸，功參造化之權柄。萬物俱備於一身，萬理統御於一靈。

元靈生於帝而不制於帝，察乎意念起滅之際，自主之權明矣。依於形而不囿於形，觀乎晝夜寤寐之間，性形之分著矣。

性立乎形，形載乎性。性形相結，依合遂凝於著體。人道始成，入世首資乎教養。學不從事於格物窮埋，學非其學；學不深究乎認帝明性，學無其本。

上帝爲生民之共父，大君即上帝之分職。庶衆者大君之赤子，寰宇者衆庶之大家。（以上帥元）

知帝則知生有所自，立身不期而自正；知性則知卒有所歸，躬修不勉而自力。

帝本純一神體，統御居一元之先。性乃帝衷元靈，分體應五行之後。一元內具乎理氣，五行著立於人物。

元體者，先天純一之神，永無毀還之理；著體者，後天假合之形，實有從化之機。神以神通者，元靈之純一而無滓也；形以形接者，著魄之雜合而牽滯也。

元先著立，不形而形，不物而物，自有帝道之神運。著從元分，形所不形，物所不物，乃別人功之善述。性形相依，始合兩間之體；元著互立，共成接世之功。

上帝者，元體之君也，所以宰性；　大君者，著體之帝也，所以宰形。宰性者，由無形而貫乎有形；　宰形者，從有形而攝乎無形。

神人異世，本著感應之機；　陰陽各天，實有交通之理。著形神通，務在至誠無欲；　元靈接人，復從依著入世。

帝道明，則生人之本得；　性道明，則歸宿之途正。性爲帝子，宜推恩於降衷。帝乃性原，必盡道於事祝。

念慮相通，首凛帝鑒之甚邇；　質臨不爽，并惕鬼神之交符。

幽獨廣庭，聯貫同乎形影；　仁通欲障，升沈判於暗明。戒懼點檢，日對越於三省；　惕厲刻責，時端本乎一念。以上事帝

命即上帝之勅書，性爲奉命之臣子。順命則自盡其職，違命則自絕其本。故立身以事帝爲先務，事帝以順命爲實功。

命理不明，躬修終屬無主；　本末必辨，著化乃能復命。

從此發念，是謂天德。從此推行，名曰王道。明此立此，著體之休和可樂；　順此復此，元體之福澤無穹。助修者，助修乎此；　啓牖者，啓牖乎此。至道惟此一本，躬修并無二途。明之者斯爲眞儒，昧之者即屬異端。

帝之於人，無異慈親愛子，周洽備至。人之於帝，宜如孝子事親，恭順無違。

事不越乎修業全倫，攻必極於盡性復命。

苟精思通神，自能明悟；　若從形欲蔽，終至昏蒙。端本善念，即爲啓牖之機，推行莫間。邪回曲意，乃屬形氣之欲，剪除毋緩。臨事先察機化，靜中實驗端倪。

元靈依著曰生，著化靈復曰死。生寄死歸，原同寤寐之象。順命盡道，斯合達息之理。

性無善惡，總在此修悖之間，善惡之所以分也。命無禍福，詳察乎順逆之行，禍福之所以出也。以上順命

賦質分形，各具天地。降衷成性，自立主宰。

性者，上帝之分體；　形者，依性之器具。性本帝靈，分權實能自主；　形成五行，情囿無異生覺。

元體立而著形有主，俾五官百骸皆盡其職。性主明而造化自晰，使倫業事物各得其序。制御不紊於一身，兩體聯貫於同氣。

性之依形，如日之映水，火之着金，貫徹無分，有隱顯不測之神。形之順性，如鐵之從磁，芥之隨珀，感觸苻應，有不言而喻之妙。

性體共分於一原，權能兼賅乎四本。四本之帥化，均係性主之邪正。性主之邪正，尤在自衷之昏明。明則四本皆理，昏則四本盡紊。變化總由於一性，吉凶即生於本氣。

明善之要，首重事帝之誠；躬修之實，并崇三本之道。

性明盡道，統帥各歸中正；欲化從理，兩體共致休和。四本由此而不紊，闕庭賴是而陟降。

性無不善，本純一神體，無物蔽塞；形無不順，惟欲生失御，反致困性。

矯偏適中，制形情之私欲；糾過刻責，修自新之階梯。

自主本帝衷一念之靈，分權操生成消毁之柄。帝念帥理氣以成造化，人念帥形氣以著吉凶。

念慮爲形氣之帥，正念爲帥形之首。一念之正，順帝命而帥氣化吉；一念之邪，逆帝命而帥氣化凶。

推帝鑒而生畏，念從於理；明陟降而在望，念歸於正。

正念端本乎元靈，念正主定於力學。

力學首務穹理，推本先明帝道。道明則趨向正而條理自出，理明則事物析而躬修有階。

道非徒明，原貴習行實踐；功自我立，誠修四業五倫。

正念力學，已立帥形之本；化欲全仁，尤資矯偏之功。

本形之欲，人不自知，是謂之囿。十克之要，惟在返察，乃謂之覺。十囿有一，即可乖氣自賊；十克對治，自能返凶爲吉。

日對越於帝君，修省正念；　時警惕於神察，改過自新。以上帥形

性爲萬理之本，身乃萬事之樞。性非身無以明道立功，身非養何以依性久著？

人體雖堅，實係一氣凝成。一經偶觸，即可解體還元。故失和則堅強化爲烏有，得養則衰羸亦可延長。

性爲氣帥，性明乃可帥形；　氣因性移，性昏反被形囿。

性貴乎明，明則可以御下；　精貴乎保，保則可以生身；　神志貴乎安，安則寧謐而不亂；　氣血貴乎和，和則流行而不息。

善於養生者養內，拙於養生者養外。養內者，繼生氣以生榮衛，外貌和平而內實充滿；　養外者，恣口腹以腴肌體，外貌悅澤而內伏酷烈。

宜惕帝命之有在，毋或因循；　深明形性之相依，庶不淪喪。

識得我大物小，器量自廣；　明得形暫性永，身心漸和。

身非久存於人世，養貴無間於終身。毋謂犯之而不見其害，毋謂養之而不見其益。稟非強弱，事畏乘機。

不可乘興而多言，不可乘快而多事。

一身之消息盈虛，實通於天地，應於萬類。自性之統理調攝，宜法於陰陽，合於造化。太過不及，均可爲病；　守中勿失，斯能盡道。以上調攝

欲盡外節之道，先擇謹身之功。鑒觀不爽，念慮常通乎帝衷。質臨可畏，鬼神更嚴於人責。

至敬有倍加，欲消即現眞禮；　精誠無少間，仁純自著天則。

視聽言動有其法，坐立行趨有其度，容貌威儀有其準，飲食男女有其別。盡倫理交輔之職，習周折恭遜之體。以有形而養乎無形，以大禮而全乎至仁。

性無昏明之異，形有清濁之殊。性能帥形而化，形能囿性而迷。明性方可帥形，化形自然釋囿。

敬和之天德不積於中，禮樂之儀器徒飾於外，則欲囿性遷，仁喪義塞，既絕上通之階，必失眷顧之恩矣。以上修業

知兩間有主，自然檢身生畏，畏則敬，敬則成立；　知元靈不滅，自然歸闕有望，望則愛，愛則樂爲。

助人爲善，自培生機；　佐人讀書，自厚元福。以上帥家

道原五常，五常晰而道明；　功重五倫，五倫盡而功立。

盡五倫以全五常，則五行之氣自順；　五行之氣順，既吾身之氣順；　吾身之氣順，則吾天地之氣亦順。　順氣相感，而生機流通，兩間本福自錫於各天；　悖五倫以廢五常，則五行之氣自逆；　五行之氣逆，即吾身之氣逆；　吾身之氣逆，則吾天地之氣亦逆。逆命相感，而生機阻塞兩間，凶禍自出於本域。

倘一倫之有虧，即復命之無由。

師物者聖，師聖者賢，師賢者士，無師者愚。得友者明，失友者暗。

精察一本之學，眞僞自分。既得宗向之正，敬信無失。

寧可友讐，毋或友佞。友讐長德，友佞敗德。寧令惡怒，毋爲惡友。惡怒害淺，惡友害深。以上明倫

師學正，徒學皆正；　師學邪，徒學者邪。邪正本於一學，興廢參於治化。

思本一靈之機，悟即一靈之化。機動則思生，化啓則悟明。思則提攜陰陽，悟則把握造化。以上帥學

性明主中，謹持一敬而不失；　返博歸約，時守一誠而加功。檢之又檢，修之又修，繼之勿絕，守之勿適。功候精純，漸臻神明之域。清和感引，自入化境之天。

破關鍵之後，見至道之流行而生死不二；　超形器之上，同生機之渾化而身世兩忘。

覺照常明，將見頭頭是道；　囿迷盡解，自然事事得中。以上全仁

著形雖眞而實幻，元體雖幻而實眞。詳察兩間立體之異，自見元靈復命之理。以上復命

因囿成迷，因迷更囿。囿同生覺，不知爲囿。迷似夢幻，不知爲迷。覺悟則渙然冰釋，囿迷則堅不可攻。

有形之苦外來，而形受性主其中，即損形而易過；　無形之苦内生，而性受形安於外，雖毀形而難消。

惟大覺者識迷，無欲者知囿。　生人之大福曰覺，生人之大禍曰迷。　覺爲上達之階，迷乃沈溺之根。　時時明性以啓覺，刻刻返觀以釋迷。　以上欲囿

一本分萬殊，無一不貫於陰陽；　萬殊共一本，無一不具夫鬼神。

太虚著象、凝氣、化質者，自無而之有也；　地體震動、移山、改河者，由成而復毀也。

有感於無形而應於有形者，有感於有形而應於無形者，無形者内隱，有形者外彰。

彼呼我吸，我呼彼吸，吞吐並無二致。　成功者退，方來者進，迭運惟循一機。　藏薰蕕於腹，滿室皆知；　懷奸邪於心，明智早悉。　以上感應

卷三十九

王豐川先生

先生諱心敬，字爾緝，號豐川，鄠縣人。父字中悦。先生十歲即見背，母李孺人遵遺訓撫養，不稍姑息。年十八，補邑弟子員，食廩。會歲試，督學待之不以禮，脱巾幘出，除其籍。李孺人念俗學不足以有成，使離家從李二曲於盩厔，專講聖賢正心誠意之學。曰：「吾不願汝禄養，但能礪行德業，與古人齊軌，無負父託，斯爲孝耳。」歲中止許定省二三次，居數日，即促之去。從二曲者十年，而一切膏伙皆出於孺人紡績之資。二曲曾作母教一篇記其事，以爲鬚眉男子稱善教者不能如也。先生佩服師訓，遵聞行知，遂爲入室弟子。

學既成，歸家侍養，日理經史，自濂、洛、關、閩，以至河、會、姚、涇之學，折衷至當，不分門戶。海寧陳實齋巡撫黔中，延王陽明書院；閩大中丞儀封張孝先亦聘請入閩，商量正學，皆以母老辭不赴。及實齋移撫兩湖，復累書聘之，母令之行。至楚，與張石虹、汪武曹最相得。而書院從學者亦問學多人，先生孜孜答問，聞者莫不厭服。

歸而母疾，歿之日，喪葬盡禮。服闋，孝先撫蘇，又聘之。湖廣總督額倫特以眞儒薦，辭疾不起。額因梓其書以傳。督學朱軾數式廬問業。果親王至陝，亦殷勤顧問。乾隆元年，蒲城某入京廷試，大學士鄂爾泰問：「豐川安否？」其人茫然無以應。鄂笑曰：「士何俗耶？天下莫不知豐川，爾爲其鄉人，顧不知耶？」凡大吏來秦，鄂必寄問起居。

先生既閉關後，著作益富，有易説、詩説、尚書質疑、春秋原經、禮記彙編、豐川正續集。而於經世之務尤多所發明，不愧大學「明」、「親」一貫之旨也。年八十餘卒。子三，功、勷、勍。功，雍正八年，以選貢爲安福令，陛見陳摺，上見而嘉之曰：「名儒子，故不凡。」令奏摺者以爲式。勍，官至江南安徽副使，所在皆有善政及人。

語録

論造詣，須以孔、曾、思、孟爲準極；論學術，須以「明」、「新」、「止善」爲會歸。程子曰：「言人必以聖爲志，言學必以道爲志。」又曰：「莫說將第一等讓於別人，且做第二等，如此便是自暴自棄。」程子此言是屬至論，有志者所宜書之座隅，觸目警心，躬行實踐。

大學一書，孔門折衷千古學術，以範圍羣弟子之宗傳。後儒誠欲紹明聖緒，師法孔子，亦祇遵此道此路，於此會極歸極，使此道眞明於心，實措於身，本此心以淑人善世，而不留餘憾於家國天下，是即孔門之嫡派薪傳。如主靜識仁、窮理居敬、立大本、致良知諸旨者，推大儒獨得之秘矣，抑思試有一出「明」、「新」、「止善」之範圍也耶？

「賢於堯舜」，此是贊吾夫子之功；「祖述憲章，上律下襲」，此是奉揚吾夫子之行誼；「溫、良、恭、儉、讓」，此是形容吾夫子之德容；「溫而厲，威而不猛，恭而安」，此是形容吾夫子之氣象。鄉黨一篇，則是詳記吾夫子之動容周旋，無不中禮。皆是極意形容，惟恐摹擬不盡之義。獨至曾子，則直以「忠恕」二字，盡吾夫子一貫之道。其旨若似卑近庸常，然味其言，而易繫所謂「易簡而天下之理得，理得而成位乎。」其中之全旨，於是在也。更如記者所謂「絕四」：「毋意，毋必，毋固，毋我」八字，則又覺得活活脫脫，淵然穆然，寫出一「無極而太極」之精神矣。

昔人有言曰：「渾渾流將去，却是源源入彀。」這二語可作性之之聖人「動容周旋中禮」的注脚，亦是吾夫子從心不踰矩的心宗。

「不識不知，順帝之則。」周公之贊文王，若豫爲吾夫子從心不踰矩立之規格。可見，萬古無異理，千聖盡同心。

「成性存存，道義之門。」孔子之從心不踰矩，要是於天命之性到得渾然契合。故寂然不動時廓然大公，與天合體；感而遂通時物來順應，與天合用。

盡宇宙名理的根宗，總不外一「性」字；盡六經、四子、千聖萬賢發明學術的脉絡，總不出一「敬」字。知性乃可言道，盡性斯可言學。然却舍「居敬」一著，更以何方入知性之門、登盡性之堂乎？故於這「性」字，既要認得眞切，而於這「敬」字，又須究得的當。

「敬」不是空空的，只收斂此心，令不散亂，原是即惺惺中時時事事「惟精惟一」的意旨在內。又不止懍懍惕惕的，不敢怠荒，原是乾乾翼翼而「順帝之則」，「保合太和」的脉絡即具於內。蓋此一字之恰合本體功夫，功夫在是，而本體亦即在是也。功夫、本體，原是渾合不二，故謂此爲「敬」也可，謂爲「性」亦可，即謂爲原是「惟精惟一，允執厥中」也亦無不可。這裏，安分功夫，又安分本體，與學者能於此徹底通透，則知這「敬」不止是個兢惕，中間原是藏擇善固執脉絡。又却不僅是策勵，原來是性天上一段自然之兢業。到得此地，不但怠荒縱馳之病可少，即牽強拘迫之病，亦自可少耳。

朱、程二先生之門言「敬」頗詳，而如孟子所謂「必有事焉，而勿正心，勿忘，勿助長也」一十四字，則活潑潑形容得精神氣象畢出，并這「敬」字也理弊功效，亦脉絡曲折盡現。

「居敬窮理」四字，是乃朱、程二先生指明「誠」大旨，示人以希賢希聖之路，而千餘年來，向道之士所恪奉爲明善、誠身之要方也。然却須必知得性，乃可云「窮理」；必盡得性，乃可云「居敬」。性者，乃此「敬」不息之天行；敬即此性健和之知能。性乃此理各正之根柢，理即此性天然之條貫。若於性不能盡而徒言「居敬」，即其敬爲念慮把持之敬，究之無當於「成性存存」之天則；於性未能知，而徒言「窮理」，即其理爲名物象數之理，究之無當於智崇理卑之血脉，而終於三先生立言、命意本旨未之有當也。故於今論學術，要必以知本爲精，而知本端須以知性爲要，則如居敬窮理之旨，又必合明道「識仁爲先」之旨，融會貫通，然後完滿通達，亦無窒礙滲漏爾。

實見得道之大全，實見得道之分際，乃可望於道之明行。猜度不中用，徒講亦不中用。

知得本體不離工夫，工夫不離本體，吾輩於程、朱、陸、王正宜兼資，何可以愛惡之私，輕加排譏？如知得本體外更無工夫，工夫外更無本體，此際正須補救，又何得以一己好尚之偏意爲從違？總之，陸、王宜補救以平實精密；程、朱宜補救以易簡疏通。蓋沈潛剛克，高明柔克。克而勝，乃平康正直耳。不然，宇宙有公道，千萬世有公評，今日縱依時風，意爲低昂，後世終有公道、公評相權衡耳。

程、朱、陸、王在聖門皆游、夏之選，我輩能實得其一二分造詣，即可卓然自樹於士林，原不容後生妄談長短。若論吾儒分量，吾道歸宿，即顏子尚一間未達，遺得這一間欠缺，爲終古之憾。何說游、夏，僅聖人之一體耶？故「融會貫通」四字要得屹立擔當聖道之人悉心負荷。

體勘到性之全體本來無欲時，雖欲添一毫亦不可；體勘到性之大用無所不周時，雖欲減一毫亦不得。然須先明得這性之全體大用，然後始不至於妄添、妄減。故大學以格致先誠正修齊，而大易以窮理先盡性致命也。

古聖賢論學論治，其言不一而足，其方且更僕難數。只是學一識正理、存正心、行正事，作天地間一正人而止；治亦治得這家國天下之人到得識正理、存正心、行正事，作天地間正人而止。易曰「正大而天地之情見矣」，不亦信哉！正如「各正性命」之「正」，大如天地無不覆載之「大」。到得此際，看是如何規模，如何運行，如何變化生成。

生平半點及人之功勳未能建，并無自己可以信心之學術，眞是空生人間，負慚天地。獨偏私鬼魅之心不敢存，邪曲刻薄之事不敢作，這一點炯炯不昧之天良，稍可對天地而質鬼神。

自濂、洛以來，諸儒論學，各自另標一宗，這固是本其自得者語人，要之，不無自立門庭之見。吾道大公，是自千古之公，是奚事秘爲己有。一有秘爲己有之心，即此念成私。

門人問入道難易。先生曰：「汝以爲難則難，汝以爲易則易。」未達，曰：「道是人之本性，本性人人自有，這裏豈可言難易？只汝看得天高地遠，便覺得入去彌高彌深，是道之難入。非道入之難，由汝看得難耳，故曰『汝以爲難則難』。然這道既是率性之道，只汝發一肯心，便覺欲之即至，求之立得，是道之易入。不獨道入之易，由汝看得易耳，故曰『汝以爲易則易』。」

門人問「無極而太極，太極本無極」之旨。先生曰：「『無極而太極』，是周子難於下語，不得已隱括大意，成此一言。

然在自己，亦自覺首句中夾一「而」字，不無言語之病，故下著「太極本無極」數語，以掃開章數句語痕之病。要之，我輩欲直截解此上下二義，只將中庸「上天之載，無聲無臭」二語，或倒轉，或順舉，即無不可，言下立明耳。如釋「無極而太極」義，只倒轉曰「無聲無臭者，是乃上天之載」；如釋「太極本無極」義，只順舉曰「上天之載，本無聲無臭」。即上下二義，俱可淵源而會。

門人問傳習録究竟『知行合一』之旨」。先生曰：「『知行』二字，爲初學言，與夫論工夫條目不容不分爲二。要之，體本同歸，用亦兼到，硬分固失，偏重亦非也。何以言之？「知」是知此行，「行」是行此知，所謂體本同歸也。能時時眞知，即是立行；往往力行，即是眞知。所謂工亦兼到也。這裏如何可以硬分？又如何可以偏重？」

「一以貫之」之「一」，先儒以爲乃合一之一，非一件之謂。愚謂不惟一件之謂未盡其旨，即合一之謂亦儱侗無當也！這「一」即「天得一以清，地得一以甯，人得一以生」之「一」。這是在天地爲生成樞紐，在人爲經綸命脉，而要之只是這生而徹底無欲之忠心，滿腔一體之恕心。所謂「大人與天地合德」者，即合以此，爲「生民立命」者即立以此，而所謂「天命之性」，亦即是命以此，所謂「率性爲道，修道爲教」者，即率以此，修以此。看得伭遠高奇固不是，看得皮膚支離更不是也。」會得「夫子之道，忠恕而已矣」九字之旨，即中庸「道不遠人」，眞機可默會於此，而中庸「違道不遠」之旨，亦正不煩而解。

先生一日讀羅近溪集，見其發明「一貫」二字之旨，曰：「一者，一乎其貫者也；貫者，貫乎其一者也。非一無以爲貫，非貫無以見一。一而貫，無不貫矣；貫而一，無不一矣。」曰：「雖非正講吾道『一以貫之』之旨，要之通乎其意，正自可淵然而契。且即五經四子、萬事萬理，其源源委委，脉絡貫注者，舉可神而明之，默而成之矣。」

先生又讀楊復所一貫録曰：「『一貫』者，孔曾授受之微言，是即所謂『一日克己復禮，而天下歸仁』，又即所謂『良知良能而達之天下者也』」。曰是言可謂善通經旨，不帶言詮矣。然如其言矣，中爲天下之大本，和爲天下之達道，『致中和而天地位，萬物育』。至誠盡性而盡人物之性，推之贊化育，參天地，何在而非『一以貫之』之旨？又豈獨表裏論語、孟子之二說哉？」

先生又論羅近溪「一貫說」曰：「聖門之求仁也，曰『一以貫之』。『一』也者，兼天地萬物，而我其渾融合德者也；『貫』也者，通天地萬物，而我其運化同流者也。非一之爲體焉，則天地萬物斯殊矣，奚自而貫之能也？非貫之爲用焉，則天地萬物斯間矣，奚自而一之能也？非生生之仁之爲心焉，則天地萬物之體之用斯窮矣，奚自而一之能貫？又奚自而貫之能一也？是聖門求仁之宗也。爲之擊節曰：「是言倍覺精微，雖未直指出忠恕之爲一貫，要之，仁即忠恕之精魂，忠恕即仁之體魄；精魂即體魄，體魂本精魂。透得此旨者，不但明此無不可通彼，即忠恕之正是一貫，一貫之只此忠恕，總無不可會意而悟也。」

天地之道，爲物不貳，則其生物不測，是天地之以一而貫，可於此悟也。明此即吾道「一以貫之」之旨，可於此引伸而會。天地之生物不測，而其爲物究之不貳，是天地之貫而實一，可於此悟也。即「夫子之道，忠恕而已矣」之旨，可淵然而悟。

志仁則無惡者。蓋惡是有昧心，妄行不仁之事，志仁則不欲自失其本心，豈復可違心而行乎？故無心之過，不可必其無；而有心之惡，則可信其無。蓋過非存養之熟者不能寡，而惡則立意爲善之人即可信其無也。味其語意，此章以是夫子爲有志去惡而未得其要者，發救病之藥，教之無徒治於標本，爲捕東生西之爲，而當深探其本原，爲正本清源之學耳。第志仁尚不能說到窮理盡性，窮理盡性則幾於仁而過可免，又不獨惡可無。理欲不并立，志仁則無爲惡之心。仁不仁爲人禽之關，而志則又造命生身之樞也，故學者以立志爲第一義。

初學未達敬、樂眞旨，言敬則必歸收斂，言樂則必屬恬愉。收斂是初學下手邊事，恬愉是久學得力邊事，似有層次難紊。若積之日久，力到功深，到得一旦豁然時，則知收斂、恬愉，不但得力後境界難分，即下手時機緘原自合一。何者？蓋以功言，初學收斂處是敬，然却要知道收斂而恰合恬愉本體，這即便是樂在其中。初學下手，老學得力，胥此一機，胥此一功，原無分段，亦無層次也！故吾嘗言，敬樂是一體相成事，不但得力收合一之全效，即初學下手，亦必認明體段，雙融并攝，然後居敬之功始眞爾！

卷四十

馬相九先生

先生諱棫土，字相九，同州人，文莊曾孫，敦若之孫，二岑之長子也。二岑殉難，先生年僅十三，與弟稚土孤苦零丁，無所依賴。然秉信端嚴，持身謹慎，少年即有成人之度。補邑庠，食餼。康熙三十二年出貢。生平坐不倚，行不徑，盛暑不去衣冠。與党兩一、張敦庵、王四服、王山史、李天生輩，以修身爲己之學交相勉勵，一一身體力行。率諸昆季講學於邑之聖母廟，人士翕然應之。既聞盩厔李二曲昌明絶學，爲關西師表，因與族祖馬慄若，耆儒王省庵、白含章、李文伯延二曲於郡城東之廣城觀，北面受學。先生致審於經書異同之辨，二曲爲之逐段析疑。又問六經大旨，二曲默然，示之以寂，先生怳然悟曰：「無聲無臭，六經之所以出，亦六經之所以歸也。」二曲西返，先生賦詩志感，并録其讀書次第及學髓諸篇，朝夕服膺之。二曲嘗言：「使世皆如相九，朝廷刑罰可使盡措，即理學家規矩準繩，亦可無事諄諄矣。」貽先生書曰：「大道無窮，吾子竟之。聖學忌雜，吾子醇之。擔當世道，主持名教，非吾子其誰也？」

康熙十七年，二曲閉關，謝絶人事，多士來謁者皆不見，惟先生與王豐川、惠少靈、楊堯階昆弟昕夕侍側，故所詣益純。年八十卒，無子，以弟稚土第三子鎔爲後。著有白石樓存草卷、石齋語録。

詩録

送李二曲三首之一曰：「人爲萬物靈，靈者詎形骸。大立小不奪，此語良不乖。天清夜月明，纖翳何容排。所以陽明子，良知探聖涯。此理固非誣，何事獨塵埋。上下千載間，師也豁其霾。願言誨無倦，先覺迪吾儕。」

自勵曰：「狂聖何所際，人欲與天理。理欲一念分，敬與肆而已。敬則天理存，敬則人欲銷。敬則衆善集，敬則諸惡遙。所以古賢哲，標此爲學宗。戒懼而慎獨，冰淵爾室中。我躬本庸劣，造道未眞知。敬之復敬之，古人不吾欺。動須凛明旦，靜須嚴對越。勉此持朝夕，中心用如結。」

語録

學者當先辨志。今之士人須宜自揣，將爲舉業乎？抑籍此爲名乎？果爲身心性命、德行實踐乎？舍身心性命、德行實踐而爲名與舉業，則志已污矣。

「苟日新」三「新」字不同，是「新新不已」之意，觀「日日」字，「又」字可見。若只保守得此新，即是退托不進之機。

「皆自明也」，「自」字見從古帝王皆在自己身上實實用工夫，「自」字要細細理會。

「緝熙敬止」，正文王之工夫也。下五件皆實用工夫處，即「緝熙」之意，非無工夫之説也。

先生詔門人曰：「諸君當以成人爲期，必着實體認做去。今惟以務時文、求富貴爲心，不知聖賢之學實不在此。論語首言「學而時習」，次章即言「孝弟」，即此可見聖賢學問不外「孝弟」二字。所以爲人處正在此，吾人正當從此用力。」

門人問：「本立而道生，此『道』字何指？」曰：「此意上節已盡，此特再明一番耳。爲人孝弟，即本立處；不好犯上作亂，即道之生處，非判然兩層。」

夫子十有五而志於學，非如今人十五纔入學校之説。當其志學之時，不踰之機括已具，至從心不踰，亦不過此志做到底處。逐年言之者，爲學者立一漸進之法耳。不是立時尚有惑，不惑時尚有不知之意也。

爲學要在危微處密密體勘，人心亦心，道心亦心，此處所差只在毫芒，而凡聖之界天淵矣。是以擇之不可不精，所重只在能精，惟其精纔能一，一即是中，而「允執」只是常常一而已矣。

爲學必以敬爲主，敬者吾人學問之欛柄。如楊龜山立雪程門一事，非平日主敬，何能如是而致「吾道南矣」之嘆哉！我輩各宜勉之。

欲爲學，當先於古人中取個標準，急爲趨向，庶乎學有主腦，不爲他岐所惑。不然，心志漫無定向，悠悠忽忽，欲有成也難矣。

損、益卦，工夫全在一「損」字，必損去私欲而後天理始有容受處。故損卦曰：「懲忿窒慾」。學者欲求益，當先視其能損否。

回之「庶乎屢空」，回之心體已無罣礙了。在貧時固是空，即富時亦是空的。此亦就學者論之，回則不自知也。

執德章只看一「信」字，凡學須要信之篤，而後工夫可做。

一日，先生指齋中草木示諸子曰：「前值亢旱則憔悴可憫，一經雨露則新枝新葉自不可遏者，是生理原未中絶，乃現日新之象耳。我輩爲學，亦必日異一日，如草木之頓然更新，庶乎可以長進。不然，悠悠如舊，終爲庸夫，可哀也已。」

中庸一書，全看「戒愼乎其所不睹，恐懼乎其所不聞」及「君子不動而敬，不言而信」二句，意已盡矣，要在此處時時奉持。

或問：「小莫能破，何如？」曰：「道無大小，有載破乎？蓋道無可語，但借大小字來形容，默會得那無聲無臭，則可幾矣。」

「自明誠，謂之性；自誠明，謂之教。」二字當着實玩味。不但湯、武反之而爲教，即堯、舜性之，亦何嘗無教？千古聖賢，斷未有離教而能誠身者。

學者須當著實踐履，不可輕自暴棄。

滕文公聞孟子性善之言，一有大事不自行，而必問於孟子，則文公之性可知矣。

許子非用意亂滕，乃是他學問偏處。

洪範一篇，無一字可略者，皆宜細玩。福極無二，福即是極，極即是福。

易以太極爲首，而範以五行者，蓋易言體而範言用也。

鳶飛戾天，魚躍于淵，物各率其性之自然。

孟子盡心章，陽明先生作「生知」、「學知」、「困知」三等看，於下學者，似有把捉。

孔子嘗曰「畏大人」，孟子言說「大人則藐之」，何也？ 大人有有位之大人，有無位之大人，皆是該畏的。孟子所言「藐」者，就其說而言也。所以能藐者，以其有古之制也。不然內無擔當，未有不以巍巍束縛其心者。

「無他，達之天下」，言別無第二件道理，惟此愛親、敬長之仁義也。他道或有隔礙，此一點愛敬念頭，不但通天下、貫萬世，即爲堯爲舜，亦不過就此良知良能擴而充之，再無他道。

「知皆擴而充之」，知與充孰重？ 必知得，方行得去。其端若火之始〔一〕然，泉之始達，最易滅絕。能充，即四海之遠便足保；一不能充，即父母至親亦不足事，關係何等大。

凡看書，不要看做聖賢的一場話說，就要看到自己身上來，不可把自己看得太卑了，把聖賢看得太高了，至於不敢擔當。

「退而省其私」，還是夫子省顔子，非自省之說足以發，須兼動靜語默說，方盡得個足字。

畏人非的心不可無，不然一無忌憚，則日流於非矣。故詩曰：「人之多言，亦可畏也。」

孝經謹身節用，學者宜書於坐側。

問：「爲之難？」曰：「工夫從難處過來，自不輕言。」

天果有心乎？ 不但天有心，地亦有心。故易曰：「復其見天地之心。」天何知乎？「出王」、「游衍」，罔非帝命，即其

〔一〕「始」，原作「使」，據孟子公孫丑上改。

知也。

問：「能力行亦可謂好，而性理何以猶曰『粗淺』？」曰：「力行固好，必心地略無勉強，當行則行，無稍沾滯纔是。譬如吾家義田，其施濟於人，是力行也。若稍有吝惜、易盡之慮，猶之與人也却少，自然便非力行。」

樹德務滋，除惡務本，德須務滋。長惡之本誠難拔除，須加十分力量，務必拔除淨盡，一絲不留。若毫有根蒂未盡，後必復發。

學者心胸要大，不然，此道理承載不起。

凡行之不到，還是知之不徹。譬如行路，如知得此路明白，任意長往，無有隔礙。如不明白，舉足皆是迷途，何處着脚！

教子弟要謹慎，不可疏略。弟子之父母既以子弟見托，我既承而受之矣，或有怠忽之意，不惟負人之托，亦且欺己授教之心，便是大過。

人若讀書不攖情於功名者，便是天地間大豪傑。繼述之事，惟務完全，得個眞人，求無愧於親而已。外此何慮？

鄉黨或有不和，只務盡己，勿起較人之念。

人在病時，求僧禮佛，平日不肯習善，至急始念救苦，又念懺悔，不已晚乎？夫子曰：「丘之禱久矣！」信可味也。

「用行舍藏」，原無偏重。「藏」字之理，此聖賢心體已無罣礙了。纔有所重，即有所執，則字甚圓活，總重有是二字。

常人雖行，無所以行；雖藏，無所以藏。聖賢行，實實有個行的；藏，實實有個藏的。

行恕之道必先要能容。

凡横逆來侵，切勿動聲色。任彼強暴，我只一味忍他。

舜、跖之分，止在利、善之間。當其起念之初，便須密密審察，念頭果是理，果是欲？是理必令充暢，是欲必使遏絕。

學者讀書，要須於性分眞實領略，方有受用處。不然雖破萬卷，無益也。

萬物皆備章，大義是孟子直指性宗之言。因指庭前柏樹示諸生曰：「此樹抽枝引葉，開花結實，不知幾千萬億。自形跡觀之，枝葉花實各不相侔，然其元初只是一粒生意保合而成。如今千粒萬粒，那一粒中不備全樹生意在？豈不是萬粒備於一粒？元初一粒，所謂萬物統體一太極也。一粒備萬粒，所謂一物各具一太極也。人不到此地位，只見宇宙大我小，宇宙外我內。所以一膜之外，都成胡、越。「反身而誠」，所謂「有諸己之爲信」也。到此地位，眞見我非我，原統宇宙以爲我。宇宙雖大，多不得些子；我雖小，少而得些子。如萬金主人，一向流落在外，困頓饑餒，不勝苦楚；一旦歸家，見自家寶藏庫色色具足，想他樂也不樂？雖然這寶藏庫一向塵埋，卻只是這軀殼封固。強恕而行，打破軀殼，直透性始，這正是寶藏庫開關啟鎖玉鑰匙在手，故曰『求仁莫近焉』。」

孟子學問原本中庸，看徹「天命之謂性」，所以說「人性皆善」；所以說「萬物皆備於我」。此說脫口時，孟子胸中也無天，也無地，也無人，也無物，也無上下四方，也無往古來今。我這腔子裏，天地人物，上下四方，往古來今，渾渾全全，貯得完好，無一點滲漏脫遺，不覺衝口而出曰：「萬物皆備於我矣！」孔子「樂在其中」，顏子「不改其樂」，正是這個，故曰「樂莫大焉」。人不到此地位，眞是浮沉苦海，戚戚一生，實堪悲憫。

知道「萬物皆備於我」，纔知道「人與天地參」爲三才；纔知道宇宙內事，皆己分內事；己分內事，皆宇宙內事。纔知道「人人皆可以爲堯舜」；纔知道個「人人心有仲尼」；纔知道「居之安，資之深，取之左右逢其源」；纔知道「不舍晝夜」、「盈科而後進，放乎四海」；纔能「江海以濯之，秋陽以暴之」；纔能「居天下之廣居，立天下之正位，行天下之大道」；纔能「建諸天地而不悖，質諸鬼神而無疑，百世以俟聖人而不惑」；纔能「推而放諸東海而準」，纔能「推而放諸西海而準」，纔能「推而放諸南海而準」，纔能「推而放諸北海而準」；纔能「與天地合其德，與日月合其明，與四時合其序，與鬼神合其吉凶」；纔能「無爲而治」；纔能「行所無事」；纔能「經綸天下之大經」、「立天下之大本」、「知天地之化育」。三代以上聖人，人人明此道理。三代以下，宋惟周濂溪、程明道、陸象山明此道理；明惟陳白沙、王陽明、王龍溪、王心翁、羅近溪明此道理。不明此道理，學是曲學，儒是小人儒，到底只在格套方隅中旋轉，斷不能首出庶物，萬國咸寧。

雙目如豆，備盡天下之色。兩耳如瞳，備盡天下之聲。一心如拳，備盡天下之物。則人人自有此至寶，人人不肯珍護愛惜，或委之泥沙，或固爲蜣丸，哀哉！

萬物皆備章乃太極圖、通書、西銘之祖。中間有本體，有享用，有功夫，有效驗，乃孟子吃緊爲人處，亦我輩吃緊爲人處，亦即我輩教人吃緊爲人處。學無他，只這個不厭到老；誨無他，只這個不倦到老。

卷四十一

王天如先生

先生諱吉相，字天如，自號古豳病夫，邠州人。生而恬退端諒，非禮不行。舉康熙壬子鄉試第一人，登丙戌進士，選庶常。每自嘆學未見道，何容以未信之身立朝事主，請告歸。受業於李二曲之門，二曲授以「知行合一」之旨。先生躬行實踐，期於必至。日讀四書，思及於「格致誠正」、「三不知」、「聞知見知」之語，恍然曰：「『知』爲千聖心傳，曰欽明、曰濬哲、曰克明、曰智、曰明、曰明德、曰知性知天，皆知也。故仁爲知之體，義禮爲知之用，信爲知之貞德，勇爲知之強力，而敬爲知之工夫。他如誠也、樂也、中也、直也，萬事萬禮，皆一知之終始也。識得這知，則千聖心傳一以貫之矣。」未三年病卒。君子惜之。著有四書心解四卷，偶思録一卷。

四書心解

朱子將格物看做學問思辨工夫，故解做「窮至事物之理」，是將知行分做兩截了。陽明致良知，是將「物」字看做物欲，格得物欲淨盡，自然靜極生明，此是無爲之學，落入空寂去了。不知知行如陰陽，是須臾不相離的。知如眼，行如足，眼一闔，則足無所措；足不行，總眼裏看見前途，終是放著。如朱子說，是問盡天下路，然後去走，恐擔閣了時日；如陽明說，則學問、思辨、篤行，一切俱廢，勢必去那人倫日用，弊不至無父無君不止。不知大學之道只在實事上做工，只是事事時時心在，便了這心在的學問。徹格物、物格的終始，是至中至庸的，却是至遠至難的，故曰「中庸，不可能也」。

不曰正心在誠意，而獨曰誠意，見心意只是一物，誠正只是一功，非如心、身、家、國，有內外彼此之分。故後傳正心，更不言正心之功，而止言心不正之過。見誠之外，更無正功。祇恐誠的偏了，便是不正乃爾。要之則一致知便了。毋自欺是誠意的工夫，實是致知的工夫；自謙是意誠的功能，實是知至的功能。慎獨兼誠意，誠意實兼致知、知至。小人是不誠意之人，實是不致知之人。其嚴是慎獨、誠意、意誠之圖，實是致知、知至之圖。後正、修、齊、治，都在此傳內，特未點出。識得誠意一傳，則大學之三綱領、八條目，無不盡於此矣。

或問：「正心傳只言心不正、不在，那正、在却是如何？」曰：「不是要定在腔子裏，須腔子內外都要照着，即清明在躬是也。要知存心之欲正，正欲行事至於至善也。若不管躬行之善惡，存這心有何用處？」

「率性」、「修道」已括盡內外功力，只恐俗學不知根本，一味向視聽言動作事時用力，終是不能盡道復性，故又說出「須臾不可離」來。「須」爲有待，如呼吸之稍停；「臾」謂有間，如毫髮之少隔。「戒懼慎獨」是不可離的根本，聖賢學問原與天下國家相關，是有用的。這「用」不於用處求，須於體處求之。不一何以能貫？不靜何以善動？譬之農家，戒懼是深耕之功。此時無苗、無種，何苦費力？只爲不耕，則稂莠之種不除，嘉禾終是不生；慎獨如溉種，不溉則苗終不旺；作事，如芸苗，不芸則稂莠又生。三者雖皆不可離，然深耕、溉種，畢竟是根本。故「戒懼慎獨」，中庸特表之，以示務本之學之重也。大學言「誠正」，而此徒言「戒懼慎獨」。「誠正」就爲學時說，此就成德時說。見到得成德時猶然如此，「須臾不離」、「莫見」二句，即大學誠中形外之意。慎獨只不令念起便了，非存好念而去妄念也。戒懼，仁也；慎獨，知也。是一心，非二念也。

喜怒哀樂見中非空空無物，其中已具喜怒哀樂之性，特未發耳。發而皆中節之和，不是強制那本情使不發，只要中節便了。兩個「謂之」[一]，亦爲異學，強制者指眞見不如此則不得謂也。大本指盡天下之物理，達道括盡天下之人倫。

〔一〕「謂之」，原作「之謂」，據中庸章句改。

「中」是大無外、小無内，是天地、人物的包子，即太極也。「和」是一理貫入萬理，一物貫入萬物。如一把鹽，一碗醋，調入一鍋飯内，吃來口口都是一味，更無濃淡之分，即太極之散於萬物也。這中和是人性中本有的，只是世上生知安行的人少，不經戒懼慎獨不得。

「回之爲人」，這「爲人」二字，便是中庸本旨，便是自己身心上做工。「得一善」必就渾一説爲是，朱子將「據德」、「得一善」俱解做「一事一理」之得，是從學問思辨中看出。學問思辨是見解之得，雖也是好的，終是與道爲二，我心依然不自得，算不得個德。這「得一善」之德，本是全德，但或得其所志，或得其所據，或得其「知之者」之知，或得其「好之者」之好，是得其一境之善，非得其一理之善也。天下萬理都是一個，不得則俱不得，得則俱得，豈有今日得此，明日又得彼耶？若得是一事一理恁等，則猶然未得也。況顏子「不違仁」，仁豈屬「一事一理」者乎？此章「一善」即仁，「拳拳服膺」，即守回之爲人，只一仁守便了，何必葛藤！

「君子依乎中庸」一節，是須臾不離之意，是外人推究他如此，他只是戒懼慎獨便了，何曾知甚依來？「遯世」是明明與世共遊，而俗眼莫之識也。即如孔、孟，世人誰不稱贊，而實皆莫之知也。「不悔」是全無這意念，如稍有意，便非依中庸了。曰惟聖者能見，非尋常易易也。

「爲物不貳」，重二「爲」字。「無息」者，至誠之爲；「不貳」者，天地之爲。「爲」猶行也，「道」猶路也。惟常行則有路，不然，則茅塞之矣。「爲」字又對「生」字。「生」者，爲之生機，惟其常爲，所以常生。「爲」如磨轉，「生」如麥屑，常轉則常屑。如暫不爲，則死物矣。要知天地是活物，今人都不知「爲」字，是視天地爲死物了。此言天地之道由爲而見，至誠之道由無息而見。「無息」也，「爲」也，其實一也。

「其次致曲。」「次」非不如至誠之人，只其成功之次後耳。這是由成功之後推原本來，非説此等人當如是也。「致曲」即格物之功，物甚曲折，隨其所在而無乖，故曰「致曲」，曲則心一。如那學走「之」字般的，此心稍一不在，則錯亂矣！惟其一，則常在；惟常在，乃能有誠。「能」字直統下也，是爲能了形，是施於四體，不言而喻，動容周旋之中禮也。「著」是形之漸及於人、物，「明」則普天率土之共見聞也。「動」、「變」、「化」則亦盡人、物之性。「惟天下至誠爲能化」，則亦與天地參矣。

論語首章是論「學」的功效，非論「學」的工夫。首節是明德，次節是新民，末節是止至善。一「學」字通冠三節，是即大學「時習」二字，説盡一個「學」字。悦樂朋來、不愠君子，總見一個「時習」。悦樂是「時習」的心境；朋來、不愠、君子是「時習」的本領。三「不亦乎」字，俱是形容之辭，只是俗學以學爲至苦而無所得，故唤醒乃爾。言學有如此快活，如此功能，豈曰小補之哉？

「温故知新」一章是眞知之學。只一「知」字便了。「温」如埋火温水，不令過熱，亦不令其寒，是勿忘勿助、時而習之之意。此是存養之功，是常知的意。「故」即明德，也是知，以其是本來的，故曰「故」。「新」者，故之繼，常故則常新，是日新不已的，即文之「緝熙」。此中有慮的能事，故曰「新」。要之，新亦是故，只是未温時在裏面藏著，温久自從裏面出來，故曰「新」。這是定静安慮，明德、新民、止至善的學問，是大學的眞傳，故曰「可以爲師」。師兼人己説，千古聖人，幾曾聞得有師來？只是明德既明，自然應用不窮。以此教人，不惟不受其困，而學統永無差異矣。

「終食之間不違仁」，只説得一個「無違」，就是安仁之仁者。不處不去是一見，便不是自然決然之意。若是勉强要不，便是去仁。仁是無加雜的，一有動念便是加雜，便是間歇，故曰「終食不違」。終食即是須臾，原是須臾不雜的，故又説出「造次顛沛」來。造次顛沛也，是他人見得如此，君子心上并無這境界。若君子見得如此，便是動心了，安得無違？此中無違，則更無違之時事矣。「必」字也是推論他恁等君子，何曾有必心。

「朝聞道」，「道」即仁也，「聞」是眞知，是心知，是能知能行，不是空知，那理有動静不離、經權常變、無所不通的意在。人爲萬物之靈，天地生人，已將天地、人物擔子交付於我，任甚重，道甚遠，此道不聞，生有愧而死不安。此道一聞，則生人之事畢矣。生爲天地有益之人，死爲天地有益之鬼，有何不可？故曰「夕死可矣」。

不雜曰「一」，皆備曰「貫」，曰吾道是不遠人的，即心之純然者是也，即仁也。下「忠恕」只是一心見，以之居心也是這個，以之與人也是這個，豈不是「一」？豈不是「貫」？是合解「一貫」，非單說「一」。但「一貫」是自然的，此「忠恕」兼安勉「誠者」、「誠之者」都說得去，門人容易醒些。

「德不孤」，「德」即所謂「明德」，是兼五德的。「不孤」是說生人之大原本來如此。「有鄰」是說人能修德，必有類應，必有從，不孤來。惟其不孤，所以必有鄰也。若本來是孤的，後來要求類應，則心各不同，如何得有？

訟過章云世上本無好事，但無不好事就是好事。學中本無甚功，但得無過便是功。千古聖賢都用兢業，不是求功，只求無過已耳。這見過內訟之事，正是學聖的正道，正是爲仁的實功，故子急欲見之而嘆其不得見也。

「三月不違仁」，「仁，人心也」，心常存而不放，故不「違仁」。言「三月」者，只爲顏子之心尚未到十分純正去處，念頭少息些子，便是須臾之間，故註云『久』字，見違者猶少間也。其餘之至，是一日之間或有到來片時，一月之間或有到來片時，日之至者較勝於月之至，非至得一日，至得一月也。顏子譬如在家常處的人，有時外前走走；其餘如商旅之久在外者，暫時回家看看；其餘亦不可說向癡呆人去。聖門弟子無日不在仁上打點，但此道至精至微，難捉易放。故有時到來，轉盼又不覺亡去，終身求之而不可捉摹也。必如顏子之存心而後庶幾乎。

「人之生也直」，此「直」字包盡天下之理。此理當太極之初，渾然無物，這中間一點陽氣亭亭直上，無私無曲，生出天地萬物來，這是「直」的本原。及賦在凡人身上，有一種天性剛直的人，存心老實，行事端方，這是不失本來面目者，故號曰「直人」。這也是種生人，若到聖人地位，將這本來面目以直養而無害，即所謂心正、意誠、身修者是。易曰：「敬以直內，義以方外」，「方」亦是「直」。中庸曰：「中立而不倚，和而不流」，「不倚」是直，「不流」亦是直。這種生機無窮，纔是個生人，就是死後尚有生氣常存。如無了這個，雖衣冠言動，謂之行尸走肉可也，故曰「幸而免」。

「欲仁之至」，要參究「至」字。「至」是仁之全體都至，見一念之欲能拓得仁的全體。仁何嘗遠來？人能從這個念頭存養起來，終食不違，無稍間斷，便與仁爲一了。但暫至而復去，不向此用力保守，故終曰「求仁而不得。」

「克己復禮」是對顏子的話，朱註說的是凡人事，故重在「克己」。夫子說的是顏子事，還重在「復禮」。「克己」之功，顏子已盡得十分，但尚有己之見在，故還説「克己」。「復禮」之功是盛德之至，顏子尚不能活潑，尚未到的，故還重「復禮」。「克己」兼誠意正心，到得克時則誠正矣。顏子「三月不違」，心意還不曾十分誠正的，故語中不脱「克」字。「復禮」是修身齊治均平事，顏子內裏雖純，視聽言動還不十分照管。故此章説「視聽」四者，而「爲邦之問」説出制禮作樂來，曰「王佐之才」是就「爲邦之問」看出。大抵聖人教人，須到十分去處方休。顏子幾於聖人矣，尚未到至處，故夫子云云。克、復二字是現成話，就己克、己復時言之，故曰「爲仁」。如曰未克復而纔去克復，便是爲仁的工夫。於此辨之不明，故渾説爲仁話頭，切不必泥。

樊遲問仁章之「恭、敬、忠」，只是一心，用之此而此名，用之彼而彼名。居處四項倒是實際，只爲此心莫處著，故因時變化而此心隨在都有，正是無時無處而不用其心也。然此中有省察存養的實功，不是輕易。

君子思不出其位，即所謂「克己」也。孔子之「仁」，大學之「誠明」，孟子之「不動心」，皆是物也。此心常知而不動，則「止艮」之義也。曾子取之盡與心相會也，此即「念兹在兹」之意。凡人有思，便將此心役去。君子有思而却無思，故曰「思不出其位」。這便是「素位而行，不願乎外」之本體也。序此於寡過未能之後，此正寡過未能之成德也。

動心章內智、仁、勇爲不動心之體，而不動心又仁、義之體也。自「必從吾言」以上，辨不動心之眞僞，爲惡似而非之意也；自「宰我、子貢」以下，辨不動心之偏全，爲必止於至善之學也。首節「寂然不動，仁也；感而遂通，義也。」感而遂通，終不違夫寂然不動之體，故曰「不動心也」。此所謂常知常覺之體，至誠無息之本然，非寂寂無爲之端也。北宮黝以下三節，辨「似」之意也。故曰：「似曾子，似子夏也。」「大勇」，直也，故曰「自反而縮」也。「志氣之帥」二節，辨「似」也，爲可中之不可也。不得於言，勿求於心，人共知其不可，無容辭也。不得於心，勿求於氣，爲凡人之所可共者。世道人心之害正在於此，故重辨之也。志爲氣帥，不過頭腦耳，氣爲體充，則周身之所賴也，看來氣更重於志矣。「志至」、「氣次」，言志之所至，氣則從而次之。如帥居某地，而卒即營次其處，非輕重之次第也。註切勿泥知，言非聞時之知，爲先覺之體也。氣爲集義所生，養之而使其常直耳。究之知養非二功，總一存心養性、常知常覺之體也，以直養之。直有敬樂，中在內直，便是浩然之氣，非二物也。充塞天地是滿滿當當的物事，是博厚高明悠久氣象。集義者主忠信，徙義之功也。必有事，見非無爲之學也。心必至誠而後不動，正則不誠，故勿正。心必常明而後不動，忘則不明，故勿忘。心必如其初心而後不動，助則喪其初心，故勿助。「學不厭者」，無息之體，常知之學也，故曰「智」。「教不倦者」，不貳之心，無行不與之誨也，故曰「仁」。孔子之學，智、仁、勇三者而已。孟子之不動心，亦智、仁、勇之體，故曰「願學孔子也」。

「深造以道」，格物之學也。在實行上説，故曰「深造以道」；在心上説，故曰「自得也」。自得則知止矣，居安則有定矣，資深則靜安矣。左右逢源則能慮而無不得矣。通節只盡得一「誠」，只盡得一「明」而已矣。

告子誤「性」爲虛空之體，故曰「無善不善」。次節誤「習」爲「性」，故曰「可以爲善，可以爲不善」。三節誤「氣質」爲「性」，故曰「有性善，有性不善」。自性善之言出而羣説皆息，孟子之功詎不大哉？

盡心章重一「知」字，常知則無知，故盡其心也。常知則不識不知而反其性之初，無聲無臭而還其天之體也。故知性知天，知即性天，非別有天性之理也。存者不亡之謂心，不他亡則盡，到得盡時，依然放弛不得，故曰「存」。存者，知之無息者也。性一也，而氣質不無清濁厚薄，故喜怒哀樂之發，有剛柔緩急之中也。知性則一光照徹，自無此失。但定性之後，依然無息之功，須是常靜常安纔是。若知有少懈，則仍遙遙矣，故曰「養」。養者，亦知之靜安而無息者也。事天只説得一「敬」字，知非敬不明，故曰「事天」。事天者，事心而已矣。不貳者，無息之體。修身者，「四勿」、「九思」之功，亦一「知」字便了。立命者，常知之體，非有二也；言命雖「于穆不已」，而此中依然聲臭不動之體，身雖千頭百緒，肆應無方，而此心惟一光普照，寂然不動之本體，則天命不由我而挺然特立乎？

「養心莫善於寡欲」。欲者，心之知識，多識多知則昏昏，不識不知則昭昭，故曰「多欲則存者寡，寡欲則存者多」也。

語録

此身坐，此心亦坐；此身立，此心亦立。日用動靜、晝夜寢食，無適不然，則心在矣。始也以心從身，久則身皆從心。

視不可一時不明，聽不可一時不聰，色不可一時不溫，貌不可一時不恭。至言必時而後發，事臨我而後敬，猶有待也。若夫疑不可放過，忿不可任氣，見得而審義利，則又日用之偶然者矣，然亦不或忘也。知之知之，曷有極之。

矩爲太極，上下、前後、左右爲陰陽；知爲太極，呼吸、步趨、語默爲陰陽。器有上下、前後、左右，而矩無上下、前後、左右；氣有呼吸、步趨、語默，而知無呼吸、步趨、語默。故曰：「陰陽有間，太極無息。」

或問：「仁與誠是一是二？」曰：「是一個。繪其形像曰仁，想其精神曰誠。」又問：「敬樂中直何如？」曰：「只是仁誠，又各析爲二。敬樂只完得一誠，中直只完得一仁。中直也是繪其形像，敬樂也是想其精神，這又屬四象了。」

知如知州知縣之知，覺如覺察利弊之覺。不知則覺於何施？不覺則知於何功？知如日月之明，覺如日月之照，不明則照於何自？不照則明於何見？故知爲無爲而覺爲有功，知爲本體而覺爲立體之用，知爲明德而覺爲存養省察之功。常覺則常知，一不覺則知隨而墮矣。故曰「毋自欺也」。語之而不惰者，其回也歟。

或問：「我是如何？」曰：「無物便是我」。又問：「無我是更進一層麼？」曰：「只是無物之至而已。」

或問「致曲是何如？」曰：「曲禮三千便是曲，無不敬便是致。」又問：「戒懼慎獨是何如？」曰：「不睹不聞便是戒慎恐懼，慎便是獨，無二物。」

或問：「性命是何如？」曰：「不睹不聞、無聲無臭便是。」又問：「如何是本來面目？」曰：「無面目處便是。」又問：「未生以前是如何？」曰：「也只是無面目，原來是生的。」

或曰：「獨中是甚物事？」曰：「只光光淨淨一個意，有甚物事！」曰：「這是有意麼？」曰：「這正是無意處，纔是眞意。」

桃仁贊

渾看是一個，闢開是兩個，仔細端詳又四個。殼裏藏著定的，全無根孽，地裏長著紛紛的，生出千枝百朶億萬花果。嗟他嗟他！爾還是無知之物，還是有知之物？這還是四個，還是兩個？還是百千億萬只一個？唯唯，天地之間本無多！

卷四十二

李文伯先生

先生諱士璸，字文伯，自號玉山逸史，同州人。未冠即知向學，入庠即知名。年四十，以積廩貢成均，不就廷試，殫心著述，惟文史自娱。性至孝，父疽發於背，不能臥起，先生晝夜掖侍，衣不解帶者月餘，口吮瘡毒而愈。母疾亦然。庚申，歲大饑，出金糴粟，活其親眷數家。一宦友因兵馬倉皇遺銀五十兩，先生拾而還之。前後州守聞先生行誼，頗加優禮。生平與物無競，横逆之來，遜避不校，而力行善事。檢身尤密，朔望焚香告天，自記功過，凡不敢記者，即不敢爲。堂題聯語云：「戴履七旬，寒影總由天地照；省修三紀，朴心常告鬼神知。」以爲道在是矣。

戊申，李二曲至同講學，得聞性命之旨，欣然有會，首先納贄，受學髓讀之，喜躍欲狂。自是凝神内照，敦本澄源，杜門簡出，日閲先儒語録，録其會心者成册，藉以自警。年垂九十，猶手不釋卷。

所著有大學正譜二卷、羣書舉要二卷、孝經要義二卷、四書要諦四卷、小學約言一卷、理學宗言二卷、王陳宗言二卷、詩餘小譜一卷、問疑録一卷、玉山前後集十卷。

蔡紹元先生　弟琴齋附

先生諱啓允，字紹元，晚年自號癡癡生，學者稱溪嚴先生，天水人。生而岐嶷，七歲就傅，讀書過目能曉大義。弱冠入庠，食餼。工制舉，治五經，尤喜濂、洛、關、閩之書，遠邇嚮風，從遊者衆。其教人先德業而後文藝，一言一動各以古禮相繩。父病，籲天請代，不時之需，有求必獲。嘗爲親預營壽器，入山採漆，虎遇之輒避。寇陷城，母被獲，哀號請代，寇感其孝，並釋之。有弟三人，先生課讀甚嚴，而家庭居處，則怡怡如也。

癸未，逆闖入關，兵薄秦、隴，先生肅衣冠趨龍亭，九叩慟哭，欲以身殉，爲父所止。變後，以積廩應貢成均，堅辭不應。日惟從事理學，潛心默玩，多所自得。後聞李二曲唱道盩厔，以仲弟琴齋爲介，納贄門墻，辨道質疑，書問不絕。每得二曲書，必拜而後讀。發書請益，亦拜而後遣。嘗馳書二曲曰：「涇野先生每語人以甘貧樂道，『咬得菜根，百事可做』。夫子云：『士志於道，而耻惡衣惡食者，未足與議也。』若於衣食分曉者，其亦入道之梯級乎？乞吾師剖示。」二曲曰：「世人止因居食二端，不知張皇了許多精神，枉用許多馳騖。若能於此處看得破，於此關打得過，則知貧之一字，原無損於性靈；惡衣惡食，原無妨於學道，瀟洒快樂，何等自在。學人能見及此，則種種物理，不待擺脱而自擺脱，而區區甘貧甘淡，又不待言矣。」嘗以殉國未能，鬱鬱不懌，因以成疾。疾革，子蕃問後事，大慟曰：「先親而逝，罪人也，尚何言！吾死後，斂以斬衰，暴棺野次，以明未終喪制之罪。」言訖，泣抱親頸而卒，年六十一。著有四書洞庭集、蒙解集、鑑觀録，并文集若干卷。

琴齋名啓賢，司鐸盩厔。自處清潔，學政整嚴，盩人至今稱之。

張爾音先生

先生諱承烈，字爾音，晚年自號澹庵，武功人。性任俠。爲諸生。中歲丁内艱，讀禮之餘，觀程、朱遺集，悔誤前非，奮志心性之學。嘗語人曰：「少無師承，爲任俠誤我二十年，爲諸生誤我二十年，今尚可爲鄉愿誤耶？」乃折節讀書，交正人。聞李二曲講學盩厔，率長子伯欽同受業於門，問靜體天良之要。二曲曰：「不審所謂天良果何所指，日用之間如何體認，此是學問大主腦，用功大肯綮，悟此謂之悟性，見此謂之見道。如果屏緣息慮，一切放下，反己自覷，確有所識，由是靜存動察，勿忘勿助，而此一點天良虛明寂定，纔動便覺，一覺即化，不遠而復，即此便是安身立命。」又曰：「天良非他，即各人心中一念獨知之微。天之所以與我者，與之以此也。炯炯而常覺，空寂而無適，寂然不動，感而遂通。孩而知愛，長而知敬，乍見而惻隱，嘑蹴而羞惡，一語窮而舌遯，一揖失而面赤，自然而然，不由人力，非天良而何？」自是父子刻意砥礪，期如心齋父子。會伯欽夭亡，不勝哀慟而卒，同人惜焉。

張伯欽先生

先生諱志垣，號伯欽，澹庵長子。性端淳，不爲兒戲。稍長，嗜書，習制舉，爲諸生。壬戌春暮，受學於李二曲。尊聞行知，不尚空談。每晨起，拜先祠父師畢，端身靜坐，儼如對越神明。讀四子、五經暨宋、明諸儒論學書，體諸身，驗諸日用。事父母出告反面，言動必謹。友愛諸弟，怡怡如也。設先聖、四配、周程朱張位，朝夕焚香，揭其微言要語於座右，以自警策。一日註靜坐說，呈正二曲。二曲曰：「覽所註靜坐說，用心雖勤，似非所急。以成己言之，則自己既曉，只宜依其說切實靜坐，何待自解自看？若欲示人成物，未有己尚未成而遽先成物者也！原稿不妨存之，且宜涵養。」又曰：「終日寂坐，迴光返照，保守所得之端倪，眞機流盎，不貳以二，不叁以三，方是篤於自修，眞實爲己。」又曰：「年來切實爲己，學雖精進，然只增得幾分知識見解而已。性靈尚未澄澈，內未凝一，故外鮮道氣。收攝不密，聰明盡露，須斂而又斂，如啞如癡，精神凝聚，斯氣象凝穆。」又曰：「學道最怕因循，一涉因循便成擔閣，將來終無所見，終無所得，終無所成。」先生服膺師訓，立志聖賢。忽於丙寅仲秋一病而卒，年僅三十。二曲深悼惜之。

楊堯階先生 弟舜階附

先生諱堯階，弟諱舜階，洛南人。皆早歲入庠，食餼。同納贄於李二曲之門。洛南居商州東南萬山中，風氣醇樸，先生兄弟尤潔身自愛，循循規矩，謹守師承。制舉外讀諸儒先書，反身悔過。時有「洛南二士」之目。

李重五先生

先生諱彥⿰王幼，字重五，三原人。生而清謹孝友，母歿，恪遵禮制，不飲酒、食肉、宿內者三年。從李二曲遊，事如胞兄，凡砥德礪行之訓，一一奉之惟謹。康熙丁卯舉於鄉，二曲作諗言一篇寄之，勉以聖賢之學，勿以科名自限。考內閣中書，家居待補。晚年不事酬應，輒閉口靜坐，體認未發氣象。二曲嘗稱之曰：「余宗弟重五孝友性成，晚年尤篤信好學，吾黨矜貴之品也。」補官後爲人受過，旋因兄彥瑁卒，大慟而逝。

羅仲修先生

先生諱魁，字仲修，一字文燦，咸寧人。歲貢生。敦篤好學，尤孝於事親。入邑庠即爲士林推重，當道爭延之以訓子弟。後復受業於李二曲之門，尊聞行知。以選拔爲麟遊教諭，至則修學宮，端士習，宣講聖諭，旌表節孝。見諸生有極貧而好學者，時周恤之。及謝病歸，麟人爲之立去思碑，卒則請祀名宦。時人謂爲「關西教諭之僅見」云。有訥齋集。

文鳴廷先生

先生諱佩，字鳴廷，涇州人。弱冠入庠，食餼。篤志正學。年二十五，從步走五百里外，納贄於李二曲之門。歸而倡率同志四十餘人爲正學會，講習師門宗旨。後復倡建二曲祠，於居旁朔望會講，數十年不替。年六十一，訓導臨羌，甫一年而卒，士林惜之。

王遜功先生

先生諱承烈，字遜功，號復菴，涇陽人，葵心曾孫也。年十九補諸生，精舉子業，詩古文詞尤爲士林所重。然久困棘闈，年四十三始以五經舉鄉試第一，名噪藝林，而先生不以爲榮也。鄰邑張令禮聘先生講學，至則主王豐川家，兄事豐川，講明心性，因得聞李二曲大道之傳。晚始捷南宮，館庶常，改監察御史，補吏科掌印給事中。召入養心殿，講大學「明明德」之旨。先生辨諸儒眞僞，務在力行，世宗極爲稱賞，謂其「學有本源」。

出爲湖北督糧道，遷江西布政司，操行嚴正，向學益篤。授工部右侍郎，方冀斯道大明，展其所學以報國恩，未逾歲而卒，年六十四。先生內行修謹，家貧授徒，孝養無缺。及通籍後，禄賜偶有贏餘，即以惠民濟衆，修廢興學，歿之日，幾無以爲斂。嘗曰：「吾年至四十，庶幾無一事不可對人言者。」可謂不負所學矣。所著有日省録，武功康復齋爲之序，略云：「此先生録所自得語也，大之陰陽造化，博之人倫物理，精之身心性命，以及吾儒異端所以離合異同之故，罔不究論而晰其淵源焉。」又有毛詩解、書經解行世。

孫先生

先生諱長階，富平人。性清醇，篤於孝友，志期正學，從學於李二曲之門。以副貢坐監成均。卒，年三十餘。

賈懷伯先生

先生諱締芳，字懷伯，韓城人。父弘祚，字永錫，順治丁亥進士。弱冠能文，爲邑令左公懋第所器，嘗以禄養未遂，終身不置酒樂，不衣裘帛。歷知章邱、尉氏等縣，擢御史，出視長蘆鹽政。告歸，杜門謝客，好學不倦，年登大耋。著有西臺奏議、巡鹽題稿、龍門外集等書。

先生幼承家學，讀書勵行。嗣從李二曲游，益有根柢。聞父言左公軼事，心慕之。爲搜輯遺稿，得崇儉一書刻之。年三十六卒，著思誠録。

高五紘先生　程、強兩先生附

先生諱世弼，字五紘，韓城人。父掞，爲邑名孝廉。先生幼志儒先之學，長遊李二曲之門，敦行孝友，砥礪廉隅，制藝清眞雅正，有反樸還醇之意。就家講學，及門之士皆循循雅飭，望而知爲五紘門人。

同時里中從二曲游者，有程伊藻、強嶽立，皆儀則端方，有品慨。

李汝欽先生

先生諱修，字汝欽，寶雞人。質淳而行篤，未弱冠，即有志於聖賢之學。癸丑秋，謁李二曲於關中書院，北面請業。乙卯，二曲避亂富平之擬山堂，又及門受學。自是往返千里，探本窮源，日精月進。二曲竊喜之，嘗曰：「郿塢、岐陽，秦隴、皋蘭，皆有道德儒先，以光邑乘，惟寶雞獨尠。今汝欽奮發崛起，爲一邑破天荒，豈惟家有餘榮，邑亦與榮施矣。」先生録二曲口授爲肘後牌一卷，題曰：「肘後牌者，佩日用常行之宜於肘後，藉以自警自勵，且識之於不忘也。『上帝臨汝，無貳爾心。』其可忽乎！」卒屏弃帖括，成大儒，稱姜水先生。

惠少靈先生

先生諱龍嗣，字少靈，富平人。康熙己卯，李二曲避兵富平，邑令郭公作擬山堂，以爲講學之地，先生從游受業，事如父母，有古師弟之風。登康熙辛未進士。二曲作書誨之曰：「登第之始，正養德養聖之始。善自匡持，凡百物異平時，須斂而又斂，動輒檢點，寧謹勿豪，寧樸勿華，勿徇貨利，勿干有司，一味安閒恬退，不可一毫多事。」又曰：「汝昔事吾於擬山堂，朝夕依依，猶嬰兒之戀慈母，不忍一日離側。今登第之初，他務未遑，惟以吾爲念，篤於師誼，卓有古風。」先生彙二曲講學明道之書及其他論著爲全集，又刻其司牧寶鑑，并摭二曲生平曰歷年紀略。授通海知縣，多惠政，上游咸器重之。蒞任八月，卒於官。

著有自新、應用二録，其自序曰：「余念學問之不日長進即日消亡，竊虞其鋭始怠終，虚延歲月，未有貞修實證，故凡一切閱歷，偶有所觸發，輒筆之於冊，以自驗功力之淺深。」王豐川謂先生爲「師門之先覺」，良不誣矣。

康孟謀先生

先生諱乃心，字孟謀，號太乙，又自號耻齋，郃陽人。父姬冕，號約齋，年十六爲諸生，嘗取朱子家禮與諸儒記損益之，名曰居易堂喪禮鈔。先生善屬文，小試輒冠其曹。尤工詩，每一篇出，遠近爭相傳誦。居恒敦孝義，進退辭讓，一以古大儒爲宗。過庭之日，聞約齋語李二曲，不啻自其口出，心竊慕之，因負笈跋涉，從二曲於盩厔。戒空談，敦實行，動必循禮。康熙己卯舉於鄉。庚辰會試不第，諸大臣欲荐之，固辭歸里。癸未，聖祖西巡，駐蹕潼關，問關中經明行修者，當道以先生奏，自是名聞天下。然家素貧，朝夕拮据，而意致洒如。嘗慨前賢遺跡湮廢，爲樹碑作傳，記無虚日。著有毛詩箋、太乙子、韓城、平遙志若干卷。

劉省庵先生

先生諱曾，字魯如，號省菴，臨潼人。少從李二曲游。康熙中成進士，授溆浦令，擢吏部主事，遷郎中。有廉名。陞貴陽守，考最，晉雲南驛鹽道，擢按察使。著有漱古堂集。

馬仲足先生　馬慄若附

先生諱逢年，字仲足，同州人。年已七十，見李二曲於白含章書屋，北面從事，執侍惟謹。二曲西返，先生敬誌其略曰：「吾見先生其人矣，式金式玉。吾聞先生之語矣，切性切身。果然朱、呂之儔，展矣周、程之侶！動則規圓矩方，因物而付；學則天通地徹，隨叩而鳴。窮則可以善身，達則可以淑世。斯文之寄，其在斯乎？某等豈因博雅，徒步追隨，爲親典型，甘心北面？恨三偏之爲害，常憶格言；愧『四勿』之未能，每思德範。而今而後，舍舊從新，雖云年老力衰，何憚朝聞夕改！若非竪誠於當前，何以淑身於去後？以故書茲揭牖，用代提撕。」

時州人有馬先生諱栜〔一〕，字慄若，亦忘年受業，有古風。

寧靜默先生

先生諱維垣，字靜默，蒲城人。幼習舉業，長乃潛心理學，受業於李二曲之門。嘗曰「人心危而難制，以其從内生出」，二曲稱善，遂爲入室弟子。凡士之來學者，令先就先生閱證，然後入侍函丈。平生誠心爲善，不事表暴。二曲嘗語人曰：「靜默，吾之左輔。」其見重如此。

屈佩玉先生

先生諱琚，字佩玉，蒲城人。少好讀書，嘗負笈從盩厔李二曲、鄠縣李雪木游，二李皆器重之。歲辛未，關中大饑，先生館於鹿邑，因移家就食。會父卒，先生一痛幾絕，先送母歸蒲，復至鹿邑扶父櫬，徒跣往來，晝夜哀號，血淚俱盡。葬畢，竟以哀毀而卒。

〔一〕「栜」，中華書局一九九六年版二曲集附録三年譜作「秣」。

卷四十三

康復齋先生

先生諱履賜，字復齋，號一峰，武功人。歲貢生，居鼂山，竟歲不入市，有大志，欲以勳業自見。居父母喪如禮，服闋，絕意仕進，思欲倡明絕學，刻苦數十年，豁然大悟。提學朱可亭、司寇王遜功嘗從問業。其學以「致良知」爲宗主，以「慎獨」爲工夫，以「體用一原」、「內外兩忘」爲究竟。遂名〔一〕其齋曰「慎獨」。著有慎獨齋自録、南阿語録等書。

宋子楨先生

先生諱振麟，字子楨，淳化人。恩貢生。事母至孝，母病盲，先生寢食不寧者三載，母目復明，人以爲孝感。性狷潔，博極羣書。與同邑姚開先、羅萬藻討論性命之學。授學博，以疾辭。康熙己未，以博學鴻詞徵，亦不赴。所著有大學知止義說、二程語録寶鑑、詩文若干首，學者宗之。

〔一〕「名」，原作「明」，依文意改。

原六一先生

先生諱鍾河，號六一，蒲城人。爲諸生，舉止端凝，出入言動，一毫不苟。晚年酷好宋五子書，抄録成帙。無子，初以甥劉某爲嗣，既授室，一日讀春秋至「莒人滅鄫」，嘆曰：「甥固不可承宗祧也。」急遣之歸，别以族姪爲後。其步趨聖賢類如此。邑人重其品學，先後受業者數百人，稱六一先生。

原芥夫先生

先生諱永貞，字芥夫，號葵洲，蒲城人。康熙己卯舉人。性沉毅，穎敏善記。父錦固，邑名宿，授以羣經，誡之曰：「學者當出經入史，縱橫藝苑，毋作俗儒也。」先生夙遵庭訓，存心制行，一以古人爲法。善啓迪後進，有「蘇湖教學」之風。著小學人物考，有功世道。餘著作甚富，惜不傳。

文西周先生

先生諱岐豐，字西周，韓城人。生而穎敏，從父少峰遊學長安，講解輒見大意。年十六失怙，事母至孝。奮勵讀書，手不釋卷，每有會意，輒欣然忘食。入邑庠，食餼。雍正己卯，舉於鄉，授富平縣教諭，陞蘭州府教授。歷官二十餘年，諄諄以躬行實踐、人品心術爲急務。月課外，立尊經、輔仁、敬業三會，時加勸勉，遠近受業者至庠舍不能容。其監理蘭山書院也，嚴立條規，以身先之。并厘定兩廡儒先位次，俱有詳牒。

晚年入理彌邃，著述益精。取歷代儒家語録、文集，擇其最要者增入大全；發明性理者增入近思録；切於日用者增入小學。又取五子精義輯略諸書，凡有關於四書要義者，彙成一帙，名曰四書大成。乾隆甲辰卒於官，壽七十五。歿之日，棺衾不具，惟圖書數篋而已。

秦澹安先生

先生諱鎬，字宅五，號澹庵[一]，郃陽人。家素貧，年四十爲諸生。康熙癸未成進士，年已六十矣。又十年，授浙之新昌縣，以老告歸。生平痛家祠之廢，纂士祭儀行之。喜讀宋儒書，里中承學者多從之游，經指授輒成名。郃人群議鹽政，先生曰：「是亂也。」止之不得，後事敗，戮數人，其先見如此。

劉伯容先生

先生諱鳴珂，字伯容，蒲城人。邑庠生。有志聖學，以正心誠意爲指歸，而於天人、理欲、王霸、儒釋之分，辨之極精。闇然自修，不求人知。家貧，事親極先意承志之樂。與人交尤重氣誼。康熙壬申，歲大饑，就食延安，日傍柏林寺古柏，袖書披讀。寺僧異而問之曰：「乾坤何等時也，求生不得，讀書何爲？」先生曰：「該餓死，不讀書也死。不該餓死，讀書卻不得死。」時有富翁路某延以教子，而欲辭其舊師馬某者，先生曰：「延我，我生；辭馬，馬死。甯我死耳！」辭不就。未幾，馬死，又延之，先生又曰：「馬，韓城人，韓亦荒，今馬死，妻子歸亦死，不歸亦死。君能養其妻子，待年豐，並其柩而

[一]「庵」，據關學宗傳目録及本傳紀標題，當作「安」。

歸之，我即應君，不則不也。」路益欽服，由是，馬妻子得不死。故人屈琚歿，母老無依，弟又不知所往，先生力爲營葬，尋其弟歸以養母。其志節如此。

其學恪守程、朱，隨處體認，有所得，輒筆之於書。父克佐嘗有句云：「借問當年程伯子，觀物何似鏡中天。」母和亦苦撫羣孤，化及異類，哺雛雞死，他雞代哺如己雛。蓋先生之學，其來有自。嘗曰：「古人高山景行，處處皆是。吾仁厚不及吾父，寬洪不及吾母，沈靜淵默不及吾弟，一門之内皆吾師也，況古人乎？」又曰：「天地人物本是一個物事，只是多一殼子耳。」又曰：「論心便有人心、道心，大學『明德』，則以心之純乎道心者而言。」又曰：「心者，理氣之會也，氣之精明在此，理之凝聚亦在此。」又曰：「精義所以爲集義之地，徙義所以養集義之事。」又曰：「伊尹樂堯、舜之道，却變揖讓爲征誅，非精一功夫到極頭處，如何做得此事出？」又曰：「曾子曰『與朋友交而不信乎？』又曰：『以文會友，以友輔仁』，博約工夫，俱資友以成，離卻『信』字，講學輔仁，終有不盡處。」又曰：「孟子論友，發前聖所未發，說不挾貴，直到天子友匹夫；說取善，直到尚友千古。石破天驚之論，道理却極平實，極精當。」又曰：「人生百年瞬息，俗事不得不應，俗人不得不接，但精力有限，羲皇以來之心法，並未能貫澈於一心，而髮已白，齒已動搖，尚與碌碌者流討生活耶！古人閉門謝客，不爲無見。」其他論陰陽、禮樂，精微之致，尤多允當明晰，足補先儒所未備。即此可見先生之所造矣。有砭身集、大中疏義，又有易書義、古文疏義、唐詩疏義、璇璣圖讀法，惟砭身集行世。

上官闇然先生

先生諱章，字闇然，乾州人。好讀書，識見高遠。見朱子近思録，毅然有志宋儒之學。尤嗜易。閉戶四十年，理學深邃。湖廣王世書、王建極，江寧謝祖謂、富平令董霑，皆北面稱弟子。

著有周易解翼十卷，其大旨以繫辭爲指歸，其細註以八宮經綸錯綜爲脈絡，其於天道人事、剛柔變化之道，言言精鑿，瞭若指掌。學使某公見而喜曰：「吾得附此以不泯矣。」爲之序而傳之。

田先生

先生諱種玉，城固人。乾隆辛卯舉人，庚午進士，就平凉教授，調鎮西。時新疆學校初興，諸生於四書大義約略能言，而叩其旨歸則弗能道也。先生因即書解書，以大學經傳爲經，語孟發明爲緯，以中庸聖神功化爲歸極，提綱挈領，縷晰條分，本末體用一以貫之，俾諸生時而習焉。

其釋「一貫」之旨也，曰：「堯、舜、禹之傳道，在『人心惟危，道心爲微，惟精惟一，允執厥中。』夫子之所以造就及門者，此外亦別無功夫。聖人純是道心，其未發之中廓然大公，此『一』也。物來而順應，此『一以貫之』也。學者未免雜於人心，惟靜虚而不欺即忠，動直而能公即恕。久之純熟，則亦聖人之心。曾子所以唯聖言與所以告門人者，安勉之分，其歸於中則『一』也。此所以爲『傳心』之始也。其他言理者類如此。」

卷四十四

張蘿谷先生

先生諱秉直，字含中，號蘿谷，澄城縣人。幼失怙，稍長，即不自菲薄，有志聖賢。年二十，補諸生，制藝非其所好，博極羣書，於六經獨重四子，於四子尤重論語。嘗曰：「孔子，萬世之師也，學聖人者，宜學孔子。論語，孔子教人之書也，學孔子不讀論語，不得其門而入也。朱子，孔子眞傳也，學孔子者，宜學朱子。小學，朱子教人之書也，學朱子不讀小學，亦不得其門而入矣。論語、小學，多下學之旨，學者有可持循，要之明心見性，希聖達天，俱不外是，舍是他求，不入於卑近，則流於空虛矣。」

先生廣交一時名流，既從康百藥遊，又與王豐川往來論學，故其爲學以窮理爲始，知命爲要。晚年所養益粹，矜持悉化。論者或高其嚴峻，或重其含容。至其探理精勤，見道親切，人或莫之知也。

所著有四書集疏附正、論語諸言、治平大略、開知録、文集、文談、徵信録，已行於世。又有刪定四書集疏、某氏遺言、聖廟從祀位次私議、讀書存疑、評學蔀通辨等書。

四書集疏附正

正心工夫，不過静存動察。静存即中庸註所謂「自戒懼而約之，以至於至静之中，不稍偏倚而其守不失」，程子所謂「涵養須用敬」是也。動察即是誠意，然意者心之所發，而喜怒哀樂乃人之情感於外而動於中者也。若忽不加察，則欲動情勝而陷於一偏者有之。是雖意誠之後，猶須動察也。故正心另有工夫在。

但云「毋自欺也」，猶是禁止之辭，說到自慊處則語義親切，便有不能自已之勢。此傳者婆心爲人處。

釋「心廣體胖」，謂人自有生以來，此心本自廣大，試思吾心所以不廣大者何故？吾體所以不舒泰者何故？非以私欲之累，有不快足於己故耶。若果能誠意，雖須臾之頃，纖芥之微，無一念一事不自快足於己，心尚有不廣者乎？體尚有不泰者乎？

意誠後之心不在，與常人不同。常人心不在，半是物欲引誘，半是閒慮紛擾，孟子所謂「放其心而不知求」者也。此心不在，只爲忿懥等牽引，如牽引於忿懥而心在忿懥，即不在視聽與食是也。然心不在固由心不正，却由存養弗嚴、省察不密，故正心工夫，莫要於存心。

喜與怒反，哀與樂反。子思言情，是言情之發於性者，故曰「天下之達道」。「七情」之説本於禮運，此言喜可兼愛，言怒可兼惡，至懼與欲則氣質之情，而非天命之正，不可爲天下之達道矣，故子思不之及也。禮經成於漢儒，不得以禮運之言而疑子思之言弗備也。虚齋以七情分配陰陽五行，不惟不知禮運之非，抑亦牽強多事矣。

「致中」工夫難言，但於已發時省察，未發時涵養。無時不省察，無時不涵養，久之純熟，此心虚明洞達，廣大和平，無一毫私意之萌，無一點乖戾之氣，發皆中節，則其無所偏倚可知也。

「致中」雖兼動靜，然其成功對下「致和」，則不得不屬之靜存，以「中」是靜時境界也。故朱子亦時涵養、省察分説，然章句或問解「致中」俱由動説至靜，解「致和」俱由動靜之際説至應事接物，則是一片循環工夫。彼強分動靜者，直是不曾讀朱子書耳！

「君子之道費而隱」，猶言太極本無極也，非太極爲一物，而無極又一物也。

「仁者人也」，猶孟子言「仁，人心也」。「人皆有不忍人之心也」，仁即在當人之身，自身原無不仁，理器初不相離，仁與人非二物也。其有不仁者，私欲害之也，然而此理終未嘗絕也。

「所行之者一也」,「一」只作數目字,非不二不雜之謂。其説始於蒙引,蓋因「五達道」、「三達德」皆數目字,以類比附,故知此亦數目字也。然愚考「一」之一字,始於虞廷「正不二」之謂。易繫辭:「天下之動,貞夫一者也」;老子「天得一以清,地得一以寧,神得一以靈,谷得一以盈,萬物得一以生,聖人得一以爲天下貞」。「一」字皆作「實」字,與此兩「所以行之者一也」正相類。或問釋「誠」之義曰:「一則純,二則雜,純則誠,雜則妄。」然則誠者,不二不雜之謂也。一既指誠而言,則即爲不二不雜之名,前後兩句益覺實落,不猶愈於彼説之影響乎? 蓋聖賢言語句句實落,不作此含糊不分明語,依此解似猶易曉也。

屋漏只是閒居無事、深密至靜之地,此時戒懼,則無時不戒懼可知; 此地戒懼,則無地不戒懼可知。

學以聖人爲至,非孔、孟、周、程、張、朱,將誰學乎? 明善復初兼學問思辨,五者乃誠之者之功,能即所以求至於誠者也,非學聖而何? 今學者不敢言學聖,不惟無志,直是不學耳!

言學聖則不敢當,然舍聖道即無可學矣。小學、論語二書,聖之所以爲聖者要不外此。若舍此二書,更何學乎? 特學有至有不至耳,苟不以學聖爲學,即非學也。

心者虛靈洞澈,有知覺之物,理從此出。故虞廷有「人心」、「道心」之分。心在理上,便是仁〔一〕; 心在欲上,便不仁。道心之發,便是仁; 欲心之發,必不仁。巧言令色,只此一點致飾念頭,便是欲心之發,安得有仁?

志學時雖着力把持,畢竟自覺稍有搖奪之意立,雖把持得定,然尚是用力如此,直到「從心所欲不踰矩」,方不待用力,從容中道矣。可見「志」、「立」兩件,是聖人畢生工夫。

聖人所謂一者,只是一理渾然,並非忠恕。忠恕,學者之事也。曾子有見於此而難言,故借學者之事以明之。忠恕原

〔一〕「仁」,原作「人」,依文意改。

屬借〔二〕來字，語類「天地是無心底忠恕，聖人是無爲底忠恕」，語俱有疵，不可不知。蓋盡己方是忠，推己方是恕，無心無爲則不須盡、不須推矣，如何名得忠恕？

「一以貫之」四字，缺一便不成話說。「一」字、「貫」字，俱是虚字，必連「以」字、「之」字，方成文義。今人動云「一貫」，文義亦不通矣。

見過内訟。訟者，必欲求勝於人。内自訟，則欲求勝於過也。求勝於過，豈有不改之理？充此心也，雖至顔子不貳過之地可也。但顔子是「利行」，此是「勉行」耳。聖人歎其未見，眞是難得。

仁者，本心之理；欲者，血氣之私。天理人欲，異流而同源。欲仁者，道心之發。欲仁，即是仁至，非以此欲彼之謂也。以此欲彼，則欲爲一物事，仁又爲一物事矣。欲者，心也；心者，理之統會。理從此出，欲亦從此出，故有道心、人心之别。纔欲仁時，便是道心已動，斯仁至矣。「斯」字、「矣」字，是直截決斷之辭，若作兩截機候便非。

「意」、「必」、「固」、「我」，四者相爲終始，朱子言之詳矣。四者各是一病，尚未明晰。愚謂「意」是心與理二，私意萌動處。「聖人之心，渾然天理」，安得復有私意？常人之心起於意而遂於心。若顔子「有一善未嘗不知，知之未嘗復行」，是不能無意而能無必者也，「意」、「必」所以各是一病。至於「固」，則在事後，常人既有「意」、「必」，必過而不化。賢哲之士一知事有不是，必翻然自悔，毅然自艾，此則不能無意、無必而能無固者也，故「固」又是一病。如安石初立新法，只是所見不是，大段亦無私意。後來明知其非，却執固不改，非「固」又一病乎？至於「我」，則又「意」、「必」、「固」之根，凡人一有我心，未有不出於「意」、「必」、「固」者也。今學者欲去「意」、「必」、「固」之私，宜先自無我始。

能見聖道之親切，由於聖教之有序。欲明聖教之有序，故歎聖道之難及。以顔子言之，自「如有所立」；以道體言之，自「高堅前後」。故顔子雖至「如有所立」之後，不妨說仰彌高，鑽彌堅，瞻在前，忽在後。蓋彼自贊道，非言自己功候

〔二〕「借」，原作「惜」，依文意改。

也。貼定顏子，總無是處。

「克己復禮」，直從本源上用功夫，答及門問仁，未有如此全備者。然顏子問其目，曰非禮勿視聽言動，却在外面有形像處去做。若後之儒者，不曰「慎獨」，則曰「從心」矣。愚嘗妄謂「夫子沒而教人之法失」，讀後儒語録，盍以其教人之法與論語參考乎？

視聽言動之未交，須時時操存省察，一時不及檢，則有入於非禮而不自覺者矣。非禮之視聽言動，又須在在明決果斷，一事不能忍則有因循苟且，漸漬非禮而不能制者矣。顏子有「不善未嘗不知，知之未嘗復行」，自不至此，然學者爲聖爲狂，正於此處分途，可不謹哉！

居處、執事、與人已盡人道之常，恭、敬、忠已備求人之方。聖人所以教人爲仁者，如斯而已。「慎獨」發自子思；「存心養性」發自孟子；「中人以上，可以語上」之道，而不可概之常人也。若專用心於內，則又後儒之言矣。

知言方能養氣，直養無害方能自反而縮。曾子語其成功，孟子言其功夫，聖賢所以不動心之道，如是而已。此正孔、孟源流宗派，孟子得之曾子、子思者也。前文迤邐說來，正要揭出此意，若僅與黝舍比較高下，失之遠矣。

不得於心，如視聽言動之非禮，喜怒哀樂之失節，一切違心舍忘之類，皆心之失。心爲氣帥，不得於心，由心之不謹，心正即無不正矣，故勿求於氣可也。然亦有蔽交於前，其中則遷者，如孟子言「物交物，則引之」類。大抵心動氣者什九，氣動心亦什一，故勿求於氣，亦不得爲盡善也。

「志壹則動氣」，見當持志；「氣壹則動志」，見當無暴其氣。曰「壹」曰「動」，明是偏勝不好字意，況志壹動氣猶可言善，氣壹動志又何可言善耶？稼書尊虛齋兼善惡說，恐非。

「知言養氣」，只是知行功夫。承告子「不得於言，勿求得心」言之，故曰「我知言」；承告子「不得於心，勿求於氣」言之，故曰「我善養吾浩然之氣」。蓋自明其長於告子者在此。其實知言只是窮理功夫，養氣只是力行功夫。聖賢所言雖頭項不同，要只不外知、行兩者而已。

孟子養氣功夫亦以持志爲本，但與告子異者，在「無暴其氣」耳。觀後文「有事，勿正、勿忘、勿助長」，皆是内外夾修並進，安有不能持志而能養氣之理？東陽許氏乃謂「孟子專是養氣上功夫」，而黄氏紹又謂「因公孫之問獨詳於養氣，而不復更言持志」，此等講説總由不知聖學功夫，好爲多言耳。聖賢道理壞於異學者半，壞於此輩口耳之學者亦半，不可不察也。

世儒見孟子此章説得鄭重，又前賢所未發，遂謂「知言」、「養氣」乃孟子一生本領，不知「知言」只是盡心知性後自然功效，「浩然之氣」亦是存心養性後自有效驗。若專以此爲孟子一生本領，幾於抹倒孟子矣。眞讀書人自有體會，幸細思之，必知余言非妄也。

告子以性本無善，意重「爲」字。孟子以性本善，意重「順」字。戕賊乃爲字之註脚，順字之反面也。然孟子不言順性之美，止辨「爲」字之非，正以告子桀傲自是，不足與言性云耳。從來異端皆剛愎自是，無謙己下人之心，不特告子爲然也，然而自告子作俑矣。

惟既善矣，若夫爲不善者，自由物欲錮蔽，非性之本。然孟子胡不及此，何又添出一「才」字？只因或言性可以爲善，可以爲不善。可以爲處，亦以性之才能言之，故孟子言彼爲「不善者」，乃不能自盡其才，非性之才可以爲不善也。此節分明辨，或此條諸儒從未〔一〕看破。

惻隱、羞惡、恭敬、是非之心，人誰不謂之美者？不知此即人之情也，人皆有之者也，則情之本善可知矣。惻隱、羞惡、恭敬、是非之心，即仁義禮智之性，我固有之者也，則性之善亦可見矣。此十句所以申明「乃若其情，則可爲善，乃所謂善」一節之意也。「弗思耳矣」，正指告子等言爲彼説者，特弗思耳，不可泛及。此章辨性善之旨，只是指點人要知性之本善，原未説到用功夫處。即「下求則得之」數句，亦言性只可以爲善，人之爲不善者，由不肯自盡其才，非性可以爲善，復可以

〔一〕「未」，原作「朱」，依文意改。

爲不善也。諸家俱以思求相配説到功夫上去，恐非此章本旨。

在心云者，道心爲主而人心常聽命也；養性云者，率其性之自然而不使其少有過不及也。存心重隄防人欲之私邊，養性重保守本然之善邊。雖存心即所以養性，然單言即可兼該。今既并舉，自各有義，不得重彼而輕此也。

心性皆天賦予，存之養之，皆天之不得已事，天只是奉順天理而已。

語録

今之學者曰爲聖、爲賢，則遑然不敢居，非笑者亦不足言矣。曰爲小人、爲不仁，又驚駭不欲受。爲學豈有中立之理耶？出乎此則入乎彼，或有至，有不至，視學者志力何如耳，若舍聖賢而別求門徑，是即鄉愿之流，亦終歸之小人而已矣。

學者喫緊功夫在視聽言動、處事接物上，此吾夫子教人之法。「慎獨」是曾子、子思拈出，「存心」是孟子拈出，功益密而教益嚴矣。然着力鞭策，畢竟動時居多。後儒多重靜存，或是資性高明，動處自無大過，不則必輕人事而涵養也。此須自己檢點病痛何在，不可隨人俯仰。

朱子曰：「『畏』字是『敬』之正意。」看來，「畏」字最爲警切。人苟眞實爲己，必時存一畏心，靜畏其心馳，動畏其形馳，言畏其意，事畏其苟，畏斯敬矣。文王之「小心翼翼」，中庸之「戒慎」、「恐懼」，曾子之「戰戰兢兢」，無非畏也。以此存心，方是眞實爲己之學。勉之勉之。

謝上蔡謂「克己須從性偏難克處克將去」，莫非己也。然人必有一二情所偏嗜，割斷不下處，正須於此痛加大力，割斷得一、二事後，用力自易矣。上蔡克己功夫精苦，故其言親切如此。

道體活潑潑地，人心亦須活潑潑地，方能隨時察理，隨處體認。

事可勉爲，心病難治。欲根未除，縱事事省察，終有省察不及之時。

人心多爲妄念所役，妄念由於欲心。欲心日深，則妄念日甚。妄念日甚則此心促迫，必無寬然之時，雖夢寐亦不寧矣。

滿腔子生生之心，不能物我無間者，擴充之功未密也。天之與我者何嘗不備？吾自棄之耳。

無求於人，自不失己；無愧於心，方可告天。

古人所以過人者，只是無欲，故能一生死，齊得喪，而不以私意撓其心也。曾皙胸次洒落，邵子詩曰：「梧桐月向懷中照，楊柳風來面上吹。」非無欲能如是乎？陸象山云：「舉頭天外望，無我這般人。」亦是無欲功效，自見受用如此。雖欠下學功夫，與程子「擴然大公，物來順應」之意稍别，然迹其所至，夫豈尋常之士所能及哉？

無欲然後見天地之心。

嚴以責己，寬以待人，則怒之原治。能於怒時頌此二句，勝忍多矣。

程子曰：「擴然而大公，物來而順應。」事事克去己私，以擴然大公之心處之，便覺心地自在，省多少煩惱憂慮也。

聖人教人，只是因材成就，無一定宗旨，亦無扼要之法。學有扼要，教有宗旨，後儒之過也。

卷四十五

史復齋先生

先生諱調，字匀五，號復齋，別號雲臺山人，華陰人。祖標，明崇禎庚辰進士，官順天、武清令〔一〕。父克嶷，生先生，幼而篤謹，少長肆力於學。弱冠，補弟子員，康熙庚子舉於鄉，邑令簡霞山深器之，授以河濱王仲復集。先生讀之，恍然曰：「讀書非爲科名，將以爲聖爲賢求其在我者而已。」居華麓之雲臺觀二十餘年，潛研近思録、二程遺書及薛、胡諸儒語録，日夜勤劬。三秦學者多來受業，先生擇其質尤異者，語以聖賢之道，而尤諄諄於義利之辨，使各體驗於言行之間。其他學文者，亦必導以程、朱之理，不苟爲，炳炳烺烺也。霞山卒於官，貧不能歸葬，先生泣而謀諸同人曰：「吾等職弟子而師不能葬乎？」卒募白金數百，得歸櫬於楚之邵陵者，先生力也。第乾隆元年進士，殿試列二甲。或有勸先生求保舉，可得詞林主政者，先生慨然曰：「始進之日即事干求，將來居官，決裂不可收拾矣。」不爲之動。秦撫崔虞村重其品學，延主關中書院。會以虞村改楚撫辭，謁選得福建仙游令。至則設學、才、行三則課士，簿書稍暇，即與諸生講學，建書院，置膏火以獎勸多士。而其他折獄慎刑，救荒緩征，賑窮懲盜諸惠政，不勝枚舉。甫十月告歸，主講臨潼橫渠書院〔二〕，立學則數帙，教法以存心立品、辨明義利爲宗。病革時，自銘其墓曰：「願做好人，一生行之不至；願見好事，子孫補之爲賢。」語畢而卒，孫

〔一〕「令」，原作「今」，據賀瑞麟關學續編復齋史先生改。
〔二〕「臨潼橫渠書院」，原作「橫渠臨潼書院」，「橫渠」與「臨潼」誤倒，據賀瑞麟關學續編復齋史先生乙正。

西峯曰：「史君急流勇退，有勁骨，有恆心，足以羽翼關學。」可謂篤論矣！著有志學要言、從政名言、鏡古編、雜著、語録，共若干卷行世。子猶龍，乾隆辛酉舉人，歷富平、神木教諭，遷陽武知縣。

文録

横渠書院公諭云：「人才不興，由教導失術。昔人所憂，多在門户異同，故諄諄於朱、陸、薛、王、胡、陳之辨。予謂此爲有志於學者言之也。朱子曰：『貪利禄而不貪道義，要作貴人而不要作好人，皆是有志不立之病。』學人不先立志，如何商量人細？舉業八股，率習成口語，無益實用，宜合文章、道義爲一途，庶不失制科本義。爰拾先儒論議不矯於今、不戾乎古者，抄録如左，以與諸同志共勉之。」

雲臺書舍公諭云：「讀書以明道修身也，今惟作八股，計取青紫，失其旨矣。予前後授徒亦夥，紳士中不乏其人，求其拔出流俗，慨然向上者未之見。間有一二氣質好者，神氣疏遠，與初不相似，至辱身賤行，貪利忘義，放肆無忌之徒，近亦稍露情狀。予惟言教者訟不欲多口，詎懵於心，勿謂不能見汝曹肺肝也。雖然，俗之敝久矣。師不能以正學訓其徒，父兄日以俗事策其子弟，而滔滔者又復以利欲引之，榮華誇之，飢寒困苦喝恐之，非禀賦過人，幾何不趨迺下流也？又安得徒咎吾小子哉！邵康節先生曰：『上品之人不教而善，中品之人教而後善，下品之人教亦不善。』予終不忍以下品待吾徒也。小學一書，迺作人根基，許文正公信之如神明，敬之如父母，教人無大小，皆自小學入。諸子宜敬讀此書，日了數段，質其疑義，實力體行，可以養其良知良能，庶幾根培而枝茂，所深望也。否則，不式訓古，不説正道，而徒以八股之故往來予側，其待我已薄，而自待亦復不厚。異日即歷通顯，亦與所言辱身賤行者等耳。小貴則小辱，大貴則大辱，污正人君子耳目，虧祖宗父母形質，不忠於朝，不良於野，亦安用此等人爲乎？嗚呼！汝曹以予言爲迂腐，予怨汝曹毫無知識。操、莽、檜、嵩，大貴人也，愚夫孺子皆醜焉，不德故也。富貴在天，人力莫致，有費盡经营終身不得者，有旋得即失者，有賈大禍者，有身富貴、子孫不肖即窮餓者，有日負豪華而正人清士以接遇爲污者，富貴果足章人耶？小子何不大放眼眶，展開識量，掃浮雲而睹清天，爲磊磊落落一男子耶！」

諭子書

讀書不可時刻闕功，教學生不可頃刻放寬，誤人子弟与壞人家產同罪，其孽必自受之。此事我歷歷看見，宜深凛鑒。親友有往還事，可令小僕送禮去，留得工夫讀書課徒。親友知我如此命汝，亦不汝罪。不然，日事奔走，自誤誤人，患將滋大。如有宜自往者，更酌之。

事你母親要和順，不可自説我心無他，容貌言語可任意也。

自視須要小，人品學業便有進益。待人須要和而恭，有拂抑之事，容忍勿報。

專向義好做，專向利亦好做。惟要好做事，又欲取無礙常規錢文，義利夾雜，便做不得。

事長官要恭謹，接同儕要謙和遜讓。

做清官是本分，不可因此長傲，勝氣淩人。世有一種人，每曰「我不要錢，何懼於人？」此言最少涵養，招惹是非。

待人要有一段眞意關切，勿作套頭應故事。

謙要眞謙，勿在聲音笑貌上做工夫。

直言逆耳者多正人，甘言順我者多小人；以道義扶勸者必正人，以財利慫恿者必小人。

不可误認人。

飲食不必好，總要足；衣服不必好，總要完潔。

待家僮氣色要和，飲食要均，衣服要蔽體，寢處去所要過目。淵明曰：「此亦人子也。」言宜服膺。

愈忙愈要細。

遇極不得意事，接極不得意人，心下勿急躁，勿發暴怒，徐徐照道理上料理去，省得許多事。

呂東萊曰：「忍之一字，衆妙之門。當官處事，尤是先務。」書曰：「必有忍，其乃有濟。」諺云：「忍事敵災星。」少陵詩云：「忍過事堪喜。」此皆切於事理，爲世大法。又曰：「一行作吏，豈得盡如人意，惟耐事忍煩爲佳耳。」又曰：「當官者先以暴怒爲戒。事有不當，詳處之，必無不中。先輩嘗言：『凡事只怕待』。待者，詳處之謂也。蓋詳處之則思慮自出，人不能中傷也。愚謂東萊初間大是大性氣人，故鑿鑿言之如此。」朱子曰：「事正有不當耐者，豈全學耐事？全學耐事，其弊必至於苟賤不廉。」此與呂說正互相發明。按耐事而終不失其正乃好，至若苟賤不廉，決不可。蓋耐事者，欲委曲以全吾正也。若在我者，詳處之法已盡，終不能全吾正，則亦終不可耐矣。此在臨事自審處耳。

做好官便是好兒子，我便視你爲孝子。

理學書要常在心目上過，做人便自會長進。此爾在外第一義也。

嗚呼！爾父明日即五十矣，幼壯罕有指授，故止如此。吾兒明年即三十一歲，不能壁立千仞，以第一流自期，暴棄何疑？父子同體，爾愚我亦愚，爾賢我亦賢。其吃苦向前，光我門庭，勿以一得自足也！

過情足以招辱，止乎義理而已。

「謙」之一字，六爻皆吉；「傲」之一字，此丹朱與象之爲千古惡也。學問不日進則日退，邇來自勘果何如？

語録

曾子日有「三省」，南容三復「白圭」，大賢輩尚時刻把持，我等日間獨可悠悠放倒乎？宜思己身病之重大與其易犯者是何事，放在心頭，時時自省，如三省三復等用功，何患不上達去。

尋孔、顏樂處，「尋」字要體貼，是尋其樂在何事，因甚有此樂，非只令空空尋樂也。常照看此心。

心要對得鬼神。

不以流俗毀譽爲憂喜，方能自立。

凡事只可反己，不可責人。

遇不如意之事勿心下躁急，宜徐徐審量，照道理料理去。

事事要責難於己，甯吃苦勞，勿消其初發之善心。

存心要光明正大，若事合義理而内存利己之心，便不可。此不須易其所行，只宜責心，使胸中無所爲而爲之方是。

惟剛足以任道，做人須從剛方邊立脚根。若有意求合時俗，便無上達之基。

夢中有不合道理事，皆是日間有些根子，不可以夢中寬之。

仁是生之理具於心，心存則仁存。

做當今一個好人，須是壁立千仞。此言常常存於心，若爲俗下牽引，焉得長進？

人貴喜聞過。

爲己是存心根源，主敬是存心工夫。

學者多怕主敬，以拘束不適，不知整齊嚴肅能養得精神，實是保養身心的工夫。

念念在此而爲之不厭，方謂之志。

非禮勿聽，可以養聰。

王山史先生常自言「予性急而心雜」，以尹和靖「虚閒」二字爲箴。予聞山翁後來養得閒適温和，暑月整衣冠不汙體，性氣全釋，先輩之好學如此。

怨天尤人病痛，宜時時自勘，如云命不好、氣運不好之類，皆是怨天。如云人負我、人不知我，與凡有責求於人之事，皆是尤人。順義安命則不怨天，攻其惡無攻之人惡，則可以不尤人。

顔子不惰，曾子三省，皆時習。

曾子三省，是時刻擔力。

惟心不肯一刻放下，故曰有「三省」。

靜亦是大本之中，無所偏倚是也。動亦定是中節之和，順物以應而心無與也。不言人道，最是厚道，亦涵養性質之一法。

不爐不扇，以邵子超世之姿尚如此勤苦，後人怠惰苟安，而欲其學之成也難矣！

非心常在腔子裏，便不能體認功過。此窮理之學，即存心主敬之學也。

卷四十六

緱拙庵先生

先生諱燧，字高舉，一字拙庵，鄜州人。生而口吃體癯，性强明，能任重。讀書不好硬本，多於言外自具會心。授徒有法，里塾奉以爲式。年四十〔二〕以廩貢官臨潼訓導，因横渠祠建書院，又沿鄉設義塾，修脯膏火，各有程式。適有友人自鄠杜來，傳王豐川之为人，講論甚悉，先生慕之。

明年往訪豐川，証積年莫釋之疑，商後此安身之舉。凡豐川所言，先生聞之即悟，爲之起舞。信宿而歸，渾渾然有吟風弄月之意。自是論學書問，往返殆無虚日。豐川嘗謂先生「進道之勇，可方横渠」。先生則惟痛除既往，勉策將來，日奉豐川教令，一言一動不敢稍踰。臨潼周夢熊聯會講學，推先生爲盟主，先生爲之申約戒，定條規。每講期，鄉人來聽者雜沓而至，渭水南北蒸蒸然知向正學者，先生有力焉。在任十七年，卒於官。著有昨非集一卷。

緱息園先生

先生諱山鵬，號息園，拙庵子。幼聰穎，十歲爲諸生。隨父之臨潼任，命往受業於鄠杜王豐川之門。嘗問豐川曰：

〔二〕「四十」，原作「十四」，關學宗傳緱息園先生謂「息園十歲爲諸生。隨父之臨潼任」，則其父緱燧赴任臨潼時必非十四，據以改。

「論語首章言學，曰『悅』、『樂』、『不慍』，可知聖賢之學，原是要涵養性情，成就德器，一切窮經考古，不過藉以講明印証涵養、成就之途程耳。今若但以窮經考古便當做學聖人之學，是何異認彰儀門作五鳳樓乎？顧又不知如何而可免此徇名失實之弊也。」豐川曰：「但看四子五經，便尋求聖賢立言宗旨，而弗明弗措。但遇先覺便虛心尋問聖賢指歸，以印正吾之所疑，而弗得易措。按程、朱『居敬窮理』正旨實下工夫，到得正理漸明時，遇有疑端，更以精心反身實証，庶幾知識浸明，即心機浸清，自當漸通實旨之處，日多於前此。如是而功力更能不怠，即當心理可望明通，凡看聖賢書，當能直窺肯綮，而自少徇名失實之隱弊爾。」又問：「『仁，人心也。』言心之聲色，心之徵，而要皆仁之符願，不知初學入門者果如何提撕、如何涵養，庶幾可免於巧令之失，而不至隳喪其本心之良也？」豐川曰：「就現前要着論，只發言徵色時根心本性，而不事修飾，即此病可免。若就探本窮源論，則莫如本明道學者先須識仁之旨，務期有得，於此有得，則此心便當惺惺不昧。有不言，言皆本仁而發，自耻虛華；有不色，色皆根仁而生，自羞粧點。如是提撕，即所謂清夜之鳴洪鐘，聲一振而左右前後之昏夢胥覺。如是涵養，即所謂大海之蓄鱗介，水無窮而水族之大小鉅細各得其所，又何隳喪其本心之足慮乎。」先生由是窮年參悟，得理學正宗。

嗣拙庵卒於臨潼官舍，先生徒跣數百里，扶柩歸葬，鄉人賢之。登乾隆甲戌進士，家居需次，甘貧力學，嘗蔬食菜羹以供賓客，恬如也。授廣西容縣令，與民休息，不以苛察爲能，而事無不理。上官初疑其迂，後察其能，升寧明知州，甫咨部而先生卒，年五十四。著有味古齋文集。

周先生

先生諱夢熊，臨潼人，豐川弟子。嘗問豐川曰：「聖人之言多是徹上徹下，今觀時習章，似乎語工夫而不及本體，語隱居而不及行義，何也？」豐川曰：「此章原是爲窮居潛修之士指點素問而行，深造自得之味，令其反躬自認的意思。必是當時從游之士以學爲苦淡拘束，殊少結束，吾夫子特爲指示，使其下學深造自得功夫也。誠如學而能自強不息，日就月將，如天之行健，時習之焉，斯時也，義理浹心，心機契古，豈不居安資深，取之左右逢源而自得耶？學既有成，聞風者慕義，懷疑者景從，不遠千里，多來就教，斯時也，傳道得吾徒，行道得吾與，一堂而發千古未發之精藴，一日而闡萬古欲闡之微言，得天下英才而教育之，雖王天下之樂，奚加於是哉！樂行憂違，是乃吾儒素位之行，學吾之學，説吾之説，而人之不知，曾不以介吾心。到此地位，眞是識見高明，涵養純熟，不亦乾之『初九，潛龍勿用』之地歟？明得此章原是爲及門指示窮居自得之學，即聖人之言通徹上下之疑，可不言而喻。」先生歸里，與綵拙庵學博聯會講學，渭河南北，一時稱極盛焉。

党先生

先生諱思睿，高陵人。生有異質，童時不屑章句，聞王豐川倡正學於鄠杜，徒步從之游。日手濂、洛諸儒先生書，誦讀不輟，有所得即體而行之。豐川嘗稱曰：「党生可謂今人古心矣。」性至孝，父患癰，口吮膿潰。事母能養志，母氏孟喜其篤志正學，雖啜菽飲水亦安之。親歿，喪葬一遵朱子家禮，廬於墓者三年，不御琴瑟，不飲酒食肉。家人見其柴瘠，勸其少節哀思，則應之曰：「吾忍以老病廢禮哉？」乾隆十六年，以純孝旌。

李渭村先生

先生諱夢弼，字元輔，晚年自號渭村居士，寶雞人。年四歲失恃，惟繼母是依。九歲父歿，家貧，零丁孤苦。先生從世父李重五，二曲高弟、世稱姜水先生者也，擅知人之鑒，見先生生而氣厚，甫十餘齡即耕讀兼營，喜曰：「他日能自立振家聲，且識吾學之正者，必此子也。」年二十，廢業習吳孫書，入武庠。己而棄去，曰：「吾不得爲文人，將不得爲學人耶？

吾將耕且讀以老焉，以紹吾世父姜水先生之學於萬一而已耳，他何求哉！」觀幼時所讀小學及四子書，審其能體諸身者勉而行之，寖寖乎有姜水先生之遺風焉。卒年六十有八。

康復齋先生

先生諱无疾，字百藥，號復齋，二曲門人，太乙孝廉之子。先生幼承家學，康熙癸未，年二十八，爲諸生。雍正癸卯，以選貢入成均，候選州判。庚申，舉鄉飲大賓。壬戌卒。先生之學，一以太乙爲宗，著有復齋文稿五卷。

卷四十七

孫西峯先生

先生諱景烈，字孟揚，一字競若，別號西峯，學者稱西峯先生，武功人。父鎭，號樸齋，教先生嚴而有法。嘗曰：「學所以學爲人也。吾未知學，然吾見善記誦、能文辭而其人無可取者，不足法也。爲學須切實近裏，如是而已。」一日，又以爲人、爲文難易問先生，先生以爲人難對。樸齋曰：「爲人無難，汝難其所易，爲人必無成。吾平生無不信之言，不謹之行，汝其勉之。」先生遵訓，沈思善悟，不爲口耳之學，爲文英氣勃勃，不可遏抑。

年十八爲諸生，食餼。居父憂，三年不出戶外。服闋，應雍正乙卯鄉試，名在第二，選商州學正。廉以持己，勤以教士，講明義理，州人士競相勸勉，至今頌之。乾隆己未成進士，改庶吉士，散館授檢討。時相國尹文端以尚書爲館師，蒲坂崔虞村爲祭酒，皆善言理學，與先生相爲切劘。先生研窮性理、近思録諸書，而疏館課。明年，以原官休致。歸家，應撫軍陳文恭公聘，主講關中書院。文恭雅重之，以「經明行修」薦於朝。又主蘭山書院，人才濟濟，一時稱盛。先生之學，以求仁爲要領，以主敬爲工夫，以小學一書爲入德之基，期爲切實近理，深惡標榜聲氣之習。嘗曰：「古之學者，爲己而已。標榜聲氣，則爲人矣。此君子、小人儒所由分，而可爲乎？」

先生事親篤孝，備極色養，居喪必依古禮。友愛諸昆季，授以經術，皆能卒業。少時崇尚義氣，有古俠士風，後乃潛心正學。其經濟才猷，剛方節概，未究其用，於乾隆四十七年卒，年七十有七。著有四書講義、關中書院課解、蘭山書院課解、西麓山房存稿、滋樹堂存稿、可園草、郃封聞見録、郃陽縣志、鄠縣志若干種。

文録

與陳榕門論學書云：「學問之事多端，徹上徹下，雖終身不能盡，然其道只在『求其放心』而已。道者，進爲之方，即學問之徑途也。能求放心，則一切學問皆靠此心做去，件件有得力處；不然，心已外馳，即學問亦徒然。且講家多將集註『事』字、『道』字混看，謂『學問只在求放心』，是認求放心爲學問工夫，即以能求放心爲學問之盡境也。朱子早已辨其謬矣。惟『學問皆所以求放心』之説出於朱子，而於集註實相矛盾。且既云『學問皆所以求放心』之説，則學問爲求放心工夫，能求放心便是學問究竟處，與『學問只在求放心』之説似異而實同，恐非朱子已定之精言也。某竊謂求放心非終身學問工夫，則學問固不止是求放心工夫，求放心不足以盡學問之事，而學問之道，先在求其放心，此外别無學問入門下手之要方也。故曰『無他』，故曰『而已矣』。管見不識有當否？」

關中書院策問云：「性者，人心所具之理，即心之全體。專以理言，則有善而無惡，孟子所謂『性善』是也；兼氣質而言，則有善不能無惡，孔子所謂『性相近』是也。陽明王氏謂『無善無惡心之體』，似近於告子『無善無不善』之説。故東林起而力排之歟。吾鄉王豐川先生書顧涇陽集後，又謂『無善無惡』，依然濂溪『無極』之義，大易『無思無爲』之旨，孔、周是而陽明不得獨非，豈曲爲袒護耶？抑確見其是而云然耶！宜平心言之，毋穿鑿，毋調停。」

蘭山書院策問云：「孟子以不慮之知爲良，而朱子補大學格致傳，則人心之靈莫有不知，此非不慮之知歟？不曰良而曰靈，與孟子之説，其指無異歟。宜詳切言之。」

關中書院學約云：「小學之目有四，而『立教』、『明倫』、『敬身』三者爲先，『稽古』爲後。此即論語弟子章先力行而後文義之意也。大學於格致後乃曰誠意、正心、修身，今之約做小學之法，故首曰省察身心。不曰誠正修者，蓋省察不外乎此也。如此，則小學之教立而明倫敬身統之矣，其於大學，不亦庶幾乎！」

「樂亦在其中矣。」「樂」字與「樂以忘憂」之「樂」不同。忘憂之樂對「發憤」言，是聖人自貶，故註云「已得則樂之而忘憂」。玩一「之」字，便知與此「樂」字有深淺之別。且忘憂之樂就零星說，此樂就全體說也。聖人非樂疏水曲肱，亦非樂道，蓋曰樂道則心與道尚是兩物，聖人之樂不離乎道，而實亦不滯乎道。道與心俱，隨處便有自得之機。「樂」字認得眞在，「中」字自不煩言而解。集註云：「聖人之心，渾然天理。」語類云：「聖人形骸雖是人，其實只是一團天理，如何不快活？」此「樂」字精神，所謂在其中者，言身在是，心即在是，道即在是，即身見心，即心見道，眞是活潑潑地，故曰「樂在其中」。若作超然境外，别有曠懷等語，便是樂在其外，如莊子之「逍遙遊」矣！此處最宜體認。「亦」字下得甚圓活，言樂無往而不在，雖疏水曲肱而樂亦在其中，「樂」字全神已現。「在」字要說得自然，方與「顏子不改」有别。孔、顏同一樂，只分生熟久近耳。聖人美顏子曰「不改其樂」，其樂者，乃學道方有得之後，自有一段眞樂不與人同。若聖人之心，渾然天理，與道浹洽久矣，故不曰其樂而直曰樂也。然須講得極平實，一涉矜張，便非聖人口氣。細嚼「矣」字，是確指其自得之境，可獨喻而不可告人。神情非簞瓢陋巷中人，豈能知其趣哉？其中「其」字，原指「疏水曲肱」說，故集註云：「雖處困極[二]，而樂亦無不在焉。」蓋謂樂即在疏水[三]曲肱中也。或有將其字指心講者，殊不知說個樂便已外不了心，若云樂在心中，豈天下更有不在心之樂也？豈心是一物，樂又是一物，而樂寄居心之中乎？况程子時習章註云：「樂主發散在外。」言樂自中而達於外，不得謂樂不在外而專在中也。或疑下二句註云：「視不義之富貴如浮雲之無有，漠然無所動於其中。」「其中」二字，似與本文「其中」字無别，然詞義各有所屬，不得以文害之。且上、下論語，在其中句法不一而足，如

[二] 「處困極」，原作「極處困」，據朱熹論語集註述而第七乙正。

[三] 「疏水」，原作「蔬水」，誤。「疏水」即論語述而「疏食飲水」之省語，據改。

「禄在其中」，「直在其中」，「仁在其中」，「其中」二字皆指上文而言。朱子云「凡言在其中者，皆不求而自至之辭」，不得於本文有異。蓋不必向「疏水曲肱」求樂，而樂自在其中，亦即所謂不求而自至也。潛心參玩，自當洞徹無礙。

「文、行、忠、信」四字，字字各有精義，其序不亂，其功不可缺，是萬世學者不易之規。後儒一標宗旨，便有稍偏處。文所以載道也，不學文無以致知，故先之以文。欲致知而不先格物者，此足以正其立教之稍偏矣。致知力行工夫隨知隨行，愈行愈知，雖要並進，然畢竟知在先，行在後。顏子曰：「博我以文，約我以禮。」即先文後行之教也。陽明謂「知行合一」，其說甚精，而不分先後之序。如所云「知寒必已自寒了，知饑必已自饑了」，是以知寒知饑爲知，而以已自寒、已自饑即爲行也。故其學專以「致良知」爲宗，并良能不說起，亦自有所見，但與聖人文行之教似不相符。易文言曰：「忠信，所進德也。」朱子曰：「人不忠信，則事皆無實。」世上那件離得了忠信？可見人必有忠信之心，而後可以學文修行，則忠信之教當在文行之先。乃今先文行而後忠信，何哉？蓋進德以忠信爲基，則學文修行之始原離不得忠信。然使有忠信之心，而無知行並懋之功，忠信可獨恃乎？故孔子曰：「十室之邑，必有忠信如某者焉，不如某之好學也。」聖教以忠信爲本，以好學爲存忠信之端，故先文行而後忠信，非輕忠信而重文行也。制外養中工夫不得躐等，不得蹈空。陽明曰：「個個人心有仲尼。」又曰：「萬化根源總在心。」此等精語，令讀者茅塞頓開，有功聖學不小。至以聞見爲遮迷，爲顛倒，爲枝葉，則聖教只「忠信」二字足矣。陽明之學稍偏在此，然偏在正學之中，不在正學之外。今人讀書，非明辨無所適從，明辨即四教學「文」之一事也。徒辨而無身體之功，是學文不修行，亦末矣！若更爭持門戶，黨同伐異，毀譽失真，則忠信又安在乎？吾黨宜深戒之。

中庸爲明道之書，首章即言性者，從道之源頭説起也。性兼人物説，却重在人邊。論性者但知性之具於人，往往專以氣質言性，而不知性具於人，實原於天，不離乎氣質，而究不雜乎氣質。蓋未有人物之時先有天地，又地統乎天，天以陰陽生人物，即以太極命人物，具於人者氣質不能無偏，而命於天者真精自爾妙合。周子曰：「天地至公而已矣。」天之理至公無私，其命於人也，命善不命惡。一人之性如是，千萬人之性亦如是。孟子性善之辨實本於斯。命專就理説，不兼氣質，而非氣質則理無所附麗，故章句云：「天以陰陽五行化生萬物，氣以成形而理亦賦焉，猶命令也。」明道曰：「論性不論氣不備，論氣不論性不明。」此章「天、命、性」三字，可謂明且備矣。明道又曰：「『人生而靜』以上不容說，纔說性時，便已不是性也。」此兼氣質而言，即論語「性相近」之義，與專指氣質爲性者迥別。朱子曰：「纔說性時，便是人生以後。此理已墮在形氣之中，不全是性之本體矣。」要知「人生而靜」以上不可以性言，而此理實統於天，所謂在天者命也。命人物時，性雖墮在形氣之中，而純粹至善者自具。孟子曰「性善」，專指繼善而言耳。此章「性」字，當以不離乎氣質，不雜乎氣質者爲定解。

「養心莫善於寡欲。」「養心」者，因心之不存而期其存也。心具衆理，存心只是不失其心之理。然理具於心，而心之所向易私難公，稍向於私即爲欲。程子曰：「所欲不必沈溺，只有所向便是欲」。此「欲」字原說得淺，故朱子以爲耳目口鼻四肢之欲。又曰：「欲是好欲，不是不好底欲，不好底欲不當言寡。」此說最精，但須善看，所謂欲是好欲者，對沈溺之私而言，故謂之好欲，非純好也。濂溪先生曰：「養心不止於寡而存，蓋寡焉以至於無，無則誠立明通。」此即書所謂「惟精惟一」，而蔡傳所謂「不雜形氣之私，純乎義理之正，道心常爲之主，而人心聽命也。」孟子當日不曰無欲，而曰「寡欲」，誠有見於無欲之難，而先示人以寡之之法。此「寡」字與伯玉「寡過」之寡同。寡了又寡，直到無欲時方住。若謂此欲可寡不可無，則誤矣。集註：「口鼻耳目四肢之欲，人之所不能無。」細玩「人」字，指常人言；細玩「不能無」三字，言無欲之難而不能無，非謂欲之可有不可多，當寡而不當無也。「其爲人也」四句，就欲之多寡衡量出此心存不存之多寡。可見心之不存者寡，以其欲之寡而未能盡無也。至於無欲，則心無不存。若說此欲當寡不當無，豈此心亦不當盡存，但當不存者寡而已乎？且心之存焉者寡，由於彼之分數多，若此心全是欲，便毫無所存矣。論語曰：「君子食無求飽，居無求安。」求飽、安即欲也，無求飽、無求安即無欲也。「食不厭精，膾不厭細。」註云：「以是为善，非謂必欲如是，即聖人之無欲可見。」此欲原是當無底，孟子寡欲之說，特示下學以養心入門之功，非上達之究竟也。學者要存此心，須先以無欲爲的，然後從「寡」字入手。」朱子又云：「孟子所謂『欲』者，人所不能無。周子則指心之流於欲者，是則不可有也。所指有淺深之不同，然由孟子之寡欲，則可以盡周子之無欲矣。」愚按周子之欲，就「寡」字推進一層，「欲」字是無分別，朱子此說，似與集註不合。

「博學而詳說之，將以反說約也。」論由博反約工夫，原重在「詳說」。難了「詳說」，博者必不能約。故下句不云「反約」，而云「反說約」，「而」字所以宜作側下看也。但「詳說」固是博約中要功，而非博學，則亦無從「詳說」，「而」字又宜作縮上看也。輕重黍銖之間，全在細心權衡耳。孔子曰：「學之不講，是吾憂也。」講即「詳說」之謂。吾黨今日所學苦無新得，其病固在不博，亦不在說之不詳。所謂「詳說」者，非既博而後說也。隨學隨說，學這一件，即說這一件，積久自然有得於心，即博即約矣。昔馮少墟先生無日不以講學爲己責，亦是因孔子「學之不講」一句，奮然而興。吾黨聚少墟之堂，專以講學爲事，幼而習者今尚不得其解，又安望其學之博、說之詳，反而說到至約之地耶？願吾黨於平日所讀之書，反上身來，逐字逐句講之，循序漸進，勿耳食，勿躐等，即遇一事一物，亦須講出一個至當不易之理，不空放過，此格物致知之要務，即一以貫之之基也。教學相長，非詳說無由，吾黨勉乎哉！慎勿令少墟宗風自吾黨不振也。

「學問之道無他。」學問是徹上徹下工夫，舊說學問只是「求其放心而已」，是謂求放心一事，足盡學問工夫矣。竊思求放心是下学入門處，以求放心而盡學問之事，則大舜、孔子之學問，亦只爲求放心乎？朱子云：「不是學問只有求放心一事。」又云：「非學問只有求放心。」又云：「非把放心爲學問工夫。」足正講家之誤。舊說所誤者，蓋於朱子之說未嘗體認而自得之也。至於學問，皆所以求放心，又是朱子未定之說，而講家以此說出於朱子，遂據之以爲不可易，雖顯與集註相背而不顧。愚舊日講本章亦從其說，而今始知集註之精而確也。集註云：「學問之事，固非一端，然其道，則在求其放心而已。」即此二語，便已了然。「道」字非「道理」之道，當指進爲之方言，蓋學問之徑途也。故集註以「事」字襯醒「道」字，言學問之事不止求放心，而學問進爲之方先在求其放心。要知終身學問全靠着心，心若放時，知也是徒然，行也是徒然。所謂求放心者，不是將已放之心仍收回來，只是方寸內時加提醒，不令昏逸，便是心不放了。心既不放，凡一切學問，如大學明、新、八條目，都賴此心做去，件件着實，件件有功效，是求放心而學問之徑途已得，故曰無他，故曰而已矣。若學問之事多端，雖終身不能盡，不得云「無他」，不得云「而已矣」也。朱註云：「能如是則志氣清明，義理昭著，而可以上達。」細玩「可以」二字，即程註所謂「自能尋向上去，下學而上達」之意。平巖葉氏亦云：「心不外馳，則學問日進於高明。」若説學問皆所以求放心，則所謂下學而上達者，又何事也？或疑上文云「仁，人心也」，求放心即是求仁，故朱子云「學問皆所以求放心」，是又深看求放心矣。獨不思仁者心之德，仁自仁，心自心，但仁具於心；離心而言仁，則仁無所着，而人亦不知其切於己，故曰「仁，人心也」。集註謂「反而名之，得其旨矣」，非謂仁即心，心即仁也。所謂「放其心而不知求者」，心既放，則仁之失固不待言。而所謂學問在求放心者，非一求放心而仁即存也。蓋能求放心，方可用學問工夫。而學問皆求仁之事，朱子云：「存得此心，可以存此仁。」「可以」二字下得極有分寸，與集註「可以」二字同意。又云：「已得此心，方可做去，不是只塊然守得此心便了。」此可與集註互相發明，而學問皆所以求放心，其爲朱子未定之説無疑也。

蘭山講義

大學、中庸二書相爲表裏。大學言學，中庸言道。中庸之道即大學之根抵，大學乃中庸之逕途。大學之「物格知至」，即中庸之「明善」；大學之「誠、正、修」，即中庸之「誠身」；大學之「齊、治、平」，即中庸之「贊化育，与天地參」也。

孟子知言從格物致知來，浩然之氣從誠意、正心、修身來。此得之子思而本於曾子者。

朱子謂虛靈只是心，不是性，甚確。然心中若無性，則塊[一]然一物，豈能虛靈？要曉得即心即性，故曰「明德」。心統性情，寂感莫不惺惺，故曰「虛靈不昧。」

非知止不能定靜安，非定靜安不能慮，非慮不能得。慮是知止之後、得止之前最着力處，宜另看。

[一]「塊」，原作「愧」，依文意改。

使天下之人皆有以明其明德，則上下四旁均齊方正，便是「矩」之象。必如是而後謂之「平」也，故不曰「平天下」，而曰「明明德」於天下。

心者，身之所主。正其心只是要心爲身做得主，靜時虚，動時靈。

意者，心之所發，比心有主張。誠意只是要心之所發，自始至終，一一慊乎不昧之本心。

辛復元曰：「『格物』二字，即是『有物有則』、『誠者，物之終始』、『萬物皆備於我』的『物』字。格物時以吾心本有之靈知格之，物以知而格，故知以格而至。」

本何以亂，心、意、知俱亂故也。亂即是德之失其明處，本末、治亂之分，只在德之昏明而已。

卷四十八

劉九畹先生

先生諱紹攽，字繼貢，亦字九畹，三原人。自束髮受書，不好時藝，即知聖賢非異人任，於六經、諸史、天官、地理、禮樂、兵農，宋、元、明諸儒之書無不熟讀。後受知於督學王信芳。信芳，安溪李文貞高弟也，先生自是益留心正學，會厥指歸。雍正十三年，巡撫史貽直以博學宏詞薦，授什邡令，調南充。公暇，與建陽鄭石幢、蕭山張鳳林、滋陽邱襄周、江南王小山諸僚友，日以道德文章相磨礪，撫軍碩色聞而嘉之。乾隆八年，碩色以陽城馬周舉於朝，御試一等。十五年，總督兩廣碩、史二公入爲大學士，交章列薦，詔以經學供奉。旋補外，試晉首邑，以卓異陞知州，移疾歸里，匡居絃誦，泊如也。又主蘭山書院講席二年，及門稱盛。先生之學以程、朱爲主，而攻擊象山、陽明不遺餘力。爲文抒獨是之見，成一家之言。汪洋恣肆，粹然不詭於正，可謂根底深厚，學有本原者矣。著有九畹文集十卷，九畹續集二卷，詩集若干卷，衛道編二卷，二南遺音四卷，二南續集一卷。

文録

與張鳳林論學書曰：「陽明先生之滋議久矣，倡於李晚村，世無識者，羣然和之，如犬吠聲耳，詎有定見哉？吾家爾爵先生獨推尊陽明，謂與朱子等。僕始亦疑之，既讀陽明書，乃稍稍信。今則沉潛反覆，而知其説之不易也。爾爵之言曰：『朱子之學易而難，陽明之學難而易。』朱子釋大學首在格物，何以格之？即物窮理耳。物不外家國天下、日用人己之間，切近可求，此其易也； 然物無盡藏，格亦無盡境，敝精勞神，役役於耳目之交而未知所歸，此其難也。陽明之學在收放心。心者，神明之宰，難存易亡，操而勿失，功非淺近，下學之士，未可驟企，此其難也； 第此心人所自有，存心不假外求，非若即物窮理之逐事物以役聰明，此其易也。或謂心學之弊流於冥悟，不知求心之訓發於孟子，而陽明之求心者，非徒妄希逸獲。觀其言曰，知靜養而不知克己工夫，儒釋之别，正在於此。夫豈屏棄一切之所得藉口？ 若以弊論，則守朱子之學而泛覽無歸、拘泥未達者詎少哉？ 且天下事，但當問其事之是非，不當推其流之所極。禹貢成賦，而貪冒藉以誅求；皋陶明刑，而酷吏肆其羅織。即今之俯首窮經者，剽竊綴拾以僥倖於一遇，而學問、德行都不可問，則亦將執若人而議孔子立教之非乎？ 或曰彼其言學與朱子異，夫游、夏、子張并列聖門，而洒掃應對致來本末之議，門人問交，各述所聞之意，殊其途者，未始不同其歸。況今議陽明者，莫如『致良知』，孟子言『良知』、『良能』，不自陽明始也。『良知』云何？ 吾性中自然之靈明，一感即覺，獨知之地，天理人欲，一毫不可假借。愚夫愚婦莫不有之。此『良知』之本體，孟子所謂『乍見』之眞，亦朱子所謂『知者，心知神明，妙衆理而宰萬事』者乎？ 後儒止知『意誠』之爲知，專以推測考索爲功，落後一層，猶性之情、心之意矣。故示以所性之本體，存養者此，擴充者此，主敬存誠者亦此。學問、思辨、篤行，總不外是。因自然之本體，盡自然之實功，夫是之謂致也。然自然者，不外求之謂，非不事事之謂也。蓋天下有當然，有不得不然。夫果會心於自然之本體，將有如此則是，不如此則非； 如此則安，不如此則不安。求其心之是與安而學知利行，是我之所當然而不得不然者，固知勉行亦我之所當然而不得不然者。盡其所當然與不得不然，殫自然之功，以完自然之體，良知之致，實千古傳心之要也。陽明論性，謂無善無惡，晚村尤極詆之。夫善惡之名皆自後起而言，性之本體，無善之可名。孔子言『太極』，周子益之以『無極』，『無極而太極』，太極本無極也。孟子言『性善』，陽明益之以『無善』，無善而至善，至善本無善也。況以性爲至善，陽明固常言之。學者不獲讀其書，附會狂言，指『無』爲『禪』，是不知學，并不知禪。蓋禪家之『無』，掃除一切之有，而不復令其有； 吾儒之『無』，推原本體之無，而能有天下之有，夫固言之無弊哉！ 尤西川云：『諸子固學孔子，顔子是學自家』，可謂得陽明之意。羅文恭云：『任性而不辨欲失之罔； 談學而不本性眞失之鑿； 見性而不務學力失之蕩』，可爲得陽明之實。而知此者蓋鮮，又何怪晚村之説之悖聖而易於惑人哉！願足下急起而正之，吾道幸甚。」

周易詳説序云：「易所以難明者，漢儒主數，宋儒主理。學者欲從漢，則孔子贊易多以理言，而程、朱之説且有以契乎天人性命之原；欲從宋，則孔子曰『易者，象也』，宋人略於象。朱子既以爲卜筮之書，而啓蒙所載求爻斷占之法，按之春秋内外傳，亦不相合，轉慕京、焦、管、郭，驗如影響，以是交戰，互相訾謷。崑山徐氏刋有經解，宋、元略備。紫巖、漢上採掇納甲五行之緒以相補苴，餘雖各有發明，究未悉其旨歸。近日所宗來矣鮮之錯綜，襲唐孔氏『非覆即變』之旨，而其取象亦未盡出自然。折中、觀象、通論諸書博極能精，誠四聖之功臣，而於漢學一間未達，故略言象數。仲氏易專祖李鼎祚集解，象占一道多所貫通，根極理要，是所闕焉。恕谷傳注闡仲氏之緒，終不免支離之失。可亭傳義合參，每有心得，而偏言卦變。謝氏易在善言爻象，而過於儉約，且其爻象不順初、二、三、四、五、上之序，則亦瑕不可掩。讀者握其全，得其分，斯善矣。何以全？合漢、宋而一之。宋説具在，熟讀而精思之，欲通漢學，非講明卜筮，上溯左氏卦案不合也。何以分？漢儒多本京氏，京學在火珠林，皆占卜之法，無與於筮，又何與易義乎？此處既明，則險阻皆成坦途，然後本之程、朱，參之諸儒，寡過以立體，知來以致用，辭象變占，粲然明白；漢儒異論，統歸一致。易道無岐趨、無遺藴矣。題曰『詳説』，孟子『反約』之意也。」

大學古本説云：「大學之改始自二程，朱子復改爲今本。學者譁然疑之，紛紛竄易，各逞臆説。獨陽明先生有古本之復，世始翕然宗之，而發明其在大義者猶鮮。陽明之言曰：『大學只是誠意，誠意之至便是至善；中庸只是誠身，誠身之至便是至誠。』蓋大學之格物，即中庸之明善。大學以誠意正心爲家國天下之本，知此謂之知本，謂之知之至；猶中庸以誠身爲治民獲上、順親信友之本。明善所以啟思誠之端，而非思誠以外事也。改大學者，皆以格致爲重，故疑其闕，若知歸重誠意，則古本具在，文從字順，何事他求哉？」

格物説云：「格物之義，古註不明。程、朱謂『即物窮理』，後儒多疑物無窮，格亦無盡，將不免玩物喪志之譏。司馬温公謂『捍禦外物，而後知至道』。藍田呂氏謂『必窮萬物之理同出於一爲格物，知萬物同出乎一理爲知至』。上蔡謝氏以

『求是爲窮理』，龜山楊氏則以『天下之物不勝窮，然皆備於我，而非從外得，反身而誠，則天地萬物之理在我』。武夷胡氏以爲『即事即物，不厭不棄，而身親格之』。象山陸氏以格爲去，謂格去物欲；陽明王氏『以格爲正，物爲事』，謂去其不正，以歸於正。訓詁徒紛，終不能泯然於學者之心。唯心齋王氏謂『格其物有本末之物』，夫物孰有外於身心家國天下者哉？身心，本也；家國天下，末也。本先末後，而知所先後則在於格，格則知，而知本知至，即在是矣。宜近世諸儒之尊而弗叛哉。」

心性說云：「聖賢之學未有不事心與性者，異氏謂『即心即性』，陸、王又有『求心』之說。夫天命謂性，性即理也。心即爲性，則心無不善，何必正心？何有放心？意者，心之發，亦無事誠矣，且心寂然不動，感而遂通，求之寂，則淪於無；求之感，則馳於紛。人心、道心之謂何？若夫惻隱、羞惡、辭讓、是非之本於仁義禮智，而仁統禮，智統義，故曰：『禮者，仁之發；智者，義之藏。』中庸以仁、智爲性之德，孟子何以屬之心？夫不曰『四端』乎？端者，性之發，非心之體，此存心養性之功之所以分也。」

敬知行說云：「朱子言學曰敬知行。五峯胡氏則『前有立志，而乃得日強之效』，北溪陳氏則益以『虛心而後擴翕受之量』。義各有指，理本一貫。志而非敬，則心何以常存？虛而非敬，則心將淪於寂。志之立，心之虛，均不外敬乎。所以中庸言誠，論語言敬。誠者，心實而有物；敬者，心虛而無物。虛實之分，宜若殊途。而中孚卦傳云：『中虛，信之本；中實，性之質。』則敬又誠之本，而程、朱之所殷殷教學者與！」

誠敬說云：「誠者，中實而有物；敬者，中虛而無邪。程子謂『有主則虛』，又稱『有主則實』，虛實皆歸於誠，則誠爲敬之體。『主一之謂敬』，一者之謂誠，則敬又誠之要也夫。」

良知說云：「良知之言始於孟子，世以譏陽明先生。夫良知人實有之，微獨人，草木瓦石亦有之，不然，而至誠何以貫金石？中孚何以格豚魚？雖其氣不清，神不靈，終歸於蔽窒，而要其得於天者，不容泯也。物固有之，何疑於人？何譏於陽明？」

五行說云：「五行之序，互相生矣，而皆根於水火。土者，水之濁氣；石者，火之濁氣。是以水行地中，火潛石內。至水滋土而木生，火爍石而金生，則木、金者非燥濕之餘氣乎？故曰：『造化之初，水火而已。』」

存養說云：「心者，神明不測，必持守以嚴其幾，故曰存。性則存乎義理，必擴充以盡其分，故曰養。志者，心之所之，持志即存心也。氣則不純乎義理，亦不離乎義理，由是而擴充之，是曰『集義』，是曰『養也』。且夫存而曰操，敬以直內之事；養而曰長，義以方外之事。操存者，長養之端；長養者，操存之熟。理實相因，功非逸獲也。」

讀周子通書書後云：「漢、唐以來，儒者習爲訓詁，典章制度或能言之，若夫理道精微，江都昌黎偶舉其端，他無聞焉。是書首言存誠，末言主靜，中言陰陽、動靜之旨，敬義夾持之要，知行兼進之方，體類學、庸、語、孟，義本孔、孟、曾、思。從前訓詁之習一舉而空之，俾學者咸知大道，固宜應聚奎之象，開洛、閩之宗也哉。」

讀張子西銘云：「是篇包天地，該人物，大無外矣。而程子以爲『仁體』，朱子以爲『示我廣居』者何？蓋其始推原一本，而自近及遠，其後歸於畏天樂天，而反躬實踐，豈若漢、唐諸儒第言博施兼愛者之舉用遺體乎？斯爲全其心之德而愛之，理固不外是哉。」

讀張子東銘云：「程子之定性書，不外『敬以直內，義以方外』。忘怒者敬，觀理者義也。張子是篇實與同旨。其戒戲言戲動，所謂不重不威，主敬之事；其戒過言過動，所謂改過遷善，徙義之學。是以程子之書，前引論語，而後係以此篇歟。」

書張子正蒙後曰：「性命之旨，宋儒言之多矣，未有深切著明如張子者。夫以理言之謂之天，兼氣數言之謂之命。要之『性天德，命天理』，非有二也。故曰：『德不勝氣，性命於氣。德勝於氣，性命於德。』又曰：『人一己百，人十己千。猶難語性，可以言氣；行同而報異，猶難語命，可以言遇。』孟子而後，言性命者一人而已。」

讀邵子皇極經世書後云：「方靈皋比是書於韓子所云『唯怪之欲聞』，而利其不可稽尋。李厚庵以所推元會運世之數非世系可知，非日星可步，謂宜存而不論。余竊有說焉。夫其以日月星辰、水火土石爲八卦之象，與易之以天地雷風、水火山澤爲八卦之象者異矣，然于大造物化之絪緼無形者，『頹乎其順，浩然其歸』，以成一氏之易，且所謂元猶歲，會猶月，運猶日，世猶辰，則以小運之合而知大運。朱子所謂『有生便有死，有盛必有衰』，夫固深切著明也，烏呼怪！」

書國學講義後云：「先儒學孔顔，必尋孔顔樂處。今人讀中庸，亦當尋中庸下手處。語曰『切問近思』，是之謂乎？吾師信芳先生言規行矩，體中庸於一身，發爲議論，尤於聖學不遺餘蘊。官司業時，召館生說中庸，得二卷，曰國學講義。猶以为未有下手處也，乃增著五達道爲綱領，三達德爲體要，以爲功所自始，是固愚夫婦所知能也。然非是而誠明何見？戒慎亦虚，即喜怒哀樂，九經三千三百之屬，又安所施？嗚呼！至矣。抑不特此，中庸爲言理之書，而入聖之基，在知行、誠明、身心、性命之間。六經以來儒先之說，在在可稽，而或偏言之、概舉之，不若是編之分而異，總而同，以六經證中庸，即以中庸證六經，實入聖之梯級也，豈曰訓詁云爾哉？」

易說曰：「乾隆庚午，余以經學詔至都下，故人濟寧邱省齋，好學君子也，移寓相就，以永朝夕。是時余方註易，反覆先天四圖，無與卦辭，竊以毛西河河圖原舛之爲是也，已有成說。宜興[一]儲宗丞梅夫見而語曰：『林栗、袁樞攻辨甚煩，紫陽持之愈堅，未易軒輊也。』余敬諾，猶未窺見所以冠於篇端之意。歸田二十年來，杜門却埽，沉浸潛玩，乃悟得自漢以來，皆從大傳第二章設卦觀象、繫辭說起。第一章之剛柔相摩，八卦相盪，則易傳云：『聖人始畫八卦，三才之道備矣。因而重之，以盡天下之變，故六畫而成卦。』朱子曰：『不知聖人畫卦時先畫甚卦，這處便曉不得。』又曰：『程子之意，三畫上疊成六畫，八卦上疊成六十四耳。』西河祖李鼎祚，謂：『先畫乾、坤二卦，因而相加，全是心思智慮之所爲。』其卦都從變上推演，則宋郭仲晦先已有之，昔賢譏其瑣碎無當，何如一分二、二分四、加一倍之，極天然之妙。非圖無以明者，一也。孔穎達於易有四象，又云：『金木水火，稟天地而有土。分旺四季，故唯云四象。不知陰陽二少即七八也，陰陽二老即九六

[一]「興」，原作「與」，形誤，上海圖書館藏民國十年豐義儲氏分支譜卷七之二載：「儲麟趾，字梅夫，號紱齋，常州荆溪人。」荆溪即宜興，清史稿地理志五云「常州府，雍正二年宜興置荆溪。」據改。

也。』邵說不異孔疏，而孔失之岐出。非圖無以明者，二也。『天一地二』一節，諸家罕所發明。余向謂奇偶之象，非以明河圖。然朱子因此圖始得據班史以証舊簡之錯，非圖無以明者，三也。『天地定位，帝出乎震』二節，率多隨文敷衍。余向以定位明對待之理，出震明次序方位，何如圖說先後天不同折中，因而暢發精義。易之有藉於圖者，四也。至『極數知來之謂占』，谷拙侯謂『極之可以知來』，徐天章謂『極，一陰一陽，生生之數而知來。』皆模糊籠統，托諸空言。不思善不善，必先知之，故曰『神以知來』。又曰：『遂知來物，彰往而知來。』子思子紹述祖訓，證之曰『至誠之道，可以前知』。且子不語者，神也，而曰：『知鬼神之情狀，成變化而行鬼神，可與祐神，知神之所爲。非天下之至神，其孰能與於此？』『唯神也，故不疾而速，不行而至。』子思復述之曰『至誠如神』，而皆具於圜中一圖，贊稱『駕風鞭霆，歷覽無際，所謂神也』。且神者，非復窈窈冥冥也，探賾索隱，鈎深致遠，由形下之藝馴致於精義入神。古者小學必先以此成德，以後優焉遊焉，而此固不易言也。孔門三千，身通六藝者七十人，孔子自言『不試，故藝』。蓋君子之教不獨成德，抑以達材。賜之器，求之藝，夫子均有取焉。侍坐章三子規規事爲之末，而不失爲下學。曾皙有見道體，卒欠下學，終流於狂。夫子與點而不貶三子，概可見矣。若高談義理，問錢穀而不知，問兵刑而不知，窮經致用之謂何？易之致用，端在邵圖，或曰流於術數，夫班固云伏羲畫卦『由數起』，故曰『參天兩地而倚數』，非數無以爲易矣。法之巧者曰術，孟子曰仁術、智術，詩、書、禮、樂亦名四術，術何傷？非術無以顯道，非術無以神德行，所患不學無術爾。至圖、書之傳，不但孔安國、劉歆、大戴禮皆有稱述，漢五行志『虙羲繼天而王，受河圖，則而畫之八卦是也』。矧大傳明著河圖之說，雖制作初非一端，法象必有最切，故又曰『觀鳥獸之文』。鳥獸者，龍馬神龜也，亦猶猩猩能言，不離禽獸飛走，嫌並舉也。其不取冠於易者，孔子時，掌之太卜，未列膠庠，不得與詩、書并垂，以故散無有紀耳。其晦於後而顯於宋者，厚庵曰：『作易精意，舍圖奚取？』仲尼既沒，易道湮廢，自卦爻之詞昭然具存，固已盡失其義。又況天人授受之秘，有在於言語文字之表者，無惑乎其不傳也。世之聞斯語者，方且疑聖賢大道爲公，詎有不傳之秘？盍觀論語集註，孔子、顏子所樂何事，程子引而不發，愚亦不敢妄爲之說，以有待於博約竭才之後。先儒又謂『吾與回言終日』，其言多矣，今傳記所載有幾耶？授受之秘，良有徵矣。余受易王信芳先師，源於厚庵。

厚庵未通皇極，而論河圖先、後天三篇，精切不磨，直謂邵子再造之功，實與伏羲始作相配。余爲周易詳說時未之能信，載黄東發之說於前，續以己意。及此暮年，乃知廣大精微、學易致用之端，悔其前作剷削黄說，并改圖、書贅說。唯『天一地二，定位出震』三節因仍未改，亦紫陽中和舊說并存之意。復爲此說，使人知余之今是昨非，前車可見也。行質之省齋、梅夫，求鍼砭焉。」

衛道編

世儒有謂「太極以前，莊生存而不論」，故孔子繫易，只從既有天地說起。然中庸「上天之載」，「載」之爲言「始」也。上天之始，亦所不見子思言之何歟？　蓋世衰道微，邪說滋熾，如騶衍談天，又有天柱崩、地維折種種妖妄。故推原其始，而曰「無聲無臭」，即「無極」之義，皆因時以立言。

先儒謂西銘狀「仁之體」，今細分之，「乾稱父」至「帥吾性」，是心之德；「胞與」至「無告」，是愛之理。朱子云：「心非仁，心之德是仁。」蓋謂人之心虚靈洞徹，于虚靈洞徹之中有理存焉，此心之德也。又曰：「愛非仁，愛之理是仁。」蓋此心與萬物同受於天地，是以欣戚相關而能愛。愛無差等，則流於釋、墨，故不徒曰「愛」而曰「理」，西銘盡之矣。

信芳先師謂：「天之報施善人，不在富貴貧賤」，門人疑之。先師曰：「聖賢之心，即天心也。君子有三樂，而王天下不與存焉。聖心如是，天心亦如是。乃知厚其生不若玉於成。」

程子謂：「廓然而大公，物來而順應」，即是盡夫天理之極，而無一毫人欲之私。大[二]學章句首爲揭出，中庸章句言之者七，此學問之極功，聖神之能事，故厚庵[三]歸之聖人、上天。

[二]「之私大」，原作「大私之」，此三字接連誤倒而傷文理，今乙正。

[三]「厚庵」，原作「庵厚」，前文云「余受易王信芳先師，源於厚庵，厚庵未通皇極」，據之乙正。

虞廷教胄學之由來久矣，然其立名自説命始。上世道一風同，人無異學，後世溺於詞章，宋史始立道學傳，即顏子所好也。明史稿稱其「甚嚴且正」。天下於是知伊、洛淵源，上接洙、泗。乃元史謂「道學、儒林，不當分而爲二」，實不知孔、孟之時，道學即儒林也。秦後以來，文苑者，詞章也；儒林者，經師也；道學者，傳孔、孟之心法，宋六子也，烏可混而一之！

左傳「民受天地之中以生」，而禮運云：「人受天地之心以生」，可見心即中也。當理而無私欲，亦只一「中」字。邵子云：「心者，性之郛廓。」蓋血肉之心，如物之皮殼，性是皮殼中包裹的。故言心必合性言，方是本來的心。

卷四十九

王零川先生

先生諱巡泰，字岱宗，臨潼人。居邑之零口鎮，因自號零川，學者稱零川先生。父翼，寧夏縣教諭。先生承其家學，繼從華陰史匀五、武功孫酉峯遊，後先領受，多所啓悟。酉峯嘗謂「吾門治古文學者，有韓城王某、雒南薛某，而言義理者，惟零川一人」。先生在酉峯門，恪尊其説以窺關、閩，由是灼見道原，深達理奥。乾隆壬申，舉於鄉。甲戌，成進士。歷知晉五寨，粤興業、陸川諸縣，皆有惠政。擢銓部考功司主事，歸而主講臨潼、渭南、華陰、望都、解州、運城，從學者多所成就，至學舍不能容。先生歷年仕學，家無餘財，没之日，葬不能具禮，墓石亦未有也。祀名宦。道光乙酉，舉鄉賢，建專祠，牛制府篆額以旌其墓，其風聞於後如此。著有四書日記、解梁講義、格致内篇、齊家四則、服制解、仕學要言、丁祭考略、河東鹽政志、興業縣志、純孝録、勸戒録、文法輯要、童子指南、知命説、零川日記，詩集二卷，文集四卷，制藝六卷，從政遺編一卷，自訂年譜二卷。

四書劄記

讀聖經要如聖人耳提面命一般，危坐屏息以受之，要見得是句句爲自己説話。

大學對小學言，小子有小子之學，大人有大人之學。人生自少至老，不可一日不學也。

德本明，故曰「明德」。雖有時而昏，明未嘗息也。因其明而明之，則昏者亦明矣。

「日日新」，無日不新也。起手難在一「苟」字；後來難在一「又」字。非「苟日新」，不能「日日新」；非「又日新」，亦必不能「日日新」也。

誠意是君子爲己之學。意者，己之意；好惡，己之好惡。故欺曰自欺，慊曰自慊。

誠意工夫，把柄全在慎獨，是意之初動處。誠與不誠之幾間不容髮，君子小人關界全在此處。惟知至，後方能審之；惟知至，後愈不可不審也。

其肺肝即獨也，是意所從生處。爲不善是肺肝上病，非皮膚上病。

聖人之喜怒不係於心而係於物，故無在而無不在；常人之忿懥等係於物而即係於心，故有在則有不在。

「天命之謂性」，千古性善之論定矣。論性惡，是天命人以惡也，有是天乎？謂性有善不善，是天命人以善，亦命人以不善也，有是天乎？

「率性之謂道」，不率性者非道也。性是現成的，道亦是現成的，不假安排布置，只循這性去便是道，不循這性去便非道。

「戒慎」是敬的意思，「恐懼」是畏的意思，合來總是一個「敬」字，須臾不敬則離道。

念慮初萌是動靜的接頭，非理即欲，稍縱即逝，故尤不可不謹。

喜怒哀樂，循生迭起。發者，其常；而未發者，其偶也。未發之體爲何體？未發之象爲何象？非戒懼者不能識也。

未發是虛，已發是靈。具衆理，故爲大本；應萬事，故爲達道。

天地萬物，本吾一體。一體之中，心一不正，則五官必不能各得其所。一體之中，氣一不順，則百骸必不能各遂其生。

隨擇隨得，隨得隨守，顔子之擇不費力，顔子之得不需時，顔子之守不勉強。

中庸多爲隱怪者發，首以夫婦之道說起，後又接到造端乎夫婦上，可見居室之間便成位育，人患不能盡所爲夫婦者耳。夫婦之道即聖人之道，即天地之道也。費處在此，隱處亦在此，何必別求元妙之道而索隱哉？

天下無道外之物，不必鳶也，不必魚也，觸目皆道，觸目皆鳶魚也。天下無物外之道，無在非鳶也，無在非魚也，觸處皆飛躍，觸處皆道，故曰「察」也。

「庸德」、「庸言」，兩「庸」字即中庸之庸。中庸之德爲「庸德」，中庸之言爲「庸言」，只盡得這個「庸」便是，道何遠之有？

鬼神有二，有氣機之鬼神，陰陽是也，無物無陰陽；有人心之鬼神，魂魄是也，無物無魂魄。

天下至誠，統天地、人物而言，以天地、人物共有之誠而一人能盡之，則一人之誠盡乎天下矣，故曰「天下至誠」。

「盡性」與「率性」不同。循其性之自然謂之率，盡其所宜然謂之盡。率性言其不假強爲者，盡性言其必宜爲者，然盡性亦只循其性之自然而已。

不貳，所以誠也，貳則息矣。立天之道曰陰與陽，陽不貳，陰亦不貳；立地之道曰柔與剛，柔不貳，剛亦不貳。

尊德性而不道問學，便是禪學，要知不道問學，必不能尊德性。道問學而不尊德性，便是俗學，要知不尊德性，亦必不能道問學。

無惡於人易，無惡於志難。爲人則欲無惡於人，爲己則欲無惡於志。獨者，人所不知而己所獨知之地，志之所由發也，無惡於志，方算得謹獨。

七情惟怒惟難治，以顏子之好學，纔說得個不遷怒，怒之難平也如是。故易損象先「懲忿於窒慾」。

「三月不違仁」，所謂道心常爲一身之主，而人心每退聽焉者也。過此以往，則安仁矣。

日至月至，要看活。一日之内其心全在於仁，是日至。就一日之内，而一時至仁，或三五時至仁，皆日至也。一月之内，其心全在於仁，是月至。就一月之内而數日至仁，或數十日至仁，皆月至也。

聖人渾身是道，故渾身是樂。顏子能盡聖人之道，故能樂聖人之樂。無事不盡道則無事不樂，無時不盡道則無時不樂，無處不盡道則無處不樂。即簞瓢陋巷，而道猶是道，樂猶是樂也，故不改。

「由戶不由道」是指點語，不是比喻語。

聖人是絕頂處，有恆是起點處。能有恆即聖人可到，不能有恆，即善人、君子終難到也。特申言之。

仁者〔一〕，心之德；欲者，心之動。心在腔子裏，仁便在腔子裏，不分兩時兩念。

學顏子之「不校」，當從孟子三「自反」學去。

常人終日在意、必、固、我中，未事心，便到事上。既事心，仍粘在事上。方事心，卻他適循環紛擾，何有已時？要之總是個不敬。

聖人渾身是道，滿眼看見都是道。在川言川，川上便是道。

以循循善誘之夫子，而語之不惰者獨顏子。甚矣，不惰之難也！如何便惰？如何方能不惰？非善學者不能知其故也。

昔有釋子，每至日暮則痛哭，曰：「一日又虛」。今吾輩每日當如何哭耶？禹惜寸陰，孔夜不寢，所爲何事？悠悠忽忽，穹年竟歲，猶是可畏之後生也。一轉瞬間，吾自見吾已不足畏矣，豈不可惜？

學者如何能見聖人？從何處去見聖人？只熟讀鄉黨篇，想像形容，實見得聖人是甚氣象，心摹神追，久之，自己德性亦自長進一格。

「時習」是學的眞功夫，「說」是學中眞精神、眞趣味。惟學故說，愈說愈學，此中味惟此中人領之。有人所不知而己獨知之妙，故其進自不能已。

「一貫」只是「忠恕」，到聖人身上便是「一貫」，在學者分上只說得「忠恕」，說不得「一貫」。

不到得聞性與天道時，不知夫子之言性與天道也；不到得聞性與天道時，不知性與天道不可得而聞矣。

〔一〕「仁者」，「者」原缺，仿下文「欲者」補。

「見其過」，「其」字即「內自訟」「自」字。自己過，自己見得，自悔自艾，一念不敢自欺，一念不敢自恕。衾影之糾繩甚於廣衆，清夜之推鞫嚴於公庭。能自訟而不改者，未之有也。

顏子克己最省事，功夫最簡便，力量最大。

「復禮」亦自有工夫，不得將「克己」便叫做復禮。却不是今日克己，明日方纔復禮，隨克隨復。如「坐毋箕」、「立毋跛」是克己，「坐如尸」、「立如齋」便是復禮。

顏子之好學，只是不遷怒、不貳過。爲仁只是克己復禮。爲仁是好學之實，不遷怒、不貳過，所以爲克復之驗也。

君子事事內省，時時內省，非爲不憂不懼而然也。然無愧則不疚，自然不憂不懼。

思不出其位，是君子誠意之學。位以內之思不可無，位以外之思不可有。思不出其位最省事，所以無廢事也。

下學上達，是人人做得的，惟聖人能盡之耳。上的道理只在下中，達的工夫只在學上。一事一物各有理，循理做去便是下學，便能上達。

孟子言性善，不兼氣質說。兼氣質，則不得專言善矣；孔子言相近，不兼理說，兼理，則不得謂之相近矣。

不得於言，勿求於心，如何能知言？不得於心，勿求於氣，如何能養浩然之氣？

動志動氣俱兼善惡言，薛文清曰：「志動氣，多爲理；氣動志，多爲欲。多爲理，便是兼着欲說；多爲欲，亦是兼着理說。」王豐川曰：「志之動處即氣，氣之所以動處即志也。」

「浩然之氣」乃吾氣也，要實見得人與天地只是這一個氣，吾氣即天地之氣也。此氣未嘗一日不在天地之間，善養之，則塞乎天地者，即其充乎體者也。不能養，則有所虧屈，而吾之氣非復吾有矣，於天地何與哉？

「必有事焉」四字，重聖賢學問實實落落做工夫，不是說空話。若告子之「不得」、「勿求」，便都無事也，他強制處，正是那「正」、「助」、「忘」處。

人皆有赤子之心，是人皆可以爲大人也。不失，內有工夫在。

曰「我善養吾浩然之氣」，又曰「不失其赤子之心」，這一點「赤子之心」，即「浩然之氣」所從出也。要養得這氣，須是不失這心，塞天地，配道義，至大至剛，只是從這一點子做起，再無別法。孟子此等議論，都是過來人語。

不曰「戕賊性以爲仁義」，而曰「戕賊人」，人之所以爲人者性也，戕賊人之性，是戕賊人也。戕賊人，則禍人；戕賊人以爲仁義，則禍仁義矣。

程子曰：「性即理也」，故性本善。告子曰：「性即氣也」，故謂「性無善」，又謂「性無善無不善」。告子錯處，只認氣爲理。

情本於性，才亦本於性。性無爲，情有爲，而情之所以能有爲者，才也。才與情都從性中一滾流出，才能爲善，正情之所以可爲善也。

「性情一也」，即人皆有之情，可以知我固有之性也。人皆有之，人無不可以爲善；我固有之，我決不可以爲不善。

「良心」，良字宜深味。人之所以爲人者，獨以其心之良而已，良即性之善也。

大人者，不失其赤子之心者也，赤子之心何心？即仁義之心，良心也。不失其赤子之心，只是不失其仁義之心。

心宜存而不宜放，心宜養而不宜梏。心非外至也，我自有之，我自養之而已。操則存，即所以養之之道也。

操則存，聖學心法之妙已盡於此。

果木之核莫不有仁，五穀之粒，亦有以仁言者，如桃仁、杏仁、麥仁之類，不可勝舉，大抵皆指其心而言。有這心然後成其爲麥、爲核、爲果、爲穀，無此則秕矣，生氣絕矣。人之於仁，亦猶是也。

「放心」即前章所謂「放其良心」也。良心即仁義之心，求放心即求不失此仁義之心也。馮少墟曰：「上言『失其本心』，此言『求放心』。求放心者，求不失本心也。」

心之放，孰放之？心放之也。求放心，孰求之？心自放之，亦心自求之也。求放心之心即心也，不是別有個心來求放心。

非存心必不能養性，然存自是存，養自是養，養不離存。要不得以存心便當了養性的工夫。

存心養性，是一是二。心如穀種，其生之理是性。存心是下得這種子深固，又須浸灌着，不得枯槁他；培養着，不得戕害他，是養性。要曉得養性離不得存心。

性命本是一滾流出，不分兩時、兩事。然性自是性，命自是命，原不相混。有氣質之性，有義理之性，性與性原自辨；有氣數之命，有義理之命，命與命亦有別，由人去看。

「善」字宜提出，「可欲之善」即「性善」之善。人性皆善，故可欲。有諸己是有善於己，「美」、「大」、「聖」、「神」都從這善做起。可欲的此善，到不可知時亦是此善，再無別理。

卷五十

薛尺菴先生

先生諱蕴，字叔芳，尺菴其號，雒南人。由翰林院檢討改官御史。乾隆庚午假歸，與孫酉峯論學于西安，娓娓不倦。先生舉顔淵問仁章論之曰：「克己者，無我之義也。己即我，克己則無我矣。朱子訓『己』爲『身之私欲』，似贅也。」酉峯曰：「先生克己無我之説，誠非淺學所及，是即朱子本旨，顧又疑朱子之訓己者贅，則朱子之訓我爲私己者，不亦贅歟？

己非身之私欲，則與古之學者『爲己』之己無異矣，克之可乎？」先生復闡其意曰：「君蓋謂己之有私無私，視乎文義耳。

既云『爲己』，則己即無私之己。既云『克己』，則己即有私之己。以己例我，無我之我爲私，己則萬物皆備於我，即求在我之我，非私己亦明矣。吾不能易君之説以易朱子之説也。然更有當辨者，『天下歸仁』，如藍田呂氏所謂『歸吾仁術之中』，是『洞然八荒，在我闥矣』，説最善。而朱子訓『歸』爲『猶』，與一日克復，天下即皆與以仁，其誰信之？」酉峯質之曰：「一人之心，天下人之心也。一日克復，則視聽言動皆仁矣。一人見之謂之仁，即天下見之無不謂之仁。不必天下人一日皆見之，皆謂之仁，而後爲一日克復、天下歸仁也。呂氏之説，空而莫據。朱子之説，切而可憑。」先生又曰：「顔子『三月不違仁』，惟孔子許之，未聞天下更有許其仁者。」酉峯曰：「孔子許之，天下誰弗許之歟？且天下至今誰弗許之歟？」又曰：「叔孫武叔毁仲尼，豈仲尼未仁乎？安見天下必歸仁也？」酉峯曰：「天下歸仁，以天下秉懿同好者言。叔孫武叔之毁，詎有礙於天下歸仁之義歟？」反復辨論，多發前人所未發。外補粵東觀察使，遷山東。晚年自號小輪老人，年八十一卒。著有周易象意若干卷。

胡子敬先生

先生諱瑞，字子敬，秦州人。爲明太常卿慕之元孫，學有淵源。乾隆壬午，攜其仲子鎬赴省試，道出武功，晤西峯，縱論朱、陸異同，持論甚正。又謂「陽明『致良知』之説雖偏，然其偏者，正所以救偏也，不得以異學目之」。西峯頗爲傾服，因與訂交，別後書問往來，證商所學。於乾隆三十七年卒，年六十一。

張萊峯先生

先生諱洲，字萊峰，自號南林子，武功人。孫西峯六大弟子之一。精詩古文詞。乾隆癸酉舉於鄉，丁丑成進士。歷知粵西修仁、吳興、德清等縣，與長官意不合，棄官去。往來吳、越、荆、豫、齊、蜀、燕、趙間，以發抒其磊落昂藏之氣，文名益盛。間亦從事於義理之學，嘗上西峯論格物書曰：「王心齋謂格物是格『物有本末』之物。朱子曰：『即凡天下之物，莫不因其已知之理而益窮之，以求至乎其極。』蓋天下之物，無一非所當格，良以天下之物，無不與『明』、『新』相關，則格物之物，總屬『明德』、『新民』，而以爲專指『明』、『新』，則似天下之物尚有出於『明』、『新』之外者，滯礙難通矣。博物、格物相似而實不同，博物不過求其迹於名物、象數之間，而格物則以究其理於表裏精粗之際。博物之學，泛而在外；格物之功，切而近裏。如季札之宏覽，子產之博物，謂之格物則未，何論記誦章句之徒，此其所以異也。中庸言『博學』而繼以『審問』、『慎思』、『明辨』，與孟子所言『博學而詳説』，則正大學『格物』之謂矣。解一貫章，謂『一以貫之』，『一』字指『萬殊』言。曾子於萬殊處隨事精察力行，固已見得分明透徹，故夫子爲指點曰『吾道一以貫之』，猶云吾一以貫此也。不然，何以不云一以貫萬乎？且一以貫之，亦不可講作『以一貫之』解。默識章云『默而識之』，『之』字即指理言，通綰三句。『學而不厭』謂以之學於己而不厭,『誨人不倦』謂以之誨於人而不倦,下二句皆有『之』字在句内。」均不爲無見。

先生幼而穎特,長而敦敏,與人無町畦。罷官後,主嶧縣、膠州兩書院者數十年,正身率士,經指授者,多成就以去。卒於乾隆五十二年,年六十。著有對雪亭詩文集行世。

王文端公

公諱杰,字偉人,一字惺園,韓城人。幼沈毅,不苟言笑。長從孫酉峯遊,治濂、洛、關、閩之學。孫門稱六大弟子,先生與焉。由拔貢生選藍田教諭,以父憂去官。桂林陳文恭公延入幕府,理學益邃。乾隆二十五年舉於鄉。明年,以進士第一人授翰林院修撰。尋擢侍講,五遷至内閣學士,歷吏、禮、兵、刑、工五部侍郎,遷左都御使。丁母憂歸,踰年,授兵部尚書,特許終制。朱文正公謂公曰:「上待公厚矣,勗哉!」

五十二年,拜東閣大學士,兼管禮部事務。公先後衡文柄者十二次,人不敢干以私,得人稱盛。服官四十年,貧如爲諸生時。性嗜學,迨老益篤。公暇,輒退息小齋,静坐一二刻,即展卷披閲。嘗手點全史一過。晚惟四書五經循環玩索,更耽易學,務有裨身心政事,不以記誦詞章爲能。卒年八十一,謚文端。著有讀易劄記、讀論語孟子録、葆淳閣集,若干卷。

李維則先生

先生諱法,字維則,號南槐,大荔人。受業於孫酉峯之門,長酉峯二歲,酉峯以老友待之,而先生循循執弟子禮甚恭。孫門六大弟子,先生其一也。由歲貢生选授狄道訓導。到官數年,年七十,猶間關數千里,赴西安應布政司試。老當益壯,惟以不預科名爲憾,言之每至泣下。當爲諸生時,人皆指目爲天下士,顧終老不獲一第,至齎志以歿,可惜也夫。著有南槐詩文集及制藝若干卷。

賈先生

先生諱天禄，吴堡人。從孫西峯於關中書院，年最少，攻苦異常。家貧，躬耕而食。十二歲爲諸生，以進士知四川冕寧縣，有政聲。時稱西峯大弟子，惟張莱峯、王偉人、李維則、薛退思、孫仲山及先生六人，他不與焉，非偶然也。

張先生

先生諱德潤，武功人。孫西峯弟子。乾隆辛巳成進士。曾問於西峯曰："「易云『成之者性』，性統理氣矣；而伊川謂『性即理』，舍氣可乎？」西峯曰："「性者，天所命。天命理，不命氣也。」曰："「天不命氣，何以有氣質之性？」西峯曰："「天命理，而理墮氣質中，不相離也。性以理言，亦可以氣質言。要之，理者，性之所主；氣者，性之所兼。故孟子言性，獨主乎理則善，而告子以兼之者主之則非。此可見天不命氣，而氣數亦謂之命者，亦理不離氣之義也。天命之理當知，而氣數之命亦當知，蓋有本末輕重之辨矣。」又問曰："「性氣之説，可推之政以親民否？」西峯曰："「仕與學，一道也，以之修己，以之治人，無異説也。子他日親民，其事有欲便己而不便民者，此氣質之性使之也。君子弗性氣質，子當曰天不命我以此也，則力絕之。有欲便民而不便己者，此出於吾性之天然也。君子必畏天命，子當曰天固命我以此也，則力爲之。至於率性而行，舉一切禍福利害付諸氣數之命，我無與焉，此則居易俟命之學，視子之學力何如耳。」先生起而拜曰："「請奉以終身。」

楊漢升先生

先生諱橋，字漢升，乾州人。孫酉峯門人。少有文譽，爲人尤敦厚質實，粹然儒者。年近七旬，以貢選涇陽教諭。在官數年，獨守迂拙，日讀書論古，與諸生相切劘。武功張萊峯稱先生與馬素天「皆一時英俊、奇傑之士」，良非誣也。著有讀左巵言，行世。

馬素天先生

先生諱友蘭，字素天，與楊漢升同里，同受業於孫酉峯之門。時韓城相國王偉人尚爲諸生有聲，先生相與齊名，有王、馬之目。嗣以拔貢舉於鄉，官江西萍鄉縣知縣，遷蓮花廳同知，歷大郡，循聲卓著。宦遊二十年，急流勇退，以文章自娱，論者方之錢若水云。

卷五十一

李桐閣先生

先生諱元春，字仲仁，又字又育，號時齋，朝邑人。因教授桐閣，學者稱桐閣先生。家極貧，父文英以諸生遊賈湖湘。先生與母張太夫人居。方七八歲時，拾薪飼瞽驢，代貧家磑碾，得糠粃，採蔬和蒸以爲食。一日過里塾，聞讀書聲，歸告母欲讀，母喜從之。猶半日讀書，半日負薪。年十二三，聞塾師講論語仁而不佞章，輒苦思前後諸章言「仁」不同處，悟聖門求仁之要。年十四，應試於府，得明儒薛文清公文集、讀書録，減兩日食購之，熟讀精玩。已又得河濱家藏書，盡讀之。河濱，先生族祖也。年三十，中嘉慶戊午舉人，九上春官不第。因父歿母老，遂絕意進取。舉孝行，舉孝廉方正，均堅辭不應。先後主講潼川、華原兩書院，教諸生以身心性命之學，謂制義代聖賢立言，亦即藉以明道。嘗曰：「古人不近名，亦不逃名，實至而名歸，窮達一也。」其學恪守程、朱，以誠敬爲本，而要於有恆。讀書觀理，以爲行之端；處事審理，以驗知之素。本末兼該，内外交養，威儀容止，至老如一人。問何以養之，曰：「寡欲而已」。

先生雖不仕，然極留心世務，如邑中坐運換倉諸弊及聯村保甲諸法，皆興革宜民。年八十六卒。越二年，邑人請入祀鄉賢。著有四書簡題、諸經緒説、諸史間論、諸子雜斷、諸集揀評[一]、正學文要、道學文副、關中道脉四種、桐閣文集、雜著、

[一]「評」，據桐閣先生文鈔卷首陝甘學政吴大澂奏書，當爲「批」。

群書摘旨、讀書搜纂、圖書揀要、左氏兵法〔一〕、綱目大戰録、百里治略、循吏傳、朝邑縣志、潼川書院志、華原書院志、芻蕘私語、四禮辨俗、喪禮補議〔二〕、勸鄉時宜、教家約言、閒居鏡語、授徒閒筆、益聞散録、桐窗囈說〔三〕、病牀日札、學菩性理論、餘生録、夕照編、餘暉録、檢身冊，共百十餘卷。

語録

學者須知四不愧：不愧天地，不愧父母，不愧聖賢，不愧吾心。惟不愧吾心，便皆可以不愧。然學者皆有愧心之事，往往自謂不愧，是喪其心者也。

世間只有一理二氣，分而爲天、地、人、物四者。就人言，則有人我；就我言，則有身心。人我兼盡，身心交修，纔可爲人。不然，則上負天地，下不如物矣。

人須是時時提醒此心，使神清而不昧，志悚而不懈，則一動一静，一言一行，自無不有所檢攝。此在學者，即謝氏「常惺惺法」也；在聖人，即文王之「緝熙」也。

原憲言「克、伐、怨、欲不行」，此亦煞用過力。四者皆私欲，則凡聲、色、貨、利皆該。獨居末者，常人只是犯「欲」處多，君子自是犯上三般處多。

「克」即欲上人之心，「伐」即顔子之所謂伐，「怨」即夫子稱顔淵之所謂怒，怨未有不怒者也。有「克伐」之心，便只見得自是；有「怨」之心，便只見得人非。故予言克己亦多於逆處克。

〔一〕「左氏兵法」，「左」原作「兵」，據朝邑劉際清氏青照堂叢書道光一五年刊本改。
〔二〕「議」，原缺，據青照堂叢書道光一五年刊本補。
〔三〕「囈說」，原作「語囈」，據青照堂叢書道光一五年刊本乙正。

顏子之「犯而不校」與「不遷怒」，固是一般工夫，聖人稱顏子與曾子，所稱皆在此處，可見忿怒最難除。

程子云：「涵養須用敬，進學在致知。知無盡，行亦無盡。」其言「涵養」該得「省察」二字，此二端皆行之事，亦貫徹終始。

爲學須破貧富順逆念頭。貧富之念不破，即不可言學；順逆之念不破，亦難與爲學。

明私欲之生皆是氣質用事，氣量之小，亦爲私欲狹小。

學者終日在過之中性勤自修，愈見得過多。一念之非，一言之悮，一行之僁，皆過也，故聖賢屢言改過。

朱子解「過則勿憚改」云：「不可畏難而苟安」，學者惟畏難、苟安最害事。

持守最難，有一姑如此之心，他日便能作賊。某嘗思刻意勵行，「刻意」二字，宜常存。

能見得大學工夫之密，自見得中庸道理之大。

讀論語則見得道理之平淡，讀孟子則見得道理之發皇。讀六經、諸史及群經，皆以四子書觀之，道理俱不能欺我矣。

讀書爲學，自古聖賢皆有要約。聖門言「仁」言「恕」，孟子辨「義」又辨「利」，周子主「静」，張子主「誠」，程子、朱子主「敬」，皆就切身可守處標出宗旨，推之則萬理皆該，行之則凡功皆備。

韓苑洛在家，縣官道經南陽，洪聞鑼鳴，即起立候其過。此一事最足法。富貴如此，貧賤可知；於官如此，於里可知；暗中如此，顯見可知。

學者第一要能安貧，但不得餓死便能作事業，即餓死，於道無虧，亦自安也。爲官亦然。

「修道之謂教」，「教」謂品節，品節即禮。是中庸開口言性道，亦便言禮。

講禮尤是救衰世之法。

君子治己以善，并欲化人於善。不獨欲化常人，并欲化小人。舜處家庭，孟子明曰「横逆」，舜却不見得是横逆，只見得自己不是。家庭然，在外亦然。己不能化人，便是己之過。既曰人性皆善，豈有不能化者？是所貴乎自反矣。

顔子「犯而不校」，是顔子明有犯也。有犯想亦須先自省，而無失仍是不校。孟子三自反，待人以忠盡矣。不與爲難，亦不校也。然曰「妄人」，曰「禽獸」，視人亦刻矣，顔子當并不作此語。

爲學惟家計最足累心。然累心者，心自累之，非家計能累心也。心自累，不惟家計窘足累，即家計裕亦爲累。不然，任所處之豐約，吾心自有主，於境何有焉？

論人不當苛，守道則須嚴。一念之寬假，一事之苟且，即自欺也。自欺必欺人，非小人而何[一]。

小人之意，只見人非；君子之心，惟思己過。

論語記聖人疾病者二，聖人非不謹疾，而有疾病氣之盭，雖天亦無如何，於聖人奚怪？然觀「請禱」不許爲臣深責，聖人平生之所以盡人達天者，於疾病時俱見矣。

人之所以得乎天者謂之德，行道而有得於心者謂之德。俊德自其德於天者言，此時未有性之名，曰「俊」，則性之體已見。

「人心惟危，道心惟微，惟精惟一，允執厥中。」德具於心即性也。此四語斷非魏、晉人所能，故以大禹謨爲僞書者，吾不敢云然。

天與人以性，人不能復性、不爲聖賢，即負其生，即負乎天，故復性爲學之大原。

道心則性也，人心則氣也，曰「危」曰「微」，辨之謹之，只在毫釐。

孟子言「良能良知」，仍是申性善之説，故「親親，仁也；敬長，義也」，猶前實以「四端」之旨，「無他，達之天下也」，言何以謂是仁，何以謂是義，正以愛敬之知無不然也。以知該能，愛敬中自有能字，非重知也。孟子先言良能，後言良知，意亦可見。此章書義人多不明，遂使舍性善而别標良知，亦殊無味。

[一] 「何」，原作「可」，據桐閣先生文鈔卷一二改。

志學章聖人自敘一生之功，亦首先立志，至十五方能。然則自聖人而下，凡孩提之良知良能，可盡恃耶？立最難，聖人猶到三十方能自信，大賢以下之人可知。「四十而不惑，五十而知天命」，知豈易言？知天命方見本原，又豈易言？「六十耳順，七十從心不踰矩」，知能始可，皆云自然。以爲太易者，吾總未敢信。

志學章註云：「學，大人之學也。」前輩云「志學」，「志」字直結果到不踰矩，足見凡學者立志，即當以聖人爲準，志一立則終身不變。大人之學無上下。胡氏曰：「聖人言此，一以示學者當優遊涵泳，不可躐等而進；一以示學者當日就月將，不可半塗而廢，斷無簡捷徑易之事。」

凡讀書，於古人語皆須詳其意。周子「無極而太極」，此一語天然渾成，筆力萬鈞。下「太極本無極」也，解得簡易明了，又見筆力。疑「無極」二字出老子，不應添此。又疑周子本無此二字，皆夢夢也。

西銘正是孔門言仁之意，首三句突起挺接，冒一篇意，括得四書六經意，筆力亦四書六經外所未有。講陸、王者以此開其心，擴其見，何如？

李延平教看未發前氣象，是亦偏於靜也。曰看氣象，則又多一念而近動矣。靜少動多，何如只持一敬？此心惺惺，外又整齊嚴肅，便是存理於未發。推之一念之動，一身之動，無時無處不戒慎恐懼而先慎於獨知。故朱子云「審其幾」。幾在初動，易故曰「動之微」，書亦曰「微幾」。「冒貢非幾」，則動處工夫尤要。毛西河謂「審幾」二字無謂，亦昧於學矣。然慎獨在動，良知又在動，延平隨處體認天理，湛甘泉主之亦在動，吾鄉張雞山、蕺山劉念臺皆標「慎獨」二字爲主，似又皆略靜存一邊。

四書六經外，大文章無如太極圖說、程子定性書、識仁說、顏子所好何學論、張子東、西銘，其要皆在近思録。讀四書六經後，即讀此以觀他書，皆可不惑。

爲學必本心性，盡性必驗之視聽言動，推之學君臣、夫婦、昆弟、朋友極之，事有鉅細，遇有常變，無處可離於道。逐外失內，偏內遺外，幾微不謹，顛沛失常，皆君子之累。

君子闇修，亦不是避人知，避人知之心即近於求名。「爲己」二字，要認得眞，亦須看得「己」字大。

與萬物同生天地，即欲萬物各得其所，上下同之，但有任其責與不任其責，各隨分自盡耳。

心中只有理，合理則心安，否則不安。凡作背理之事，皆自昧其本心。

凡作事，無不與人交者，以己度人，即推己及人；視人猶己，亦盡己爲人。一「恕」字，兩無所歉，故終身可行。

非作事則讀書，程子格物九條以讀書爲主，讀書盡道，死而後已。故良知不可盡恃，以有氣拘物蔽時也。良知性所發，有自發，亦有觸物而發。只屬動靜，不但無事時，無事而念動即非靜。靜少動多，動靜皆當任其自然，皆以靜爲主。靜時而敬，正存理以爲動也，把持求靜非靜也。觸物之動即當問所觸之合理與否，自發亦當問由氣質發，由道理發，截然不同。所由發者，即當窮究，即動靜之分，亦須分析明白。予讀書刻刻思此，見諸儒多不免鶻突說及，此復不禁瑣屑。

卷五十二

路閏生先生

先生諱德，號閏生，盩厔人。父元錫，由舉人知直隸藁城縣。先生以監生中式嘉慶十二年丁卯科舉人，十四年己巳成進士，改翰林院庶吉士，散館，改戶部湖廣司主事，考補軍機章京。年三十餘，以目疾告歸，主講關中、宏道、象峰、對峰各書院。先生之學以漢、宋諸儒爲根柢，專主自反身心，不分門戶，不事攻詆標榜，惟以孝弟律身，忠廉應物。文藝一以經訓傳註爲宗，力挽剽竊空疏之習。其教人先行誼而後文藝，嘗謂：「讀書爲作好人，非求富貴。」一時三晉、中州、吳楚人士，多從之游。先生以目盲不見書冊，令人雒誦口授之，汩汩累千言，數人録之不能及。嘗兀坐背誦經傳，日有定程，治心寡欲，三年後兩目復明。論者謂先生修身體道之實爲文名所掩，良非虛也。所著有仁在堂制藝十種，風行天下，學子宗之；評改明文明、檉華館試帖、駢文、詩文集若干卷。

文録

造化篇略云：「生萬物者，天地也；生天地者，吾知之矣。萬物莫不朽腐，朽腐之極，乃復爲土，土復生萬物。凡生物者，皆其不自生生者也。不自生生而相生，於是乎無窮。」又云：「客有問於余曰：『子之學道也，三十年於兹矣。鬼神之事，生死之幾，聖人知之而不言，術士言之而不知，知之者憂，不知者危，吾子將安師？』余掉頭曰：『吾無師，吾無師。』吾生也有涯，吾死也有時。晨起頮面，夜眠解衣，夏暑衣葛，冬寒衣皮。人知之，吾亦知之。晨不暇休，夜不得棲，桃李冬榮，冰雹夏飛，人不能知之，吾惡乎知之？ 吾知其所知，而不知其所不知。 晦晦乎聽轉移於造物，而自有其不可移，吾足若爲之蹈，吾手若爲之持。」

原天篇略云：「吾惡足以知天哉！ 天福人，非計其人之勞績，核名實以賞之也； 其禍人也，非聽人之獄辭，列罪狀以刑之也。 人世之賞罰，時而濫，時而僭，聰明限之也。 人有私而天無私，以有私之人，測無私之天，而天不可知矣。 吾惡知吾所謂善者之非淫乎？ 吾惡知吾所謂淫者之非善乎？ 吾惡知吾所謂禍福之即爲禍福乎？ 不知善淫，惡乎知禍福？ 不知禍福，惡乎知天？ 然則天不可知乎？ 曰可知，知之以人而已矣。 人何以知？ 知之以心而已矣。 又曰吾心中有天焉，吾時時照之以天，使心不得遁。 時而善，吾知之； 時而淫，吾知之； 時而由善之淫也，吾知之，吾不能勝之，將聽其不勝乎？ 時而由淫之善也，吾知之，吾不能勉之，將終於不勉乎？ 此心也，日侍吾側者不知而吾知之，非吾心自長自消，乃吾心之天長之消之。 蒼蒼者非天，吾心之耿耿者乃天也。 吾但葆吾耿耿者足矣，他何知焉？」

吃虧便宜說上篇云：「世之以利益爲便宜，以受損爲吃虧。 人之情，大約喜便宜而惡吃虧。 有吃虧者，則群以爲愚； 有得便宜者，則群以爲智。 似也，吾不知世所謂虧者，果虧乎？ 所謂便宜者，果便宜乎？ 天下最便宜者，莫如食吾食，衣吾衣，用吾財，盡吾力，行吾事，審吾勢，安吾分。 最吃虧者，莫如食人食，衣人衣，用人財，假人力，因人事，倚人勢，侵人分。 吃虧之與便宜，惟智者能知之，愚者則以便宜爲虧，反以虧爲便宜。 天下智者少，愚者多，夫是以便宜者少，而吃虧者多也。」

吃虧便宜說下篇云：「人無吾有，人失吾得，人病吾利，謂之便宜； 有者無，得者失，利者病，謂之虧。 遇便宜則取之，虧則辭之，雖便宜於外而虧於中，便宜於今而虧於後，亦鮮有不取者。 虧於外而便宜於中，虧於今而便宜於後，亦鮮有不辭者，人情也，無足怪也。 吾獨怪其所謂便宜者微乎其微，而所虧者，終身莫補也，甚且便宜未得而虧反隨之。 然則世所謂便宜者，非便宜也； 所謂虧者，非虧也。 有便宜有虧，天下所以多事也。 無便宜無虧，智者所以自安也。 智者不以外苦中，不以今病後，是以吃虧便宜之說，不入於耳，不動於心。」

行止坐臥箴曰：「書中之理，在於我心。心不參想，理境昏昏；心能參想，理境深深。深者匪深，道在淺近。智者不察，愚者不問。不問不察，安能辨認？認得一分，説得一分。認得的確，説得清真。到説破時，人人明白。悔之晚矣，胡不早得？得而勿失，日累月積，積累日多，聰明日益。清矯之文，至此方有。舍禮求貌，徒增其醜。」

李友擯先生

先生諱石，字友擯，蒲城人。嘉慶間居太華山十餘年，修濂、洛之學，獨樂眞趣。立品清高，必視其人品端方者與之語。書法顔常山，能得其骨力。

王雲衢先生

先生諱鳳翔，字雲衢，蒲城歲貢。諸子百家無不流覽，尤潛心性理，於朱子近思録、二曲反身録、少墟講義、陽明大學問及諸儒先集，皆縷晰條分，熟讀精思。嘗謂：「士不居敬窮理，所學皆膚。」又曰：「言之尺不如行之寸，説詞過煩，實踐不足。」課生徒以四事，曰：「習勤苦，甘淡漠，辨利義，預經綸。」晚年躬耕樂道，泊如也。卒年七十二。

羅先生

先生諱焜，鄜州人。性恬淡，不慕榮利。爲諸生，年四十始食餼。已而棄之，日潛心於馮少墟、李二曲諸書，曰：「横渠而後，關中理學正脉也。」士林頗推重之。

緱環谷先生

先生諱家駿，字子渦，號環谷，鄜州人。拙菴曾孫，息園從孫。生十二歲，父憐鵝公卒，母任太孺人督教之。入邑庠，食廪餼。乾隆己酉，由選拔領鄉荐。嘉慶戊辰，大挑二等，借補乾州訓導。年餘，乞病歸。先生少嗜學，獨不事帖括。承拙菴、息園之風，慨然有志於聖道。會寶應王耕伯來令白水，講學彭衙書堂，先生負笈從之，求居敬窮理之要。繼又得朱子全書，寢饋其中，一動一言，必加體認，故終身明去就之分，嚴義利之辨。解組後授徒家塾，足跡不履城市，學者多師事之。卒年七十有九。

鄭治亭先生

先生諱士範，字伯法，一字治亭，鳳翔人。生而明敏篤誠，年甫弱冠，即潛心正學，躬行實踐。事繼母以孝聞。道光壬午，舉乡试第一人，揀選貴州知縣，攝印江、安化事，旋補清溪、貴筑，擢平越知州。所至有聲，而印、安二邑治行尤異。貴築首邑，舊委僚屬理訟事，先生至，慨然曰：「縣令得與民相見惟此時，而假手於人，可乎？」首邑親訟，惟先生則然。既選平越，移疾歸里。

會回難作，郡城圍急，先生出家財，得銀萬三千兩，嚴守禦，又突圍赴京乞援，詔發兵，城圍乃解。回民素重先生，雖稱亂，然各相戒不敢犯。道遇先生避地入城，載書數車，皆強立不敢動。先生坐車中，遙語曰：「勿傷人」，衆皆唯唯，有黄巾羅拜康成之風。

先生性好書，自少至老，未嘗一日廢。見異書，必手自繕録。誨人孳孳不倦，一以朱子全書、小學、近思録爲歸。曰：

「此洙、泗眞傳，宜終身研究，身體力行者也。」其一生得力於此爲多。著書甚富，已刻者有朱子年譜、朱子約編、許魯齋年譜、心法約編。未刻者有四書小註約編、春秋傳註約編、三禮表、盛世人文集。

其題朱子年譜曰：「孟子以來，臻斯境者幾人哉！其心亦人所生而有之心，其事亦人所得而知之事，而往往未之能信。以象山陆子之賢，『僞』之一字，發自鵝湖諷詠。何況陳君舉輩，娼嫉以惡之，密疏其迂闊，無惑乎群小黨奸，禁僞任眞，函韓首入金而後已，夫而後謚文封公，晚矣。元、明崇祀，自我朝升配廟堂，國家崇德報功之典宜然，究於朱子，不爲加損。朱子一生，学而時習，無放心，無遺行，吉凶與民同患，以養完夫『立』、『達』并生之欲。傳授孔門心法，初不以命之興廢、道之隆污而殊揆異趨，知其所性根心如是也。讀斯譜者，眞肯動心、忍性以求之，令有諸已，推以凡讀晦菴書，皆通矣。」

題魯齋曰：「讀書録云：『實過其名者，魯齋其人也。』吾莫測其何如人，但想其大而已。武功康對山海翱遊涇野、谿田間，謂魯齋『充實之謂美』，而愚竊謂魯齋『居美大之中也』。王鹿菴磐襟宇蓋世，少所許可，獨敬禮魯齋。每相語則曰：『先生神明也，磐老矣，徒增愧縮爾。』及先生訃音至，曰：『朝廷賜謚先生，非「文正」不可。』然磐撰魯齋像贊云：『氣和而志剛，外圓而內方。隨時屈伸，与道翱翔。或躬耕太行之麓，或判事中書之堂。布褐蓬茅不爲荒涼，珪組軒冕不爲輝光。虛舟江湖，晴雲捲舒，上友千古，誰与爲徒？』是蓋徒知先生之德，而於其學初未之聞。丘瓊山輩疵議魯齋，問諸強樂菴師，師曰：『魯齋非富貴功名中人也。當日金亡，元有中原，魯齋非宋遺民，又未仕金，責以不宜臣蒙古，未免過求善乎！』歐陽圭齋之言也曰：『太祖丙寅建國，而先生生於己巳，距宋慶元庚申朱子之卒纔十年，當興王之會，續傳道之業，必有數存焉。』是蚤以先生爲朱子後一人而已。故愚向論魯齋，直以讀書録爲定論。然學者未能仔細讀魯齋語録諸書，又孰知敬軒之不我欺哉？觀此可謂紫陽、魯齋之功臣矣。」

寇潛溪先生

先生諱守信，字允臣，潛溪，其號也，長安人。少聰穎，嗜讀。年十二，爲文出語已驚其長老，有聲庠序間。及長，博通經史，貫穿百氏。以歲貢議敘教職，署神木教諭，升署漢中府教授，攝寧羌、南鄭各學事，署葭州學正，補鳳翔府訓導，監味經書院。

先生之學，崇尚程、朱，期於涵養實行，終日整襟危坐，手不釋卷，務求心得。晚年益勵志聖賢之學，所交遊皆一時勤修有識之士，而與三原賀復齋砥劘尤切。教諸生亦懇懇然，惟恐其不知正學也。所至揭白鹿洞學規，刊布聖諭及方正學讀書要範、張楊園愛身修德力學親賢四則，又刻弟子規、二語合編等書，分給鄉塾，俾學者知所趨向。著有箴銘輯要、學規輯要、潛溪詩文集、聖人家門喻續編，而自序曰：「昔孔子立道義之門，而使天下萬世家喻戶曉，尚矣！何世之讀聖人書者，每坐誦數十年，未知所學何事，終其身，如遊騎之無歸。豈眞讀書寡效哉？由利欲薰心，於聖人家門，辨之不早辨也！夫大化謂聖，中材烏乎能及？設潛心實學，能尋聖人之家園門徑而奉爲成規，別是非，勵廉恥，斯亦聖人之徒矣。」年六十三卒。

卷五十三

楊損齋先生 趙宏齋 張葆初 李匪莪附

先生諱樹椿，字仁甫，號損齋，朝邑人。自幼岐嶷不凡。弱冠失怙，治舉業，列邑庠，從李桐閣遊。及壯，絶意仕進，居太華，博覽經史百家，豪邁自適，欲以詩文名世。既交三原賀復齋、芮城薛仁齋，專讀濂、洛、關、閩書，發憤爲聖賢之學。晚年益邃，縣宰黃照臨創友仁書院，聘主講席。督學吳清卿以學行奏於朝，奉旨賜國子監學正銜。

先生爲學堅實刻苦，默契精思，養深而純，守嚴而固。有詩文集十五卷，外集一卷，語録三卷；檀弓疑稿、讀書隨筆、朱子禮語略、蒲録、西埜楊氏壬申譜若干卷，年五十六卒。

同時，大荔有趙宏齋，諱鳳昌，字仲丹，廪生，亦桐閣門人。與先生共讀於太華山，互相規切，先後幾二十年。張葆初，諱元善，亦大荔人。李匪莪，諱蔚坤，華陰人。均受業先生之門，研究性理有心得。

語録

知道不可須臾離，則雖處患難，即是實行；不知其爲道，則但覺憂患難堪，心豈能不爲所動乎？

大抵人苟知學，則無往不是做工夫處。

無「朝聞道，夕死可矣」之志，無「必學爲聖人」之志，無「以天下爲己任」之志，此日用工夫所以常悠悠也。夫是三者，皆我本分事。又人性皆善，亦我所能做底，何故志不立，此必有其故矣。

狹隘褊急最不好，生無限病痛。

第一工夫莫向隱微處壞了，無他奇妙，只看日用間如何。

處己待人，凡事當知幾。

應物非出，逐物乃出。

窮理工夫，「博學於文」，是說出去；反說「約」也，又說入來。力行工夫，「約之以禮」，是說入來；擴而充之，又說出去。

接物之間尋病痛，讀書以外做工夫。

從不恥惡衣惡食做起，上蔡說「此等語最好」，宜看。

能如程、朱而應舉，則義也；不能如程、朱而但應舉，則利也。

義利就處事上說，理欲就存心上說。義利顯，理欲微，故較難。

知行不足以盡存養，以皆在動處著力也。惟存養則靜中尤要，故胡氏云然。

涵養、致知，大概二者工夫用力久則愈見端的，乃知程子不吾欺也。

愧勵須眞實工夫，不然，一時客氣，何能保耶？

心隨放隨收，更無他術，朱子屢言之，久則不多放矣。

名利之念，生於自私。

「中」字仍就氣稟說，觀通書，概謂之「性」可見。但「中」者，不須變化；「剛柔」者，則須變化耳。

學道即求仁，仁者無不愛。

家人不和，無他道也，積誠愛以感動，而又深察一己之偏。

「舍己」正所以變化氣質；只有痛舍一法，久則漸少。必求前一項工夫，須是明理。

「極」是邵、朱所謂畫前之易。漢以來諸儒，亦不得謂全無心上工夫，但未得其眞，亦不造其極，故不識「川上」意。若識得，則是孟氏有傳矣。又須思今吾人知從心上做工夫矣，雖見不高，論不密，謂之有知可乎？謂之愈於漢、唐諸儒可乎？

不悶境地，余亦不知，蓋非實到者，不能眞知也。我輩勉之。只見人善，不見己善，所以明無不照；合衆人之善，以爲己善，所以德無不備。僉曰某堯，即從而命之，非從人而何？但聖人能自擇，非一向徇人。

程子「動以天」之「忠恕」，聖人之「忠恕」也；中庸「違道不遠」之「忠恕」，學者之「忠恕」也；曾子言「忠恕而已矣」，借學者之「忠恕」，以明聖人之「一貫」也。

「道」與「心」之同異，細玩中庸序首段便知，自來惟此語爲分明。

陸稼書太極論，的當分明，可謂善言太極，學者宜讀之文。充塞雖以理言，然有是理，即有是氣。聖人使萬物得所，即聖人之氣塞乎天地也。今種一草木，即吾之氣在草木；將一椅子放正，即吾之氣在椅子。推此可見。

動靜未發、已發是地頭，敬是工夫。認得地頭，方好施工夫。若不識地頭，工夫安頓何處？然實做工夫，則地頭愈分明，其實非因工夫而後有地頭也。辨動靜，辨已發未發，皆是致知甲裏事，惟主敬是力行上事。能力行，則所知愈分明，其實非因力行而後能致知也。

動靜以太極之理言，已發、未發以人之心言，其實一也。動生陽，靜生陰，中正、仁義，皆原於此。蓋因此而後形，非因此而始有也。蔡氏此語甚精無病，須善會。

求靜固不好。然今只是說靜，實未求靜。主敬固是好，然今亦只是說敬，實未主敬。子曰：「剛毅木訥近仁。」范氏謂：「寧外不足而內有餘，庶可以爲仁。」斯理也，不吾欺。

學者只久不見師友，便是功夫退。縱不退，亦難進。

平日只是說「靜」，今始驗得「靜」字眞意味。惜無病時胸中不能常如此耳。

某嘗曰：「人生不能學，不如死。然某所以不死者，只爲欲學耳。」

聖賢工夫，眞無窮盡，進一步，又一步。口上工夫易，身上工夫難，心上工夫又難。誦讀易，思索難。若單揀易者做，終無進步處；要進步須是不畏難。

好著書立言，皆是務外，不著實做自己工夫。

道學便須養愛人之端倪，若不時時察識擴充，如何養得？便與道不相似。故聖賢只教人求仁。

吾輩中多少人，只好與世俗較短長、朋友爭優劣，亦是五十步笑百步耳。試看程、朱、薛、胡，直是怎樣做工夫。不是窮累人，只是怕窮累殺人。

凡事之公於人者，皆是天理。如衣食，只知爲己營求，便是私。若爲天下人營求，却是天理上合當如此。

湯誥曰：「其爾萬方有罪，在予一人。」看來人、己直是膠粘不可分。民有罪，便是君有罪；子不善，便是父不善；弟不善，便是兄不善；妻不善，便是夫不善。凡與人接，彼不善，便是此不善。非是強要教人責己，只是道理本如此。

讀書靜坐之時，不留意矜持，心故不知其何往。纔留意矜持，則杂念愈多。汝欲心存不放，須酌量於二者之間，休教不矜持，也休教太矜持。此中分際，極是難說，須自理會得之。

爲人子者且休說忤逆，只不知在父母身上用心，便是大不孝。如今因自己有病，方覺從前事親不到處極多。每愛心吾先生侍疾禮，可謂能用其心矣。

程、朱而後，不患道之不明，特患道之不行。學程、朱而高談心性者，誤矣。聖门學者都在事上學，而性與天道在其中矣。

浩氣流行充塞宇宙者，無非天也，即理也。先儒謂「人在氣中，如魚在水中」，即人在理中，如魚在水中也。

論語言「博文約禮」，即孟子言「知言養氣」。

朱子最喜「聖人與我同類」句。

旦晝之所爲是工夫，平旦是體驗之時，莫將平旦當工夫看了。

「人心惟危，道心惟微。」聖人先得我心之所同然耳，賢者能勿喪耳。

仁者無私心而合天理，有私心而合天理者，管仲相桓公近之。無私心而不合天理者，子路死孔悝之難近之。

聖人之心至虚至明，渾然之中萬理畢具，此未發之本體也。

或問「雞鳴而起，若未接物，如何爲善？」程子曰：「只主於敬，便是爲善。」先生曰：「敬是未與物接之時，不昏昧，不放逸，不邪思，不亂想。又思主於一固難，而無思更難。無思，則喜怒哀樂未發之時也。」

「居仁」是體，「由義」是用，内聖外王之學備矣。

親親仁明章，楊子引此章論西銘，才與程子合。

君子要安命盡性而已。

「有諸己」底工夫在毋自欺，毋自欺必如好好色、惡惡臭乃可。

講寡欲章云：「周子『寡欲至無』之説甚細，此章較粗。」

講必有事節曰：「上節如地畝，此節如四至；上節如藥方，此節如炮製用藥法。」

孟子「仁，人心也」，「仁也者，人也」，與中庸「仁者，人也」可參看。

今之學者大抵只一個門庭，并不肯去認得眞，更與説甚工夫也。其平日群居往來，言論雖多，不過只理會些閒骨董耳。

學不近裡，安望崇德？其何能淑，載胥及溺。

固説「行有不慊於心，則餒矣」，曰：「這處極緊要，若只做兩句書講，則亦無甚緊要。須是向自己身上體認，看自己所行，那是慊心處，那是不慊處，此等處亦不在大，只日用間。纔有些不慊處，便不可放過。其失雖小，餒吾浩然之氣甚大，不可忽也。」

王鐵峯先生

先生諱會昌，字熾侯，因居鐵峯山上，號曰鐵峯，學者稱鐵峰先生，朝邑人。幼聰慧，九歲應童子試，默寫五經。十七歲爲諸生。二十七歲，從李桐閣於華原書院，自是恪守程、朱，務爲聖賢之學。凡桐閣一言一動，無不恪遵而力踐之，桐閣目爲造道之器。

二十四歲，教讀郡城姚家巷，名其齋曰祛疴。桐閣爲文以記之，略曰：「王生舊患鼠瘡，余以年少向道，亦嘗憂其疾。今疾已愈，憂何以猶未釋，至以名齋，而乞吾之訓？竊王生之意，所謂『祛疴』，殆非此疴在身，與疴在心一耳。心之疴不能祛，即身之疴不能祛。夫子告武伯『父母唯其疾之憂』，固徹上徹下語也。然祛心之疴較難於祛身之疴，未有心之疴祛而身之疴不祛者。但一心向道，置夙疴於度外，忘疴久，自無疴，此即祛之之法也。余嘗兩得殆死之病，惟以理學文章日養其心，未嘗服藥而病卒愈。故祛心疴尤急於祛身疴，而心疴之祛亦并不難，亦在平其心而已矣。生以夙疴懼年之不永，修學似乎太急，是亦病也。夫子告樊遲『先難後獲』，即求仁之病。此道無窮，循序漸進，終身事也，何所容其計較哉？朱子答劉子澄書曰：『追究往昔，念念不忘，竊恐徒自煎熬，無復理義悅心之趣。』又曰：『不遺寸晷，不計近功，終必有主。』足見係心過去、未來，皆學者所病。余初志道，亦有望洋而嘆之意，且自患氣質不能粹變，今老，讀書日以多，便覺累心事少矣。生又嘗以學聖賢之學，不免致人非議爲慮，學恐人議，是則志歉心怯，病之大者也。吾人不學聖賢，誰則當學聖賢？如其說，世豈得復有聖賢乎？君子不計死生猶易，不計毀譽爲難。學至有眞見，守其所是，於人之非議何有焉？」

二十九歲，與石雨峯、楊仁甫同講學於太乙宫，旋食餼。中咸豐壬子舉人，上春官報罷。四十四歲，主講華原書院，一依桐閣遺規，一時稱盛。逾年卒，春秋四十有五〔一〕。著有祛疴齋文集六卷，續集一卷。

文録

續致曲言録要序略云：「雞山書多言『致用』，似闢陽明而微過。然如言『一貫』，復曰：『人必自信其心，而後能信其道』。言『枯寂』之非，復曰：『寂然不動，感而遂通天下之故。』不知此繫辭以卜筮言也，非言心也。凡此又未脱金谿、姚江，若少墟諸儒皆然。師概删之，并去其言之自複前人者，是其取擇之慎也。某敢略言之，未知其當否？師首肯，因即書之以爲序。」

砭身集録要序略云：「此蒲城劉伯容先生所著也，朝廷詔求遺書，無有以先生書獻者，某得之人家敝簏中，問之蒲人，多不知其人。噫！先生之見知於生前與没後者，何啬也。然先生之學，豈在人知哉！論語首章即言『人不知而不愠』爲君子，夫子又屢言『不患人不知』，中庸言『闇然日章』，誠以學恐人不知，於外多一分計較，即於内少一份檢察。且以處事言，君、父、朋友之間，有盡其忠孝信義而不可使人知其爲忠孝信義者，更有不可使君、父、朋友知其爲忠孝信義者，又有事之所至，必使人與君、父、朋友知其爲不忠孝不信義而後其道乃盡者。孟子言：『仰不愧天，俯不怍人』，皆取必於己心。其實天之愧不愧無可憑，人之以我爲怍已與否，亦難定也。先生以茂才終不近貴顯，集中言三代而下，惟恐不好名之言爲大謬，景序中重言其不求人知，其所學所守，即於此可見焉。

某自從李時齋夫子學後，每念學聖賢之學當自不求人知始，覺先生之學守有契於心，因於其集選輯重訂，乞於時齋師鑒正之，列關中道脉中，謂先生自此可大彰於世，人無不知矣。至先生學之大要，吾師前作祛疴齋記已言之。記曰：『曩閲劉伯容先生砭身集，喜其守程、朱，闢姚江，是醫禪寂之病。然體用一源，顯微無間，先生亦言之，而標湛甘泉隨處體認天

〔一〕「五」，原作「四」，上文謂王鐵峯「四十四歲，主講華原書院」，「逾年卒」，故享年四十五歲，據改。

理爲宗旨，教人全於用處致功，雖日用之至當，便是體之至明，未嘗遺體而必竟輕體，終有矯枉過正之病。某觀先生集後亦多言『體用兼賅』、『本末一貫』、『用處致功』之言，或意在專砭姚江家也。吾師之意，正不欲學者一有所偏耳。」

上李時齋書略云：「近日學詣一無進長，以多病不能讀書窮理，心中如茅塵蔽塞。然夢寐间時清醒，有所觸見。古今一也，天地氣數，間有厚薄，然非過優於前，過拙於後。又見死生一也，未生之前已有理氣在世，與死後同。不善其生，則死後妖孽不能驟歸於正氣，時久則惡氣消滅，善氣復生，始返其本然。人云『生庸人與不生同，生惡人不如不生』，信然！又見人禽亦一也，天之生物，本自無意，得其蠢者爲草木禽獸，得其靈者爲人，俱天生之，而復以天所生者行天之道，人爲上，禽獸次之，草木又次之。人一事不善即非人，非人即入於禽獸草木，未嘗一有隔閡。不知師以爲然歟否耶？」

與楊仁甫書云：「足下天資穎悟，過僕甚遠。相遇偶有所言，僕過後思之，覺其多合。足下每言『學問須心有眞得』，僕近日覺學者生死關多打不破。古人臨患難時，須眞實見得死之爲樂，生之爲憂；死之爲榮，生之爲辱；死之養心，生之喪心；死之與天地、神明、聖賢相合，生之與天地、神明、聖賢相反；死之所以事君親、報朋友、訓妻子，生之即非所以事君親、報朋友、訓妻子。如此，乃能視死如歸，甘鼎鑊，茶衽席。若第云道理當死不當生，恐識能及之，氣不足以副之，未有不喪其所守者也。此關若能打破，則富貴、貧賤、利害、通塞、毀譽，皆不足言之矣。足下所謂眞得，與僕言合耶否耶？」

與友人書略云：「前書言師道不立，其事人集爲空談，所言易招致毀謗，冀勿多令人見。某本欲堅己志以勵品，所謂以人爲鑑，可知得失，非有他意。某之痛心於師道，誠以男之有師，猶女之有姆，爲女求姆，必不肯以淫亂無節之人冒充其選，而爲師者顧可卑辱，自甘以率人乎？吳草廬爲元代名儒，人撮其一生得力，曰：『存理如女子守身』。我輩亦各有其身，自不得不嚴爲守也。竊謂守身在於立品，立品之要在於廉取，廉取在於甘貧，甘貧在於知命，知命在自堅其志，至餓死而不悔。然學者斷不敢視爲易事。」

與文會友人書略云：「諸前輩名文會曰『同義』，義其本根而文其標末，義以成仁之美而救人之弊，無義則仁鄰於愚，雜於貨，流爲姑息兼愛。孔門專言仁，以時近古昔而義自在中。孟子兼言仁、義，矢人章言「不仁」而歸於「不義」，則義所以全仁，而集義之説與同會共事尤切。足下今主文會，即徵詩一事，可知得先後緩急之實矣。」

卷五十四

賀復齋先生

先生諱瑞麟，號角生，字復齋，三原人。父含章，字貞堂，生五子，先生最少。年十七爲諸生，旋食廩餼。以父命受學於邑孝廉王次伯先生之門，潛心道學，不專事舉業。既又得薛文清公讀書録讀之。年二十四，從桐閣遊，於周、程、張、朱書無不悉心究極，益憤志聖賢之學。與楊省齋、王鐵峯諸人互相切劘，絕意仕進，學詣深純。先後主正誼、學古兩書院講席，修己教人，一以程、朱爲法，絲毫不容假借，一時躬行實踐之士多出其門。撫軍劉霞仙以孝廉方正舉於朝，吳清卿督學復以賢才列荐，詔加國子學正銜。光緒辛卯，督學柯逢時舉經明行修之士，先生裒然居首，奉旨賞加五品銜。著有清麓文集二十三卷，清麓日記五卷。

語録

中庸「戒慎恐懼」，自是兼動靜，不專屬靜，斷斷如是。後人猶謂此爲靜，謂與下截分動靜，可謂大誤。

天理不明，人心不正，天下事斷不可爲。

薛文清、胡文敬是眞做工夫，故其言自別。後人有所見極是，而意味卻淺浮，涵養工夫少耳。

大學聖經與中庸首章是一個規模，太極圖説與西銘是一個規模，然此四篇，又止是一個規模。

太極因理以明氣，西銘由氣以推理。

道固無不在，然非居敬窮理，則無以爲存養之本，而無星之稱，無寸之尺，且將認賊作子，認人欲作天理，又何以有於我哉？

學以知道知本。

「矜」字最害事，不用心檢點亦不覺。謝顯道眞是做多少工夫，所以有進。

心粗者，敬不至也。

易於言必怠於行。

寧學聖人而未至，不欲以一善成名。寧以一物不被澤爲己病，不欲以一時之利爲己功。學者立志，須有此規模。

凡事只順理去，有一毫作弄，便不妥貼。

今日更無庸別著述，只講明程、朱之學而力行之，使知此學者衆，則人心庶乎可正。學術不明，目前雖不大破壞，終無可救處。

大學一書，無非欲人知其性之所有而全之；中庸一書，無非欲人知其道之所在而求必得之。凡聖賢之書皆如此。

周子之「無欲故靜」，朱子之「無欲故樂」，二語須實體之乃知。

處事但覺凝定，便是涵養。

辨別學術要直截，要精細，不可假借含胡。若欲有長厚心，便自做工夫處亦不得力，且貽誤不少矣。

處事要有識量。

褊淺不足以成大事。

有一毫恃才之心，便不免自敗。

天地之運，只是有恆有漸；聖賢之學，亦只是有恆有漸。

惟其有漸，所以有恆。

「因循」二字，誤己誤人。

浮躁淺露是大病。

讀書須直入裏去理會，勿只外面略綽過。

「宏毅」二字最要。

人知責己，則學進矣。

才事事要求個是，便自不能免俗。

當今須學大易「獨立不懼，遯世無悶」一個人。

觀天地生物氣象，莫且玩賞花草便了，其理莫不在己。

太極圖說「五行一陰陽」數句，天下無性外之物，五行各一其性，性無不在也。

爲學，一復性盡之。四書五經，無非說復性事。

後人不如古人，只是規模小。

「孟子道性善，言必稱堯、舜。」學不學聖賢，更學何人？

學不識性，任做工夫，皆不免爲鄉人。

孔門求仁，程子主敬。仁則心之道，而敬則心之貞也。

慎動便漸至於靜，若要求靜，反不靜矣。

誠而明者聖人也，下此則由明而誠。不明而誠，鮮有不入於私者。

讀書覺得聖賢言語恰如事理，此是吾胸中自有此理，故覺得如此，所謂先得我心之同然者也。若原無此理，則自不相干。

聖賢所說理義，皆是我胸中自有，只爲有氣拘物蔽，故猝看聖賢義理不出，非是我心中原無此義理也。

中庸首以「戒懼慎獨」，終之以「誠」，便是由「敬」入「誠」的工夫。

程子曰：「學須學處貧賤。」今人才遇憂患，便脚忙手亂，全不耐得撲跌，不知讀聖賢書何處使。

口耳之學，全靠不得。

日讀聖賢之書，而氣質不能變化，其所得者可知矣。

不極力去學聖賢，只好與今人爭閒氣，只是不立志。

愼言是涵養性情之最要。

凡事須求合理，要在認得理眞。

怨天尤人，只是不責己。責己，自無怨尤。

物各付物，只是順理而已。

雖聖賢亦無如貧何，但聖賢自有處貧之法，非是要不貧，只是一個安之而已，此外更無奇策也。

「人心惟危」，驗之人己間，眞是多少可畏。

只此心不正當，便百事不可爲。

天心自是仁愛，只人事做壞了，天亦無如何。然仁愛之意，亦未嘗不行乎其間。

人者，天地之心。故天視自我民視，天聽自我民聽。

太極圖上一圈是太極，其實下九圈個個有太極。

事各有合當底理，只是人心不明不正，便處置不下。

孟子欲正人心，某亦謂今日人心壞極。人心不正，天下事决無可爲之理。

知其非仁非義，則知仁義矣，在反之而已。

存心、處事上實用工夫，便會日進。不然，只是說也。

人者天地之心，而人又得天地之心以爲心者也。天地之帥吾其性，是人之性，即天地之性也。

中庸凝道，若輕浮淺陋，如何凝得道？

持敬覺昏困，便是持敬不得力，亦是太以敬來做事得重。朱子嘗説「提醒」，又説「略綽提撕」，如昏困，便走階前略散步，更打起精神。

其未發也，敬爲之主而義已具；　其已發也，必主於義而敬行焉。

未發已發，皆有太極存焉。

只是一個心，有未發時，有已發時，然却皆要操存。

靜思日用言行不得力，只是主敬不密。

强不知以爲知，終無進步，終與聖學不相似。

學不知道，自以爲有所知、有所能，皆是私意。

要把持得此心住。

人不謹於言行，只是心不存耳。

人、物都在這理氣中。

知得本然道理，便合用當然工夫。仁則心之道，而敬則心之貞，故爲學莫要求仁，而求仁只在主敬。

存養、省察二者不可偏廢，存養故屬靜，省察故屬動，須又知靜時也要省察，動時也當存養。此即朱子所謂「無時不存養，無時不省察」也。

存得此心，方好讀書，方好做事。

人只一個護己之見便封閉了，且是己而非人。

好責人，便是不肯克己。

未發之時，只要心有主宰。有主宰，便是知覺不昧。

「靜中有物」，程子謂這裏便是難處。學者莫若先理會得敬，能敬則知此矣。

時習便是敬，不時習便有間斷，非敬也。

吾心之主宰只有一個義理，所謂「道心」爲主也。

須臾不可不敬，敬只是操心而已。

仁是「理一」，義是「分殊」。忠是「理一」，恕是「分殊」。

不知性善，學個甚麽？

不從身心性命上做工夫，儘教說王談霸，都是脱空。

人與天地只是一個氣，一個理，故曰：「天地之塞吾其體，天地之帥吾其性。」

知其善而爲之不力，知其惡而去之不決，皆牽於欲耳，故克己工夫最要。

未發涵養，已發省察，一皆以敬爲主，而不可以有一時之間。

未發之時，性爲之主，而敬則所以養其性；已發之際，情有所施，而敬則所以正其情。

克己須從難處去克，爲善勿以小而不爲。

周子謂「無欲故靜」，朱子謂「無欲故樂」，何以無欲？只在克己。

無欲故靜，有主則虛，此所謂敬則自虛靜也。

性是我所自有，不是人能強與底；性是我所自足，不是人能外加底。

「主一無適」，此等語須力行之，方見得眞實意味。

持敬之功只在日用間，才覺得物欲來，便把緊，不要隨他去；才覺妄念動，便打滅，不要接續他；才覺怠慢衰颯，便提起，不要放過他。

卷五十五

柏子俊先生

先生諱景偉，字子俊，號忍庵，晚年自號灃西老農，長安人。自少讀書力學，欲睡輒以木自擊其首。弱冠，爲諸生，食餼。咸豐五年，舉於鄉。同治初，大挑二等，選定邊縣訓導，以回亂未赴，奉父母避居南山，轉徙荒谷間。親歿，哀毁逾恒，喪葬如禮。服闋，偕提督傅先宗召募湖北，以功賞戴藍翎。十月，中丞劉霞仙〔二〕以團防勞績奏，請以知縣選用，欽差大臣左宗棠暨帮辦劉典先後論荐，詔以知縣分省補用，并賞加同知銜，旋請假歸，一以講學爲志。

歷主味經、關中各書院講席，又與咸陽劉古愚創立求友齋，以經史、道學、政事、天文、輿地、掌故、算法、時務諸學教諸生，分別肄習，關中士風爲之一變。重修馮恭定公祠，刊其關學編，序而行之。光緒十七年，撫軍鹿傳霖、學使柯逢時以經明行修請於朝，詔下部議。十月卒，年六十一。先生之學，外似陳同甫、王伯厚，而内則以劉念臺慎獨實踐爲宗。不居道學之名，教人敦品勵行，雖嚴立風裁而愛才如命，學者宗之。著有灃西草堂文集行世。

〔二〕「霞仙」，「仙」原作「先」，誤。霞仙爲清劉蓉别號，本書卷五十四賀復齋先生載「撫軍劉霞仙」，又思賢講舍光緒三年刊本養晦堂文集署「湘鄉劉蓉霞仙著」，均作「仙」，據改。

文録

覆張雲生書略云：「鈞函稱宦途險惡，進退須求裕如，尤得行義達道眞訣。近〔一〕晤朝邑相國，縱論『欲作好官，須將紗帽提在手中』，蓋謂應擲去時，則竟擲去耳！某亦嘗勸學者先求自立，能自立則不求人，不求人則不至辱身污志，然後達可也，窮可也，出可也，處可也，焉往而不自得哉！」

覆陳誠生書略云：「承示聖賢之學以恕爲本，以強爲用，誠得爲學之要。人惟藏乎身者不恕，是以只知有己，不知有人，滿腔子都是私欲，心奚以正？身奚以修？果能強恕而行，則望於人者薄而責於己者厚，以之處君臣、父子、夫婦、昆弟、朋友之間，亦焉往而不得其道哉！惟是孔門言學，敬恕兼重。其告仲弓曰『己所不欲，勿施於人』者，恕也；『出門如見大賓，使民如承大祭』者，敬也。『敬』之一字，似尤爲徹裏徹外、徹始徹終第一工夫。敬、恕立而仁存，仁存而道德、經濟一以貫之矣。」

致高朗卿書略云：「函云今始知人生雖枉己徇人亦無濟事，次效曾子負薪芸瓜以養親，且矢以順受正命，雖餓死而無怨。有是哉，此聖賢自修之道，而朗卿已見及之乎！夫富貴貧賤本有命在，非人之所能以智力爭也！孔子曰：『不知命，無以爲君子。』數十年來，余所以硜硜困守，不肯隨俗浮沈者，其得力全在於此！每舉此理以勗及門，而悟者絶少，何幸朗卿之竟見及也！慨自學術不明，師友之所規，父兄之所詔，無非枉己徇人之事，豈不謂我一枉焉、徇焉，而即可以得富貴乎？姑無論富貴必不得，即令偶一得之，而必命中本有、應得，徒多此一枉一徇，自壞其品行而已。況悖而得者，終必悖而失乎！不知乎此，而妄以求焉，卒之富貴不可得，而貧賤之面目靦然不齒於名教，其尚可以爲人乎哉？豈非所以辱父母而羞朋友耶。」

〔一〕「近」，原作「進」，依文意改。

覆魯勳臣書略云：「志道之士不可不先求自立，果克以勤儉立家，以廉靜立身，以有耻立心，以有恒立學，功名不熱於中，取與必衷乎義，惕勵戰兢，數十年如一日，如是則可以信己，始可以信友。」

寄趙展如書略云：「前書云明年謝去生徒，種樹讀書，以求吾學稍有成就，不意十月初間，又爲學使樊介軒先生枉顧造廬，迫就味經書院講席，其勞苦不待言矣！惟余半生困於詞章、名利，風塵車馬，以致學無根柢。近十年內，始克從事於斯，而又爲衡文所困，不能專精稽考。況過時後學，記性大差，難得易忘。深覽此學如長江大海，渾無涯際，平日所見聞者甚陋，萬不堪爲人師。今復一出，而浪擁臯比，其何能無慚衾影乎？」

重刻關學編序略云：「竊嘗論之，同此性命，同此身心，同此倫常，同此家國天下，道未嘗異，學何可異也？於詞章利禄之中，決然有志聖賢之爲，此其人非賢即智。賢則有所守也，智則有所知也。爲衣食之事，未有不知粟帛者也；知粟帛之美，未有不知衣食者也。故『理一分殊』之旨，與『主靜』、『立人極』、『體認天理』之說，學者不以爲異，而其所持究未嘗同也。然則『主敬窮理』與『先立乎大』、『致良知』之說，得其所以同，亦何害其爲異也。明自神廟倦勤，公道不彰，朝議紛然，東林諸儒以清議持於下，講市林立，極豐而蔽，蓋有目無古今、胸無經史、侈談性命者矣。紀綱漸壞，中原鼎沸，諸儒目經亂離，痛心疾首，遂謂明不亡於流賊，而亡於心學。於是矯之以確守程、朱，矯之以博通經史，矯之以堅苦自立。承平日久而漢學大熾，舉訓詁箋註之爲，加於格致誠正之上，不惟陸、王爲禪，即程、朱亦遜其記醜而博，亦何異洛、蜀、朔角立，而章、蔡承其後也。某少失學，三十後始獲劉念臺先生書，幸生恭定公鄉，近又謬膺關中講席，爲恭定講學之地，乃與同志重葺恭定公祠，而以其左右爲少墟書院。因刊恭定所編關學而并及豐川、桐閣、復齋之續，凡以恭定之學爲吾鄉人期也。竊謂士必嚴於義利之辨，範之以禮，而能不自欺其心，則張子所謂『禮教』與聖門『克己復禮』、周官禮，未必不同條共貫，是即人皆可以爲堯舜之實，而紛紛之說均可以息，亦何人不可以自勉哉？嗚呼！是恭定望人之苦心，亦刊恭定遺編之苦心也。」

創建少墟書院文略云：「恭定之學以天地萬物一體爲度量，以出處進退一介不苟爲節操。其講學也，謂人性本善，反復發明，以作其忠孝之志。或謂『國家多事，宜講者甚多，學其可已乎』？公愴然曰：『正以國家多事，臣子大義不可不明耳。』鄒南臯先生曰：『馮子以學行其道者也。』然所守雖嚴而秉心淵虛，能見其大，盡除世儒門戶之見，在書院不廢科舉文，顧其教學因文見道，伸理絀詞，即獲科名者，不當以一時之名爲榮，而以千載之名自勵。以故門人如三原党還醇，咸寧祝萬齡，長安陶爾等殉節勝朝，彪柄史乘，謂非講學之明效大驗哉！世多訾道爲迂拘無用，夫迂拘無用誠有之，甚有籍道學以詭獵名利者，然如恭定公爲有明一代名臣，可並訾耶？學之不講，聖人憂之，人心之不終絕滅，賴有是耳。則固天地之正脉，國家之元氣也。」

求友齋課啓略云：「吾陝兵燹後，書多散佚，宜特創一書局，凡有關正學、實學各籍，擇要刊刻，以資學者之觀覽，則既有以拓其才識矣。又集二三友人講明而提倡之，落落然一空標榜拘墟之習，而務以聖賢道德、豪傑功名相與糾繩，相與淬勵，爲關輔力挽衰頹。日積月累，漸漬優游，河嶽有靈，未必不稍回風氣也！然書局之舉，非有大力者不能，而講明提倡，則凡有志者與有責焉！」

卷五十六

劉古愚先生

先生諱光蕡，字煥唐，號古愚。晚以目疾，又號瞽魚，咸陽人。少失怙恃，倚諸兄成立。家貧甚，賣餅，爲人轉磨以爲食，然讀書不稍輟。應童子試，以冠軍入府庠，肄業關中書院。時同邑李敬恒編修學守陽明，長安柏子俊孝廉學宗念臺，先生相與淬勵，且益講求聖賢經世之務。光緒乙亥，舉於鄉。試禮部不第，遂絶意仕進，主味經書院講席。又設求友齋，搜刻有用書籍，躬任校讐。

先生學術推重姚江，會通閩、洛。常曰：「程、朱内外交養，是聖門自小學自大學周詳綿密工夫；陸、王重内輕外，是教後世少壯廢學者直捷簡易工夫。一論語教法，一孟子教法也。陽明以救學程、朱末流之弊耳，當識聖賢救時苦心，何嘗不殊途同歸？故講學不分門戶，而以致用爲期」。其大要以誠明立體，以仁恕應物，直指本源，切於世用，與黄梨洲、顔習齋頗相暗合。其功效所至，則盡人性、物性，使民昌國富，天下舉安，始滿學之分量，蓋非空談標榜者所能同日語也。

以教士有方，賞國子學正銜，又以校書功晉五品銜。後卒於蘭州講舍，年六十有一。著有大學古義、孝經本義、論語時習録、孟子性善備萬物圖說〔一〕、立政臆解、學記臆解、考工記札記、詩大旨、書微意〔二〕、管子小匡篇詳評、荀子性惡篇詳評、新序詳評、史記校勘記、漢書校勘記、史記自敘今注、儒林傳今注、貨殖傳今注、漢書藝文志今注、食貨志今注、讀通鑑日記、方

〔一〕「孟子性善備萬物圖說」，原缺「備萬物」三字，煙霞草堂遺書之六有孟子性善備萬物圖說，據補。
〔二〕「書微意」，「意」原作「旨」，煙霞草堂文集附録收有書微意，據改。

興紀要敘詳説、文獻通考敘詳説、味經書院志、兩漢治鄉考、壕塹私議、團練私議、國債罪言、修齊直指評、童蒙識字捷訣、煙霞草堂詩文集。」

文録

性説篇曰：「陽明論性，有『無善無惡』之説，諸儒掊擊不遺餘力。爲陽明之學者，乃調停其説，謂『無善無惡，乃所謂至善』，説者以爲左袒陽明。自予思之，『無善無惡』者，不可以善惡名也。如初生之孩提，可謂之善乎？抑可謂之惡乎？如人一念未生，可謂之善乎？可謂之惡乎？而人之材，則未有不能爲善、不能爲惡者。故程子云：『「人生而静」以上不容説，纔説性，便不是性。』又云：『惡亦不得謂之非性。』特舉天下之人，均好善而惡惡。可見天下之人，本然處均善而無惡，此孟子所以極言『性善』，而諸儒言性亦須體貼，而不可率非也。不曰聖人、大惡，而曰『上智』、『下愚』。夫善惡者理，智愚者姿禀也，而皆與性無涉，則性之爲性可知矣。故欲論性之善惡，不如論人。既謂之人，則有倫常。能盡倫常，方謂之人。人苟無愧於人，即可無愧於性。故凡論性之善惡者，皆其爲人計也。苟其爲人不差，其性在是矣。故吾謂今日爲學不必求深，即日用之間時求無愧，他皆可不問矣。」

孟子性善備萬物圖説題辭云：「在天爲元，在人爲性。馴致以學，達天希聖。以人合天，其徑何由？瑩然萬善，方寸必收。惟此方寸，性依爲宅。萬物紛紜，兹焉取則？以我交物，親爲最先。知能愛敬，孝弟前焉。愛以敬行，情流性定。盡己推己，萬類受正。知心味性，心亦血軀。痛癢感觸，及身無餘。以身運性，理充無間。天下國家，同條共貫。天高父配，物分性聯。并世血氣，兄弟比肩。事以形接，理緣性有。心運其機，純王道溥。存心行恕，孝直弟横。紛紜萬類，理範其平。元象微茫，性宗情奥。强繪斯圖，大端略有。物數累萬，理會一元。同歸於善，是爲天根。孔教重仁，人與人偶。墨傳兼愛，欲駕儒右。有子興氏，扇洙泗風。孔道遵性，治尚大同。道出於天，是爲吾性。物備於我，是爲吾用。圖孔孟旨，傳孔孟心。海風怒撼，用戒儒林。」

論語時習録序云：「論今日之患者，謂在士子讀書知古而不知今，吾則謂在於習文而不自治其心。挾富貴之見以讀書，尋章摘句以求中試官之式，則書皆二千年以前之語言行事，於今日人身世何涉？故程子謂中庸『爲孔門傳授心法』，朱子於序暢言之，蔡氏作書集傳序，又盡發其藴。夫聖人不能預測後世之變，而能預定後人之心，聖人先得我心所同然。我爲今日之人，心爲今日之心，以聖言治我今日之心，即能治我今日之事而應其變。然則世變亟而人才不出，乾、嘉以來攻心學之儒爲之也。向在味經，爲時務齋，與同人講習，即拈論語首章『時習』二字爲的，蓋『時習』二字即聖人傳心以讀六經、論語法。己亥冬，避居九嵕山下之煙霞洞，鄠都傅生負笈來從，有事論語而不爲制舉業，乃出素所見及者示之。中間作輟，迨庚子冬，始成一卷，命曰時習録。鄉曲陋儒識固庸鄙，加以身世所感，又有大不得已於中者，激而爲言，必失聖人本旨。不忍棄而姑存之，見者以爲深山之痛哭，哀其意焉可也。」

與門人王伯明論朱、陸異同書云：「汝以程、朱爲孔門正派正途，陸、王爲異，所謂異同者，誰定之耶？其非孔子預定爲孰正孰異，則爲各私其門戶之説也明矣！各私其門戶，則如兄弟分祖父之業，一自謂嫡長，一自謂私愛，始而舌爭，繼而獄訟起、干戈尋，骨肉之親遂成陌路。而祖父之業已日耗於訟門而爲鄰里所得。其稍有才能而勤儉者，欲贖祖父之業。其不能贖者，又復理前人之爭，而謂彼之門戶爲不應贖。今之辨程、朱、陸、王者，何異於是？學術之不同也，自古至今，所謂正統嫡傳，亦未有全體胥同而無絲毫之不異。正如孿生之子，雖極相似，亦必不盡同。而子於父母，世更無絲毫之畢肖者，則何必學聖人者，而僅朱子之一途爲正也？即京師喻之，在京師西者，以東向爲正途。在南者，以北向爲正途。而居東、居北者，則必反在西、在南之向而始得其正。學道者之才質與其所處之時勢，蓋有千百之殊，不僅如往京師之途，可以四方八面該也。乃欲學聖人者，必出於朱子之一途，是居京師西，以向東爲正，而必居東、居南、居北者之一循軌也？毋乃不通之論乎？且朱子守程子之説，而多不相同，程子親受周子之傳而宗旨不同，明道、伊川亦自氣象不同。程子與横渠中表也，而學術不相同，彼時不分門戶，北宋講學之風氣，蓋純於南宋也。今日講學，萬不能自隘程途，懸一孔子之道爲的，任人之擇途而往。不惟不分程、朱、陸、王，即荀、楊、管、商、申、韓、孫吳、黄老、雜霸、詞章以及農工商賈，皆爲孔教之人，苟專心向道，皆能同於聖人，而耶、佛亦可爲吾方外之友，如孔子於老子、楚狂、沮、溺等。蓋九流皆吾道之友〔一〕，而耶教則與吾并域而居，其教之興滅盛衰，各視其徒之心力如何，其是非不能以口舌爭也。」

與門人王含初論致良知書云：「陽明較白沙、甘泉爲實。『靜中養出端倪』，此端倪爲何物？『隨處體認天理』，誰體認之？且誰使之？隨處便是自家，體認天理不得不歸之良知矣。『靜中養出端倪』，蓋因宋、元至明以文詞取士，朱子之學行而不暢，別爲道學一派，知守朱子家法者，即士人論不過千萬分之一，其他無非以語言文字求聖人之道，蓋皆知語言文字，而不知有道矣。故白沙欲人擺脫文字，於『靜中養出端倪』。蓋於詞章錮蔽之中，欲人自見天則，如樹木然，既得眞種子，然後滋培灌溉，發榮滋長，自成佳木而無惡蔭，非謂養出端倪，便可不學也。白沙明言『端倪』，言『養出』，則以是爲學之萌芽，豈以靜養畢學之事哉？至甘泉即慮及世人不察，第守靜中端倪，而忘即物窮理之功，故以『隨處體認天理』爲師說，補出『養出端倪』以後功夫，非背棄師說別開一途、自立一派也。『靜中養出之端倪』似爲道之體，『隨處體認天理』似求道之用，在俗儒泥文字，又必看爲兩橛。不惟不見爲相成，且見爲相反。故陽明出而力爲溝通之，曰：『靜中養出之端倪何也？即吾心中惺惺不昧之天理也；其隨處能體認天理者何也？即吾心中時時自出之端倪也。』其體清明精粹，故屬之知。具於吾生之初而爲道之大原，不爲氣稟物欲所蔽錮，故曰『良』。推之事事物物，無處不有，無時不見，則一身之大用又該焉，故須『致』。是白沙、甘泉之說，陽明以三字該之，而天人、內外、本末、精粗，一理融貫，其簡易直捷爲何如哉！不惟能該白沙、甘泉也。

「『主靜』之說出於周子，程子見人靜坐，便嘆爲好學，『天理』二字是程子自家悟的，程子又易周子『主靜』爲『主敬』，則甘泉之於白沙，正如程子之於濂溪也。朱子謹守『主敬窮理』之旨不敢稍失，是時程學孤行，信從者少，僅其弟子私相授受，故無流弊。苟有信從『主敬窮理』之說，又以之爲學，則皆聖人之徒。故朱子一意表章程學，而不別起程途，正不暇別

〔一〕「友」，原作「支」，據煙霞草堂文集卷五改。

起程途。又適有金谿之説别立一幟，此時重外輕内之弊未形，陸子之説未免發之過早，故朱子力與之辨而拒之。至理宗表章道學，學禁大開，由元至明〔一〕，朝廷取士，均主程、朱子説，程、朱之學，可謂大行矣。其時實爲程、朱之學者幾人，蓋寥落可數矣。豈非主敬不窺其源則拘而難久，窮理不窺其源則泛而無歸？其淺嘗者又致飾於文貌，比附於語言，而大道仍日隱矣。於是白沙出，而指示入手之法，使先認本體。甘泉又使證之物物。陽明會合二家之説，括以『致良知』三字，單傳直指，一針見血，使學人聞言立悟，有所執持，以循循於學問之途。故自陽明之説出，海内學人蠭起，名儒輩出。蓋自周、程創興儒教以來，未有若斯之盛也。

「然弟子於師，雖親受其傳，究難盡同於其師。源遠而流益分，背其師説者必多，勢盛則附從之衆，又不能保無敗類者雜於其中。明末國初，諸儒鑒王學末流空疏之失，欲矯而救之，遂痛詆陽明。夫矯末流之空疏可也，以空疏詆陽明不可也，詆陽明以『致良知』一語爲遁於虛尤不可也。『良知』之説出於孟子，『致知』之説見於大學，謂陽明扭合兩書爲近於巧則是，謂此語背於聖道，迷誤學者則非也。然亦安知大學『先致其知，致知在格物』之『知』，非未致時之『良知』？知至之『知』，非已致之『知』？則『致良知』又即朱子因『已知之理，以求至乎其極』之謂也，而『致良知』又偏於『道問學』矣。故吾謂凡詆陽明者，謂入於禪、遁於虛，皆胸中有物，未嘗平心以究其旨。一見『致良知』三字，怒氣即生，遂不憚刻論深文，以羅致其罪也。我於人辨程、朱、陸、王者全不置詞，不欲爭閒口舌也。今嘵嘵告汝者，以汝今甫有志於學，即染市井門口惡習，我心爲之戚然。且今講學，不必與禪家爭性理，當與耶氏爭事功。且不必與耶氏爭事功，當使中國之農工商賈、不識字之人，皆自命孔子之徒，爲孔子之學，其有功吾教，較之辨明正學，蓋不止百倍也。夫良知者何？即世俗所謂良心也。致良知者何？作事不昧良心也。此則蠢愚可曉，婦孺能喻矣。欲盡收中國之民於學，舍『致良知』三字何以哉？此吾向所謂今日講學，宜粗淺，不宜精深者，此也。」

〔一〕「由元至明」，原作「由明至元」，「明」與「元」二字錯簡，據煙霞草堂文集卷五乙正。

附録

侯無可先生

先生諱可，字無可，其先太原人，徙華陰。少倜儻不羈，以氣節自喜。好談穰苴、孫武兵家事，無所不通，尤於西北形勢、山川道路、郡縣部族，纖細靡遺。既壯，盡易前好，篤志爲學，博極羣書，若禮之制度，樂之形聲，詩之比興，易之象數，天文、地理、陰陽、氣運、醫藥、算數之學，無不窺究其源。性純誠孝友，剛正明決，勇於有爲，一介不取，疾惡如仇。而宅心仁恕，中懷洞然。至於急人之急，憂人之憂，古人所難能者，先生皆優爲之。主華學之教育者幾二十年，聲聞日馳，就學者日衆，邊隅遠人，皆願受業。諸侯有以幣書迎致者，亦往往應之。故自陝以西，學者莫不宗尚侯先生。

時西事方殷，名卿賢相冠蓋往來於太華之間，聞先生之名，莫不想見其爲人。孫威敏出征儂智高，請先生參其軍事，先生奮然從之，振旅奏功。初命武爵，言事者以爲非宜，調知巴州化成縣。巴俗尚巫而廢醫，病者不以藥，惟巫言是用。雖父母之疾弗視也。先生誨以義理，嚴其禁戒，或親至病家，爲視醫藥，全活甚衆，巴人化之。娶婦多責財於女氏，貧人有至老不能嫁者，先生稱其家之有無，爲立制度，曰：「踰是者有誅。」未閲歲，邑無過時之女，遂變其俗。巴山土薄民貧，絲帛之賦倍於他所。先生抗議計司，爭之數十，卒以均之旁郡。境多虎患，農夫釋耒，商旅戒途，先生日夜治器械，發徒衆，迹而殺之，爲數不可勝計，後皆避去，不復爲害。調耀州華原簿，痛抑富民之兼并者，各召其主而歸其田，失業者賴以得安。郡胥趙志誠，貪狡凶暴人也，持郡吏短長而爲奸利，守者患之而未能去。先生暴白其罪，荷校而置之獄，卒言於帥府而誅之，聞者快服。監慶州折博務，歲滿，授儀州軍事判官，就改大理評事，以部使丐留，遂復簽書本官。韓忠獻鎮長安，請先生謀渭源之地。至其境，召其酋豪六百人，曉以恩德利害，皆感悟喜躍，詣軍門降，開地八千頃，不費一矢，蒸熟羊以撫之。嘗以數十騎行邊，猝與敵遇，乃分其騎爲四，高張旗幟，旋山徐行。敵疑大兵誘己，終不敢擊，避去。秦州舊苦番酋反覆，縶其親愛者而質之，多至七百人，久至數十歲，公家之費不貲，雜羌之怨益甚。後釋其縻而歸之，戎人悦服，乃先生發其謀也。以忠獻薦遷殿中丞，知涇陽縣，至則鑿小鄭泉以廣灌漑，議復鄭白舊利。召對便殿，稱旨，命工興役，專總其事。而妨功害能之臣疾其不自己出，讒毁交至，旋罷其役，論者惜之。

先生之文，尤長於詩，晚益究心天人性命之學，其自樂者深矣。平生以勸學、新民爲己任，所至必治學舍，興絃誦，其所以成就材德者不可勝道。以元豐己未卒，卒之日，命其子曰：「吾死，愼勿爲浮屠事，焚楮貨，徼冥福，非吾志也。」先生女兄適程氏，明道、伊川之母也，詳大程墓誌。

申先生

先生諱颜，君子也，亦華陰人。非法不言，非禮不履。關中之人無老幼，見先生，坐者必起。與侯無可爲莫逆交。顧皆貧，嘗與侯先生易衣互出，謀食以養。有無相通，兩家如一。先生嘗曰：「吾不可一日無侯無可。」或問故，曰：「無可能攻吾之過耳。」及病，侯先生徒步千里爲之求醫，未歸而卒，目不瞑，人曰「其待侯君乎」？未斂而侯先生至，撫之而瞑。先生嘗欲謀葬其先世，未果而死，無子以繼其志。侯先生百端經營，不足則賣衣以益之，卒襄其事。先生有孤妹未嫁，時方天寒，侯先生與其子單服以居，適有饋白金者，侯盡資之然後嫁。先生能得此於侯先生，則先生可知矣。

謹案：全謝山曰：「聞之呂舍人本中曰：『關學未興，申颜先生蓋亦安定之儔，未幾而張氏兄弟大之。然則兩先生之有功於關學者，亦已多矣。』有宇文止止而後蜀學興，有儒志、經行而後湖學盛，莫爲之前，雖美不彰。觀其所學，大體與張氏同科，殊不可沒。關學篇乃斷自横渠，不能爲賢者抱珠遺之恨也，特表而出之。」

附録

卷一　宋元學案關學史文獻節録[一]

獻公張横渠先生載　父迪　附焦寅

張載，字子厚，世居大梁。父迪，仕仁宗朝，殿中丞、知涪州，卒官。諸孤皆幼，不克歸，以僑寓爲鳳翔郿縣横渠鎮人。先生少孤自立，志氣不羣，喜談兵，因與邠人焦寅遊。當康定用兵時，年十八，慨然以功名自許，欲結客取洮西之地，上書謁范文正公。公知其遠器，責之曰：「儒者自有名教可樂，何事于兵！」手中庸一編授焉，遂翻然志于道。已求諸釋、老，乃反求之六經。

嘉祐初，至京師，見二程子。二程于先生爲外兄弟之子，卑行也。先生與語道學之要，厭服之，因渙然曰：「吾道自足，何事旁求！」于是盡棄異學，淳如也。當是時，先生已擁皐比，講易京邸，聽從者甚衆，先生謂之曰：「今見二程至，深明易道，吾不及也，可往師之。」即日輟講。文潞公以使相判長安，聘延先生于學宫，命士子矜式焉。舉進士，仕爲雲巖令，以敦本善俗爲先。月吉具酒食，召父老高年者，親與勸酬爲禮，使人知養老事長之義，因問民所苦。每鄉長受事至，輒諄諄與語，令歸諭其里閭。民因事至庭，或行遇于道，必問某時命某告若曹某事，若豈聞之乎？聞則已，否則詰責其受命者。故教命出，雖僻壤婦人孺子畢與聞，俗用丕變。熙寧初，遷著作佐郎，簽書渭州軍事判官。用中丞吕正獻公薦，召對問治

[一]　本卷以清黄宗羲原著，全祖望、黄百家補修宋元學案，清道光二十六年何紹基刻本爲底本，以宋元學案中華書局一九八六年點校本爲校本，兼與宋史等徵引文獻相對校。

道，對曰：「爲治不法三代，終苟道也。」神宗方勵精于大有爲，悦之，曰：「卿宜日與兩府議政，朕且大用卿。」謝曰：「臣自外官赴召，未測新政所安。願徐觀旬月後，當有所獻替。」上然之。除崇文院校書。時王安石執政，謂先生曰：「新政之更，懼不能任，求助于子，何如？」先生曰：「公與人爲善，孰敢不盡！若教玉人琢玉，則固有不能者矣。」安石不悦，以按獄浙東出之。程純公時官御史，爭之曰：「張載以道德進，不宜使治獄。」安石曰：「淑問如皋陶，然且讞囚，庸何傷？」獄成還朝，會弟御史戩爭新法，爲安石所怒，遂託疾歸横渠。

終日危坐一室，左右簡編，俯讀仰思。冥心妙契，雖中夜必取燭疾書，曰：「吾學既得諸心，乃修其辭命。命辭無失，然後斷事。斷事無失，吾乃沛然。」蓋其志道精思，未始須臾息也。告諸生以學必如聖人而後已，以爲知人而不知天，求爲賢人而不求爲聖人，此秦、漢以來學者之大蔽也。故其學以易爲宗，以中庸爲的，以禮爲體，以孔、孟爲極。患近世喪祭無法，期功以下未有衰麻之變，祀先之禮襲用流俗，于是一循古禮爲倡。教童子以灑埽應對；女子未嫁者，使觀祭祀，納酒漿，以養遜弟，就成德。嘗曰：「事親奉祭，豈可使人爲之！」于是關中風俗一變而至于古。熙寧九年，呂汲公薦，召同知太常禮院。會言者欲講行冠婚喪祭之禮以善俗，禮官持不可，先生力爭之。適三年郊，禮官不致嚴，疏正之。俱不能得，復謁告歸。中道疾作，抵臨潼，沐浴更衣而寢，旦視之，逝矣。時十年十二月也，年五十八。囊笥蕭然。明日，門人在長安者咸奔哭，致賻襚，乃克斂。詔賜館職賻〔一〕，奉喪還葬于涪州。

先生氣質剛毅，望之儼然。與之居，久而日親。居恆以天下爲念。道見饑殍，輒咨嗟，對案不食者終日。雖貧不能自給，而門人無貲者，輒麤糲與共。慨然有志于三代之法，以爲仁政必自經界始，經界不正，即貧富不均，教養無法，雖欲言治，牽架而已。與學者將買田一方，畫爲數井，以推明先王之遺法，未就而卒。所著曰東銘、西銘、正蒙。雲濠案：謝山學案劄記有云：横渠易説十卷。嘉定中，賜謚。淳祐初，追封郿伯，從祀學宮。太常初擬曰達，衆論未叶。再擬曰誠，又擬曰明，俱未用。

〔一〕「詔賜館職賻」，宋史本傳作「詔賜館職半賻」。

最後定謚曰獻。

百家謹案：先生少喜談兵，本跅弛豪縱士也。初受裁于范文正，遂翻然知性命之求，又出入于佛、老者累年。繼切磋于二程子，得歸吾道之正。其精思力踐，毅然以聖人之詣爲必可至，三代之治爲必可復。嘗語云：「爲天地立心，爲生民立命，爲往聖繼絶學，爲萬世開太平。」自任之重如此。始不輕與人言學，大程曰：「道之不明久矣，人各善其所習，自謂至足。必欲如孔門『不憤不啟』，則師資勢隔，道幾息矣。隨其資而誘之，雖識有明暗，志有淺深，亦皆各有得焉。」先生用其言，所至搜訪人才，惟恐失其成就，故關中學者鬱興，得與洛學爭光。猗與盛哉！但先生覃測陰陽造化，其極深至精處，固多先儒所未言，而其憑心臆度處，亦頗有後學所難安者。至于好古之切，謂周禮必可行于後世，此亦不能使人無疑。夫周禮之的爲僞書，姑置無論。聖人之治，要不在制度之細。竊恐周官雖善，亦不過隨時立制，豈有不度世變之推移，可一一泥其成迹哉！況乎周官之繁瑣，黷擾異常。先生法三代，宜不在周禮。是又不可不知也。

宋元學案卷十七　橫渠學案上

附録

先生氣質剛毅，德盛貌嚴，然與人居，久而日親。其治家接物，大要正己以感人。人未之信，反躬自治，不以語人。雖有未喻，安行而無悔。故識與不識，聞風而畏。聞人之善，喜見顏色。答問學者，雖多不倦。有不能者，未嘗不開其端。可語者，必丁寧以誨之，惟恐其成就之晚。

先生在渭，渭帥蔡公子正特所尊禮，軍府之政，小大咨之。先生夙夜從事，所以贊助之力爲多。並塞之民，常苦乏食而貸於官帑，不能足，又屬歲旱，先生力言于府，取軍儲數十萬以救之。又言戍兵徒往來，不可爲用，不若損數以募土人爲便。

以上呂與叔撰行狀。

謂范巽之曰：「吾輩不及古人，病源何在？」巽之請問，先生曰：「此非難悟。設此語者，蓋欲學者存意之不忘，庶游心浸熟，有一日脫然如大寐之得醒耳！」

劉蕺山曰：醒來只是舊時人！

橫渠著正蒙時，處處置筆硯，得意即書。明道云：「子厚卻如此不熟！」

張采謹案：是子厚謹慎處。若到熟時，便是聖人言聖人事矣。子厚既不能，若未到熟時，率意著作，如何得有西銘極純無雜來！

橫渠嘗言：「吾十五年學箇『恭而安』不成。」明道曰：「可知是學不成，有多少病在！」

張采謹案：「恭而安」是學不得，工夫在「恭而安」前。

明道曰：「張子厚聞皇子生，喜甚。見餓莩者，食便不美。」

又曰：「西銘，某得此意，只是須得子厚如此筆力，他人無緣做得。孟子以後，未有人及此。得此文字，省多少言語。要之，仁孝之理備于此。須臾而不于此，則便不仁不孝也。」

又曰：「孟子之後，只有原道一篇，其間言語固多病，然大要儘近理。若西銘，則是原道之宗祖也。原道卻只說道，元未到西銘意思。據子厚之文，醇然無出此文也。自孟子後，蓋未見此書。」

問：「西銘如何？」明道曰：「此橫渠文之粹者也」。曰：「充得盡時如何？」曰：「聖人也。」「橫渠能充盡否？」曰：「言有兩端：有有德之言，有造道之言。有德之言說自己事，如聖人言聖人事也。造道之言則智足以知此，如賢人說聖人事也。橫渠道儘高，言儘醇，自孟子後，儒者都無他見識。」

明道嘗與橫渠在興國寺講論終日，而曰：「不知舊日曾有甚人于此處講此事。」

伊川答橫渠書曰：「觀吾叔之見，志正而謹嚴，深探遠賾，豈後世學者所嘗慮及。然以大概氣象言之，則有苦心極力之象，而無寬裕溫和之氣，非明睿所照，而考索至此，故意屢偏而言多窒，小出入時有之。更望完養思慮，涵泳義理，他日當自條暢。」

子厚言：「關中學者用禮漸成俗。」正叔言：「自是關中人剛勁敢爲！」子厚言：「亦是自家規矩寬大。」

伊川曰：「關中學者，以今日觀之，師死而遂倍之，卻未見其人，只是更不復講。」

又曰：「藻鑑人物，自是人才有通悟處，學不得也。張子厚善鑑裁，其弟天祺學之，便錯。」

又曰：「子厚以禮教學者，最善，使學者先有所據守。」

又曰：「某接人，治經論道者亦甚多，肯言及治體者，誠未有如子厚。」

問：「横渠言『由明以至誠，由誠以至明』，此言恐過當。」伊川曰：「『由明以至誠』，此句卻是。『由誠以至明』則不然。誠即明也。孟子曰：『我知言，我善養吾浩然之氣。』只『我知言』一句已盡。横渠之言不能無失，類若此。若西銘一篇，誰説得到此！今以管窺天，固是見北斗；別處雖不得見，然見[一]北斗不可謂不是也。」

問：「横渠之言有迫切處否？」伊川曰：「子厚謹嚴。纔謹嚴，便有迫切氣象，無寬舒之氣。」

横渠之沒，門人欲謚爲明誠夫子，質于明道先生。先生疑之，訪於温公，以爲不可，答書云：「昨日承問張子厚謚，倉卒奉對，以漢、魏以來此例甚多，無不可者。退而思之，有所未盡。竊惟子厚平生用心，欲率今世之人復三代之禮者也。漢、魏以下，蓋不足法。郊特牲曰：『古者生無爵，死無謚。』爵謂大夫以上也。檀弓記禮所由失，以爲士之有誄，自縣賁父始。子厚官比諸侯之大夫，則已貴，宜有謚矣。然曾子問曰：『賤不誄貴，幼不誄長，禮也。惟天子稱天以誄之。諸侯相誄，非禮也。』諸侯相誄猶爲非禮，況弟子而誄其師乎！孔子之沒，哀公誄之，不聞弟子復爲之謚也。子路欲使門人爲臣，孔子以爲欺天。門人厚葬顔淵，孔子嘆不得視猶子也。君子愛人以禮，今關中諸君欲謚子厚而不合于古禮，非子厚之志。與其以陳文範、陶靖節、王文中、孟貞曜爲比，其尊之也，曷若以孔子爲比乎！承關中諸君決疑于伯淳，而伯淳謙遜，復謀及于淺陋，不敢不盡所聞獻之，以備萬一。惟伯淳擇而折衷之！」

[一]「然見」，此二字原無，據中華書局一九八一年版二程集二程遺書卷二十三補。

呂與叔作行狀，有「見二程，盡棄其學」之語。伊川語和靖曰：「表叔平生議論，謂頤兄弟有同處則可，若謂學于頤兄弟，則無是事。頃年屬與叔删去之，不謂尚存，幾于無忌憚矣！」

祖望謹案：與叔其後卒改此語。

楊龜山致書伊川，疑西銘言體而不及用，恐其流於兼愛。曰：「横渠立言誠有過者，乃在正蒙。若西銘，明理以存義，擴前聖所未發，與孟子『性善』、『養氣』之論同功，豈墨氏之比哉！西銘理一而分殊，墨氏則二本而無分，子比而同之，過矣！且謂言體而不及用，彼欲使人推而行之，本爲用也，反謂不及，不亦異乎！」

龜山曰：「西銘只是發明一箇事天底道理。所謂事天者，循天理而已！」

又曰：「西銘只是要學者求仁而已。」

尹和靖曰：「見伊川後半年，方得大學、西銘看。」

又曰：「人本與天地一般大，只爲人自小了。若能自處以天地之心爲心，便是與天地同體。西銘備載此意。顔子克己，便是能盡此道。」

晁公武曰：「横渠易説，繫辭差詳，而今無之。」

朱子曰：「横渠云：『吾學既得于心，則修其辭命。辭命無差，然後斷事。斷事無失，吾乃沛然。』看來理會道理，須是説得出。一字不穩，便無下落。所以横渠中夜便筆之于紙，只要有下落。而今理會得有下落底，臨事尚腳忙手亂，況不曾理會得下落。横渠如此，若論道理，他卻未熟，然他地位卻要如此。高明底則不必如此。」

又曰：「横渠之學是苦心得之，乃是『致曲』，與伊川異。」

又曰：「明道之學，從容涵泳之味洽。横渠之學，苦心力索之功深。」

又曰：「曾子剛毅，立得牆壁在，而後可傳之子思、孟子。伊川、横渠甚嚴，游、楊之門倒塌了。若天資大段高，則學明道；若不及明道，則且學伊川、横渠。」

又曰：「橫渠說做工夫處，更精切似二程。二程資禀高明潔淨，不大段用工夫。橫渠資禀有偏駁夾雜處，大段用工夫來。觀其言曰：『心清時少，亂時多。其清時視明聽聰，四體不待羈束而自然恭敬。其亂時反是。』說得來大段精切！」

梓材謹案：此條從晦翁學案移入。

又曰：「橫渠教人道：『夜間自不合睡。只爲無可應接，他人皆睡了，己不得不睡。』他做正蒙時，或夜裏默坐徹曉。他直是恁地勇，方做得。因舉曾子『任重道遠』一段曰：『子思、曾子直恁地，方被他打得透！』」

又曰：「學者少有能如橫渠輩用功者。近看得橫渠用功最親切，直是可畏！」

或云：「諸先生說話，皆不及小程先生，雖大程亦不及。」朱子曰：「不然。明道說話儘高。邵、張說得端的處，儘好。且如伊川說『仁者天下之公，善之本也』，大段寬而不切。如橫渠說『心統性情』，這般所在說得的當。又如伊川謂『鬼神者造化之迹』，卻不如橫渠所謂『二氣之良能』也。」

問：「橫渠似孟子否？」朱子曰：「橫渠嚴密，孟子宏闊。」又問：「孟子平正，橫渠高處太高，僻處太僻？」曰：「是。」又曰：「橫渠之于程子，猶伯夷、伊尹之于孔子。」

問西銘仁孝之理，朱子曰：「他不是說孝，是將這孝來形容這仁。事親底道理，便是事天底樣子。」

朱子又曰：「橫渠西銘，初看有許多節卻似狹，充其量是甚麼樣大，合下便有箇『乾健坤順』意思。自家身已便如此，形體便是這箇物事，性便是這箇物事。同胞是如此，吾與是如此，主腦便是如此。『尊高年，所以長其長；慈孤弱，所以幼其幼』，又是做工夫處。後面節節如此。『于時保之，子之翼也；樂且不憂，純乎孝者也』，其品節次第又如此。橫渠說這般話，體用兼備。豈似他人，只說得一邊。」問：「自其節目言之，便是各正性命；充其量而言之，便是流行不息？」曰：「然。」

劉剛中問：「張子西銘與墨子『兼愛』何以異？」朱子曰：「異以理一分殊。一者一本，殊者萬殊。脉絡流通，眞從乾坤父母源頭上聯貫出來，其後支分派別，井井有條，隱然子思『盡其性』、『盡人性』、『盡物性』，孟子『親親而仁民，仁民而愛物』微旨，非如夷之『愛無差等』。且理一，體也；分殊，用也。墨子兼愛，只在用上施行。如後之釋氏人我平等，親疏平等，一味慈悲。彼不知分之殊，又烏知理之一哉！」

梓材謹案：此條從滄洲諸儒學案移入。

朱子贊先生像曰：早悅孫、吳，晚逃佛、老。勇撤皋比，一變至道。精思力踐，妙契疾書。訂頑之訓，示我廣居。

張南軒曰：「西銘謂以乾爲父，坤爲母，有生之類，無不皆然，所謂理一也。而人物之生，血脉之屬，各親其親，各子其子，則其分亦安得而不殊哉！是則然矣。然即其理一之中，乾則爲父，坤則爲母，民則爲同胞，物則爲吾與，若此之類，分固未嘗不具焉。龜山所謂『用未嘗離體』者，蓋有見于此也。似更須說破耳。」

又曰：「人之有是身也，則易以私，私則失其正理矣。西銘之作，惟患夫私勝之流也，故推明理之一以示人。理則一而其分森然，自不可易。惟識夫理一，乃見其分之殊。明其分殊，則所謂理之一者，斯周流而無弊矣。此仁義之道所以常相須也。學者存此意，涵泳體察，求仁之要也。」

又與朱元晦書曰：「近讀繫辭，益覺向者用意過當，失卻聖人意脉。如横渠亦時未免有此。」補。

魏鶴山師友雅言曰：「嘗疑『人不獨親其親，不獨子其子』，近乎兼愛之意。朱文公亦云然。及見横渠說惟不獨親其親、子其子，故知能親親而子子，與孟子『老幼及人』同意，不費辭而義足。」補。

眞西山曰：「張子有言：『爲天地立心，爲生民立極，爲前聖繼絕學，爲萬世開太平。』又云：『此道自孟子後千有餘歲，若天不欲此道復明，則不使今日有知者。既使人有知者，則必有復明之理。』此皆先生以道自任之意。」

黄東發日鈔曰：「横渠先生精思力踐，毅然以聖人之事爲己任。凡所議論，率多超卓。至於變化氣質，謂：『形而後有氣質之性。善反之，則天地之性存焉。故氣質之性，君子有弗性焉。』此尤自昔聖賢之所未發，警教後學最爲切至者也。學者宜何如其遵體哉！若夫篤信周官，謂可舉行于今日，則未知先生見用，果何如。似恐世變推移，自昔聖人亦不過隨時立制，而治要亦不在制度之細爾。至若測陰陽造化，談清虚一大，初學未當過而問，不敢盡鈔類云。」補。

薛文清曰：「讀西銘，有天下爲一家，中國爲一人之氣象。」又曰：「讀西銘，知天地萬物爲一體。」又曰：「西銘立心，可以語王道。」

宗羲案：横渠氣魄甚大，加以精苦之工，故其成就不同。伊川謂其多迫切而少寬舒，考亭謂其高處太高，僻處太僻，此在横渠已自知之，嘗言「吾十五年學個『恭而安』不成」，所謂寬舒氣象即安也。然「恭而安」自學不得，正以迫切之久而後能有之。若先從安處學起，則蕩而無可持守，早已入漆園籬落。

宋元學案卷十八横渠學案下

御史張天祺先生戩

張戩，字天祺，横渠先生季弟也。其爲人篤實寬裕，儼然正色，喜愠不見于容。接人無貴賤親疏，未嘗失色。樂道人善，不及其惡。終日無一言不及于義，任道力行，常若不及。小有過，必語人曰：「我知之矣。公等察之，後此不復爲矣！」關中學者稱爲「二張」。横渠嘗語人曰：「吾弟德性之美，有所不如。其不自假而勇於自屈，在孔門之列，宜與子夏相後先。」及與之論道，曰：「吾弟，全器也。然語道而合，乃自今始。有弟如此，道其無憂乎！」伊川曰：「天祺有自然德器。」以進士歷知靈寶、流江、金堂諸縣，誠心愛人，養老恤窮，民有小善，皆籍記之。月吉，召老者飲勞，使其子孫侍，以勸孝弟。民化其德，所止獄訟稀少。熙寧初，召爲御史裏行。神宗將大有爲，先生每進對，以堯、舜、三代之事進，大要謂反經正本，當自朝廷始。已而累章論王安石亂法，乞罷條例司及追還常平使者，劾曾公亮、陳升之、趙抃依違不能救正，韓絳左右附從，與爲死黨，李定以邪諂竊臺諫，呂惠卿刻薄辯給，假經術以文姦言，豈宜勸講君側，章數十上。又詣中書爭之，安石舉扇掩面而笑，先生曰：「戩之狂直，宜爲公笑。然天下之笑公者不少！」陳升之解之曰：「察院不須如此！」先生顧曰：「相公得爲無過邪！」退而謝病，不朝待罪。

出知公安縣，徙知夏縣。先生之在靈寶也，采稍歲用民力，久爲困擾。先生訪其利害，纖悉得之，乃計一夫之役，采稍若干，以計其直，請使民得納布〔一〕於有司而罷其役，止就河壖爲場，立價募民采伐給用，太守、監司不聽。及爲御史，卒言于朝行之。晚知夏縣，靈寶之民遮使者車，請曰：「吾昔日之賢令也！願使君哀吾民，還吾舊治。」使者以聞于朝，詔從鳳翔府司竹監。夏縣之民遮道泣送，不能行，至於舉家不復食。筍監以每歲發旁縣夫伐竹一月，先生以爲無名之役，乃籍監中園夫課伐，而免旁縣之被役者。

會暴病卒，年四十七。横渠哭之，如不欲生。將葬，手疏哀辭十二，納於壙中。呂與叔稱：「其力之厚，任天下之重而不辭；其氣之強，篤行禮義而無倦；其忠之盛，使死者復生而無憾。」伊川又曰：「天祺在司竹，嘗愛用一卒長。及將代，見其人盜筍皮，遂治之無少貸。罪已，待之復如初，略不介意。」其德量如此！

附録

横渠理窟氣質曰：「慎喜怒，此只矯其末而不知治其本，宜矯輕警惰。若天祺，氣重也，亦有矯情過實處。」

宋元學案卷十八横渠學案下横渠學侶

正愍呂微仲先生大防　父蕡

呂大防，字微仲，其先汲郡人。太常博士通孫。父蕡，比部郎中。祖葬京兆藍田，遂家焉。由進士及第，調馮翊主簿、永壽令，遷著作佐郎、知青城縣。韓獻肅絳鎮蜀，稱其有王佐才。入權鹽鐵判官。英宗卽位，除監察御史裏行，首言紀綱賞

〔一〕「納布」，「布」原作「市」，形誤。關學宗傳卷二張天祺先生作「布」，據改。

罰，未厭四方之望。京師大水，先生曰：「雨水之患，至入宮城廬舍，殺人害物，此陰陽之沴也。」即陳八事，曰主威不立、臣權太盛、邪議干正、私恩害公、遼夏連謀、盜賊恣行、羣情失職、刑罰失平。會執政議濮王典禮，先生言：「宜以至公大義厭服天下，不得顧私恩而違公義。」章數十上，出知休寧縣。

神宗立，通判淄州。熙寧初，知泗州，爲河北轉運副使，召直舍人院。韓獻肅宣撫陜西，命爲判官，又兼河東宣撫判官，除知制誥。四年，知延州。會環慶兵亂，宣撫坐黜，先生亦落知制誥，以太常博士知臨江軍。數月，徙知華州。華嶽摧，先生援經質史，以驗時事。除龍圖閣待制、知秦州。元豐初，徙永興。時用兵西夏，調度百出，有不便者輒上聞，務在寬民。及兵罷，民力比他路爲饒。進直學士。居數年，知成都府。哲宗即位，召爲翰林學士，遷吏部尚書。元祐初，拜尚書右丞，進中書侍郎，封汲郡公。呂正獻告老，超拜先生尚書左僕射兼門下侍郎，修神宗實録。先生見哲宗年益壯，日以進學爲急，請敕講讀官，取仁宗邇英御書解釋上之，寘于坐右。又摭乾興以來四十一事足以爲勸戒者，分上下篇，標曰仁祖聖學，使人主有欣慕不足之意。哲宗御邇英閣，召宰執、講讀官讀寶訓，至漢武帝籍南山提封爲上林苑，仁宗曰：「山澤之利，當與衆共之，何用此也！」丁度謂此蓋祖宗家法。先生因推廣祖宗家法，自事親、治內，以至寬仁、示儉，累數百言，哲宗甚然之。先生樸厚憃直，不植黨朋。與范忠宣並相王室，立朝挺挺，百官不敢干以私；不市恩嫁怨，以邀聲譽；凡八年，始終如一。懇乞避位，宣仁后曰：「上方富于春秋，公未可即去。少須歲月，吾亦就東朝矣。」未果而后崩，爲山陵使。復命以觀文殿大學士、左光禄大夫知潁昌府，尋改永興軍。紹聖初，以言者落職，知隨州。貶祕書監，分司南京，居郢州。言者又以修神宗實録直書其事爲誣詆，徙安州。兄晉伯自渭入對，哲宗詢大防安否，且曰：「執政欲遷諸嶺南，朕獨令處安陸。爲朕寄聲問之。大防樸直，爲人所賣，三二年可復相見也。」晉伯泄其語于章惇，惇懼，繩之愈力，再貶舒州團練副使，安置循州。疾作，語其子景山曰：「吾不復南矣！」卒，年七十一。晉伯請歸葬，許之。後復故官職，贈太師、宣國公，謚正愍。

先生身長七尺，眉目秀發，聲音如鐘。自少持重，無嗜好，過市不左右游目，燕居如對賓客。每朝會，威儀翼如，神宗常目送之。與晉伯及弟與叔同居相切磋，論道考禮，冠昏喪祭，一本于古。關中言禮學者，推呂氏云。參史傳。

宋元學案卷十九范吕諸儒學案横渠同調

吕范諸儒學案

祖望謹案：關學之盛，不下洛學，而再傳何其寥寥也！亦由完顔之亂，儒術並爲之中絶乎？伊洛淵源録略于關學，三吕之與蘇氏，以其曾及程門而進之，餘皆亡矣。予自范侍郎育而外，于宋史得游師雄、種師道，于胡文定公語録得潘拯，于樓宣獻公集得李復，于童蒙訓得田腴，于閩書得邵清，及讀晁景迂集，又得張舜民，又于伊洛淵源録注中得薛昌朝，稍爲關學補亡。述吕范諸儒學案。梓材案：黄氏本以三吕及其門人别爲藍田學案，今從序録列吕范諸儒學案之首。

宋元學案卷三十一吕范諸儒學案

龍學吕晉伯先生大忠

吕大忠，字晉伯。其先汲郡人，祖太常博士通葬藍田，遂家焉。父比部郎中蕡，六子五登科，先生其長也。皇祐中第進士，歷知代州。遼使至代，設次，據主席，先生與之爭，遼使屈，乃移次于長城城北。已而復使，求代北地，神宗將從之。時先生晉祕書丞，丁艱，議奪情副常卿劉忱報使，先生辭未行。忱已使回，遼使又至，召同忱入對。先生曰：「彼遣一使來，即與地五百里。若使魏王英弼來求關南，則何如？」神宗曰：「是何言也？」先生曰：「然則安可以代北啟其侈心！」忱曰：「大忠之言，社稷至計，願陛下熟思之。」執政知先生之不可奪也，先罷忱，先生遂乞終喪制。

紹聖二年，加寶文閣直學士、知渭州，付以秦、渭之事。先生奏對，欲以計徐取横山，不求近功。既而鍾傳〔一〕城安西，王文郁用事，章惇、曾布主之，先生議不合。紹述黨禍起，降待制。弟汲公大防連遭貶謫，先生乞以所進官爲量移，徙知同州。致仕。卒，復龍圖直學。

先生性剛毅質直，勇於有爲。與其弟和叔大鈞、與叔大臨俱遊于張、程之門。伊川曰：「晉伯老而好學，理會直是到底。」横渠亦稱先生「篤實而有光輝」。上蔡曰：「晉伯弟兄皆有見處。蓋兄弟之既多且貴而皆賢者，呂氏也。」先生爲從官，歸見縣令，必致桑梓之恭；待部吏如子弟；于學者多面折其短而樂于成人，雖汲公，未嘗少假顏色也。嘗坐堂上，汲公夫人拜庭下，二婢掖之，先生慍曰：「丞相夫人邪？吾但知二郎新婦耳。不病，何用人扶！」汲公爲之媿謝。每勸汲公辭位以避滿盈之禍云。

附録

上蔡語録曰：晉伯甚好學，初理會箇仁字不透，吾因曰：「世人說仁，只管著愛上，怎生見得仁。只如『力行近乎仁』，力行關甚愛事，何故卻近乎仁？」推此類具言之，晉伯因悟，曰：「公說仁字，正與尊宿門說禪一般。」

祖望謹案：慈溪黄氏曰：「上蔡儒其衣冠，而講說如此！」

宋元學案卷三十一呂范諸儒學案张程門人

〔一〕「鍾傳」，「傳」原作「傅」，據宋史本傳及關學宗傳卷二呂進伯先生改。

教授呂和叔先生大鈞

呂大鈞，字和叔，晉伯之弟。嘉祐二年進士，授秦州司理，監延州折博務，改知三原縣。移巴西、侯官、涇陽，以父老，皆不赴。丁艱服除，以道未明，學未優，不復有仕進意。久之，大臣薦爲王宫教授，尋監鳳翔船務。元豐五年，卒。疾革，内外灑掃，冥然若思。久之，客至問安，交語未終而歿。先生爲人剛質，常言：「始學，行其所知而已。道德性命之際，躬行久則自至焉。」横渠倡道于關中，寂寥無有和者。先生于横渠爲同年友，心悦而好之，遂執弟子禮，于是學者靡然知所趨向。横渠之教，以禮爲先，先生條爲鄉約，關中風俗爲之一變。范侍郎育表其墓曰：「唯君明善志學，性之所得者盡之心，心之所知者踐之身，可謂至誠敏德者矣！」子義山。

附録

先生少時贍學洽聞，無所不該。一日聞其師説，遂遷素志，而前日之學，博而反約，涣然冰釋矣，故比他人功敏而得之尤多。愛講明井田、兵制，以爲治道必由是，悉撰成圖籍，皆可推行。

丁比部憂，自始喪至葬祭，一放古儀所得爲者。而居喪一節，鉅細規矩於禮。又推之祭祀、冠昏、飲酒、相見、慶吊之事，皆不混習俗，粲然有文。以相接人，咸安而愛之。

百家謹案：先生，比部蕡之第三子也。既事横渠，卒業于二程。務爲實踐之學，取古禮繹其義，陳其數，而力行之。横渠嘆以爲秦俗之化，和叔與有力焉，又嘆其勇爲不可及也。爲宣義郎，會伐西夏，鄜延轉運使李稷檄爲從事。既出塞，稷餽餉不繼，欲還安定取糧，使先生請于經略安撫使种諤。諤素殘忍，左右有犯立斬，或先刳肺肝，坐者掩面，諤飲食自若。先生告以稷言，諤曰：「吾受將命，安知糧道！萬一不繼，召稷來，與一劍耳！」先生正色曰：「朝廷出師，去塞未遠，遂斬轉運使，無君父乎！」諤曰：「君欲以此報稷，先稷受禍矣！」先生怒曰：「吾委身事主，死無所辭。正恐公過耳！」諤意折，乃竟許稷還。是非先生之剛折不撓，正氣屈諤，稷難免矣。彼平居高談性命，臨事蓄縮失措，視先生直如豘豕耳！橫渠之嘆爲勇不可及，信哉！

眞西山曰：和叔爲人質厚剛正，以聖門事業爲己任。所知信而力可及，則身遂行之，不復疑畏，故識者方之季路。

宋元學案卷三十一呂范諸儒學案张程門人

正字呂藍田先生大臨

呂大臨，字與叔，和叔之弟。兄弟俱登科，惟先生不應舉，以門蔭入官，曰：「不敢掩祖宗之德也。」元祐中，爲太學博士、祕書省正字，范學士祖禹薦其修身好學，行如古人，可充講官，未及用而卒，年四十七。

初學于橫渠，橫渠卒，乃東見二程先生，故深淳近道，而以防檢窮索爲學。明道語之以識仁，且以「不須防檢，不須窮索」開之，先生默識心契，豁如也，作克己銘以見意。始，先生于群書博極，能文章，至是涵養益粹，言如不出口，粥粥若無能者。賦詩曰：「學如元凱方成癖，文到相如始類俳。獨立孔門無一事，只輸顔子得心齋。」伊川贊之曰：「古之學者，唯務養性情，其他則不學。今爲文者，專務章句，悅人耳目，非俳優而何！此詩可謂得本矣。」又曰：「和叔任道擔當，其風力甚勁。然深潛縝密有所不逮與叔。」又曰：「與叔六月中自緱氏來，燕居中必見其儼然危坐，可謂敦篤矣。」

附録

小程子曰：與叔守橫渠說甚固。每橫渠無說處皆相從，纔有說了，更不肯回。

田誠伯曰：讀呂與叔中庸解，想見其人。補

朱子曰：與叔惜乎壽不永。如天假之年，必所見又別。程子稱其深潛縝密，資質好，又能涵養。某若只如呂年，亦不見得到此田地了。

宗羲案：朱子于程門中最取先生，以爲「高于諸公，大段有筋骨，天假之年，必理會得到」。至其求中之說，則深非之。及爲延平行狀，謂其「危坐終日，驗未發時氣象，而求其所謂中。」蔡淵亦云，朱子教人「於靜中體認大本未發時氣象分明，即處事應物自然中節」，又即先生之說也。故學者但當于本原上理會，不必言語自生枝節也。

又曰：與叔之文，如千兵萬馬，飽滿伉壯。

百家謹案：先生論選舉，欲立士規以養德勵行，更學制以量材進藝，定貢法以取賢斂才，立試法以區別能否，修辟法以興能備用，嚴舉法以覈實得人，制考法以責任考功。其論甚悉，實可施行也。呂氏六昆，汲公既爲名臣，更難先生與晉伯、和叔三人同德一心，勉勉以進修成德爲事，而又共講經世實濟之學，嚴異端之教。富鄭公致政于家，爲佛氏之說，先生與書曰：『古者三公內則論道于朝，外則主教于鄉，此豈世之所望於公者哉？』鄭公謝之。其嚴正如此！

問：「呂與叔云：『性一也，流行之方有剛柔昏明者，非性也。有三人焉，皆一目而別乎色，一居乎密室，一居乎帷箔之下，一居乎廣都之中，三人所見昏明各異，豈目不同乎？隨其所居，蔽有淺深爾！』竊謂此言分別得性氣甚明，若移此語以喻人物之性亦好。頃嘗以日爲喻，以爲大明當天，萬物咸覩，亦此日爾；茅屋之下，容光必照，亦此日爾。日之全體未嘗有小大，只爲隨其所居而大小不同爾。不知亦可如此喻人物之性否？」朱子曰：「亦善。」

葉水心習學記言曰：程氏四箴，但緩散耳〔二〕，固講學中事也。曾子「仁以爲己任」，不如是，何以進道。而呂大臨克己銘方以不仁爲有己所致，其意鄙淺，乃釋、老之下者。補。

宋元學案卷三十一呂范諸儒學案张程門人

〔二〕「耳」，原作「舉」，據文淵閣本四庫全書習學記卷四九呂氏文鑑改。

博士蘇先生昞

蘇昞，字季明，武功人。學于橫渠最久，後師二程。和靖初爲科舉之學，先生謂之曰：「子以狀元及第即學乎？抑科舉之外更有所謂學乎？」和靖未達。他日會茶，先生舉盞以示曰：「此豈不是學！」和靖有省，先生令詣二程受學。梓材案：和靖未從明道，此二程當作小程。元祐末，呂晉伯薦，自布衣召爲太常博士。坐元符上書人黨籍，編管饒州，卒。

百家謹案：先生得罪遭貶，行過洛，館和靖所，頗以遷謫爲意。和靖曰：「當季明上書時，爲國家計邪？爲身計邪？若爲國家計，當欣然赴饒；若爲進取計，則饒州之貶，猶爲輕典。」先生渙然冰釋。孫鍾元先生曰：「季明能成彥明于始，彥明能成季明于終。朋友之益大矣哉！」

附録

季明嘗以「治經爲付道居業之實，居常講習只是空言無益」，質之兩先生。伯淳先生曰：「『修辭立其誠』，不可不子細理會。能修省言辭，便自要立誠。若是修省言辭爲心，只是爲僞也。若修其言辭正爲立己之誠意，乃是體當自家『敬以直內，義以方外』之實事。道之浩然，何處下手？惟立誠纔有可居之處，則可以修業也。終日乾乾，大小大事，卻只是『忠信所以進德』爲實下手處，『修辭立其誠』〔一〕爲實修業處。」正叔先生曰：「治經，實學也。『譬諸草木，區以別矣。』道之在經，大小遠近，精粗高下，森列于其中。譬如日月在上，無不見者，一人指之，不若衆人指之自見也。如中庸一卷書，自至理便推之于事，如國家有九經及歷代聖人之迹，莫非實學也。如登九層之臺，自下而上者爲是。人患居常講習空言無實者，

〔一〕「爲實下手處修辭立其誠」此十字原缺，據中華書局一九八一年版二程集河南程氏遺書卷第一補。

蓋不自得也。爲學，治經最好。苟不自得，則盡治五經，亦是空言。今有人心得識達，所得多矣。有雖讀書，卻患〔二〕在空虛者，未免此弊。」

宋元學案卷三十一呂范諸儒學案张程門人

學士范巽之先生育

范育，字巽之，邠州三水人。舉進士，爲涇陽令。以養親謁歸，從張横渠學。以薦授崇文校書、監察御史裏行。神宗諭之曰：「書稱『堲讒説殄行』，此朕任御史意也。」先生請用大學誠意正心以治天下國家，因薦横渠等數人。西夏入環慶，詔先生行邊，還言：「寶元、康定間，王師與夏人三戰三北，今再舉亦然。豈中國之大，不足支數郡乎？由不察彼己，妄舉而驟用之爾！」坐劾李定親喪匿服，罷御史，知韓城縣。久之，知河中府，加直集賢院，徙鳳翔，以直龍圖閣鎮秦州。元祐初，召爲太常少卿，改光禄卿、樞密都承旨，出知熙州。時又議棄質孤、勝如兩堡，先生爭之曰：「熙河以蘭州爲要塞。此兩堡者，蘭州之蔽也，棄之則蘭州危。蘭州危，則熙河有腰膂之憂矣！」又請城李諸平、汝遮川，曰：「此趙充國屯田古榆塞之地也。」不報。入爲給事中、戶部侍郎，卒。高宗紹興中，採其抗論棄地及進築之策，贈寶文閣學士。

宋元學案卷三十一呂范諸儒學案横渠門人

〔二〕「患」，原缺，據中華書局一九八一年版二程集河南程氏遺書卷第一補。

龍圖游景叔先生師雄

游師雄，字景叔，武功人。受學横渠。第進士，爲儀州司戶參軍，遷德順軍判官。元祐初，爲宗正寺主簿。執政將棄四寨，訪于先生，對曰：「此先帝所立以控制夏人者也，若何棄之？」不聽。因著分疆録。遷軍器監丞。吐蕃寇邊，其酋鬼章青宜結乘間脅屬羌搆夏人爲亂，謀分據熙河，乃擇先生與邊臣措置，聽便宜從事。既至，諜知夏人聚兵天都山，前鋒屯通遠境，吐蕃將攻河州。先生欲先發以制之，請於帥劉舜卿。舜卿曰：「彼衆我寡，柰何？」先生曰：「在謀不在衆。」遂分兵爲二，姚兕將而左，种誼將而右，卒破洮州，擒鬼章。捷聞，百寮表賀，遣使告永裕陵。言者以爲邀功生事，止遷一官。歷集賢校理，權副陝西轉運。召詣闕，哲宗勞之曰：「洮河之役，可謂高功，但恨賞太簿耳。」對曰：「皆上稟廟算，臣何力之有。惟將士勳勞未録，此爲歉也。」因陳其本末。拜衛尉少卿。帝數訪邊防利病，先生具慶曆以來邊臣施置臧否，朝廷謀議得失，及方今禦敵之要，凡十六事，名曰紹聖安邊策，上之。歷知邠州、河中府、秦州、陝州，進直龍圖閣。自復洮之後，諸國悉入貢。卒，年六十。先生之學，以經世安攘爲主，非瑣瑣章句，矇瞳其精神，以自列于儒者之比也。故其志氣豪邁，于事功多所建立。議者以用不盡其材爲恨。修。

謝山游景叔墓誌跋曰：游先生墓誌雖言與横渠遊，而不言受業，疑非弟子。然其文則張公舜民，其書則邵公龥，其篆則章公楶，皆元祐黨人之同岑。而所鐫工人爲安民，尤可珍。予方修宋儒學案，得此，爲之喜而加餐。梓材案：宋史云學于横渠。

宋元學案卷三十一呂范諸儒學案横渠門人

忠憲种先生師道

种師道，字彝叔，洛陽人。少從横渠學。以祖世衡蔭，補三班奉職，試法易文階，爲熙州推官，權同谷縣。又通判原州，提舉秦鳳常平。議役法忤蔡京旨，换莊宅使、知德順軍。又謂其詆毁先烈，罷入黨籍，屏廢十年。後擢知懷德軍，累遷洺州防禦使、知渭州。詔帥七路兵征臧底城，八日克之，徽宗得捷書，喜進秩。從童貫爲都統制，拜保静軍節度使。貫謀伐燕，使之盡護諸將，諫曰：「鄰有盗不能救，又乘之而分其室，無乃不可乎？」貫不聽。遼使來請曰：「女眞之叛本朝，亦南朝所惡也。今射一時之利，棄百年之好，結豺狼之鄰，基他日之禍，謂爲得計乎？」貫不能對。先生諫宜許之，又不聽，密劾其助賊，王黼怒，責致仕，而用劉延慶代之。延慶敗績盧溝，帝思其言，召用之。已復致仕。金人南下，趣召之，加檢校少保、静難軍節度使、京畿河北制置使。時先生方居南山豹林谷，聞命，即至洛陽。以其春秋高，天下稱爲老种。卒，贈開府儀同三司。後加贈少保，謚忠憲。修。

祖望謹案：横渠弟子埒于洛中，而自吕、蘇、范以外寥寥者，吕、蘇、范皆以程氏而傳，而南渡後少宗關學者，故洛中弟子雖下中之才皆得見于著録，而張氏諸公泯然，可爲三嘆！予于宋史得游、种二公，于晁景迂集得張舜民，于童蒙訓得田腴，于程子語録得薛昌朝，于閩志得邵清。而潘拯乃關中一大弟子，竟莫得其詳。

宋元學案卷三十一吕范諸儒學案横渠門人

潘康仲先生拯

潘拯，字康仲，關中人。嘗問：「人之學，非願有差，只爲不知之故，遂流于不同。不知如何持守？」程子言：「且未說到持守。持守甚事？須先在致知。致知，盡知也，窮理格物便是致知。」參程氏遺書。

梓材謹案：此條見遺書卷十五入關語録，關中學者所記伊川先生語，或云明道先生語。又案伊洛淵源録龜山誌銘辯云：「凡公卿大夫之賢者，于當世有道之士，莫不師尊之，其稱先生有二義：一則如後進之於先進，或年齒居長，或聲望早著，心高仰之，故稱先生；若韓子之于盧仝，歐陽永叔之于孫明復是也。其一，如子弟之于父兄，居則侍立，出則杖屨，服勤至死，心喪三年，若子貢、曾子之于仲尼，近世呂與叔、潘康仲之于張橫渠是也。」據此，則先生之事橫渠可知矣。

宋元學案卷三十一呂范諸儒學案橫渠門人

修撰李潏水先生復

李復，字履中，長安人也。雲濠案：先生世居開對祥符，以父官關右，遂爲長安人。朱子語録稱爲閩人，蓋傳寫之誤。學者稱爲潏水先生。以進士累官中大夫、集英殿修撰。先生于呂、范諸子爲後輩，然猶及橫渠之門。紫髯修目，負奇氣，喜言兵事。于書無所不讀，亦工詩。崇寧中，邢恕爲涇原經略使，謀立邊功以洗誣謗宗廟之罪，因納許彦圭之說，請用車戰法及造舟五百艘，將直抵興、靈，以控夏國。時先生方爲熙河漕使，詔下委之，先生奏云：「奉聖旨，令本司製造戰車三百兩。臣嘗覽載籍，古者師行固嘗用車，蓋兵不妄動，征戰有禮，不爲詭遇，多在平原廣野，以車可行。今盡在極邊，戎狄乘勢而來，雖鷙鳥飛翥，不如是之迅。下寨駐軍，各以保險爲利。其往也，車不及期；居而保險，車不能登；歸則敵多襲逐，爭先奔趨，不暇回顧，安能收功？非若古時之可用也。臣聞此議出于許彦圭，彦圭因姚麟而獻說，朝廷遂然之，不知彦圭劇爲輕妄。唐之房琯嘗用車戰，大敗於陳濤斜，十萬義軍無有脱者。畿邑平地且如此，況今欲用于峻阪溝谷之間乎？又戰車比常車闊六七寸，運不合轍，牽拽不行。昨來兵夫典賣衣物，自賃牛具，終日方進五七里，遂致兵夫逃亡，棄車于道，大爲諸路之患。今乞便行罷造。如別路已有造者，乞更不牽拽前來。」

又乞罷造船，奏云：「經略使乞打船五百隻，于黄河順流放下，至會州西小河内藏放。有旨專委臣監督，一年了當。契勘本路只有船匠一人，須乞于荆、江、淮、浙和雇，又釘線物料亦非本路所出。觀恕奏請，實是兒戲！且造船五百隻，若自今工料並備，亦須數年。自蘭州駕放至會州，約三百里，北岸是敵境，豈可容易！會州之西小河鹹水，闊不及一丈，深止一二尺，豈能藏船？黄河過會州入韋精山，石峽險窄，自上垂流直下，高數十尺，船豈可過？至西安州之東，大河分爲六七道，水淺灘磧，不勝舟載，一船所載，不過五馬二十人，雖到興州，又何能爲？又不知幾月得至。此聲若出，必爲夏國侮笑。臣未敢便依指揮擘畫，恐虚費錢物，終誤大事。」疏上，徽宗感悟，罷之。已而卒以議邊事不合罷官。久之，金人犯關中，先生已老且病，高宗以舊德強起之，知秦州，空城無兵，卒死于賊。修。

祖望謹案：宋史不爲先生立傳。洪文敏公特載二疏于隨筆中，稱其忠鯁，然似未知先生之死事者。若知之，則宋史曾經文敏之手，不應但附見之邢恕傳中也。予讀樓宣獻公集，始得之。先生論孟子集義養氣之旨，謂：「動必由理，故仰不愧，俯不怍，無憂無懼而氣自充。舍是，則明有人非，幽有鬼責，自歉于中，氣爲喪矣，故曰『無是餒也』。」朱子稱其能得大旨。所著有潏水集，今無傳。予從三館中得見永樂大典，則先生之集在焉，雲濠案：潏水集四十卷，乾道間刻於饒郡，即朱子所謂信州本。後多散佚，今存十六卷，其間有經解，易象、算術、五行、律吕及所上奏議、詩則失傳久矣。大喜，欲鈔之，而予罷官，遂不果。

梓材謹案：宋有兩李復，一即先生，一字信仲，見水心集。謝山答臨川雜問云：「潏水是關中之李復，在元祐、紹聖時極稱博學，關中之有文名者也。信仲與之同名，時之相去則甚遠。」

宋元學案卷三十一呂范諸儒學案横渠門人

太學田誠伯先生腴

田腴，字誠伯，安丘人也，後徙河南。從橫渠學，而與虔州宿儒李潛善。每三年治一經，學問通貫，當時無及之者。尤不喜佛學，力詆輪迴之說，曰：「君子職當爲善。」建中靖國間，以曾子開薦，除太學正。崇寧初罷去。先生之叔明之，安定先生高弟也，其學專讀經書，不治子史，以爲非聖人之言皆不足治。而先生不以爲然曰：「博學詳說，然後反約。如不偏覽，非博學詳說之謂也。」先生嘗言：「近世學者無如橫渠先生，正叔其次也。」蓋其守關學之專如此。右丞呂好問兄弟嚴事之。補。

宋元學案卷三十一呂范諸儒學案橫渠門人

太學邵彦明先生清

邵清，字彦明，古田人。元祐間太學諸生有「十奇士」號，先生與焉。嘗從張橫渠學易，遂不復出。有故人任河南尹，召之，先生曰：「子以富貴驕我邪？」卒不往。參姓譜。

宋元學案卷三十一呂范諸儒學案橫渠門人

待制張浮休先生舜民

張舜民，字芸叟，邠州人也。慶歷中，范文正公見其所作，異之。舉進士，爲襄樂令。新法行，先生上書謂：「裕民所以窮民，強内所以弱内，辟國所以蹙國。以堂堂之天下，不當與小民爭利。」時皆壯之。已而環慶帥高遵裕辟掌機宜文字，坐軍中作詩訕謗，謫監郴州酒稅，以赦得原。元祐初，司馬温公舉先生才氣秀異，剛直〔一〕敢言，召試，得祕閣校理。除監察御史，疏論：「西夏強臣爭權，戎心桀驁，豈宜加以爵命，當興師問罪。」因及太師文彦博，左遷判登聞鼓院，臺諫交章爭之，請還先生職名，不報。逾年，通判虢州，提舉秦鳳路刑獄。入爲金部員外郎、祕書少監。使遼還，除直祕閣、陝西路運使，俄知陝州。徽宗即位，韓儀公忠彦爲左相，除諫議大夫。居職七日，所上事六十章，極陳陝西之弊，河北之困。尋爲吏部侍郎兼侍講。時儀公引范恭獻公純禮爲右丞，而召劉公安世、呂公希純還禁從，以先生列九卿，朝班有起色。門下侍郎李清臣恨之，首罷右丞，外除安世帥定武，希純帥高陽，使不得入朝，又出先生以龍圖閣待制知眞定，儀公不能遏也。曾布爲右相，亦惡諸君子，范致虚乃奏曰：「河北三帥連横，恐非社稷之福。」于是安世、希純同日報罷，而先生亦以改同州謝表言紹聖逐臣云「脱禁錮者何止一千人，計水陸者不啻一萬里」，又曰「古先未之或聞，畢竟不知其罪」，坐訕謗落職知鄂州。然清臣亦爲布陷，出守北京。先生遂坐元祐黨籍，謫楚州團練副使，商州安置。凡五年，許自便。尋復集賢殿修撰，致仕。

其歸也，杜門自守，不見賓客。時爲山遊，跨一羸馬，葛巾道服，飢則啖麪一甌，人皆服其清德。紹興〔二〕中，贈寶文閣直學士。先生少慷慨論事。其使遼也，見耶律延禧爲皇太孫，所喜者名茶古畫，音樂姬侍，因著論，以爲他日必有張義潮挈十三州以歸朝者，當不四十年見之。其文豪邁有理致，而尤長于詩。自稱年踰耳順，方敢言詩，百世之後，必有知音者。自號浮休居士，有畫墁集一百卷。雲濠案：畫墁集今存八卷。先生之從横渠學，見于晁景迂集中，他書無所攷也。攷横渠之卒，先生爲之乞贈于朝，以爲孟軻、楊雄之流。且景迂及與先生遊者，必不妄。惜乎畫墁集今世無是本。予雖曾從永樂大典中

〔一〕「直」，原作「立」，據光緒五年龍汝霖刻本改。
〔二〕「興」，原作「聖」，據宋史本傳改。

見之，而未得鈔其論學之緒言耳。補。

梓材謹案：謝山所節呂紫微童蒙訓，有一條云：「崇寧間，張公芸叟既貶復歸，閉門自守，不交人物。時時獨遊山寺，芒鞋道服，跨一羸馬，所至從容，飲食一甌澹麪，更無他物，人皆服其清德。」今檢謝山補撰張先生傳已入其中，則此乃采入諸學案而未刪去者也，故于紫微學案節之。

宋元學案卷三十一呂范諸儒學案横渠門人

殿丞薛先生昌朝

薛昌朝，字景庸，横渠門人。嘗爲御史，論新法。程子嘗曰：「天祺有自然德器，似個貴人氣象，只是卻有氣短處，規規太以事爲重，傷于周至，卻是氣局小。景庸只是才敏。須是天祺與景庸相濟，乃爲得中也。」陳古靈嘗薦先生于朝曰：「才質俱美，持法端直，可置臺閣。」時先生爲殿中丞，充秦鳳、熙河路〔一〕句當。補。

宋元學案卷三十一呂范諸儒學案横渠門人

臺諫馬先生涓

馬涓，字巨濟〔二〕，南部人。其父從政，初未有子，買一妾，詢知其父母死不克葬，故自鬻，遂歸妾，不責所負。後夢一翁

〔一〕「熙河路」，「河」原作「洛」，據宋史地理志三改。
〔二〕「巨濟」，原缺，據邵氏聞見録卷一四「韓持國大資知潁昌府」條補。

謝曰：「我，妾父也，聞之上蒼矣。願君家富貴，涓涓不絕。」及生先生，因以夢中語爲名。元祐中，登進士第一。晉伯帥秦州，先生入判幕府，自稱狀元，晉伯謂曰：「狀元云者，及第未除官之稱也。既爲判官，則不可。今科舉之習既無用，修身爲己之學不可勉。」又教以臨政治民之要，先生自以爲得師焉。後立朝爲臺官，有聲。崇寧二年，陷黨事，安置吉州。參姓譜。

附録

□□□曰：馬涓官南京，元城在焉。馬涓廷試日，元城作詳定官所取也，而涓不修門生禮，元城微不喜。客以告涓，曰：「不然。省闈專設主文，是以有門生之稱。殿試蓋天子自爲座主，豈可稱門生于他人。幸以此謝劉公也。」元城聞而是之，自是甚懽。補。

宋元學案卷三十一呂范諸儒學案晉伯門人

太學張先生瞻

張瞻，字景前，□□人。晉伯爲秦帥，先生之父爲倅，遣之聽講。及入太學，晉伯曰：「微仲弟不必見，不如見與叔弟。」其時汲公爲宰相，而晉伯以爲不必見，則知先生蓋亦有志于實學者也。

宋元學案卷三十一呂范諸儒學案晉伯門人

呂先生義山

呂義山，字子居，和叔先生之子也。范侍郎育稱其能紹家學。亦嘗請業于程門。與叔嘗致書伊川先生，書曰：「大臨更不敢拜書先生左右，恐煩枉答，只令義山持此請教。蒙塞未達，不免再三浼瀆，唯望乘間口諭義山，傳誨一二，幸甚！」是先生能傳程門講席往復之語，其有得于學可知矣。伊川與與叔先生解「中」字不可即謂之性，先生對以「中者性之德」，伊川以爲近之。補。

祖望謹案：和叔止一子，見行狀，則義山之即爲子居無疑。程子集中註云：「子居，和叔之子。一云義山之字。」夫和叔之子即義山也，「一云」二字蓋門人不知而誤增之。胡文定公又疑其爲邢子居，則尤無稽之言。關中自南渡後，道梗不通接，藍田學派遂至無徵，今僅得列名學案，而其生平之詳不可得而攷矣。

宋元學案卷三十一呂范諸儒學案和叔家學

運使游先生䇄

游䇄，殿院師雄子也，知眞定縣。時朝廷新得燕山，其倉廩廪人皆席卷去，燕山大饑。朝廷命府州縣輸糧，調牛車，所在鼎沸，惟先生寂然無所爲。吏人懼，更進言之。曰：「姑去，訴縣糧已集，將行矣。」吏人皆叩頭言：「罪不細！且此事非倉卒可辦，今尚未蒙處分，柰何？諸縣且行矣！」先生曰：「使諸縣行，乃白。」已而諸縣皆行，先生乃召其民曰：「輸粟事如何？」民皆曰：「晚矣！」先生曰：「不然。吾所以不徵汝糧，調汝牛車者，正以吾自有糧在燕山故也。」民驚曰：「如何？」先生曰：「汝第往！燕山固自有糧也。汝每鄉止擇能辦事者數人，齎輕貲往糴之。」民皆惘然，遂斂出金銀，一一爲區處畢，臨行，又謂其人曰：「有餘金，當盛買牛車以歸。」民至燕山，所在糧運坌集，米價頓落，河北等路米有餘，遂糴納之。先至者以糧兑久不得納，皆賣牛車以自給，其遺人遂以餘金買之，皆乘而歸。後其事達朝廷，遂擢先生爲河北運使。參北窗炙輠。

梓材謹案：謝山學案標目有先生之名，而未爲傳，其名作議，蓋本施氏北窗炙輠也。近得游景叔墓誌石刻於諸味青學博星杓，蓋景叔諸子名皆從立。先生爲景叔第三子，舉進士，則作𥫗爲是云。

宋元學案卷三十一呂范諸儒學案景叔家學

邵蒙谷先生整

邵整，字宋舉，彦明子，自號蒙谷遺老。與從□[一]景之以家學自相師友，教授生徒，常百餘人。邑人蘇大璋從之遊，終其身。先生少嘗從合沙鄭少梅學易，傳六十四卦圖說。參姓譜。

宋元學案卷三十一呂范諸儒學案彦明家學

知州蘇雙溪先生大璋

蘇大璋，字顒之，古田人也。學于蒙谷先生。少颖悟，年十三通周易。成慶元進士，爲道州教官，以闡揚正學爲己任。

[一]「從□」，宋元學案卷四十三劉胡諸儒學案載「邵景之……横渠弟子彦明之姪」，則邵景之與彦明子邵整爲從兄弟，因疑「從」下缺損字爲「兄」或「弟」。

召試館職，除正字，遷著作郎。力言禁錮道學之非，忤大臣意，遂累章丐外，知吉州。歸，自號雙溪。補。

宋元學案卷三十一呂范諸儒學案彥明家學

貞敏蕭勤齋先生㪺

蕭㪺，字惟斗，陝西奉元人。自兒時，性至孝。初出爲府史，語當道不合，即引退。讀書南山者三十年。製一革衣，由身半以下，及臥，輒倚榻玩誦不少置，學者及其門請業日衆。世祖分王秦，辟先生與韓擇同侍秦邸，以疾辭。授陝西儒學提舉，不赴。省憲大臣即其家具宴，使從史先詣先生舍。時先生方汲水灌園，從史固不識也，使飲馬，姑應之自若。少頃，冠帶出迎客，從史懼，伏地謝罪，亦殊不屑意。後累以集賢直學士、國子司業、集賢侍讀學士徵，皆不起。武宗嗣位，拜太子右諭德，扶病至京，入覲東宮，書酒誥爲獻，以朝廷時尚酒也。尋解去。或問其故，曰：「禮，東宮東面，師傅西面，此禮今可行乎？」再除集賢學士、國子祭酒，疾作，固辭歸。卒年七十八，賜謚貞敏。先生教人，必自小學始。爲文辭，立意精深，言近旨遠，侯均嘗謂：「元有天下百年，惟蕭惟斗爲識字人。」所著有三禮說、小學標題駁論、九州志及勤齋文集行世。從黃氏補本録入。

宋元學案卷九十五蕭同諸儒學案晦翁續傳

文貞同渠庵先生恕

同恕，字寬甫，其先太原人。五世祖遷秦中，遂居奉元。家世業儒，同居二百口，無間言。先生年十三，以書經魁鄉校。世祖至元間，朝廷始分六部，選名士爲吏屬，關陝以先生貢禮曹，辭不行。仁宗踐阼，即其家拜國子司業，使三召，不起。西臺侍御史趙世延，即奉元置魯齋書院，以先生領教事，先後來學者以千計。延祐設科，再主鄉試，人服其公。六年，召爲左贊善大夫。明年，移疾歸。文宗天曆初，拜集賢侍讀學士，以老辭。其學由程、朱溯孔、孟，務貫浹事理，以利於行。平居，雖大暑，不去冠帶。時祀齋肅詳至。嘗曰：「養生有不備，事猶可復，追遠有不誠，是誣神也，可逭罪乎！」聚書數萬卷，扁所居曰榘庵。時蕭惟斗居南山下，亦以道高當世，入城，必主先生家，士論稱之曰蕭、同。卒年七十八，追封京兆郡侯，謚文貞。所著榘庵集二十卷。從黄氏補本録入。

宋元學案卷九十五蕭同諸儒學案晦翁續傳

徵君韓先生擇

韓擇，字從善，與蕭惟斗同邑。其教人，雖中歲後，必使自小學始。或疑爲陵節勤苦，先生曰：「人不知學，白首童心。且童蒙所當知，而皓首不知，可乎？」世祖嘗召之赴京，不起。其卒也，門人服緦麻者百餘人。從黄氏補本録入。

宋元學案卷九十五蕭同諸儒學案勤齋同調

博士侯先生均

侯均，字伯仁，亦與惟斗同邑。少孤，獨與繼母居，賣薪以給奉養。積學四十年，群經百氏無不淹貫。每讀書，必熟誦乃已。嘗言：「人讀書不及千徧，終于己無益。」名震關中，用薦起太常博士。後以上疏忤時相意，不待報即歸。從黄氏補本録入。

宋元學案卷九十五蕭同諸儒學案勤齋同調

靜安第五先生居仁

第五居仁，字士安，涇陽〔一〕人。幼師蕭惟斗。弱冠從同氏受學，博通經史。躬率子弟力農，學徒滿門。嘗行田間，遇有竊其桑者，先生輒避之。鄉里高其行誼，率多化服。遊其門者，皆學明行修。卒之日，門人私謚靜安先生。從黃氏補本録入。

宋元學案卷九十五蕭同諸儒學案榘庵門人

〔一〕「涇陽」，原缺，據關學編卷二士安第五先生補。

卷二　宋元學案補遺關學史文獻節録[一]

張先生迪

雲濠謹案：先生爲横渠之父，國朝雍正二年從祀崇聖祠。

獻公張横渠先生載

雲濠謹案：先生淳祐元年從祀廟廷，國朝二年改稱先賢。

梓材謹案：黄氏日鈔載諸儒從祀封爵云「嘉定十四年，知漳州魏了翁又爲横渠先生請謚，博士陳公益請謚達，禮部侍郎請謚或明、或誠，了翁入爲太常少卿，定謚曰明」。宋史本傳亦云「嘉定十三年賜謚曰明公」。李氏道命録云「禮部侍郎衛某議於『明』、『誠』、『中』三字内取一字用之。華甫時爲太常少卿，擬用『誠』字。及考諸謚法，則『至誠感神曰誠』，議者以爲不可用。遷秘書監，去奉常，迄今未定也」。李氏序道命録，時在嘉熙三年之五月，是先生之謚，時猶未定，或即定於是年。本傳所云嘉定十三年，殆嘉熙三年傳寫之譌，要其謚明者爲有據也。而熊氏性理群書乃曰謚獻，豈其後又定爲獻耶？」

梓材又案：郝文忠公爲周子祠堂碑云「一傳而得程顥、程頤、張載，再傳而得楊時、游酢，卒之集大成于朱熹。似以横渠爲周子門人，蓋

〔一〕本卷内容選自清王梓材、馮雲濠編撰，沈芝盈、梁運華點校宋元學案補遺，中華書局二〇一二年版。

在私淑之列耳」。文忠又爲太極圖説云「邵康節圖先天以盡卦之理，周茂叔圖太極以盡易之道，張子厚爲西銘合先天太極之旨，總爲人道，探于宓犧氏之先，繼于仲尼之後，再造人極，而天人之事益備，是周、張傳道之緒也，故云爾」。

宋元學案補遺卷十七　横渠學案補遺上

御史張天祺先生戩

横渠銘其墓曰：「哀哀吾弟，而今而後，戰兢免夫。」

殿丞侯華陰先生可

附録

先生博極群書，聲聞四馳，就學者日衆。雖邊隅遠人，皆願受業。諸侯交以書幣迎致，有善其禮命者，亦往往應之。官之所至，必爲之治學舍，興絃誦。

程明道誌其墓曰：「先生發強壯厲，勇於有爲，而平易仁恕，中懷洞然。至輕財樂義，安貧守約，急人之急，憂人之憂，謀其道不謀其利，忠於君不顧其身，古人所難能者，先生安而行之。蓋出於自然，非勉強所及。」

宋元學案補遺卷六　士劉諸儒學案補遺

龍學呂晉伯先生大忠

梓材謹案：先生兄弟並游程門，觀與叔東見二程，明道語之以「職仁」，而伊川亦多所答問，知先生與和叔皆及大程之門矣。

附録

上蔡作秦教，爲程氏之學，晉伯每屈車騎，同馬涓過之，則上蔡爲講論語，晉伯正襟肅容聽之，曰：「聖人之言行在焉，吾不敢不肅。」

宋元學案補遺卷三十一　呂范諸儒學案補遺　張程門人

教授呂和叔先生大鈞

和叔遺文

古之所謂天下爲一家者，盡日月所照以度地，極舟車所至以畫疆，以八荒之際爲蕃衛，以九州之限爲垣牆。列國則群子之舍，王畿則主人之堂，凡民之賢而不可遠者，皆我之父兄保傅。愚而不可棄者，皆我之幼穉獲臧。理其財，乃上所以養下之道；分責之事，乃下所以事上之常。渾渾然一尊百長，以斟酌其教令，萬卑千幼，以奉承其紀綱。貿遷有無而不知彼我之實，損益上下而不辨公私之藏。大矣哉！外無異人，旁無四鄰，無寇賊可禦，無閭里可親。一人之生，喜如似續之慶；一人之死，哀若功緦之倫。一人作非，不可不媿，亦我族之醜；一人失所，不可不閔，亦吾家之貧。尊賢下不肖，則父教之義；嘉善矜不能，則母鞠之仁。朝覲會同，則幼者之定省承稟，巡守聘問，則長者之教督撫存。天下爲一家賦。

附録

伊川曰：「和叔及相見，則不復有疑，既相別，則不能無疑。然亦未知果能終不疑。不知他既已不能疑而終復有疑。」明道云：「何不問他疑甚？不如劇論。」

范侍郎表其墓曰：「君性純厚易直，強明正亮，所行不二於心，所知不二於行。其學以孔子下學上達之心立其志，以孟子集義之功養其德，以顏子克己復禮之用厲其行。其要歸之誠明不息，不爲衆人沮之而疑。小辨奪之而屈，勢利劫之而回，智力窮之而止，其自任以聖賢之重如此。」

又曰：「張先生之學大抵以誠明爲本，以禮樂爲行。衆人則姑誦其言，而未知其所以進于是焉。君即若蹈大故，朝夕從事，不啻饑渴之營飲食也。潛心翫理，望聖賢之致，剋期可到。而日用躬行，必取先王[一]之法以爲宗範。自身及家，自家及鄉人，旁及親戚朋友，皆紀其行而述其事。」

宋元學案補遺卷三十一　呂范諸儒學案補遺張程門人

正字呂藍田先生大臨

附録

婦翁張天祺嘗謂人曰：「吾得顏回爲壻矣。」

〔一〕「王」，原作「生」，依文意改。

嘗作藍田詩曰：「背負肩任幾百斤，山蹊寸進僅容身。先難後獲應如是，重愧端居飽食人。」又克己詩曰：「克己功夫未肯加，吝驕封閉縮如蝸。試于清夜深思省，剖破藩籬即大家。」汲公祭之曰：「子之學，博及群書，妙達義理，如不出諸口；子之行，以聖賢爲法，其臨政事，愛民利物，若無能者；子之文章，幾及古人，薄而不爲。四者皆有以過人，而其命乃不偶於世。登科者二十年，而始改一官，居文學之職者七年而逝。」

横渠語録曰：「吕與叔姿美，但向學差緩。惜乎求思也褊，求思雖似褊隘，然褊不害於明。褊是氣也，明者所學也明，何以謂之學明者，言所見也。」

和靖語録曰：「曲禮雖是末節，皆不可廢。蓋灑掃應對便是窮理盡性，『毋不敬』四句便是曲禮總目。因舉吕與叔詩曰：『禮儀三百復三千，酬酢天機理必然。寒即加衣饑即食，孰爲末後孰爲先。』」

胡五峰曰：「張燾攜所藏明道中庸解以示侯師聖，師聖笑曰：『此吕與叔晚年所爲也。』又曰：「某反復究觀，詞氣大類横渠正蒙書，而與叔乃横渠門人之肖者。徵往日師聖之言，信以今日己之所見，此書與叔所著，無可疑明甚。」

梓材謹案：朱子序石氏中庸解云：「明道不及爲書，今世所傳陳忠肅公之所序者，乃藍田吕氏所著之别本也。」其説本此。

晁子止曰：「與叔師事程正叔，禮學甚精博。中庸、大學尤所致意也。」

又曰：「與叔編禮三卷，以士喪禮爲本，取三禮附之，自始死至祥練，各以類分，其施于後學甚惠。尚恨所編者五礼中特凶礼而已。」

朱子曰：「與叔本是個剛底氣質，涵養得到如此，故聖人以剛爲君子，柔爲小人。若剛矣須除去剛之病，全其爲剛之德，相次可以爲學。若不剛，終是不能成。」

又曰：「吕氏之先與二程夫子游，故其家學最爲近正，然不能不惑於浮屠、老子之説，故其末流不能無出入之弊。若其他説之近正者，君子猶有取焉。」

又語類曰：「呂與叔欲奏立四科取士，曰德行，曰明經，曰政事，曰文學。德行則待州縣舉薦，下三科卻許人投牒自試。明經裏面分許多項目，如春秋則兼通三傳，禮則通三禮，樂則盡通諸經。所說『樂處』，某看來『樂處』說也未盡。政事則各試法律等及行移決判事。又定爲試辟，未試則以事授之，一年看其如何辟？則令所屬長官舉薦遠器，云『這也只是法』，曰：『固是法也，待人而行。』然這卻法意詳盡，如今科舉直是法，先不是了。今來欲教吏部與二三郎官，盡職得天下官之賢否，定是了不得這事。」

又曰：「向見劉致中，說今世傳明道中庸義，是義是與叔初本，後爲博士演爲講義。」先生又云：「尚恐今解是初著，後掇其要爲解也。」又云：「呂中庸文滂沛意浹洽。」

又曰：「李先生說陳幾叟輩皆以楊氏中庸不如呂氏，先生曰：『呂氏飽滿充實』。」

蔡覺軒續近思録曰：「呂與叔與人語，必因其可及而喻諸義，治經說得於身踐而心解，其文章不作於無用。」

方桐江曰：「藍田呂與叔初師橫渠，後與上蔡謝顯道、廣平游定夫、龜山楊中立，在程門爲四先生。乾用九坤用六凡例，惟與叔、歐陽文忠公及文公三人知之。」

宋元學案補遺卷三十一　呂范諸儒學案補遺張程門人

博士蘇先生昞

梓材謹案：先生嘗請質于伯淳、正叔二先生，是其師二程者，不獨伊川矣。

附録

呂晉伯薦之曰：「某德性純茂，強學篤志，行年四十，不求仕進。從張載之學，爲門人之秀。秦之賢士大夫亦多稱之。

如蒙擢用，俾充學官之選，必能盡其素學，以副朝廷樂育之意。」

程子曰：「季明安。」

程氏遺書曰：「蘇某録横渠語云：『和叔言香聲，横渠云：香與聲猶是有形，隨風往來，可以斷續，猶爲麤耳。不如清水，今以清泠水置之銀哭中，隔外便見水珠，曾何漏隙之可通，此至清之神也！』先生云：『此亦見不盡。卻不説此是水之清、銀之清，云是水，因甚置瓷碗中不如此？』」

宋元學案補遺卷三十一　吕范諸儒學案補遺張程門人

學士范巽之先生育

侍郎遺文

惟夫子之爲此書也，有六經之所未載，聖人之所不言。或者疑其蓋不必道。若清虚一大之語，適將取訾於末學。予則異焉。自孔、孟没，學絶道喪，千有餘年，處士横議，異端間作，若浮圖、老子之書，天下共傳，與六經並行。而其徒侈〔一〕其説，以爲大道精微之理，儒家之所不能談，必取吾書爲正。世之儒者亦自許曰：「吾之六經未嘗語也。孔、孟未嘗及也。」從而信其書，宗其道，天下靡然同風，無敢置疑於其間。況能奮一朝之辨，而與之較是非曲直乎哉？子張子獨以命世之宏才，曠古之絶識，參之以博聞强識之學，質之以稽天窮地之思，與堯、舜、孔、孟合德乎數千載之間。閔乎道之不明，斯人之迷且病，天下之理泯然其將滅也，故爲此言與浮圖、老子辨，夫豈好異乎哉？蓋不得已也。浮圖以心爲法，以空爲真，故

〔一〕「侈」，原作「移」，依文意改。

正蒙闢之以天理之大，又曰：「知虛空即氣，則有無、隱顯、神化、性命通一無二。」老子以無爲爲道，故正蒙闢之曰：「不有兩，則無一。」至於談死生之際，曰：「輪轉不息，能脱是者，則無生滅。」或曰：「久生不死」，故正蒙闢之曰：「太虛不能無氣，氣不能不聚而爲萬物，萬物不能不散而爲太虛。」夫爲是言者，豈得已哉！

使二氏真得至道之要、不二之理，則吾何爲紛紛然與之辨哉？其爲辨者，正欲排邪説，歸至理，使萬世不惑而已。使彼二氏者，天下信之，出於孔子之前，則六經之言，有不道者乎？孟子常勤闢楊、朱、墨翟矣，若浮屠、老子之言，聞乎孟子之耳，焉有不闢之者乎？故予曰「正蒙之言不得已而云也」正蒙序。

附録

横渠語録曰：「某唱此絶學，亦輒欲成一次第，但患學者寡少，故貪於學□〔一〕。今之學者大率爲應舉壞之，入仕則事官業，無暇及此，由此觀之，則呂、范過人遠矣。」

呂紫微曰：「范侍郎作庫務官，隨人箱籠，只置廳上，以防疑謗。凡若此類，皆守臣所宜詳知也。」

宋元學案補遺卷三十一　呂范諸儒學案補遺横渠門人

龍圖游景叔先生師雄

雲濠謹案：張芸叟誌其墓云「有文集十卷，奏議二十卷，藏於家」。

〔一〕「□」，原缺，當爲「者」。

附録

年十五，入京兆學，益自刻厲，蚤暮不少休。同舍生始多少之，已而考行試藝，屢居上列，人畏敬，無敢抗其鋒。橫渠以學名家，日從之遊，益得其奧。

授儀州司戶參軍，郡委以學校，徙而新之，士皆就業。

移秦、鳳等路提點刑獄公事，完郡縣之獄，且授以唐張說獄箴，使置之坐右，朝夕省觀，盡心於聽訊。買書以給學者。知陝州，居無事，時常親居學舍，執經講問，以勸諸生。

友愛其弟師韓甚篤，嘗遇明堂推恩，不奏其子而以師韓爲請。朝廷雖不從，而人皆義之。畢西臺祭之曰：「嗚呼哀哉！吾景叔者，止於斯耶？功名事業，願卒違耶？風義慷慨，今復誰耶？慈仁殷殷，孰不思耶？」

謝山鮚埼亭詩集：「東潛以予修學案，購得直閣游公景叔墓誌見示，張公芸叟之文，邵公龥之書，章公楶之篆，而安民所鐫也。題詩于後云：『關陝淪亡後，橫渠學統湮，呂、蘇僅著録，潘、薛更誰陳？石墨何從購，遺文大可珍。邵公亦五鬼，鴻筆壯安民。』」

宋元學案補遺卷三十一　呂范諸儒學案補遺橫渠門人

忠憲种先生師道

公入對，次見都堂李邦彦以下，與議和戰之計，答對往復。而邦彦弗職，獨大笑而已。是後廟堂儆二月一日動寨之事，自此因噎廢食，公與李綱俱掣其肘，公知兵有謀，艱難時獨巍然有柱石望，爲執政所二三，故使其進退倉忽，終不能用。

朱子語類曰：「昔人嘗問尹和靖，世難如此，孰可以當之者？尹曰：『种師道可』，曰：『將則可矣，孰可以相。』久之曰：『亦只令師道做也好』，一日召師道來，全不能言，遂不用。許翰時爲諫議，爲徽宗言：『當今之世，豈可令閒而不用。』上曰：『种老不堪用矣，卿可自見种問之如何。』往見之，种亦不言。許曰：『上令某問公，公無以某爲書生，某以爲今日之兵』云云，要從其去而擊之意。种方應，謂彼云云。今不可擊，俟其過河擊之。許爲上備言其意，方用之。种，關西人，其性寡默，與中朝士大夫不合。一日因對，淵聖曰『朕已與和矣』，种于此全不能有所論，但曰：『臣以甲兵之事事陛下，其他非臣所與聞。』」

宋元學案補遺卷三十一　呂范諸儒學案補遺橫渠門人

修撰李潏水先生復

梓材謹案：樓攻媿序靜齋迂論言：「先生及與橫渠、浮休諸公游，所著潏水集。」四庫書目提要云：「是集如謂揚雄不知道，謂井田、兵制不可遽言復古，皆確然中理。其他持論亦皆醇正，不止朱子所稱論孟子養氣一條。又久居兵間，嫻習戎事，故所上奏議，大都侃侃建白，深中時弊。亦不止洪邁容齋隨筆所稱排詆邢恕，諫用戰車、戰艦二疏。至其考證今古，貫穿博洽，于易象、算術、五行、律呂之學，無不剖晰精微，具有本末，在宋儒中可謂有體有用者矣。」

濡水遺說

小雅雖言政，猶有風之體；大雅之正，幾於頌矣。

栗氏爲量。鄭玄以方尺積千寸，此乃九章米粟法。某家舊有一銅敦，乃周成王時物。甘人侵扈，命正人出師復扈邦，賜有功師氏，而數亦皆備。

孔子世家欲尊大聖人而反小之，其所以稱夫子者，識會稽之骨，辨墳羊之怪，道楛矢之異，測桓、釐之災，斯以爲聖而已矣，何其陋也？

梓材謹案：深甯困學紀聞考史引濡水李氏說如此。謝山三箋云：「濡水原本作淇水，按淇水乃李侍郎清臣，有集，其年輩稍前于濡水，濡水則復也。閻氏改淇爲濡，殆以是書引濡水爲多耳。」

同州韓城縣北有安國嶺，東西四十餘里，東臨大河，瀕河有禹廟，在山斷河出處。禹鑿龍門，起于唐仁願所築東受降城之東，自北而南，至此山盡。兩岸石壁峭立，大河盤束於山硤間千數百里，至此山開岸闊，豁然奔放，怒氣噴風，聲如萬雷。廟像豕首而冕服，舊傳鯀入羽化爲黃熊，又云鯀爲玄熊，熊首類豕，肖像以此，而廟乃稱禹，非也。然鄉人不敢以豕肉薦，必致神怒，大風發屋拔木，百里被害。

朱子曰：「舊說禹鑿龍門而不詳其所以鑿，誦說相傳，但謂因舊修闢，去其齟齬，以伏水勢而已。今詳此說，則謂受降以東至於龍門，皆是禹所新鑿，若果如此，則禹未鑿時，河之故道不知卻在何處？而李氏此說，又何所考也？李氏之學極博，所論禹像豕首，當是鯀廟。爲黃熊之像，而不考漢書啟母石處注中言禹亦嘗變熊，則俚俗相傳塑禹像爲豕首，自不足怪也。」

梓材案：朱子文集記濡水集二事，其一記而辨之如此，其一即因邢恕之奏，打造船五百隻于黃河，順流放下，至會州西小河內藏住。而濡水奏其不然，已載先生本傳。朱子辨之曰：「禹貢所言雍州貢賦之路，亦曰：『浮于積石，至於龍門、西河，會於渭、汭，』則古來此處河道固然通舟楫，如恕策矣。復之言乃如此，何也？」

宋元學案補遺卷三十一　呂范諸儒學案補遺橫渠門人

太學邵彦明先生清

附録

從橫渠學易，至崇甯、大觀時還，築室先塋之側，聚書千卷，角巾鶴氅，徜徉其間。鄉黨敬之，不敢以名字稱。因其嘗應八行舉，呼爲八行先生。年八十四。閩書。

待制張浮休先生舜民

梓材謹案：先生又號矴齋。

附録

張芸叟見歐陽文忠公多談吏事，疑之，且曰：「學者求見，莫不欲聞道德文章，今先生多教人吏事，所未喻也。」公曰：「不然，吾子皆時才，異日臨事，當自知之。吾昔貶官夷陵，彼非人境，無書史可遣日，因取架閣陳案觀之，見其枉直乖錯、違法徇情，無所不有。且以夷陵如此，天下固可知也。當時仰天誓心，遇事不敢忽。迨今三十餘年，出入中外，忝歷三事，亮是當時一言之報耳。」張又言：「自得此語，至老不忘。」老蘇父子亦聞之，其後子瞻亦以吏能自任，嘗謂人曰：「我于歐陽公及陳公弼處學來。」

王氏困學紀聞曰：「五陽之盛，而一陰生，是以聖人謹于微。張芸叟曰：『易者極深而研幾，當潛而勿用之時，必知有亢；當履霜之時，必知有戰。』」

宋元學案補遺卷三十一　吕范諸儒學案補遺

貞敏蕭勤齋先生𣄴

附録

博極群書，天文、地理、律曆、算數靡不研究。

鄉人有自城中暮歸者，遇寇，欲加害，詭言我蕭先生也，寇驚愕，釋去。

先生制行甚高，真履實踐，爲文辭一以洙泗爲本，濂、洛、考亭爲據，關輔之士，翕然宗之，稱爲一代醇儒。

隱於終南山下，鑿土室以居之。盡得聖賢遺經，以及伊、洛諸儒之訓傳，陳列左右，晝夜不寐。始則誦讀其文，久則思索其義，如是者餘三十年。

省憲請公就職，公以書辭曰：「某蚤事文墨，見一時高才捷足趨事功者，效之不能。是以安於田畝，讀書爲事，本求寡過，不謂名浮於實，聖恩横加，竊念聖人之教，必明德而後新民，成己乃能成物，昔夫子使漆雕開仕，對以吾斯之未能，信然。則心術之微，雖聖師不若開自知之審。念某學行未至，自知甚明，望達廟堂，改授真儒，則朝廷得人，學者得師，某亦不失爲寡過之人矣。」

撰國子司業，遣使徵之。公又力辭不拜。其言曰：「某念寡陋與人共學，非敢爲師。向授提學，幸承聽允其辭。既不能當外郡學職，豈可復預國學之事？況敢辭卑居尊，以取無廉恥貪冒之罪乎？」

至大二年，徵拜集賢學士、國子祭酒、依[二]前太子右諭德，進階通議大夫，公以老疾辭。門人疑焉，問曰：「聖人樂得天下英材而教育之，今先生辭祭酒者何也？」公曰：「曩在京師，有朝士再三以成均教法爲問者，余告之曰：『若欲作新胄子，當罷歲貢。一如許文正公時，專於教養，彼既外無利祿之誘，內有問學之功，則人材庶有望矣。』此語一傳，物議鼎沸，執政者亦深不以爲然。今余出則徇人，豈能正己以正人乎？」

孛術魯翀至自南陽，從公受業，久之，謂人曰：「某游江右，獲識諸老，聞其議論，或有不讓。今見蕭先生，使某自不能措一辭，信知吾道之無窮也。」

蘇滋溪誌其墓曰：「惟關輔自許文正公、楊文康公鳴理學以淑多士，公與同公接其步武，學者賴焉。公之學，自六經百氏、山經地志，下至醫經本草，無不極通其說，尤邃三禮及易。江西儒者標題小學書行於世，公閒以朱筆塗之曰：『凡今標題，多朱子所不欲存者，如鄧伯道系其子於樹之類』，吳文正公是之。」

又曰：「公教人極嚴，諸生惴惴畏服。其學皆自小學始，次及四書諸經，日與學者講說經訓，滾滾不窮。待其曉解，方授別義，人來質疑，即命其徒取其書某卷所載以對，曰：『若背文暗誦，恐或悞人。』」

劉致爲謚議曰：「士君子之趣向不同，則各得所志而已。彼不求人知，而人知之；不希世用，而世用之。至於上徹帝聰，鶴書天出，薜蘿動色，巖戶騰輝，猶堅臥不起，不得已焉。始一至，卒不撓其節，不隳所守而去，亦可謂得所志也已。」

宋元學案補遺卷九十五　蕭同諸儒學案補遺晦翁續傳

[二] 原缺，當爲「依」。

文貞同榘庵先生恕

附録

先生安靜端凝，羈丱如成人。從鄉先生學，日記數千言。教人曲爲開導，使得趣向之正。與人交，雖外無適莫，而中有繩尺。

先生自京還，家居十三年，縉紳望之若景星麟鳳，鄉里稱爲先生而不姓。

宋元學案補遺卷九十五　蕭同諸儒學案補遺晦翁續傳

博士侯先生均

附録

其答諸生所問，窮索極探，如取諸篋笥。

先生貌魁梧而氣剛正，人多嚴憚之，及其應接之際，則和易款洽，雖方言古語，世所未曉者，莫不隨問而答，世咸服其博聞。

宋元學案補遺卷九十五　蕭同諸儒學案補遺勤齋同調

卷三　明儒學案關學史文獻節録〔一〕

河東學案

河東之學，悃愊無華，恪守宋人矩矱，故數傳之後，其議論設施，不問而可知其出於河東也。若陽明門下親炙弟子，往往背其師說，亦以其言之過高也。然河東有未見性之譏，所謂「此心始覺性天通」者，定非欺人語，可見無事張皇耳。

河東學案

侍郎張自在先生鼎

張鼎字大器，陝之咸寧人。成化丙戌進士，授刑部主事，遷員外郎。出知太原府，晉山西參政，仍署府事。轉河南按察使。弘治改元，擢右僉都御史，巡撫保定等府，入爲戶部右侍郎。乙卯卒於家，年六十五。先生少從父之任蒲州，得及薛文清之門。終身恪守師說，不敢少有踰越。文清歿後，其文集散漫不傳，先生搜輯較正，凡數年，始得成書。

明儒學案卷一河東學案

〔一〕　本卷以清黃宗羲著明儒學案文淵閣四庫全書本爲底本，以明儒學案、中華書局一九八五年點校本爲校本，兼與明史等徵引文獻對校。

郡守段容思先生堅

段堅字可久，號容思，蘭州人也。年十四，爲諸生，見陳緐山明倫堂上銘「群居慎口，獨坐防心」，慨然有學聖人之志，於是動作不苟。正統甲子領鄉薦。己巳，英宗北狩，應詔詣闕上書，不報。自齊、魯以至吴、越，尋訪學問之人，得閻禹錫、白良輔，以溯文清之旨。踰年而歸，學益有得。登景泰甲戌進士第，歸而讀書。越五年，出知福山縣，以絃誦變其風俗，謂「天下無不可化之人，無不可變之俗」，六載而治行，鬱然可觀。李文達薦之，擢知萊州府，以憂去。補南陽府，建志學書院，與人士講習濂、洛之書。其童蒙則授以小學、家禮。祀烈女，迸巫尼，凡風教之事，無不盡心。八年而後歸。成化甲辰卒，年六十六。

嘗言：「學者主敬以致知格物，知吾之心即天地之心，吾之理即天地之理，吾身可以參贊者在此。」其形於自得者，詩云：「風清雲淨雨初晴，南畝東阡策杖行。幽鳥似知行樂意，緑楊煙外兩三聲。」先生雖未嘗及文清之門，而郡人陳祥贊之曰：「文清之統，惟公是廓。」則固私淑而有得者也。

明儒學案卷一河東學案

廣文張默齋先生傑

張傑字立夫，號默齋，陜之鳳翔人。正統辛酉鄉薦，授趙城訓導，以講學爲事。文清過趙城，先生以所得質之，文清爲之證明，由是其學益深。丁外艱，服闋，遂以養母不出。母喪畢，爲責躬詩曰：「年紀四十四，此理未眞知。晝夜不勤勉，遷延到幾時？」無復有仕進意。其工夫以「涵養須用敬，進學在致知」二語爲的。用五經教授，名重一時。當道聘攝城固學事，先生以鄉党從遊頗衆，不能遠及他方辭之。段容思贈詩「聖賢心學眞堪學，何用奔馳此外尋」。先生答詩亦有「今宵忘寢論收心」之句，學者爭傳誦焉。有勸先生著書者，曰：「吾年未艾，猶可進也，俟有所得，爲之未晚。」成化壬辰十月卒，年五十二。

明儒學案卷一河東學案

布衣周小泉先生蕙

周蕙字廷芳，號小泉，山丹衛人，徙居秦州。年二十，聽講大學首章，奮然感動，始知讀書問字。爲蘭州戍卒，聞段容思講學，時往聽之。久之，諸儒令坐聽，既而與之坐講。容思曰：「非聖弗學。」先生曰：「惟聖斯學。」於是篤信力行，以程、朱自任。又受學於安邑李昶。李昶者，景泰丙子舉人，授清水教諭，文清之門人也。恭順侯吳瑾總兵於陝，聘爲子師，先生固辭。或問故，先生曰：「總兵役某，則某軍士也，召之不敢不往；若使教子，則某師也，召之豈敢往哉？」瑾遂親送二子於其家，先生始納贄焉。肅藩樂人鄭安、鄭寧皆乞除樂籍，從周先生讀書，其感人如此。成化戊子，容思至小泉，訪之不遇，留詩而去：「小泉泉水隔煙蘿，一濯冠纓一浩歌。細細靜涵洙、泗脉，源源動鼓洛川波。風埃此子無由入，寒玉一泓清更多。老我未除塵俗病，欲煩洗雪起沉疴。」「白雲封鎖萬山林，卜築幽居深更深。養道不干軒冕貴，讀書探取聖賢心。何爲有大如天地，須信無窮自古今。欲鼓遺音絃絕後，關、閩、濂、洛待君尋。」先生以父游江南，久之不返，追尋江湖間，至揚子而溺，天下莫不悲之。門人最著者，渭南薛敬之，秦州王爵。敬之自有傳。爵字錫之，以操存爲學，仕至保安州判。

明儒學案卷一河東學案

同知薛思菴先生敬之

薛敬之字顯思，號思菴，陜之渭南人。生而姿容秀美，左膊有文字，黑入膚内。五歲即喜讀書，居止不同流俗，鄉人以道學呼之。成化丙戌貢入太學，時白沙亦在太學，一時相與並稱。丙午，謁選山西應州知州，不三四歲，積粟四萬餘石，年饑，民免流亡，逋而歸者三百餘家。南山有虎患，倣昌黎之鰐魚，爲文祭之，旬日間虎死。蕭家寨平地暴水湧出，幾至沈陷，亦爲文祭告，水即下洩，聲如雷鳴。奏課爲天下第一，陞金華府同知，居二年致仕。正德戊辰卒，年七十四。

先生從周小泉學，常雞鳴而起，候門開，灑掃設坐，至則跪以請教。故謂其弟子曰：「周先生躬行孝弟，其學近於伊、洛，吾以爲師；陜州陳雲逵，忠信狷介，凡事皆持敬，吾以爲友。吾所以有今日者，多此二人力也。」先生之論，特詳於理氣。其言「未有無氣質之性」是矣。而云「一身皆是氣，惟心無氣」，「氣中靈底便是心」，則又歧理氣而二之也。「氣未有不靈者，氣之行處皆是心，不僅腔子内始是心也，即腔子内亦未始不是氣耳。」

明儒學案卷一河東學案

郡丞李介菴先生錦

李錦字在中，號介菴，陜之咸寧人。受學於周小泉。天順壬午舉於鄉，入太學，司成邢讓深器之。讓坐事下獄，先生率六館之士伏闕頌冤，由是名動京師。以主敬窮理爲學，故然諾辭受之間，皆不敢苟。居憂時，巡撫余肅敏請教其子，先生以齊衰不入公門固辭。肅敏聞其喪不能舉，賻以二櫬，先生卻其一，曰：「不可因喪爲利也。」郡大夫賻米，以狀無俸字辭之。成化甲辰，謁選松江府同知。後二年卒，年五十一。

明儒學案卷一河東學案

文簡呂涇野先生柟

呂柟字仲木，號涇野，陜之高陵人。正德戊辰舉進士第一，授翰林修撰。逆瑾以鄉人致賀，卻之，瑾不悦。已請上還宫中，御經筵，親政事，益不爲瑾所容，遂引去。瑾敗，起原官。上疏勸學，危言以動之。乾清宫災，應詔言六事：一、逐日臨朝；二、還處宫寢；三、躬親大祀；四、日朝兩宫；五、遣去義子、番僧、邊軍；六、撤回鎮守中官。皆武宗之荒政。不聽，復引去。世廟即位，起原官。甲申以修省自劾，語涉大禮，下詔獄。降解州判官，不以遷客自解，攝守事，興利除害若嗜欲。在解三年，未嘗言及朝廷事。[一]移宗人府經歷，陞南考功郎中，尚寶司卿，南太常寺少卿，入爲國子監祭酒，轉南禮部右侍郎。公卿謁孝陵衣緋，先生曰：「望墓生哀，不宜吉服。」遂易素。上將視顯陵，累疏諫止。霍文敏與夏貴溪有隙，文敏爲南宗伯，數短貴溪於先生，先生曰：「大臣和衷，宜規不宜謗也。」文敏疑其黨貴溪。已而先生入賀，貴溪亦暴文敏之短，先生曰：「霍君性少偏，故天下才，公爲相，當爲天下惜才。」貴溪亦疑其黨文敏。會奉先殿災，九卿自陳，貴溪遂準先生致仕。壬寅七月朔卒，年六十四，賜謚文簡。

先生師事薛思菴，所至講學。未第時，即與崔仲鳧講於寶邛寺。正德末，家居築東郭别墅，以會四方學者。别墅不能容，又築東林書屋。鎮守廖奄張甚，其使者過高陵，必誡之曰：「呂公在，汝不得作過也。」在解州建解梁書院，選民間俊秀，歌詩習禮。九載南都，與湛甘泉、鄒東廓共主講席，東南學者，盡出其門。嘗道上黨，隱士仇欄遮道問學。有梓人張提聞先生講，自悟其非，曾妄取人物，追還主者。先生因爲詩云：「豈有仁人能過化，雄山村裏似堯時。」朝鮮國聞先生名，奏請其文爲式國中。先生之學，以格物爲窮理，及先知而後行，皆是儒生所習聞。而先生所謂窮理，不是泛常不切於身，只

[一]「在解三年，未嘗言及朝廷事」原缺，據明儒學案中華書局點校本補。

在語默作止處驗之；所謂知者，即從聞見之知，以通德性之知，但事事不放過耳。大概工夫，下手明白，無從躲閃也。先生議良知，以爲「聖人教人每因人變化，未嘗規規於一方也。今不論其資稟造詣，刻數字以必人之從，不亦偏乎！」夫因人變化者，言從人之工夫也。良知是言本體，本體無人不同，豈得而變化耶？非惟不知陽明，並不知聖人矣。

明儒學案卷二河東學案

司務呂愧軒先生潛

呂潛字時見，號愧軒，陜之涇陽人。師事呂涇野，一言一動，咸以爲法。舉嘉靖丙午鄉書，卒業成均。時朝紳有講會，先生於其間，稱眉目焉。母病革，欲識其婦面，命之娶。先生娶而不婚，三年喪畢，然後就室。父應祥，禮科都給事中，既卒而封事不存。先生走闕下，録其原稿，請銘於馬文莊。與郭蒙泉講學谷口洞中，從學者甚衆。涇野之傳，海内推之，薦授國子監學正，舉行涇野祭酒時學約，調工部司務。萬曆戊寅卒，年六十二。

明儒學案卷二河東學案

張石谷先生節

張節字介夫，號石谷，涇陽人。初從湛甘泉遊，繼受學於涇野。涇野贈詩，稱其守道不回。嘗語學者：「先儒云：『默坐澄心，體認天理。』又云：『靜中養出端倪。』吾輩須理會得此，方知一貫眞境。不爾，縱事事求合於道，終難湊泊，不成片段矣。」萬曆壬午，年八十卒。

明儒學案卷二河東學案

李正立先生挺

李挺字正立，咸寧人。正、嘉間諸生，從涇野學，孤直不隨時俯仰。嘗自誦云：「生須肩大事，還用讀春秋。」往馬谿田所講學，死於盜，人皆惜之。

明儒學案卷二河東學案二

郡守郭蒙泉先生郛

郭郛字惟藩，號蒙泉，涇陽人。嘉靖戊午舉於鄉，選獲嘉教諭，轉國子助教，陞戶部主事。出守馬湖，年八十八。先生與呂愧軒同學，愧軒之父，其師也。辛酉計偕，因呂師會葬，遂不行，有古師弟之風。其學以持敬爲主，自少至老，一步不敢褻越。嘗有詩云：「道學全憑敬作箴，須臾離敬道難尋。常從獨木橋邊過，惟願無忘此際心。」又云：「近名終喪己，無欲自通神。識遠乾坤闊，心空意見新。閉門只靜坐，自是出風塵。」

明儒學案卷二河東學案二

端毅王石渠先生恕

王恕字宗貫，號介菴，晚又號石渠，陝之三原人。正統戊辰進士，選庶吉士。先生志在經濟，出爲左評事，遷左寺副，擢知揚州府。歲饑，不待報而發粟，民免溝壑。超拜江西布政使，轉河南。時以襄南地多險，秦、楚流民日出剽略，於是特設治院，以先生爲副都御史領之。累平劉千觔、石和尚寇亂，榜諭流民，各使復業。母憂歸。起復巡撫河南，轉南京刑部左侍郎。父憂歸。服除，起刑部左侍郎，治漕河。改南京戶部，復改左副都御史，巡撫雲南。而中人錢能横甚，使其麾下指揮郭景私通安南爲奸利。先生遣人道執景，景迫投井死。盡發能貪暴諸狀，上遂撤能還，安置南京。進右都御史，召掌留臺。遷南京兵部尚書，參贊守備。

尋以部銜兼左副都御史，巡撫南畿，興利除害。三吳自設巡撫以來，獨周忱與先生耳。中人王敬挾其千戶王臣，以妖術取中旨，收市圖籍珍玩，張皇聲勢。先生列其罪狀，敬下錦衣獄，臣論死。二年而復還參贊，錢能夤緣爲守備，與先生共事，先生坦然，不念前事。能語人曰：「王公，大人也，吾惟敬事而已。」加太子少保。林見素以劾妖僧繼曉下獄，先生救之得出。先生益發舒言天下事，天子不能無望意，因批落太子少保，以尚書致仕。孝宗即位，召用爲吏部尚書，加太子太保。上釋奠文廟，先生請用太牢加幣，從之。

先生重禮風義之士，故一時後進在朝者，如庶吉士鄒智、御史湯鼐、主事李文祥十餘人，皆慷慨喜事，以先生爲宗主。先生侍經筵，見上困於酷暑，請暫輟講。鼐即言「天子方向學，奈何阻其進？恕請非是」。先生惶恐待罪，謂「諸臣責臣是也。然諸臣求治太急，見朝廷待臣太重，故責臣太深，欲臣盡取朝事更張之，如宋司馬光。毋論臣不敢望光，今亦豈熙豐時也」？上優詔答之。已而鼐劾閣臣萬安、劉吉、尹直，中官示以疏已留中，鼐大言「疏不出，且併劾中官」。中官避匿。亡何安、直皆免，鼐與文祥等日夜酣呼，以爲「君子進，小人退，雖劉吉尚在，不足忌也」。於是吉使門客徐鵬、魏璋伺鼐。鼐家壽州，知州劉槩與書：「嘗夢一叟牽牛入水，公引之而上。牛近國姓，此國勢瀕危，賴公復安之兆也。」鼐大喜，出書示客。璋以此劾之，鼐、槩皆下詔獄。都御史馬文升故爲鼐所劾，欲以妖言坐之，先生力救，事始得解。凡中官倖人恩澤過當者，先生輒爲裁止，雖上已許，必固執也。丘濬以禮部尚書故班先生下，及直文淵閣，先生自以前輩仍序尚書之次，濬意弗善也。每有論奏，陰抑之，且使其私人太醫院判劉文泰，訐先生所刻傳文，詳列不報之章，爲彰先帝之拒諫。先生言「臣傳所載，皆足以昭先帝納諫之盛，何名彰惡？文泰無賴小人，其逞此機巧深刻之辭，非老於文學，陰謀詭計者不能，盍無追其主使之人？」乃下文泰錦衣獄，則果丘濬所使也。上以先生賣直沽名，俾焚其傳草。文泰出而先生黜矣。遂乞骸骨歸。又二歲濬卒，文泰往吊，其夫人叱之出，曰：「汝搆王公於我相公，憸人也，何吊爲？」聞者快之。

先生家居，編集歷代名臣諫議録一百二十四卷。又取經書傳註，有所疑滯，再三體認，行不去者，以己意推之，名曰石渠意見。意見者，乃意度之見耳，未敢自以爲是也。蓋年八十四而著意見，八十六爲拾遺，八十八爲補缺，其耄而好學如此。先生之學，大抵推之事爲之際，以得其心安者，故隨地可以自見。至於大本之所在，或未之及也。九十歲，天子遣行人存問。又三年卒，贈特進左柱國太師，謚端毅。

明儒學案卷三三原學案

康僖王平川先生承裕

王承裕字天宇，號平川，冢宰之季子也。弘治癸丑進士，授兵科給事中，遷吏掌科。逆瑾恨其遠己，又疏「進君子，退小人」，益恨之。罰粟輸邊，以外艱去。瑾誅，起原官，歷太僕少卿、正卿，南太常卿。宸濠反，發留都之爲内應者。嘉靖初，遷戶部右侍郎，晉南戶部尚書，致仕。林居十年，戊戌五月卒，年七十四。謚康僖。

十四、五時，從莆田蕭某學，蕭令侍立三日，一無所授。先生歸告端毅曰：「蕭先生待某如此，豈以某爲不足教耶？」端毅曰：「是即教也，眞汝師矣。」登第後，侍端毅歸，講學於弘道書院，弟子至不能容。冠婚喪祭必率禮而行，三原士風民俗爲之一變。馮少墟以爲，先生之學，皆本之家庭者也。

明儒學案卷三三原學案

光禄馬谿田先生理

馬理字伯循，號谿田，陜之三原人。爲孝廉時，遊太學，與呂涇野、崔後渠交相切劘，名震都下。高麗使人亦知慕之，録其文以歸。父母連喪，不與會試者兩科。安南貢使問禮部主事黄清曰：「關中馬理先生何尚未登仕籍？」其名重外夷如此。登正德甲戌進士第。時以大學衍義爲問，先生對曰：「大學之書，乃堯、舜、禹、湯、文、武之道也。傳有『克明峻德，湯之盤銘，堯、舜帥天下以仁』之語，眞氏所衍唐、漢、宋之事，非大學本旨也。眞氏所衍，止於齊家，不知治國平天下皆本於慎獨工夫。宋儒所造，大率未精。」以此失問者之意，故欲填首甲而降之。授稽勳主事，改文選，與郎中不合，引疾告歸者三年。戊寅，值武廟將南巡，與黄伯固等伏闕極諫，杖於廷。未幾送嫡母還鄉，乃設教於武安王祠。藩臬爲建嵯峨精舍以居生徒。嫡母喪畢，起員外郎，議大禮，復杖於廷。尋轉考功郎中。丙戌，例當考察外官，内閣、冢宰各挾私忿，欲去廣東、河南、陜西三省提學。先生昌言曰：「魏校、蕭鳴鳳、唐龍，今有數人物，若欲去此三人，請先去理。」由是獲免。丁亥陞南通政。過河池驛，見其丞貌類黄伯固，問之，乃其弟叔開也。時伯固已死，先生泫然泣下，作詩贈之云：「六年復見先生面，爲過河池見叔開。」戊子，引疾歸。辛卯，起光禄卿。莅事未幾，又歸林下者十年。癸卯，復起南光禄，至即引年致仕，隱於商山書院。又十年而卒，嘉靖乙卯十二月也，年八十二。

先生師事王康僖，又得涇野、後渠以爲之友，墨守主敬窮理之傳。嘗謂「見行可之仕，唯孔子可以當之，學聖人者當自量力。」故每出不一二年即歸，歸必十數年而後起，綽綽然於進退之間。後渠稱其「愛道甚於愛官」，眞不虚也。

恭簡韓苑洛先生邦奇

韓邦奇字汝節，號苑洛，陝之朝邑人。正德戊辰進士。授吏部考功主事，轉員外郎。辛未考察，都御史袖私帙視之，先生奪去，曰：「考覈公事，有公籍在。」都御史爲之遜謝。調文選，京師地震，上疏論時政缺失，謫平陽通判。甲戌遷浙江按察僉事。宸濠將謀反，遣内監飯僧於天竺寺，聚者數千人。先生防其不測，立散遣之。又以儀賓進貢，假道衢州，先生不可。曰：「貢使自當沿江而下，奚俟假道？」於是襲浙之計窮。尋爲鎮守中官誣奏，逮繫奪官。世宗即位，起山東參議，乞休。甲申大同兵變，起山西左參政，分守大同。先生單車入城，人心始安。巡撫蔡天祐至代州，先生戎服謁之，天祐驚曰：「公何爲如此？」曰：「大同變後，巡撫之威削甚。今大同但知有某，某降禮從事者，使人知巡撫之不可輕也。」朝廷復遣胡瓚以總督出師，時首惡業已正法，而瓚再索不已。先生止之，不聽。城中復變，久之乃定。先生亦致仕去。戊子，起四川提學副使，改右春坊右庶子，兼翰林修撰。其秋主試順天，以録序引用經語差誤，左遷南太僕寺丞，再疏歸。尋起山東副使，大理左少卿，以左僉都御史巡撫宣府，入佐院事。又出巡撫山西，再致仕。甲辰薦起總理河道，陞刑部右侍郎，改吏部。丁未，掌留堂，進南京兵部尚書，參贊機務。歸七年，乙卯地震而卒，年七十七。贈少保，謚恭簡。

門人白璧曰：「先生天稟高明，學問精到，明於數學，胸次灑落，大類堯夫，而論道體乃獨取横渠。少負氣節，既乃不欲爲奇節異行[一]，涵養宏深，持守堅定，則又一薛敬軒也。」羲按：先生著述，其大者爲志樂一書。方其始刻之日，九鶴飛舞於庭。傳其術者爲楊椒山，手製十二律管，吹之而其聲合，今不可得其詳。然聲氣之元，在黄鐘之長短空圍，而有不能無疑者。先生依律呂新書注中算法，黄鐘長九寸，空圍九分，積八百一十分。用圓田術，三分益一，得一十二，以開方法除之，

[一]「奇節異行」，「節」原作「即」；「異」原作「一」，據關學編蒙天麻本改。

得三分四釐六毫强，爲實徑之數，不盡二毫八絲四忽。以徑求積，自相乘得十一分九釐七毫一絲六忽，加入開方不盡之數，得一十二分，以管長九十分乘之，得一千八十分，爲方積之數，四分取三，爲圓積八百一十分。蓋蔡季通以管長九寸爲九十分，故以面積九分乘管長得八百一十分。其實用九無用十之理，凡度長短之言十者，皆分九爲十，以便算也。今三吴程路尚以九計可知矣。則黄鐘長九寸者，八十一分，以面積九分乘之，黄鐘之積七百二十九分也。

明儒學案卷三三原學案

忠介楊斛山先生爵

楊爵字伯修，號斛山，陜之富平人。幼貧苦，挾冊躬耕。爲兄所累，繫獄。上書邑令，辭意激烈，令異之，曰：「此奇士也。」出而加禮。登嘉靖己丑進士第。官行人，考選御史。母憂，廬墓畢，補原官。辛丑上封事，謂今日致危亂者五：一則輔臣夏言習爲欺罔，翊國公郭勛爲國巨蠹，所當急去；二則凍餒之民不憂恤，而爲方士修雷壇；三則大小臣工弗睹朝儀，宜慰其望；四則名器濫及緇黄，出入大内，非制；五則言事諸臣若楊最、羅洪先等非死即斥，所損國體不小。疏入，上大怒，逮繫鎮撫司，拷掠備至，桎鎖晝夜，血肉淋漓，死者數矣，而先生氣定，故得再甦。主事周天佐、御史浦鋐俱以救先生箠死獄中。於是防守益嚴，上日使人偵先生，一言一動皆籍記。偵者苦於不得言，以情告先生，使多爲善言。先生曰：「有意而言，便是欺也。」部郎錢緒山、劉晴川，給事周訥谿，先後以事下獄，相與講學不輟。緒山先釋，先生願有以爲别，緒山曰：「静中收攝精神，勿使遊放，則心體湛一，高明廣大可馴致矣。作聖之功，其在此乎！」先生敬識之，與晴川、訥谿讀書賦詩，如是者五年。所著周易辨録、中庸解若干卷。乙巳八月，上用箕神之言，釋先生三人。而三人者猶取道潞水，舟中講學，踰臨清而别。會上造箕臺，太宰熊浹驟諫，上怒，罷浹，復逮三人。時先生抵家甫十日，聞命就道，在獄又三年。丁未十一月，高玄殿災，上恍忽聞火中有呼三人姓名者，次日釋歸。歸二年而卒，己酉十月九日也，年五十七。隆慶初贈光禄寺少卿，謚忠介。

初，韓恭簡講學，先生輩來往拜其門。恭簡異其氣岸，欲勿受。已叩其學，詫曰：「宿學老儒莫能過也，吾幾失人矣。」剛大之氣，百折不回。人與椒山並稱，謂之「韓門二楊」。

明儒學案卷三三原學案

徵君王秦關先生之士

王之士字欲立，號秦關，陝之藍田人。嘉靖戊午舉於鄉，既而屏棄帖括，潛心理學，作養心圖、定氣說，書之座右，閉關不出者九年。蒿床糲食，尚友千古。以爲藍田風俗之美，由於呂氏，今其鄉約具在，乃爲十二會，赴會者百餘人，灑掃應對，冠婚喪祭，一一潤澤其條件，行之惟謹，美俗復興。又謂天下之學術不一，非親證之，不能得其大同，於是赴都門講會，與諸老先生相問難。上闕里謁先師廟墓，低回久之。南行入江右，見章本清、鄧潛谷、楊止菴。浮浙水而下，至吳興問許敬菴。學者聞先生至，亦多從之。萬曆庚寅卒於家，年六十三。祭酒趙用賢疏薦，詔授國子博士。除目下，而先生不及見矣。

明儒學案卷三三原學案

郡守南瑞泉先生大吉

南大吉字元善，號瑞泉，陝之渭南人。正德辛未進士。授戶部主事，歷員外郎、郎中，出守紹興府，致仕。嘉靖辛丑卒，年五十五。先生幼穎敏絕倫，稍長讀書爲文，即知求聖賢之學，然猶〔一〕豪曠不拘小節。及知紹興府，文成方倡道東南，四方負笈來學者至於寺觀不容。先生故文成分房所取士也，觀摩之久，因悟人心自有聖賢，奚必他求？一日質於文成曰：「大吉臨政多過，先生何無一言？」文成曰：「何過？」先生歷數其事。文成曰：「吾言之矣。」先生曰：「無之。」文成曰：「然則何以知之？」曰：「良知自知之。」文成曰：「良知獨非我言乎？」先生笑謝而去。居數日，數過加密，謂文成曰：「與有其過而悔，不若先言之，使其不至於過也。」文成曰：「人言不如自悔之眞。」又笑謝而去。居數日，謂文成曰：「身過可免，心過奈何？」文成曰：「昔鏡未開，可以藏垢，今鏡明矣，一塵之落，自難住腳，此正入聖之機也。勉之！」先生謝別而去。闢稽山書院，身親講習，而文成之門人益進。入覲，以考察罷官。先生治郡以循良重一時，而執政者方惡文成之學，因文成以及先生也。先生致書文成，惟以不得聞道爲恨，無一語及於得喪榮辱之間。文成嘆曰：「此非眞有朝聞夕死之志者不能也。」家居搆湭西書院，以教四方來學之士。其示門人詩云：「昔我在英齡，駕車詞賦場。朝夕工步驟，追踪班與揚。中歲遇達人，授我大道方。歸來三秦地，墜緒何茫茫。前訪周公跡，後竊橫渠芳。願言偕數子，教學此相將。」

明儒學案卷二九北方相傳學案

恭定馮少墟先生從吾

馮從吾字仲好，號少墟，陝之長安人。萬曆己丑進士。選庶吉士，改御史。疏請朝講，上怒，欲杖之，以長秋節得免，請告歸。尋起原官，又削籍歸，家居講學者十餘年。天啟初，起大理寺少卿，與定熊、王之獄，擢副都御史。時掌院爲鄒南臯先生，風期相許，立首善書院於京師，倡明正學。南臯主解悟，先生重工夫，相爲鹽梅可否。而給事朱童蒙、郭允厚不說學，

〔一〕「猶」，原作「有」，據明儒學案中華書局點校本改。

上疏論之。先生言：「宋不競，以禁講學之故，非以講學之故也。我二祖表章六經，天子經筵講學，皇太子出閣講學，講學爲令甲。周家以農事開國，國朝以理學開國也。臣子望其君以講學，而自己不講，是欺也。倘皇上問講官曰：『諸臣望朕以講學，不知諸臣亦講學否？』講官亦何以置對乎？先臣王守仁當兵戈倥傯之際，不廢講學，卒能成功。此臣等所以不恤毁譽，不恤得失而爲此也。」遂屢疏乞休。又二年，即家拜工部尚書。尋遭削奪。逆黨王紹徽修怨於先生，及爲冢宰，使喬應甲撫秦以殺之，先生不勝挫辱而卒。崇禎改元，追復原官。謚恭定。

先生受學於許敬菴，故其爲學，全要在本原處透徹，未發處得力，而於日用常行，却要事事點檢，以求合其本體。此與靜而存養，動而省察之說，無有二也。其儒佛之辨，以爲佛氏所見之性，在知覺運動之靈明處，是氣質之性；吾儒之所謂性，在知覺運動靈明中之恰好處，方是義理之性。其論似是而有病。夫耳目口體質也，視聽言動氣也。視聽言動流行而不失其則者，性也。流行而不能無過不及，則氣質之偏也，非但不可言性，并不可言氣質也。蓋氣質之偏，大略從習來，非氣質之本然矣。先生之意，以喜怒哀樂視聽言動爲虚位，以道心行之，則義理之性在其中，以人心行之，則氣質之性在其中。若眞有兩性對峙者，反將孟子性善之論墮於人爲一邊。先生救世苦心，太將氣質説壞耳。蓋氣質即是情才，孟子云：「乃若其情，則可以爲善矣。若夫爲不善，非才之罪也。」由情才之善，而因見性善也。不可言因性善而後情才善也[二]。若氣質不善，便是情才不善，情才不善，則荀子性惡不可謂非矣。

明儒學案卷四一甘泉學案

[二]「不可言」句原缺，據明儒學案中華書局點校本補。

卷四　清儒學案關學史文獻節録[一]

李先生顒

李顒字中孚，盩厔人，學者稱二曲先生。父可從，明季爲材官，從勦流賊張獻忠於襄陽，兵敗死之。母彭欲以身殉，先生年甫十六，哭曰：「母殉父固當，兒亦必殉母，是父且絶也。」母乃止，以父瀕行抉留齒葬之，曰齒塚，日以忠孝節義爲教。先生事母孝，饑寒清苦，自拔流俗。家貧，不能具脩脯從師，自讀經書；既解文字，從人借書，博覽子、史，旁及九流、二氏之籍。得其會通，由博返約，身體力行，以昌明關學爲己任。年未四十，學已大成，關中人士多從講學。先以父戰歿，欲往求遺骸，母老不能離。母喪，廬墓三年，不釋服，徒步至襄陽，覓遺骸不得，晝夜哭；縣令張允中感其孝，爲其父立祠，以同戰死事者附焉，造塚於戰場，名曰義林。

常州守駱鐘麟初爲盩厔令，造廬請業，事之如師；至是迎至常州講學，以慰學者之望。無錫、江陰、靖江争來迎，所至聽講者雲集，執贄門下甚衆；爲建延陵書院，肖像奉之。歸主關中書院。總督鄂善以隱逸薦，被徵，辭以疾，詔俟病愈入京；禮部又以海内真儒薦，得旨召對，有司敦促，遂稱疾篤。舁至行省，大吏詣榻前勸行，絶粒六日，大吏猶欲強起之，拔刀自刺，乃予假治疾。自是閉門，不與人接。聖祖西巡欲見之，傳旨復召，先生曰：「吾其死矣！」大吏爲陳廢疾狀，乃止。賜御書「操志高潔」扁額，徵其著述，令子慎言呈進四書反身録、二曲集二書。上親諭慎言曰：「爾父讀書守志，可謂完節。」康熙四十四年卒。

[一]　本卷以清徐世昌著清儒學案民國二十七年刻本爲底本。

生平安貧樂道，屢空，不受餽遺。或曰：「交道接禮，孟子不却，先生得無已甚？」答曰：「我輩百不能學孟子，此一事稍立異，正自無害。」當事慕名踵門，辭不得則見之，終不報謁，曰：「庶人不可入公府也。」然於利害在民者，未嘗不爲當事力言。論學以「悔過自新」爲宗旨，以「静坐觀心」爲入手。謂：學者當先觀象山、慈湖、陽明、白沙之書，闡明心性，直指本初；然後取二程、朱子及康齋、敬軒、涇野、整庵之書玩索，以盡踐履之功，下學上達，一以貫之。至諸儒之説，醇駁相間，當善讀之；不然，醇厚者乏通慧，穎悟者雜竺乾，不問是朱是陸，皆未能於道有得也。論治道以正人心爲根本，集中條議救荒事宜，剴切詳盡，實可施行。四十以前，嘗著十三經註疏糾謬、二十一史糾謬、易説、象數蠡測，既而以爲近於口耳之學，無當於身心，不復示人。門人録其講學之語，告曰：「授受精微，不在於書，要在自得。」故巾箱所藏，惟以反身録示學者。道光初，御史牛鑑請從祀文廟，格於議，特祀鄉賢。宣統三年，總督長庚復申前請，未及議行。參國史儒林傳，全祖望撰窆石文、吴懷清撰年譜。

清儒學案卷二九二曲學案

王先生心敬

王心敬字爾緝，鄠縣人。諸生。年二十五，謁二曲受業，相從十年；二曲每論學，喜其英靈，謂傳道舍之莫屬。著述多出編訂。雍正初舉孝廉方正，不赴徵；年羹堯欲招致幕府，見所爲驕縱不法，避而不見，亦不往謝，世宗聞而重之。居平不苟言笑，終日默坐。有問學者，曰：「反求諸己而已矣。」學識淹通，有康濟之志。著有豐川集、關學編、易説，又有尚書質疑、詩經説、禮記纂、春秋原經、江漢書院講義、文獻攬要、家禮甯儉篇、歷年洗冤録。學者稱豐川先生。參國史儒林傳、二曲集、宋學淵源記。

清儒學案卷二九二曲學案

惠先生霔嗣

惠霔嗣字玉虹，富平人。順治辛丑進士，官通海知縣。二曲寓富平時從學，常侍左右，録所聞爲富平答問。二曲歸盩厔，欲移家從之。通籍後，二曲貽書，舉呂涇野故事相勉，戒其歛而又歛，勿狥貨利。後居官有惠政，歿祀名宦。參二曲集、富平縣志。

清儒學案卷二九二曲學案

張先生珥

張珥字敦庵，大荔人。順治丁亥進士，官襄陵知縣，篤學敦品。二曲初至同州，先生年長於二曲，北面請業，執弟子禮。授以讀儒先諸書之法，分明體、達用二類。别後，二曲答書論學，謂陽明横發直指，一洗相沿之陋，士始知鞭辟近裏，勉以切己自審，蓋以原書有側重考亭之意也。參二曲集、東行述、大荔縣志。

清儒學案卷二九二曲學案

李先生士瓆

李士瓆字文伯，大荔人。歲貢生。事親孝，善屬文，殫心著述，自號玉山逸史。年亦長於二曲，讀學髓〔二〕直指本體，悟平日筆記爲義襲，遂執弟子禮。録口授之語曰讀書次第，杜門纂録先儒語録以自警。年垂九旬，無異少壯。著有文學正譜、羣書舉要、孝經要義、四書要諦、小學約言、理學宗言、王陳宗言、詩餘小譜、問疑録、玉山集。參二曲集、大荔縣志。

清儒學案卷二九二曲學案

馬先生棫

馬棫字相九，大荔人。父嗣煜，講洛、閩之學，時稱二岑先生。先生承家學，與党子澄、王思若、張敦庵、王山史、李天生等相切劘。二曲所著反身録、學髓，皆序而刊之。二曲嘉之曰：「大道無窮，吾子能竟；聖學忌雜，吾子能純。」著有卷石齋語録、白樓存草。參同州志、二曲集。

清儒學案卷二九二曲學案

〔二〕「學髓」，「學」原作「書」，李顒著有學髓，據以改。

李先生修

李修字汝欽，寶雞人。諸生。二曲講學關中書院，來謁，自此棄舉業，有志正學，請受業，二曲却之。後復從於盩厔，乃許列門下，録二曲語，曰授受紀要。其歸也，二曲贈言一篇。博考儒先書，著有心心、精一二録，補薛存齋四書說蘊。參二曲集、寶雞縣志。

清儒學案卷二九二曲學案

王先生吉相

王吉相字天如，邠州人。康熙丙辰進士，翰林院檢討。潛心性命之學，登第後來受學。二曲嘉其純篤，曰：「真能爲己者也。」參二曲紀略、邠州志。

清儒學案卷二九二曲學案

寧先生維垣

寧維垣，蒲城人。偕張敦庵、李文伯從二曲講學，服膺學髓，得知行合一之旨。參國史、儒林傳。

案：二曲門下最衆，執贄著籍號以千計。其成就較大、卓稱繼起者，以王豐川爲最，列爲附案，擇其著述有稱、事實可紀者並列焉。凡見於二曲集、確有及門顯據者，尚有：趙之俊，字貫未詳，見東行述。楊堯階，字元升，雒南人。孟子緝，字貫未詳，二人見歷年紀略。馬棫、馬逢年，並同州人，字未詳。二人見學髓校刊題名。吳發育、張允復、尤霞、朱士蛟、鄒隆祚（字錫篁）、羊球，並常州人，見靖江語要。馬仲章，武功人，見張志垣傳。傅良辰，字潛齋；漢陽人；張子達，字君明，江陵人，二人並業商，見與張伯欽書。諸人並附姓名待考。党克材、承祖、張志垣、吳位生、英武、丕武、邵公甫等各附見其父兄後，不複載。

清儒學案卷二九二曲學案

白先生煥彩

白煥彩字含貞，號泊如，同州人。明諸生。私淑長安馮少墟，玩易，洗心詩、禮、春秋，多所自得；蓄書之富，關中稱最，讐校精詳，學能淹貫。鄉先達張太乙、武陸海集同志論學，每會必至。後聞二曲名，偕党子澄、王省庵迎款於家，折節問道；二曲因其年長以倍，仍推爲先輩，序次大意曰學髓授之。先生恪守其說，率同志結社砥勵，不入城市，手不釋卷。天性孝友恭謹，聞人過未嘗出諸口，遇物如恐傷之，時稱關中文獻。參國史儒林傳、二曲集。

清儒學案卷二九二曲學案

党先生湛

党湛字子澄，同州人。嘗言「人生須作天地間第一等事，爲天地間第一等人」，故自號兩一。不事帖括，根究道理，鈔宋、明以來諸儒論學語反心澄觀，恍然有契，自是動靜云爲卓有柄持。父有癲疾，掖侍晝夜不離。及歿，廬墓三年，人稱曰孝子。有田數畝，躬耕自給，聞二曲倡道，冒冰雪訪質所疑，終日無惰容。二曲稱其志篤養邃，爲不可及。子克材、孫承祖，皆命從二曲受學。承祖弱冠慕道，日記言動，自考得失；早卒，二曲惜之。二曲集。

清儒學案卷二九二曲學案

王先生化泰

王化泰字省庵，蒲城人。隱於醫。篤志理學，與同邑單元洲結社講學，又與党子澄相砥勵。繼從二曲游，間歲至，必久留；欲執贄爲弟子，二曲以其年長二十餘歲，却之。性方嚴，面斥人過，人有一長，推遜自以爲不及。拯困扶危，樂導人爲善，二曲稱爲高士。其殁後，爲請於郡守，表其墓。二曲集。

清儒學案卷二九二曲學案

王先生四服

王四服字思若，大荔人。明拔貢生。績學善文，尚氣節，不求仕進，治園種花，集友講學。二曲至同州，時過其園。著有卧園集。參大荔縣志、二曲集。

清儒學案卷二九二曲學案

張先生承烈

張承烈字爾晉，號澹庵，武功人。諸生。少尚任俠，後折節讀書。潛心周、程儒先之說，與白含貞、王爾緝諸人相切劘。

二曲稱其學凡三變，愈變愈正；引朱子贊橫渠語，曰「勇徹皋比，一變至道」，謂澹庵真有徹皋比之勇。子志垣，從二曲受業。二曲集。

清儒學案卷二九二曲學案

惠先生思誠

惠思誠字含貞，盩厔人。諸生。二曲少與共學，稱其孝友忠信、靜默寡言、鮮所尤悔，自初交至垂白，未見有疾言遽色。二曲晚杜門謝客，惟先生及顧亭林至即啓鑰，語言無間。殁爲作傳，稱曰「粹德高士，平生心交」也。二曲集。

清儒學案卷二九二曲學案

李先生柏

李柏字雪木，郿人。少孤貧，事母至孝。稍長讀小學，曰：「道在是矣！」盡棄帖括，日誦古書，母強之就試，爲諸生；母殁，棄衣巾。避荒居洋縣太白山中，屏迹讀書；嘗一日兩粥，或半月食無鹽。時忍饑默坐，自誦曰：「貧賤在我，實有其門。出我門死，入我門生。」又曰：「牛被繡，鸞刀就。」又曰：「古之人有七日不食者，有三旬九餐者，有食木子橡栗者，有屑榆者，有一日長坐者，有餐氈齧雪十九年者；蓋有主於中、不動於外，抱節死義，不忘溝壑也。」昕夕謳吟，拾山中槲葉書之，門人都其集曰槲葉集。二曲少與訂交，中年約同入山未果，後爲姻家。參國史儒林傳、雪木年譜。

案：二曲講學名盛，關中人士樸厚，景從者衆，往往年長幾倍，折節敬禮，如白含貞、党子澄諸人，且有傳爲列門下者。然學髓爲含貞所手録，卷首題「教下生白某」，後乃列門人某某同校，二曲文中亦仍以先輩相推。當時相處在師友之間，不得竟目爲弟子也。駱挺生雖稱師事，於匡時要務卷首序文自署晉陵守駱某，則亦非竟執弟子禮者。今仍列諸交遊，以從其實。

清儒學案卷二一九二曲學案

王先生承烈

王承烈字遜功，號復庵，涇陽人。康熙己丑進士。官翰林院檢討，遷御史，巡城執法方嚴，不逞之徒皆畏避。嘗召對，講大學「明明德」章，反覆敷陳格致誠正之義，上嘉之。出爲湖北糧道，歷官至刑部侍郎。雍正七年卒，年六十四。先生自少勤學，博涉羣書，年四十始兄事豐川王先生心敬，講明心性、修己治人之學，以第一等人可學而至。及成進士，出安溪李文貞門下，益研究宋儒書。著日省録，切己内考，志在力行；又著有復庵師説六卷。復爲尚書解，病中草竟今文二十八篇云。參朱軾撰墓誌、方苞撰墓表、蔡世遠撰神道碑。

清儒學案卷二一九二曲學案

孫先生景烈

孫景烈字酉峰，武功人。早舉於鄉，爲商州學官，不受諸生一錢。雍正間，大吏以賢良方正薦，賜六品銜。乾隆己未成進士，官翰林院檢討，以言事忤旨放歸。家居講學三十年，絶聲氣之交。主關中書院、蘭山書院，教生徒以克己復禮。雖盛暑，必肅衣冠。韓城王文瑞公爲入室弟子，嘗語人曰：「先生冬不鑪、夏不扇，如邵康節，學行如薛文清。」爲關中學者所宗。參國史儒林傳、宋學淵源記。

清儒學案卷二一九二曲學案

王先生宏撰

王宏撰字無異，號山史，華陰人。明諸生。康熙己未以鴻博徵，不赴。嗜學好古，富藏金石，廣交遊，爲關中聲氣領袖。居華山下，著易象圖、述山志、砥齋集。亭林入關，始與訂交。其後每至，輒主其家。以朱子曾寄禄華州雲臺觀，議建朱子祠堂，兼立書院；亭林不欲自營菟裘，謹割地建祠於家。搆齋曰「易廬」，亭林借居之，後改名「顧廬」。參亭林年譜

清儒學案卷七亭林學案下

李先生因篤

李因篤字子德，一字天生，富平人。明諸生。值寇亂走塞上，訪求勇士，招集亡命，思以殲賊；見無可爲，歸而閉户讀經史，爲有用之學。以文學負重名，與二曲、雪木並稱爲「關中三李」。亭林游關中，訂交，論學至契。及亭林爲萊州黄培詩獄牽連，先生聞之，特走京師告急諸友人，復至濟南省視，時稱其高義。康熙己未，召試博學鴻詞，授翰林院檢討；被徵時以母老多病力辭，有司強迫就道。既授職，呈請歸養，格於吏議，乃自上疏陳情，詞旨切摯，其疏爲時傳誦。得請歸，侍母晨夕不離，母喪後遂稱病不出。平生學以朱子爲宗，二曲提唱良知，關中學者皆服膺，及居富平，先生與過從無間，各尊所聞，不爲異同之說。深於經學，著詩說，亭林稱爲毛、鄭嗣音；又著春秋說，汪苕文亦折服焉。又有受祺堂詩文集。參史傳、宋學淵源記、亭林年譜。

清儒學案卷七亭林學案下

劉先生光蕡

劉光蕡字煥唐，號古愚，咸陽人。幼孤貧，弱冠避回寇醴泉、興平間，爲人磨麥鬻餅餌求食，而讀書不倦。亂定，補諸生，舉光緒乙亥鄉試，赴春官不第，乃退居教授數十年，終其身。先交咸陽李寅、長安柏景偉，究心漢、宋儒者之說，尤取陽明本諸良知者歸於經世，務通經致用，灌輸新學、新法、新器以救之。以此爲學，亦以此爲教。歷主涇陽、涇干、味經、崇實諸書院。其法，分課編日程，躬與切摩。門弟子千數百人，成就者衆，關中學風廓然一變。復創義塾於咸陽、醴泉、扶風，導之科學，餘則練槍械，寓兵謀，以風列縣。募鉅金二十萬，謀汽機，開織業，以興民利。舉經濟特科，不赴。陝甘總督奏請赴蘭州主大學教事，先生以邊地回、漢之爭繫大局安危，欲假學術漸摩，開其塞陋，弭隱患。未幾，病卒，年六十一。所成書數十種，取便學者，非以自名，頗散佚。弟子王典章次第搜刊，曰立政臆解一卷，学记臆解一卷，大學古義一卷，孝經本義一卷，論語時習録五卷，孟子性善備萬物圖說一卷，管子小匡篇節評一卷，荀子議兵篇節評一卷，史記貨殖列傳注一卷，史記太史公自序注一卷，前漢書食貨志注一卷，前漢書藝文志注一卷，古詩十九首注一卷，陶淵明閑情賦注一卷，改設學堂私議一卷，濠塹私議一卷，團練私議一卷，尚書微一卷，修齊直指評一卷，陝甘味經書院志一卷，養蠶歌括一卷，國債罪言一卷，煙霞草堂文詩集十卷。參陳三立撰傳、陳濟然撰墓表、陝西續通志。

清儒學案卷一九一古愚學案

李先生寅

李寅字敬恒，咸陽人。同治辛未貢士，甲戌補殿試，改庶吉士，散館授編修。以母老，不樂就養京師。或謂請假迎養，進退可自主，先生曰：「甫入仕途即欺朝廷耶？」遂請終養歸。閉門承歡，足不輕出。有諷以投謁當道者，婉謝之。

論學以心得爲主、不欺爲用，破除門户之見，其大端近象山、陽明，而不改程、朱規模。有以三教歸一爲學者，則深斥之。嘗謂陸、王識超語峻，直中人心隱微之弊，其功甚偉。然繼程、朱而鞭其後，非外程、朱以爲學也。若概施之初學，則腹無義理，目無詩、書，是猶虛弱之人而復投以硝黄，鮮不敗矣。又病天文書多蕪雜，欲以七政爲綱，恒星爲經，陵犯侵食爲緯，而輯史書之文，縱横書之以爲表，曰：「災異之説雖多附會，然可見天人相通，而於畏天之學所補實多。苟删其不經者，數卷可畢。」僅成日月二表。又謂：「兵事以地理爲要，顧宛溪氏書所以多言兵事也。然詳地之險要，而於用險要之法多不詳者。」乃依孫子九地之説，以意變更之，分目十餘，以宛溪爲主，而備採史文以實之，亦未成書而卒。參劉光蕡撰行略。

清儒學案卷一九一古愚學案

柏先生景偉

柏景偉字子俊，晚號忍庵，長安人。咸豐乙卯舉人。大挑教職，授定邊訓導，以回亂未赴任，奉父母匿南山，轉徙荒谷。親殁，喪葬盡禮。尋以在籍辦團防叙勞，以知縣選用。左文襄督師入關，辟參軍事，因請築堡塞以衛民居，設里局以減徭役，提耗羨以足軍食，徙回居以清根本，開科舉以定士心。又上辦理回匪臆議十六事，文襄深才之。以屬幫辦軍務劉典叙積年勞勣，特保以知縣分省補用。嗣劉公以終養回籍，先生遂歸里，不復出。光緒三年，秦大饑，請於大吏，發粟振恤，創爲各村保各村法，以貧民稽富民粟使無匿，以富民覈貧民户使無溢，多所全活。歷主涇干、味經、關中各書院，立求友齋，以經史、道學、政事、天文、輿地、掌故、算法分門肄習，造就甚衆。

先生爲學似陳同甫、王伯厚，而實以劉念臺慎獨實踐爲的。嘗謂：「聖賢之學，以恕爲本，以强爲用。强恕而行，則望於人者薄，而責於己者厚。」又謂：「同此性命，同此身心，同此倫常，同此國家天下，道未嘗異，學何可異？凡分門别户者，非道學之初意也。故理一分殊之旨，與立人極主静、體認天理之言，學者不以爲異，而其所持究未嘗同。然則主敬、窮理、致良知、先立乎其大之數説者，得其所以同，亦何害爲異乎？」其大旨如此。著有澧西草堂集八卷。參史傳、陝西續通志、劉光蕡撰墓誌。

清儒學案卷一九一古愚學案

劉先生紹攽

劉紹攽字繼貢，號九畹，三原人。雍正壬子拔貢生，以朝考第一出爲四川知縣，補什邡，調南充。丁憂回籍，服闋，授山西太原縣，調陽曲。卓異引見，拜文綺之賜，後因病告歸。先生博學通明，所至以經術飾吏治。既歸里，主蘭山書院，多所造就。嘗以陸、王之學竊取佛似，明陳建曾辨之，而未得所徵，因讀周密齊東野語，知張子韶嘗參宗杲，陸子静又參杲之徒德光，因窮究源委，著衛道編二卷，上卷闢異學，下卷明正學。其論讀朱子書，謂「世之攻朱者，非宗良知，即誦古注。然尊朱者，守其一説，不知兼綜衆説，非善學朱子也」。乃舉黄勉齋復葉味道書以爲學者法。後桐城方宗誠見其書，稱其言「潔净精微，平湖陸清獻外，未有如此之純粹」。他所著有周易詳説十九卷、書考辨二卷、春秋筆削微旨二十六卷、春秋通論五卷、四書凝道録十二卷、九畹文集十卷，並集關中人詩爲二南遺音四卷。參史傳。

清儒學案卷二〇六諸儒學案

孫先生景烈

孫景烈字孟揚，號西峰，武功人。乾隆己未進士，改庶吉士，授檢討。與崔祭酒紀、官編修獻瑤同以理學相切劘。會大考不及格，以原官休致。先生少家貧力學，講小學、近思録諸書，確然有得。嘗官商州學正，倡社學，爲諸生闡發經義，究義利之辨，當道爲舉孝廉方正。既放歸，總督尹文端繼善、巡撫陳文恭宏謀先後延主關中、蘭山書院，後復主鄠縣明道書院，日與生徒講性命之學，雖盛暑必肅衣冠。凡出使秦、蜀者經其地，無論識面與否，莫不造廬請謁，敬禮有加。

先生爲學以求仁爲要領，以主敬爲工夫，以小學一書爲入德之基，期爲切實近裏。嘗舉真西山語曰：「『古之學者爲己，今之學者爲人。』爲青紫而明經，爲科舉而業文，去聖人之旨遠矣！」其誨人汲汲孜孜，合經義、治事爲一，先後受業者無慮數十百人。其膺科名，歷仕中外者，類能有所設施以自表見。即未仕者，亦俱務爲醇謹，不爲非義之行。故一時海内之士，無不知有西峰先生者。韓城王文端杰爲先生入室弟子，嘗語人曰：「先生冬不鑪、夏不扇，如邵康節，學行如薛文清。」又曰：「先生歸籍三十年，雖不廢講學，而獨絶聲氣之交。」四十七年卒，年七十七。著有易經管窺、詩經講義、四書講義、性理講義、關中書院課解、蘭山書院課解、康海武功志注、郃封聞見録、菜根園慎言録、西麓山房存稿、可園集。參史傳、張洲撰行狀。

清儒學案卷二〇六諸儒學案

李先生元春

李元春字時齋，朝邑人。嘉慶戊午舉人，截取知縣不就，改大理寺評事。後以勸捐出力，加州同銜。嘗率所居十六村聯爲一社，行保甲法，鄰盜相戒不敢犯。關中旱，捐穀賑給村民，著救荒策數萬言上之當道，大致謂當村各護村，族各護族，時賴以全活甚衆。所居高閣，手植四桐，積書數萬卷，自號桐閣主人。年八十，猶夜半起讀書。語學者曰：「人俞勤則精神俞生。」咸豐四年卒，年八十六。

先生幼時家貧，嘗拾薪飼驢，代鄰家磑碾，得麩糠和蔬爲食。一日過里塾，聞誦聲，歸告母欲讀書。母喜，遣入學，猶半日負薪以爲常。稍長，塾師講「仁而不佞」章，輒苦思前後言仁不同處，悟聖門求仁之旨。年十四，得薛瑄讀書録，益究性命之學，徧求程、朱文集，熟讀精思。鄉薦後，以父沒母老絶意進取。迭主潼川、華原書院，導諸生以正學，興起者衆。其學以誠敬爲本，而要於有恒。讀書觀理以爲行之端，處事審理以驗知之素。本末兼該，内外交養，一宗程、朱。謂「朱子之學之精，全由與友朋講論而得，禁僞學、忌講學，世衰政亂時也。扶衰救亂，還在明正學，此根本事」。謂「陽明朱子晚年定論全是援儒入墨，是己之見，牢不可破」。「在朱子公心衛道，初無此意。然後來衛朱子者，譏陸、王亦太甚。」謂「白沙、甘泉不盡與陽明同，而亦相近。高忠憲、顧涇陽、陳幾亭、馮少墟不欲與程、朱異，而亦有殊，不可不辨」。謂「李二曲亦有争名立名之意。其以文章推山史，以節介推復齋，按：山史，王宏撰字；復齋，王建常字。而云「躬行實踐，世無其人」，則自謂也，是明争名矣。然山史不止文章，復齋不止節介也」。

生平博通經史，深惡支離，著學術是非論曰：「學術至今日而愈歧矣。有記誦之學，有詞章之學，有良知之學，而又有考據之學，而皆不可語於聖賢義理之學之精。良知之學，竊聖賢之學而失之過者也；考據之學，襲漢儒之學而流於鑿者也。講良知者，尊陽明而溺於空虚，勢必與佛、老之教等。然陸、王學偏，而行誼事功，猶有可取，高明之士竊此而與朱子爲敵，其實蕩檢踰閑有不可問者，此真所謂僞學也。務考據者，右漢儒而左朱子，彼謂漢儒近古，其所講説皆有傳受。夫近孔子而解經者，孰如春秋之三傳，然盟蔑、盟昧，其地各異；尹氏、君氏，其人云訛。此類疑竇不可勝數，何論漢儒？吾嘗思之，生數千載之下，欲講明於數千載之前，聖人已遠，簡編多缺，兼以僞書日出，將一一而考其實，有可據必有不可據者，有可通必有不可通者，不可據不可通，是終不能考其實也，故斷不如朱子説理之爲真。嗟乎！朱子豈不知考據者哉？今人好立說以駁朱子，名心勝也。此與講良知者之意等也。然則儒者果將何所擇而守乎？曰：楊、墨、佛、老，吾斥之，記誦、詞章、考據，吾爲之，而一以朱子之明其理而履其事爲宗，又不入於良知之家，庶乎與聖學相近矣。」先生有所纂述，皆以扶世教、正人心爲己任，不務空言。常輯張子釋要、先儒語録爲關中道脈書，增補馮從吾關學編，學者宗之。所著有諸經緒說、經傳摭餘、春秋三傳注疏說、左氏兵法、諸史閒論、諸子雜斷、圖書揀要、百里治略、循吏傳、芻蕘私語、喪禮補議、閒居鏡語、益聞散録、學薈性理論及文集等書，凡百餘卷。又輯關中詩文鈔四十七卷、青照樓叢書三編，共九十餘卷。參史傳。

清儒學案卷二〇六諸儒學案

賀先生瑞麟

賀瑞麟字角生，號復齋，三原人。恩貢生。幼穎悟，父以「半耕半讀」屬對，應曰「全受全歸」。居父母喪，一遵家禮，築廬墓側，顔曰「有懷草堂」。年二十四，從朝邑李時齋遊，遂棄舉業，致力儒先之書。其學以朱子爲準的，於陽儒陰釋之辨尤嚴。同治元年，關中亂，避地絳州。顛沛之中，與友人薛于瑛、楊樹椿講學不輟。歸，主本邑學古書院，手定學要六則，曰：「審途以嚴義利之辨，立志以大明新之規，居敬以密存養之功，窮理以究是非之極，反身以致克復之實，明統以正道學之宗。」性嚴正，雖盛暑嚴寒，必正襟危坐，接引後進，皆規以禮法，不爲謗讟所動。舉孝廉方正，不就。大吏歷聘主講關中、蘭山書院，皆固辭。晚闢清麓精舍於清涼原，來學者益衆。

生平以倡復横渠禮教爲己任，或延講古禮，不遠千里。郡縣請行古鄉飲酒禮，觀者如堵墻，風俗一變。時人於妻喪服多略，先生獨依禮而行，作妻服答問以解衆惑。居恒不入城市，惟於振窮、墾荒、均田、積穀諸事，則莫不躬親贊治。督學吳大澂、柯逢時先後以經明行修薦，予國子監學正銜，晉五品銜。光緒十九年卒，年七十，贈五品卿銜。著有朱子信好録、讀朱録要、養蒙書、誨兒編、清麓文集二十三卷、日記五卷。參史傳。

清儒學案卷二〇六諸儒學案

卷五　關學編諸刻本序及提要

關學編序[一]

劉得炯

理學之著明於世，天人之道也，性命之原也，此理人人俱足，此學人人可爲，而卒鮮其人，何哉？蓋兩間之正氣不能不有雜氣以間之，理也亦數也，天無如人何，人亦無如天何也，然而秉懿好德，人有同情，故曰「聖賢可學而至也」，其在易曰：「窮理盡性以至於命。」聖聖相傳，心心相印，如日月星辰之麗天，毫髮不爽也；如山河大地之流峙，萬世不易也。外乎此者爲雜學，而貌乎此者爲俗學，學之途分，遂將釀爲世道人心之害。聖人爲一己正性命，即爲天下萬世開道統，上世羲、黄至二帝、三王無論矣，春秋、戰國關生民未有之奇，深私淑願學之志，而濂、洛、關、閩千有餘年而獨得其宗，聖道之光大燦然復明於世。自宋至明，代有傳人，至我清昌明正學，學者咸知理學之爲要而翕然向風，無不仰慕前徽，希蹤曩哲，得陞其堂而嚌其胾。

余讀關學編而深有感焉。是編少墟馮先生之所著也。先生諱從吾，字仲好，長安人，萬曆己丑進士。自庶常入朝，累有建向，然艱於仕進，生平篤志聖賢之學，四方從學者千餘，人稱關西夫子。乃舉關中理學之可傳者集爲一編，自横渠張夫子始，共三十三人，將使前賢之學問淵源微之發明，聖道顯之立身，制用卓然，不愧爲學者以昭來兹、示典型，而新安持國余公序刊以傳世云。

獨是是編自明季至於今百有餘歲矣，雖間有舊本，而版籍無存，恐遲之又久，澌滅殆盡，後之人即欲覓是書而知其人，

[一] 本序據乾隆丙子趙廷璧、劉得炯重刻之關學編迻録。

其奚從而知之？余以寒氊薄植，固望關、閩之門牆而不得入者，雖然，竊嘗有志於斯道矣，易曰「西南有朋」，從其類也。邑中丁巳進士趙氏蒲者與余同譜，現任儀隴縣知縣，其學務實行，居官識大體，號爲知交，因郵寄書信，約爲同志，捐銀三十金，余亦捐俸數金，重爲刊刻焉。

夫四書五經，理學之淵源備矣，國家垂爲令典，以丹鉛甲乙，匪徒記誦詞章、取科第、弋榮名已也。前君子以心入乎聖賢之心，而心有國理，後之人豈不能以心志乎前人之志，而與之同心哉！並將少墟先生入於集中。而復齋王先生以布衣鋭志聖學，四十餘年不出戶庭，甘貧樂道所難能者，亦續入焉，以就正於有道之君子。

噫，學者之淺深，性也；功名之得失，命也。正心誠意以修身，主敬致知以力學，而後性命一歸於正，敢不折衷儒先，惟日孳孳以期共勉於諸君子之後哉！

乾隆丙子二月朔日，中衛後學劉得炯書於朝邑學署健中堂

重刻關學編前序[一] 代

劉古愚

馮恭定公關學編首聖門四賢，卷一宋横渠張子九人，卷二金、元楊君美先生十二人，卷三明段容思先生九人，卷四呂涇野先生十三人。公序其前，而岐陽張雞山序其後，此原編也。豐川續之，則自少墟以及二曲門下諸子。周勉齋即續豐川於其後。桐閣又續之，則於宋補游景叔，於明補劉宜川諸人，以及國朝之王零川。賀復齋又續七人，即列桐閣於其中，爲續編三卷。豐川編，遠及羲、文、周公，下及關西夫子而下，非恭定所編例，去之。

[一] 本序據煙霞草堂文集卷二迻録。

刻既竟，乃書其後曰：　自周公集三代學術，備於官師，見於七略，道學之統，自關中始。成、康而後，世教陵夷，遂至春秋，大聖首出東魯，微言所被，關中爲略。降及戰國，秦遂滅學。漢、唐諸儒，訓詁箋注，循流而昧其源，逐末而亡其本。自宋横渠張子出，與濂、洛鼎立，獨尊禮教，王而農諸儒謂爲尼山的傳，可駕濂、洛而上。然道學初起，無所謂門户也，關中人士多及程子之門。宋既南渡，金溪兄弟與朱子並時而生，其説始合終離，而朱子之傳特廣。關中淪於金、元，許魯齋衍朱子之緒，一時奉天、高陵諸儒與相唱和，皆朱子學也。明則段容思起於臯蘭，吕涇野振於高陵，先後王平川、韓苑洛其學又微別。而陽明崛起東南，渭南南元善傳其説以歸，是爲關中有王學之始。越數十年，王學特盛，恭定立朝，與東林諸君子聲氣相應，而鄒南臯、高景逸又其同志，故於「天泉證道」之語不稍假借，而極服膺「致良知」三字。蓋統程、朱、陸、王而一之，集關學之大成者，則馮恭定公也。於是，二曲、豐川超卓特立，而説近陸、王。桐閣博大剛毅，而確守程、朱。今刊恭定所編關學，即繼以二家之續，蓋皆導源於恭定，而不能出其範圍者也。

竊嘗論之，同此性命，同此身心，同此倫常，同此家國天下，道未嘗異，學何可異也？於詞章利禄之中，決然有志聖賢之爲，此其人非賢即智。賢則有所爲也，智則有所知也。爲衣食之事，未有不知粟帛者也；知粟帛之美，未有不爲衣食者也。故「理一分殊」之旨，與「主靜」、「立人極」、「體認天理」之説，學者不以爲異，而其所持究未嘗同也。然則「主靜窮理」與「先立乎大」、「致良知」之説，得其所以同，亦何害其爲異也。明自神宗倦勤，公道不彰，朝議紛然，東林諸儒以清議持於下，講市林立，極豐而蔽，蓋有目無古今、胸無經史、侈談性命者矣。紀綱漸壞，中原鼎沸，諸儒目經亂離，痛心疾首，遂謂明不亡於流賊而亡於心學。於是矯之以確守程、朱，矯之以博通經史，矯之以堅苦自立。承平既久，而漢學大熾，以訓詁箋注之爲，加於格致誠正之上，不惟陸、王爲禪，即程、朱亦遜其記醜而博，亦何異洛、蜀、朔角立，而章、蔡承其後也。

偉少失學，三十後始獲讀劉念臺先生書。幸生恭定公鄉，近又謬膺關中講席，爲恭定講學之地，乃與同志重葺恭定公祠，而以其左右爲少墟書院，因刊恭定所編關學，而並及豐川、桐閣、復齋之續，凡以恭定之學爲吾鄉人期也。竊謂士必嚴於義利之辨，範之以禮，而能不自欺其心，則張子所謂「禮教」與聖門「克己復禮」、成周官禮，未必不同條共貫，是即人皆可爲堯、舜之實，而紛紜之説均可以息，亦何人不可以自勉哉？嗚呼！是恭定望人之苦心，亦刊恭定遺編者之苦心也。

光緒辛卯中秋，長安柏景偉謹識[一]

重刻關學編序[二]

賀瑞麟

關中其地，土厚水深，其人厚重質直，而其士風亦多尚氣節而勵廉恥，故有志聖賢之學者，大率以是爲根本。三代聖人具見於經，不待言也。秦、漢及唐，聖學湮塞，知德者鮮。宋興，明公張子崛起橫渠，紹孔、孟之傳，與周、程、朱子主盟斯道。早悦孫、吳，年十八欲結客取洮西之地，慨然以功名自許。及其撤臯比，棄異學，任道之勇，造道之淳，學古力行，卓爲關中先覺，此少墟先生關學編獨推先生首出，而爲吾道之大宗也歟！後之聞風興起，代不乏人，莫不以先生爲景仰，故一續再續，深書大刻，豈非以先生之學懇懇然屬望於吾關中人士者哉？

吾友長安柏君子俊，少喜談兵，欲有爲於天下，大類橫渠，其強毅果敢，有足以擔荷斯道風力，卒之志不得伸。近歲大憲延聘教授關中、味經各書院，三秦之士靡然從之。又倡議創立少墟專祠，蓋思以少墟之學教人，並思以少墟所編諸人及續編諸人之學教人，謂非重刻諸編不可。刻既竣，君病日亟，手授門人，猶欲商訂於余，且屬爲序，其用意關學如此，胡君竟不起疾也，悲夫！

惟君生平重事功，勤博覽，其論學以不分門戶爲主，似乎程朱陸王皆可一視，慮開攻詰之習，心良厚矣！夫學爲己者也，攻詰不可也，然不辨門戶且如失途之客，貿貿然莫知所之，率然望門投止，其於高大美富，將終不得其門而入矣，可乎

[一]「光緒辛卯中秋，長安柏景偉謹識」，原無，據灃西草堂本加。
[二] 本序據劉傳經堂本清麓文集卷一迻録。

哉？是非顛倒，黑白混淆，道之不明，懼莫甚焉。學以孔、孟爲門戶者也，程朱是孔孟門戶，陸王非孔孟門戶，夫人而知之矣。先儒謂不當另辟門戶，專守孔孟如程朱可也。孟子，夷、惠不由而願學孔子，豈孟子亦存門戶見乎？

余嘗三四見君，知其意不可遽屈，硜硜之守，老亦彌篤，意與君益各勉學，或他日庶有合焉。而今已矣，不意君猶見信，輒以關學相託，復取私録諸人而亦刻焉。竊恨當時卒未獲痛論極辨，徒抱此耿耿於無窮也，吾烏能已於懷哉！學術非一家私事，因序此編而並序余之有不盡心於君者。倘不以余言爲謬，或於讀是編也，亦不爲無助云。

光緒壬辰孟秋，三原賀瑞麟識。

關學編後序[一]

劉古愚

嗚呼，此余友灃西柏子俊先生所刻關學編也。關學之編始於馮恭定公，王豐川續之，又刻李桐閣、賀復齋所續於後，而先生沒已期年矣。先生病急，口授余義例，爲序於前，俾余序其後，余復何言？然習先生性情行誼，莫若余。而是書之刻，又多商榷。其所以刻，與資之所由來，及平日議論及於是書者，不可無一言於後。先生性伉爽，學以不欺其心爲主，嫉惡嚴人，有小過，不相假借，改之則坦然無間。其有善，識之不忘，逢人稱述，士以此畏而愛之。喜岳武穆「君臣之義，本於性生」語，嘗謂余曰：「此可括西銘之藴，知父子天性而不知君臣，不能視萬物爲一體；求忠臣於孝子，義本於仁也。移孝作忠，本仁以爲義也。忠孝一源，明新一貫，千古要述，皆充仁以爲義，而非有他也。」故論學力除門戶之見，而統之以忠孝。光緒丁亥，憲司延先生主講關中書院。書院爲恭定講學地，先生又生於其鄉，乃訪恭定祠舊址，擴而新之，旁爲少墟書院，以少墟之學迪其鄉之士。廉訪曾公懷清割俸屬刻是編，而恭定原本無恭定傳，乃取豐川所續繼之，後之與于關學者，又不

[一] 本序據民國戊午（一九一八）蘇州版煙霞草堂文集卷二迻録。

得略焉，則不惟非恭定本，亦非豐川本矣。涇陽王葵心先生以身殉明，大節凜然，與西人天主之説汨三綱者截然不同，然事天之説正西人所藉口，鄉曲之儒，略跡而識其眞者幾人？先生常欲去之，書出則仍在焉。其先生病，未暇親檢與抑，亦人果無愧忠孝，不妨寛以收之與。先生沒，無可質證，然學卒歸於忠孝，則亙古至今，未有能議其非者。而今之從事西學者，均能知有君父，則算術技巧非必無補於世也。

四庫全書總目關學編五卷提要〔一〕

關學編五卷，江蘇巡撫採進本，國朝王心敬撰。心敬有豐川易説已著録。初，明馮從吾作關學編，心敬病其未備，乃採摭諸書，補其闕略，以成此書。從吾原編始於孔門弟子秦祖，終於明代王之士。心敬所續輯者，於秦祖之前增伏羲、泰伯、仲雍、文王、武王、周公六人；於漢增董仲舒、楊震二人；明代則增從吾至單允昌凡六人，又附以周傳誦、党還醇、白希彩、劉波、王侶諸人。國朝惟李顒一人，則心敬之師也。明世關西講學，其初皆本於薛瑄。王恕又別立一宗，學者稱爲三原支派。大抵墨守主敬窮理之説，而崇尚氣節，不爲空談。黄宗羲所謂「風土之厚而加之以學問者」。從吾所紀，梗概已具，心敬所廣，推本羲皇以下諸帝王，未免溯源太遠。又董仲舒本廣川人，心敬以其卒葬皆在關中，因引入之，亦未免郡縣志書牽合附會之習也。

〔一〕提要據欽定四庫全書總目卷六三迻録。

圖書在版編目(CIP)數據

關學史文獻輯校/王美鳳整理編校．—西安：西北大學出版社，2014.12

（關學文庫/劉學智，方光華主編）

ISBN978-7-5604-3545-9

Ⅰ.①關…　Ⅱ.①王…　Ⅲ.①關學—文集　Ⅳ.①B244.45

中國版本圖書館 CIP 數據核字(2014)第 312448 號

本書爲二〇一一年度教育部人文社會科學研究一般項目“關學學術史文獻研究”(項目號:11YJA720025)終期成果

出品人　徐　曄　馬　來

篆　刻　路毓賢

出版統籌　張　萍　何惠昂

關學史文獻輯校　王美鳳整理編校

審定專家　郭文鎬　　**責任編輯**　王學群

裝幀設計　澤　海　　**版式統籌**　劉　爭

出版發行　西北大學出版社

地　址　西安市太白北路 229 號　　**郵　編**　710069

網　址　http://nwupress.nwu.edu.cn　　**E-mail**　xdpress@nwu.edu.cn

電　話　029-88303593　88302590

經　銷　全國新華書店

印　裝　陝西博文印務有限責任公司

開　本　720 毫米×1020 毫米　1/16

印　張　42

字　數　650 千字

版　次　2015 年 1 月第 1 版　2015 年 1 月第 1 次印刷

書　號　ISBN 978-7-5604-3545-9

定　價　148.00 圓